# BADEN 1848/49

# OBERRHEINISCHE STUDIEN

Herausgegeben von der
Arbeitsgemeinschaft für geschichtliche
Landeskunde am Oberrhein e.V.

Band 20

JAN THORBECKE VERLAG STUTTGART
2002

# BADEN 1848/49

## Bewältigung und Nachwirkung
## einer Revolution

Herausgegeben von
Clemens Rehm, Hans-Peter Becht und Kurt Hochstuhl

JAN THORBECKE VERLAG STUTTGART
2002

Die Deutsche Bibliothek – CIP-Einheitsaufnahme

*Baden 1848/49:* Bewältigung und Nachwirkung einer
Revolution / Hrsg.: Clemens Rehm; Hans-Peter Becht;
Kurt Hochstuhl. – Stuttgart: Thorbecke, 2002
  (Oberrheinische Studien; Bd. 20)
  ISBN 3-7995-7820-X

http://www.thorbecke.de · e-mail: info@thorbecke.de

© 2002 by Jan Thorbecke Verlag GmbH & Co.

Dieses Buch ist aus alterungsbeständigem Papier nach DIN-ISO 9706 hergestellt.

Satz: Schwabenverlag mediagmbh, Ostfildern
Druck und Buchbinderei: Druckhaus »Thomas Müntzer« GmbH, Bad Langensalza
Printed in Germany · ISBN 3-7995-7820-X

# Inhalt

# Vorwort

Die Erinnerung an die Revolution von 1848/49 gestaltete sich in den Jubiläumsjahren 1997 bis 1999 in ganz Baden-Württemberg zu einem bunten, vielseitigen und letztlich auch identitätsstiftenden Fest. Gleichzeitig bedeutete dies einen regional breit gestreuten, aber an jedem Ort stets verengten Blick auf die historischen Ereignisse.

War anlässlich der Feiern des 125jährigen Jubiläums im Jahr 1974 zumindest die Rastatter Gedenkstätte für die Freiheitsbewegungen in der deutschen Geschichte als dauerhafter Ort der Erinnerung etabliert worden, so stellte sich nach dem Ende der Feierlichkeiten 1999 die Frage neu nach dem, was von 1997 bis 1999 geblieben ist:

– Festzuhalten ist eine deutlich verbreiterte biographische Verankerung der historischen Ereignisse im Umfeld der Revolution in breiten Kreisen der Bevölkerung. Dazu haben die Landesausstellung »Revolution deutscher Demokraten« im badischen Landesmuseum, die regionalen Ausstellungen des Hauses der Geschichte Baden-Württemberg und vor allem Archivstudien zu lokalen Ereignissen mit entsprechenden Auswertungen in Vorträgen und Ausstellungen beigetragen. Biographische Erkenntnisse ermöglichten sogar teilweise individuelle Identifikation.

– Das Wissen um die Revolution 1848/49 ist in weitere Kreise als je zuvor vorgedrungen – mehr Menschen wissen mehr als vorher –, wobei gefragt werden muss, worauf sich das Wissen erstreckt. Denn es war in der Breite eine exzessive Regionalisierung bei der Erinnerung an das Revolutionsgeschehen zu bemerken, die den Wünschen nach lokalhistorisch begründeter Identitätsfindung geschuldet war. Neue Gedenkstätten vor allem im deutschen Südwesten zeugen von bewusster Gestaltung der Traditionsbildung zu einem bis dahin zumeist nur unter folkloristischen Aspekten – Heckerlied und Heckerhut – betrachteten Ereignis.

Die Bedeutung des historischen Ereignisses einerseits und der Umfang des Erinnerungsgeschehens über fast drei Jahre andererseits legten einen breit angelegten Rückblick nahe. Mit diesem Band soll, ebenso wie mit der Tagung, die ihm zugrunde liegt, für den deutschen Südwesten eine doppelte Bilanz gezogen werden: Zum einen enthält der Band Beiträge, die sich mit der Revolution selbst und ihren unmittelbaren Auswirkungen befassen, zum anderen geht es um das Nachleben der Revolution bis hin zu den Revolutionsfeierlichkeiten der jüngsten Vergangenheit anlässlich des 150jährigen Jubiläums.

So finden sich in dem Band drei voneinander getrennte Abschnitte:

1. Der Blick auf die Revolutionäre

Die Innensicht der Revolution ist neuerdings vor allem durch personen- und personengruppenorientierte Forschungen verbessert geworden. Arbeiten über soziale Zuordnungen und gesellschaftliche Gruppen (Militär, Frauen) – basierend auf Fragen, die seit längerem in der Forschung gestellt werden – zeigen die Neuorientierung eines

Forschungsansatzes und wecken zusammen mit den Ergebnissen, die in den letzten Jahren auf der lokalen Ebene erhoben wurden, Hoffnung auf Fortsetzung. Nicht fehlen darf dabei der Vergleich der badischen Ereignisse mit den Entwicklungen in den Nachbarstaaten, für die stellvertretend Württemberg und die bayrische Pfalz stehen.

2. Strafverfolgung und Exil

Das Bild über die Strafverfolgung nach der Revolution 1848/49 ist lange durch Berichte der Verfolgungsbehörden und autobiographische Zeugnisse der »Opfer« geprägt gewesen. Die nach Aktenstudium teilweise neue Faktenlage, die Einordnung dieser Verfolgungsphase in die staatliche Politik und die Auswirkung auf das politische Klima vor allem in Baden bis zur Amnestie 1862 zeigen eine langwierige Auseinandersetzung mit der Revolution, die nicht mit den Urteilen 1849 und in den 1850er Jahren beendet war. Für die Auswanderung im Umfeld der Revolution bleiben trotz der Kenntnis über zahlreiche Schicksale bekannter Persönlichkeiten (Karl Schurz, Lorenz Brentano u. a.) viele Fragen offen. Insbesondere der Einfluss des »common man«, des unbekannten Einwanderers, auf das politische Geschehen in den Vereinigten Staaten von Amerika ist noch weitgehend ungeklärt.

3. Nachleben

Faszinierend wird bei der Untersuchung der Erinnerung an die Revolution von 1848/49 der Wandel ihrer gesellschaftlichen Bewertung beschrieben: Einstmals geächtete Revolutionäre, denen 1899 kein Denkmal errichtet werden durfte, stiegen am Ende der Monarchie zu Vorläufern und Vordenkern der deutschen Demokratie auf und wurden im politischen Vakuum 1948 zu in jeder Hinsicht gefeierten Helden, deren Grundüberzeugungen vom parteiübergreifenden Jubel 1998/99 überdeckt zu werden drohten.

In diesem Band wurden exemplarische Aspekte zu einer Zwischenbilanz zusammengefügt. In Forschungsbilanzen wird in aller Regel nicht nur das Geleistete abschließend bewertet, sondern werden auch neue Fragen formuliert. So verbinden sich auch in diesem Buch neuartige Antworten mit neu aufgeworfenen Fragen, die anzugehen sich lohnt, wenn sich der Pulverdampf der Jubiläumsböller verzogen hat.

Der Band entstand aus der Sammlung der Vorträge einer Tagung der Arbeitsgemeinschaft für geschichtliche Landeskunde am Oberrhein in Pforzheim, die mit einigen ergänzenden Beiträgen angereichert wurde; ein herzlicher Dank geht an alle Autoren für ihre Bereitschaft, ihre Vorträge für die Buchfassung zu überarbeiten. Es war die letzte Herbsttagung der Arbeitsgemeinschaft, für die Dr. Johannes Gut die Autoren angesprochen hatte und die er ausrichten konnte, bevor er völlig unerwartet im Sommer 2000 verstarb. Ihm war die Auseinandersetzung mit der Revolution 1848/49 eine Herzensangelegenheit, weil er einerseits die Bedeutung der Revolution für die deutsche Demokratiegeschichte gewürdigt wissen wollte, zum anderen aber auch die Stimmen derer beachtet sehen wollte, die vor 150 Jahren der Revolution fernstanden. So soll dieser Band, die Beschäftigung mit einem bis heute polarisierenden Thema, Anstoß zur Reflexion und Ermutigung zu immer wieder kritischer Beschäftigung mit den Quellen sein.

Johannes Gut sei dieser Band in dankbarer Erinnerung gewidmet.

*Clemens Rehm*                 *Hans-Peter Becht*                 *Kurt Hochstuhl*

# Das Großherzogtum Baden in der Geschichte des 19. Jahrhunderts

VON HARTWIG BRANDT

Dass kultureller Fortschritt und verfassungspolitische Phantasie in Europa eher in den Regionen siedelten als im transregionalen Nationalstaat, ist am deutschen Beispiel mit Gewinn zu studieren. Dass das Europäische im Regionalen seine eigentliche Entsprechung findet, ist seit langem ein bemühter Topos in einschlägigen Debatten. Freilich ist der historische Regionalismus in Deutschland nicht zu haben, ohne dass man auch seine Schwächen erwägt. Denn die deutsche Staatenlandschaft des Ancien Régime war, jedenfalls jenseits der Großmächte, anarchisch beschaffen und, namentlich für englische und französische Augen und Ohren, immer ein Grund des Nicht-Verstehens, wenn nicht ein Abgrund des Grauens. Erst Hegel schien ihnen dieses Land verständlich zu machen, am Ende vielleicht allzu verständlich, wo er dem preußischen Staat die bekannte welthistorische Führerschaft attestierte.

Aber auch 1815 noch, auf dem Wiener Kongress, als die napoleonische Flurbereinigung, der Umsturz der alten Ordnung geprüft und in seinen Grundzügen bestätigt wurde, kam noch ein Grand design zustande, welcher dem monokolor-nationalstaatlichen Westeuropas durchaus widerstrebte. Wohl gab es das berühmte preußische Blau und das habsburgische Ockergelb auf den Atlanten, welches noch Generationen später topografische Aufklärung verschaffte. Aber es blieben Gemengelagen im Thüringischen und Staaten en miniature in beträchtlicher Streuung über das Ganze zurück, stehengebliebene Schildwachen der napoleonischen Planierung. Im Gegensatz zu ihren entsouveränisierten Vettern, den Standesherrn, wie sie nun hießen, die als privilegierte Untertanen überlebten, vermochten sie ihre Selbständigkeit zu behaupten: die Souveräne von Hessen-Nassau, Hessen-Homburg, Waldeck, die anhaltinischen Kleinfürstentümer, die beiden Lippe, die hohenzollerischen Außenposten im Schwäbischen, Hechingen und Sigmaringen. Die Aufführung ist durchaus nicht vollzählig. Diese Gebilde, so sehr sie sich nach den Symbolen und Formen der Zeit auch streckten, sie waren Staaten auch jetzt nur in einem ganz vordergründigen Sinne. Zwischen ihnen und den Großmächten aber figurierte ein dritter Typus, die Mittelstaaten, die Staaten der Trias, wie man sie auch schon nannte. Für einen kurzen Augenblick nach 1815 schienen sie das bundespolitische Heft an sich zu reißen. Aber 1819, spätestens 1823 war es damit vorbei.

Es zählt zu den Eigentümlichkeiten der deutschen Geschichte des 19. Jahrhunderts, dass die staatlich-konstitutionelle Moderne durch zwei Großmächte unter Kuratel gehalten wurde, die ihren politischen Avantgardismus – des 16. bzw. des 17./18. Jahrhunderts

– längst hinter sich gelassen hatten. Zwischen die Regionen und den prospektiven Nationalstaat schoben sich Österreich und Preußen und der von ihnen zum Instrument zuge-
richtete Deutsche Bund. Es gab Kontinuitätsstränge, die von den Zeiten des Ancien régime ins 19. Jahrhundert herüberreichten, und es gab Abgründe, welche die Zeitalter
trennten. Zu jenen zählte, dass die Ordnung der deutschen Verhältnisse unter dem Vorbehalt internationalen Vertragsrechts stand und dass es seit dem Ende des Siebenjährigen
Krieges zwei Vormächte in Deutschland gab, die an der europäischen Politik teil hatten.
Zu diesen gehörte, dass die Rolle des »Dritten Deutschland« sich wandelte. War die nicht-
österreichische und nicht-preußische Staatenwelt des Ancien régime kleinräumig und
kleinherrschaftlich organisiert und in der Mehrzahl ihrer Vertreter auch technisch-admi-
nistrativ im Herkommen befangen, lebte sie in Symbiose mit einem Reichsverband, der
schon wie ein Petrefakt in die neue Zeit hinein ragte, so stellten die Staaten des vorgenannten dritten Typus, der Trias, im 19. Jahrhundert die Speerspitze des Fortschritts oder
doch des verfassungspolitischen Fortschritts dar.

Da war zunächst der Deutsche Bund, jene große Ordnung der politischen Verhältnisse, durch die sich die deutsche mit der europäischen Welt verband. Nach einem frühen
Plan sollte er eine Ordnung sein, die dem Modernismus der napoleonischen Staaten
Grenzen zog und die Rechte des mediatisierten Reichsadels wiederherstellte. Die Mittelstaaten, die Gewinner der Napoleonzeit, sollten im Innern durch refeudalisierte Stände-
vertretungen geschwächt und im Deutschen Bund durch einen Rat der Kreisdirektoren
majorisiert werden. Indes haben sich solche Vorstellungen, Denkprodukte des Anfangs,
der ersten, der rückwärts gewandten Phase des Wiener Kongresses, dann doch nicht
durchgesetzt. Die Rechtsordnung, die 1815 beschlossen wurde, war ganz anders konstru-
iert: Eine Konföderation, ein Bund ohne Staatsoberhaupt, ohne Parlament und ohne
höchste Gerichtsbarkeit, nominell ein Fürstenverein, eine Landfriedensordnung, eine
Verteidigungsgemeinschaft, bei Lichte besehen. Seine verfassungspolitische Signatur erhielt dieses Gebilde freilich erst 1819, als Österreich und Preußen, in antiliberaler Kom-
plizenschaft sich vereinigend, aus ihm ein Kondominium formten. Die Metternichsche
Politik, die nach 1819 auch für jene Preußens stand, ja dabei in dieser ihren eigentlichen,
ihren ersten Anwalt und Vollstrecker erhielt, sie ist unter zwei Gesichtspunkten zu prüfen – jedenfalls insofern, als sie den deutschen Verhältnissen galt. Sie war erfolgreich
darin, dass sie den Weg der Ausbildung mitteleuropäischer Nationalstaaten blockierte.
Aber den deutschen Regionalstaaten die Verfassungspläne auszutreiben, war ein Unterfangen, das ihr misslang. Der Plan, den Parlamentarismus in die Schranken herkömm-
lichen Ständetums zu verweisen, scheiterte, weil er den Lebensinteressen der napoleonisch geprägten Mittelstaaten zuwider lief. So fügten es die Umstände, dass die
konstitutionelle Freiheit die Disziplinierung von Karlsbad überstand. Sie war durch das
monarchische Prinzip, welches Metternich ihr einimpfte, über Strecken gelähmt, aber sie
rettete den Verfassungsstaat über die 20er Jahre.

Man hat gesagt, dass der frühe Konstitutionalismus unvollkommen, defizitär gewesen
sei. Und dies ist nicht falsch. Aber viel bedeutsamer erscheint doch dagegen, dass er nicht
zum Opfer der Verhältnisse wurde, dass er unter widrigen Umständen überlebte. Immerhin aber: Es war nicht die Großmacht, welche zum Förderer des Konstitutionalismus
wurde. Es war die Region, der Regionalstaat, mehr noch: Diese wurde zum Protektor des
Liberalismus, sorgte dafür, dass er in den parlamentarischen Kammern eine politische

Heimstätte fand. Umgekehrt hat sich der Liberalismus, da ihm verwehrt war, sich in nationaler Erstreckung zu entwickeln, fast umstandslos in regionale Größenordnungen gefügt. Zunächst schien es so, dass er nur überwintern wollte. Aber je weiter die Zeit voranschritt, desto mehr wurde der Regionalstaat zu dem seiner Mentalität und Politik angepassten Gehäuse.

Unter den Mittelstaaten, den Trägern des neuen, des konstitutionellen Verfassungsprinzips war das Großherzogtum Baden von ganz besonderem Zuschnitt. Dieses Land war, wenn wir dies so sagen dürfen, der künstlichste Staat unter seinesgleichen, nicht nur ein arrondiertes Gebilde, sondern, sehen wir von den Vasallenstaaten Napoleons einmal ab, ein politisches Konstrukt. Seinem politischen Antipoden, nämlich Preußen, den preußischen Staaten, wie man nach 1815 noch sagte, vergleichbar.

Dort – in Preußen – war es die aufgeklärte Staatsvernunft, von Christian Wolff über das Allgemeine Landrecht bis zu Hegel geschärft, welche dem Staat Konsistenz und Prägung gab, hier war es der aufgeklärte Liberalismus, ob bürokratisch oder parlamentarisch, welcher dem Gemeinwesen zur neuen Natur geriet. Baden erstrebte, suchte die Verfassung, um die historischen Zufälligkeiten seiner Existenz zu kompensieren, um möglicher Reaktivierung altständischen Mitredens – einer tödlichen Gefahr, wie man erkannte – vorzubeugen, um neben der Administration über einen zweiten Halt des Politisch-Allgemeinen zu verfügen. Und natürlich auch: um den Staatskredit in der Gesellschaft, um die Anleihebereitschaft der Bürger zu befördern. Preußen hingegen setzte ganz auf den Primat der Verwaltung. Politische Stände, wo man sie gelten lassen wollte – und dies nur in den Provinzen –, sollten die Staatsvernunft verbessern, aber keinesfalls als politische Widerlager, als Gegenkräfte wirken. Dies war der Unterschied, wiewohl in beiden Fällen die Administration das Fundament des Gemeinwesens darstellte.

Im großräumigen Preußen drohe eine Verfassung und mit ihr eine allgemeine Repräsentation – so war die Meinung –, die Staatskräfte auseinander zu treiben, tödliche zentrifugale Wirkungen hervorzurufen. Im kleinräumigen Baden dachten die Staatsplaner gerade umgekehrt. Die örtlichen Loyalitäten feudalständischen Herkommens waren in eine neue, eine Verfassungsanstrengung einzubinden. Aus Ortenauern, aus Pfälzern, aus Breisgauern sollten durch konstitutionelle Bekehrung Badener werden. Den gesamtstaatlichen Zusammenhalt zu bewirken, ein gemeinsames Bewusstsein zu schaffen, dazu erschien die Verwaltung allein nicht imstande.

Ins Allgemeine gewendet: Die Mittelstaaten wollten Landtage, Repräsentationen als Instrumente staatlicher Integration, aber nicht, um intermediäre Gewalten zu restituieren, sondern um eine Bürgerschaft der politisch Gleichen zu schaffen – was immer das in jener Zeit bedeuten mochte. Gerade in die andere Richtung ging der Metternichsche Grand design, der dann aber gerade in Preußen zur Wirklichkeit wurde. Stände als Ablenkungen vom Staatspolitischen, als Organe des je örtlichen Interesses, als Institutionen der Provinzen. Die Integration sei dagegen ausschließend eine Angelegenheit der Verwaltung. 1819 trat diese Differenz fast abgrundartig hervor. Sie wurde zur Signatur des Politischen in Deutschland und dies auf Jahrzehnte.

Wie in anderen Rheinbundstaaten wurde auch in Baden früh die Einführung einer Verfassung erwogen. Der Gedanke entstammte ganz dem Geist des Napoleonismus, wie er im Königreich Westfalen praktisch zu werden begann. Er entsprang aber auch dem Kalkül der Finanzstrategen. In einer Zeit des drohenden Staatsbankrotts bedurfte es

neuer Steuern, bedurfte es einer Schuldenwirtschaft, die sich auch öffentlich zu legitimieren wusste, bedurfte es einer Kreditpolitik, die im städtischen Bürgertum Vertrauen
schuf. Zur Ausführung des Plans ist es freilich zunächst nicht gekommen.

Als das napoleonische System geschleift und sein Protektor entmachtet war, traten
neue Gründe hinzu, die Einführung einer Konstitution zu forcieren. Da gab es territoria-
le Begehrlichkeiten der Nachbarstaaten, Bayerns vor allem, das eine Landbrücke zum
pfälzischen Außenposten anstrebte. Da gab es eine unsichere Thronfolge. Und da gab es –
natürlich – das Syndrom des Art. 13 der Bundesakte, das wie ein Gespenst umging: die
Befürchtung, der Verfassungsgedanke könnte in eine staatssprengende Begünstigung des
deposseerten Adels umschlagen. So drängte alles auf den Erlass einer Konstitution,
indessen einer solchen, die den Großherzog als Herrn des Verfahrens und die Verfassung
als Reform der Verwaltung auswies.

Freilich gab es auch retardierende Momente. Zwar hatte der Landesherr im Dezember
1814 sein Verfassungsversprechen erneuert, aber divergierende Auffassungen über die
Rechte einer künftigen Ständeversammlung – sollte ihr der uneingeschränkte Gesetzesbe-
schluss zugestanden werden? – verzögerten den Abschluss, ja stellten ihn zwischenzeitlich wieder in Frage. Auch Verfassungsforderungen von Bürgern einzelner Gemeinden
des Landes, eine bescheidene Wortmeldung der »Gesellschaft«, brachten den Prozess noch
einmal ins Stocken. Denn die konstitutionelle Stiftung sollte ganz aus den Gesinnungen
aufgeklärt-staatlicher Vormundschaft geschehen. Alles Drängen der Untertanen erschien
diesen nichts als ein vorlauter Eingriff in eine höhere Sphäre, die Mangel an Kenntnis und
Einsicht offenbare.

Aber die Gewichte zugunsten einer Verfassung wogen am Ende doch schwerer. Staats-
verschuldung und Kreditbedürfnis drückten auf die Administration. Steigender Geldbe-
darf machte den Staat abhängig vom Kapitalmarkt und privaten Gläubigern: eine Abhän-
gigkeit, die Sicherheiten verlangte und am Ende deren konstitutionelle Verbürgung. Alle
Staatsanleihen seien künftig von einer Landesvertretung zu beglaubigen. Es fügte sich ins
Bild, dass es ein Rat aus dem Finanzministerium war, Karl-Friedrich Nebenius, der zum
Konstrukteur der Verfassung wurde. Am 29. August 1818 erlangte diese Rechtskraft
durch obrigkeitlichen Oktroi.

Die badische Verfassung war ein durch Traditionslosigkeit und staatlichen Selbstbe-
hauptungswillen forciertes Konstrukt, die vollkommenste Adaption von Aufklärung
und Revolution in Deutschland. Dies unterschied sie von der Konstitution des Nach-
Montgelas'schen Bayern wie der mit altständischen Kompromisselementen durchsetzten
des Nachbarn Württemberg; von den nachfolgenden anderen, der hessisch-darmstädti-
schen vorab, zu schweigen. In ihrem atomistischen Design erschien sie allein vergleichbar
mit dem Entwurf des Königs Friedrich von Württemberg aus dem Jahre 1815. Aber dieses
Unterfangen war am Widerstand der altrechtlichen Opposition zerschellt. In der Sache
selbst: Die Ständeversammlung, der Landtag war in zwei Kammern geteilt, wobei das
konservativ-ständische, das berufsständische wie das königliche Element in der ersten
Kammer Sitz und Stimme hatte. Die zweite Kammer war daher vom Herkommen befreit.
Diese wiederum hatte 63 Mitglieder, welche ganz nach dem Distriktprinzip, also nicht
nach ständischen oder neuständischen Gesichtspunkten bestellt waren. Auch in anderen
Bewandtnissen – den Grundrechten der Bürger, den Rechten der Abgeordneten, den Ver-
fahrensweisen der Institution – wurde die Verfassung maßgeblich für die Ausbildung des

neuen Typus. »Einherrschaft mit Volksvertretung«, wie die zeitgenössischen Publizisten das System titulierten, konstitutionelle Monarchie, wie die Bezeichnung danach üblich wurde.

Baden hat indes nicht nur den napoleonisch geprägten Staatsrationalismus in eine neue, eher deutschrechtlich-ständisch-romantisch geprägte Zeit hinüber gerettet und erhalten. Es hat auch einem Liberalismus die Heimstatt gegeben, der in der Aufklärung seine Ursprünge hatte. Dieser Liberalismus, der freilich untermischt war mit josefinisch-breisgauischen Traditionen und Tendenzen, trug einen Namen, der selbst gleichsam wieder zum Gattungsbegriff wurde. Es ist, wie man weiß, der des Karl von Rotteck, des Freiburger Historikers und Staatsgelehrten.

Hatte eine klassische Doktrin die Scheidung von »Staat und Gesellschaft« längst kanonisiert, so widerstrebte dieser Liberalismus solchem Denken. Er pflegte eine Moral der Hausväter und eine Wirtschaft des Kleinbesitzes, patriarchalisch und vorindustriell. Gegen Adel und Geldbourgeoisie sich wendend, sah er sich als eine Doktrin des »Mittelstandes« in breiter Erstreckung. Politisch war er bestrebt, alle nichtprivilegierten Teile der Gesellschaft gegen Krone und Militär zu sammeln. Sozial wollte er alles unter seiner Fahne vereinen, was über Eigentum verfügte, und war es das Geringste. Mochte er faktisch von Besitz und Bildung beherrscht sein, so stand er doch im Prinzip breiteren Schichten offen.

Bei solcher Gemengelage war der Rottecksche Liberalismus eine feste, in sich konsistente Opposition. Ja, am Ende geriet er zur badischen Philosophie schlechthin. Rotteckisch war so gesehen fast badisch zu nennen. Was Hegel und Eduard Gans für Preußen, was Dahlmann zu Zeiten für Hannover darstellte, dies war Rotteck für das Großherzogtum Baden – bei allen Demütigungen, welche die Regierung ihm zufügte. Und diese waren nicht gering. Die Bedeutung dieser Figur trat dabei in einem Doppelten zutage: in der ständischen Praxis, denn diese demonstrierte schon in den 20er Jahren, in Rankes halkyonischem Jahrzehnt, den dualistischen Mechanismus des neuen Systems, wo dies anderswo erst nach 1830 geschah. Und in der konstitutionellen Theorie, welche der Autor in zwei Schriften, zwei Kompendien niederlegte.

Rottecks Liberalismus war – und dies unterschied ihn von dem seiner deutschrechtlichen-germanophilen Antipoden, ganz rationalistisch, ganz französisch wenn man so will, beschaffen. Er war aufgeklärt in einem ganz elementaren Verständnis. Etwas Locke, etwas Rousseau, etwas Kant, aber gegen den romantischen wie gegen den Hegelschen Zeitgeist gerichtet. Der Staat sei nur durch Vertrag zu legitimieren. Dies war für ihn ganz unzweifelhaft und darin folgte er Rousseau. Auch darin, dass der Gesamtwille herrschen solle; ein theoretisches Konstrukt, gewiss, aber doch auch eine Potenz, die allen Bürgern eigen sei.

Insofern war seine Lehre republikanisch: Das Gemeinwesen sei die Summe seiner Bürger oder doch die Summe ihres politischen Verstandes. Und die Politik des Gemeinwesens sei der Ausfluss des Willens der Bürger oder doch ihrer Mehrheit. Soweit war es Rousseau, dem Rotteck folgte. Aber dies war doch auch eine Theorie, eine Lehre, die sich an den Gegebenheiten der Zeitgeschichte stieß. Denn diese waren monarchisch geprägt, wieder monarchisch geprägt, denn die Geschichte nach 1815 begann mit einer Wiederauferstehung des Royalismus. Moderne Flächenstaaten zu organisieren, dazu erschien eine Republik nicht fähig. So trat die Monarchie wieder in ihr historisches Recht, nachdem die Französische Revolution sie einstweilen getilgt hatte. Unter Laborbedingungen schien ihr damals keine Zukunft beschieden.

Rotteck sah diesen Zwiespalt, und er suchte ihn dadurch zu überbrücken, dass er eine Theorie des Dualismus aufstellte, das Markenzeichen seiner politischen Philosophie, à la longue betrachtet. Die ideale Staatsgewalt sei einheitlich, unteilbar, die personifizierte dagegen zwiefach, gespalten in eine natürliche und in eine künstliche. Künstliches Organ seien Monarch und Regierung, natürliches Organ die Vertretungen des Volkes, die Repräsentationen. Auch die Staatsspitze sei eine Agentur der »societas«, der Gesellschaft ganz im Sinne jener aufgeklärt-virtuellen Einbindung des Fürsten in einen Vertragskontext. Aber dieser Fürst, so Rotteck weiter, besitze nur den Rest der politischen Gewalt in Gestalt der staatlichen Exekutive. Es ist gerade die Umkehrung der Metternichschen Deutung des konstitutionellen Systems, das wir hier beobachten, die wir hier finden. Denn jene sah den Fürsten als Inhaber der Staatsgewalt, wohingegen die Stände nur an deren Ausübung teilhatten. Im berühmten Art. 57 der Wiener Schlussakte von 1820 hat diese Auslegung ihre bundesrechtliche Bekräftigung und damit praktische Folge erfahren.

Die politische Gewalt aber lag für Rotteck beim Volk, und deren wichtigsten Teil delegierte sie an Abgeordnete, an ein Parlament. Nicht weil, wie manche Liberale glaubten, sich erst durch Beauftragung, durch Repräsentation das Politische zu konstituieren vermöge, sondern weil die Umstände solches verlangten. Die modernen Flächenstaaten verlangten die Delegation. Nicht weil die Bürger zur Politik nicht fähig seien – wie abermals mancher Liberale insinuierte –, sondern weil die Menge der Beteiligten und die räumliche Weite die Konzentration geböten. Das Parlament war für Rotteck eine technische Hilfe, nicht das Gefäß, welches den Gemeinwillen erst erzeuge. Oder hören wir ihn selbst: »Seine [des Abgeordneten] Pflicht bleibt immer, fürs gemeine Wohl zu sprechen. Das Interesse der Gesammtheit höher als jedes besondere zu achten, und den erkennbaren Gesammtwillen des Volkes sich sein höchstes Gesetz sein zu lassen: aber eben dieses ist die Pflicht seiner unmittelbaren Kommittenten auch; es ist für diese moralisch, ja rechtlich unmöglich, ihm einen anderen Auftrag zu geben. Denn nicht sind es vereinzelte Gemeinden, Klassen oder Bezirke, in deren Namen er spricht, sondern solche, die zu einem größeren Gemeinwesen, zum Staat, schon vereinigt sind.« Und: »Der natürliche oder wahre Repräsentant muß die Gesinnung oder den Willen der Repräsentirten ausdrücken.«

Das war die Rosseauische Grundschicht in Rottecks politischer Philosophie. Bei keinem deutschen Liberalen der Zeit tritt sie so unverfälscht hervor. Und dies hatte Folgen: Rotteck verlangte die direkte Wahl der Deputierten, der Parlamente. Eine indirekte Bestellung »verwandle die Ausübung des Wahlrechts und verhöhne den wahren Gesamtwillen.« Sie wissen, daß der zeitgenössische Parlamentarismus gerade die umgekehrte Regel kannte. Bis 1870 wurde indirekt gewählt. Nur bei der Paulskirche war dieses Prinzip – aber auch nur zum Teil – durchbrochen. Zum anderen forderte Rotteck das Einkammernsystem. Eine ständische Vertretung – schon gar, wenn man dem Adel Avancen mache – sei mit dem Grundsatz des Systems nicht vereinbar.

Das Rottecksche Baden, fügen wir dies hinzu, welches man auch das des Finanzrats Nebenius oder das des Ministers Winter bezeichnen könnte, war durch sein Ineinander von administrativem und parlamentarischem Liberalismus ein Unikat in Deutschland der 1820er und der frühen 1830er Jahre. Sein Ende signalisierte das Scheitern des von Welcker forcierten Pressegesetzes.

Es folgte ein zweiter Aggregatzustand der badischen Politik, welcher im Konflikt von Regierungsgewalt und Ständen seine Ursache hatte, aber auch im Aufkommen einer neuen Richtung der Politik, der Spaltung des Fortschritts in Liberale und Radikale. Ein frühes Zeichen dieser Entwicklung war der Bruch zwischen Rotteck und seinem Schüler Siebenpfeiffer, einem der Matadore des nachfolgenden Hambacher Festes. Die Karriere Friedrich Heckers vom Ständemitglied zum Parteiaktivisten und Aufständler forcierte die Entwicklung, welche den Fortschritt nun im tödlichen Konflikt begriffen sah und welche Baden in den Bannkreis der Republik rückte.

Etwas anderes trat hinzu. Waren die Parlamente der frühen Zeit Domänen und Refugien der Liberalen, so traten die Demokraten, wo sie sich von ihnen absetzten, vor allem durch die neuen Formen gesellschaftlicher Organisation in Erscheinung. In der Presse und im Vereinswesen zumal, aber auch in den Kommunen, den größeren Städten vor allem: in Mannheim, in Heidelberg, in Konstanz und – opfern wir dem Genius loci – auch hier in Pforzheim. In ihnen auch schritt die Parteibildung am zügigsten voran, zunächst durch Abgrenzung der »Bewegungsleute« von den Gouvernementalen, später, in den 40er Jahren, durch Spaltung der Opposition in »Rücksichtsvolle«, wie sie genannt wurden, und »Entschiedene«, Konstitutionelle und Radikale.

Beide Richtungen wurzelten in einem alteuropäisch-vormodernen Verständnis von Freiheit, einer Freiheit, die einen besitzrechtlichen Ursprung hatte. Aber was nun am Horizont aufschien, war die Republik, die Monarchielosigkeit, die Vertreibung des ständischen, des geblütsrechtlichen Prinzips auch aus der staatlichen Spitze. Eine Monarchie dünke ihm wie ein »Herkules am Spinnrocken«, verkündete Siebenpfeiffer in seiner Verteidigungsrede vor den Assisen in Landau. Das war fortan die Parole.

Der radikale Feingehalt politischer Theorien erhöht sich in aller Regel in dem Maße, wie ihnen die Chance verwehrt ist, zu praktischer Politik zu werden. Dies war der Grund dafür, dass der politische Radikalismus in Baden, wo die Spielräume des Agierens weiter waren, anders sich darbot als in der Pfalz und in Oberhessen, den beiden anderen Zentren der »Bewegung«. Dort, im Pfälzischen, war es der populare Protest gegen den entfernten Disziplinarstaat Bayern, der Furore machte, hier, im Hessischen, war es eine politische Konspiration, welche einer politischen Oligarchie den Kampf ansagte. Erfolglos am Ende, wie man weiß. Zurück blieb ein Manifest, das zur Weltliteratur wurde. In Baden hingegen lebte der Radikalismus in den Institutionen selbst; sich gedanklich schon vom Liberalismus distanzierend, gewiss, aber doch mit ihm immer noch verschwistert. Beide waren Geschädigte des vorherrschenden Repressionssystems, denn auch die badische Regierung hatte die Metternichsche Lektion gelernt.

Insgesamt jedoch war der Radikalismus der 30er Jahre keine herausragend badische Erscheinung, so sehr er sich schon mit dem Rotteckschen Liberalismus in Fehde befand. Es fehlte ein Republikanismus der Tat, der als Verfassungsfeind verfolgt, ins Ausland entwich, der in der Schweiz, in Frankreich ein politisches Unterkommen fand. Freilich änderte sich dies im folgenden Jahrzehnt, in den Jahren nach 1840. Beschreiben wir die Szene, welche sich dem Betrachter nun darbietet. Hier Baden im Vergleich zu anderen Staaten.

Da waren die Landtage, die Agenturen des Politisch-Öffentlichen seit einem Jahrzehnt. Nur vereinzelt traten in ihnen radikaldemokratische Abgeordnete hervor, Angehörige einer neuen Generation zumeist, manche von ihnen noch auf dem Wege, sich von liberaler Herkunft zu lösen. Nennen wir Wilhelm Schaffrath in Sachsen, Theodor Mög-

ling in Württemberg, Friedrich Hecker in Baden. Ganz anders sah das Bild in den Vereinen aus, denn die Selbstorganisation der Gesellschaft war längst keine Domäne der Liberalen mehr. Es gab Assoziationen von Bürgern beider Richtungen; in den Turn- und Sän-
gervereinen, Agenturen politischer Vermittlung in den 40er Jahren, hielten sich die
Parteien die Waage. Schließlich hatte die Konkurrenz von liberal und radikal längst auch
das Pressewesen erfasst, ja in ihm war der Zug ins Demokratische vielleicht schon am weitesten vorangeschritten. In Württemberg gab es neben dem gemäßigt liberalen »Schwäbischen Merkur« den eher linksliberal-demokratischen »Beobachter«, in Ostpreußen Jaco-
bys »Königsberger Hartungsche Zeitung«. In Sachsen waren aus dem Kreise Robert
Blums die »Sächsischen Vaterlandsblätter« hervorgegangen. In Baden schließlich, wo der
Fortschritt am schnellsten gedieh, gab es Gustav von Struves »Deutschen Zuschauer«
und, im Süden des Landes, die »Seeblätter« des Volksmannes und nachmaligen Achtundvierzigers Josef Fickler.

Die Opposition der vierziger Jahre hatte, der Tradition folgend, der sie entstammte, in
den regionalen Zentren ihre Schwerpunkte, in München, in Stuttgart, in Karlsruhe, in
Leipzig. Ein Netz persönlicher Beziehungen, welches die Protagonisten verband, hatte es
auch in den dreißiger Jahren schon gegeben. Nun traten Bestrebungen hinzu, diese Kommunikation zu verstetigen, ihr eine organisatorische Form zu verschaffen. Zum einen
waren es die großen Versammlungen der Naturforscher, der Philologen und vor allem der
Germanisten, die dem Gemeindeutschen ein gleichsam parlamentarisches Erscheinungsbild gaben, zum anderen waren es die informellen Kontakte unter Gesinnungsfreunden,
aus denen wenig später die politischen Parteien hervorgingen.

Die Spaltung der Opposition, die dritte der Epoche, wurde in den Jahren 1845 bis 1847
unwiderruflich, zunächst in Baden und Sachsen, welche diesmal die Entwicklung voran-
zogen. In Sachsen war es der Zeitungsmann und Agitator Robert Blum, der den Bruch
planmäßig forcierte. Sein Bekenntnisschreiben »Was ist radical?« machte die Liberalen zu
Komplizen des Systems, ihr Agieren in den Kammern zu Schattenfechtereien, zum Blend-
werk für Presse und Publikum. Allein der »Radicalismus« werde »eine wahrhaftige Wendung der Dinge« verlangen. Er werde »daran arbeiten, sie schon in Kürze herbeizuführen.«

Auch in Baden schieden sich die Parteiungen an der ständischen Politik: am Budget,
das die Demokraten nach erfolgreicher Wahl 1846 nicht hinnehmen wollten und sich darüber mit den »Gemäßigten« entzweiten. So war der Konflikt ein Widerstreit von liberaler Kammermehrheit und radikaler Presse. Hecker und Struve, dazu Fickler im Seekreis,
avancierten zu Leitfiguren einer Bewegung, die schnell an Zuspruch im Lande gewann.
Am vorläufigen Ende einer fieberhaften Mobilisierung figurierte die Versammlung von
Offenburg (September 1847), die Demonstration des radikalen Standpunktes, die formel-
le Scheidung zweier Denkweisen und Milieus. Die zeitweilig von fast 1000 Teilnehmern
besuchte Veranstaltung verabschiedete Forderungen – Press- und Gewissensfreiheit,
»Vertretung des Volks beim Deutschen Bund«, »volkstümliche Wehrverfassung und
Staatsverwaltung« –, die aus republikanischer Philosophie die Folgerungen des Tages
zogen. Ein Treffen von Liberalen, das wenig später in Heppenheim folgte, bekräftigte das
Auseinanderdriften der politischen Kräfte. Die Versammlung verlangte den »Ausbau des
Zollvereins zu einem deutschen Vereine« und begab sich auf den Weg wirtschaftsliberaler
Prinzipien. Insgesamt gesehen hatte sich das Feld des Politischen sozial ausgeweitet in den
ländlichen und städtischen Kleinbesitz. Die Aktivitäten der 15 bis 20 Prozent Wahlbe-

rechtigten – die Fundamentalpolitisierung mithin, sie fand ihre Fortsetzung in der Formierung eines Netzes demokratisch-republikanischer Vereine.

Die Revolution selbst ist ohne das Geschilderte, den Vorlauf, die Inkubationsphase nicht zu begreifen. Aber sie machte den Radikalismus wie die von ihm erstrebte Republik in einer Weise praktisch, wie dies nicht zu erwarten war und wie dies in der Staatenwelt des Deutschen Bundes auch in keinem anderen Fall vorgekommen ist. Das war zunächst noch nicht absehbar, denn – wie in Sachsen, in Württemberg – bekämpften sich Republikaner und Liberale auf dem Boden zeitgenössischer Institutionen: der Presse, der Landtage, der Versammlungen und Vereine. Erst mit dem Scheitern der Paulskirche, mit der preußischen Verweigerung zerbrach der institutionelle Konsens. Aber während sich in Württemberg der Radikalismus in drei nachfolgenden Landesversammlungen legalistisch verschanzte und in ihnen bemüht war, das Verfassungserbe der Paulskirche zu bewahren, aber sich zerrieb, sich aufzehrte, eskalierte der badische zu offener Gewalt. Nicht eine Institution, den Landtag, gegen den politischen Roll back zu verteidigen, sondern den Staat in seiner Gänze zu revolutionieren, ihn zu einer Heimstätte des Republikanismus zu machen, dies bildete den Unterschied zwischen den süddeutschen Dioskuren.

Freilich war das Land wie kein anderes aufständisch grundiert, das Militär, die Linientruppen eingeschlossen. Dies gab es sonst nirgendwo. Die Ereignisfolge selbst, beginnend mit der Offenburger Versammlung vom 13. Mai 1849, sie ist bekannt. Sie bedarf hier nicht noch einmal der Erzählung. Ein Landesausschuss wurde bestellt, der seinerseits eine Exekutivkommission konstituierte. Mit dem Anwalt Lorenz Brentano an der Spitze. Die Kommission wiederum verwandelte sich in eine dreiköpfige Regierung. Und dann: Eine neue Landesversammlung wurde gewählt. Sie war von linker bis ultralinker Farbe und Dominanz. Aber hier endete der politische Prozess, wurde er zum Opfer der militärischen Intervention. Die badische Republik, so ephemer sie sich darbietet, sie war ein Unikat der deutschen Politik. Eine Durchbrechung jenes Gedankens, dass die notwendige Bündelung der Macht in der Spitze territorialer Gebilde die monarchische, die erbmonarchische Gewalt verlange, die Einheit von Geblütsrecht, Bürokratie und Militär.

Die historische Voraussetzungslosigkeit, welche dem Lande einen Sonderstatus in der deutschen Staatenwelt des 19. Jahrhunderts verschaffte, machte Baden zum Laboratorium der konstitutionellen Politik. Andere Umstände, wie die relative soziale Homogenität der Bevölkerung, haben diesen Prozess noch gefördert. Wie der konstitutionell beschränkte und hernach konstitutionell gezähmte Verwaltungsstaat Baden nach 1818 einen neuen Typus in Deutschland schuf, so trat das Land in der Revolutionszeit mit der Besonderheit einer demokratischen Republik hervor – so sehr diese selbst auch dem Experiment verhaftet blieb und von Wirkungen auf andere Staaten nicht zu berichten ist. Freilich blieb dieser Avantgardismus nicht der letzte. In den frühen sechziger Jahren praktizierte das Land das parlamentarische System, welches seinerseits andere Staaten, so Württemberg und Bayern, infizierte. Von dieser Entwicklung, dem dritten Mal, dass das Großherzogtum verfassungspolitisch vorauseilte, ist nun abschließend und in Kürze zu berichten.

Baden war 1849 die Heimstätte der Revolution in ihrer politisch radikalsten Gestalt. Aber das Land erlebte eine Revolution, die sich auf den Legalismus der Reichsverfassung berufen konnte und berief. Erst die Niederschlagung durch preußische Truppen hat die Impulse zum Erliegen gebracht. Die Auslöschung des Republikanismus – durch Flucht, durch gerichtliche Verfolgung – gab der politischen Extreme den Todesstoß. Die Opposition, die gesellschaftliche, die parlamentarische, sie wurde ein Reservat der Liberalen.

Baden war revolutionär exponiert gewesen und damit nun, in einer Zeit der Postrevolution, diskreditiert. Eben weil die badische Linke revolutionär praktisch geworden war, hatte sie die Zeche für das Scheitern des Unternehmens insgesamt zu zahlen. Der badische Radikalismus war 1850 nur noch eine Reminiszenz, freilich für die meisten ihrer Protagonisten auch eine Tragödie.

Und damit trat die badische Politik, wiewohl mit einiger Verzögerung, in eine dritte Epoche ihrer institutionellen Geschichte ein – auch in diesem Fall, und dies ist von Belang, einen neuen Typus in Deutschland kreierend. Ich meine die Verwandlung des konstitutionellen Systems in ein für mehrere Jahre parlamentarisches, wiewohl der Buchstabe der Verfassung gänzlich unangetastet blieb. Natürlich spielte eine entscheidende Rolle, dass die badische Regierung traditionell liberal gesinnt war wie keine andere sonst in Deutschland, dass dieser Liberalismus in den fünfziger Jahren auch das Fürstenhaus erfasste, ja zu dessen erklärtem Bekenntnis wurde. Natürlich kam hinzu, dass die badische Verwaltung wie keine andere sonst in Deutschland den Gesetzesstaat praktizierte, d.h. die Gesetze als verbindlichen Konsens ihres Handelns nahm. Aber entscheidend war die gemeinsame Bewusstseinslage von Großherzog und Parlamentsliberalismus, welche die Parlamentarisierung am Ende möglich machte. Denn diese war das Fundament des Neuen, nicht Konditionsschwäche oder Depression der exekutiven Gewalt, welche dem Parlament den Einmarsch in die Administration erlaubte.

Dass in Deutschland dieser Prozess nur zögerlich in Gang kam, hatte freilich nicht nur mit dem Beharrungsvermögen der erbmonarchischen und gouvernementalen Gewalten zu tun, sondern auch damit, dass der Liberalismus ihn nur halbherzig förderte und am Ende eher sein Gefangener denn sein eigener Betreiber war. Mit anderen Worten: Das Prinzip der Parlamentarregierung, von dem schon seit den Zeiten des Vormärz gesprochen wurde, gehörte keineswegs zu den erklärten Programmpunkten der Opposition in den Kammern. Wie die Existenz von Parteien und Fraktionen in seinen Augen die notwendige politische Kompaktheit der Landtage in Frage stellte, so werde diese nicht minder geschwächt und damit die Balance gefährdet, wenn der Übergang vom Parlament zur Regierung durchlässig werde, wenn sich das Ministerium aus dem Landtag rekrutiere. Freilich waren die weitsichtigeren unter den liberalen Vormännern schon in den dreißiger Jahren bemüht, über ihre Kontrollrechte hinaus die Politik der Regierung zu beeinflussen, wenn nicht informell zu steuern. Indessen wollten sie auf die Ungebundenheit gewählter Repräsentanten doch nicht verzichten. So war die Königsfrage künftiger Verfassungspolitik zugleich die Achillesferse liberalen Denkens. Sie ist es bis in die Spätzeit des Konstitutionalismus geblieben. Alles dies, dazu die immer noch verbreitete Rottecksche Philosophie des Dualismus von Staatsspitze und Kammer muss man im Blick behalten, will man den badischen Systemwechsel von 1859/60 in das richtige Licht der Geschichte rücken.

Die Einzelheiten dieses Wechsels, die wie anderes auch der Unwägbarkeiten der Geschichte bedurften, dürfen hier hintangestellt werden. Aber wichtig bleibt, dass der Protagonist des Neuen mit ganzer Absicht den Wechsel erstrebte. Ja, in den Plänen Franz von Roggenbachs zielte der Coup ohne Frage über Baden hinaus. »Man darf wohl sagen, daß das badische Ministerium, soweit es neu ist, mit dem dermaligen preußischen Kabinett eine große Analogie darbietet«. So schrieb der württembergische Gesandte Freiherr von Thumb nach Stuttgart, in Anspielung auf die neue Ära in Berlin. Aber diese Ära fand bald ein Ende. Und Roggenbachs Versuch, innere und äußere Politik zu trennen, um dadurch das eigene Verfassungsexperiment zu retten – er misslang. Es gab in den Anfängen unter August Lamey ein parlamentarisches Regiment, welches in liberaler Politik brillierte, welches die Selbstverwaltung, vor allem aber den Rechtsstaat vorantrieb. Es gab aber auch Zeichen der Erosion im eigenen Lande und dies von Anfang an. Es gab einen südbadischen katholischen Fundamentalismus, es gab die Abspaltung eines großdeutsch-demokratischen Flügels. Aber die tödliche Gefährdung des Experiments wurde doch erst zu dem Zeitpunkt offenbar, als dieses selbst in Preußen zu scheitern begann. Als die nationalen Erfolge der preußischen Politik in Baden ihre eigene Anhängerschaft erzeugten.

So bietet sich die deutsche Verfassungsentwicklung des 19. Jahrhunderts, kommen wir zum Schluss, über Strecken, wenn nicht in ihren wesentlichen Zügen als ein preußisch-badischer Antagonismus dar. Beide Gebilde waren die klassischen Rationalstaaten der deutschen Szene, aber beide waren doch auch durch Abgründe getrennt: Preußen der Anwalt des Vormundstaates, Baden der Rationalstaat aus Selbsterhaltung wie aus liberalem Raisonnement, Labor konstitutioneller Politik, die Generalagentur Frankreichs auf deutschem Terrain. Den frühen Verfassungsstaat, den Preußen durch ein aufgeklärtes Beamtenregiment konterkarierte, vermochte Berlin nur einzudünen, nicht indes zu verhindern. In eine zweite Runde ging der Widerstreit in den 1860er Jahren. In ihnen entschied sich auf lange Zeit die Richtung, der Weg des konstitutionellen Systems. Nachdem Preußen selbst den Parlamentarismus, sozusagen die badische Anfechtung, in sich niedergekämpft hatte, war es auch um den badischen Parlamentarismus geschehen. Hier zeigte sich die Nachtseite des deutschen Regionalismus. Dass das kleinste unter den mittleren Gemeinwesen, die größte Last des Fortschritt zu schultern versuchte – dies war eine prekäre Konstellation. Die Folgen dieses Umstandes sind bekannt.

# … alle Klassen der Gesellschaft lieferten ihr Kontingent? Überlegungen zur sozialen Basis der revolutionären Bewegungen in Baden 1848/49[*]

VON HANS-PETER BECHT

## I.

Dieses Referat ist im Haupttitel mit einem Zitat von Ludwig Häusser überschrieben, dem wichtigsten, weil den Ereignissen so überaus nahestehenden zeitgenössischen Historiographen der Revolutionsereignisse im deutschen Südwesten[1]. Das Zitat soll jedoch keinesfalls nur eine symbolische Hommage an Ludwig Häusser sein; Häusser ist vielmehr unser wichtigster Gewährsmann, denn er hat sich zwar nicht als Erster – der Erste war Friedrich Engels[2] – aber doch immerhin als Zweiter eingehende Gedanken über unsere Fragestellung gemacht und war dazu als Beteiligter an der politisch-sozialen Bewegung der 1840er Jahre auch in besonderem Maße kompetent. Wir werden noch Anlass haben, auf ihn und seine Einschätzungen wertend zurückzukommen, zuerst möchte ich Ihnen aber seine Befunde kurz im Zusammenhang vorstellen.

Wenn ich Häussers Schrift eine derart zentrale Rolle für das Folgende zuweise, verkenne ich natürlich nicht, dass die »Denkwürdigkeiten zur Geschichte der Badischen Revolution« wie auch die Bücher von Bekk und Andlaw[3] dem Grunde nach ein tagespolitischer Beitrag waren und erst im Nachhinein der Revolutionsgeschichtsschreibung zugeordnet wurden. Allein schon die zum Teil derbe Polemik Häussers, wenn er etwa *verkommenen Literaten, frivolen Belletristen und Winkeladvokaten* eine Schlüsselstellung zuschreibt und diese Personengruppe als *Karikatur* des französischen Konvents deklariert[4], zeigt,

---

* Der Text meines im Rahmen der Tagung »Baden 1848/49. Bewältigung und Nachwirkung einer Revolution« gehaltenen Referates ist nachfolgend im wesentlichen unverändert wiedergegeben. Er wurde lediglich punktuell verändert und durch Belege ergänzt.
1 L. HÄUSSER, Denkwürdigkeiten zur Geschichte der Badischen Revolution, Heidelberg 1851, S. 100.
2 Vgl. die 1850 bzw. 1851/52 erschienenen Schriften von F. ENGELS, Die deutsche Reichsverfassungskampagne, in: MEW 7, S. 109–197, und DERS., Revolution und Konterrevolution in Deutschland, in: MEW 8, S. 3–108, v. a. S. 98–102.
3 Vgl. J. B. BEKK, Die Bewegung in Baden vom Ende Februar 1848 bis zur Mitte des Mai 1849, Mannheim 1850, und H. von ANDLAW, Der Aufruhr und Umsturz in Baden als eine natürliche Folge der Landesgesetzgebung […], 4 Bde., Freiburg i. Br. 1851.
4 Vgl. HÄUSSER (wie Anm. 1), S. 99f.

dass es ihm keineswegs um distanziert-wissenschaftliche Betrachtungen ging – allerdings auch nicht unbedingt um die Revolution als solche, sondern eher um die Bilanz einer Fehlentwicklung im vormärzlichen Baden, die in die Revolutionsereignisse mündete; die »Denkwürdigkeiten« sind so zugleich auch eine auf die Zukunft gerichtete liberale Programm- und Strategieschrift[5]. Gerade deshalb darf man Häusser aber unterstellen, dass hinter seinen Interpretationen nicht dogmatisch-diffamierende, sondern analytische Absichten standen.

Häusser ist sich bewusst, dass sein Eingeständnis, *alle Klassen der Gesellschaft lieferten ihr Kontingent*, damals wie heute weitere Fragen nach sich zieht, und so zielt denn sein Bemühen darauf, die Größe der Kontingente zu bestimmen und vor allem zu fragen, weshalb manche dieser Kontingente so besonders groß ausfielen – freilich ohne dass ihm Zahlenverhältnisse bekannt gewesen wären. Häusser erkannte durchaus die sozialen Verwerfungen der Zeit, die er als *Zerklüftung der politischen Gesellschaft* bezeichnete; infolge dieser Verwerfungen habe das *verzweifelte Geschlecht*, die *Hefe der Gesellschaft*, den Weg zu den Anhängern der Revolution gefunden[6]. Als wesentlichen Auslöser für die sozialen Spannungen betrachtete Häusser den Gedanken der *Gleichheit* und schlichten sozialen Neid[7]: *Dem verkommenen Proletariat der schlimmsten Sorte, das nicht einmal die Kraft revolutionärer Massen besitzt, einer innerlich verödeten und zerfahrenen Jugend ohne Zucht,* […] *den Literaten, den Wegelagerern der modernen Gesellschaft,* und insgesamt *dem Abhub aller Stände* galt nach Häussers Einschätzung der *Umsturz der bestehenden Gesellschaft* als der Weg in *ein Eldorado*[8]. Zu den *schiffbrüchigen Elemente[n]* jeder politischen Gesellschaft zählte Häusser auch *die bankrotten Wirte und Handwerker, die verdorbenen Kaufleute, die durchgefallenen oder examensscheuen Kandidaten aller Klassen*; einen Beitrag hatte nach Häussers Einschätzung auch *das frivole Judentum* geleistet[9], *dem es in der vorhandenen Gesellschaft an allem nationalem Boden und an nationaler Überlieferung fehlt und das sich – zum Danke für die bürgerliche Gleichstellung – dem gemeinsten revolutionären Nihilismus als Troß anhing.*

Als zweite große Gruppe des revolutionären Potenzials identifizierte Häusser Vertreter des städtischen Handwerks[10]; nicht etwa die im Gefolge des Pauperismus schwinden-

---

5   Vgl. H.-P. Becht, Die badische Zweite Kammer vor und nach der Reichsgründung. Aspekte und Probleme parlamentarischer Repräsentation zwischen Tradition und Umbruch, in: Ders., Badische Parlamentarier 1867–1874. Historische Photographien und Biographisches Handbuch, Düsseldorf 1995 (=Photodokumente z. Gesch. d. Parl. u. d. pol. Parteien, Bd. 3), S. 9–66, hier: S. 30. Deutlich auch die Aussage von Häusser (wie Anm. 1), S. 97 f.: *Während* […] *die Liberalen es versäumt hatten, die Massen fest an sich zu knüpfen, hatte der Radikalismus sich derselben immer mehr bemächtigt, indem er nicht an abstrakte Freiheiten und Rechte, sondern an die materiellen Bedürfnisse und Genüsse der Menge sich wendete.* Speziell zu den programmatischen Defiziten des Liberalismus auch S. 100: *Daß unter den niederen Volksklassen, deren Not und Hunger in dem Programm des konstitutionellen Liberalismus keine Befriedigung fand, eine Lehre sehr verführerisch wirkte, die ›Wohlstand, Bildung und Freiheit für alle‹ verhieß und den natürlichen Haß gegen Besitzende und Reiche nährte – das hatte nichts Auffallendes und wird zu jeder anderen Zeit ebenso sein.*
6   Ebd., S. 100.
7   Ebd., S. 102 und 106.
8   Ebd., S. 105.
9   Ebd., S. 108.
10  Ebd., S. 100 f.

de Kaufkraft breiter Bevölkerungsschichten und die sinkende Nachfrage durch die notleidende landwirtschaftliche Bevölkerung[11], sondern die gerade erst zögerlich einsetzende Industrialisierung galt Häusser als Ursache für die Auflehnung der badischen Handwerker, die anders als ihre preußischen Kollegen ja noch nicht unter den Folgen der Gewerbefreiheit zu leiden hatten. Rein quantitativ lässt sich dieser Befund – zumindest einstweilen – bestätigen: Fast 15 Prozent aller Ermittlungen richteten sich nach dem Ende der Revolution gegen Handwerker[12].

Einem weiteren Phänomen der Sozialgeschichte der Revolution spricht Häusser deutschland-, ja europaweite Relevanz zu: *Eine gefährliche und unterwühlende Tätigkeit hat aber namentlich ein Teil der Gesellschaft entfaltet: die Schullehrer.*[13] Ihnen wirft Häusser insbesondere vor, mit *jener halben Bildung* versehen gewesen zu sein, *die von den Zeitideen infiziert ist, ohne in sich das Maß und die Kraft zu finden, die Gefahren solcher Gärungselemente abzuwehren,* wobei Häusser *halbe Bildung* grundsätzlich als *die Quelle des Widerspruchs* gilt, *in welchem sich die Menschen mit den Verhältnissen finden.* Und weiter: »*In dem Schullehrer der Gegenwart ist nun recht eigentlich diese Art von Bildung personifiziert, und es scheint, daß die Quelle des Übels nicht sowohl in den Personen zu suchen ist als in den unglücklichen Experimenten, wonach man die Bildung der Schullehrer selbst zu leiten gewohnt war. Daß unsere Lehrer dem Bedürfnis einer schlichten und praktischen Bildung des Volkes nicht haben genügen können, scheint allerwärts durch Erfahrungen bewiesen; wohl aber haben dieselben allenthalben eine gleich verschrobene und verzwickte Bildung, eine gleich große Unzufriedenheit mit ihrem Stande und ihrer Stellung, eine gleich große Neigung bewährt, die sittlichen und religiösen Fundamente der Gesellschaft zu unterwühlen. Durch ihren Beruf dem Volk nahe gestellt, sind sie durch die experimentierende Staatskunst der neuren Zeit zu einem Zwitterding von Volksschullehrer, Staatsdiener und Halbgelehrten gemacht worden, und die Folgen dieser falschen Bildung sind nicht ausgeblieben.*[14]

In der Tat, gegen 1 039 der insgesamt wohl rund 4 000 badischen Volksschullehrer[15] ermittelten die Behörden nach dem Ende der Revolution, also gegen mehr als ein Viertel[16]. Hätte man sie auch verurteilt, wäre das badische Bildungswesen schlagartig zusammengebrochen.

---

11  Vgl. W. von HIPPEL, Wirtschafts- und Sozialgeschichte 1800 bis 1918, in: Handbuch der baden-württembergischen Geschichte, Bd. 3, Stuttgart 1992, S. 477–785, hier: S. 504 und 554ff.
12  Alle in Bezug zur Zahl der Ermittlungen gesetzten Zahlenangaben basieren auf der Auswertung der CD-Rom-Datenbank bei H. RAAB, Revolutionäre in Baden 1848/49. Biographisches Inventar für die Quellen im Generallandesarchiv Karlsruhe und im Staatsarchiv Freiburg, bearb. v. Alexander MOHR, Stuttgart 1998. H. RAAB, Revolutionäre in Baden 1848/49. Biographisches Inventar für die Quellen im Generallandesarchiv Karlsruhe und im Staatsarchiv Freiburg, bearb. v. A. MOHR (Veröff. d. staatl. Archivverw. Baden-Württ. 48) Stuttgart 1998.
13  HÄUSSER (wie Anm. 1), S. 103.
14  Ebd., S. 103f.
15  Nach dem Hof- und Staatshandbuch des Großherzogthums Baden 1846, S. 291, gab es landesweit insgesamt 1 931 Volksschulen, an den weitaus meisten davon dürfte nur ein einziger Lehrer tätig gewesen sein.
16  Vgl. zu dieser Thematik nach wie vor Th. NIPPERDEY, Volksschule und Revolution im Vormärz. Eine Fallstudie zur Modernisierung II, in: K. KLUXEN/W. J. MOMMSEN (Hgg.), Politische Ideologien und nationalstaatliche Ordnung. Festschrift für Theodor Schieder, München 1968, S. 117–142, auch in: Th. NIPPERDEY, Gesellschaft, Kultur, Theorie. Gesammelte Aufsätze zur neueren Geschichte, Göttingen 1976 (=Kritische Studien z. Gesch.wiss. 18), S. 206–227 und 447–450, und M. WÖLK, Der preußische

In den Jahrzehnten nach Häusser war die Frage nach der sozialen Basis der Revolution immer wieder einmal Gegenstand historiographischen Bemühens – wenn man bedenkt, dass die Revolution selbst keineswegs zu den bevorzugten Themen der Geschichtswissenschaft zählte, eigentlich sogar bemerkenswert oft. Karl Adam etwa betonte 1897 als Erster den beträchtlichen Arbeiteranteil unter den Revolutionären[17]. Speziell für den badischen Raum rückte nach der Jahrhundertwende die agrarische Komponente der Revolution auch und besonders unter sozialgeschichtlichen Aspekten ins Blickfeld[18]. Heinrich Ritter von Srbik gab wenig später am Beispiel der Wiener Ereignisse einen noch weitgehend folgenlosen Anstoß zu dezidiert sozialgeschichtlicher Betrachtung der Geschichte der Revolution[19]. Zumindest seine generelle These, dass die Bauern nach der Erfüllung ihrer Hauptforderungen, vor allem der Abschaffung der Grundherrschaft, aus der Revolution ausgeschieden seien, hatte auch bei jenen dauerhaften Erfolg[20], die nicht wie Karl Marx die Bauern als das *Hauptmaterial* der *Kontrerevolution* betrachteten[21].

Der älteren Forschung galt die Revolution von 1848/49 noch vielfach als *Revolution der Intellektuellen und Studenten*[22]; der Anstoß zur Unterscheidung zwischen Führungs- und Trägerschichten der Revolution ging dann in den 60er Jahren von der marxistisch orientierten Geschichtswissenschaft der DDR aus, für die die Frage nach der sozialen Basis der Revolution naheliegenderweise besondere Brisanz besaß: Es musste darum gehen, »Klassenbewusstsein« dingfest zu machen, also die Rolle des Proletariats in der Revolution zu überprüfen, womöglich gar eine »Aktionseinheit« von Bauern und Arbeitern zu ermitteln[23]. Die DDR-Forschung war es auch, die auf der Suche nach »Ansätze[n] zur Verwirklichung

Volksschulabsolvent als Reichstagswähler 1871–1912. Ein Beitrag zur Historischen Wahlforschung in Deutschland, Berlin 1980 (=Einzelveröff. d. Hist. Komm. zu Berlin 28), S. 249ff. Speziell zu Baden: N. Deuchert, Vom Hambacher Fest zur badischen Revolution. Politische Presse und Anfänge deutscher Demokratie 1832–1848/49, Stuttgart 1983 (= Sonderveröff. d. Stadtarchivs Mannheim 5), S. 219ff.

17   K. Adam, Stände und Berufe in Preußen gegenüber der nationalen Erhebung des Jahres 1848, in: Preußische Jahrbücher 89 (1897), S. 285–308, hier: S. 287f.; vgl. auch E. V. Zenker, Die Wiener Revolution 1848 in ihren socialen Voraussetzungen und Beziehungen, Wien 1897.

18   Vgl. F. Lautenschlager, Die Agrarunruhen in den badischen Standes- und Grundherrschaften im Jahr 1848, Heidelberg 1915, und K. Hofmann, Die Unruhen der Jahre 1848 und 1849 im badischen Frankenland, Weinheim, Leipzig 1911.

19   Vgl. H. Ritter von Srbik, Die Wiener Revolution 1848 in sozialgeschichtlicher Beleuchtung, in: Schmollers Jahrb. 43 (1919), S. 19–58.

20   Ebd., S. 47, mit gleicher Tendenz beispielsweise auch G. Franz, Die agrarische Bewegung 1848, in: Zeitschr. f. Agrargesch. u. Agrarsoziologie 7 (1959), S. 176–193, D. Langewiesche, Republik, konstitutionelle Monarchie und »Soziale Frage«. Grundprobleme der deutschen Revolution 1848/49, in: HZ 230 (1980), S. 529–548, und R. Koch, Die Agrarrevolution in Deutschland 1848, in: D. Langewiesche (Hg.), Die Revolution von 1848/49, Darmstadt 1983, S. 362–394. Mit etwas anderer Akzentsetzung jetzt auch K. Ries, Bauern und ländliche Unterschichten, in: Chr. Dipper/U. Speck (Hgg.), 1848. Revolution in Deutschland, Frankfurt a. M., Leipzig 1998, S. 262–271, v. a. S. 270f.

21   Vgl. K. Marx, Die Klassenkämpfe in Frankreich 1848–1850, in: MEW 7, S. 9–107, hier: S. 25.

22   Vgl. etwa L. B. Namier, 1848: The Revolution of the Intellectuals, London 1946, Adam (wie Anm. 17), und H.-J. Rupieper, Die Sozialstruktur der Trägerschichten der Revolution von 1848/49 am Beispiel Sachsen, in: H. Kaelble/H. Matzerath/H.-J. Rupieper/P. Steinbach/H. Volkmann (Hgg.), Probleme der Modernisierung in Deutschland. Sozialhistorische Studien zum 19. und 20. Jahrhundert, Opladen 1978, S. 80–109, hier: S. 83.

23   Vgl. etwa K. Obermann, Die deutschen Arbeiter in der Revolution von 1848, Berlin (Ost) 1950, 2. Aufl. 1953; H. Bleiber, Bauern und Landarbeiter in der bürgerlich-demokratischen Revo-

des Bündnisses zwischen Arbeiterklasse und Bauernschaft«[24] als erste die These von der Passivität der Landbevölkerung in der Revolution von 1849 nachdrücklich und letztlich auch mit Erfolg in Frage stellte.

Die bundesdeutsche Sozialgeschichtsforschung nahm sich des Themas erst vergleichsweise spät und kaum auf empirischer Grundlage an[25]. Die 1964 erschienene, praktisch ausschließlich deskriptive Arbeit der beiden DDR-Historiker Ruth Hoppe und Jürgen Kuczynski über die Berliner Märzgefallenen von 1848[26], die als erste auf der Grundlage einer biographischen Stichprobe die Trägerschichten der Revolution zu ermitteln suchte, fand erst 1978 ein bundesdeutsches Pendant in der bis heute wegweisenden Studie von Hermann-Josef Rupieper über die sächsischen Revolutionäre[27]. Die 1982 publizierte Examensarbeit von Reinhold Reith über die Sozialstruktur der Konstanzer Revolutionsaktivisten ist die zweite und zugleich bis heute letzte[28], die sich von empirischer, kollektivbiographischer Warte mit der sozialen Basis beschäftigte.

Gemessen daran, dass annähernd 150 Jahre sozialgeschichtlicher Erforschung der Revolution von 1848/49 hinter uns liegen, hat sich der Kenntnisstand seit Ludwig Häussers Tagen im Grunde nur wenig verändert, wenngleich die Debatte auf rein theoretischer Ebene in schöner Regelmäßigkeit den jeweils aktuellen geschichtswissenschaftlichen Trends folgte. Mit der Blütezeit der modernen Sozialgeschichte rückten etwa die Arbeiter als Revolutionäre ins Blickfeld, und auch die Mentalitätsgeschichte hinterließ ihre historiographischen Spuren; Ende der 80er Jahre finden wir – ganz am Anfang der fachwissenschaftlichen Popularisierung dieses Begriffs – auch schon das Stichwort »Lebenswelten«. An

lution von 1848/9, in: Zeitschr. f. Gesch.wiss. 17 (1969), S. 289–309; DERS., Bauernbewegungen und bäuerliche Umwälzung im Spannungsfeld zwischen Revolution und Reform in Deutschland 1848/49, in: M. KOSSOK/W. LOCH (Hgg.), Bauern und bürgerliche Revolution, Vaduz 1985 (=Studien z. Revolutionsgesch.), S. 199–220; W. SCHMIDT, Zur Rolle des Proletariats in der deutschen Revolution 1848/49, in: ebd., S. 270–288; und R. ZEISE, Bauern und Demokratie 1848/49. Zur antifeudalen Bewegung der sächsischen Landbevölkerung in der Revolution vom Sommer 1848 bis zum Vorabend des Dresdner Maiaufstandes, in: Jahrb. f. Regionalgesch. 4 (1972), S. 148–178. Vgl. auch die kritische Bestandsaufnahme von H. BLEIBER, Volksmassen und Revolution 1848/1849 in Deutschland, in: Beiträge z. Gesch. d. Arbeiterbewegung 21 (1979), S. 821–840, v. a. S. 839f.
24  H. BLEIBER, Zur Rolle der Bauern in der deutschen Revolution 1848/49, in: Nordharzer Jahrb. 7 (1978), S. 77–80, hier: S. 79.
25  Vgl. etwa H. STUKE, Materielle Volksinteressen und liberale Idee 1848, in: Archiv f. Frankfurts Gesch. u. Kunst 54 (1974), S. 29–42; W. SCHIEDER, Die Rolle der deutschen Arbeiter in der Revolution von 1848/49, in: ebd., S. 43–56.
26  Vgl. R. HOPPE/J. KUCZYNSKI, Eine Berufs- bzw. auch Klassen- und Schichtenanalyse der Märzgefallenen 1848 in Berlin, in: Jahrb. f. Wirtschaftsgesch. 64/IV, S. 200–276; der weitaus größte Teil dieser Studie umfasst Auflistungen, der kurze analytische Teil kommt zu dem lapidaren Schluss (S. 213): »Abschließend können wir feststellen, daß die untersuchten Statistiken der Schilderung der Struktur der Werktätigen, die Marx und Engels für 1848/49 gegeben haben, voll entsprechen.«
27  Vgl. RUPIEPER, Trägerschichten (wie Anm. 22); s. auch DERS., Die Sozialstruktur demokratischer Vereine im Königreich Sachsen 1848–1855, in: Jahrb. d. Inst. f. Dt. Gesch. an d. Univ. Tel Aviv 7 (1978), S. 457–468.
28  Vgl. R. REITH, Der Aprilaufstand von 1848 in Konstanz. Zur biographischen Dimension von »Hochverrath und Aufruhr«. Versuch einer historischen Protestanalyse, Sigmaringen 1982 (=Konstanzer Gesch.- u. Rechtsquellen 28). Vgl. auch H. PAULY, Zur sozialen Zusammensetzung politischer Institutionen und Vereine der Stadt Mainz im Revolutionsjahr 1848, in: Archiv f. hess. Gesch. u. Altertumskd. N. F. 34 (1976), S. 45–81.

neuen Interpretationsansätzen fehlte es zu keiner Zeit; das, was wir effektiv über die Sozialgeschichte der Revolution wissen, ist indessen nahezu gleich geblieben.

## II.

Als ich vor rund eineinhalb Jahren die Verpflichtung übernahm, heute über eben dieses Thema, die soziale Basis der Revolution von 1848/49, zu referieren, hatte ich, das will ich unumwunden zugeben, ein ungutes Gefühl. Ich rechnete damit, als hauptsächliche rhetorische Würze meiner Ausführungen die sattsam bekannten und mit Recht verachteten Formulierungen wie »man könnte zu dem Schluss kommen«, »es spricht nichts gegen die Annahme« oder »ich würde unter Umständen meinen wollen« verwenden zu können.

Die sogenannte »Raab-Kartei«, deren Edition auf CD-ROM im Jahre 1998 einiges Aufsehen erregte[29], hat vielfach die Erwartung geweckt, dass nun exakte Angaben zur sozialen Basis der Revolution von 1848/49 möglich sein würden. Dass dem nicht so ist, hat mehrere Ursachen. Zum einen kann und soll die »Raab-Kartei« in erster Linie ein Findmittel sein, um problemlos auf die reichhaltigen Revolutions-Bestände der staatlichen Archive in Karlsruhe und Freiburg zugreifen zu können, und diesem Zweck wird die Edition auch in vollem Umfang gerecht. Wer sich mit dem Datenbestand genauer beschäftigt, merkt jedoch recht schnell, dass er den Zugriff auf die einschlägigen Akten zwar erleichtert, ihre gründliche Durchsicht jedoch keinesfalls ersetzt. Für unseren Zusammenhang ist hier am wichtigsten, dass die »Raab-Kartei« auf den Ermittlungs- und Strafverfolgungsakten basiert und auch eine große Zahl von Personen nennt, die alles andere als Revolutionsaktivisten waren, bis hin zu vielen, die erwiesenermaßen nahezu oder völlig unbeteiligt waren. Ich fand sogar einige, die nach der Revolution die »Gedächtnismedaille für die zur Bekämpfung des Aufstandes im Jahre 1849 verwendete Armee« an der stolzgeschwellten Brust tragen durften. Da die Datenbank annähernd 40 000 Personen erfasst, war es mir nicht möglich, jeden einzelnen Fall zu prüfen; ich kann daher auch nicht mit exakten Zahlen, sondern nur mit einer Schätzung aufwarten: Vermutlich würden mindestens 10, eher aber 20 oder sogar 30 Prozent der in der »Raab-Kartei« erfassten Personen in einem »Biographischen Handbuch der badischen Revolutionäre« nicht erscheinen[30]. Ich darf Sie daher bitten, sich bei allen Ausführungen, die auf die »Raab-Kartei« Bezug nehmen, dieser Fehlerquote bewusst zu sein.

Eine weitere Fehlerquote, die man wegen der dahinter stehenden höchst löblichen Absicht eigentlich kaum so bezeichnen mag, resultiert aus dem Bemühen, möglichst alle Revolutionäre zu erfassen. So entdeckt denn der staunende Bearbeiter, dass der Amtsbezirk Gernsbach offenbar die absolute Metropole der badischen Revolution gewesen sein muss:

29   Vgl. RAAB (wie Anm. 12), CD-Rom.
30   Von den 38 431 in der Datenbank erfassten Personen sind 6 373 als Teilnehmer an den Ereignissen von 1848 und 24 346 als 1849er Revolutionäre deklariert, nur 1 103 Personen waren sowohl 1848 als auch 1849 an den Aufständen beteiligt. Gut 18 Prozent der erfassten Personen wären demnach nicht aktiv an der Revolution beteiligt gewesen. – In der Folge wird stets mit der durch die Koppelung mehrerer Kriterien ermittelten Gesamtzahl von 33 095 Revolutionären operiert.

2 869 Revolutionäre aus dem Gernsbacher Bezirk verzeichnet die »Raab-Kartei«, das entspricht reichlich 19 Prozent der Bevölkerung des Bezirks und fast 9 Prozent aller überhaupt erfassten Revolutionäre. Des Rätsels Lösung verbirgt sich hinter einer einzelnen Quelle, die wohl eher zufällig den Weg ins Karlsruher Generallandesarchiv gefunden hat, nämlich einem *zur Aufstellung der Bürgerwehr gedachten Auszug aus dem Gernsbacher Pfarrbuch*[31], in dem schlichtweg alle zur Teilnahme an der Bürgerwehr Verpflichteten aufgeführt sind. Eliminiert man diese Bürgerwehrpflichtigen, verbleiben zwar immer noch 990 Gernsbacher »Revolutionäre«, von denen bei weiteren 406 jedoch ebenfalls nur belegt ist, dass sie zur Bürgerwehr eingeteilt wurden[32]. Da nur die Gernsbacher Bürgerwehreinteilungslisten Eingang in die Datenbank gefunden haben, verfälschen diese 2 285 das Gesamtbild natürlich beträchtlich[33]. Ähnliches gilt für Philippsburg, auch hier verbleiben nach Abzug der lediglich Bürgerwehrpflichtigen nur noch 656 von 1 054 »Revolutionären«. Bei weiteren mehr als 8 Prozent der in der »Raab-Kartei« erfassten Personen ist mithin ebenfalls zumindest nicht erwiesen, ob sie überhaupt in irgendeiner Weise aktiv an der Revolution teilnahmen.

Doch verbleiben darüber hinaus noch eine ganze Reihe weiterer methodischer Probleme: Für eine nicht zu unterschätzende Restunsicherheit sorgt beispielsweise die nicht exakt nachvollziehbare Praxis der Ermittlungsverfahren. Wenn bestimmte Personengruppen in den Ermittlungsakten unterdurchschnittlich oft auftauchen, so kann das bedeuten, dass sie an den Revolutionsaktivitäten in geringerem Maße beteiligt waren oder dass ihre Aktivitäten weniger streng verfolgt wurden, sei es aus ermittlungstechnischen oder anderen Gründen[34]. Offenkundig unterschieden sich auch die Ermittlungspraktiken in den einzelnen Ämtern: Manche Amtsvorstände verwendeten viel Mühe darauf, die Beteiligten möglichst vollzählig den Mühlen der badischen Justiz zuzuführen, während sich andere – in durchaus realistischer Sicht der Dinge – darauf beschränkten, gegen die Hauptaktivisten zu ermitteln. Eine besonders geringe Zahl aktenkundig gewordener Revolutionsteilnehmer in einem Amtsbezirk kann mithin natürlich bedeuten, dass die Revolutionsbegeisterung tatsächlich gering war; es erscheint im Einzelfall aber auch durchaus denkbar, dass die Zahl der Aktivisten derart groß war, dass sich der Amtsvorstand außer Stande sah, gegen alle zu ermitteln, und seine Bemühungen auf die Hauptaktivisten beschränkte.

Ein weiteres und eher noch gravierenderes Problem bildet die geringe Dichte der Daten, sie setzt möglichen Auswertungen enge Grenzen. Weitgehend vollständig sind – neben der Geschlechtszugehörigkeit – überhaupt nur die Angaben zur geographischen Herkunft erfasst, bei schätzungsweise knapp der Hälfte der Biogramme findet sich immerhin noch eine Berufsangabe; alle übrigen persönlichen Daten sind nur in Ausnahmefällen ausgewiesen, und wir können sie hier stillschweigend übergehen.

31   Vgl. GLA (=Generallandesarchiv Karlsruhe) 268 Zug. 1902.
32   Die in der bewussten Liste genannten Bürgerwehrpflichtigen werden in der Datenbank uneinheitlich behandelt. Bei den meisten der ausschließlich in dieser Liste erwähnten Personen wird zwar korrekt nur die Mitgliedschaft in der Bürgerwehr aufgeführt, bei etlichen wird aber auch »Teilnahme an der Mairevolution« unterstellt. – Unter den 406 zur Bürgerwehr eingeteilten Männern findet sich bei etlichen zusätzlich der Hinweis, dass sie für »untauglich« befunden wurden.
33   Mit 3,89 Prozent liegt der Anteil der Revolutionäre an der Gesamtbevölkerung im Bezirksamt Gernsbach gleichwohl ziemlich hoch.
34   Vgl. dazu RUPIEPER, Trägerschichten (wie Anm. 22), S. 90 f.

Diese Probleme diktierten den methodischen Weg, den ich eingeschlagen habe. Die Gesamtheit der Revolutionäre in eine neue, gleichsam »bereinigte« Datenbank zu überführen, das biographische Material gar durch gezielte Recherchen zu ergänzen, schied auf Grund des dafür erforderlichen Arbeitsaufwandes von vornherein aus, es kamen also nur Stichproben in Frage. Meine eingangs geschilderten Skrupel konnte ich auch deshalb überwinden, weil zwei derartige Stichproben mit einem mehr oder minder reichhaltigen Datenbestand bereits existieren, die sich von der »Raab-Kartei« insbesondere dadurch unterscheiden, dass sie die aus lokaler Perspektive wirklich bedeutenden Aktivisten biographisch würdigen: Der vom Stadtarchiv Karlsruhe federführend betreute Revolutionsführer »Revolution im Südwesten« und der vom Arbeitskreis der Archive im Rhein-Neckar-Dreieck herausgegebene Band über die Revolution im Rhein-Neckar-Raum[35].

Führt man beide Datenbanken zusammen, so umfassen sie insgesamt 459 Personen[36]. Diese biographische Sammlung kann indessen kaum für sich beanspruchen, den Charakter einer repräsentativen Stichprobe zu besitzen, und vermag daher in erster Linie als eine Art »Kontrollgruppe« zu fungieren: Sie enthält zwar durchweg echte Revolutionsaktivisten, deren Auswahl erfolgte allerdings nach sehr unterschiedlichen Kriterien; das Spektrum reicht vom eigentlichen Revolutionsanführer bis hin zum kleinstädtischen »Randalierer«, nicht selten fanden Personen auch nur deshalb Aufnahme, weil sie irgendwann vorweg marschierten oder irgendwo eine Fahne schwangen. Just die interessantesten Gemeinden und Bezirke sucht man überdies vergebens: Im »Revolutionsführer« fehlen mit Wiesloch und Meßkirch zwei der drei wichtigsten Revolutionshochburgen, Sinsheim[37], die dritte, ist mit gerade vier Biographien vertreten. Fast gänzlich unberücksichtigt bleiben schließlich auch die Landstädte und Dörfer, deren führende Revolutionäre in beide Publikationen nur sehr vereinzelt Aufnahme fanden.

Ich kann daher in der Folge lediglich mit Einzelbeobachtungen aufwarten, deren Auswahl ausschließlich von der Quellenlage diktiert wird. Ich werde also – mit aller gebotenen Vorsicht – die Feststellungen präsentieren, die sich aus der Gesamtheit der Biographien ziehen lassen und sie jeweils den Befunden gegenüberstellen, die sich anhand der Stichprobe und an einer Untergruppe der Revolutionäre, den Mitgliedern der Volksvereine, ermitteln lassen.

Hermann Josef Rupieper hat schon 1984 sehr zu Recht darauf hingewiesen, dass die Frage nach *dem Zusammenhang zwischen sozioökonomischer Lage und Revolutionsverhalten* zwar eine der *Standardfragen neuzeitlicher Revolutionsforschung* ist, dass ihre Beantwortung jedoch zu vielen Differenzierungszwängen unterliegt, um überhaupt noch eindeutige Zusammenhänge herausarbeiten zu können[38]. So sehr es im folgenden natürlich um eindeu-

35  Vgl. Revolution im Südwesten. Stätten der Demokratiebewegung 1848/49 in Baden-Württemberg, Karlsruhe 1997; Der Rhein-Neckar-Raum und die Revolution von 1848/49. Revolutionäre und ihre Gegenspieler, Ubstadt-Weiher 1998. Es sei an dieser Stelle Ernst Otto Bräunche, Karlsruhe, und Lothar Meinzer, Ludwigshafen a. Rh., herzlich dafür gedankt, dass sie von beiden Bänden die maschinenlesbaren Datensätze zur Verfügung stellten.
36  Tilgt man alle Nicht-Revolutionäre, verbleiben aus Revolution im Südwesten (wie Anm. 35) 424 Biogramme, 25 – wesentlich ausführlichere – Biogramme aus Der Rhein-Neckar-Raum (wie Anm. 35) kommen hinzu.
37  Vgl. zu den Sinsheimer Ereignissen H. Friedrich, Für Freiheit, Recht und Einigkeit. Sinsheim zur Zeit der badischen Revolution 1848/49, Sinsheim 1997.
38  H.-J. Rupieper, Probleme einer Sozialgeschichte der Revolution 1848/49 in Deutschland, in: M. Salewski (Hg.), Die Deutschen und die Revolution, Göttingen, Zürich 1984, S. 157–178, hier: S. 161 f.

tige Zusammenhänge geht und gehen muss, werden wir im Ergebnis vor allem weitere *kaum erfüllbare regionale und sozialstrukturelle Differenzierungsforderungen* erheben, die – nach Rupieper – *jede Gesamtanalyse von vornherein als aussichtslos erscheinen lassen*[39]. Die von ihrem Verlauf her ganz besonders markante badische Revolution rechtfertigt es aber wohl in jedem Falle, sich über derlei Bedenken hinwegzusetzen.

<h2 style="text-align:center">III.</h2>

Werfen wir zunächst einen Blick auf die geografische Herkunft der in der »Raab-Kartei« erfassten Revolutionäre, auf jene Datengruppe also, die uns nahezu geschlossen vorliegt.

Um einen Maßstab für das Ausmaß der Revolutionsbeteiligung zu erhalten, habe ich die in der »Raab-Kartei« genannten Revolutionäre ihren Heimatbezirken zugeordnet und die Anzahl der Revolutionsteilnehmer in Relation zur Einwohnerzahl des jeweiligen Bezirkes gesetzt. In der Mehrzahl der Bezirke liegt die Revolutionärsquote zwischen 1 und 2,5 Prozent, es zeigt sich allerdings auch eine ganz Reihe von Hochburgen, in denen die Quoten deutlich höher liegen; an der Spitze rangieren die Bezirke Meßkirch und Stetten mit zusammen 6,35 Prozent: 871 Revolutionäre, davon 671 Volksvereinsmitglieder sind landesweit Rekord[40].

Zudem zeigen sich deutliche geografische Schwerpunkte[41]: einmal die Region zwischen Villingen und dem Bodensee, dann die Hotzenwald-Region mit den Ämtern St. Blasien und Waldshut und schließlich die Ämter Philippsburg, Wiesloch, Neckarbischofsheim, Mosbach und Boxberg, als deren revolutionäres Zentrum man das nahegelegene Heidelberg vermuten darf. Die großflächige Revolutionshochburg im Südosten lässt an ein absolut klassisches Erklärungsmuster denken[42]: Nahezu alle Ämter, deren Bewohner nicht nur Untertanen des badischen Staates, sondern auch der Fürsten von Fürstenberg waren, sind den Revolutionszentren zuzurechnen[43]; mit Mosbach und Boxberg zählen auch zwei der wenigen nordbadischen Revolutionszentren zu den standesherrlichen Bezirken, beide Ämter gehörten zur leiningischen Standesherrschaft.

Da wir es mit zwei wohl vielfältig verknüpften, aber doch weitgehend voneinander unabhängigen Revolutionen zu tun haben, lässt sich durch die gesonderte Erfassung der Re-

---

39   Ebd.; vgl. auch D. LANGEWIESCHE, Die Agrarbewegungen in den europäischen Revolutionen von 1848, in: J. HEIDEKING/G. HUFNAGEL/F. KNIPPING (Hgg.), Wege in die Zeitgeschichte. Festschrift zum 65. Geburtstag von Gerhard Schulz, Berlin 1989, S. 275–289, hier: S. 275 f.

40   Vgl. zu den Revolutionsgeschehnissen in Meßkirch und Stetten A. HEIM, Die Revolution 1848/49 in der badischen Amtsstadt Meßkirch, in: Für die Sache der Freiheit, des Volkes und der Republik. Die Revolution 1848/49 im Gebiet des heutigen Landkreises Sigmaringen, Sigmaringen 1998 (=Heimatkundl. Schriftenreihe d. Landkreises Sigmaringen 7), S. 169–205, und E. JEUCK, Die Revolution 1848/49 im badischen Amtsort Stetten a. k. M., in: ebd.; S. 239–262. – Leider nehmen beide Beiträge das jeweilige Umland nicht systematisch in den Blick.

41   Vgl. Abb. 1.

42   Vgl. RUPIEPER, Sozialgeschichte (wie Anm. 38), S. 164 f.

43   Zu den Revolutionsereignissen in den fürstenbergischen Gebieten E. H. ELTZ, Die Modernisierung einer Standesherrschaft. Karl Egon III. und das Haus Fürstenberg in den Jahren nach 1848/49, Sigmaringen 1980, S. 47–73, leider ohne nennenswerte analytische Bemühungen und fast ausschließlich gestützt auf Einschätzungen der fürstenbergischen Hofkanzlei.

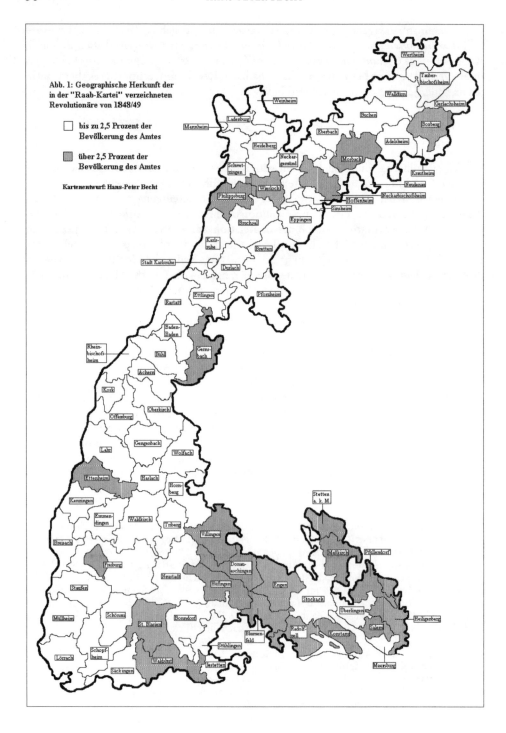

Abb. 1: Geographische Herkunft der in der "Raab-Kartei" verzeichneten Revolutionäre von 1848/49

☐ bis zu 2,5 Prozent der Bevölkerung des Amtes

▨ über 2,5 Prozent der Bevölkerung des Amtes

Kartenentwurf: Hans-Peter Becht

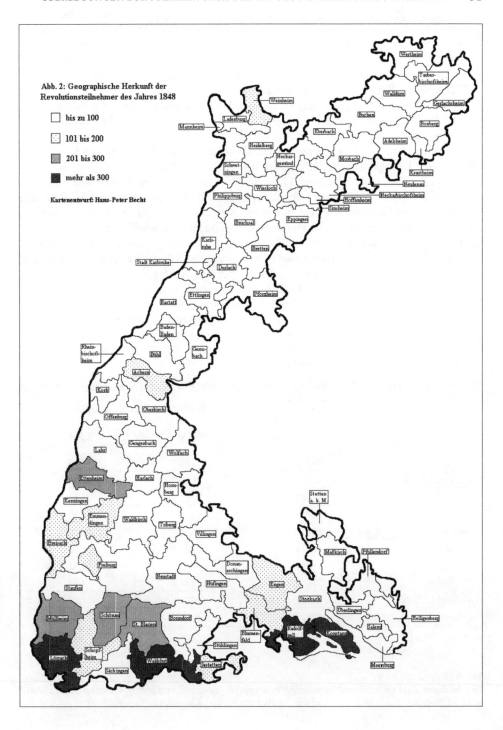

Abb. 2: Geographische Herkunft der Revolutionsteilnehmer des Jahres 1848

☐ bis zu 100

▒ 101 bis 200

▨ 201 bis 300

■ mehr als 300

Kartenentwurf: Hans-Peter Becht

volutionäre des Jahres 1848 ein differenzierteres Bild schaffen[44]: Die Regionen, aus denen die Revolutionäre stammten, sind weitgehendst mit den Gegenden an Hochrhein und Bodensee identisch, in denen sich die Revolutionsereignisse abspielten. Eine Ausnahme bildet hier lediglich das Amt Ettenheim, eine traditionelle Hochburg der Vormärz-Opposition.

Wer sich die Revolutionsfestlichkeiten der zurückliegenden Monate in Erinnerung ruft, hat bereits jetzt Grund, stutzig zu werden: Nicht die Städte, sondern die Landgebiete vor allem im Süden Badens stellten das Hauptkontingent der Revolutionsteilnehmer, mehr noch: die städtische Bevölkerung war unter den Revolutionsteilnehmern deutlich unterrepräsentiert. 5 745 Revolutionäre kamen aus den zehn großen Städten und den sie umgebenden Landgebieten[45]; diese Städte und ihr Umland stellten zwar ein Viertel der badischen Bevölkerung, jedoch nur 17 Prozent der Revolutionäre. Landesweit schlossen sich 2,25 Prozent der Bevölkerung der Revolution an, im Einzugsbereich der Städte waren es lediglich 1,66 Prozent. Auf den hintersten vier Plätzen liegen mit weit unterdurchschnittlichen Revolutionärsquoten interessanterweise just jene Städte, die sich im Rahmen der Revolutionsfeierlichkeiten besonders hervorgetan haben: Knapp vor dem Schlusslicht Lahr (1,21 Prozent) rangiert Karlsruhe (1,29 Prozent), zwei Plätze davor liegen Stadt- und Landbezirk Offenburg (1,52 Prozent), die sich bei den Wahlen des 19. Jahrhunderts fast stets als konservativ-ultramontane Hochburgen erwiesen. Zwischen beiden liegt mit dem Bezirk Pforzheim der Gastgeber dieser Tagung mit 1,48 Prozent. Lediglich Rastatt, Mannheim, Freiburg, Heidelberg und Durlach liegen über dem Durchschnitt der Städte. Spitzenreiter Rastatt kommt mit 2,15 Prozent dem Landesdurchschnitt noch am nächsten; lässt man im Falle Rastatts jedoch die 253 Soldaten außer Betracht, sinkt die örtliche Revolutionärsquote auf unspektakuläre 1,41 Prozent.

Abb. 3:   Revolutionsteilnehmer aus badischen Oberzentren (einschließlich zugehörige Landämter)

| Amtsbezirk | Einwohnerzahl (Dezember 1849) | Zahl der Revolutionsteilnehmer | |
|---|---|---|---|
| | | absolut | in % der Einwohnerschaft |
| Rastatt | 34 201 | 738 | 2,15 |
| Mannheim/Ladenburg | 38 697 | 763 | 1,97 |
| Freiburg | 47 167 | 877 | 1,85 |
| Heidelberg | 38 725 | 662 | 1,70 |
| Durlach | 26 932 | 460 | 1,70 |
| Baden-Baden | 16 901 | 280 | 1,65 |
| Offenburg | 31 298 | 478 | 1,52 |
| Pforzheim | 32 610 | 484 | 1,48 |
| Karlsruhe | 48 523 | 627 | 1,29 |
| Lahr | 30 904 | 376 | 1,21 |

44   Vgl. Abb. 2.
45   In dieser Zahl sind generell sämtliche Revolutionäre aus den Landämtern enthalten; im Falle der Stadt Mannheim wurde das Amt Ladenburg als zugehöriges Landamt behandelt.

Abb. 4:  Revolutionsteilnehmer aus badischen Mittelzentren

| Amtsbezirk | Einwohnerzahl (Dezember 1849) | Zahl der Revolutionsteilnehmer | |
|---|---|---|---|
| | | absolut | in % der Einwohnerschaft |
| Konstanz | 13731 | 593 | 4,31 |
| Villingen | 17755 | 574 | 3,23 |
| Mosbach | 30828 | 772 | 2,50 |
| Lörrach | 29706 | 645 | 2,17 |
| Weinheim | 14982 | 321 | 2,14 |
| Bruchsal | 35337 | 716 | 2,02 |
| Wertheim | 17073 | 275 | 1,61 |
| Emmendingen | 26353 | 375 | 1,42 |
| Schwetzingen | 20287 | 261 | 1,28 |
| Schopfheim | 16159 | 195 | 1,20 |
| Bretten | 23199 | 278 | 1,19 |
| Ettlingen | 18003 | 201 | 1,11 |

Die »Mittelzentren«, das heißt, die kleineren Städte[46], die mit ihrem Umland gut 19 Prozent der badischen Bevölkerung stellten, bewiesen nur wenig mehr Revolutionsbegeisterung, obgleich sich in dieser Gruppe mit Konstanz und Lörrach gleich zwei Zentren der Aufstände von 1848 befinden: Aus den Mittelzentren kamen gut 15 Prozent aller Revolutionäre, das entspricht 1,96 Prozent der Bevölkerung der Mittelzentren; auch sie sind also unterproportional vertreten.

In den ländlichen Regionen sowie in den Klein- und Kleinststädten Badens lebten 55 Prozent der Gesamtbevölkerung, knapp 3 Prozent der rund 750 000 Bewohner dieser Regionen nahmen aktiv an der Revolution teil – das entspricht mehr als zwei Drittel aller Revolutionäre. Die ländlichen Regionen sind damit um gut ein Viertel überrepräsentiert.

Abb. 5:  Revolutionsteilnehmer 1848 und 1849 aus badischen Oberzentren, Mittelzentren und Landgebieten

| | Prozent der Gesamtbevölkerung | Prozent der Revolutionäre | Prozent der Revolutionäre 1848 | Prozent der Revolutionäre 1849 |
|---|---|---|---|---|
| Oberzentren mit engerem Umland | 25,4 | 17,4 | 9,2 | 19,3 |
| Mittelzentren mit engerem Umland | 19,3 | 15,6 | 21,0 | 14,3 |
| Landgebiete | 55,3 | 67,6 | 69,8 | 66,4 |

46  Zu den Mittelzentren wurden die Städte Bretten, Bruchsal, Emmendingen, Ettlingen, Konstanz, Lörrach, Mosbach, Schopfheim, Schwetzingen, Villingen, Weinheim und Wertheim samt ihren Bezirken gerechnet.

Schlüsselt man diese Zahlen noch einmal näher auf und unterscheidet zwischen den Revolutionsteilnehmern der Jahre 1848 und 1849, so differenziert sich das Bild weiter: Wie gemäß den gängigen Interpretationen auch zu erwarten, ist der Anteil der Landbevölkerung an den Revolutionären von 1848 etwas höher als bei den Teilnehmern von 1849, beide Werte sind jedoch, gemessen am Bevölkerungsanteil, immer noch weit überproportional. Dass die Oberzentren mitsamt ihrem Einzugsgebiet unter den Aktivisten von 1848 weit unterdurchschnittlich, die Mittelzentren hingegen überproportional vertreten sind, lässt sich durch den improvisierten Charakter der Aufstände von 1848 erklären: Im Bereich der Schauplätze von 1848 liegt mit Freiburg nur ein einziges der badischen Oberzentren; ohne die insgesamt 178 Revolutionäre aus dem Stadt- und Landbezirk Freiburg läge der Anteil der Revolutionäre aus den Oberzentren sogar nur bei 6,4 Prozent. Für die überproportional hohe Quote der Revolutionäre aus den Mittelzentren sorgen fast ausschließlich die in Brennpunkten des Geschehens gelegenen Bezirke Lörrach, Schopfheim und Konstanz. Als einziger nordbadischer Bezirk erreichte Weinheim mit insgesamt 129 48er-Revolutionären eine höhere Quote. 122 dieser 129 weist die »Raab-Kartei« als Teilnehmer am Struveaufstand aus, die meisten von ihnen standen außerdem im Verdacht, am Weinheimer Eisenbahnattentat beteiligt gewesen zu sein[47]. Vermutlich haben wir in Gestalt dieser 129 den harten Kern der Gefolgschaft Friedrich Heckers vor uns, der als langjähriger Abgeordneter des Weinheimer Bezirks die Verbindung der Weinheimer zu Struve hergestellt haben dürfte[48].

Wollen wir nun den Vergleich zu den Revolutionären des Jahres 1849 ziehen, so haben wir zu beachten, dass unter den 24 346 erfassten Revolutionären von 1849 allein 7 486 Militärangehörige waren, bei denen zumindest fraglich bleibt, ob die geografische Herkunft für den Anschluß an die Revolution eine nennenswerte Rolle spielte[49]. Wir können jedoch eine Untergruppe der Revolutionäre von 1849 als Vergleichsgruppe heranziehen, bei der zumindest die Aufgeschlossenheit für umstürzlerisches Gedankengut außer Zweifel steht: die Mitglieder der badischen Volksvereine.

Über die Ursprünge der badischen Volksvereine, ihre Organisation, ihre Wirkungsweise und vor allem ihre soziale Basis gibt es bislang erstaunlich wenig konkrete Aufschlüsse[50], obwohl die Volksvereine der Schlüssel zu den revolutionären Geschehnissen des Jahres 1849 sind. Sie repräsentieren einen enormen Qualitätssprung in der Organisation politisch-sozialer Bewegungen in Deutschland und sind auch über Badens Grenzen hinaus beispielgebend gewesen.

Bereits im Sommer 1848 entstanden in Baden trotz massiver Gegenmaßnahmen der Regierung zahlreiche demokratische Vereine, die offenbar zunächst überwiegend lokaler Initiative entsprangen. Allem Anschein nach war das oppositionelle Netzwerk des Vormärz,

---

47   Vgl. zum »Weinheimer Eisenbahnattentat« in der Nacht vom 23. September 1848: Revolution im Südwesten (wie Anm. 35), S. 713 f., und vor allem R. GUTJAHR, Die Republik ist unser Glück. Weinheim in der Revolution von 1848/49, Weinheim 1997 (=Weinheimer Gesch.bl. 32), S. 111–119.
48   Aus dem Bezirk Weinheim kam hingegen nur ein einziger Teilnehmer am Heckerzug – ein deutliches Indiz für den spontanen und improvisierten Charakter des »Heckerzuges«.
49   Vgl. dazu den Beitrag von S. MÜLLER in diesem Band.
50   Vgl. R. Ch. CANEVALI, Revolution in Baden 1848–1849. The Role of Political Associations, phil. Diss. Harvard, Cambridge/Mass. 1984; K. HOCHSTUHL/R. SCHNEIDER, Politische Vereine in Baden 1847–1849, in: ZGO 146 (1998), S. 351–436, hier: S. 377 ff.; DEUCHERT (wie Anm. 16), S. 283–289.

das Geflecht vielfältiger Kontakte in die Mehrzahl der Amts- und Wahlbezirke, die Keim-zelle dieser Organisationsansätze[51], so dass man zumindest vermuten darf, dass bereits die Vereinsgründungen des Sommers 1848 koordiniert, wenn nicht gelenkt waren; in jedem Fall hatte die Organisierung des oppositionellen und revolutionären Potentials begonnen.

Struves Septemberputsch fungierte als Bestandsaufnahme, und er machte zweifelsfrei klar, dass die revolutionäre Bewegung nach wie vor noch keine wirklich tragfähige Massen-basis besaß. Die Vereinsgründungen des Sommers 1848 hat man wohl in erster Linie als die lockere organisatorische Verknüpfung längst vorhandener informeller Oppositionszirkel zu begreifen. Die zahlreichen, parallel zu Struves Putschversuch stattfindenden revolutio-nären Akte, etwa diverse Attentate auf Eisenbahnlinien, zeigen allerdings, dass sich zumin-dest örtlich das aktivierbare und gewaltbereite Potential verbreitert hatte.

Die Regierung war sich über die Bedeutung der demokratischen Vereine durchaus klar und hatte sie in ihrer Gesamtheit bereits im Juli 1848 verboten. Sie wurden dadurch jedoch lediglich zu ihren informellen Wurzeln zurückgeführt, und inoffiziell bestanden die Vereine auch weiter; natürlich ließen sich auch die zahllosen, längst gefestigten landesweiten Kon-takte zu Vertrauensleuten mit dem Instrument des Verbots kaum beeinträchtigen[52]. Dass sie im Gegenteil trotz des Verbotes auf konspirative Weise intensiviert und ausgebaut worden waren, zeigte sich spätestens im Gefolge der Proklamation der Grundrechte durch die Na-tionalversammlung am 27. Dezember 1848; nach Auffassung der Demokraten legalisierte diese Deklaration Vereinsbildungen: Bereits am 8. Januar 1849 sandte ein »provisorischer Landesausschuss« einen Organisationsplan für die neu zu gründenden Volksvereine in alle Teile des Landes. Ende April gab es in Baden 250 lokale Volksvereine mit rund 25 000 Mit-gliedern, während der Mairevolution, so hat man bislang geschätzt, seien es 400 Vereine mit etwa 35 000 Mitgliedern gewesen[53]. Tatsächlich lassen sich sogar insgesamt 626 Volksver-eins-Ortsorganisationen nachweisen[54], damit existierten in fast 40 Prozent der badischen Gemeinden Volksvereine; da zahlreiche Vereine für mehr als eine Gemeinde als Ortsorga-nisation fungierten, dürfen wir davon ausgehen, dass die Hälfte aller badischen Gemeinden in die landesweite Volksvereinsorganisation eingebunden war. Die Neugründung der de-mokratischen Vereine steht zugleich aber auch für den Qualitätssprung von der schichten-spezifischen zur im eigentlichen Sinne »politischen« Interessenvertretung[55].

51 HOCHSTUHL/SCHNEIDER (wie Anm. 50), S. 366f., gehen implizit davon aus, dass die Vereins-gründungen des Jahres 1848 gleichsam »aus wilder Wurzel« erfolgten, also nicht an das Vormärz-Netzwerk anknüpften.
52 Vgl. dazu H.-P. BECHT, Wahlen und Wahlkämpfe als Auslöser und Indikatoren politischen Wandels in Baden 1819–1871, in: G. A. RITTER (Hg.), Wahlen und Wahlkämpfe in Deutschland. Von den Anfängen im 19. Jahrhundert bis zur Bundesrepublik, Düsseldorf 1996 (=Dokumente u. Texte 4), S. 17–61, hier: S. 45ff. und 61.
53 Vgl. W. von HIPPEL, Revolution im deutschen Südwesten. Das Großherzogtum Baden 1848/49, Stuttgart, Berlin, Köln 1998 (=Schriften z. pol. Landeskd. Baden-Württ. 26), S. 233ff. – Um die Zahl von 35 000 Volksvereinsmitgliedern zu erreichen, hätte eine Vielzahl von Bezirken annähernd die Zahlen des Bezirksamtes Meßkirch erreichen müssen; im Bezirk Meßkirch waren rund 7,5 Prozent der männlichen Bevölkerung Mitglieder von Volksvereinen. Wäre diese Quote landesweit erreicht worden, so hätten die Volksvereine mehr als 50 000 Mitglieder besessen.
54 HOCHSTUHL/SCHNEIDER (wie Anm. 50), S. 429–436, belegen demgegenüber lediglich 542 Orts-organisationen.
55 Vgl. RUPIEPER, Sozialgeschichte (wie Anm. 38), S. 175.

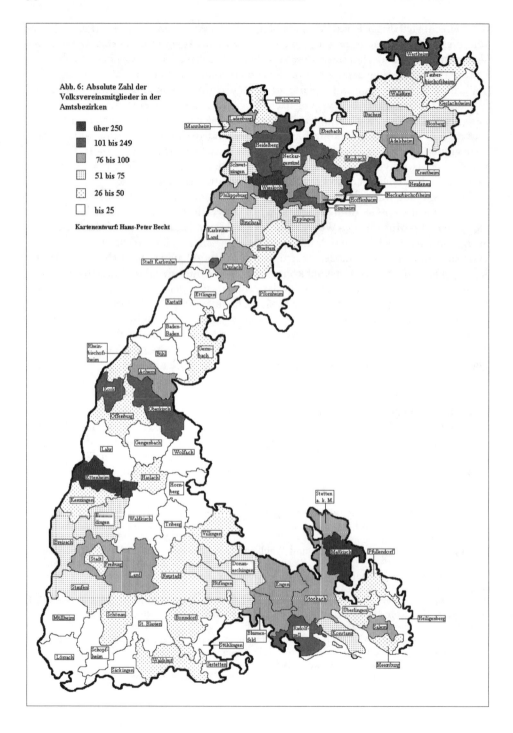

Abb. 6: Absolute Zahl der
Volksvereinsmitglieder in der
Amtsbezirken

über 250
101 bis 249
76 bis 100
51 bis 75
26 bis 50
bis 25

Kartenentwurf: Hans-Peter Becht

Wie eng dennoch auch in Baden die Grenzen politischer Mobilisierung gezogen waren, lässt sich der kartographischen Darstellung der Verteilung der 5 492 nachgewiesenen Volksvereinsmitglieder auf die einzelnen Bezirke entnehmen[56]: Man vermag gerade drei Hochburgen der Volksvereinsaktivitäten auszumachen, die wohl alle von jeweils einem Zentrum ausgingen[57]: Im Norden die Bezirke Neckargemünd, Wiesloch, Mosbach und Sinsheim mit ihrem Zentrum Heidelberg, in Mittelbaden Oberkirch und Kork, zu denen als Zentrum wohl wiederum die traditionelle Oppositionshochburg Ettenheim gehörte, und schließlich im Südosten der Großraum Stetten, Meßkirch, Stockach, Radolfzell, Blumenfeld, Engen, dessen Zentrale wohl Meßkirch war. Im weitaus größten Teil des Landes hatten die organisatorischen Bemühungen indessen nur sehr geringen Erfolg, in 22 Amtsbezirken schlossen sich weniger als 26 Personen den lokalen Volksvereinen an. Dass das oppositionelle Netzwerk des Vormärz zumindest den Ausgangspunkt der landesweiten Vereinsorganisation bildete, ist nicht nur von der Sache her naheliegend – immerhin sechs Mitglieder des Landesausschusses der Volksvereine waren als oppositionelle Landesparlamentarier fest in dieses Netzwerk integriert, drei von ihnen, Lorenz Brentano, Damian Junghanns und Josef Ignaz Peter, nahmen in diesem Netzwerk sogar Schlüsselpositionen ein –, sondern auch direkt belegbar: Alle Gebiete, in denen die Volksvereine schnell und überdurchschnittlich stark Fuß fassten, zählten spätestens seit der Mitte der 40er Jahre zu den Wahlhochburgen der badischen Opposition[58].

Allzu weitreichende Interpretationen der Zahlen und ihrer geografischen Verteilung wären indessen aus quellenkritischen Gründen problematisch. Ganz offenkundig beschränkten sich einzelne Amtsvorstände bei ihren Ermittlungen darauf, die wirklichen Volksvereinsaktivisten zu benennen, während sich andere Amtmänner sichtlich um Vollständigkeit bemühten – wir dürfen folglich auch die Gesamtzahl der Volksvereinsmitglieder erheblich höher veranschlagen, wenngleich die vorhin zitierte Zahl von 35 000 Mitgliedern wohl nur dann realistisch ist, wenn man alle diejenigen Sympathisanten mitzählt, die regelmäßige Versammlungsbesucher waren, ohne die förmliche Mitgliedschaft zu erwerben und Beiträge zu entrichten[59]. Mancherorts mag der lokale Volksverein formell tatsächlich auch nur aus fünf oder sechs Funktionären bestanden haben, um die sich eine unter Umständen beträchtlich große Zahl von Anhängern gruppierte, die dem Ver-

---

56   Vgl. Abb. 6.

57   In vielen Fällen lassen sich unter den Volksvereinsmitgliedern sogar noch die auswärtigen »Agitatoren« ausmachen; die Initiative zur Gründung der Volksvereine eines Bezirkes ging vielfach in einer Art »Schneeballsystem« von einem Aktivisten aus einem benachbarten Bezirk aus. Als Keimzellen dürften die bereits 1848 gegründeten demokratischen Vereine fungiert haben, die ihrerseits auf die vormärzlichen Oppositionsnetzwerke zurückgingen. Eine systematische Auswertung der Ermittlungsakten könnte hier einen regelrechten »Volksvereins-Stammbaum« erbringen.

58   Vgl. dazu die kartographische Darstellung bei H.-P. BECHT, Politik und Milieu in Stadt und Land: Überlegungen zur Formierung und Entwicklung des badischen Parteiensystems, 1819–1933, in: B. KIRCHGÄSSNER/H.-P. BECHT (Hgg.), Vom Städtebund zum Zweckverband, Sigmaringen 1994 (=Stadt i. d. Gesch. 20), S. 45–82, hier: S. 51.

59   Auch die Berechnung bei HOCHSTUHL/SCHNEIDER (wie Anm. 50), S. 407 f., erscheint nur sehr bedingt plausibel. Zum einen dürften namentlich die von radikalen Blättern gemeldeten Mitgliederzahlen in propagandistischer Absicht überhöht gewesen sein. Zum anderen entstanden die weitaus meisten Volksvereinsorganisationen in kleinen und kleinsten Gemeinden, so dass die Annahme einer Durchschnittszahl von knapp 90 Mitgliedern pro Lokalorganisation mit Sicherheit bei weitem zu hoch ist.

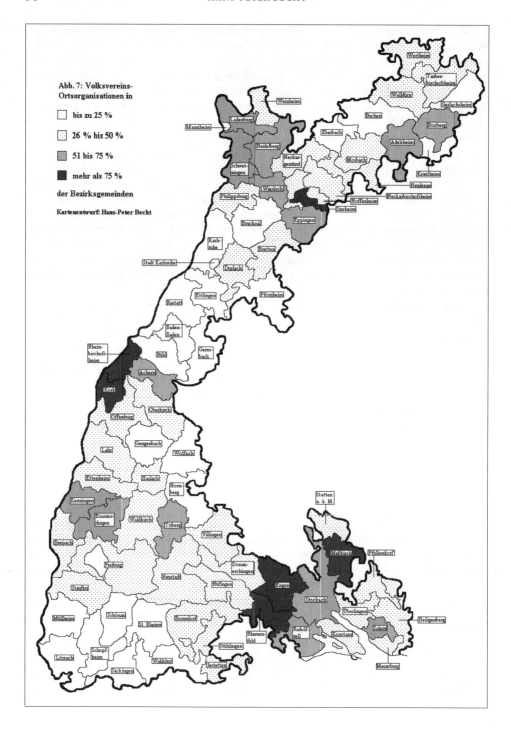

Abb. 7: Volksvereins-Ortsorganisationen in

bis zu 25 %

26 % bis 50 %

51 bis 75 %

mehr als 75 %

der Bezirksgemeinden

Kartenentwurf: Hans-Peter Becht

ein, möglicherweise aus finanziellen Gründen, nie regulär beitraten[60]. Man mag deshalb der Frage nach der Dichte des landesweiten Volksvereinsnetzes höheres Gewicht beimessen als der nach den bloßen Mitgliederzahlen[61].

Die Kartierung der Volksvereinsdichte ergibt eine Art »politische Topografie« des Großherzogtums im Jahre 1849, die dieselben geografischen Schwerpunkte erkennen lässt, die wir auch bei der Zahl der Volksvereinsmitglieder erkennen können. Deutlicher wird hier jedoch, dass die Volksvereine tatsächlich ein landesweites Netz bildeten: In jedem badischen Bezirks- oder Oberamt gab es zumindest einen Volksverein, selbst in den konservativen und klerikalen Hochburgen in Mittelbaden[62]. In den Bezirken zwischen Bühl und Bruchsal blieben die organisatorischen Bemühungen freilich ebenso stecken wie im äußersten Südwesten, in den Bezirken am Hochrhein. Doch stand hier anders als im mittelbadischen Raum der Ausbreitung der Volksvereine keine mehrheitlich konservative Haltung im Wege, wie wir insbesondere dem Wahlverhalten dieser Bezirke entnehmen können. Am Hochrhein dürften vielmehr die Ereignisse des Vorjahres den Ausschlag gegeben haben: Aus eben dieser Region kam ein großer Teil der Mitstreiter Heckers und Struves, die Erinnerung an das Scheitern beider Putschversuche und an das Strafgericht, das über die Revolutionäre hereinbrach, war noch sehr frisch und schreckte ab; auch die obrigkeitliche Überwachung dürfte hier intensiver gewesen sein[63].

Die Volksvereine bestätigen das Bild von der ländlich geprägten und vor allem vom Süden des Landes getragenen Revolution: Vom Großraum Mannheim-Heidelberg abgesehen, fanden die Bemühungen der Volksvereinslenker fast nur in ländlichen Regionen ein überdurchschnittliches Echo, und die fürstenbergischen Gebiete bildeten das eigentliche Zentrum. Insgesamt war der Anteil der Revolutionäre aus Landgebieten 1849 nur unwesentlich niedriger als 1848, und unter den Volksvereinsmitgliedern war die Landbevölkerung noch ganz erheblich zahlreicher vertreten als unter den Revolutionsteilnehmern insgesamt[64].

---

60   Zu denken wäre hier etwa an den Mannheimer Volksverein: Nach HIPPEL, Revolution (wie Anm. 53), S. 237, war der Mannheimer Volksverein mit über 500 Mitgliedern der größte Einzelverein; DEU-CHERT (wie Anm. 15), S. 287, gibt, gestützt auf A. GOEGG, Nachträgliche, authentische Aufschlüsse über die Badische Revolution von 1848, ihre Entstehung, politischen und militärischen Verlauf, Zürich 1876, S. 92, sogar eine Mitgliederzahl von 2 000 an. Nachdem sich aus der Raab-Kartei gerade 37 Mitglieder des Mannheimer Volksvereins belegen lassen, dürfte ein namhafter Teil der über 500 oder sogar 2 000 Mitglieder lediglich zu den Sympathisanten gezählt haben, die nicht formell Mitglieder wurden.
61   Vgl. Abb. 7. – Die Städte, die eigene Stadtämter bildeten – Freiburg, Karlsruhe und Mannheim –, sind in der Karte nicht berücksichtigt. In Karlsruhe und Mannheim gab es je eine Volksvereins-Orts-organisation, im Stadtamt Freiburg, zu dem auch sieben Landgemeinden gehörten, gab es nur in Freiburg einen Volksverein.
62   Vgl. dazu BECHT, Politik (wie Anm. 58), S. 51.
63   P. NOLTE, Gemeindebürgertum und Liberalismus in Baden 1800–1850. Tradition – Radikalismus – Republik, Göttingen 1994 (=Krit. Studien z. Gesch.wiss. 102), S. 402, konstatiert zu Unrecht, dass die Unterstützung der Revolution im Oberrhein- und Seekreis geringer als im Norden des Landes ausfiel. Er führt im übrigen auch nur zwei Beispiele – Lörrach und Freiburg – aus dem Oberrheinkreis an. Siehe zu den Geschehnissen im äußersten Südwesten Badens jetzt Jan MERK: Revolutionserfahrungen. Vom Septemberaufstand 1848 zur Mairevolution 1849 in der Grenzregion Lörrach, in: Zeitschr. d. Breisgau-Gesch.vereins »Schau-ins-Land« 118 (1999), S. 57–77.
64   Siehe dazu jetzt auch D. LANGEWIESCHE, Die Revolution von 1848/49 im europäischen Kontext. Bemerkungen zu einer Regional- und Lokalforschung in vergleichender Absicht, in: DERS.

## IV.

Grundsätzlich überraschen darf uns der hohe Anteil der aus ländlichen Regionen stammenden Revolutionäre indessen nicht; bereits die Vormärz-Opposition stützte sich nahezu ausschließlich auf ländliche Wahlkreise im Süden des Landes und hatte dort ihre Hochburgen, und insbesondere die Radikalen stießen dort mit ihren Vorstellungen vielfach auf ein positives Echo. Auch nach 1848/49 fanden die Oppositionsbewegungen, ob sie nun »Katholische Volkspartei« oder »National-Conservative Partei« hießen, praktisch nur in den ländlichen Regionen Rückhalt[65]. Über Wesen, Ursprünge und Erscheinungsformen dieses »ländlichen Protestpotentials« – insbesondere über das Phänomen des »kulturellen Radikalismus« in Landgebieten – wissen wir für das 19. und 20. Jahrhundert bisher freilich nur wenig Exaktes[66].

Die Feststellung, dass die aus Landgebieten stammenden Revolutionäre sowohl 1848 als auch 1849 so stark überrepräsentiert sind, führt nun zwangsläufig zu der Frage, ob die These, dass die Revolutionsbereitschaft der ländlichen und vor allem der landwirtschaftlichen Bevölkerung 1849 weit geringer war als 1848, nicht noch erheblich stärker in Frage gestellt werden muss, als dies bereits bisher geschehen ist[67]. Leider erlaubt es uns die Datenlage nicht, dieses ländliche Übergewicht unter den Revolutionären bis ins Detail weiterzuverfolgen. Ganz abgesehen davon, dass die Auswertung nach berufssoziologischen Kriterien bei derart heterogenen Gruppen, wie wir sie in Gestalt der Revolutionäre von 1848/49 naturgemäß vor uns haben, von problematischem Aussagewert ist[68], sind uns auch die Berufe der Revolutionäre nicht in hinreichender Zahl bekannt: Nur für 57 Prozent der in der »Raab-Kartei« verzeichneten Personen sind Berufe ausgewiesen, fast 40 Prozent aller Berufsangaben stammen dabei von Militärangehörigen. Die aus den beiden Handbüchern gezogene Stichprobe erfasst, wie wir sahen, fast ausschließlich Revolutionsteilnehmer aus kleineren oder größeren Städten, so dass wir eigentlich kaum erwarten dürfen, dass sie uns nennenswert weiterhelfen könnte, wenngleich hier etwa 90 Prozent der Berufsangaben bekannt sind. Dass rund 18 Prozent der in der Stichprobe auftauchenden Berufsbezeichnungen Handwerksberufe nennen, vermag insofern allenfalls deshalb zu überraschen, weil man eigentlich eine noch höhere Quote erwarten würde. Die Auswertung der Berufsangaben in der »Raab-Kartei« erbringt immerhin noch

(Hg.), Demokratiebewegung und Revolution 1847–1849. Internationale Aspekte und europäische Verbindungen, Karlsruhe 1998, S. 185–194, hier: S. 192.
65  Vgl. BECHT, Politik (wie Anm. 58), S. 55f. und 62f., und DERS., Vom Ständesaal zur Revolution? Kontinuitäten und Diskontinuitäten in der badischen Geschichte von 1815 bis 1848/49, in: O. BORST (Hg.), Aufruhr und Entsagung. Vormärz 1815–1848 in Baden und Württemberg, Stuttgart 1992, S. 44–64, hier: S. 64.
66  Vgl. etwa K. ROHE, Wahlen und Wählertraditionen in Deutschland. Kulturelle Grundlagen deutscher Parteien und Parteiensysteme im 19. und 20. Jahrhundert, Frankfurt a. M. 1992, S. 47f. und 56, sowie P. BLICKLE, Deutsche Untertanen. Ein Widerspruch, München 1981, S. 114–126.
67  Siehe dazu G. SCHILDT, Landbevölkerung und Revolution. Zur Ursache für die Niederlage der Revolution von 1848 in Preußen, in: GWU 43 (1992), S. 290–302, v. a. S. 300f., M. GAILUS, Zur Politisierung der Landbevölkerung in der Märzbewegung von 1848, in: P. STEINBACH (Hg.), Probleme politischer Partizipation im Modernisierungsprozeß, Stuttgart 1982 (=Gesch. u. Theorie d. Pol. A 5), S. 88–113, und vor allem LANGEWIESCHE, Agrarbewegungen (wie Anm. 39).
68  Vgl. Christoph KLESSMANN: Zur Sozialgeschichte der Reichsverfassungskampagne von 1849, in: HZ 218 (1974), S. 283–337, hier: S. 288.

knapp 15 Prozent Handwerker, während die Zahl der Landwirte nur wenig höher ist als die der Gastwirte. Wenn indessen die außerordentlich »städtelastige« Stichprobe bereits über 5 Prozent Landwirte ausweist, so dürfen wir daraus getrost folgern, dass wohl ein namhafter Teil, wenn nicht die Mehrzahl der Personen, die in der »Raab-Kartei« ohne Berufsangabe oder nur mit einer Funktion in der kommunalen Selbstverwaltung erscheinen, der landwirtschaftlichen Bevölkerung zuzurechnen sind. Dafür spricht insbesondere, dass die Zahl der Personen ohne Berufsangabe in ländlichen Bezirken ganz erheblich höher ist als in den Städten.

Ähnliches gilt für die 5492 Volksvereinsmitglieder[69], von denen immerhin noch in knapp 52 Prozent der Fälle eine Berufsangabe bekannt ist. Von den rund 2600 Volksvereinsmitgliedern ohne Berufsangabe wäre noch eine beachtliche Menge von Gemeinderäten, Bürgerausschussmitgliedern, Bürgermeistern und anderen kommunalen Funktionsträgern zu subtrahieren[70].

Abb. 8:  Berufe badischer Revolutionäre von 1848/49

| | öff. Dienst u. ä. | freie Berufe | Lohn-abhängige | Landwirte | Hand-werker | Kaufleute | Gastwirte | Soldaten | komm. Funktionäre |
|---|---|---|---|---|---|---|---|---|---|
| »Raab-Kartei« | 6,8 % | 1,4 % | 3,5 % | 3,3 % | 14,8 % | 2,1 % | 2,6 % | 22,6 % | 8,1 % |
| Volksver-einsmitgl. | 8,6 % | 3,6 % | 1,2 % | 6,9 % | 18,7 % | 5,1 % | 6,4 % | 0,2 % | 14,9 % |
| Stichprobe männl. | 15,0 % | 17,9 % | 2,0 % | 5,4 % | 18,1 % | 10,0 % | 14,6 % | 5,4 % | 25,1 % |
| Bev. über 14 Jahre[71] | 1,7 %[72] | | 0,8 %[73] | 26,6 % | 15,7 % | 1,7 % | 1,6 % | 4,3 % | |

Wenn wir die Frage nach der Über- oder Unterrepräsentierung einzelner Berufsgruppen unter den Revolutionären stellen, so setzen die uneinheitlich erhobenen und stark voneinander abweichenden Zahlen der zeitgenössischen Statistiken über die Erwerbstätigkeit der Gesamtbevölkerung den Antworten vergleichsweise enge Gren-

69  Vgl. dazu auch die knappen Ausführungen zur Liste der Volksvereinsmitglieder in GLA 236/8509 bei HOCHSTUHL/SCHNEIDER (wie Anm. 50), S. 412f. Die dort abgedruckte Auswertung bezieht sich allerdings auf die bekannten Berufsangaben als Grundgesamtheit, die 1 170 Volksvereinsmitglieder ohne Berufsangabe bleiben unberücksichtigt; zudem addieren sich (S. 413) die Anteile der Berufsgruppen infolge von Doppelnennungen auf insgesamt 114 Prozent.
70  Eine genauere Betrachtung zeigt, dass die Erfassung der Berufsangaben im wesentlichen davon abhing, ob der betreffende Amtsvorstand diese Angabe für wesentlich hielt oder nicht. Ganz abgesehen davon, dass bedauerlicherweise gerade die Amtsvorstände der interessantesten Bezirke – etwa Wiesloch und Meßkirch – Berufsangaben in den meisten Fällen für verzichtbar hielten, lässt sich daraus ableiten, dass die Gesamtmenge der bekannten Berufsangaben eine Stichprobe darstellt, der man getrost Repräsentativität zusprechen kann.
71  Quelle: Amtliche Beiträge zur Statistik der Staatsfinanzen des Großherzogtums Baden, Karlsruhe 1851, S. 11–22.
72  Aus der Familienzahl errechneter Wert.
73  Aus der Familienzahl errechneter Wert. Die Quelle erfasst hier nur »Tagelöhner«, während für die Raab-Kartei, die Volksvereinsmitglieder und für die Stichprobe auch die Angestellten dieser Gruppe zugerechnet wurden.

zen[74]: Im Jahre 1847 gab es in Baden 71 351 Handwerksmeister, die – nach Zahlen von 1843 – noch einmal gut 40 000 Gehilfen und Lehrlinge beschäftigten[75]. Ferner gab es 7 644 selbständige Kaufleute mit einer unbekannten Zahl von Gehilfen, 7 264 Gastwirte und Bierbrauer, 1 862 Müller, 335 Fabrikanten und 17 105 Fabrikarbeiter. Die Zahl der selbständigen Landwirte betrug im Jahre 1843 109 850, die Zahl der mithelfenden Familienangehörigen und Landarbeiter dürfte etwa doppelt so groß gewesen sein[76]. Knapp eine halbe Million berufstätige Badener wäre damit belegt – angesichts von mehr als 1,3 Millionen Einwohnern mit Sicherheit erheblich zu wenig. Wir müssen daher als Ergänzung eine Aufschlüsselung aus dem Jahre 1843 heranziehen, die freilich zwei gravierende Nachteile aufweist: Zum einen berücksichtigt sie nur die Familienoberhäupter, und zum anderen spiegelt sie natürlich nicht die Zahlenverhältnisse zur Zeit der Revolution wider. Nach dieser Statistik lebten 42 Prozent der badischen Familien von der Landwirtschaft, 37 Prozent von irgendwelchen Gewerben[77], 7 Prozent der Familienoberhäupter waren Tagelöhner aller Art, 14 Prozent fielen unter die »Sonstigen«[78].

Da sich unter den 38 431 in der »Raab-Kartei« verzeichneten Personen lediglich 178 Frauen befinden, erschien die Zahl der über 14jährigen männlichen Badener als die geeignetste Vergleichs- und Bezugsgröße[79]: Diese Grundgesamtheit dürfte – abgesehen von den obersten Altersgruppen – in etwa derjenigen entsprechen, aus der sich praktisch alle Revolutionäre rekrutierten. Gleichwohl bleibt eine nicht unerhebliche Restunsicherheit, zu der natürlich auch die lückenhaften Angaben zu den Revolutionären beitragen.

Deutlich unterrepräsentiert waren nach dem vorliegenden Datenbestand unter den Revolutionären zunächst erwartungsgemäß die Landwirte, ein leicht unterproportionaler Anteil ergibt sich auch für die Handwerker, bezogen auf die »Raab-Kartei«, also auf die Gesamtheit der Revolutionäre. Unter den Volksvereinsmitgliedern und in der Stichprobe ist der Handwerkeranteil indessen deutlich höher; eine derart herausgehobene Position, wie sie die Forschung den Handwerkern bisher öfters zuwies, ist jedoch nicht zu erkennen. Da wir mit einiger Wahrscheinlichkeit vermuten dürfen, dass die Zugehörigkeit zu einem Zunfthandwerk für so wichtig erachtet wurde, dass man sie in der Regel angegeben hat, um den Status der fraglichen Person zu charakterisieren – soweit die Bezirksbeamten nicht die Nennung einer Funktion in der kommunalen Selbstverwaltung als die wichtigere Statusangabe betrachteten –, ist zwar davon auszugehen, dass ein vollständiger Datenbestand eine höhere Handwerkerquote ergäbe; sie käme aber keinesfalls auch nur in die

---

74  Siehe dazu auch HIPPEL, Wirtschafts- und Sozialgeschichte (wie Anm. 11), S. 514.
75  Vgl. R. DIETZ, Die Gewerbe im Großherzogthum Baden. Ihre Statistik, ihre Pflege, ihre Erzeugnisse, Karlsruhe 1863, S. 17.
76  Die Zahl der selbstständigen Landwirte entspricht 41 Prozent der Familien; die durchschnittliche Familiengröße lag bei 5 Personen, von denen vermutlich im Durchschnitt drei – der Familienvater, die Ehefrau und der künftige Hoferbe – im landwirtschaftlichen Betrieb mitgearbeitet haben dürften. Vgl. DIETZ (wie Anm. 75), S. 3 und 7.
77  Neben den Handwerkern sind in dieser Kategorie auch Kaufleute, Fabrikanten und Gastwirte erfasst.
78  Vgl. Amtliche Beiträge (wie Anm. 71), S. 33 f. – In die Kategorie »Sonstige« fallen alle Familien, die nicht gewerbesteuerpflichtig waren: Witwen und ledige Frauen zahlten keine Gewerbesteuer, sofern ihre Erwerbstätigkeit in die niedrigste Gewerbesteuerklasse fiel, öffentliche Diener und Freiberufler unterlagen der Klassensteuer, Rentiers und Ausländer waren generell befreit.
79  Insgesamt 445 738 Badener zählten zu dieser Gruppe.

Nähe der von Hermann-Josef Rupieper für Sachsen errechneten Werte von knapp 60 Prozent der Gesamtheit[80]. Gleichwohl: Fast 5 Prozent aller badischen Handwerksmeister und Gesellen nahmen aktiv an der Revolution teil – ein beachtlich hoher Wert, wenn man bedenkt, dass es in Baden noch keine allgemeine Gewerbefreiheit gab und sich die Handwerker nach wie vor eines relativ gesicherten Besitzstandes erfreuen durften[81].

Auch Rupiepers Befunde zur Revolutionsbegeisterung einzelner sächsischer Gewerbebranchen sind offenkundig in keiner Weise auf Baden übertragbar: Das in Sachsen als krisenanfällig identifizierte Baugewerbe ist unter den badischen Revolutionären eher unterdurchschnittlich vertreten, das Textilgewerbe ist sogar – anders als in Sachsen – sehr deutlich unterrepräsentiert. Lediglich der Bereich Nahrungsmittel und die Metallhandwerker findet man unter den Revolutionären überproportional häufig. Der revolutionäre Elan der Müller, Bäcker und Metzger mag in der Tat mit den Folgen der Agrarkrise zusammenhängen; die konkreten Interessenlagen oder Beweggründe der Metallhandwerker bleiben hingegen weitgehend unklar: In Baden war die Industrialisierung noch längst nicht so weit fortgeschritten, dass sie zu einer Bedrohung für die metallverarbeitenden Handwerke hätte werden können.

Bei den Landwirten und hier insbesondere bei den Kleinlandwirten dürfen wir von einer beträchtlich hohen »Dunkelziffer« ausgehen[82]. Offenbar galt die Betätigung in der Landwirtschaft in manchen Amtsbezirken als so selbstverständlich, dass man sie im Zuge der Ermittlungen nur in Ausnahmefällen angab, zumal wohl nicht wenige Kleinlandwirte noch andere Berufe ausübten. Überdies müssen wir annehmen, dass viele der ländlichen Handwerker ihren Lebensunterhalt in allererster Linie ebenfalls aus der Landwirtschaft bestritten, obwohl sie qua definitionem unter die Handwerksmeister fielen. Dass wie in Preußen die landlosen Tagelöhner das eigentlich revolutionäre Potential auf dem Lande waren, ist für Baden schon auf Grund der geringen Zahl von Tagelöhnern auszuschließen[83]. Eine genauere Betrachtung der an der Revolution beteiligten ländlichen Bevölkerung ergibt – ganz im Gegenteil –, dass es 1848 wie 1849 eben nicht die unterbäuerlichen Schichten waren, die sich der revolutionären Bewegung anschlossen, sondern die Hofbauern bis hin zu den dörflichen Eliten. Dies zeigt sich nicht zuletzt daran, dass ein Viertel der

---

80  Vgl. RUPIEPER, Trägerschichten (wie Anm. 22), S. 89 und 93.
81  Vgl. STUKE (wie Anm. 25), S. 31 ff., und W. SIEMANN, Soziale Protestbewegungen in der deutschen Revolution von 1848/49, in: H. REINALTER (Hg.), Demokratische und soziale Protestbewegungen in Mitteleuropa 1815–1848/49, Frankfurt a. M. 1986, S. 305–326, hier: S. 309 ff. Siehe auch J. BERGMANN, Das Handwerk in der Revolution von 1848. Zum Zusammenhang von materieller Lage und Revolutionsverhalten der Handwerker 1848/49, in: U. ENGELHARDT (Hg.), Handwerker in der Industrialisierung. Lage, Kultur und Politik vom späten 18. bis ins frühe 20. Jahrhundert, Stuttgart 1984 (=Industrielle Welt, Bd. 37), S. 320–346; PAULY (wie Anm. 28), S. 75 f.; J. BERGMANN, Wirtschaftskrise und Revolution. Handwerker und Arbeiter 1848/49, Stuttgart 1986 (=Industrielle Welt, Bd. 42).
82  Vgl. dazu auch BECHT, Politik (wie Anm. 58), S. 55, und die Beobachtungen von M. WETTENGEL, Die Revolution von 1848/49 im Rhein-Main-Raum. Politische Vereine und Revolutionsalltag im Großherzogtum Hessen, Herzogtum Nassau und in der Freien Stadt Frankfurt, Wiesbaden 1989 (=Veröff. d. Hist. Komm. f. Nassau 49), S. 62 ff. und 286 ff.
83  Vgl. SCHILDT (wie Anm. 67), S. 300 f. Ähnlich RUPIEPER, Sozialgeschichte (wie Anm. 38), S. 168 f., der die bäuerliche Bevölkerung lediglich in der bayerischen Pfalz, nicht aber in Baden an der Revolution von 1849 aktiv beteiligt sieht; sehr zu Recht weist Rupieper jedoch den demokratischen Vereinen die Schlüsselrolle bei der Mobilisierung der landwirtschaftlichen Bevölkerung zu.

Revolutionäre in unserer Stichprobe und immerhin noch 15 Prozent der Volksvereinsmitglieder kommunale Funktionen ausübten, die weitaus meisten davon als Gemeinderäte oder Bürgermeister. Nur die wenigsten von ihnen waren erst im unmittelbaren Vorfeld der Revolution in diese Funktionen gelangt, die Angehörigen der traditionellen lokalen Eliten sind bei weitem in der Überzahl[84].

Die von Hermann-Josef Rupieper vorgeschlagenen Erklärungen für den geringen Anteil der landwirtschaftlichen Bevölkerung an den Trägerschichten der Revolution in Sachsen könnten hingegen auch für Baden gelten[85]: Man mag tatsächlich Verständnis für die Forderungen der Bauern gehabt und ihre revolutionären Akte eher nachsichtig behandelt haben; vielleicht resultierte die geringere Tendenz zur Strafverfolgung aber auch aus der Befürchtung, durch Geld- oder Gefängnisstrafen noch weiteren Landwirten die Existenzgrundlage zu entziehen – nach den Missernten von 1846/47 wäre das kaum eine falsche Überlegung gewesen. Die Agrarkrise von 1845/47 selbst galt bereits Karl Marx als direkter Auslöser der Revolutionsereignisse von 1848, die neuere Forschung vermochte indessen einen direkten Zusammenhang nicht zu bestätigen[86].

Alles in allem halte ich es für gerechtfertigt, von einem vor allem auch durch Handwerksgesellen geringfügig erhöhten Handwerkeranteil und einer beträchtlich höheren Landwirtequote auszugehen. Konkrete Zahlen zu nennen, wäre reine Spekulation, in jedem Falle aber dürfte der Landwirteanteil bei vollständiger Datengrundlage einen erheblichen Sprung in die Nähe des für den Anteil der Bauern an der männlichen Bevölkerung über 14 Jahre errechneten Wertes von knapp 27 Prozent machen.

Der Vergleich der »Raab-Kartei« mit der Stichprobe und den Volksvereinsmitgliedern liefert uns indes vor allem Anhaltspunkte für die Charakterisierung des revolutionären Führungspersonals, für das unsere Stichprobe – wiederum mit städtischem Übergewicht – in rund 90 Prozent der Fälle Berufsangaben liefert: Annähernd sechs Prozent der führenden Revolutionäre rekrutierten sich aus der Lehrerschaft, während diese Berufsgruppe an der Gesamtheit der Revolutionäre lediglich einen Anteil von 2,6 Prozent stellt.

Dass den Lehrern diese Schlüsselfunktion zufiel, hat mehrere Ursachen[87]. Der marode Zustand des badischen Volksschulwesens und insbesondere auch die zum Teil katastrophale wirtschaftliche Lage der Volksschullehrer – die *enorme Diskrepanz zwischen Selbstverständnis und sozialökonomischer Position*[88] – schuf in dieser Berufsgruppe ein ganz beträchtliches Unzufriedenheits- und Protestpotential. Eingaben ganzer Gruppen von Lehrern an die badische Zweite Kammer durchziehen die Geschichte des badischen Landesparlamentes während des gesamten Vormärz wie ein roter Faden; Reformansätze gab es zwar, sie reichten jedoch bei weitem nicht aus, um das Problem einer grundsätzlichen Lösung auch nur näherzubringen.

---

84   Siehe dazu NOLTE (wie Anm. 63), S. 329 ff.
85   Vgl. RUPIEPER, Trägerschichten (wie Anm. 22), S. 91. Rupiepers Argument, dass es für die Strafverfolgungsbehörden möglicherweise schwieriger war, die spontan ablaufenden Aktionen der Landbevölkerung zu rekonstruieren und die Rädelsführer festzustellen, dürfte hingegen in erster Linie für die Ereignisse von 1848 gelten.
86   Vgl. STUKE (wie Anm. 25), S. 30, und RUPIEPER, Sozialgeschichte (wie Anm. 38), S. 162.
87   Vgl. zum folgenden NIPPERDEY (wie Anm. 16).
88   NIPPERDEY (wie Anm. 16), S. 223.

Dass die Lehrer nicht nur unzufrieden waren, sondern zugleich ein überdurchschnittliches Maß an Bildung besaßen und sich in Wort und Schrift besser auszudrücken vermochten als die meisten ihrer Mitbürger, die sie zudem in der Regel nahezu alle persönlich kannten – sei es aus der Lehrertätigkeit oder durch die vielfach nebenbei verrichteten Mesner- oder Organistendienste –, prädestinierte diese Berufsgruppe dazu, vor Ort als Multiplikator auch für umstürzlerisches Gedankengut zu wirken[89]. Dass der eine oder andere Lehrer seine berufliche Autorität dazu benutzte, gerade unter den jüngeren Ortsbewohnern für revolutionäre Anliegen zu werben, lässt sich stark vermuten, wäre im Einzelfall jedoch erst zu prüfen.

Überrepräsentiert sind daneben aber auch die übrigen Kommunal- und Kirchendiener, deren Beteiligung an der Revolution in der bisherigen Fachdiskussion nur ganz vereinzelt thematisiert worden ist. Auch ohne die insgesamt 861 Lehrer kämen die öffentlichen Diener immer noch auf einen Anteil an den Revolutionsaktivisten von über 4 Prozent. Hermann-Josef Rupieper geht gewiss mit Recht davon aus, dass der Anteil der Beamten wie auch der der kommunalen Funktionsträger überproportional groß ist, weil sie im Gegensatz zu den Landwirten mit besonderer Härte verfolgt wurden und ihr Anteil an den Revolutionsereignissen verhältnismäßig leicht festzustellen war[90]. Wir dürfen deshalb bei den staatlichen, kommunalen und kirchlichen Dienern wohl davon ausgehen, dass sie auch in der »Raab-Kartei« weitgehend vollständig erfasst sind.

Für das Gros dieser öffentlichen Bediensteten gelten Beobachtungen wie für die Lehrerschaft: Nahezu alle stammten aus den untersten Gehaltsgruppen und aus den Bereichen, die den gewandelten Erfordernissen der Zeit nicht hinreichend oder sogar überhaupt noch nicht angepasst worden waren. Keineswegs zufällig sind auch außerordentlich viele – zum Teil nebenamtlich tätige – kommunale Bedienstete unter den Revolutionsaktivisten zu finden. Auch die Juristenschwemme und ihre Opfer, etwa die zahlreichen, zum Teil in ärmlichen Verhältnissen und ohne Perspektive im Staatsdienst lebenden »Schriftverfasser«[91], verstärkten das revolutionäre Potenzial. Zu denken wäre insbesondere aber auch an akademisch gebildete Juristen, die zwar als Rechtspraktikanten zumindest vorübergehend Aufnahme in den Staatsdienst fanden, sich einer dauerhaften Berufsperspektive aber keinesfalls sicher sein durften. Ein geradezu typisches Beispiel dafür haben wir in Gestalt des Rechtspraktikanten Gustav von Rotteck vor uns[92], wenngleich Gustav von Rotteck als Sohn des oppositionellen Freiburger Staatsrechtslehrers Karl von Rotteck eine sicher überdurchschnittlich hohe Affinität zu umstürzlerischem Gedankengut besaß. Der Rechtspraktikant Rotteck arbeitete als Aktuar am Bezirksamt Meßkirch und war mit Sicherheit einer der beiden wichtigsten Drahtzieher für den Aufbau der Volksvereinsorganisation im Meßkircher Amt[93].

89  Vgl. dazu auch WÖLK (wie Anm. 16), S. 250.
90  Vgl. RUPIEPER, Trägerschichten (wie Anm. 22), S. 90.
91  Siehe dazu B. WUNDER, Die badische Beamtenschaft zwischen Rheinbund und Reichsgründung (1806–1871), Stuttgart 1998 (=Veröff. d. Komm. f. gesch. Landeskd. in Baden-Württ. B 136), S. 321ff., und – insbesondere zu den Schriftverfassern – K. O. SCHERNER, Advokaten, Revolutionäre, Anwälte. Die Geschichte der Mannheimer Anwaltschaft, Sigmaringen 1997 (=Quellen u. Darstellungen z. Mannheimer Stadtgesch. 5), S. 157.
92  Vgl. zu ihm Badische Biographien 5 (1904/06), S. 674–676.
93  Vgl. HEIM (wie Anm. 40), S. 190f.

Die zweite Zentralfigur der Meßkircher Volksvereinsorganisation steht für die dritte
entscheidende Führungsgruppe: Johann Baptist Roder, Sohn eines vermögenden Gast-
wirtes aus Rheinheim, hatte eine erstklassige Ausbildung in der Schweiz und in Belgien
durchlaufen, hatte 1832 zunächst den väterlichen Betrieb übernommen, betrieb ab 1839
dann aber vor allem die Gastwirtschaft und Posthalterei seines Schwiegervaters. Roder
hatte bereits 1848 am Heckerzug teilgenommen, und er stand auch 1849 an vorderster
Front[94].

Wie Roder zählten insgesamt 15 Prozent der lokalen Schlüsselfiguren zu jener Berufsgruppe, deren revolutionäres Wirken Ludwig Häusser eigenartigerweise nicht so recht
wahrgenommen, möglicherweise aber auch ganz einfach verschwiegen hat, obwohl er sich
über ihre große Bedeutung eigentlich im klaren gewesen sein muss. Dass die Gastwirte
eine wichtige Berufsgruppe – vielleicht die wichtigste überhaupt – darstellten, ist rein zahlenmäßig ebenso offensichtlich wie bei den Lehrern: Hier wie dort zählte rund ein Viertel
der Gesamtheit zu den Revolutionsaktivisten; im Jahre 1847 gab es in Baden insgesamt
6 200 Gast-, Speise- und Schankwirtschaften[95], mehr als 23 Prozent der zugehörigen Gas-
tronomen exponierten sich für die Revolution. Nebenbei: In Baden übertraf die Zahl der
Gastwirte die der Lehrer um schätzungsweise 25 Prozent.

Die Gastwirte spielten als örtliche Meinungsbildner und Multiplikatoren politischer
Einstellungen schon im Vormärz eine entscheidende Rolle[96] – wenn die Gastwirte schon
in der Anfangsphase des badischen Parlamentarismus zeitweilig bis zu 15 Prozent der
Wahlmänner und Abgeordneten stellten[97], so macht das deutlich, dass die politische
Schlüsselrolle dieser Berufsgruppe durchaus als »traditionell« bezeichnet werden kann. In
die Wirtshäuser ging man nicht nur, um Speisen oder Getränke zu sich zu nehmen, sondern auch zum Zwecke der Kommunikation im Kreise der Gäste oder zur Zeitungslektüre. In den Gastwirtschaften lagen Zeitungen zur Lektüre aus, durch ihre eigene Zeitungslektüre zählten die Wirte mit Sicherheit zu den am besten informierten lokalen
Persönlichkeiten. Ihre Entscheidung, bestimmte Zeitungen zu abonnieren, signalisierte
zudem nach außen, welche politische Haltung sie – und damit wohl auch ihre Gäste – prä-
ferierten. Als Signal wirkten die Zeitungsabonnements aber noch in anderer Hinsicht: Die
Redaktionen der politischen Blätter wussten natürlich, wer ihre Abonnenten waren, und
so konnte der Dauerbezug einer Zeitung durchaus in einen festeren Kontakt zu auswärtigen Oppositionellen münden. Die Suche nach einem örtlichen Gewährsmann im Vorfeld

---

94   Siehe zu ihm Becht, Parlamentarier (wie Anm. 5), S. 261.
95   Vgl. Amtliche Beiträge (wie Anm. 71), S. 35, und Dietz (wie Anm. 75), S. 18.
96   Vgl. dazu H.-P. Becht, Die badische Zweite Kammer und ihre Mitglieder, 1819 bis 1841/42.
Untersuchungen zu Struktur und Funktionsweise eines frühen deutschen Parlamentes, Heidelberg
1985, S. 66f.; M. Hörner, Die Wahlen zur badischen zweiten Kammer im Vormärz (1819–1847),
Göttingen 1987 (=Schriftenreihe d. Hist. Komm. b. d. Bayer. Akad. d. Wiss. 29), S. 369 und 374;
Nolte (wie Anm. 63), S. 177f.; Deuchert (wie Anm. 16), S. 195f. Siehe jetzt auch K. H. Wegert,
Wirtshaus und Café, in: Dipper/Speck (wie Anm. 20), S. 170–182; Norbert Müller, Revolutions-
Rausch im Breisgau? Überlegungen zu Alkoholkonsum, Wirtshäusern und ihren Betreibern um die
Mitte des 19. Jahrhunderts, in: Zeitschr. d. Breisgau-Gesch.vereins »Schau-ins-Land« 118 (1999),
S. 113–130. – Pauly (wie Anm. 28), S. 76, ermittelte auch für den Mainzer »Demokratischen Verein«
eine deutliche Überrepräsentation der Gastwirte.
97   Vgl. Becht, Zweite Kammer (wie Anm. 96), S. 66; Hörner (wie Anm. 96), S. 219.

von Wahlen etwa konnte den Blick in das Abonnentenverzeichnis eines oppositionellen Blattes und die anschließende direkte Kontaktaufnahme nach sich ziehen.

Darüber hinaus fungierten die Wirtshäuser natürlich auch als Umschlagplätze für lokalen Klatsch, es dürfte – außer vielleicht manchen Ortspfarrern – kaum jemand gegeben haben, der über die örtlichen Ereignisse besser Bescheid wusste als die Gastwirte. Soweit ihre Gastwirtschaften auch als Posthaltereien dienten, hatten die betreffenden Wirte mit Sicherheit auch hinsichtlich überlokaler Ereignisse einen nicht unbeträchtlichen Informationsvorsprung.

Die für unseren Zusammenhang wichtigste Funktion der Wirtshäuser war aber mit Sicherheit die des örtlichen Kommunikationszentrums: Zu Wirtshausbesuchen traf man sich nicht nur nach dem Kirchgang. Die Zeitungslektüre war zweifellos ein »geselliges Ereignis« und mag sich vielfach zum durch Alkohol beflügelten Diskurs über das Gelesene entwickelt haben. Der Weg von dieser quasi öffentlichen politischen Diskussion hin zu förmlichen politischen Versammlungen war nicht eben weit.

Wie ausgeprägt die Funktion der Gastwirte als Multiplikatoren politischer Einstellungen schon zwei Jahrzehnte vor der Revolution war, ist daraus zu ersehen, dass diverse Gasthäuser insbesondere in Schwarzwaldgemeinden schon in den 30er Jahren als oppositionelle Treffpunkte staatlicherseits aktenkundig wurden[98]. Auch für die Subskriptionsaufrufe für eine Itzstein-Ehrenmünze im Jahre 1842 fungierten vielfach Gastwirte als Verteiler[99]. Dass dann im Jahre 1849 rund sechseinhalb Prozent aller belegten Volksvereinsmitglieder Gastwirte waren – ihr Bevölkerungsanteil lag bei einem halben Prozent –, ist in seiner Tragweite kaum zu überschätzen: In ihnen dürfen wir den entscheidenden Motor für die rasante Mobilisierung und Organisierung des revolutionären Potenzials der badischen Gemeinden in den Volksvereins-Ortsgruppen sehen, und wir dürfen auch annehmen, dass die Radikalen nach dem Muster der Vormärz-Oppositionellen ganz gezielt den Kontakt zu den Angehörigen dieser Berufsgruppe herstellten, soweit sie sich nicht auf längst geknüpfte Verbindungen stützen konnten.

Eine sehr wichtige Frage bleibt damit freilich unbeantwortet, nämlich die nach den Beweggründen für die enorme Affinität der Gastwirte zu oppositionellem Gedankengut. Die konkreten gruppenspezifischen Interessenlagen scheiden – anders als bei den Lehrern – mit hoher Wahrscheinlichkeit aus, zählten die Gastwirte in ihrer Mehrheit doch zu den finanziell besser gestellten Bevölkerungsgruppen. Die Umsatzeinbrüche beim Wein zwischen 1844 und 1846, denen freilich eine im gleichen Zeitraum beträchtlich erhöhte Bierproduktion gegenüberstand[100], dürften wohl nur wenige Wirte in ernsthafte Schwierigkeiten gebracht haben. Dass oppositionelles Gedankengut unter den Wirten auch schon lange vorher ein starkes Echo fand, legt es zudem nahe, aktuelle Entwicklungen der unmittelbaren Vor-Revolutionszeit als auslösende Faktoren auszuschließen. Wie viele der unter den Volksvereinsmitgliedern enorm zahlreichen Gastwirte eher aus geschäftlichen

---

98 Vgl. ebd.
99 Vgl. ebd., S. 374.
100 Vgl. die Einnahmen- und Ausgabennachweise des badischen Finanzministeriums, in: Budget über die ordentlichen Einnahmen und Ausgaben für 1848 und 1849 [...]. Vorlagen der Regierung an die Stände nach Eröffnung des Landtags von 1847. Verhandlungen der Stände-Versammlung des Großherzogthums Baden im Jahre 1847–1849. Enthaltend die Protokolle der Zweiten Kammer, Beilagenheft 3, S. V/75 und V/79.

denn aus politischen Gründen Anschluss an den Volksverein suchten, wissen wir dabei natürlich nicht. Wie das Beispiel des erwähnten Johann Baptist Roder zeigt, den man fraglos als »reich« bezeichnen kann, waren es aber keinesfalls nur die von Häusser erwähnten »bankrotten Wirte«, die sich der Sache des Volksvereins annahmen.

In diesem Zusammenhang besitzen drei weitere Zahlen beträchtliche Aussagekraft: 8 Prozent der Revolutionsteilnehmer in der »Raab-Kartei«, ein Viertel der Revolutionäre in der Stichprobe und 15 Prozent der nachgewiesenen Volksvereinsmitglieder übten auf kommunaler Ebene Ehrenämter aus, zumeist als Gemeinderäte oder Bürgerausschussmitglieder, oftmals aber auch als Bürgermeister. Die Zahl von 816 kommunalen Funktionsträgern unter den 5492 Volksvereinsmitgliedern kann in zweierlei Hinsicht interpretiert werden: Zum einen lässt sich diese Zahl als Ergebnis der beträchtlichen Politisierung selbst in kleinen und kleinsten Gemeinden betrachten. Sie verdeutlicht, wie viele Anhänger oppositionellen und radikalen Gedankengutes in den sieben Jahren seit dem Beginn der politischen Polarisierung in Baden in den Jahren 1841 und 1842 zur Basis der badischen Linken gestoßen waren. Zum anderen aber lässt sich an dieser Zahl die Strategie ablesen, die den Volksvereinen innerhalb kürzester Zeit den Aufstieg zur Massenbewegung bescherte: Gestützt auf längst vorhandene Kontakte in die Bezirke, aktivierten die Volksvereinslenker bevorzugt Sympathisanten aus den lokalen Oberschichten, die als Inhaber öffentlicher Ämter oder auf Grund ihrer Berufstätigkeit zugleich prädestiniert dafür waren, als Multiplikatoren zu wirken. Die Trias an der Spitze des Weinheimer Volksvereins war ein typisches Beispiel: Als Vorsitzender amtierte der örtliche Bürgermeister, das Amt des Schriftführers hatte ein Lehrer übernommen, als Kassierer fungierte ein Gastwirt[101].

All dies deutet nicht nur auf eine beträchtlich große soziale Homogenität der Volksvereinsmitglieder und vor allem der Führungsgruppen hin, sondern lässt auch erkennen, wie weit die Politisierung des Gemeindelebens zumindest in einzelnen Regionen seit der Mitte der 40er Jahre vorangeschritten war. Paul Noltes Sichtweise der Revolutionsereignisse von 1849 als der *Konsequenz, die das radikalisierte Gemeindebürgertum aus der politischen Entwicklung seit dem Vormärz zog*, ist fraglos richtig[102]. Entgegen dem langjährigen Forschungstrend wird man auf der Suche nach dem Potenzial, das der badische Radikalismus als Basis suchte und fand, wieder mehr die kleinstädtischen und dörflichen Eliten in den Blick nehmen müssen. Sie und nur sie waren in der Lage, die Revolution in die Gemeinden zu tragen, vor Ort und oftmals noch vor dem Umsturz in Karlsruhe, noch vor der *institutionalisierten und legalisierten Revolution*, eine *Revolution der ›kleinen Lebenswelten‹*[103], eine Meßkircher, Sinsheimer, Stettener oder Wieslocher Revolution durchzuführen.

101  Vgl. Deuchert (wie Anm. 16), S. 302.
102  Nolte (wie Anm. 63), S. 392.
103  Zu diesem Begriffspaar Langewiesche, Agrarbewegungen (wie Anm. 39), S. 275f.

# V. Bilanz

Die wichtigsten Beobachtungen, die sich aus unserer Analyse der Trägerschichten der badischen Revolutionen ergaben, scheinen mir angesichts des Standes der Forschung folgende zu sein:

1. Es hat sich gezeigt, dass die Revolutionsereignisse von 1848 wie die von 1849 vor allem von der ländlichen Bevölkerung getragen wurden, der Anteil der mittleren und größeren Städte ist demgegenüber deutlich unterproportional.

2. Ein wesentlicher Grund für diesen Sachverhalt ist darin zu sehen, dass der badische Radikalismus bereits 1848, verstärkt aber 1849 das im Verlaufe des Vormärz geknüpfte oppositionelle Netzwerk für sich nutzbar zu machen vermochte, das von der Zentrale Mannheim aus vor allem die Landgebiete Südbadens erfasste. Die Hochburgen des revolutionären Radikalismus waren dabei im wesentlichen dieselben, auf die sich auch bereits die Vormärz-Opposition gestützt hatte.

3. Die Volksvereine bildeten zwar durchaus ein landesweites Netz, dessen Leistungsfähigkeit indessen regional höchst unterschiedlich war. Der gesamte mittelbadische Raum zwischen Bühl und Philippsburg blieb ebenso ein weißer Fleck auf der Volksvereins-Landkarte wie die Gebiete am Hochrhein; es erwies sich in diesen Gebieten als unmöglich, dem Radikalismus eine Massenbasis zu schaffen.

4. Die Rolle der Handwerker war in der badischen Revolution wesentlich weniger zentral, als es Hermann-Josef Rupieper für Sachsen nachgewiesen hat. Die Handwerker waren unter den Revolutionären in etwa so vertreten, wie es ihrem Anteil an der Gesamtbevölkerung entsprach.

5. Die landwirtschaftliche Bevölkerung war unter den Revolutionären zwar unterrepräsentiert, ihr Anteil ist jedoch mit Sicherheit erheblich höher, als bisher angenommen. Zudem kam das Gros der ländlichen Revolutionäre nicht aus den unterbäuerlichen Schichten, sondern rekrutierte sich aus Klein- und Hofbauern bis hin zu dörflichen Eliten.

6. Unter den Führungsgruppen der badischen Revolution spielten quantitativ wie qualitativ drei Berufsgruppen eine Schlüsselrolle, nämlich die Volksschullehrer, der öffentliche Dienst, insbesondere niedere Kommunal- und Staatsbedienstete, und vor allem die Gastwirte. Die lokalen Meinungsführer standen also in besonders großer Zahl aufseiten der Revolution, wobei die Gastwirte bereits im Vormärz die klassischen lokalen Meinungsbildner und Multiplikatoren waren.

7. Wie sehr sich die badische Revolution auf traditionelle Gemeindeeliten stützte, zeigt sich auch und gerade am enorm hohen Anteil der kommunalen Funktionsträger an den Revolutionären. Dass es gelang, einen großen Teil von ihnen für die Revolution zu gewinnen, spielte eine entscheidende Rolle für die rasche und wirksame Ausbreitung des revolutionären Gedankengutes.

Wir kommen nun auch nicht umhin, noch einmal Ludwig Häusser die Ehre zu geben, denn er hatte tatsächlich uneingeschränkt Recht: *alle Klassen der Gesellschaft lieferten ihr Kontingent* – in einer 134 Jahre jüngeren Publikation lautet die Formulierung nur unwesentlich verändert, dass *nahezu alle Schichten eine Modifizierung des bisherigen Gesellschaftssystems anstrebten*[104]. In dem daraus resultierenden *Gegen- und Nebeneinander*

---

104 RUPIEPER, Sozialgeschichte (wie Anm. 38), S. 178; s. auch SCHIEDER (wie Anm. 25), S. 45.

*unterschiedlicher schichtenspezifischer Interessen und Forderungen* liegt nicht zuletzt auch eine wesentliche Ursache für das Scheitern der Revolution[105].

Wenn nun tatsächlich *alle Klassen der Gesellschaft* [...] *ihr Kontingent* lieferten, so wird man zweifelsohne auch Dieter Langewiesches These von der Gleichzeitigkeit, von der Parallelität einer *institutionalisierten und legalisierten Revolution* einerseits und einer *Revolution der kleinen Lebenswelten* andererseits zustimmen müssen. Beide Ebenen der Revolution haben sich in Baden jedoch wie sonst nirgendwo verbunden. Möglich wurde dies, weil mit den Volksvereinen eine tragfähige organisatorische Basis geschaffen wurde, die auf bereits vorhandene politische Kommunikationsstrukturen, auf längst formierte politische Bewegungen, auf eine höchst aktive politische Funktionselite auf lokaler Basis und auf eine bereits seit 1842 zunehmend politisierte Bevölkerung aufbauen konnte. Allein schon die seit den frühen 40er Jahren feststellbare landesweite Tendenz zum »permanenten Wahlkampf« und die daraus resultierende kontinuierliche Artikulation politischer Forderungen in den Gemeinden und Bezirken sind in ihren Konsequenzen kaum zu überschätzen. Die besondere Qualität der badischen Revolution geht mithin in letzter Konsequenz wesentlich auf den Auslöser dieser Entwicklung zurück – die Konfrontationspolitik, die das Ministerium Blittersdorff seit 1838 verfolgte und die das Großherzogtum Baden in eine dauerhafte und zuletzt akute Staatskrise manövrierte[106].

Mit diesen Feststellungen entfernen wir uns noch einmal ein gutes Stück von einer Revolutionstheorie mit allgemeiner Erklärungskraft. Wer sich ihr wieder annähern will, wird, so denke ich, insbesondere der Frage nach dem ländlichen Protestpotential, seinen Ursprüngen, seinen Aktionsformen und seinen Zielen nachgehen müssen.

---

105  RUPIEPER, Sozialgeschichte (wie Anm. 38), S. 178.
106  Vgl. BECHT, Ständesaal (wie Anm. 65), S. 58 ff.

# Wollt Ihr nicht selbst freie Männer werden?
## Soldaten und die Bürgerrechtsbewegung von 1848/49 in Baden, Württemberg und Hessen

VON SABRINA MÜLLER

*Wollt Ihr nicht selbst freie Männer werden? Nun wohlan! Streitet für die deutschen Grundrechte, welche den deutschen Soldaten erst zum freien Menschen machen.* Dieses Zitat stammt aus dem Aufruf der demokratischen Märzvereine *An das deutsche Heer* vom 6. Mai 1849. Die Flugschrift forderte die Soldaten in allen deutschen Bundesstaaten auf, den Kampf für die Reichsverfassung zu unterstützen und damit die Verwirklichung der Grundrechte, die in dieser Verfassung verankert waren[1].

Bekanntlich kam es zwischen dem 11. und dem 14. Mai 1849 zu einem Soldatenaufstand in den badischen Garnisonen, der zur Flucht des badischen Großherzogs führte und dadurch die Bildung einer revolutionären Regierung ermöglichte[2]. Die Soldaten in den anderen Bundesstaaten hingegen blieben – abgesehen von den bayerischen Truppen in der Rheinpfalz – weitgehend loyal. Die Hoffnung der badischen und der pfälzischen Revolutionsregierung, dass die hessischen und die württembergischen Mannschaften den Aufstand ebenfalls unterstützen würden, erfüllte sich nicht. Am 30. Mai 1849 schlugen hessische Reichstruppen die badische Revolutionsarmee, die einen Vorstoß auf hessisches Gebiet gewagt hatte, bei Hemsbach in die Flucht[3]. Württembergische Infanteristen und Reiter hinderten am 18. Juni 1849 das Rumpfparlament, das eine Armee für die Durchsetzung der Reichsverfassung organisieren wollte, mit Gewalt an weiteren Sitzungen[4]. Hessische und württembergische Soldaten gehörten auch zu den Interventionstruppen unter dem Reichsgeneral Eduard von Peucker, die im Juni 1849 neben preußischen Armeekorps den badischen Aufstand für die Reichsverfassung niederschlugen[5].

Welche Ursachen gibt es für das unterschiedliche Verhalten der badischen, württembergischen und hessischen Soldaten während der Reichsverfassungskampagne? Interpretiert man diese Erhebung als Kampf für die Grundrechte, so stellt sich die Frage, ob die württembergischen und die hessischen Soldaten 1848/49 ein anderes Verhältnis zur Bürgerrechtsbewegung entwickelt hatten als die badischen Soldaten.

---

1 Abdruck in: F. X. VOLLMER, Der Traum von der Freiheit. Vormärz und 48er Revolution in Süddeutschland in zeitgenössischen Bildern, Stuttgart 1983, S. 284.
2 GLA 48/5084.
3 Ebd.; StAD E 8 C 48/2; 48/6; BAF DB 52/13.
4 HStAS E 271 c Bü 713.
5 BAF DB 52/13; StAD E 8 C 46/3; 46/4; 46/6; HStAS E 271 c Bü 720, 722.

Mein Beitrag geht dieser Frage in fünf Schritten nach: Der erste Abschnitt beleuchtet die politische Rolle des Militärs während der Revolution. Wie definierten die politische und die militärische Führungsschicht das Verhältnis der Soldaten zur Grundrechtsbewegung? Der Begriff Bürgerrechtsbewegung oder Grundrechtsbewegung bezeichnet im Folgenden sowohl den Teil der Revolutionsbewegung, der sich durch Versammlungen, Vereine, Petitionen oder Flugschriften für Grundrechte wie Presse-, Versammlungs- und Meinungsfreiheit einsetzte, als auch Parlamentarier, Freischärler und Bürgerwehren, die sich im Mai und Juni 1849 dafür entschieden, die Reichsverfassung notfalls mit Gewalt gegen die Opposition der mächtigeren Bundesstaaten in ganz Deutschland durchzusetzen.

Der zweite Teil geht kurz auf die soziale Herkunft der Mannschaften ein und schildert dann, auf welche Weise die Soldaten sich 1848/49 mit der Bürgerrechtsbewegung auseinander setzten. Die Argumente, mit denen Revolutionäre Soldaten für ihre Ziele zu gewinnen suchten, und die Disziplinierungsmethoden, mit denen die militärische Führungsschicht diesen Einflüssen entgegenwirkte, sind Gegenstand des dritten und vierten Abschnitts. Vor diesem Hintergrund erörtert der fünfte Teil, weshalb es nur in Baden, nicht aber in Hessen und in Württemberg zu einer Erhebung der Soldaten für die Reichsverfassung kam.

Mein Beitrag stützt sich hauptsächlich auf die Militärakten der drei Bundesstaaten Württemberg, Baden und Hessen-Darmstadt aus dem Hauptstaatsarchiv Stuttgart, dem Generallandesarchiv Karlsruhe und dem Staatsarchiv Darmstadt, insbesondere auf Berichte von Offizieren an vorgesetzte Behörden, auf Gerichtsakten, Petitionen von Soldaten, revolutionäre Flugschriften und militärische Personalunterlagen. Während die Überlieferung der badischen und der württembergischen Armee sehr gut ist, weist der Bestand der hessischen Armee große Lücken auf[6].

# I.

Das Militär hatte in der ersten Hälfte des 19. Jahrhunderts hauptsächlich eine innenpolitische Funktion[7]. Die Großherzogtümer Hessen und Baden sowie das Königreich Württemberg besaßen jeweils eine eigene Armee, die auf die Person des Landesfürsten vereidigt war. Die Soldaten wurden in der Regel auf die Anforderung der Zivilbehörden hin gegen Protestaktionen der Bevölkerung eingesetzt.

Die badische, die hessische und die württembergische Armee bildeten zugleich die drei Divisionen des 8. deutschen Armeekorps. Die Kontingente des Bundesheeres waren vorwiegend zur Unterdrückung von Aufständen vorgesehen, für deren Niederschlagung die Truppen eines Einzelstaates zu schwach erschienen.

Im Vormärz schritten Soldaten unter anderem gegen sozial motivierte Protestaktionen ein wie etwa gegen die Bauernrevolten in Hessen 1830 oder die Hungerunruhen in Stutt-

6   Ausführliche Literatur- und Quellenhinweise finden sich in: S. MÜLLER, Soldaten in der deutschen Revolution von 1848/49 (Krieg in der Geschichte 3), Paderborn/München/Wien/Zürich 1999.
7   Vgl. zum Folgenden: Ebd., S. 14–15.

gart und Ulm vom Mai 1847[8]. Soldaten dienten weiterhin dazu, Grundrechte wie die Versammlungsfreiheit zu unterdrücken. So wurde am 19. November 1845 in Mannheim eine Gemeindeversammlung, die auch über die Einschränkung der Grundrechte durch die Polizei diskutieren wollte, mit Hilfe von Soldaten aufgelöst[9].

Die Bürgerrechtsbewegung vom März 1848 zielte auf die Integration des Militärs in die Staatsbürgergesellschaft. Bürgerversammlungen und Petitionen forderten die Vereidigung der einzelstaatlichen Armeen auf die Landesverfassungen und die Ergänzung oder Ablösung des stehenden Heeres durch eine allgemeine Volksbewaffnung bei freier Wahl der Offiziere[10]. Die Landesfürsten kamen diesen Forderungen entgegen. Das Militärsystem wurde jedoch weder auf Bundes- noch auf Landesebene grundlegend reformiert.

Durch die Vereidigung der Armeen auf die Landesverfassungen wurden die Soldaten im März 1848 zur Verfassungstreue verpflichtet[11]. Die Bürgerwehren, die sich unter Kontrolle staatlicher und kommunaler Behörden bildeten, waren dazu vorgesehen, das Militär bei der Aufrechterhaltung der öffentlichen Ordnung zeitweise abzulösen oder zu ergänzen[12]. Soldaten standen bereit, falls die Bürgerwehren zu schwach oder nicht willens waren, Protestaktionen zu unterdrücken.

Im Zusammenhang mit den Konzessionen der Landesfürsten, die Versammlungs-, Presse- und Vereinsfreiheit sowie die Bildung eines nationalen Parlaments gewährten, wurde auch das Verhältnis der Soldaten zur reformorientierten Bürgerrechtsbewegung definiert. Soldaten erhielten ebenso wie die neugebildeten Bürgerwehren die Aufgabe, die gesetzlich verankerten Freiheiten zu schützen und die eingeleiteten Reformen abzusichern. Die schwarz-rot-goldenen Kokarden und Bänder an den Uniformen und Regimentsfahnen, die im Laufe des ersten Revolutionshalbjahres eingeführt wurden, signali-

---

8　E. G. FRANZ, Der Staat der Großherzöge von Hessen und bei Rhein 1806–1918, in: W. HEINEMEYER (Hg.), Das Werden Hessens, Marburg 1986, S. 481–515, hier S. 489; P. SAUER, Das württembergische Heer in der Zeit des Deutschen und des Norddeutschen Bundes (Veröffentlichungen der Kommission für geschichtliche Landeskunde in Baden-Württemberg B 5), Stuttgart 1958, S. 107; M. MÜLLER-HARTER, Ulm 1847. 1. Mai 7.00 bis 13.00. Auf der Suche nach den Hintergründen eines Teuerungstumultes (Untersuchungen des Ludwig-Uhland-Instituts der Universität Tübingen 81), Tübingen 1993.
9　P. NOLTE, Gemeindebürgertum und Liberalismus in Baden 1800–1850. Tradition – Radikalismus – Republik (Kritische Studien zur Geschichtswissenschaft 102), Göttingen 1994, S. 279–282.
10　M. WETTENGEL, Frankfurt und die Rhein-Main-Region, in: C. DIPPER/U. SPECK (Hgg.), 1848. Revolution in Deutschland, Frankfurt am Main/Leipzig 1998, S. 130–151, hier S. 133; M. WETTENGEL, Die Revolution von 1848/49 im Rhein-Main-Raum. Politische Vereine und Revolutionsalltag im Großherzogtum Hessen, Herzogtum Nassau und in der Freien Stadt Frankfurt (Veröffentlichungen der Historischen Kommission für Nassau 49), Wiesbaden 1989, S. 52; W. SIEMANN, Die deutsche Revolution von 1848/49 (edition suhrkamp 1266, N.F. 266, Historische Bibliothek), Frankfurt am Main 1985, S. 61, 136.
11　GLA 238/280; Großherzoglich Hessisches Regierungsblatt, Nr. 9, 6.3.1848, S. 65–66; Frankfurter Oberpostamts-Zeitung (FO), Nr. 69, 9.3.1848; SAUER (wie Anm. 8), S. 107–108.
12　Gesetz vom 1.4.1848, die Volksbewaffnung betreffend, in: Regierungs-Blatt für das Königreich Württemberg, 2.4.1848, S. 105; Gesetz vom 1.4.1848, die Errichtung einer Bürgerwehr im Großherzogthum betreffend, in: Großherzoglich Badisches Regierungs-Blatt, Nr. 20, 3.4.1848, S. 73; WETTENGEL, Frankfurt (wie Anm. 10), S. 133–134.

sierten, dass die Landesregierungen die Bildung eines deutschen Nationalstaats mit einer freiheitlichen Verfassung mit Hilfe ihrer Armee unterstützen wollten[13].

Die Rolle des Militärs als *Vertheidiger der verfassungsmäßigen Ordnung* kam unter anderem in einem Tagesbefehl des Kommandeurs des 8. deutschen Armeekorps vom 16. April 1848 zum Ausdruck, der sich an die württembergischen, hessischen und badischen Soldaten richtete, die zur Niederschlagung des badischen Aprilaufstandes eingesetzt wurden. Prinz Friedrich von Württemberg erklärte den Soldaten, dass sie nur *unter sorgfältiger Wahrung der verfassungsmäßigen Freiheiten* gegen Unruhen einschreiten würden, *denn ferne sey von uns Allen der Gedanke, auch nur eines der Rechte, welche namentlich die jüngsten Tage den Völkern verliehen haben, antasten zu wollen*[14].

Das Feindbild, das Soldaten in Tagesbefehlen der Kommandeure oder Bekanntmachungen der Landesfürsten und der neu gebildeten Ministerien vermittelt wurde, bezog sich auf jene Gruppen, die sich mit den Konzessionen nicht begnügten, sondern die Veränderung des politischen Systems mit Gewalt erzwingen wollten[15]. Entsprechend dieser Rollenvorgabe zielten Militäraktionen 1848 zunächst gegen gewaltsame Proteste wie Bauernunruhen oder Angriffe der Rheinschiffer auf Schleppdampfboote[16]. Die Hauptaufgabe der Truppen bestand in der Verhinderung oder Niederschlagung republikanischer Freischarenaufstände, sei es durch die Gefechte gegen Freischärler im April und September 1848, durch Beobachtungskorps in Baden und Rheinhessen oder durch die Entwaffnung von Gemeinden und Bürgerwehren, die mit einem Aufstand sympathisiert hatten[17]. Wiederholt kontrollierten Soldaten Volksversammlungen, um zu verhindern, dass sich diese zum Ausgangspunkt eines Freischarenaufstandes entwickelten[18].

Die Einschränkung und Unterdrückung von Grundrechten mit militärischer Gewalt vollzog sich zunächst in engem Zusammenhang mit Militäraktionen gegen Freischarenaufstände. Nach der Niederschlagung des badischen Aprilaufstandes wurden der See- und Oberrheinkreis sowie Mannheim zeitweise in Kriegszustand versetzt. Volksversammlungen waren verboten[19]. Im Sommer 1848 richtete sich die antirepublikanische Regierungs-

---

13   R. MIELITZ, Das badische Militärwesen und die Frage der Volksbewaffnung von den Jahren des Rheinbundes bis zur 48er Revolution, Diss. phil. Freiburg i. Br. 1956, S. 286; HStAS E 271 c Bü 242; K. BUCHNER, Das Großherzogthum Hessen in seiner politischen und socialen Entwicklung vom Herbst 1847 bis zum Herbst 1850, Darmstadt 1850, S. 83.

14   StAD E 8 C 40/4.

15   Vgl. Bekanntmachung des badischen Großherzogs vom 10.4.1848, in: Großherzoglich Badisches Regierungs-Blatt, Nr. 23, 11.4.1848, S. 105–106; Tagesbefehl von Generalleutnant Moriz von Miller vom 15.4.1848, in: Kriegsarchiv München (KA) B 741; Verkündigung vom 6.7.1848, die Aufrechterhaltung der gesetzlichen Ordnung betreffend, in: Großherzoglich Hessisches Regierungsblatt, Nr. 33, 7.7.1848, S. 197–199.

16   GLA 236/8892; 238/268–269; 236/8203–8204; 234/10201–10202; HStAS E 271 c Bü 701; E 289 a Bü 317; WETTENGEL, Revolution (wie Anm. 10), S. 71–74, 168–169; Augsburger Allgemeine Zeitung (AAZ), Nr. 131, 10.5.1848, S. 2083; StAD O 59 Camesasca.

17   Vgl. MÜLLER (wie Anm. 6), S. 54–67, 93.

18   Vgl. zu Ettlingen, 16.7.1848: K. HOCHSTUHL/R. SCHNEIDER: Politische Vereine in Baden 1847–1849, in: Zeitschrift für die Geschichte des Oberrheins 147, N.F. 108, 1998, S. 350–436, hier S. 371; GLA 69 von Freydorf, Nr. 4; AAZ, Nr. 201, 19.7.1848, S. 3202; und zu Cannstatt, September 1848: BAF DB 54/70; SAUER (wie Anm. 8), S. 125; VOLLMER (wie Anm. 1), S. 249.

19   HStAS E 289 a Bü 307; KA B 737; B 743.

politik zunehmend gegen Bürger, die den Handlungsspielraum, den die Vereins-, Presse- und Versammlungsfreiheit boten, dazu benutzten, um in Reden und Zeitungsartikeln für das republikanische Regierungssystem einzutreten[20].

Alle drei Landesregierungen machten indes deutlich, dass sie den allmählichen System-wandel auf Reichsebene, der durch die Arbeit der Frankfurter Nationalversammlung vor-bereitet wurde, unterstützen wollten. Sie brachten ihren Reformwillen zum Ausdruck, indem sie im Gegensatz zu Bayern, Österreich, Preußen und Hannover der Reichsverfas-sung zustimmten, die von der Nationalversammlung Ende März 1849 verabschiedet wor-den war[21]. Württemberg war das einzige Königreich, das die Reichsverfassung anerkann-te. Dies war vor allem dem liberalen württembergischen Regierungschef Friedrich Römer zu verdanken, der dem König die vorbehaltlose Zustimmung zur Reichsverfassung abge-rungen hatte[22].

Sowohl die badische als auch die hessische und die württembergische Regierung lehn-ten es jedoch ab, mit Hilfe ihrer Armeen Druck auf die Monarchen auszuüben, die ihre Zustimmung zur Reichsverfassung verweigert hatten. Tagesbefehle und Bekanntmachun-gen warnten die Soldaten vor jenen, die *unter dem Deckmantel der Reichsverfassung die Aufregung für ihren Kampf zum allgemeinen Umsturz der Staatsverhältnisse benutzen könnten*[23]. Jene Bürger, die die Durchsetzung der Reichsverfassung mit Gewalt erzwin-gen wollten, wurden mit Rebellen gleichgesetzt, die ihr Land in einen Bürgerkrieg stürz-ten und dadurch die Fortsetzung der Reformpolitik verhinderten.

Nicht nur die Niederschlagung der republikanischen Freischarenaufstände, sondern auch Militäraktionen gegen die militante Reichsverfassungskampagne wurden somit als Schutz der reformorientierten Bürgerrechtsbewegung legitimiert. Diese Politik begüns-tigte die Loyalität der Soldaten, die Anhänger der Grundrechtsbewegung waren, aber vor der Beteiligung an einem Aufstand für Bürgerrechte zurückschreckten.

Es erhebt sich somit die Frage, weshalb sich die badischen Mannschaften trotz der Reformpolitik ihrer Regierung im Gegensatz zu den württembergischen und hessischen Soldaten an einer Revolte für die Reichsverfassung beteiligten. Zunächst ein Blick auf die soziale Herkunft der Mannschaften und ihre Auseinandersetzung mit der Bürgerrechts-bewegung.

---

20   Vgl. das Verbot der demokratischen Vereine in Baden am 22.7.1848: HOCHSTUHL/SCHNEIDER (wie Anm. 18), S. 373; Königliche Verordnung vom 12.7.1848, betreffend das Verbot des demokrati-schen Kreisvereins in Stuttgart, in: Regierungs-Blatt für das Königreich Württemberg, Nr. 41, 15.7.1848, S. 317–318.
21   E. R. HUBER, Deutsche Verfassungsgeschichte seit 1789, Bd. 2: Der Kampf um Einheit und Freiheit 1830 bis 1850, Stuttgart/Berlin/Köln/Mainz 3 1988, S. 852–854.
22   Der Beobachter, Nr. 103, 26.4.1849, Extra-Beilage; HStAS E 9 Bü 102.
23   Verkündigung des hessischen Innenministeriums vom 14.5.1849, in: Großherzoglich Hessi-sches Regierungsblatt, Nr. 31, 15.5.1849, S. 274 a-c, hier S. 274 a; vgl. die Aufrufe des hessischen Großherzogs und des württembergischen Kriegsministers vom 15.5.1849 und 17.5.1849, in: StAD E 8 C 43/5; Erklärung des württembergischen Gesamtministeriums vom 8.6.1849, in: BAF DB 54/14; Bekanntmachung des badischen Großherzogs vom 17.5.1849, in: GLA 69 von Freydorf, Nr. 25.

## II.

Die badischen, die württembergischen und die hessischen Mannschaften wurden bis 1848 durch das so genannte Konskriptionssystem rekrutiert[24]. Das Los entschied, welche der Männer, die ihr zwanzigstes Lebensjahr vollendet hatten, zum Militär eingezogen wurden. Die Rekruten konnten sich durch die Bezahlung eines Einstehers, der stellvertretend für sie diente, für 250 bis 400 Gulden vom Militärdienst befreien[25].

Die Infanteristen dienten in der Regel sechs Monate bis ein Jahr (Artilleristen und Reiter zwei bis drei Jahre), bevor sie beurlaubt und nur noch zu den Herbstübungen oder bei außergewöhnlichen Mobilmachungen einberufen wurden[26]. Infolge der wiederholten Mobilmachungen während der Revolution bestanden die Mannschaften überwiegend aus Rekruten und Soldaten, die aus dem Urlaub einberufen worden waren, also einfachen Soldaten mit einer engen Bindung an die Zivilbevölkerung. Einsteher und Soldaten, die freiwillig in die Armee eingetreten waren, machten nur etwa 20 Prozent der Mannschaften aus.

Das Konskriptionssystem bewirkte, dass die Soldaten sich hauptsächlich aus den ärmeren Bevölkerungsschichten rekrutierten. Wie ein Vergleich hessischer und württembergischer Kontingents- und Konskriptionslisten zeigt, besaßen vor allem Kaufleute, Bauern und Handwerker mit einträglicheren Berufen wie Nahrungsmittelhandwerker und Feinmechaniker das Geld für einen Einsteher. Tagelöhner und Handwerker aus den Massenhandwerken ließen sich seltener vertreten[27]. In Württemberg bezahlten 1848 beispielsweise 266 von 826 Rekruten, die als Beruf Bauer angaben, einen Einsteher[28].

In den württembergischen Regimentern stellten Handwerker 50 bis 70 Prozent der Soldaten. Mindestens 30 bis 40 Prozent der badischen Reiter und Infanteristen sowie über 60 Prozent der badischen Artilleristen waren ebenfalls Handwerker. Soweit sich dies auf der Grundlage einzelner Konskriptionslisten einschätzen lässt, hatten auch etwa 50 Prozent der hessischen Soldaten im Zivilberuf als Handwerker gearbeitet. Der Anteil der Soldaten, die als Kaufmann oder Schreiber in der Verwaltung oder im Handel tätig gewesen waren, lag bei etwa 1 bis 2 Prozent. Soldaten mit höherem Bildungsgrad, wie etwa Gymnasiasten, Studenten, Ärzte, Apotheker oder Polytechniker, stellten nur knapp ein Prozent der Mannschaften. Die übrigen Soldaten hatten entweder in landwirtschaftlichen Berufen oder als Tagelöhner gearbeitet[29].

24  Großherzoglich Badisches Conscriptions-Gesetz vom 14. May 1825, Karlsruhe 1826; Das Großherzoglich Hessische Recrutirungsgesetz vom 20. Juli 1830 nebst den zur Vollziehung desselben erlassenen Verordnungen. Darmstadt 1831; Gesetz über die Verpflichtung zum Kriegsdienste vom 22.5.1843, in: Regierungs-Blatt für das Königreich Württemberg, Nr. 25, 10.6.1843, S. 321–358.
25  Großherzogtum Hessen. Militärorganisation 1846, in: StAD E 8 C 70/3; GLA N Sachs-Kuntz, Nr. 35; HStAS E 297/108.
26  Vgl. zum Folgenden: MÜLLER (wie Anm. 6), S. 121–122, 124.
27  Württembergische Kontingentslisten von 1848, in: HStAS E 297/50; Konskriptionslisten der Militärpflichtigen der Jahre 1847 und 1848, in: StAD G 15 (Kreisamt Büdingen): G 9–12.
28  HStAS E 297/50.
29  Ebd.; StAD G 15 (Kreisamt Büdingen): G 9–12; Musterrollen des badischen 4. Infanterie-Regiments, des 2. Dragoner-Regiments und der Artillerie-Brigade vom 30.4.1847, in: Wehrgeschichtliches Museum Rastatt; Musterrolle des badischen 3. Infanterie-Regiments vom 30.4.1847, in: GLA 65/11371.

Auf der Suche nach den Ursachen, des badischen Militäraufstandes vom Mai 1849 richtete die ältere Forschung den Blick vor allem auf die Konsequenzen, die sich 1849 aus der Erhöhung der Heeresstärke und aus der Einführung der allgemeinen Wehrpflicht in Baden ergeben hatten. Reinhard Mielitz stellte 1956 die These auf, dass der Aufstand in den badischen Garnisonen wegen des hohen Anteils an Rekruten eigentlich keine *Militärrevolte*, sondern eine *Erhebung des Volkes für ein großes politisches Ziel* gewesen sei[30]. Einigen älteren Darstellungen zufolge führten die Verstärkung der Mannschaften und die Aufhebung der Stellvertretung zu einem verstärkten Zugang von Rekruten mit höherem Bildungsgrad, die zur Politisierung ihrer Kameraden beigetragen hätten[31].

Auch wenn die Überreste der badischen Standgerichtsakten darauf hindeuten, dass einzelne Rekruten sich als Redner auf Soldatenversammlungen für die Reichsverfassung engagierten[32], so darf doch der Anteil der Rekruten an dem Militäraufstand nicht überschätzt werden. Zwar gingen der badischen Armee bis Anfang Mai 1849 1400 mehr Rekruten als im Vorjahr zu, so dass diese 50 bis 80 Prozent der Mannschaften stellten[33]. Gegen die These, dass die hohe Zahl der Rekruten verantwortlich für den Ausbruch des Militäraufstandes war, spricht jedoch, dass die Mannheimer Besatzung, die einen sehr hohen Anteil an Rekruten hatte, während der Reichsverfassungskampagne am passivsten blieb. Die Soldaten unterstützten die Revolte erst, nachdem der badische Großherzog außer Landes geflüchtet war[34]. Die hessische Mannschaft bestand im Mai 1849 ebenfalls zur Hälfte aus Rekruten, ohne dass es dort zu einer Erhebung kam[35]. Überdies wies der badische Kriegsminister von Roggenbach in einem Bericht vom 6. Juli 1850 über die Kriegsgerichtsprozesse darauf hin, *daß die Mehrzahl der Schwerstbeteiligten nicht etwa, wie man glauben könnte, aus den in ihrer Heimath bereits angesteckten jungen Rekruten, sondern aus ältern, gewöhnlich schon früher übel präjudicirten Soldaten* bestanden hätte[36].

Eine weitere Forschungsthese besagt, dass die Einsteher durch die Einführung der allgemeinen Wehrpflicht von *sozialer Deklassierung* bedroht worden seien und deshalb den Aufstand unterstützt hätten[37]. Gegen diese These spricht, dass die bestehenden Einstandsverträge laut Rekrutierungsgesetz vom Februar 1849 in Kraft bleiben sollten[38]. Die Einstandsgelder waren in Form einer Kaution bei einer staatlichen Kasse hinterlegt. Es

30   MIELITZ (wie Anm. 13), S. 267.
31   J. B. BEKK, Die Bewegung in Baden vom Ende des Februar 1848 bis zur Mitte des Mai 1849, Mannheim 1850, S. 252; L. HÄUSSER, Denkwürdigkeiten zur Geschichte der Badischen Revolution, Heidelberg 1851, S. 279–280; A. GOEGG, Nachträgliche authentische Aufschlüsse über die badische Revolution von 1849, deren Entstehung, politischen und militärischen Verlauf, Zürich 1876, S. 133; C. KLESSMANN, Zur Sozialgeschichte der Reichsverfassungskampagne, in: Historische Zeitschrift 218, 1974, S. 283–336, hier S. 323.
32   Vgl. Untersuchungen gegen Peter Lacher und Carl Zoeller, in: GLA 69 von Freydorf, Nr. 125, 131.
33   Vgl. Großherzoglich Badisches Regierungs-Blatt, Nr. 42, 25.10.1847, S. 308–309; BAF DB 56/16; GLA 48/5084; 236/8892.
34   GLA 48/5084; 236/8533; 69 von Freydorf, Nr. 25; BAF DB 56/44.
35   StAD E 8 C 46/3; 50/1.
36   GLA 233/33620.
37   KLESSMANN (wie Anm. 31), S. 323.
38   Artikel 9, Gesetz vom 12.2.1849, die Abänderung des Conscriptionsgesetzes vom 14. Mai 1825 betreffend, in: Großherzoglich Badisches Regierungs-Blatt, Nr. 6, 16.2.1849, S. 63–66, hier S. 65.

erscheint nicht plausibel, dass die Einsteher durch die Beteiligung an einer Revolte den Verlust ihres Kapitals riskieren wollten.

Der Bericht des badischen Kriegsministers von Roggenbach legt nahe, den Blick auf das Protestpotential zu lenken, das unter den »älteren«, das heißt den zweiundzwanzig- bis sechsundzwanzigjährigen Soldaten bestand, die ihre Grundausbildung schon absolviert hatten und 1848/49 aus dem Urlaub einberufen worden waren. Sie hatten nicht mehr damit gerechnet, sich außerhalb der Herbstübungen nochmals wochenlang in den Kasernen aufhalten zu müssen. Diese Soldaten, die zum Teil seit Jahren nicht mehr beim Militär gewesen waren, hatten vor ihrer Einberufung im Frühjahr 1848 noch den Ausbruch der Märzrevolution in ihren Heimatorten erlebt. Sie wurden nicht nur aus einer freiheitlich gesinnten Umgebung gerissen und unerwartet wieder mit einer rigiden Zeiteinteilung und schlechter Verpflegung konfrontiert; ihnen entstanden durch die Einberufung auch wirtschaftliche Nachteile. Während ein Tagelöhner oder ein Handwerksgeselle auf ein tägliches Durchschnittseinkommen von 25 bis 40 Kreuzer kam, erhielten Infanteristen nur sieben Kreuzer am Tag. Von diesem Sold blieben ihnen nach Abzug des Essensgeldes in der Regel nur noch zwei Kreuzer täglich[39].

Auch in den Berichten württembergischer und hessischer Offiziere und Militärbeamter finden sich Hinweise auf das Protestpotential, das unter den »älteren« Soldaten bestand. Der Kommandeur des württembergischen 8. Infanterie-Regiments klagte im April 1848: *Die Masse der in letzter Zeit Einberufenen, von denen Manche seit 3 Jahren nicht mehr bei der Fahne waren, von denen viele als wandernde Handwerkspursche bisher die Bewegungen der Neuzeit mitangesehen, theilweise selbst mitgemacht haben, hat Grundsäze und Ideen mitgebracht, die mit militärischer Disciplin und unbedingtem Gehorsam in direktem Widerspruch stehen*[40]. Angesichts des Erfahrungshorizontes der Soldaten und ihrer engen Bindung an die Zivilbevölkerung lag es nahe, dass sie an der Bürgerrechtsbewegung partizipierten.

Studiert man die Protestaktionen württembergischer, hessischer und badischer Soldaten von 1848/49, so fällt es zunächst schwer, ein Bewusstsein der Mannschaften für Grundrechte zu erkennen. Drei Beispiele: Badische Dragoner weigerten sich, ein Wirtshaus zu verlassen und zum Dienst in die Kaserne zurückzukehren. Ihre Begründung: Die Mannschaftsverpflegung sei so schlecht. *Wer arbeiten soll, muß auch essen*[41]. Württembergische Infanteristen fuhren ohne Urlaubserlaubnis nach Hause. Einer der Soldaten erklärte: *Die Zeit ist vorbei, wo man um Urlaub anhalt*[42]. Hessische Soldaten veranstalteten vor dem Haus eines Offiziers eine Katzenmusik, weil er eine Solderhöhung abgelehnt hatte[43].

Im Mittelpunkt der meisten Protestaktionen standen Forderungen nach höherem Sold, Zulagen, genießbarem Essen, mehr Freizeit, besserer Behandlung durch die Offiziere und einem gerechten Disziplinarverfahren[44]. Weil die Beschwerden der Soldaten sich häufig auf die alltäglichen Dienstbedingungen bezogen, hat die Forschung solche Protes-

---

39   Vgl. MÜLLER (wie Anm. 6), S. 155.
40   HStAS E 271 c Bü 2445; vgl. SAUER (wie Anm. 8), S. 115, 135–136; StAD E 8 C 48/4.
41   GLA 238/269, fol. 273–274.
42   SAUER (wie Anm. 8), S. 113–114; HStAS E 271 c Bü 2445.
43   BAF DB 56/17.
44   Vgl. MÜLLER (wie Anm. 6), S. 185–191.

te mitunter als *diffuse Unmutsäußerungen* oder *Meutereien* abgetan und Soldaten ein politisches Bewusstsein abgesprochen[45]. Die Forderungen der Soldaten resultierten jedoch aus Gerechtigkeitsvorstellungen, die sie in ihrem zivilen Leben als Handwerksgesellen oder Tagelöhner ausgebildet hatten. Aus diesen Gerechtigkeitsvorstellungen konnte sich ein Bewusstsein für Bürgerrechte entwickeln.

Das Bewusstsein der Soldaten für Grundrechte zeigt sich zunächst an den Protestformen, mit denen sie ihre Forderungen artikulierten. Mitte des 19. Jahrhunderts stand Soldaten nur ein sehr eingeschränktes Beschwerderecht zu. Sie durften ihre Klagen nur ihrem direkten Vorgesetzten unterbreiten, der sie dann an die nächste Instanz weiterleitete[46]. Im Zuge der Märzrevolution nahmen sich Soldaten ein Vorbild an den Handlungsmustern der Bürgerrechtsbewegung: Sie versammelten sich, hielten Reden, diskutierten ihre Beschwerden und sandten Petitionen an Kommandeure, den Landtag oder das Kriegsministerium. Die Adressen wurden zum Teil mit der Hilfe von Unteroffizieren, zum Teil gemeinsam mit Zivilisten entworfen, die sich mit den Soldaten im Wirtshaus trafen[47]. Auch wenn die Petitionen nicht selbst von Soldaten ausformuliert wurden, so zeugen doch Hunderte von Unterschriften davon, dass sie Bürgerrechte wie die Petitionsfreiheit in Anspruch nahmen, um ihre Interessen zu artikulieren[48]. Einige der Petitionen wiesen auch darauf hin, dass sich die Rechtsstellung der Soldaten durch den Eid der Mannschaften auf die Landesverfassungen verändert hätte. Sie seien nun *Bürger im Soldatenrocke* und besäßen dieselben verfassungsmäßigen Rechte wie die übrigen Bürger[49].

Das Bewusstsein der Soldaten für Bürgerrechte manifestierte sich auch in ihren Protesten gegen die schlechte Behandlung durch Offiziere und die Arreststrafen. Eine Petition Heilbronner Soldaten vom 14. Juni 1848, die von den Infanteristen zusammen mit Bürgern im Wirtshaus beraten und dann von einem Unteroffizier ausformuliert wurde, beklagte, dass die Behandlung des Soldaten durch die Offiziere *mit seinen Menschen- und staatsbürgerlichen Rechten im grellsten Widerspruche* stünde[50]. Soldaten der Mannheimer Garnison verwahrten sich nicht nur gegen *unwürdige Schimpfworte, Backenstreiche, Stöße und Schläge*, sie forderten auch die Anrede mit »Sie«: *Schon die Anrede, welche sich der Soldat von seinen Vorgesetzten gefallen lassen muß, ist entehrend. Jeder Tagelöhner, jeder Handwerksgeselle wird jetzt in derselben Person angeredet, in welcher er seinen Arbeitgeber oder Meister anspricht*[51].

---

45  WETTENGEL, Revolution (wie Anm. 10), S. 267; B. MANN, Soldaten gegen Demokraten? Revolution, Gegenrevolution, Krieg 1848–1850, in: D. LANGEWIESCHE (Hg.): Revolution und Krieg. Zur Dynamik historischen Wandels seit dem 18. Jahrhundert, Paderborn 1989, S. 103–116, hier S. 111.
46  Vgl. Vorschrift für das Verhalten des Soldaten der königlich württembergischen Infanterie, Stuttgart 1839, in: HStAS M 635/1, Nr. 1207; E 271 k Bü 113; GLA 206/3193.
47  Vgl. zu Versammlungen und Petitionen in Mannheim, Rastatt, Karlsruhe und Offenburg: GLA 231/1541; 206/3193; 238/269; zu Stuttgart, Ulm und Heilbronn: HStAS E 271 c Bü 2445; E 271 k Bü 112–113; E 270 a 634; Der Beobachter, Nr. 103, 18.6.1848, S. 410; Hinweise auf Versammlungen und Petitionen hessischer Soldaten: BAF DB 56/17; O. SCHLANDER, Aufbruch zu Freiheit und Demokratie. Die achtundvierziger Bewegung in Offenbach (Offenbacher Geschichtsblätter 35), Offenbach 1986, S. 28–29; StAD E 8 C 48/4.
48  Vgl. GLA 231/1541; HStAS E 271 k Bü 112.
49  GLA 206/3193; 231/1541.
50  Der Beobachter, Nr. 103, 18.6.1848, S. 410; HStAS E 271 k Bü 112.
51  GLA 231/1541.

Die zahlreichen Befreiungen von Kameraden aus dem Arrest, die sowohl in der badischen als auch in der württembergischen und in der hessischen Armee vorkamen, erscheinen ebenfalls als ein Akt, mit dem Soldaten ihrem Verlangen nach einer verbesserten Rechtsstellung Ausdruck gaben[52]. Die Offiziere verhängten unterschiedliche Formen des Arrestes. Bei verschärftem Arrest erhielten Soldaten nur Wasser und Brot und etwas Stroh zum Sitzen[53]. In Baden gab es noch eine besondere Abstufung des Arrestes, das »Krummschließen«: der rechte Arm und der linke Fuß des Soldaten wurden zusammengebunden[54].

Soldaten erschien es ungerecht, dass sie sich über Arreststrafen erst beschweren durften, nachdem sie sie abgesessen hatten. Eine Petition von Soldaten und Unteroffizieren aus Rastatt bezeichnete das Beschwerderecht als *eine wahre Verhöhnung des menschlichen Verstandes*[55].

Im Zuge der Märzrevolution erschienen Arreststrafen als Verstoß gegen die persönliche Freiheit. In Mannheim und Freiburg forderten Infanteristen im März 1848 die Freilassung ihrer Kameraden sogar mit einer schwarz-rot-goldenen Fahne in der Hand[56]. Mit diesem Symbol der deutschen Einheits- und Freiheitsbewegung verwiesen sie auf die *neue Zeit*, die eine Unterdrückung der persönlichen Freiheit durch Arrest zu verbieten schien.

Ich vertrete somit die These, dass bei den Soldaten aller drei Bundesstaaten durchaus ein Bewusstsein für Bürgerrechte vorhanden war, das sich an ihren Protestaktionen und ihren Petitionen ablesen lässt. Dieses Bewusstsein bezog sich aber zunächst auf ihre eigene Situation und bewirkte nicht unbedingt eine Allianz mit aufständischen Bürgern. Die Petitionen der Mannschaften deuten zwar darauf hin, dass die Soldaten es ablehnten, gegen *deutsche Brüder*, also Anhänger der reformorientierten Einheits- und Freiheitsbewegung zu kämpfen; mit ihrem Selbstverständnis als *Bürgersoldaten* ließ es sich jedoch vereinbaren, Rebellen zu töten, die den militärischen Tagesbefehlen zufolge die Reformpolitik bedrohten[57]. Ihr Selbstverständnis entsprach insofern der Rolle, die ihnen von den Landesregierungen und den Kommandeuren im Frühjahr 1848 zugeschrieben worden war.

Da die reformorientierte Grundrechtsbewegung 1848 von weiten Teilen der Bevölkerung unterstützt wurde, gewaltsame Protestaktionen und republikanische Freischarenaufstände indes jeweils nur von einer Minderheit, war es für Soldaten auch nur opportun, einerseits im Rahmen der Reformpolitik auf eine verbesserte Rechtsstellung zu pochen und andererseits Unruhen gehorsam niederzuschlagen. Soldaten des 8. württembergischen Infanterie-Regiments betonten in einem Schreiben an den Kommandeur General-

---

52   Vgl. u. a. BAF DB 56/17; StAD E 8 C 40/3; 41/2; 52/2; WETTENGEL, Revolution (wie Anm. 10), S. 259–260; GLA 238/269; HStAS E 271 k Bü 112; E 289 a Bü 296; E 271 c Bü 704.
53   Artikel 43–44, Großherzoglich Hessisches Militair-Strafgesetzbuch, Darmstadt 1822; GLA 456 F4 402.
54   S. HERMES/J. NIEMEYER, Unter dem Greifen. Altbadisches Militär von der Vereinigung der Markgrafschaften bis zur Reichsgründung 1771–1871, Rastatt 1984, S. 34; GLA 456 F4 402.
55   GLA 231/1541; vgl. HStAS E 271 c Bü 239; E 271 c Bü 2445; Der Beobachter, Nr. 103, 18.6.1848, S. 410.
56   GLA 238/269; 236/8204.
57   Vgl. GLA 231/1541; 206/3193; Der Beobachter, Nr. 103, 18.6.1848, S. 410; HStAS E 271 k Bü 113.

leutnant Moriz von Miller, *daß wenn das 8. Regiment gerecht behandelt wird, es jederzeit die den Soldaten anstehende Ehre behaupten und sich nie Gesetz- und Ordnungswidrigkeiten zu Schulden kommen lassen wird.*[58]

Ein Ansatzpunkt für die militante Bürgerrechtsbewegung bestand in der Gewaltbereitschaft der Soldaten, sofern diese den Eindruck gewannen, dass sie von ihren Vorgesetzten ungerecht behandelt wurden. Ein Beispiel für dieses Handlungsmuster bietet der Verlauf einer der wenigen überlieferten hessischen Protestfälle, der sich am 23. November 1848 in Darmstadt ereignete. Einem Gerücht zufolge hatten sich der liberale Kriegsminister Graf von Lehrbach und ein Offizier für eine Solderhöhung ausgesprochen, die zwei andere Offiziere für unnötig hielten. Nach einer Soldatenversammlung im Wirtshaus, bei der über das Verhalten der Offiziere diskutiert worden war, zogen die Soldaten zu den Häusern ihrer Fürsprecher und sangen ihnen zum Dank eine Nachtmusik. Einer der Offiziere, die die Solderhöhung abgelehnt hatten, wurde mit Steinen beworfen[59].

Um eine Allianz der Soldaten mit einer militanten Grundrechtsbewegung herbeizuführen, war es somit notwendig, ihnen entweder zu vermitteln, dass sich ihre Rechte nur durch die Unterstützung eines Aufstandes verwirklichen ließen oder sie davon zu überzeugen, dass die Erhebung von der Mehrheit der Bevölkerung getragen wurde und es insofern nicht opportun war, sie zu unterdrücken.

## III.

Die Mittel, mit denen Bürger auf Soldaten einwirkten, reichten von Gesprächen im Wirtshaus, der Verteilung von Flugschriften, Kontakten auf Volksversammlungen und in Vereinen bis hin zu Artikeln in populären Zeitungen wie dem demokratischen Stuttgarter »Beobachter«.

Revolutionäre wählten dabei folgende Ansatzpunkte, um die Mannschaften für ihre Ziele zu gewinnen: Zahlreiche Flugschriften erinnerten die Soldaten an ihre Herkunft aus der Bevölkerung, gegen die sie eingesetzt wurden, und appellierten an die Mannschaften, nicht als Werkzeug der Fürsten auf ihre Brüder oder Väter zu schießen[60]. Ein Flugblatt, das während der Reichsverfassungskampagne in Hessen zirkulierte, warnte einen fiktiven Soldaten namens Joseph:

*Du wirst, kommst Du jemals wieder ins Dorf zurück, von keinem deiner Kameraden mehr angesehen werden; kein Mädchen wird sich beschimpfen, Dir eine Hand zu reichen, viel weniger sich so einen Vater- und Brudermörder zum Manne nehmen; kein Geistlicher wird dir in der Sterbestunde*

---

58 HStAS E 284 g Bü 150.
59 BAF DB 56/17.
60 Vgl. Soldatenlied, in: GLA 238/269, fol. 218; Republik, ein Wort ans Volk, in: GLA 48/3074; An die elenden Brudermörder und an die braven republikanisch gesinnten Soldaten in Baden, in: BAF ZSg 8/49; An das deutsche Militär, in: StAD E 8 C 41/1; Soldaten!, in: Stadtarchiv Darmstadt St 62/01, Kasten 1; Aufruf der Volksversammlung zu Bingen vom 29.4.1849, in: BAF ZSg 8/55; zur Rede des Demokraten Georg Bernhard Schifterling auf einer Soldatenversammlung in Ulm: HStAS E 271 k Bü 113.

*einen Himmelstrost reichen, denn Du bist ein Verfluchter, den die Welt ausgestoßen hat. Ewige Reue hier und ewige Verdammnis jenseits ist Dein Sünder-Lohn. Also jetzt wähle.*[61]

Ein zweiter Ansatzpunkt waren die schlechten Dienstbedingungen der Soldaten und die theoretische Verknüpfung des Kampfes für die Grundrechte mit dem Kampf für die persönlichen Interessen der Soldaten. Während der Reichsverfassungskampagne spielte das Argument, dass Soldaten sich für ihre eigenen Grundrechte engagierten, wenn sie die Erhebung für die Reichsverfassung unterstützten, eine wichtige Rolle. Der schon eingangs zitierte Aufruf der Märzvereine *an das deutsche Heer* vom 6. Mai 1849 erklärte den Soldaten:

> *Wenn Ihr gegen die Reichsverfassung kämpft, wenn Ihr Euch an den Vertheidigern derselben vergreift, so vergreift Ihr Euch an Euch selbst, so wühlt Ihr in Euren eigenen Eingeweiden. Wollt Ihr nicht selbst freie Männer werden? [...] Die Reichsverfassung befähigt Euch zu allen Ehrenstufen aufzusteigen, sie gibt Euren Invaliden Ehre und Brod, sie gewährt Euch alle Freiheitsrechte, welche Eure bürgerlichen Mitbrüder besitzen. Darum, deutsche Soldaten, wendet Eure Waffen nicht gegen Eure Brüder, sondern kämpft für die heilige Sache der ganzen Nation.*[62]

In Baden gab es im Frühjahr 1849 bessere Voraussetzungen, um Soldaten diese Argumente der Reichsverfassungsbewegung zu vermitteln, als in Württemberg oder Hessen. Obwohl sich auch in diesen Staaten im Winter 1848/49 zahlreiche demokratische Vereine gebildet hatten, die zur Politisierung und Mobilisierung der Zivilbevölkerung und der Soldaten beitrugen, konnte die Dichte der Vereine nicht mit jener in Baden konkurrieren. Dort gab es im Frühjahr 1849 rund 540 demokratische Vereine, die schätzungsweise 46 300 Mitglieder hatten und damit 3,4 Prozent der Bevölkerung erfassten[63]. In Frankfurt am Main, Hessen und Nassau hingegen existierten insgesamt 350 demokratische Vereine mit 35 000 bis 40 000 Mitgliedern, während in Württemberg etwa 273 Vereine mit 19 000 Mitgliedern ein Prozent der Bevölkerung erfassten[64].

Einigen Darstellungen zufolge gewannen die badischen Volksvereine Mittelsmänner unter den Soldaten und betrieben auf diese Weise eine systematische Zellenbildung im Heer[65]. Es ist allerdings sehr schwierig, die genauen Beziehungen zwischen Vereinen und Soldaten nachzuweisen. Einblick gewährt ein Bericht des württembergischen Hauptmanns Eduard von Kallee, der im Frühjahr 1850 in Baden die Untersuchungsakten der

---

61  StAD E 8 C 43/5.
62  Abdruck in: VOLLMER (wie Anm. 1), S. 284; vgl. Das badische Volk an die hessischen Soldaten, in: Ebd., S. 318.
63  HOCHSTUHL/SCHNEIDER (wie Anm. 18), S. 393, 406–408; K. HOCHSTUHL, Volksvereine in der badischen Revolution, in: 1848/49. Revolution der deutschen Demokraten in Baden, Ausstellungskatalog, Baden-Baden 1998, S. 301–303, hier S. 303.
64  WETTENGEL, Frankfurt (wie Anm. 10), S. 143; W. BOLDT, Die württembergischen Volksvereine von 1848 bis 1852 (Veröffentlichungen der Kommission für geschichtliche Landeskunde in Baden-Württemberg B 59), Stuttgart 1970, S. 128–129.
65  GOEGG (wie Anm. 31), S. 92, 96; HÄUSSER (wie Anm. 31), S. 281; M. REIMANN, Der Hochverratsprozeß gegen Gustav Struve und Karl Blind. Der erste Schwurgerichtsfall in Baden, Sigmaringen 1985, S. 154; F. X. VOLLMER, Die 48er Revolution in Baden, in: Landeszentrale für politische Bildung Baden-Württemberg (Hg.), Badische Geschichte. Vom Großherzogtum bis zur Gegenwart, Stuttgart 2 1987, S. 37–64, hier S. 57–58.

Stand- und Kriegsgerichte studierte, um die Ursachen des badischen Militäraufstandes zu erforschen. Seine Ausführungen belegen zwar keine systematische Zellenbildung im Militär oder gar eine Verschwörung zwischen Soldaten und Revolutionären. Kallees Bericht deutet aber darauf hin, dass Soldaten engen Kontakt zu Vereinen knüpften und dort die *revolutionären Schlag- und Stichwörter* wie *Sich das Vereinsrecht nicht nehmen lassen, die Reichsverfassung beschützen, nicht auf die Bürger schießen, keine Fürstenknechte sein* kennen lernten, die sie unter ihren Kameraden weiter verbreiteten[66].

Die Volksvereine vermittelten den badischen Mannschaften nicht nur, dass die Reichsverfassung ihre Grundrechte garantiere. Sie stellten auch den Reformwillen der badischen Regierung in Frage. Der Aufruf des provisorischen badischen Landesausschusses der Volksvereine vom 6. Mai 1849 war dazu angelegt, in den Soldaten ein Misstrauen gegenüber der badischen Regierung und den Offizieren zu erzeugen. Er wies die Soldaten auf das zweideutige Verhalten der großherzoglich badischen Regierung hin, die den Durchmarsch bayerischer Truppen in die aufständische Rheinpfalz erlaubte und warnte die Mannschaften: *Auch Eure Mithülfe wird man vielleicht noch verlangen, um die gesetzlich festgestellten Rechte des Volkes anzutasten.*[67]

Mit den Einflüssen der demokratischen Volksvereine in Baden, die Soldaten für die Ziele der Reichsverfassungskampagne zu gewinnen suchten, korrelierten Probleme des badischen Offizierskorps, die Mannschaft persönlich an sich zu binden, und den demokratischen Einflüssen auf diese Weise entgegenzuwirken.

## IV.

Die politische und die militärische Führungsschicht versuchten während der Revolutionszeit, die Mannschaften durch eine Kombination aus strafrechtlichen Sanktionen und Konzessionen zu disziplinieren. Soldaten, die sich an gewaltsamen Protestaktionen beteiligten, drohten mehrere Jahre Zuchthaus oder Festungsstrafen. Der Übergang zu Freischärlern während eines Gefechtes wurde mit der Todesstrafe oder zwölf Jahren Zuchthaus geahndet[68].

1848 setzte sich die Erkenntnis durch, dass man auf die Protestaktionen der Soldaten nicht nur mit Strafandrohungen, sondern auch mit Konzessionen reagieren müsse. In den ersten Monaten der Revolution schafften die Landesregierungen die Stockschläge ab und

---

66  Bericht über die Einsichtnahme von einem Theile der auf die Militär-Meuterei in Baden bezüglichen Untersuchungs-Akten, in: HStAS E 271 c Bü 703; vgl. K. Hochstuhl, Zu den Ursachen der Soldatenmeuterei in Baden im Mai 1849. Ein Bericht des Hauptmanns Eduard von Kallee an den württembergischen König, in: Zeitschrift für Württembergische Landesgeschichte 57, 1998, S. 273–283.
67  GLA 236/4192.
68  Artikel 100, 106, 111–118, 121, Großherzoglich Hessisches Militair-Strafgesetzbuch, Darmstadt 1822; Artikel 55–57, 59–62, 66–69, Militairische Strafgesetze für die Königlich Württembergischen Truppen, Stuttgart 1818, in: HStAS M 635/1, Nr. 1177; E 271 k Bü 112; GLA 456 F4 445; Gesetz vom 6.7.1848, das standrechtliche Verfahren bei dem Militär betreffend, in: Großherzoglich Badisches Regierungs-Blatt, Nr. 37, 9.6.1848, S. 170–172.

führten die Anrede der Soldaten mit »Sie« ein[69]. In der hessischen und in der württember-gischen Armee gab es darüber hinaus besondere Bemühungen, den persönlichen Umgang der Offiziere mit den Soldaten zu verbessern. Die württembergische Armeeführung schärfte den Offizieren im April 1848 ein, *durch gerechtes, aufmerksames und umsichtiges Benehmen Veranlassungen zu gegründeten Beschwerden oder zu Unzufriedenheit zu ver-meiden.* Ein *humanes Verfahren gegen Untergebene, Sorgfalt für ihre Bedürfnisse und ihr Wohlergehen* sollten dazu beitragen, das Vertrauen der Soldaten zu gewinnen[70]. Um den Mannschaften eine bessere Beschwerdemöglichkeit zu bieten, bildete die württembergi-sche Regierung am 21. Juni 1848 eine Kommission, bei der die Regimenter Petitionen ein-reichen konnten. Die Soldaten erhielten außerdem die Erlaubnis, Volksversammlungen zu besuchen. Sie durften sich an nichtöffentlichen Orten treffen, um über ihre Dienstbedin-gungen zu diskutieren, sofern sie diese Sitzungen bei ihren Vorgesetzten anmeldeten. Ein standrechtliches Verfahren drohte nur jenen Soldaten, die öffentlich militärische Angele-genheiten erörterten[71].

Der hessische Untersuchungsrichter Carl Weidenbusch entwarf nach der Bearbeitung mehrerer Soldatenproteste Ende 1848 ein zeitgemäßes Erziehungsprogramm, das er dem hessischen Großherzog unterbreiten ließ[72]. Er riet den Offizieren, engen persönlichen Kontakt zur Mannschaft zu knüpfen: Jene Offiziere, die es verstünden, Soldaten und Unteroffiziere an sich zu binden und deren Zuneigung zu erwerben, könnten viel eher mit deren Zuverlässigkeit rechnen als jene, die sich nur *wie Zeus in der Donnerwolke* zeig-ten[73]. Zu einem zeitgemäßen Umgang mit den Mannschaften gehörte für Weidenbusch auch die Belehrung der Soldaten in politischen Fragen. Er schlug den Offizieren vor, mit den Soldaten über politische Flugblätter zu diskutieren, statt diese einfach zu konfiszieren und dadurch erst interessant zu machen.

Die Erinnerungen des hessischen Offiziers Kehrer legen nahe, dass diese Anregungen im Frühjahr 1849 tatsächlich umgesetzt wurden[74]. Kehrer selbst betonte: *Aber der heutige Soldat hat auch das Bedürfnis, als Mensch behandelt zu werden, als ein Geschöpf, in wel-chem man die Menschenwürde zu achten hat, so lange er sie nicht selbst mit Füßen tritt[75].*

Die badischen Offiziere wurden zwar ebenfalls angewiesen, die Soldaten besser zu behandeln[76]. Es gibt jedoch einige Hinweise darauf, dass dennoch eine tiefe Kluft zwi-schen Offizieren und Soldaten bestehen blieb. Ludwig Häusser urteilte nach der Revolu-

---

69   AAZ, Nr. 45, 14.2.1849, S. 679; Verfügung des württembergischen Kriegsministeriums vom 20.6.1848, in: Regierungs-Blatt für das Königreich Württemberg, Nr. 36, 22.6.1848, S. 281; Befehle des badischen Großherzogs vom 12.3.1848 und 31.3.1848, in: GLA 456 F4 378; Gesetz vom 12.5.1848, die Abschaffung der körperlichen Züchtigung betreffend, in: Großherzoglich Hessisches Regierungsblatt, Nr. 24, 20.5.1848, S. 155–156.
70   HStAS E 271 c Bü 2445.
71   HStAS E 271 c Bü 239; E 284 a Bü 176; KA B 737.
72   Betrachtungen über Fragen militärischer Disziplin vom 10.12.1848, in: StAD E 8 C 48/4.
73   Ebd.
74   A. KEHRER, Ereignisse und Betrachtungen während der Verwendung der Großherzogl. Hessi-schen Armee-Division in den Jahren 1848 und 1849. In brieflichen Mittheilungen. Worms 1855, S. 136–138, 141–142, 145–148.
75   Ebd., S. 147.
76   Hinweis der Petitionskommission des badischen Landtages, in: GLA 231/1541.

tion, dass es *jenes fremde, hochfahrende und nicht selten brutale Wesen der Offiziere* gewesen sei, das *die innere Verkettung zwischen den Soldaten und ihren Vorgesetzten unmöglich* gemacht hätte[77]. Häussers Urteil wird durch die Beobachtungen des württembergischen Hauptmanns von Kallee bestätigt. Kallee zufolge benahmen sich die badischen Offiziere *der Mannschaft gegenüber etwas hoch geschraubt.* 1848 hätten sie sich darüber lustig gemacht, dass hessische Offiziere mit Soldaten in denselben Eisenbahnwagen fuhren[78].

# V.

Wie lässt sich vor diesem Hintergrund das unterschiedliche Verhalten der Soldaten während der Reichsverfassungskampagne interpretieren? Die badischen Soldaten unterstützten die Reichsverfassungskampagne, indem sie sich ab dem 9. Mai 1849 auf Versammlungen in Rastatt und Freiburg öffentlich mit den Bürgern verbündeten, die für die Reichsverfassung eintraten[79]. Diese Kundgebungen waren allerdings noch keine Revolte. Sie zeugen nur davon, dass die Soldaten Grundrechte wie Versammlungs- und Redefreiheit in Anspruch nahmen, um die Reichsverfassung und damit den Grundrechtskatalog dieser Verfassung zu verteidigen. Rastatter und Freiburger Soldaten entschieden sich auch dafür, Delegierte zur Offenburger Volksversammlung zu schicken, um sich dort gemeinsam mit der Zivilbevölkerung für die Durchsetzung der Reichsverfassung auszusprechen.

Die Revolte entwickelte sich erst, nachdem Rastatter Offiziere den Soldaten Johann Stark, der am 10. Mai 1849 auf einer Soldatenversammlung als Redner aufgetreten war, in Arrest gesperrt hatten[80]. Stark war in seiner Rede für die Reichsverfassung eingetreten. Er hatte also das Recht auf Versammlungs- und Redefreiheit in Anspruch genommen, das der Argumentation der demokratischen Vereine zufolge durch die Reichsverfassung garantiert wurde.

Die Verhaftung Starks erschien vor diesem Hintergrund als ein Angriff auf die Grundrechte der Soldaten, als ein Indiz dafür, dass die Anerkennung der Reichsverfassung durch die großherzogliche Regierung eine Farce war. Die Repressionen der Offiziere bestätigten somit die Vereine und die Redner auf den Soldatenversammlungen, die die Soldaten vor dem zweideutigen Verhalten der Regierung und vor *freiheitsfeindlichen Offizieren* gewarnt hatten[81].

Der Aufruhr in der Rastatter Festung, die Demonstrationen vor dem Arrestlokal und die Misshandlungen der Offiziere, die die Befreiung Starks verhindern wollten, lassen sich als Aufstand der Soldaten für ihre Grundrechte interpretieren. Für diese Deutung spre-

77  HÄUSSER (wie Anm. 31), S. 274–275, vgl. S. 276–277.
78  HStAS E 271 c Bü 703.
79  Vgl. zum Folgenden: GLA 48/5084; 65/11479; Untersuchungen gegen Peter Lacher und Carl Zoeller, in: GLA 69 von Freydorf, 125, 131; C. B. A. FICKLER, In Rastatt 1849, Rastatt 1853, S. 33–38; HÄUSSER (wie Anm. 31), S. 285; FO, Nr. 114, 14.5.1849; AAZ, Nr. 136, 16.5.1848, S. 2090.
80  GLA 48/5084; 65/11498; FO, Nr. 114, 14.5.1849.
81  GLA 65/11479; 48/5084; K. L. v. SCHILLING, Die Militärmeuterei in Baden, Aus authentischen Quellen zusammengetragen von einem badischen Offizier, Karlsruhe ²1849, S. 5.

chen auch die Rufe der Soldaten während des Aufruhrs am folgenden Tag, wie etwa *wir verlangen aber unser Recht*[82]. Trotz des Besuchs des Kriegsministers Hoffmann in Karlsruhe, der die Soldaten zu beschwichtigen versuchte, bildeten das Misstrauen gegenüber den Offizieren und der badischen Regierung weiterhin einen Antrieb für den Aufruhr.

In Freiburg, wo es zu keinen Verhaftungen kam, beschränkten sich die Soldaten auf Versammlungen und Demonstrationen für die Reichsverfassung[83]. Die Militärrevolte erhielt im Grunde ein solches Ausmaß, weil die Soldaten in Bruchsal und Karlsruhe die Protestformen ihrer Rastatter Kameraden nachahmten und nicht nur Soldatenversammlungen organisierten, sondern auch gewaltsame Befreiungsaktionen verübten[84].

Nachdem sich die Revolte zu einer allgemeinen Erhebung entwickelt und der badische Landesausschuss die Regierung übernommen hatte, unterstützten auch jene Truppeneinheiten den Aufstand, die sich zunächst eher passiv verhalten hatten[85]. Ein Teil der Soldaten rebellierte somit, um Grundrechte zu verteidigen. Der andere Teil schloss sich dem Aufstand an, weil Loyalität gegenüber den großherzoglichen Offizieren nach der Bildung einer revolutionären Regierung, die sich auf die Zustimmung eines großen Teils der Bevölkerung zu stützen schien, nicht mehr opportun war.

Nach dem Ausbruch des badischen Militäraufstandes appellierten zahlreiche Flugschriften des badischen Landesausschusses an die Soldaten anderer Bundesstaaten, dem Beispiel der badischen Armee zu folgen und sich dem Aufstand anzuschließen. Die Flugblätter versprachen mehr Grundrechte, freie Wahl der Offiziere, höheren Sold und ein gerechteres Disziplinarverfahren[86]. In Hessen und in Württemberg existierte jedoch keine vergleichbare Dichte der Reichsverfassungskampagne, die die Mannschaften dazu veranlasst hätte, sich einer bewaffneten Erhebung anzuschließen. Die Reichsverfassungskampagne entwickelte sich in diesen Staaten nicht zu einer geschlossenen Opposition zur herrschenden Regierung und sie führte auch nicht zur landesweiten Organisation von Freischarenzügen[87].

Überdies vermochten es die Landesregierungen und die Offiziere, den Mannschaften den Reformwillen der Regierung zu vermitteln. Hessische Offiziere sprachen mit Soldaten über politische Flugblätter und gaben ihnen dadurch zu verstehen, dass sie ihr Interesse, als »Bürgersoldaten« behandelt zu werden, ernst nahmen[88]. Die hessische Regierung kam auch den persönlichen Interessen der Soldaten entgegen, indem sie den Sold der

---

82  GLA 48/5084.

83  Ebd.

84  Ebd.; GLA 65/11597; 65/11498.

85  Vgl. vor allem die Berichte über die Mannheimer Besatzung, in: GLA 48/5084; 69 von Freydorf, Nr. 25.

86  Vgl. den Aufruf »An Deutschlands Krieger!« des badischen Landesausschusses vom 21.5.1849, in: Regierungs-Blatt, Nr. 7, 25.5.1849; »Die badischen Soldaten an ihre Kameraden im übrigen Deutschland« und weitere Flugschriften, in: HStAS E 271 c Bü 244; StAD E 8 C 44/5; 43/7.

87  Vgl. WETTENGEL, Revolution (wie Anm. 10), S. 10; WETTENGEL, Frankfurt (wie Anm. 10), S. 148–150; BOLDT (wie Anm. 64), S. 199–201; D. LANGEWIESCHE, Württemberg und Baden. Zwei Länder in der Revolution 1848/49 – Ein Vergleich, in: Freiheit oder Tod. Die Reutlinger Pfingstversammlung und die Revolution von 1848/49, Ausstellungskatalog, Stuttgart 1998, S. 6–19.

88  KEHRER (wie Anm. 74), S. 136–138, 141–142.

Reichssoldaten, die gegen die badische Revolutionsarmee eingesetzt wurden, kurz vor den Gefechten erhöhte[89].

Der württembergische Regierungschef Friedrich Römer hatte sich für die Anerkennung der Reichsverfassung eingesetzt. Die Offiziere boten den Soldaten einen gewissen Freiraum, in dem sie sich für die Reichsverfassung engagieren konnten. So besuchten württembergische Soldaten beispielsweise Verbrüderungsfeste, auf denen sie gemeinsam mit Bürgern für die Durchsetzung der Reichsverfassung eintraten[90]. In zahlreichen Erklärungen, die im Stuttgarter »Beobachter« erschienen, unterstützten württembergische Soldaten die badische Reichsverfassungskampagne[91]. Die Infanteristen mehrerer Einheiten gaben bekannt, *daß wir für das deutsche Vaterland, für die deutsche Verfassung mit Freuden in den Tod gehen, daß wir aber gegen Brüder, gegen badische Bürger oder badische Soldaten nie uns als Werkzeuge der deutschen Fürstengewalt brauchen lassen*[92].

Diese Kundgebungen waren jedoch nicht mit einer Revolte gegen die Offiziere oder einer Massendesertion verbunden. Nur rund ein Dutzend Soldaten entschied sich, nach Baden zu ziehen, um den Kampf der Revolutionsarmee für die Reichsverfassung zu unterstützen[93]. Das Verhalten der Soldaten entsprach somit weitgehend jenem der württembergischen Volksvereine und Bürgerwehren, die im Juni 1849 in Petitionen an das Rumpfparlament ankündigten, im Kampf für die Reichsverfassung sterben zu wollen, schließlich aber auf die Organisation von Freischarenzügen verzichteten[94].

Ausschlaggebend für den Gehorsam württembergischer und hessischer Soldaten war somit zum einen das Vertrauen in den Reformwillen der Regierung und zum anderen die Orientierung am Verhalten der Zivilbevölkerung, die sich mehrheitlich nicht für eine bewaffnete Erhebung entschied. Bürgerwehren, Freischärler oder Parlamentarier, die die Reichsverfassung mit Gewalt verwirklichen wollten, erschienen als radikale Minderheiten, die einen aussichtslosen Kampf führen wollten. Eine Allianz mit ihnen war nicht opportun.

Wie wichtig auch für die Soldaten, die mit aufständischen Gruppen sympathisierten, die Erfolgsaussichten einer Erhebung waren, davon zeugt ein Gespräch, das württembergische Reichssoldaten Ende Mai 1849 vor ihrem Einsatz in Baden in einem Wirtshaus in Hessen führten. Ein hessischer Soldat, der die Debatte bei seinen Vorgesetzten denunzierte, gab zu Protokoll: *Sie sprachen davon, daß sie gesonnen seyen, mit dem Volke zu halten, welches den Druck der Väter abschütteln wolle [...]. Sie wüßten noch nicht, was sie im Falle eines Zusammenstoßes thun würden. Viele derer sagten, sie würden mit dem großen Haufen gehen*[95].

---

89   Tagesbefehl vom 25.5.1849, in: StAD E 8 C 44/2.
90   HStAS E 271 c Bü 719; E 271 c Bü 244.
91   Vgl. Der Beobachter, April, Mai und Juni 1849.
92   Antwort der württembergischen Soldaten an ihre badischen Brüder, in: P. LAHNSTEIN, Die unvollendete Revolution 1848–1849. Badener und Württemberger in der Paulskirche, Stuttgart/Berlin/Köln/Mainz 1982, S. 101.
93   Vgl. Anklageakt gegen den vormaligen Rechts-Consulenten August Becher, von Ravensburg, und Genossen, wegen Hochverraths etc., Esslingen 1851, S. 160, 164–165, 169–176, 236; HStAS E 271 c Bü 722.
94   BAF DB 51/474–475.
95   StAD E 8 C 47/1.

# Auf der Suche nach den Frauen in der Revolution 1848/49

VON UTE GRAU UND BARBARA GUTTMANN

Die in den Jahren 1997 bis 1999 sowohl auf kommunaler als auch auf Landesebene in Baden-Württemberg auf Hochtouren laufenden Forschungsprojekte, Veranstaltungen und Feierlichkeiten zur 150. Wiederkehr der Revolution von 1848/1849[1] vernachlässigten weitgehend einen wichtigen Aspekt: die Einbindung und Beteiligung von Frauen an den revolutionären Ereignissen. Noch 1993 hatte Dieter Langewiesche während eines Forschungs-Kolloquiums in Offenburg festgestellt, man könne in Bezug auf die revolutionären Ereignisse in Baden von einem »historiographischen Notstandsgebiet«[2] sprechen, und daran hat sich hinsichtlich der Beteiligung der Frauen seither wenig geändert. Diesen Schluss lassen sowohl die Erhebungen im Rahmen eines Projektes der Arbeitsgemeinschaft hauptamtlicher Archivare im Städtetag Baden-Württemberg[3] als auch die vom Verein Frauen & Geschichte Baden-Württemberg in Zusammenarbeit mit der Landeszentrale für politische Bildung und dem Haus der Geschichte Baden-Württemberg im November 1997 und Oktober 1998 durchgeführten Tagungen »Revolutionen und weibliche Emanzipationsbestrebungen« zu[4].

---

1 Baden-Württemberg feiert die Revolution 1848/49. Revolutionsalmanach. Veranstaltungen in den Jahren 1997–1999, hg. vom Badischen Landesmuseum Karlsruhe im Auftrag der Landesregierung Baden-Württemberg, Lahr 1997; Aktualisierte, erw. u. verb. Neuauflage, hg. vom Haus der Geschichte Baden-Württemberg, Lahr 1998.
2 150 Jahre Deutsche Revolution. Ergebnisse des Offenburger Kolloquiums vom 8. Oktober 1993, bearb. von H.-J. FLIEDNER, M. FRIEDMANN und W. M. GALL, Offenburg 1994, S. 25ff; vgl. S. PALETSCHEK, Frauen im Umbruch. Untersuchungen zu Frauen im Umfeld der deutschen Revolution von 1848/49, in: B. FISCHER, B. SCHULZE (Hgg.), Frauengeschichte gesucht – gefunden? Auskünfte zum Stand der historischen Frauenforschung, Köln 1991, S. 47–64; D. LANGEWIESCHE, Die deutsche Revolution von 1848/49 und die vorrevolutionäre Gesellschaft: Forschungsstand und Forschungsperspektiven, Teil II, in: Archiv für Sozialgeschichte 31 (1991), S. 331–442, hier S. 436.
3 Die Ergebnisse wurden publiziert in: Revolution im Südwesten – Stätten der Demokratiebewegung 1848/49 in Baden-Württemberg, hg. von der Arbeitsgemeinschaft hauptamtlicher Archivare im Städtetag Baden-Württemberg, bearb. v. U. GRAU, G. HERTWECK und J. SCHUHLADEN-KRÄMER, Karlsruhe 1997.
4 Revolutionen und weibliche Emanzipationsstrategien 1789–1848/49, hg. v. Frauen & Geschichte Baden-Württemberg, Tübingen 1998. Außerdem: Frauen und Nation, hg. v. Frauen & Geschichte Baden-Württemberg (Reihe Frauenstudien Baden-Württemberg, Band 10), Tübingen 1996, S. 90–103.

Das im Folgenden kurz vorgestellte Forschungsprojekt[5] ist nun nicht angetreten, die bislang mit dem Blick auf die agierenden Männer gerichtete Ereignisgeschichte der Revolution lediglich durch weibliche Akteurinnen zu ergänzen. Leitfrage für die Recherchen war es, herauszufinden, ob das Verhältnis der Geschlechter nicht vielleicht von weiterreichender Bedeutung für die Revolution 1848/49 war.

»Die Revolution von 1848 war eine Männerbewegung.«[6], stellte Hans-Martin Mumm 1988 in seiner Studie zum Heidelberger Arbeiterverein 1848/49 fest. Ein Forschungsvorhaben zur Beteiligung der Frauen an den revolutionären Ereignissen 1848/49 in Baden muss zunächst also der Frage nachgehen, wo Frauen im männerdominierten Ereignis Revolution ihren Platz fanden. Wo tauchten Frauen überhaupt auf und wo wurden sie wahrgenommen in einer Situation, die von großer Politik und militärischen Ereignissen bestimmt scheint?

Aus politischen Institutionen und Entscheidungsprozessen waren Frauen in der Mitte des 19. Jahrhunderts weitgehend ausgeschlossen. Ein auf diese Bereiche verengter Politikbegriff erweist sich daher zur Erfassung weiblichen Engagements als untauglich[7]. Zu fragen ist vielmehr nach sozial- und alltagsgeschichtlichen Strukturen politischer Partizipation und insbesondere nach den Möglichkeiten und den Inhalten politischer Partizipation von Frauen. Wie strukturierten Alltagserfahrungen das politische Handeln von Frauen und wie griff umgekehrt die Politik in den Alltag von Frauen ein? Welche Funktion hatte die gesellschaftliche Arbeitsteilung zwischen Männern und Frauen? Interessant dabei ist auch die Frage nach der Relevanz der Ereignisse von 1848/49 für die Geschichte von Frauenorganisationen, die Frage, welche spezifisch weiblichen Partizipationsformen an der sich wandelnden politischen Öffentlichkeit Frauen entwickelten. Kann man wie Gerlinde Hummel-Haasis, die 1982 eine Quellensammlung zu den Frauen in der Revolution 1848/49 vorlegte[8], von einer *erste[n] deutschen Frauenbewegung* sprechen[9]?

---

5 Es handelt sich hierbei um das im Rahmen des Förderprogramms »Frauenforschung des Landes Baden-Württemberg« von den Verfasserinnen durchgeführte Projekt »Frauen in der Revolution 1848/1849 in Baden«. Die Ergebnisse werden im Frühjahr 2000 in einem Bericht ausführlich dargelegt. An dieser Stelle können in Anbetracht des geringen zur Verfügung stehenden Raumes lediglich einige Fragestellungen und erste Ergebnisse kurz angerissen werden.
6 H.-M. MUMM, Der Heidelberger Arbeiterverein 1848/49, Heidelberg 1988, S. 77.
7 C. LIPP u. a., Frauen und Revolution. Zu weiblichen Formen politischen Verhaltens in der Revolution 1848 und den Schwierigkeiten im Umgang mit einem komplexen Thema, in: Die ungeschriebene Geschichte. Historische Frauenforschung, Wien 1984, S. 375–391.
8 G. HUMMEL-HAASIS (Hg.), Schwestern zerreisst eure Ketten, Zeugnisse zur Geschichte der Frauen in der Revolution von 1848/49, München 1982; vgl. M. TWELLMANN, Die deutsche Frauenbewegung. Ihre Anfänge und erste Entwicklung 1843–1889 (Marburger Abhandlungen zur pol. Wiss., Bd. 17/III), Meisenheim am Glan 1972; U. GERHARD, Verhältnisse und Verhinderungen. Frauenarbeit, Familie und Rechte der Frauen im 19. Jahrhundert, mit Dokumenten, Frankfurt 1978.
9 G. HUMMEL-HAASIS, … *ein ganzes Regiment Weiber, um für das Vaterland zu kämpfen.* Badische Frauen in der revolutionären Demokratie 1848/49, in: Allmende, H. 3/1983, S. 40–49, Zitat S. 40.

## Zur Quellenlage

Die Suche nach politisch aktiven Frauen gestaltet sich schwierig. Hinweise auf weibliche Aktivitäten in den Jahren um 1848 sind eher selten und breit gestreut. Um sich den oben skizzierten Fragen zu nähern, war es daher notwendig, eine Vielzahl von Quellen unterschiedlichster Provenienz auszuwerten.

Ein Blick auf die Überlieferungslage im Generallandesarchiv Karlsruhe verdeutlicht rasch, dass die Quellen zu den revolutionären Ereignissen 1848 und 1849, insbesondere die »authentischen Unterlagen der revolutionären Bewegung«[10], in erster Linie männliches Agieren dokumentieren. Viel versprechender hinsichtlich der Suche nach Frauen erschienen – neben der zeitgenössischen Presse – die Unterlagen, die im Zusammenhang mit der juristischen Bewältigung der revolutionären Ereignisse auf den unterschiedlichsten Behördenebenen des badischen Staats entstanden. Eine Spurensuche in ca. 300 Generalakten der obersten Ebene und ca. 2 500 Einzelfallakten hätte das Forschungsprojekt zur revolutionären Beteiligung von Frauen allerdings zu einem Lebenswerk werden lassen; doch glücklicherweise konnte auf die auf einer systematischen Auswertung aller Quellen beruhende Raab-Kartei zurückgegriffen werden[11]. Sie weist insgesamt 178 Frauen neben fast 40 000 Männern auf, die im Zusammenhang mit den revolutionären Ereignissen 1848 und 1849 aktenkundig wurden. Erfasst wurden Name, soweit möglich Geburts-, Wohnort und Beruf sowie Art des Vergehens der Delinquent/inn/en.

Lässt nun eine Auswertung dieser Angaben verlässliche Aussagen hinsichtlich Umfang, Art und regionaler Ausbreitung weiblichen Engagements in den revolutionären Ereignissen zu?

Bei Betrachtung der Wohnorte der in der Raab-Kartei erfassten Frauen, erscheinen – in Reihenfolge der jeweiligen Anzahl von Delinquentinnen – Mannheim, Meßkirch, Freiburg, Bruchsal, Ettenheim, Donaueschingen und Uffhausen bei Freiburg als Zentren weiblicher Aktivitäten. Insgesamt ließe sich daraus eine Häufung weiblicher Delinquenz in Südbaden konstatieren, während Nordbaden, mit Ausnahme von Mannheim, anscheinend weniger revolutionsbegeisterte Bürgerinnen aufzuweisen hatte.

Dieser Befund korreliert zunächst mit dem Ergebnis einer quantitativen Auswertung der gesamten Raab-Kartei (Männer und Frauen): Die Revolution war ländlich geprägt und ging vom Süden des Landes aus, Meßkirch war ein »revolutionäres Zentrum«[12].

Immerhin 16 Frauen aus der kleinen südbadischen Amtsstadt gerieten nach der Niederschlagung der Revolution mit der Obrigkeit in Konflikt, weil sie am 7. Juli 1849 *unter tobendem Geschrei*[13] den Ausmarsch der Bürgerwehr nach Stockach durchgesetzt

---

10  H. SCHWARZMAIER/K. HOCHSTUHL, Quellen zur Geschichte der badischen Revolution 1848/49 im Generallandesarchiv Karlsruhe, in: 150 Jahre Deutsche Revolution (wie Anm. 2), S. 31–48, Zitat S. 42.

11  H. RAAB, Revolutionäre in Baden 1848/49, Biographisches Inventar für die Quellen im Generallandesarchiv Karlsruhe und im Staatsarchiv Freiburg, bearb. von A. MOHR, mit beigelegter CD-ROM, Stuttgart 1998.

12  Vgl. H.-P. BECHT, »... alle Klassen der Gesellschaft lieferten ihr Kontingent?« Überlegungen zur sozialen Basis der revolutionären Bewegung in Baden 1848/49. In diesem Band S. 21–50.

13  GLA 237/2740:6.

hatten. Darüber hinaus erfahren wir aus der Raab-Kartei, dass dies nicht die alleinige Aktivität der Meßkircherinnen war, sondern dass sie außerdem einen Frauenverein gegründet hatten.

Diese erste Auswertung verweist auch darauf, dass weibliche Aktivitäten während der revolutionären Ereignisse in Relation zu denen der männlichen Agierenden zu sehen sind.

Lässt sich nun aber aus der quantitativen Auswertung der Raab-Kartei tatsächlich eine Topographie der Frauenaktivitäten in der badischen Revolution ableiten?

## Heidelberg – ein Beispiel unterschiedlicher weiblicher Aktivitäten in den revolutionären Ereignissen

Die Tatsache beispielsweise, dass die Kartei nur zwei Frauen aus Heidelberg aufführt, lässt ein solches Vorgehen sehr rasch fragwürdig erscheinen. Eine Durchsicht der einschlägigen Presse und der im Stadtarchiv überlieferten Quellen führt zu dem Ergebnis, dass gerade Heidelberg eines der Zentren revolutionärer Frauenaktivitäten in Baden war[14]. Immerhin zwölf Heidelbergerinnen lassen sich so hinsichtlich ihres Engagements und ihres sozialen Umfeldes näher erfassen. Die anlässlich der Stiftung zweier Fahnen für die Bürgerwehr durch *Frauen und Jungfrauen Heidelbergs* am 1. Oktober 1848 gefertigten Urkunden nennen über 100 weitere Namen[15].

Ein weiteres außergewöhnliches Selbstzeugnis von Frauen, die sich in die revolutionären Ereignisse einmischten, ist mit einem öffentlichen Aufruf *vieler Frauen Heidelbergs* vom 27. Mai 1849 überliefert[16]. Anders als bei den Fahnenstifterinnen, die größtenteils dem liberalen Bildungsbürgertum der Stadt angehörten – unter ihnen befanden sich eine Reihe von Professorengattinnen – deuten Stil, Orthografie und Grammatik dieses Manifestes auf Verfasserinnen aus unteren bürgerlichen Schichten hin. Offensichtlich als Reaktion auf den Aufruf des Landes-Ausschusses *Männer und Frauen in Baden!*[17] vom 22. Mai knüpften die Unterzeichnerinnen Bedingungen an die von ihnen geforderte Unterstützung der revolutionären Sache. Als gute Hausfrauen, die ihren Beitrag zur Revolution leisten wollten, forderten sie von den Männern der provisorischen Regierung und der Bürgerwehr einen sorgfältigen Umgang mit der Staats- und Stadtkasse. Sie übertrugen ihre täglichen Erfahrungen bei der Hausarbeit auf das Gemeinwesen und fanden so einen ganz eigenwilligen Zugang zu den Ereignissen, der sich revolutionärem Pathos verweigerte.

Insgesamt ist für die Stadt Heidelberg ein Spektrum der unterschiedlichsten Formen von Einmischung durch Frauen in die revolutionären Ereignisse auffindbar: vom Fahnen-

---

14  Systematisch durchgesehen wurden das »Heidelberger Journal«, »Die Republik« und »Der Volksführer«. Aber auch die »Mannheimer Abendzeitung« und das »Mannheimer Morgenblatt« lieferten Hinweise auf die vielfältigen Aktivitäten der Heidelbergerinnen. Vgl. MUMM (wie Anm. 1); P. NELLEN, Frauen und Frauenvereine in der Revolutionszeit 1848/49, in: DIES. u. a., Die Vergangenheit ist die Schwester der Zukunft. 800 Jahre Frauengeschichte in Heidelberg, Stadt Heidelberg (Hg.), Amt für Frauenfragen, Ubstadt-Weiher 1996, S. 221–239.

15  StadtA Heidelberg, Urkunden 412 a.

16  Auch zum Folgenden StadtA Heidelberg H 143 g: 3.

17  Abgedruckt u.a. in: Die Republik, 27. Mai 1849.

sticken der Professorengattinen und der Gründung eines *Frauenvereins zur Sammlung für die deutsche Kriegsflotte*[18] über den oben erwähnten Aufruf der Frauen an die Bürgerwehr bis hin zum *Verein von Frauen und Jungfrauen, zur Unterstützung nothleidender Patrioten*[19]. Letzterer wurde von der Wirtin des Gasthauses »Zum Weinberg«, Katharina Beck, geleitet, die zum Unterstützerkreis der deutsch-katholischen Gemeinde zählte und Verbindungen zu verschiedenen männlichen Protagonisten der revolutionären Ereignisse in Heidelberg pflegte. Katharina Beck, die sich auch noch nach Niederschlagung der Revolution um Verfolgte kümmerte, ist eine der beiden Frauen, die wir aufgrund eines sich lange Jahre hinziehenden Verfahrens wegen Hochverrats in der Raab-Kartei finden[20].

## Frauenvereine

Ähnliche Vereine, wie die für Heidelberg erwähnten, entstanden in Baden auch andernorts. Doch obwohl bereits 1984 Carola Lipp festgestellt hat, dass sich die meisten Frauenvereine in der Revolution, außer in Sachsen und in Rheinpreußen, im demokratischen Baden bildeten[21], gab es bislang nur einige wenige lokale Studien hierzu[22], eine zusammenfassende Darstellung fehlt.

Der Grund mag darin liegen, dass die Frauen in ihren Vereinen keine speziellen Fraueninteressen verfolgten. Zwar agierten die meist bürgerlichen Frauen im Sinne einer nationalen und manchmal einer demokratischen Gesinnung – bereits 1813/15 in der Zeit der sogenannten Befreiungskriege hatte es Frauenvereine gegeben – und bauten soziale Netzwerke auf, die praktische Hilfe für Flüchtlinge organisierten sowie einen – wenn auch häufig nur symbolischen – Beitrag zur Unterstützung der handelnden Männern leisten wollten. Es war jedoch hauptsächlich karitative Tätigkeit, der sich die Frauen verschrieben hatten. Dass damit auch Politik gemacht und öffentliche Verantwortung übernommen wurde, erschließt sich heute erst auf den zweiten Blick.

Denn diese Erkenntnis verlangt einen neuen Politikbegriff: Das bürgerliche Geschlechterkonzept verwies die Frau – theoretisch – in die häusliche Privatsphäre, während das (politische) Agieren in der Öffentlichkeit dem Mann vorbehalten blieb[23]. Die bestehenden Vorstellungen über das, was als »wesensgemäßes« Verhalten von Frauen anzusehen sei, engten den Handlungsspielraum bürgerlicher Frauen ein. Zugleich eröffneten aber die Festlegungen auf geschlechtstypisches Verhalten den bürgerlichen Frauen

---

18  Heidelberger Journal, 4. Juli 1848.
19  Gründungsaufruf in: Heidelberger Journal, 22. September 1848.
20  GLA 240/1373.
21  Vgl. C. LIPP u. a., Frauen und Revolution. (wie Anm. 7).
22  U. SCHELLINGER, *... und besonders verdient die Frauenwelt das Lob, zum Besseren mitgewirkt zu haben.* Die Rolle der Frauen während der Revolutionsereignisse 1848/49 am Beispiel der Aktivitäten in der Ortenau, in: Die Ortenau, 76 (1996), S. 321–356.
23  Vgl. K. HAUSEN, Die Polarisierung der *Geschlechtscharaktere*. Eine Spiegelung der Dissoziation von Erwerbs- und Familienleben, in: W. CONZE (Hg.), Sozialgeschichte der Familie in der Neuzeit Europas, Stuttgart 1976, S. 363–393. Es ist darauf hinzuweisen, dass die bei Hausen dargestellten Weiblichkeitsentwürfe nicht, wie teilweise in der Rezeption geschehen, mit der gesellschaftlichen Realität gleichzusetzen sind.

neue Möglichkeiten des Zugangs zu öffentlichen Aufgaben. In dem Maße, in dem Fürsorge und Mütterlichkeit als spezifisch weibliche Fähigkeiten galten, erschlossen sie über die Wohltätigkeit einen neuen weiblichen Aufgabenbereich. In den in Vormärz und Revolutionszeit entstehenden Frauenvereinen wurden traditionell weibliche Tätigkeiten aus dem privaten in den öffentlichen Bereich verlagert, und Frauen übernahmen bisher den bürgerlichen Männern vorbehaltene Tätigkeiten in Eigenregie. Die sozial ausgerichteten Frauenvereine wurden später zu Trägerinnen kommunaler Sozialpolitik, wie in Baden deutlich an der Arbeit des Badischen Frauenvereins gezeigt werden kann[24].

Als ein Beispiel dafür, wie Frauen bürgerlicher Schichten sich dem weiblichen Aufgabenbereich angepasster Politikformen bedienten, sei hier der im April 1848 gegründete Karlsruher *Frauenverein zur Unterstützung deutschen Gewerbefleißes* genannt[25]. Indem sie das Einkaufen zum Politikum machten, suchten die Frauen über die Kontrolle des Konsums – ganz modern anmutend – in die Politik einzugreifen. Die Mitglieder des Vereins verpflichteten sich, *für ihre häuslichen und persönlichen Bedürfnisse vorzugsweise deutsche Erzeugnisse anzuschaffen und den deutschen Arbeitern den Verdienst zuzuwenden.* Auch sollten deutsche Waren als solche gekennzeichnet werden. Man polemisierte vor allem gegen den Kauf von Waren aus Frankreich, von wo deutsche Arbeiter ausgewiesen würden. Die Ehefrauen von Staatsrat Bekk, Hofrat Gockel, von Dr. Lamey sowie ein Fräulein Kölitz verwalteten die Listen, in die sich an der Mitgliedschaft Interessierte eintragen lassen konnten. Auch die Leitung des Vereins lag in Frauenhand: Frau Bürklin geb. Fecht, Frau Tapetenfabrikant Kammerer geb. Keller, Frau Kaufmann Daler geb. Katz und Frau Gerwig geb. Beger wurden in den Ausschuss gewählt. Solche Vereine zum patriotischen Einkaufen, zum Kauf *vaterländischer Produkte* gab es an vielen Orten[26].

## Frauen und die »große« Politik

In den 1848/49 in Baden neu entstehenden Volksvereinen waren Frauen nicht als Mitglieder präsent. Voraussetzung für die Mitgliedschaft war das Staats-, wenn nicht sogar Ortsbürgerrecht, mit dem das Wahlrecht verbunden war, das den Frauen jedoch vorenthalten blieb. Sie wurden in diesen Organisationen als Handelnde lediglich auf der Ebene der politischen Symbolik sichtbar. Den Status von staatsbürgerlichen Subjekten erhielten sie nicht, und die bürgerlich-männlichen Vorstellungen von persönlicher Autonomie und Rechtsgleichheit galten für Frauen nur eingeschränkt.

Der badische liberale Politiker Carl Theodor Welcker etwa wollte ihnen zwar ein uneingeschränktes Recht auf Bildung zugestehen sowie Petitions- und Pressefreiheit und

---

24  S. ASCHE, B. GUTTMANN, O. HOCHSTRASSSER, S. SCHAMBACH, L. STERR, Karlsruher Frauen 1715–1945. Eine Stadtgeschichte, (Veröffentlichungen des Karlsruher Stadtarchivs, Band 15), Karlsruhe 1992.
25  F. v. WEECH, Karlsruhe. Geschichte der Stadt und ihrer Verwaltung. Auf Veranlassung des Stadtrats bearbeitet, 3 Bände; Band 2: 1830–1852, Karlsruhe 1898, S. 167 ff.
26  E. KUBY, Politische Frauenvereine und ihre Aktivitäten 1848 bis 1850, in: C. Lipp (Hg.), Schimpfende Weiber und patriotische Jungfrauen. Frauen im Vormärz und in der Revolution 1848/49, Baden-Baden 1986, S. 248–269.

auch die Freiheit, Frauen-Vereine, die er als eine der *edelsten und ruhmwürdigsten Erscheinungen, ja Erfindungen unserer Zeit*[27] bezeichnete, zu gründen. Auch als Zuhörerinnen in den Parlamenten billigte Welcker ihnen eine positive Funktion zu, da ihre Anwesenheit die Männer zu gesitteterem Verhalten zwinge. Privatrechtlich sollten Frauen den Männern gleichgestellt sein, mit *alleiniger Beschränkung* einer *bedingten Unterordnung unter die Entscheidung des Mannes, als Familienhauptes*[28]. Politische Stimmrechte sollten Frauen nach Ansicht Welckers jedoch nicht erhalten.

Der *Landesausschuss der badischen Volksvereine*, der am 14. Mai 1849 nach der Flucht von Großherzog Leopold in Baden die Macht übernommen hatte, bat in seinem Appell an die Bevölkerung ausdrücklich auch die Frauen um Hilfe für die revolutionären Soldaten. An vielen Orten unterstützten daher während der badischen Mairevolution Frauen die Kämpfer mit Kleidern, Nahrungsmitteln und Verbandsmaterial und kümmerten sich um politische Flüchtlinge. Neben den Heidelberger Aktivitäten seien hier einige weitere Beispiele erwähnt:

In Mannheim waren im Frühsommer 1849 gleich zwei politisch motivierte Frauenvereine tätig, die sich bereits 1848 gebildet hatten. Vorsitzende des zuerst gegründeten Vereins *Germania* war Katharina Betz. Sie war die Ehefrau von Jakob Betz, Wirt vom »Schwarzen Lamm«, einem der Treffpunkte der Mannheimer Linken. Ihre Söhne Jakob und Philipp waren auf Seiten der Revolutionäre in die Ereignisse an der Mannheimer Rheinbrücke am 26. April 1848 verwickelt und wurden infolgedessen wegen Hochverrats angeklagt[29]. Warum es im November 1848 zur Gründung eines zweiten Frauenvereins *Concordia* kam, obwohl dieser, soweit dies anhand der vorliegenden Quellen zu beurteilen ist, doch ähnliche Ziele verfolgte, verschweigen die Quellen. Auch der *Frauen- und Jungfrauenverein Concordia* sammelte Geld für die *eingekerkerten und flüchtigen Republikaner*[30]. Therese Canton, die Vorsitzende, führte eine *Wortschule für kleine Kinder*, die sie zusammen mit ihrer Pension nach der Revolution verlor, weil sie im Mai 1849 im pfälzischen Ludwigshafen eine Rede gehalten und der polnischen Legion eine Fahne geschenkt hatte[31]. Im Nachlass von Kathinka Zitz, der Vorsitzenden des Mainzer Frauenvereins, finden sich Briefe von Mitgliedern der beiden Mannheimer Vereine *Concordia* und *Germania*. Der Mainzer Verein war offenbar eine Art Koordinierungsstelle für demokratische Frauenvereine. Auch der in Offenburg für 1849 nachgewiesene Frauenverein hatte Kontakte nach Mainz. Kathinka Zitz sammelte die Statuten verschiedener Frau-

---

27    C. WELCKER, *Geschlechterverhältnisse*, in: Staats-Lexikon. Encyklopädie der sämmtlichen Staatswissenschaften für alle Stände, C. v. ROTTECK und C. WELCKER (Hgg.), Band 5, Altona 1847, S. 654–678, S. 672f. Der Frühliberale Carl Theodor Welcker formulierte im Staatslexikon, das er seit 1834 zusammen mit Carl v. Rotteck herausgab, in seinem Artikel mit der Überschrift *Geschlechterverhältnisse* die Grenzen, gegen die weibliches Engagement nicht verstoßen sollte, ohne als anstößig zu gelten.

28    WELCKER S. 670. Die Geschlechtsvormundschaft, die die Frauen vor Gericht und in anderen Geschäften als nicht rechtsmündig ansah, war in Baden 1835 abgeschafft worden.

29    GLA 276/3408:1, 276/3439:1, 240/2355; StadtA Mannheim Polizeipräsidium, Zug./1962 Familienbogen.

30    Mannheimer Abendzeitung, 17. November 1848.

31    StadtA Mannheim Polizeipräsidium, Zug./1962 Familienbogen; vgl. Arbeitskreis Rhein-Neckar Dreieck (Hg.), Der Rhein-Neckar-Raum und die Revolution von 1848/49. Revolutionäre und ihre Gegenspieler, mit Beiträgen von H. FENSKE und E. SCHNEIDER, Ubstadt-Weiher 1998, S. 108f.

envereine, und auch die Mannheimer Frauen von *Concordia* beteiligten sich an diesem Versuch einer überregionalen Organisation. Der Mannheimer Verein *Germania* bedauerte jedoch, man habe keine Vereins-Statuten, damit nicht die *hochlöbliche Polizei ihre Nase hineinstecken*[32] könne.

Im badischen Ettenheim gründeten unmittelbar vor der Offenburger Versammlung vom 13. Mai 1849 einige Frauen unter dem Vorsitz ihrer Präsidentin Antonie Stehlin einen *Frauen und Jungfrauenverein* mit dem Ziel, *den hiesigen Volksverein in Freiheitsbestrebungen zu unterstützen*[33]. Der Frauenverein hatte etwa 30 Mitgliedsfrauen, deren erste Aktion die Herstellung einer Fahne mit der Aufschrift *Freiheit, Bildung, Wohlstand für alle* für den Demokratenverein war. Außerdem wollten sie Verwundete pflegen und flüchtige oder gefangene Revolutionäre unterstützen. Für das Erste Ettenheimer Aufgebot nähten die Frauen Blusen und schickten Verbandszeug und Lebensmittel in die Festung nach Rastatt.

Zur Frage, was Frauen motivierte, sich in den 40er Jahren politisch zu betätigen, kommt Carola Lipp zu dem Ergebnis, dass sie nicht ihre eigene Emanzipation im Blick gehabt hätten, sondern vielmehr in der Mehrzahl einen Beitrag zur nationalen Befreiung leisten wollten[34]. Ab Frühsommer 1848, nachdem am 26. Mai die Nationalversammlung einen Marineausschuss eingesetzt hatte, der die Errichtung einer deutschen Flotte beschloss, wurde die Sammlung für eine deutsche Flotte ein vorherrschendes Thema. Vor diesem Hintergrund ist auch die Gründung des oben erwähnten Heidelberger *Frauenvereins zur Sammlung für die deutsche Kriegsflotte* im Juli 1848 zu sehen.

Das Nationale, konkret die Auseinandersetzungen um Schleswig-Holstein, hatte schon in den 1840er Jahren, etwa bei Sängerfesten, Massen mobilisiert. Nachdem im September 1848 der Waffenstillstand von Malmö von Gustav Struve in Baden und von Gottlieb Rau in Württemberg zum Anlass für militärische Aufstandsversuche genommen worden war, war im März 1849 neuer Schwung in den Krieg in Schleswig gekommen. Der Kriegserklärung vom 2. April 1849 folgte ein neuer Nationalisierungsschub. Frauen veranstalteten nun, wie etwa der Karlsruher *Elisabethenverein*[35], Sammlungen für die Nation und schickten Charpie und Verbände für die Verwundeten ins schleswig-holsteinische Kriegsgebiet.

Wie in Heidelberg wurden 1848 bürgerliche Frauen auch andernorts im Umfeld der Bürgerwehren aktiv, stickten Fahnen, nahmen an Fahnenweihen teil und sammelten für die Ausrüstung bedürftiger Wehrmänner[36]. Diese Aktivitäten wurden auch in der Presse

---

32  HUMMEL-HAASIS (wie Anm. 8), S. 303.
33  Revolution im Südwesten (wie Anm. 3), S. 166ff. Zu Ettenheim auch: TH. DEES, Ettenheim in den Revolutionsjahren 1848 und 1849, in: Die Ortenau 62 (1982), S.140–174 sowie TH. DEES, Achaz und Maria Antonia Stehlin – ein republikanisches Ehepaar und die revolutionären Ereignisse im Amtsbezirk Ettenheim, in: Die Ortenau 77 (1998), S. 275–306.
34  LIPP u. a., Frauen und Revolution (wie Anm. 7) S. 385ff.
35  F. v. WEECH (wie Anm. 25), S. 169. Außerdem S. SCHAMBACH, Kleine Schritte in die Öffentlichkeit – Karlsruherinnen in den Jahren 1848/49, in: S. ASCHE, B. GUTTMANN, O. HOCHSTRASSER, S. SCHAMBACH, L. STERR (wie Anm. 24), S. 157ff.
36  G. SCHUBERT, Passiver Widerstand – *Verführung zum Treuebruch*. Die Heilbronnerinnen während der Besetzung ihrer Stadt 1848/49. in: LIPP, Schimpfende Weiber und patriotische Jungfrauen (wie Anm. 26), S. 144–158.

regelmäßig wohlwollend zur Kenntnis genommen. Die Art der Berichterstattung deutet darauf hin, dass Frauen in diesen feierlichen Inszenierungen, den Festritualen und Fahnenweihen, große Bedeutung zukam[37]. Die fast überall zur Unterstützung der Bürgerwehren gegründeten Frauenvereine spielten in der Inszenierung von politischer Öffentlichkeit während der Revolution – der Revolution als gesellschaftlichem Ereignis – eine ganz bestimmte Rolle: Als weißgekleidete Ehrenjungfrauen symbolisierten sie das, wofür der bewaffnete Familienvater in den Kampf ziehen sollte. Häufig versicherten junge Frauen, dass sie nur solche Männer zu heiraten gedächten, die sich fürs Vaterland verdient gemacht und gekämpft hätten[38].

Marie Antonie Stehlin, die Präsidentin des oben erwähnten Ettenheimer Frauenvereins war auch Verfasserin einer Rede, die sie bei Überreichung der von den Frauen gefertigten und dem Ettenheimer Volksverein gewidmeten Fahne vortrug:[39] *Bürger! – Verübeln Sie es nicht, wenn eine Frau es wagt, in einer Versammlung zu sprechen, wo man nur kräftige entschiedene Männerrede zu hören gewöhnt ist. Wenn meine Worte auch nicht so kräftig sind, so kommen sie doch jedenfalls aus gutem Herzen.* Die Fahne, die die Mitgliedsfrauen des Frauenvereins verfertigt hatten, sei zwar *nicht kostspielig* gewesen, doch *allein wir hoffen darauf, daß sie nicht minder wert sein wird, als wenn sie mit Gold und Silber durchwirkt wäre.* Von den Männern, die die Fahne erhielten, wurde erwartet, dass sie *solche auch mit Kraft und Muth schwingen werden, wenn es einmal gilt, für Freiheit, Recht und Vaterland zu kämpfen, zu siegen, oder zu sterben.* Sie erhielten die Aufforderung *der Fahne steths muthig zu folgen, und sie auch dann nicht zu verlassen, wenn ihr blutiges Roth auf blutigen Schlachtfeldern flattert.*

Die Begeisterung für eine höhere Sache verknüpfte die Sphäre der Öffentlichkeit mit dem Privaten, ohne dass Männer und Frauen die ihnen gesetzten Grenzen überschreiten mussten. »Auf dem militärischen Weg zum deutschen Nationalstaat verbinden sich die Liebe der Frauen und die kriegerische Bereitschaft der Männer zu einer arbeitsteiligen, aber kampffähigen Einheit.«[40] Ehefrauen, Bräute und Schwestern der Revolutionäre übermittelten mit den von ihnen gestickten Fahnen also einen politischen Auftrag. Die aufgestickten Sprüche *Freiheit oder Tod, Freiheit, Gleichheit und Wohlstand* oder *Des Volkes Freiheit* stehen für eine politische Programmatik. Diese auf den ersten Blick heute unpolitisch wirkende Tätigkeit verwob die Frauen real wie symbolisch mit den nationalen Interessen[41].

37  Vgl. C. Lipp, Frauen und Öffentlichkeit. Möglichkeiten und Grenzen politischer Partizipation im Vormärz und in der Revolution 1848/49, in: C. Lipp, Schimpfende Weiber und patriotische Jungfrauen, (wie Anm. 26), S. 270–309.
38  So z. B. Heidelberger Journal, 8. Februar 1849.
39  Überliefert ist ein von ihr unterzeichnetes Manuskript in: GLA 240/2369.
40  C. Lipp u. a., Frauen und Revolution (wie Anm. 7), S. 386.
41  Vgl. dazu auch das Beispiel Henriette Obermüller aus Durlach, deren Tagebücher und Lebenserinnerung neuerdings in der Schriftenreihe des Karlsruher Stadtarchivs zugänglich sind: B. Bublies-Godau (Hg.), »Dass die Frauen bessere Demokraten seyen ...«. Henriette Obermüller-Venedey – Tagebücher und Lebenserinnerungen 1817–1871, Karlsruhe 1999 (Forschungen und Quellen zur Stadtgeschichte, Band 7, Schriftenreihe des Stadtarchivs Karlsruhe). Zur Revolution in Durlach und zu Henriette Obermüller außerdem: S. Asche/O. Hochstrasser, Durlach. Staufergründung – Fürstenresidenz – Bürgerstadt. Karlsruhe 1996 (Veröffentlichungen des Karlsruher Stadtarchivs 17).

## Weibliche Delinquenz und ihre Folgen

Geschlechtsspezifische Unterschiede zeigen sich nicht nur hinsichtlich des Engagements in den revolutionären Ereignissen, sondern auch bei der Strafverfolgung[42]. Die Intensität der Verfolgung durch die großherzoglichen Behörden hing von vielerlei Faktoren ab, u. a. auch von der Person des jeweiligen Amtmannes und dessen Einschätzung der Ereignisse und Beteiligten. Auch der Zufall mag eine gewisse Rolle gespielt haben. Eine rein quantitative Auswertung der in der Raab-Kartei verzeichneten Frauen lässt auch hier keine Rückschlüsse auf das tatsächliche Engagement zu. Die Durchsicht von Einzelfallakten zeigt jedoch, wie über Frauen gesprochen wurde und welche Verteidigungsstrategien sie entwickelten. Den beiden Offenburgerinnen Amalie Hofer und Nannette Rehman, die dem Offenburger Frauenverein von 1849 angehört und patriotische Sammlungen zur Unterstützung des Revolutionsheeres organisiert hatten, blieb eine Freiheitsstrafe erspart. Rehmann wurde zwar nach der Niederschlagung der Revolution in der Zeitung als *Anna Neunundneunzig*[43] verspottet, eine Anspielung auf die gegen sie angestrengte Untersuchung wegen *Teilnahme am Hochverrat*. Ende November 1849 wurden die Verfahren gegen die beiden Frauen jedoch eingestellt. Johann Hofer war ins Ausland geflüchtet, und 1851 wanderte die Familie von der Schweiz aus zusammen nach Amerika aus, wo Amalie Hofer als Pensionswirtin Geld zum Lebensunterhalt verdiente[44].

Als es um die Verurteilung Antonie Stehlins aus Ettenheim ging, hatte das zuständige Gericht es als strafverschärfend gewertet, dass der Ettenheimer Frauenverein bereits vor der Mairevolution gegründet worden war. Stehlin will bei ihren Aktivitäten jedoch *nur an die Reichsverfassung und an den Kampf für diese gedacht haben* und der Verein habe *nur die Armenunterstützung* bezweckt. Sie wurde im Gegensatz zu ihren fünf weiblichen Mitangeklagten als einzige dennoch nicht freigesprochen. Man sah in ihrem Engagement vielmehr *den Thatbestand eines Hochverrathsverbrechens*, vor allem, weil die *Recurrentin* die Ettenheimer Wehrmänner zum Auszug in zwei benachbarte Orte ermuntert hatte. Diese *müßten hinunter, weil sich die Mannschaft daselbst widerspenstig gezeigt habe* – so ihre Begründung. Stehlin habe außerdem zugegeben, dass sie *von Herzen der Revolution zugethan gewesen sei* und *daß sie alles gethan habe, was sie ihrem Vaterlande zum Zwecke der Befreiung vom fürstlichen Joche schuldig zu sein geglaubt habe, und was in ihren Kräften gestanden sei*. Dass *bei solchen Gesinnungen der Verbrecherin, die alles was nur an ihr lag, zur Unterstützung des Hochverraths gethan habe*, keine *Milde* bei der Strafbemessung zu erwarten sei, liege auf der Hand[45].

In Meßkirch, wie oben erwähnt ein revolutionäres Zentrum, waren laut Raab-Kartei 16 Frauen aktiv. Einige von ihnen, darunter die Lehrerehefrau Maria Walser, Mutter von vier

---

42    Ähnliches können wir beispielsweise auch für die Aktivitäten von Frauen im Nationalsozialismus vermuten, wo im Prozess der Entnazifizierung die politische Wirksamkeit weiblichen Handelns nicht reflektiert wurde, was häufig zur Entlastung von Täterinnen führte. Vgl. Forschungsprojekt *Zur politischen Partizipation von Frauen in der Nachkriegszeit (1945–1955) am Beispiel Karlsruhe*: B. GUTTMANN, »Den weiblichen Einfluss geltend machen …« Karlsruher Frauen in der Nachkriegszeit 1945–1955 (Veröffentlichung des Karlsruher Stadtarchivs 21), Karlsruhe 2000, S. 46–52.
43    Offenburger Wochenblatt, 3. August 1849.
44    SCHELLINGER (wie Anm. 22).
45    GLA 240/2369.

Kindern, die ledige, vermögenslose Dienstmagd Agathe Eberle, wie Walser um die 30 Jahre alt, sowie die beiden erst 19-jährigen jungen Mädchen Therese Mors (Magd) und Sofie Singer (Näherin) wurden von den zuständigen Behörden gerichtlich verfolgt und verurteilt[46]. Sie versuchten sich mit Unwissenheit herauszureden und damit, dass ihre Vergehen keine große Bedeutung gehabt hätten – eine andere Verteidigungsstrategie als die der Ettenheimerin Stehlin.

Die Frauen bzw. ihre Verteidiger konstruierten eine Rolle als Opfer politischer Verführung. Die *Partei, die, wie sich nachher zeigte, ganz andere Absichten hatte, als sie dem getäuschten Volke vorgab,* der *Mißbrauch von freier Presse,* die Reden auf Volksversammlungen und das Wirken in Vereinen, hätten eine öffentliche Meinung geschaffen, die es den Menschen schwer gemacht habe, sich zu entziehen. Wenn außerdem *nun* <u>Männer,</u> [im Original unterstrichen] *die sogar Gemeindeämter bekleideten, und mit Zeitungslektüre sich abgaben [...], in Folge von den geschilderten Einwirkungen zu solchen verbotenen Ansichten gelangten, um wieviel mehr mußte diese Verwirrung einreißen bei dem* <u>Frauen-Geschlechte</u> *welches der Politik völlig fremd zu sein pflegt und dessen Beruf es ist, bloß in dem häuslichen Bereiche sich zu bewegen.* Warum sollte etwa der Ehefrau des Lehrers Walser nicht geglaubt werden, wenn sie sagte *Auf Gott, ich habe nicht gewußt, um was es sich handelt?*

Neben demonstrativer Unwissenheit verlegten sich die Frauen aufs Leugnen. Sie habe die Wehrmannschaft beim Abmarsch nicht beschimpft, so beteuerte Lehrerfrau Walser immer wieder. Sie sei auch nicht in den Frauenverein gegangen, weil sie solche Sachen nicht verstehe. Auch Agatha Eberle benutzte diese Verteidigungsstrategie: *Ich wußte nichts vom Kriegszustande, las keine Zeitungen, und habe von anderen Leuten nichts gehört, wußte auch nicht, was der Ausmarsch der Wehrmannschaft für einen Grund hatte.* Sie hielt die Anordnungen der provisorischen Regierung für rechtens.

Ganz offen gab die Näherin Sofie Singer ihre Taten zu: *Ich scheute mich nicht, wie die anderen Weiber und Mädchen dieses thaten, zum Auszuge aufzufordern, auch habe ich getobt und geschimpft, denn die Rathsherren saßen 2 Tage lang auf dem Rathhause und konnten zu keinem Entschlusse kommen. Ich gestehe offen die Wahrheit, man kann mich todtschießen, ich frage nichts darnach. Übrigens hätten die Rathsherren uns vom Rathhause fortjagen sollen, wenn wir ihren Anträgen lästig gefallen sind.*

Auf die Frage, warum sie denn zum Abmarsch der Wehrmannschaft gedrängt habe: *Ich weiß dieses selbst nicht, wie es gekommen ist; denn damals ging alles durcheinander und man schrie und sprach über Dinge, die man selbst nicht recht kannte.*

Mit Ausnahme von Therese Mors, die drei Monate peinliche Gefängnisstrafe absitzen musste, entzogen sich all diese Frauen ihrer Strafe durch Flucht. Auch Frau Stehlin, Ehefrau eines Ettenheimer Advokaten, deren Urteil auch in einem von ihr angestrengten Berufungsverfahren bestätigt wurde, floh über Frankreich in die USA.

---

46   Auch zum Folgenden GLA 240/2467.

## Fazit

Die Frage nach der Beteiligung von Frauen an den revolutionären Ereignissen in Baden 1848/49 kann, wie hier kurz angedeutet, eine Auswertung der Raab-Kartei alleine nicht befriedigend beantworten. Um die Partizipation von Frauen zu erfassen, ist eine Verknüpfung quantitativer mit qualitativ beschreibenden Methoden erforderlich. So liefern Einzelfallakten, deren rascher Zugriff durch die Raab-Kartei ermöglicht wird, teilweise interessante Hinweise zum sozialen Umfeld der beteiligten Frauen und den Beziehungsgeflechten innerhalb der revolutionären Bewegung eines Ortes. Diese sind anhand von Quellen aus dem kommunalen Bereich weiterzuverfolgen – ein Unterfangen, dessen Erfolg auch von lokalen Überlieferungszufällen abhängig ist und erschwert wird durch eine Überlieferungspraxis, die weibliches Handeln für nicht dokumentierenswert hielt beziehungsweise unsichtbar machte.

Wenn 150 Jahre danach in vielfältigen Veranstaltungen, Buch-, Ausstellungs- und Forschungsprojekten diskutiert wurde, wie es in der Mitte des 19. Jahrhunderts, an der »Nahtstelle zwischen feudaler und industriekapitalistischer Epoche«[47], in ganz Europa dazu kam, dass Menschen verschiedenster Schichten rebellierten bzw. politische Forderungen artikulierten, muss dies auch die Frage danach einschließen, welche Stellung Frauen als politische Wesen in der Gesellschaft zu finden hofften. War die geschlechtsspezifische Ungleichheit für diese bürgerliche Gesellschaft konstitutiv[48], oder war die Emanzipation der Frauen prinzipiell darin angelegt? In jedem Fall wird der Blick auf die Ereignisse der Jahre 1848/49 mehr als nur um eine Marginalie ergänzt, wenn Politik auch als symbolischer Handlungszusammenhang[49] interpretiert wird, in dem Männer und Frauen eine bestimmte Rolle zu spielen hatten.

---

47   W. KASCHUBA/C. LIPP, 1848 – Provinz und Revolution. Kultureller Wandel und soziale Bewegung im Königreich Württemberg. Tübingen 1979, S. 10 (Untersuchungen des Ludwig-Uhland-Instituts der Universität Tübingen, Band 49), Tübingen.
48   U. FREVERT (Hg.), Bürgerinnen und Bürger. Geschlechterverhältnisse im 19. Jahrhundert. Göttingen 1988. Dazu auch M. RUMPF, Staatsgewalt, Nationalismus und Geschlechterverhältnis, in: Frauen&Geschichte Baden-Württemberg (Hgg.), Frauen und Nation, (Frauenstudien Baden-Württemberg, Band 10), Tübingen 1996, S. 12–29.
49   [...] *bestimmte Formen der Geschlechterbeziehung* gingen *unmittelbar in den symbolischen Diskurs der Revolution* ein, so C. LIPP, Bräute, Mütter, Gefährtinnen. Frauen und politische Öffentlichkeit in der Revolution 1848. in: H. GRUBITZSCH, H. CYRUS, E. HAARBUSCH, Grenzgängerinnen. Revolutionäre Frauen im 18. und 19. Jahrhundert. Weibliche Wirklichkeit und männliche Phantasien. Düsseldorf 1985, S. 71–92, Zitat S. 72 (Geschichtsdidaktik. Studien. Materialien. Band 33, Hg. v. A. KUHN).

# Württemberger – zeigt, daß Ihr für die Rechte und Freiheiten des Volkes einzustehen wisset!
## Die Schwäbische Legion in der badischen Revolution 1849

VON UWE SCHMIDT

Der badischen Revolutionsarmee stand nur wenige Wochen nach der Machtübernahme der revolutionären Landesausschüsse in der Pfalz und in Baden Anfang Mai 1849 eine gewaltige militärische Übermacht aus preußischen und Bundestruppen gegenüber: An der Nordgrenze der Pfalz zogen 20 000 preußische Soldaten auf, und im südlichen Hessen wurden von Reichsverweser Erzherzog Johann 18 000 Mann aus den deutschen Klein- und Mittelstaaten aufgeboten, hinter denen darüber hinaus ein 16 000 Mann starkes preußisches Armeekorps anrückte.

Die militärische Überlegenheit der Interventionstruppen ließ die Aussicht auf eine erfolgreiche Verteidigung der Revolution in der Pfalz und in Baden trotz der seit dem 17. Mai vereinigten pfälzisch-badischen Armee auf ein Minimum sinken. Hinzu kamen gravierende Schwierigkeiten bei der Organisation der Revolutionsarmee. Vier Behörden – der Kriegssenat des Landesausschusses, das Kriegsministerium, das Oberkommando der Volkswehr sowie das Oberkommando der Armee – standen vor der nahezu unlösbaren Aufgabe, aus den regulären Truppen, den Volkswehren und den Freiwilligenverbänden ein schlagkräftiges Heer zu schaffen. Über strategische Vorstellungen herrschte Unklarheit: Der Parlamentarisierung Badens stand die Republikanisierung Deutschlands als scheinbar unauflösbarer Widerspruch gegenüber. Zudem lähmte die Unentschlossenheit des führungsschwachen Kriegsministers, des Oberleutnants Karl Eichfeld, ebenso die Kräfte wie die notwendige und in Angriff genommene Reform der Armee (Solderhöhung und Wahl der Offiziere). Als wohl mit entscheidend für die Niederlage der badischen Revolution erwies sich die fehlende Unterstützung des Landesausschusses der Volksvereine für eine militärische Offensive, welche die Voraussetzung für die Verteidigung Badens und eine gesamtdeutsche Republikanisierung gewesen wäre.

Der Vorstoß des neuen Kriegsministers Franz Sigel in Richtung Frankfurt, um dort die Reste der Nationalversammlung mit der Revolution zu vereinigen, scheiterte am 30. Mai 1849 bei Heppenheim, nur wenige Kilometer nach der Grenze zu Hessen-Darmstadt, kläglich[1].

Soldaten der regulären bayerischen und badischen Heere bildeten den Grundstock der badisch-pfälzischen Revolutionsarmee. Die badischen Linientruppen, fast vollständig auf

---

1 Vgl. K. HOCHSTUHL, Der Kampf um die Freiheit, in: 1848/49. Revolution der deutschen Demokraten in Baden, hg. vom Badischen Landesmuseum in Baden, Baden-Baden 1998, S. 371.

die Seite des Volkes übergegangen, stellten mit 15 000 Mann das zahlenmäßig stärkste Kontingent. Verstärkt wurden die Linientruppen durch Volkswehren, die man auf Grund des Beschlusses der Offenburger Volksversammlung vom 12./13. Mai, die Volksbewaffnung durchzuführen, aufstellte. Als erstes Aufgebot sollten alle kampffähigen Männer zwischen 18 und 30 Jahren mobilisiert werden. Trotz aller Schwierigkeiten, z. B. Behinderungen durch örtliche Behörden, gelang es immerhin, etwa 25 Volkswehren mit einer Durchschnittsstärke von rund 5 000 Mann aufzubieten. Freiwillige aus anderen deutschen Staaten oder aus der Emigration zogen nach Baden. Diese Freischaren, die ihre Namen meist aus der geografischen Herkunft ihrer Mitglieder ableiteten (Deutsch-schweizerische Legion, Deutsch-polnische Legion, Schwäbische Legion, Mannheimer Arbeiterbataillon, Hanauer Turnerwehr) und überwiegend aus Handwerksgesellen und Arbeitern bestanden, stellten mit rund 6 000 Mann die dritte Säule der Revolutionsarmee.

Bis Anfang Juni war die badisch-pfälzische Armee – ohne eigentliche Führung, wozu gewiss die vier mit dem Aufbau der Revolutionsarmee beauftragten und in den revolutionären Wirren nur schlecht koordiniert arbeitenden Behörden – der Kriegssenat des Landesausschusses unter der Führung Gustav Struves, das Kriegsministerium als Vollzugsbehörde an dessen Seite, das Oberkommando der Volkswehr, an dessen Spitze der auf vielen europäischen Revolutionsschauplätzen erfahrene und bekannte Johann Philipp Becker stand, und das Oberkommando der pfälzisch-badischen Armee – beitrugen. Am 9. Juni übernahm schließlich der polnische General Ludwik Mieroslawski den Oberbefehl. Mieroslawski, der schon mit 17 Jahren im polnischen Aufstand von 1831 gekämpft hatte und in Preußen wegen seiner Teilnahme am Posener Aufstand 1847 zum Tode verurteilt, dann begnadigt und im März 1848 aus dem Berliner Gefängnis entlassen worden war, schloss das ohne feste Organisation und klare militärische Zielstellung agierende Konglomerat aus Linientruppen, Volkswehren und Freischaren zu einer eigentlichen Armee zusammen.

In nur fünf Tagen besetzten preußische Truppen die gesamte aufständische Pfalz; am 19. Juni setzte als Nachhut das Willichsche Korps auf das rechte Rheinufer über[2]. Das preußische Armeekorps folgte und besiegte trotz anfänglicher Erfolge der Revolutionsarmee am Neckar am 21. Juni in der Schlacht von Waghäusel die badischen Revolutionstruppen entscheidend. In kürzester Zeit musste das badische Unterland aufgegeben werden. Heidelberg fiel am 22. Juni, und die Hauptstadt Karlsruhe wurde am 25. Juni von den Preußen besetzt. In dem Gefecht bei Durlach am 25. Juni deckten Freischaren und Volkswehren, kaum 1 000 Mann stark, abgehetzt durch Eilmärsche und ohne Artillerie, den Rückzug der badischen Revolutionstruppen auf die Murglinie, an der sie sich in einem letzten verzweifelten Kampf der feindlichen Übermacht stellten. Die endgültige Entscheidung fiel, als am 29. Juni Reichstruppen unter Verletzung der württembergischen Neutralität die Verteidigungslinie von Gernsbach, wo die Schwäbische Legion zum Einsatz kam, aufrollten und der letzten Verteidigungsfront den Todesstoß versetzten. Es blieb den

---

2   Zum Verlauf des Bürgerkrieges s. die heute noch lesenswerten Darstellungen und Erinnerungen von H. Loose, Der deutsche Reichsverfassungskampf im Jahre 1849, Leipzig 1852, und F. Engels, Die deutsche Reichsverfassungskampagne, in: Marx-Engels-Werke, Bd. 7, Berlin/DDR 1960, S. 109ff.; eine Zusammenstellung zeitgenössischer Berichte liefert W. Dressen (Hg.), 1848/1849. Bürgerkrieg in Baden. Chronik einer verlorenen Revolution, Berlin 1975, S. 87ff.

Revolutionstruppen nur der Rückzug in die Festung Rastatt, die am 1. Juli eingeschlossen wurde, und an die schweizerische Grenze. Am 12. Juli setzte sich das Willichsche Freikorps als letzte Einheit in die Schweiz ab. In Rastatt kapitulierte am 23. Juli der Rest der Revolutionsarmee von über 5 500 Mann bedingungslos. Die Kämpfer wurden entwaffnet und unter den unwürdigsten Bedingungen in den feuchten und dunklen Kasematten der drei Festungsforts gefangen gesetzt. 19 standrechtlich abgeurteilte Revolutionäre, unter ihnen der schwäbische Journalist und Herausgeber des »Rastatter Festungsboten« Ernst Elsenhans, der als Erster starb, sowie eine unbekannte Zahl vor allem polnischer Freischärler, die nicht einmal vor ein Standgericht gestellt wurden, starben im Kugelhagel der Hinrichtungspelotons.

*Deutsche Bürger, württembergische Brüder. Der Kampf um die Durchführung der Reichsverfassung hat begonnen. Die Mächte Deutschlands würden vielleicht, wenn sie eine so kräftige Erhebung eines Teiles des deutschen Volkes, das seiner Lage wegen und durch politische Verhältnisse begünstigt, kräftig auftreten kann, vorausgesehen hätten, die Anerkennung der Grundrechte und Reichsverfassung nicht verweigert haben. Aber es handelt sich nicht mehr um bloße fürstliche Anerkennung, wobei das Volk mit leeren Versprechungen abgespeist wird, sondern es handelt sich um wirklich und tatsächliche Durchführung. Dies ist die Sache von ganz Deutschland. An dieser Sache muss sich auch Württemberg beteiligen, wenn es sich nicht den Fluch des Vaterlandes und der Nachwelt auf sich laden will.*[3]

Mit diesen Worten leitete ein Komitee zur Bildung der Schwäbischen Legion ihren Aufruf *An das württembergische Volk und besonders an die Turn- und Arbeitervereine Württembergs* ein. Am 9. Juni 1849 hatte das Kriegsministerium der provisorischen badischen Regierung den vormaligen Vikar und Ulmer Journalisten Georg Bernhard Schifterling mit der Bildung einer Freiwilligenlegion beauftragt. Am folgenden Tag schlossen sich fünf revolutionäre Demokraten aus Württemberg zu dem genannten Komitee zusammen: der Stuttgarter Kaufmann Albert Bechter, der frühere Kanonier des Kgl. Artillerie-Regiments Gustav von Oelhaffen aus Crailsheim, Anton Karl Ruff aus Kleinaspach im Oberamt Marbach, gewesener Rottenmeister des Kgl. 7. Infanterie-Regiments, ein nicht näher bekannter Georg Reiner und Schifterling. Am 13. Juni veröffentlichten sie ihren Aufruf in der »Sonne«, dem von Gottlieb Rau herausgegebenen Zentralorgan der württembergischen Arbeitervereine. Vor allem Demokraten, Turner und Arbeiter wurden aufgefordert, bewaffnet nach Baden zu ziehen, damit die Legion eine der stärksten werde und zum Ruhme Württembergs gereiche. Wer nicht persönlich erscheinen könne, möge sorgen, dass Gelder, Waffen und Munition an das Kriegsministerium in Karlsruhe übersandt werden. Die Frauen und Jungfrauen Württembergs, welche der Freiheit zugetan wären, wurden aufgefordert, Geld, Kleidung, Charpie und Verbandszeug zu sammeln.

Mit Georg Bernhard Schifterling, dem Initiator der Schwäbischen Legion und ihrem eifrigsten Propagandisten, treffen wir auf eine schillernde, heute weitgehend unbekannte Persönlichkeit der südwestdeutschen Revolution, deren Lebenslauf so typisch für einen

---

3  Die Sonne, Nr. 107 v. 13.6.1849; dort auch die Bevollmächtigung des Kriegsministeriums v. 9.6.1849.

Achtundvierziger ist[4]. Es ist das Leben eines Mannes, der, aus ärmlichen Verhältnissen kommend – Schifterling wurde am 24. September 1815 in Creglingen als Sohn eines Tagelöhners geboren – und sich seiner Talente und Intelligenz durchaus bewusst, nichts unversucht ließ, die ihm, einem Angehörigen der Unterschicht, gesetzten gesellschaftlichen Grenzen zu überwinden. Jeder Sprosse auf der sozialen Leiter nach oben folgte nahezu unvermeidlich der Sturz. Zunächst arbeitete Schifterling als Knecht. Wegen seiner Begabung und christlichen Grundüberzeugung wurde er Ostern 1838 als Zögling der Baseler Missionsschule angenommen. Sein Eintreten für einen Professor der Universität, der wegen einer öffentlichen Kritik an Personen und Positionen der Missionsschule mit der Institutsleitung in einen heftigen Konflikt geraten war, führte nur zwei Jahre später zur Relegation. Nach einem im Frühjahr 1843 mit mäßigem Erfolg abgeschlossenen Studium der Theologie in Tübingen folgten verschiedene Vikariate, ehe das evangelische Konsistorium ihn aufgrund der Denunziation seines Amtsvorgesetzten in Alfdorf bei Welzheim von der Liste der Pfarrkandidaten strich. Beschwerdebriefe an den König und das Konsistorium brachten ihm eine erste Haftstrafe von drei Tagen ein. Seine Angst vor sozialer Deklassierung wandelte sich in existentielle Ängste, die in Hasstiraden gegen das Konsistorium einen eruptiven Ausdruck fanden. So nannte er in seinen Eingaben an den König, von dem er mehr Gerechtigkeit erwartete, die Kirchenleitung ein *päpstliches Schandkonsistorium und gewalttätiges Lügenkollegium*. Im April 1846 wurde Schifterling zu sechs Wochen Gefängnis auf dem Hohenasperg verurteilt. Nach seiner Entlassung war Schifterling am Tiefpunkt seines Lebens angelangt. In Ulm fand er eine Anstellung als Aushilfskraft in einer Messingfabrik und besserte sein karges Einkommen mit Privatunterricht auf.

Die Revolution änderte Schifterlings Leben radikal, wie es vielleicht in nur wenigen Biografien in dieser Dramatik nachweisbar ist. Die revolutionären Ereignisse bewirkten einen vollständigen Bruch mit seinem bisherigen Leben, sie rissen ihn aus seiner depressiv-resignativen Stimmung und setzten in ihm schöpferische Kräfte und Energien frei. Die Revolution war seine Chance, ein selbstbestimmtes Leben zu führen, in dem persönliche Lebensvorstellungen und gesellschaftliche Verhältnisse keinen Widerspruch bildeten. In kurzer Zeit avancierte Schifterling zur treibenden Kraft der republikanischen Bewegung in Ulm und zu einer der ersten Führungspersönlichkeiten der entstehenden württembergischen Arbeiterbewegung. Zum 1. April übernahm er die Redaktion eines bis dahin völlig unpolitischen und wenig erfolgreichen Unterhaltungsblattes, des »Erzahlers an der Donau«, das sich zu einem außerordentlich erfolgreichen Blatt entwickelte und zu den radikalsten Zeitungen der Revolution zu zählen ist. Bereits die 5. Ausgabe des »Erzählers« vom 6. April veranlaßte die Regierung des Donaukreises in Ulm zur Einleitung eines Verfahrens wegen Pressvergehens und Majestätsbeleidigung. In einem Leitartikel, dessen Schluss die Parole der Französischen Revolution – Freiheit, Gleichheit, Bruderliebe – zitierte, hatte Schifterling umgehend die *Einführung einer deutschen Republik* gefordert. Nur in ihr sah er das *einzige Rettungsmittel für das deutsche Volk*. Weiter schrieb er in einem zu dieser Zeit unvergleichlich radikalen Ton, dass dies nur durch *die Abschaffung*

---

4   Zu Schifterling s. U. SCHMIDT, Georg Bernhard Schifterling – Tagelöhner, Pfarrer, Journalist und Revolutionär, in: Schwäbische Heimat 49 (1998), S. 175–185.

*und radikale Ausrottung der deutschen Fürsten und der bisherigen Regierungssysteme* gelingen könne. Eine aufgebrachte Menschenmenge befreite ihn am 25. April aus der abfahrbereiten Kutsche, die ihn nach Stuttgart in Untersuchungshaft bringen sollte.

Bis zum Ende der Revolution im Frühsommer 1849 finden wir Schifterling an vielen ihrer Brennpunkte. In Ulm gründete Schifterling einen der ersten Arbeitervereine Württembergs, der zeitweise als Vorort der württembergischen Arbeitervereine fungierte. Der Versuch, einen demokratischen Volksverein zu gründen, scheiterte blutig, als Soldaten der Festung das Wirtshaus zum Schiff, in dem die Gründungsversammlung stattfand, überfielen, einen jungen Bäckergesellen töteten und zahlreiche Versammlungsteilnehmer verwundeten. Im Juni 1848 nahm Schifterling als Vertreter des Ulmer Arbeitervereins am Frankfurter Demokratenkongress teil und im Frühjahr 1849 wirkte er bei der Vereinigung der bayerischen Arbeitervereine zur »Allgemeinen Arbeiterverbrüderung« mit. Im Sommer 1849 begann Schifterling, regelmäßig für die »Sonne«, dem von Gottlieb Rau herausgegebenen Zentralorgan der württembergischen Arbeitervereine, zu schreiben. Seine Artikel sind geprägt von einem entschiedenen Eintreten für die Republik und soziale Gerechtigkeit.

Enttäuscht über den Verlauf der Revolution, entschloss er sich im Frühjahr 1849 zur Auswanderung in die Vereinigten Staaten. Doch der Volksaufstand in der Pfalz stoppte sein Vorhaben. Schifterling stellte sich ganz in den Dienst der Revolution. Zunächst finden wir ihn auf der großen Volksversammlung am 2. Mai 1849 in Kaiserslautern, auf der eine Revolution mit dem Ziel einer sozialen Republik gefordert wurde und für die er das Wort ergriff. Wenige Tage später agitierte er für diese Republik in Neustadt an der Haardt. Seine eigentliche Aufgabe und Pflicht sah er aber in der Revolutionierung Württembergs. Von Mitte Mai an hielt sich Schifterling an der württembergisch-badischen Grenze auf und agitierte erfolgreich unter den an der Grenze stationierten Soldaten. Die Volksversammlung in Bretten am 27. Mai 1849 war wohl Schifterlings größter politischer Erfolg: Über 400 württembergische Soldaten waren erschienen. Derart gerüstet wandte sich Schifterling an die provisorische Regierung in Karlsruhe mit dem Anliegen, eine Schwäbische Legion aufstellen zu wollen.

Die Revolutionsregierung unterstützte das Unternehmen mit allen ihr möglichen Mitteln. So wurden die Zivil- und Militärbehörden angewiesen, dem Komitee, beim Aufbau der Legion, der Versorgung mit Lebensmitteln oder Beschaffung von Waffen und Munition behilflich zu sein. Ferner richtete man das Hauptquartier und ein Büro in der Karlsruher Infanteriekaserne ein. Nicht unerwähnt soll bleiben, dass der Karlsruher Frauenverein dem Komitee eine gezierte Fahne mit den deutschen Farben überreichte. Sammelplatz der Legion war zunächst Karlsruhe. Außerdem wurden entlang der württembergischen Grenze weitere Sammelplätze in Oppenau, Gernsbach, Pforzheim, Bretten, Eppingen und Siegelsbach eingerichtet[5].

Am 16. Juni zog die Schwäbische Legion mit 120 Mann, sechs Unteroffizieren und vier Offizieren unter dem Kommando Ruffs, mittlerweile zum Hauptmann befördert, nach Pforzheim und richtete ihr Hauptquartier im »Schwarzen Adler« am Marktplatz ein[6]. In

---

5 Die Schwäbische Legion in Baden, [Karlsruhe/Pforzheim 1849].
6 Vgl. A. STOLZ, Geschichte der Stadt Pforzheim, Pforzheim 1901, S. 294.

Karlsruhe blieb das Büro zur Anwerbung und Ausbildung weiterer Mannschaften bestehen[7]. Das Kommando der Schwäbischen Legion ließ im »Pforzheimer Beobachter« einen
Aufruf an die Einwohner in Pforzheim abdrucken, in dem es freundlichst bat, *Württemberger, die für den Freiheitskampf hierher kommen*, freiwillig in Quartier zu nehmen[8].

Der ehemalige preußische Offizier Ludwig von Rango übernahm am 23. Juni 1849 auf
Befehl Lorenz Brentanos und Amand Goeggs den Oberbefehl über die Schwäbische
Legion. Der 56jährige Rango blickte auf ein bewegtes Leben zurück, als er sich im Mai der
badischen Revolution anschloss: Teilnehmer des Russlandfeldzuges 1812, Professor an
der Kriegsschule in Berlin (1815 bis 1818), nach seiner Entlassung aus dem Militärdienst
als Hauptmann u. a. nach 1832 in griechischen Diensten und schließlich zu Beginn der
1840er Jahre Eintritt in die französische Fremdenlegion. Im Februar 1849 ließ sich Rango
mit seiner Familie in Offenburg nieder und gab Englisch-Unterricht für Auswanderer. Er
begleitete am 14. Mai 1849 das erste Aufgebot der Offenburger Volkswehr nach Rastatt,
wozu er sich offensichtlich wegen der Teilnahme aller seiner Schüler entschloss. In Rastatt
übernahm er das Kommando über das vereinigte Banner Baden/Lahr und führte es nach
Heidelberg, wo er wegen seiner preußischen Herkunft verhaftet wurde. Rango gehörte
auch dem »Klub des entschiedenen Fortschritts« an. Mit Rango erhielt die Schwäbische
Legion einen umstrittenen Befehlshaber, dessen undurchsichtige Handlungsweise
schließlich zu seiner Absetzung führen sollte[9].

Aus Württemberg erhielt die Schwäbische Legion zahlreichen Zuzug, wozu vor allem
die Agitation Abrecht Bechters, Heinrich Looses, eines aus Stuttgart stammenden
deutschkatholischen Predigers und Freund Schifterlings aus Neustädter Tagen, und anderer im württembergisch-badischen Grenzgebiet beitrugen[10]. Schifterling selbst wirkte in
der Gegend von Donaueschingen. Dort hatte er sich der Freischar des Adolph Majer
angeschlossen, für die er eifrig die Werbetrommel rührte. So verbreitete er in seiner Funktion als Bevollmächtigter des Komitees zur Bildung der Schwäbischen Legion am 22. Juni
einen Revolutionsaufruf an die Württemberger. Auch der Aufruf der Schwäbischen
Legion mit dem Titel *Die Schwäbische Legion in Baden*, der von Pforzheim aus in Württemberg verbreitet wurde, tat seine Wirkung. In Calw brachten Unbekannte den Aufruf
nachts am Oberamtsgebäude, am Rathaus und an anderen Gebäuden an und verlasen ihn
sogar öffentlich. Nicht ohne Erfolg, denn am 20. Juni zogen sechs Calwer nach Pforzheim, zwei Tage später folgten weitere 20 junge Männer[11]. Zur gleichen Zeit wurde in
Freudenstadt ein zur bewaffneten Solidarität mit Baden auffordernder Aufruf mit dem
Titel *Deutsche Brüder* an mehreren Stellen in der Stadt gefunden[12]. Das Oberamt Leonberg meldete am 22. Juni 1849 einen starken Zuzug zur Schwäbischen Legion durch das
Oberamt; so hätten vierzehn Festungsarbeiter aus Ulm, denen eine große Zahl weiterer

---

7    Vgl. Anklageakt gegen den vormaligen Rechts-Consulenten August Becher von Ravensburg
und Genossen wegen Hochverrats, [Stuttgart 1851], S. 160; STOLZ (wie Anm. 6) S. 294.
8    Pforzheimer Beobachter, Nr. 71 v. 19.6.1849.
9    GLA 48/3076, 234/1906, Untersuchungsprotokoll v. 7.7.1849.
10   GLA 234/1906, Bericht des Oberamts Pforzheim v. 13.8.1849.
11   HStAS, E 146/2, Bü 1930, Berichte des Oberamts Calw v. 20., 21. und 22.6.1849; E 146/2, Bü
1935, Bericht des Oberst Martens v. 23.6.1849; Karlsruher Zeitung, Nr. 151 v. 27.6.1849.
12   HStAS, E 146/2, Bü 1935 Bericht des Oberamts Freudenstadt v. 21.6.1849.

Kollegen nachfolgen sollten, und dreißig Turner und Gesellen aus Richtung Stuttgart den Amtsbezirk passiert. Daraufhin ließ das Oberamt keine Reisenden mehr nach Pforzheim durch[13]. Aus Reutlingen, Eningen und Pfullingen zogen knapp vierzig Mann mit drei Wagen, Sensen und einigen wenigen Gewehren über Calw nach Pforzheim. Ihr Anführer war Theodor Greiner, ein 27jähriger ehemaliger Jurastudent und seit dem 27. März 1849 Redakteur des republikanischen *Reutlinger Couriers*, den nur wenige Tage später ein tragisches Schicksal ereilen sollte[14]. Ein Unteroffizier des 7. Infanterie-Regiments verteilte in Heilbronn den Aufruf der Schwäbischen Legion, wofür er umgehend verhaftet wurde[15]. Auch in Ulm wurde der Aufruf öffentlich verlesen, wie die konservative *Ulmer Kronik* berichtete[16].

Über die Stimmung unter den Legionären aber auch über die Motivation, mit bewaffneter Hand für die Revolution zu kämpfen, gibt ein Gedicht beredten Aufschluss, das der *Pforzheimer Beobachter* am 19. Juni 1849 veröffentlichte[17]. Der Verfasser, der sich brüderlich *Claus, Soldat in der schwäbischen Legion* nennt, schildert sein idyllisch anmutendes Dasein als das eines seinen Beruf liebenden Lehrers, das mit dem Beginn des badischen Aufstandes ein abruptes Ende findet. Der Kampf gegen die Interventionstruppen wird ihm zur Pflicht gegenüber Gott und seinen Schülern und Schülerinnen, für deren bessere Zukunft er in den Kampf zu ziehen bereit ist:

> *Doch, – als zum Vaterland*
> *Tyrannendolch einbrach,*
> *Da ward mir's eng im Herzen,*
> *Es seufzte: ›Weh und Ach.‹*
>
> *Nicht länger konnt' ich rasten,*
> *Nicht länger müßig steh'n;*
> *›Lebt wohl, ihr lieben Kleinen,*
> *Gott wird zur Seite steh'n!‹*
> [...]
>
> *Bald trommeln ernste Wirbel,*
> *Wohlan wir sind bereit!*
> *Zu fechten und zu sterben,*
> *Verlangt Tyrannenzeit.*
> [...]
>
> *Lebt wohl, ihr lieben Kleinen,*
> *Das Schicksal riß mich fort,*
> *Wir finden uns ja wieder*
> *An einem schönern Ort!*

13    Ebd., Bericht des Oberamts Leonberg v. 22.6.1849.
14    Ebd., Bericht des Oberamts Neuenbürg v. 22.6.1849; vgl. auch R. SCHIMPF, Freischärlerzug nach Baden, in: Freiheit oder Tod. Die Reutlinger Pfingstversammlung und die Revolution von 1848/49, hg. vom Haus der Geschichte Baden-Württemberg, Stuttgart 1998, S. 152 ff.
15    HStAS, E 271c, Bü 711, Bericht v. 21.6.1849.
16    Ulmer Kronik, Nr. 140 v. 17.6.1849.
17    Pforzheimer Beobachter, Nr. 71 v. 19.6.1849.

Wird in diesem Gedicht auf lyrische Weise die Motivation für den Beitritt in die Schwäbische Legion vermittelt, so liefern die Protokolle der Verhöre durch die württembergischen Behörden, denen die sich aus dem Exil zurückkehrenden Freischärler unterziehen mussten, weitere, allerdings kaum in die Tiefe gehende Anhaltspunkte für die Bereitschaft zum bewaffneten Kampf, denn die vormaligen Revolutionssoldaten, die berechtigterweise schwere Strafen befürchteten, machten nur insoweit Aussagen, dass sie sich nicht selbst schadeten. Diese Angst zeigt sich vor allem in der stereotypen Angabe, niemals auf württembergische Soldaten geschossen zu haben. Dennoch ist eine bewusst politische Entscheidung für den Eintritt in eine Freischar zumindest andeutungsweise erkennbar, vor allem dann, wenn der bewaffnete Kampf damit begründet wurde, lediglich für die Durchführung der auch von Württemberg am 24. April 1849 anerkannten Reichsverfassung eingetreten zu sein, womit sie ihrem Handeln eine verfassungsrechtlich abgesicherte Legitimation zu verleihen suchten. Zu einer republikanischen Staatsverfassung bekannte sich kaum einer; der aus Langenau bei Ulm stammende Schuhmachergeselle Christian Fischer, der während des Verhörs seine republikanische Grundüberzeugung verteidigte, stellt gewiss eine Ausnahme dar[18]. Auch der bis auf wenige Ausnahmen erklärte freiwillige Beitritt in eine Legion belegt eine bewusst politisch getroffene Entscheidung.

Die württembergischen Obrigkeiten konnten den Zuzügen zur Schwäbischen Legion kaum wirksame Mittel entgegensetzen. Lediglich die *Schwäbische Kronik*, ein viel gelesenes Blatt, versuchte, einen Kontrapunkt zu setzen. Am 22. Juni veröffentlichte sie das Schreiben eines wohl in Pforzheim lebenden Anonymus, der die württembergische Landesregierung zu einem militärischen Eingreifen aufforderte: *Wenn sie auch keine Pflicht erkennt, um nach Anforderung der Zentralgewalt [in Frankfurt] ihre Truppen über Pforzheim nach Rastatt einrücken zu lassen, aus jener Anforderung wenigstens die Berechtigung zu entnehmen, um durch einige Dutzend Lanzenreiter oder eine Kompagnie Fußvolk diese Schar, welche ihr Unwesen so offen und nahe der Landesgrenze treibt, zu sprengen. Es werden solche schwachen Mittel umso mehr genügen, als die Legion zur Hälfte aus völlig unbewaffneten Leuten besteht, welche zusammen aller militärischer Organisation entbehren, auch werden die Einwohner Pforzheims sich dieser, von diesseitiger Regierung privilegierten Kostgänger nur mit größtem Vergnügen entledigt sehen*[19]. Ein zweiter Bericht aus Pforzheim zielte ebenfalls darauf ab, ein negatives Licht auf die Schwäbische Legion zu werfen, um weitere Zuzüge zu verhindern. Diese sei nach wie vor von kleiner Anzahl, so dass ein Einfall nach Württemberg nicht zu befürchten sei; die Pforzheimer würden entsetzlich über die Grobheit und Unreinlichkeit der Legionäre klagen, die, da sie ihr Gut und Blut zu opfern bereit seien, von den Bürger gut verpflegt zu werden verlangten, was im übrigen ihr Hauptanliegen sei[20].

Die Schwäbische Legion wuchs rasch. Schon am 13. Juni 1849 berichtete die *Karlsruher Zeitung*, dass die erst seit wenigen Tagen bestehende Truppe zu einer beträchtlichen Zahl angewachsen sei und ihr täglich kampfbereite Männer beitreten würden. Der Bericht

18  StAL, E 319, Bü 73, Verhörprotokoll v. 29.8.1849.
19  Schwäbische Kronik, Nr. 149 v. 22.6.1849.
20  Schwäbische Kronik, Nr. 150 v. 23.6.1849.

schloss mit dem Aufruf an diejenigen, *welchen es ernstlich darum zu tun ist, alle ihre Kraft zum endlichen Handeln einzusetzen, nach Karlsruhe zu eilen*[21]. Einem Bericht des Oberamts Calw nach zählte die Schwäbische Legion nach zwei Wochen ihres Bestehens rund 500 Mann[22]. Handwerksgesellen stellten die Masse der Freischärler, Fabrikarbeiter, Studenten oder Bauern blieben dagegen Minderheiten[23]. Die Schwäbische Legion war denkbar schlecht bewaffnet; nur 60 Mann erhielten Gewehre, 200 Mann umgeschmiedete Sensen, der Rest blieb zunächst unbewaffnet[24].

Ursprünglich sollte einem Operationsplan Gustav Struves zufolge, den er am 19. Juni 1849 dem Kriegsministerium unterbreitete, die Schwäbische Legion zusammen mit anderen Freischaren in Württemberg einfallen und das *gesamte württembergische Land für die Sache des Volkes* gewinnen. Am 24. des Monats sollte die bei Donaueschingen stehende und 150 Mann starke Freischar des Adolph Majer nach Rottweil vorrücken und durch das Neckartal nach Stuttgart marschieren. Ein zweites Freikorps unter dem Oberbefehl des Führers der Hanauer Turner, August Schärttner, sollte am 25. Juni von Mosbach aus über Möckmühl, Schwäbisch Hall und Öhringen, eine zweite Kolonne über Heilbronn Stuttgart erreichen. Die Schwäbische Legion schließlich sollte am 26. Juni über Heimsheim und Leonberg in die württembergische Hauptstadt vorrücken[25]. Struves Plan stieß auf, sich allerdings nur auf taktische Einzelheiten beziehende Kritik bei Adolf Becher, Bruder des führenden württembergischen Demokraten August Becher, der im Widerspruch zu August einen Volksaufstand in Württemberg entschieden befürwortete. In einem Schreiben vom 23. Juni 1849 an den badischen Kriegsminister schlug er Gernsbach als Ausgangspunkt für den Einfall nach Württemberg vor, da von hier aus die *bestgesinnten Bezirke des Schwarzwalds* schneller erreicht werden könnten als von Pforzheim aus, das außerdem wegen seiner wichtigen strategischen Lage nicht von einer aus nur wenigen hundert Mann bestehenden Freischar gehalten werden könne[26].

Am 23. Juni 1849 zog die Schwäbische Legion in die nahe der württembergischen Grenze bei Calw liegenden Dörfer Tiefenbronn und Neuhausen, um offensichtlich die dem Struve'schen Einsatzplan entsprechenden Vorbereitungen für den Einfall nach Württemberg zu treffen. Gewiss war es auch beabsichtigt, weitere Freiwillige aus Calw an sich zu ziehen. Mittlerweile hatte sich jedoch der Kriegsverlauf zu Ungunsten der Revolution entwickelt. Auf Befehl des Pforzheimer Militärbezirkskommandanten A. C. Wiesner kehrten die schwäbischen Freischärler am 25. Juni 1849 wieder nach Pforzheim zurück. Der letzte Tag der schwäbischen Legion verlief turbulent. Während ihrer Abwesenheit waren mehrere hundert flüchtige badische Soldaten in die Stadt gekommen, *zum Sterben ermattet, halb verhungert, mehrere verwundet [...] kaum den mannigfachen Todesgefahren entgangen und schon wieder bereit, in neue sich zu stürzen*, wie die *Schwäbische Kro-*

21   Karlsruher Zeitung, Nr. 27 v. 13.6.1849.
22   HStAS, E 146/2, Bü 1930, Bericht des Oberamts Calw v. 22.6.1849.
23   Vgl. P. MÜLLER, Württemberg und die badischen Erhebungen 1848 bis 1849, Diss. phil. Tübingen 1952 (masch.), S. 252f.
24   Vgl. W. VON VOSS, Der Feldzug in der Pfalz und in Baden im Jahre 1849, Berlin 1903, S. 473.
25   Vgl. Anklageakt (wie Anm. 7), S. 121f.
26   GLA, 215/397, Schreiben Bechers v. 22.6.1849; abgedruckt bei Anklageakt (wie Anm. 7), S. 140.

*nik* berichtete. Brachte der Berichterstatter den bedauernswerten Flüchtlingen noch eine gewisse Sympathie entgegen, so ließ er am Verhalten der Schwäbischen Legion kein gutes Haar: *Während der bessere Teil der Pforzheimer nur Mitleid für diese unglücklichen Krieger fühlte, so wurden die ersten zwei jener Flüchtlinge […] von einer Rotte der hier weilenden württembergischen Legion verhaftet, entwaffnet, in die Mitte des Marktplatzes gerissen, hier in einem Kreis geschlossen, mit allen erdenklichen Schmähungen überhäuft und mit augenblicklichem standrechtlichen Erschießen bedroht, vorgeblich weil sie aus Feigheit desertiert seien und durch Lügen ihre Flucht beschönigen. Dasselbe widerfuhr hierauf noch mehreren kleinen Abzeilungen der Flüchtlinge, welche sogar teilweise von ihrem gegen Rastatt eingeschlagenen Weg von den württembergischen Legionärs zurückgeholt und im Triumpf in unsere Stadt zurückgebracht wurden. Es gelang indessen den Behörden unserer Stadt, die Freiheit der Verhafteten und die Zurückgabe ihrer Waffen (letztere nur zum größten Teil) zu erwirken.«*[27]

Um noch vor den preußischen Interventionstruppen, die an diesem Tag bereits in Durlach und Bretten standen, Ettlingen zu erreichen, wo sie sich mit der Revolutionsarmee vereinigen sollte, marschierte die Schwäbische Legion mit anderen badischen Abteilungen am späten Nachmittag aus Pforzheim ab. Die Besetzung Ettlingens durch die Preußen zwang jedoch die Truppe über Herrenalb nach Gernsbach und weiter nach Baden-Baden, das sie völlig erschöpft am Abend des 26. Juni 1849 erreichte[28]. Der Oberkommandierende der badischen Revolutionsarmee, der polnische General Ludwik Mieroslawski, erteilte Rango am Abend des 28. Juni den Befehl, bis zum Morgen nach Gernsbach zu marschieren. Doch statt dem Befehl Folge zu leisten, erklärte dieser, dass er lediglich Ordre bekommen habe, nach Rastatt zu kommen, um über die Lage der Schwäbische Legion zu berichten. Daraufhin wurde er verhaftet – wenig später gelang ihm in den Wirren des Rückzugs die Flucht –, und der Redakteur des *Reutlinger Courier*, Theodor Greiner, übernahm den Oberbefehl[29].

Höchste Eile war geboten. Unter Verletzung der württembergischen Neutralität waren von Osten kommende Bundestruppen nach Gernsbach vorgedrungen. Schanzen und Barrikaden wurden errichtet, die Murgbrücke unpassierbar gemacht, und am Nachmittag begann die Beschießung der Stadt, deren Besetzung den Bundestruppen am frühen Abend gelang[30].

Folgen wir dem Bericht Heinrich Looses über die Feuertaufe der Schwäbischen Legion: *Nach dem Marsch von ungefähr einer Stunde vernahm die Legion Kanonendonner und kurz nachher lebhaftes Kleingewehrfeuer, was sie zu möglichster Eile antrieb. Groß aber war ihr Erstaunen und Ärger, als sie auf der hohen Waldstraße ein Bataillon badenscher regulärer Truppen umhergelagert fand, Unmut, Verzweiflung und Misstrauen*

27  Schwäbische Kronik, Nr. 153 v. 27.6.1849.
28  Vgl. P. SAUER, Revolution und Volksbewaffnung. Die württembergischen Bürgerwehren im 19. Jahrhundert, vor allem während der Revolution von 1848/49, Ulm 1976, S. 170 f.; A. C. WIESNER, Militärisches Tagebuch aus Baden, Zürich 1849, S. 54 ff.
29  Vgl. LOOSE (wie Anm. 2), S. 526 f.
30  Revolution im Südwesten. Stätten der Demokratiebewegung 1848/49 in Baden-Württemberg, hg. von der Arbeitsgemeinschaft hauptamtlicher Archivare im Städtetag Baden-Württemberg, Karlsruhe 1997, S. 223.

*äußernd und die Schwaben mit der Hiobsbotschaft empfangend, dass sie zu spät kommen, denn der heutige Tag sei so gut als verloren. Die Württemberger, so scholl es von allen Seiten, die Württemberger, die treulosen wortbrüchigen Hunde, haben geschlagen gegen uns. Das ununterbrochene Feuern aber gab der Schwäbischen Legion wieder Mut, und die Legionäre, des langen zwecklosen Umherziehens in Baden müde, brannten vor Begierde, etwas Ernsthaftes, wie man sagte, mitzumachen. Sie verschwendeten freundliche Worte, Liebkosung, Händedruck und Drohungen, um die Soldaten zum Wiedererscheinen auf dem Kampfplatze zu bewegen, und teils durch vorgehaltene Gewehrläufe, teils dadurch, dass die Schützen der Legion jeder einen oder zwei Badenser am Arme vertraulich fassten und fortzogen, vermochten sie endlich, den Trupp wieder auf die Beine zu bringen. Endlich kamen sie auf der Höhe von Gernsbach an und die pfälzische Volkswehr unter Blenker, welche standhielt, empfing sie mit lautem Jubel und Hurra. Die halbe (pfälzische) Batterie, schon zum Aufbruch gerüstet, spannte wieder aus, und vor den Schwaben lag das freundliche Gernsbach, dessen Vorstadt einem wahren Feuermeere glich. Ein schwäbischer Legionär brach bei diesem Anblick in die Worte des bekannten Gedichts aus: ›Gottlob, das hat ein König, ein deutscher König getan! Unterstützt von einem meisterhaft geschickten Feuer der pfälzischen Artillerie auf die feindlichen Massen, besonders auf die hessische Reiterei, rückten die Scharfschützen der Schwäbischen Legion in die Nähe der ersten Häuser Gernsbachs und unterhielten ein lebhaftes Plänklerfeuer gegen die Mecklenburger und Hessen. Indessen griffen die Legionäre auch auf der entgegengesetzten Seite an, als sie hier die wohlbekannten Uniformen der Württemberger sahen, [stellten sie] das Feuer ein, da sie verabredet hatten, keineswegs auf Landsleute zu schießen.*«[31]

Das Auftauchen württembergischer Soldaten stiftete unter den Legionären einige Verwirrung. Schließlich zogen sie sich, von aller Unterstützung entblößt und von den pfälzischen und badischen Truppen im Stich gelassen, kämpfend über die Teufelskanzel und Baden-Baden nach Oos zurück[32]. Die Niederlage in Gernsbach versetzte der Murglinie, der letzten Verteidigungsfront der badischen Revolution, an der die Interventionstruppen aufgehalten werden sollten, den Todesstoß. Von Osten her rollten diese die Murglinie auf, bis sie am 30. Juni 1849 die Festung Rastatt einschlossen.

Im letzten offenen Kampf des Bürgerkriegs sollte sich die Schwäbische Legion noch einmal bewähren. In dem Gefecht von Oos am 30. Juni sicherte sie mit anderen Resten der Revolutionsarmee den Rückzug nach Süden. Rund 40 Freiheitskämpfer ließen dafür ihr Leben, unter ihnen vier schwäbische Legionäre. Greiner fiel hessischen Reitern in die Hände, wurde vom Pferd gerissen, abgeführt und hinter der Frontlinie erschossen. Noch zwölf andere Mitglieder der Schwäbischen Legion wurden nach ihrer Gefangennahme ermordet[33].

Nach dem Gefecht zog ein Teil der Schwäbischen Legion nach Rastatt, der andere über Gengenbach, Hornberg und Villingen in die Schweiz, welche die Legionäre am 12. Juli 1849 erreichten. Für viele Freischärler folgten Jahre des Exils und der politischen Verfolgung. Über das weitere Schicksal der schwäbischen Legionäre mögen wenige Beispiele genügen.

31  Loose (wie Anm. 2), S. 528 f.
32  Vgl. Ebd., S. 530
33  Vgl. Ebd., S. 542 f.; Revolution im Südwesten (wie Anm. 30), S. 72 f.

Zahlreiche Soldaten der Schwäbischen Legion kehrten noch im Sommer 1849 nach Württemberg zurück, meist über Friedrichshafen, wo sie den Polizeibehörden übergeben und in der Regel zu weiteren Verhören in ihre Heimatoberämter überstellt wurden. Der aus Langenau bei Ulm stammende, 22 Jahre junge Schuhmachergeselle Christian Fischer kehrte nach sechs Wochen Exil zurück, wurde verhaftet und an das Oberamtsgericht Ulm überstellt. Während des Verhörs verteidigte er seine republikanische Grundüberzeugung und stand zu seinem Eintreten für die badische Revolution. Dennoch behandelte das Gericht Fischer vergleichsweise milde; es stellte ihn lediglich unter Polizeiaufsicht, wozu sicherlich die Tatsache beitrug, dass Fischer bei dem Schuhmachermeister Jakob Röser in seiner Heimatstadt Arbeit gefunden hatte[34]. Auch in größeren Gruppen kehrten die Freischärler nach Württemberg zurück. Am 2. August erreichten 42 überwiegend aus Reutlingen stammende Revolutionssoldaten Friedrichshafen, und drei Tage später meldete das Oberamt Tettnang, daß am Vortag 43 mit Ausweisen des Flüchtlings-Komitees in Winterthur versehene Freischärler von Romanshorn aus nach Friedrichshafen gelangt seien. Alle Rückkehrer gehörten der 1. und 2. Kompanie der Schwäbischen Legion an und stammten aus über 20 verschiedenen Oberämtern in ganz Württemberg[35].

Vom harten Los des Exils blieben nicht wenige, und nicht nur aus der großen Zahl der unbekannten Flüchtlinge heraustretende und im Revolutionsgeschehen profilierte Persönlichkeiten, verschont. Ende Oktober 1849 wurden in Zürich 27, in Appenzell zwei, in St. Gallen neun und in Aarau acht Mitglieder der Schwäbischen Legion gezählt[36]. Der Schuhmacher Karl Weiß aus Ulm lebte im Oktober 1849 in Zürich und war nur unter der Bedingung einer Amnestie bereit, nach Württemberg zurückzukehren[37]. Die Spur des Ulmer Handelsmannes Karl Dietrich verliert sich Ende 1849 im Kanton Waadt; über sein weiteres Schicksal ist nichts bekannt[38].

Georg Bernhard Schifterling flüchtete ebenfalls Anfang Juli 1849 in die Schweiz. Am 12. Juli wurde er mit 414 Flüchtlingen von Kreuzlingen nach St. Gallen überführt. Dennoch war er weiter politisch aktiv, denn im Dezember 1849 wurde das Oberamt Tettnang beim württembergischen Außenminister vorstellig, dafür zu sorgen, daß Schifterling von der Grenze weg in das Innere der Schweiz verwiesen werde. Tatsächlich hatte Schifterling, der mittlerweile in Tablat bei St. Gallen im Wirtshaus Zum Falken lebte und dort als Bierbrauer seinen Lebensunterhalt verdiente, versucht, Versammlungen der Exilanten zu organisieren. Als ihm die St. Gallener Behörden im Sommer 1850 keine Aufenthaltsgenehmigung mehr ausstellten, entschloß er sich zur endgültigen Auswanderung in die USA. Am 19. Juli 1850 verließ er Bern und genau zehn Tage später schiffte er sich in Le Havre auf der *Gallia* in Richtung New York ein. Dennoch verzichtete die württembergische Justiz nicht auf eine Verurteilung des Revolutionärs. *Wegen Teilnahme an einem hochverräterischen Angriff im Großherzogtum Baden und wegen des Verbrechens des Hochverrats vorbereitender Handlungen* verurteilte ihn der Esslinger Criminalrat 1852 in

---

34  StAL, E 319, Bü 73, Beschluss des Oberamtsgerichts v. 8.9.1849 und Verhörprotokoll v. 24.10.1849.
35  HStAS, E 146/2, Bü 1933, Berichte des Oberamts Tettnang v. 3. und 5.8.1849.
36  HStAS, E 65, Bü 236, Unterfasz. 5, Liste der Flüchtlinge in der Schweiz v. 27.11.1849.
37  Ebd., Liste der württembergischen Flüchtlinge in der Schweiz, Oktober 1849.
38  Ebd., Liste der württembergischen Flüchtlinge in der Schweiz v. 21.11.1849 (= E 301, Bü 245/1).

Abwesenheit zu acht Jahren Zuchthaus. In den USA verlieren sich die Spuren Schifterlings. Verbürgt ist lediglich, daß er endlich den Beruf des Pfarrers in Niagara Falls ausüben konnte und mit einer Irin verheiratet war. Georg Bernhard Schifterling starb 1880 an einem unbekannten Ort in den Vereinigten Staaten[39].

Andreas Philipp Kohler aus Weilimdorf, ein langgedienter Soldat des württembergischen Heeres und Oberfeldwebel der Schwäbischen Legion, wurde am 4. Juli 1849 in Freiburg verhaftet und am 1. September 1849 vom außerordentlichen Kriegsgericht in Freiburg zu zehn Jahren Zuchthaus wegen seiner Teilnahme an dem bewaffneten Zug der Schwäbischen Legion und anderen *hochverräterischen Handlungen* verurteilt. Nach zwei Jahren Haft in Bruchsal wurde er begnadigt und aus dem Großherzogtum ausgewiesen[40].

Auch Ludwig Rango fiel in Freiburg Anfang Juli dem preußischen Militär in die Hände. Am 26. August 1849 verurteilte ihn ein Standgericht zu zehn Jahren Zuchthaus wegen Teilnahme am Hochverrat. Genau ein Jahr später wurde Rango mit der Auflage, in angemessener Frist in die Vereinigten Staaten auszuwandern, begnadigt und am 21. September 1850 nach Basel abgeschoben. Rango kehrte jedoch nach kurzer Zeit mit Frau und sechs Kindern aus New York in die Schweiz zurück, wo er in Emmishofen eine neue Bleibe fand. Auf Betreiben des Amtes Konstanz wurde er nach St. Gallen ausgewiesen, was dem badischen Innenministerium nicht genügte, das – wie das Ministerium des Auswärtigen – die Ausweisung Rangos aus der Schweiz oder zumindest die Entfernung dieses *Abenteurers* aus der Nähe zu Baden wünschte. In St. Gallen verliert sich die Spur Ludwig Rangos[41].

---

39  Vgl. SCHMIDT (wie Anm. 4), S. 184f.
40  GLA, 234/1749, 234/1750, 234/1808; vgl. F. BURKHART, Für die Republik gestritten. Schicksale einiger Württemberger im badischen Freiheitskampf 1848/49, in: Beiträge zur politischen Landeskunde, H. 2, 1972, S. 10f.
41  StAF, B 32/2, Nr. 24; GLA, 48/3080, Bericht des Innenministeriums v. 20.11.1852, 49/2424, Schreiben des Ministeriums des Auswärtigen an den Großherzog v. 29.11.1852, 234/1904, Berichte v. 24.8. und 21.9.1850 sowie v. 10.2.1853, 234/1906, Verhörprotokoll v. 7.7.1849.

# Die pfälzische Revolution von 1849 und die Rolle der Polen

## 1. Erste Kontakte zwischen pfälzischen und polnischen Revolutionären

Als am 27. Mai 1832 auf dem Hambacher Fest die deutschen Redner in Anwesenheit polnischer Revolutionsflüchtlinge u. a. die Wiedergeburt eines freien und geeinten Deutschlands anstrebten, so war dieses Ziel ganz selbstverständlich auch mit dem Kampf für die Wiederherstellung eines freien Polens verbunden. Die harten, einschneidenden Gegenmaßnahmen der deutschen konservativen Regierungen erstickten bereits im Ansatz den Kampf für die Freiheit[1]. Im Zusammenhang mit dem Frankfurter Attentat vom 3. April 1833 brachen etwa gleichzeitig ca. 30 polnische Flüchtlinge aus ihrem Lager in Besançon (Frankreich) aus. Sie machten sich auf den Weg nach Baden, um sich dort dem Aufstand der Bevölkerung anzuschließen, der auf die Signalwirkung des Frankfurter Attentates hin dort ausbrechen sollte. Als sich die Nachricht vom Misslingen des Aufstandes verbreitete, zogen die polnischen Flüchtlinge stattdessen in die Schweiz[2].

Über die Teilnahme der Polen am pfälzischen Aufstand von 1849 fehlen leider zusammenhängende zeitgenössische Akten, so dass im folgenden aus vielen Einzelangaben und -nachweisen eine Darstellung versucht werden muss.

Ein Bericht über die Volksversammlung in Neustadt a.d.H. am 6. Mai 1849 schloss »Die Trompete von Speyer« mit dem Bemerken ab: *In der Pfalz ist Alles gerüstet zum Kampfe; bald wird das Signal zum Losbruche gegeben werden; schon befinden sich mehre-*

---

1 Die ältere Literatur zum Hambacher Fest enthält die Bibliographie von J. A. BREIN, Das Hambacher Fest, eine Bibliographie, in: Pfälzisches Museum 49 (1932), S. 184 – 222; zur neueren Literatur vgl. die Zusammenstellung in den letzten Katalogen zur Dauerausstellung auf dem Hambacher Schloß: Hambacher Fest 1832, Freiheit und Einheit, Deutschland und Europa, eine Ausstellung des Landes Rheinland-Pfalz zur Geschichte des Hambacher Festes, Gesamtredaktion J. KERMANN, Neustadt a. d. W. ⁵1990, S. 224f.; Das Hambacher Schloß – ein Fest für die Freiheit, hg. von M. M. GREWENIG, Ostfildern-Ruit 1998, Anhang.
2 G. H. SCHNEIDER, Der Preß- oder Vaterlandsverein 1832/33, ein Beitrag zur Geschichte des Frankfurter Attentats, Diss. Heidelberg 1897, Berlin 1897; H. GERBER, Der Frankfurter Wachensturm von 1833, in: P. WENTZCKE (Hg.), Quellen und Darstellungen zur Geschichte der Burschenschaft und der deutschen Einheitsbewegung, Bd. 14, Berlin 1934, S. 171–212; C. FOERSTER, Der Preß- und Vaterlandsverein von 1832/33, Sozialstruktur und Organisationsformen der bürgerlichen Bewegung in der Zeit des Hambacher Festes (Trierer Historische Forschungen 3), Trier 1982, insbes. S. 49–58.

*re polnische Offiziere in der Pfalz zerstreut; ja selbst Mieroslawsky, der berühmte General,*
*soll seine Dienste dem Landesausschusse angeboten haben! Es lebe die Revolution!*[3] Am
8. Mai 1849, sechs Tage nach der Konstituierung des pfälzischen Landesverteidigungsausschusses, veröffentlichte dieser in einer Bekanntmachung u.a.:

> 1. *Der Schweizer General Dufour ist zum Befehlshaber der Pfälzer Volkswehr ernannt und um*
> *Annahme des Oberkommandos ersucht worden.*
> 2. *Dreißig polnische Offiziere stehen für den Fall des Kampfes zu unserer Verfügung.*[4]

Was den ersten Punkt betrifft, so lehnte Dufour in einem sehr höflich gehaltenen
Schreiben, datiert in Bern am 9. Mai, den ihm angetragenen Oberbefehl rundweg ab[5].

Was den zweiten Punkt anbelangt, so dürfte wohl bezweifelt werden, dass zu diesem
Zeitpunkt es schon sicher war, dass die polnischen Offiziere bereits quasi abrufbereit zur
Verfügung standen. Das dürfte damals wohl noch Wunschdenken gewesen sein, ebenso
wie es die geplante Ernennung des Oberbefehlshabers Dufour war, der seit seinem legen-
dären Sieg vom 23. November 1847, den er für die eidgenössischen über die Sonderbunds-
truppen bei Luzern errang, mit Angeboten an Befehlshaberstellen aus dem Ausland überhäuft worden war. Am 19. Mai 1849 berichtete die »Neue Speyerer Zeitung« in einem
Artikel, der mit *Kaiserslautern, den 16. Mai* eingeleitet wurde: *Vom polnischen Centralco-*
*mité, so wie von dem Centralcomité deutscher Demokraten in Paris sind Abgeordnete hier*
(=Kaiserslautern, Anm. d. Verfassers) *eingetroffen, um dem Landesausschusse die physi-*
*sche und intellectuelle Hülfe ihrer Parthei anzubieten; ein Anerbieten, das dankbar ange-*
*nommen worden ist.*[6]

Der bayerische Gesandte in Paris wusste Näheres über die genannten Komitees aus
Paris zu berichten[7]: Vor dem 13. Juni 1849 bestanden (in Paris) [dort] zwei deutsche und
ein polnisches revolutionäres Komitee.

1. das Komitee Everbeck, das zunächst im *Café de Danemark* in der *Rue St. Honoré*
und später in der *Rue et hotel de Corneille* residierte und zu dem u. a. Petzler, Siegler,
Kunmann, Nicles, Trapp, Fisch und andere gehörten[8];

2. das Komitee Teleky, zu dem u. a. Tausenau und die meisten in Paris verweilenden
österreichischen Demokraten gehörten[9];

---

3   Die Trompete von Speyer, Nr. 15 vom 12. Mai 1849, S. 57. Es ist nicht genau ersichtlich, ob dieser
Teil noch zum Bericht über die Volksversammlung gehört oder ein Kommentar des Herausgebers
ist. Der Bericht aus der Pfalz, II, Kaiserslautern, den 17. Mai 1849, erwähnt: *Im Hauptquartier* (der
Aufständischen zu Kaiserslautern) *sammeln sich Sachsen, Rhein-Preußen und Polen, um den Streit*
*gegen den Erbfeind der deutschen Freiheit, gegen Preußen und seine Militärtyrannei zu wenden.* LA
SP J 1/103 fol. 22r.
4   Chr. ZINN, Die Erhebung in der Rheinpfalz und die pfälzische Volkswehr in Baden, Straßburg
1850, S. 20.
5   A. BECKER, General Dufour und die Pfalz 1849, in: ZGO 48 (1935), S. 253–256, Abdruck des
Schreibens S. 255.
6   Neue Speyerer Zeitung, Nr. 121, Samstag, 19. Mai 1849, S. 1; vorhanden u. a. LA SP J 1/317 fol. 20r.
7   I. MELZER, Pfälzische Emigranten in Frankreich während und nach der Revolution von 1848/49,
in: Francia 12 (1984), S. 371–424, hier S. 416f.
8   LA SP J 1/317 fol. 5r. MELZER (wie Anm. 7), S. 416f.; Anzeiger für die politische Polizei Deutschlands auf die Zeit vom 1. Januar 1848 bis zur Gegenwart, Dresden 1855, ND Hildesheim 1970, S. 23, 98.
9   LA SP J 1/317 fol. 5r. MELZER (wie Anm. 7), S. 416f.; Anzeiger für die politische Polizei Deutschlands (wie Anm. 8) S. 23. Dr. phil. Karl Tausenau wurde 1808 in Prag geboren, er starb 1873. Das

3. das polnische Komitee, das *in täglichem Verkehr* mit den beiden deutschen stand.

Alle drei unterhielten enge Beziehungen zur französischen Linken (Ledru-Rollin, Flocon und Savoye), die in *alle geheimen Umtriebe* der Komitees *eingeweiht* war.

## 2. Der Pole Raquillier als Mitoberbefehlshaber der pfälzischen Volkswehr

Der Landesverteidigungsausschuss hatte wohl schon in Vorausahnung von Dufours Ablehnung des pfälzischen Oberbefehlshaberpostens Fenner von Fenneberg, der in der Wiener Oktoberrevolution von 1848 Kommandant der Nationalgarde gewesen war, zum provisorischen Oberbefehlshaber der pfälzischen Volkswehr ernannt. Dieser trat am 8. Mai 1849 sein Amt an[10]. Nach Christian Zinn erhielt der Landesverteidigungsausschuss jedoch bald von verschiedenen Seiten so ungünstige Nachrichten über Fenner von Fennebergs Leistungen bzw. war er sehr bald mit dessen Tätigkeit so unzufrieden, dass er Fenner von Fenneberg einen zweiten Oberbefehlshaber beigesellte, den Polen Feliks Raquillier[11].

Raquillier war im Jahre 1778 geboren worden, er war also zur Zeit des pfälzischen Aufstandes immerhin schon 71 Jahre alt. Er hatte unter Tadeusz Kosciusco (1746–1816) bereits 1794 den Aufstand gegen die preußisch-russischen Truppen mitgemacht und unter Napoleon gekämpft. Raquillier war Teilnehmer am polnischen Aufstand von 1830/31 und ging anschließend ins französische Exil. Seine Ernennung zum Mitoberbefehlshaber kündigte der Landesverteidigungsausschuss in der damals üblichen pathetisch-blumigen am 12. Mai an[12]: *Mitbürger! Wehrmänner! Im Hinblick auf die allgemeine beispiellose Begeisterung, mit der das Volk der Pfalz wie unsere deutschen Brüder und Nachbarn zu den Fahnen des sich bildenden Volksheeres zur Aufrechterhaltung der deutschen Reichsverfassung stürmen, ist es nothwendig geworden, um die Erledigung aller militärischen Angelegenheiten nicht nur schneller zu betreiben, sondern überhaupt möglich zu machen, den polnischen Kapitän Racquillet gleichfalls zum Oberbefehlshaber zu ernennen, und die Leitung der Volksarmee, die täglich durch neue heranströmende Massen deutscher Streiter zu einer imponirenden Heeresmacht heranwächst, den beiden Oberkommandanten gemeinschaftlich zu übertragen. Der Bürger Oberkommandant Fenner von Fenneberg ist speziell mit der Leitung des Generalstabs, dem Fortikationswesen und der Ueberwachung der östlichen Heeresabtheilung bestimmt.*

---

Assisengericht der Pfalz zu Zweibrücken verurteilte ihn am 31. Oktober 1851 *in contumaciam* zur Todesstrafe wegen Hoch- und Staatsverrats, weil er sich zusammen mit Arnold Reinach und G. Hörfel, ebenfalls Mitglieder des Komitees der deutschen Demokraten in Paris, dadurch schuldig gemacht hatte, dass sie den Beschuldigten Kapp mit einer vertraulichen Mission an den Landesverteidigungsausschuss abgesandt hatten und auch mit der provisorischen Regierung der Pfalz in Kontakt geblieben sind. (LA SP J 1/297 fol. 6r, 15v).

10  H. Raab, Revolutionäre in Baden 1848/49, Biographisches Inventar für die Quellen im Generallandesarchiv Karlsruhe und im Staatsarchiv Freiburg (=Veröffentlichungen der staatlichen Archivverwaltung Baden-Württemberg 48), Stuttgart 1998, S. 216.

11  In den Quellen auch als *Raquiller, Raquillert, Raquillet, Raquilliet* bezeichnet; Raquillier wurde 1778 geboren, er starb 1863.

12  Die Trompete von Speyer, Nr. 16 vom 16. Mai 1849, S. 64; Zinn (wie Anm. 4), S. 39.

Nach Ansicht Christian Zinns wurde Raquillier nur zum Oberkommandanten ernannt, damit Fenner von Fenneberg umso leichter beseitigt werden könnte, zu dem der Landesausschuss nach seiner Ansicht damals *nicht das mindeste Vertrauen mehr* hatte. Aber auch Raquillier erfüllte nicht die vom Landesverteidigungsausschuss in ihn gesetzten Erwartungen. Zinn schrieb: *Zu dem ihm übertragenen Posten war er* (=Raquillier, Anm. d. Verf.) *jedoch eben so wenig geeignet wie sein College Fenner von Fenneberg*[13]. Berühmt war Raquilliers Erfindungsreichtum, insbesondere schrieb man ihm die Erfindung von beweglichen Barrikaden zu. Während der pfälzischen Revolution konnte er damit jedoch keine Anerkennung und Freunde gewinnen. Ziemlich respektlos äußerte sich Bamberger über Raquillier[14]: *Gleichzeitig mit Fenner und – sonderbarer Weise – als ebenso selbständiger Kommandant hatte der Pole Raquillier einen Theil der Vertheidigung, namentlich an der Nordgränze zu leiten. Wenn Fenner für einen Organisator zu oberflächlich und unstät war, so hatte sein Kollege (Raquillier) den entgegengesetzten Fehler. Er organisirte ›en miniature‹. Raquillier war ein bejahrter Mann, der, wahrscheinlich in der Langweile des Exils, einige Erfindungen gemacht haben wollte, auf die er sich Alles zu Gut that, unpraktische Geschichten, die bei ihm zu wahren Marrotten geworden waren. Tragbare spanische Reiter, an denen jeder Infanterist zehn Pfund Eisen zu schleppen hätte, Bomben mit Federdruck, welche in die Erde eingegraben werden sollten, Hundeposten und dergl. mehr konnten wenig nützen, wo man eine Armee aus der Erde stampfen sollte. Raquillier mag, nach dem Eindruck, den er machte, früher ein braver Subalternoffizier gewesen sein und viel durchgemacht haben. Aber er war schon das, was man altersschwach nennen kann. Außerdem war ein solches Doppelkommando ein Unsinn, beruhte aber freilich darauf, daß der Landesausschuß weder in den Einen noch in den Andern Vertrauen hatte.*

Das Doppel Fenner von Fenneberg – Raquillier als pfälzisches Oberkommando endete mit dem Rücktritt des ersteren im Zusammenhang mit dem gescheiterten Angriff Blenkers und seiner Freischaren auf die von loyalen bayerischen Truppen gehaltene Festung Landau. Dieser Angriff geschah ohne Wissen Fenner von Fennebergs *und gegen die ausdrücklichen Instructionen* desselben, die er *als Obercommandant den um Landau stationirten Officieren gegeben* hatte. Erst als die Arrièregarde der nach Landau bestimmten Truppen bereits abmarschiert war, erhielt er *von diesem pflichtwidrigen Vorhaben Kenntniß und wollte sich alsogleich an Ort und Stelle begeben. Ein ausdrücklicher Befehl der prov. Regierung hielt* ihn jedoch *im Hauptquartier zurück*. Die Nacht verbrachte er daher in Beratung mit der provisorischen Regierung. *Früh Morgens am 20., dem Tage jenes unbesonnenen Angriffs, begab* er sich *mit dem Präsidenten der Regierung,* Josef Martin Reichard, *gegen Landau zu*[15]. Nach dem gescheiterten Unternehmen gegen die Festung Landau trat Fenner von Fenneberg noch am 20. Mai 1849 auf eigenen Wunsch hin als

---

13   Zinn (wie Anm. 4), S. 40.
14   L. Bamberger, Erlebnisse aus der pfälzischen Erhebung im Mai und Juni 1849, Frankfurt a. M. 1849, S. 34. Von Raquillier haben sich in den Akten des Landesarchivs Speyer u. a. diverse Befehle und Verfügungen erhalten. Vgl. LA SP J 1/106 Bd. II fol. 46, 53, 78; ferner einen Bericht vom 24. Mai aus Homburg an die Militärkommission in Neustadt über den Stand der Volkswehr im Kanton Homburg (LA SP J 1/108 fol. 258 f.).
15   Allgemeine Zeitung, Beilage zu Nr. 167 vom 16. Juni 1849, S. 2588.

Oberbefehlshaber zurück[16]. Dieser Rücktritt hätte nun den Weg frei machen können für die alleinige Oberkommandantschaft des Polen Raquillier. Aber auch er hatte in den Augen der provisorischen Regierung der Pfalz abgewirtschaftet. Ohne dass seine offizielle Entlassung als Oberbefehlshaber bekannt geworden ist bzw. seine Entlassungsurkunde nachgewiesen werden könnte, reihte er sich wieder in das Offizierskorps ein bzw. spielte in der neugegründeten Militärkommission eine unbedeutende Rolle. Bei den späteren Kämpfen in der Pfalz und in Baden soll sich Raquillier *überall muthig und tapfer* verhalten haben[17]. Allerdings wird auch einem Exekutionskorps unter seiner Führung vorgeworfen, am 23. Juni 1849 bei Riedlingen (Baden) Ausschreitungen gegen Wehrmänner, die den Dienst verweigerten, begangen zu haben, und angeblich verhaftete er als Anführer der Aufständischen in Lörrach (?) mehrere Ortsangehörige und eignete sich Privatgelder an. Das brachte ihm zusätzlich zu dem Todesurteil durch die Assisen der Pfalz noch eine weitere Verurteilung vom Hofgericht in Freiburg wegen Hochverrats zu sechs Jahren Zuchthaus ein (ergangen am 24. Mai 1851). Raquillier hat sich wie die meisten militärischen Führer noch rechtzeitig vor dem Zusammenbruch der Revolutionsherrschaft in die Schweiz absetzen können. Am 16. Juli 1849 erging ein Ausweisungsbeschluss des Schweizer Bundesrates; trotzdem hielt er sich vermutlich Ende Februar 1850 immer noch in der Schweiz auf. 1852 ist er in Brüssel nachweisbar. Im Jahre 1863 verstarb er in Frankreich[18].

Nachdem Fenner von Fenneberg offiziell vom Oberbefehl zurückgetreten und mit ihm gleichzeitig Raquillier als zweiter Oberbefehlshaber aus dem Amt beseitigt worden war, ernannte die provisorische Regierung am 20. Mai *zur obern Leitung aller das Militärwesen betreffenden Angelegenheiten ... eine Militärkommission*, bestehend aus *ordentlichen Mitgliedern*, die *zur Theilnahme an den Berathungen und Arbeiten der Kommission verpflichtet* waren, und außerordentlichen Mitgliedern, die zur Teilnahme *berechtigt* waren. Zu ordentlichen Mitgliedern der Militärkommission wurden ernannt:

Friedrich Annecke, *entlassener Artillerieleutnant aus Westfalen* (Königreich Preußen)[19];
Friedrich Beust, *entlassener preußischer Offizier*[20];

---

16   LA SP J 1/110 fol. 118r.
17   ZINN (wie Anm. 4), S. 40.
18   RAAB (wie Anm. 10), S. 715.
19   Karl Friedrich Theodor Annecke war am 31. Januar 1818 in Dortmund geboren worden. Er nahm am 10./11. Mai 1849 als militärischer Leiter zusammen mit Kinkel und Schurz am vergeblichen Unternehmen gegen das Siegburger Zeughaus teil, begab sich zusammen mit ihnen nach Elberfeld, wo sie beim dortigen Aufstand jedoch nichts mehr ausrichten konnten. Annecke reiste darauf in die Pfalz und traf am 15. Mai in Kaiserslautern ein, wo er sich dem dort residierenden pfälzischen Landesverteidigungsausschuss bzw. der am 17. Mai 1849 nachfolgenden provisorischen Regierung zur Verfügung stellte. Er war seit 20. Mai Artilleriekommandant im pfälzischen Volksheer und nach der Absetzung des Oberbefehlshabers Fenner von Fenneberg seit 20. Mai 1849 Mitglied der Militärkommission. Annecke entkam aus der Festung Rastatt und floh nach vorübergehendem Aufenthalt in Frankreich und der Schweiz in die USA; er verstarb 1872 in Chicago. Das Assisengericht der Pfalz zu Zweibrücken hatte ihn am 31. Oktober 1851 *in contumaciam* zur Todesstrafe wegen Hoch- und Staatsverrats verurteilt.
20   Friedrich Karl Ludwig von Beust (1817, Amorbach – 1899, Zürich); RAAB (wie Anm. 10), S. 83.

Eduard Kuchenbäcker aus Grinzing (Wien), *entlassener k. k. Offizier*[21];
Alexander Schimmelpfennig, *aus Westpreußen, entlassener preußischer Unterleutenant*[22];
Ludwig Schlinke, *aus Brandenburg, entlassener preußischer Offizier*[23];
Gustav Adolf Techow, *aus Brandenburg, entlassener preußischer Leutnant*[24];
und Ludwig Weidig, *Geschäftsmann* aus Worms (Großherzogtum Hessen)[25].

Zu außerordentlichen Mitgliedern der Militärkommission wurden ernannt:

Ludwig Blenker, Weinhändler, Oberst der Wormser Bürgerwehr (aus dem Großherzogtum Hessen)[26];
Albert Clement, Handlungsdiener bzw. Buchhalter aus Wien[27];
Konrad Josef von Diepenbrock, *aus Westfalen, kgl. preußischer Offizier außer Dienst*[28];
Hugo Friedrich Oswald, *Literat, ehemals k. württembergischer Oberleutnant*[29];
Feliks Raquillier, *gewesener polnischer Capitain*;
Dr. Franz Heinrich Zitz aus Mainz (Großherzogtum Hessen), Zivilkommissär im Stab der rheinhessischen Freischaren und Hauptmann der Tirailleurs-Kompanie ebenda[30].

Die Mitglieder preußischer Herkunft waren in diesem Gremium bei weitem in der Überzahl. *Der Militärkommission* wurde von der provisorischen Regierung *bis auf Widerruf die Funktion des Oberkommandos übertragen*. Diese endete bereits nach sechs Tagen mit der Übernahme des Oberkommandos durch den Polen Sznayde. Zum Leiter der Militärkommission wurde am 21. Mai 1849 Gustav Adolf Techow und zu seinem Stellvertreter Eduard Kuchenbäcker ernannt[31].

In dieser Zeit traf ein neuer Schub *ehemals polnischer Offiziere* in der Pfalz ein. Am 21. Mai 1849 konnte die provisorische Regierung der Rheinpfalz, die am 16. Mai den Landesverteidigungsausschuss abgelöst hatte[32], der Militärkommission in Neustadt melden, dass die nachfolgenden Polen *in die Dienste der provisorischen Regierung getreten* seien:

---

21  RAAB (wie Anm. 10), S. 527.
22  Alexander von Schimmelpfennig (von der Oye) stammte *aus Westpreußen*, war 1824 geboren worden, war preußischer *entlassener Unterleutnant* und starb 7. September 1865 in Minersville, Pennsylvania an den Strapazen im amerikanischen Sezessionskrieg. Das Assisengericht der Pfalz zu Zweibrücken verurteilte ihn am 31. Oktober 1851 *in contumaciam* zur Todesstrafe wegen Hoch- und Staatsverrats *und anderer geringerer Verbrechen*. LA SP J 1/297 fol. 6r, 17v.; RAAB (wie Anm. 10), S. 815.
23  RAAB (wie Anm. 10), S. 823.
24  RAAB (wie Anm. 10), S. 941.
25  RAAB (wie Anm. 10), S. 989.
26  RAAB (wie Anm. 10), S. 92.
27  RAAB (wie Anm. 10), S. 138.
28  RAAB (wie Anm. 10), S. 155.
29  RAAB (wie Anm. 10), S. 691.
30  RAAB (wie Anm. 10), S. 1043.
31  »Anklage-Akt«, errichtet vom ersten Staatsprokurator L. Schmitt beim Appellationsgericht in Zweibrücken am 8. Juli 1850, Zweibrücken 1850, S. 47.
32  R. M. SCHNEIDER, Landesausschuss und provisorische Regierung in Kaiserslautern 1849, in: Jahrbuch zur Geschichte von Stadt und Landkreis Kaiserslautern 22/23 (1984/85), S. 91–118, hier S. 98–102.

*Krzywinski, Trocinski, Ruppert, Struss, Sladecki, Madecki, Kolodzuwski, Bebarski, Merly-ki.* Sie wurden der Militärkommission *zugewiesen, um ihrer Befähigung entsprechend im Volksheere verwendet zu werden. Vorzüglich* sollte aber die Militärkommission prüfen, *ob sich dieselben zu Bataillonschefs u.s.w. eignen*[33]. Der Zustand der pfälzischen Revolutionstruppen war in diesen Tagen allerdings immer noch wenig erfreulich, wie eine am 24. Mai vom Generalstab der rheinpfälzischen Volkswehr dem Major Sigel im badischen Kriegsministerium überlassene Übersicht der militärischen Kräfte der Pfalz zeigt. Sie schloss mit dem entlarvenden Urteil ab: *Mit diesen undisciplinirten und zum größten Theil noch nicht militärisch ausgebildeten Kräften läßt sich kein Resultat erzielen.* Dass die Pfalz im Gegensatz zu Baden militärisch so völlig anders dastand, hatte nach Ansicht der berichtenden Stelle folgenden Grund: In Baden waren fast sämtliche Truppen im geschlossenen Verband *zum Volke übergetreten,* in der Pfalz dagegen nur einzelne Soldaten. Die über tausend aus der Festung Landau desertierten Pfälzer waren überwiegend zunächst in ihren Heimatort zurückgekehrt, wo sie von der Revolutionsregierung erst wieder ermittelt und eingezogen wurden. *Baden hatte* hingegen sofort *ein Heer,* mit dem es jeden Augenblick operiren* konnte, *die Pfalz bis jetzt nur Freischaaren, geringe Infanteriecaders und weder die nöthige Infanterie noch Cavallerie. In acht bis vier[zehn]*[34] *Tagen,* so war die optimistische Ansicht des pfälzischen Generalstabs, würden die Verhältnisse ganz *anders sein*[35].

## 3. Die Ernennung Franz Sznaydes zum Oberbefehlshaber der pfälzischen Volkswehr

Der große Hoffnungsträger, mit dem eine erfolgreiche Organisation der pfälzischen Volkswehr erfolgen sollte, war der neue Oberbefehlshaber, der polnische Veteran Franz Sznayde. Bereits zur Zeit des Landesverteidigungsausschusses kam es zu Verhandlungen mit ihm wegen der Übernahme des Oberbefehls über die pfälzischen Revolutionsstreitkräfte. In einem »Memento pour le général Sznaide«, das sich in den Akten des Landesarchivs Speyer erhalten hat, fasste der Landesverteidigungsausschuss seine Hauptanliegen zusammen[36]. Der Landesverteidigungsausschuss stellte sich darin als Autorität vor, die in den Augen des deutschen Volkes vollständig legalisiert sei, und zwar sowohl durch ein Votum der Nationalversammlung zu Frankfurt a. M. als auch durch eine Bestätigung des Reichskommissars Eisenstuck[37]. Aufgabe des Landesverteidigungsausschusses sei es, so das »Memento«, die rebellische Regierung Bayerns zu zwingen, die von der gesetzgebenden Versammlung zu Frankfurt a. M. beschlossenen Gesetze und insbesondere die deutsche Verfassung und die Souveränität des deutschen Volkes anzuerkennen. Dieses Ergebnis lasse sich jedoch nur erreichen, wenn die anderen deutschen

33   LA SP J 1/110 fol. 301r.
34   Papierverlust an der entsprechenden Stelle.
35   LA SP J 1/106 Bd. 2 fol. 165r, 166r–166v.
36   LA SP J 1/108 fol. 193r–194v, Text in französisch, nicht datiert.
37   Am 4. Mai 1849 gab die Frankfurter Nationalversammlung einen Aufruf an die deutschen Regierungen heraus, die Reichsverfassung anzuerkennen und zur Geltung zu bringen. K. WOLF, Carl Schurz in der Reichsverfassungskampagne von 1849: vom Bonner Studenten zum Revolutionär

Regierungen, deren Absicht der Kampf gegen freiheitliche Bestrebungen sei, daran durch die bewaffnete Bevölkerung gehindert werden. Allein die Waffen können fortan diesen Streit entscheiden; das Volk zählt nur noch allein auf sie, denn es sei bisher zu häufig durch die Fürsten getäuscht worden, um mit ihnen erneut neue Verträge zu schließen. Es sei daher von größter Wichtigkeit, dass die Aufstandsbewegung der Pfalz sich dem übrigen Deutschland mitteile. Das sei der eine Gesichtspunkt, der nicht aus den Augen verloren werden dürfe. Ein isolierter Widerstand der Pfalz würde unfehlbar zusammenbrechen und der Volksbewegung im allgemeinen den allergrößten Nachteil bringen. Aus alledem ergebe sich daher, dass der Oberbefehlshaber die Fähigkeit besitzen müsse, in der Angelegenheit die Offensive zu ergreifen, wenn er das für opportun hält, er sich daher nicht auf die Verteidigung allein beschränken solle. Weiterhin sei es wichtig, mit größter Eile zu handeln, damit es dem Feind nicht möglich werde, die Bewegung bereits im Keim zu ersticken. Ein plötzliches Eindringen mit bewaffneter Macht in diejenigen Gegenden, wo die Erhebung bisher noch nicht organisiert sei, ließe allein die deutschen Fürsten begreifen, dass dieses Mal sich das ganze deutsche Volk erhebe, um ein verhasstes Joch zu beseitigen. Das allein sei das einzige Mittel, den Kampf schnell zu einem guten Ende zu bringen. Die Erhebung in Baden wird der Volkssache eine beträchtliche Armee zur Verfügung stellen. Dadurch werden sehr wahrscheinlich die Truppen Württembergs, der beiden Hessen und von Nassau ebenso wie von allen den Ländern, die die deutsche Reichsverfassung anerkannt haben, nachfolgen. Es werde dazu nötig sein, geheime Verhandlungen mit den Anführern dieser Truppen aufzunehmen, um in Abstimmung mit ihnen zu handeln. Das sind die wichtigsten Angelegenheiten, die der Oberbefehlshaber als erstes auszuführen hat; seitens des Landesverteidigungsausschusses besteht man auf der Wichtigkeit dieser Angelegenheit. Ein anderer Gesichtspunkt von größter Wichtigkeit sei der Ankauf von Waffen. Das deutsche demokratische Komitee in Paris biete sich an, in Unterhandlungen mit Waffenhändlern zu treten, falls dies erforderlich sein sollte und wenn es mit ausreichenden Mitteln versorgt werde. Es sei im Stande, ausreichende Mengen zu liefern. Die angekauften Waffen werden die Grenzen ohne Schwierigkeiten passieren; zur Zeit gebe es bei ihrem Transport keine Hindernisse zwischen Frankreich, der Pfalz und Baden.

in der Pfalz und Baden, in: ZGO 145 NF. 106 (1997), S. 298. Am 7. Mai 1849 traf in Kaiserslautern Reichskommissär Eisenstuck ein, der den für die Pfalz gebildeten Landesverteidigungsausschuss als *Landesausschuß für Verteidigung und Durchführung der deutschen Reichsverfassung* bestätigte. Vgl.: ZINN (wie Anm. 4), S. 23 mit Abdruck des Textes der Bekanntmachung von Eisenstuck; STAROSTE, Tagebuch über die Ereignisse in der Pfalz und Baden im Jahre 1849, Bd. 1, Potsdam 1852, S. 8 f.; H. RENNER, Die pfälzische Bewegung in den Jahren 1848/49, in: Mitteilungen des Vereins für Heimatkunde im Landkreis Birkenfeld und der Heimatfreunde Oberstein 72 (1998), S. 63–91 mit Facsimileabdruck des Textes S. 74; H. G. HAASIS, Die Pfälzer Revolution von 1849 und Friedrich Albrecht Karchers Novelle »Die Freischärlerin«, in: F. A. KARCHER, Die Freischärlerin, eine Novelle aus der Pfälzer Revolution von 1849, hg. von H. G. HAASIS, Frankfurt a.M. 1977, S. 183–241, hier S. 197; H. RENNER, Die pfälzische Bewegung in den Jahren 1848/49 und ihre Voraussetzungen. Diss. phil. masch. vervielf. Marburg 1955, S. 142 f.; J. SPERBER, Rhineland Radicals, the democratic movement and the revolution of 1848–1849, Princeton, New Jersey 1991, S. 400 f.; S. FODOR, What kind of nation? Political associations in Bavaria during the revolution of 1848–49, Diss. San Diego (USA) 1992, S. 314.

Soweit das vom Landesverteidigungsausschuss verfertigte »Memento«. Auf welchem Wege oder ob es überhaupt an Sznayde gelangt ist, lässt sich aus den Akten nicht nachvollziehen. Am 25. Mai 1849 traf endlich Franz Sznayde in Kaiserslautern ein[38] und erhielt am 26. Mai 1849 seine Ernennung zum Oberkommandanten der pfälzischen Revolutionstruppen durch Dekret der pfälzischen provisorischen Regierung[39]. Nach einigen Quellen soll Sznayde für die Übernahme des Oberbefehls angeblich von der provisorischen Regierung die Summe von 10 000 fl. erhalten haben[40].

Mit Sznayde hatte die pfälzische Regierung einen zwar erfahrenen, aber auch schon betagten Oberbefehlshaber gewonnen. Sznayde hatte bereits in den Jahren 1807 bis 1813 als Soldat in den napoleonischen Kriegen gedient, seit 1815 in der Armee des Königreichs Polen und im Jahre 1830–1831 als General in der Armee der Aufständischen. 1831 emigrierte er nach Frankreich, wo er seit 1846 Mitglied des Demokratischen Vereins war. Im Jahre 1848 war Sznayde an der Erhebung in Krakau beteiligt und musste nach derem Mißerfolg wieder nach Frankreich fliehen.

Mit wahrer Begeisterung stellten die »Berichte aus der Pfalz«, die unter der Leitung von Franz Albert Grün im Auftrag der provisorischen Regierung herausgegeben wurden, den neuen Oberkommandanten vor: *Das Obercommando der Volkswehr führt bekanntlich seit einigen Tagen General Sznayde. Ueber seine energische Thätigkeit herrscht unter Volk und Wehrmannschaft nur eine Stimme. Seine Tagesbefehle tragen das Gepräge großer Umsicht und sind ganz geeignet, das vollste Vertrauen in seine Führung zu erwecken.*[41]

Da Sznayde kein Deutsch verstand, erteilte er seine Anordnungen in Französisch, die dann ins Deutsche übertragen wurden. Umgekehrt mussten Berichte deutscher Dienststellen und Freischarenführer ins Französische übersetzt werden, damit Sznayde sie verstehen konnte. Das geschah teilweise schriftlich auf dem Briefrand mit roter Tinte durch den deutschen Adjutanten[42]. Mit Sznayde waren etliche weitere Polen in die Pfalz gekommen, deren Namen und Anzahl wegen Fehlens entsprechender Quellenunterlagen sich jedoch nicht angeben lassen. Es kam jedoch hier nicht wie im benachbarten Baden zur Bildung einer eigenen deutsch-polnischen Legion, die dort zunächst von Oberst Franz Freund und später von Major Szertuki geführt wurde[43].

---

38  Bericht aus der Pfalz, IX, Kaiserslautern, 26. Mai 1849, LA SP J 1/103 fol. 25r. Nach gleicher Quelle wurde General Mieroslawski *in den ersten Tagen* ebenfalls in Kaiserslautern *erwartet*.
39  Amts- und Intelligenzblatt, Nr. 8, 31. Mai 1849. Am 24. Mai schrieb der Generalstab der rheinpfälzischen Volkswehr *an den Bürger Siegel, Major im Kriegsministerium zu Carlsruhe, ... jeden Augenblick wird der Obercommandeur General Sznayde* (gestrichen: *Schneider*) *erwartet ...* LA SP J 1/106 Bd. II fol. 165r, 166r. Nach E. R. HUBER, Deutsche Verfassungsgeschichte seit 1789, Bd. 2, Der Kampf um Einheit und Freiheit 1830 bis 1850, Stuttgart ²1968, S. 871 war Sznayde »vom Oberbefehlshaber Mieroslawski zum Befehlshaber in der Pfalz ernannt« worden.
40  C. SCHURZ, Lebenserinnerungen, Bd. 1: Bis zum Jahre 1852, Berlin 1906, S. 194.
41  Bericht aus der Pfalz, XII, Kaiserslautern, 1. Juni 1849; LA SP J 1/103 fol. 28r.
42  Beispiele LA SP J 1/110 fol. 48r, 93r–93v.
43  W. BLOS (Hg.), Denkwürdigkeiten des Generals Franz Sigel aus den Jahren 1848 und 1849, Mannheim ²1902, S. 105, 129, 131; RAAB (wie Anm. 10), S. 240.

## 4. Die Ernennung von Militärkommissaren durch Sznayde und die Instruktion für dieselben

Unmittelbar nach Sznaydes Ankunft ernannte dieser für jedes der zwölf pfälzischen Landkommissariate (sie entsprechen den heutigen Landkreisen) einen Militärkommissar bzw. Bataillonskommandanten[44]. Unter den 12 neu ernannten Bataillonskommandanten bzw. Militärkommissaren waren allein vier Polen, und zwar:

1. Vinzent Kotodciejewski, der in den *Bezirk von Germersheim, Stab des Bataillons zu Candel* abgeordnet wurde;
2. Andreas Struss, der *in den Bezirk von Landau, Stab des Bataillons zu Edenkoben* geschickte wurde;
3. Heinrich Rouppert, der *in den Bezirk Pirmasenz* und
4. Felix Trocinski, der *in den Bezirk Bergzabern* delegiert wurde.

Die Bataillonskommandanten durften für sich selbst und ihre Adjutanten jeweils ein Pferd requirieren[45]. Außerdem erhielten sie und vier weitere Polen am 27. Mai von der Militärkommission einen Vorschuss. Empfänger desselben waren noch: Oberst Theophil Krzywinski; sein Adjutant Vincent Bibarski; Unterleutnant Alexander Stadecki sowie Adjudant Wladislas Trzeciak[46]. Die von Sznayde ernannten polnischen Militärkommissäre reisten am 28. Mai 1849 von Kaiserslautern *an den Ort ihrer Bestimmung* ab[47].

Eine Instruktion, die der Oberst Krzywinski ausgearbeitet hatte und die am gleichen Tag den vier polnischen Bataillonskommandanten mitgegeben wurde, beschrieb näher ihre Aufgaben[48]. Sie hatten danach *auf's schnellste einen detaillirten Rapport von dem Zustande, in welchem sie ihre Bataillone vorgefunden hatten, zu übersenden*, der u. a. die Anzahl der Unteroffiziere und Soldaten enthalten sollte, ob diese schon vor der Revolutionsbewegung gedient hatten, deren Ausstattung mit Waffen, Bekleidung und Schuhwerkzeug (§1–2). Über die Veränderungen in den Kompanien und in dem Bataillon selbst waren täglich Rapporte an das Oberkommando einzusenden (§11)[49]. Die vorgefundenen *Leute* sollten von ihnen in sechs gleiche Teile oder Kompaniekader aufgeteilt und später neu hinzukommende gleichmäßig auf diese Kompanien aufgeteilt werden (§4). *Weil die Offiziere noch nicht gewählt seien*, wurde den Militärkommissaren *aufgetragen, zu Kom-*

---

44  Eine Übersicht der ernannten Militär- und Zivilkommissare in LA SP J 1/109 fol. 371; für die Zivilkommissare auch J 1/110 fol. 310r, 314r.
45  Die Militärkommission an den Bataillonskommandanten Rouppert, Kaiserslautern, 25. Mai 1849; dieselbe an den Bataillonskommandanten Struss in Frankweiler, Kaiserslautern, 26. Mai 1849, in: LA SP J 1/106 Bd. II fol. 177r, 179r.
46  LA SP J 1/109 fol. 373r. Ein Eintrag der ausgezahlten Beträge ist allerdings nicht erfolgt. Ein weiterer namentlich bekannter Pole war Poplavsky, der sich u. a. am 21. Mai mit Raquillier und dem Studenten Beinert aus Sachsen in Homburg traf, um die Grenze zu *recogniscieren*. (LA SP J 1/128 fol. 224v).
47  LA SP J 1/108 fol. 195r. Bericht des Oberst Krzywinski, in Polnisch und Deutsch geschrieben, Kaiserslautern, 28. Mai 1849.
48  LA SP J 1/108 fol. 195r–197v.
49  Musterformulare für die geforderten Rapporte liegen a.a.O., fol. 198 und 199 bei.

*pagnie-Führern und niederen Offizieren gediente Unteroffiziere dem Alter nach zu ernennen, wenn sie solche im Bataillon vorfinden, im entgegengesetzten Fall soll(t)en sie Leute dazu wählen, die der Pfysanomie (!) und ihren Manieren nach dazu fähig sind* (§5). Die Bataillonskommandanten, die ihre Bestimmung in der Nähe der beiden feindlichen Festungen Germersheim und Landau erhielten, sollten sich sofort mit den Kommandanten der Abteilungen verständigen, die zur Abschneidung der Festungen vom Umland dort operieren würden; außerdem sollten sie *Signalstangen von Dorf zu Dorf aufrichten lassen, und im Falle eines Ausfalles aus den Festungen die Signal-Stangen anzünden lassen, damit auf dieses Zeichen bei Tage sowie bei Nacht alle Abtheilungen sofort auf dem kürzesten Wege auf der Linie der Vorposten ankämen* (§6). Ihnen oblag ferner die Sicherstellung der Grenzen durch Patrouillen und Vorposten ebenso wie *die schleunigste Benachrichtigung von den Bewegungen des Feindes* (§8). Den Bataillonskommandanten wurde die sofortige *Organisation und das Ausexerziren der Bataillone aufgetragen* (§12). Ihnen wurde ferner auferlegt, *Nachrichten einzuziehen über den Geist und die Gesinnungen der Beamten, Geistlichen und der Einwohner* (§3). *Im Falle, daß die durch die (Revolutions-) Regierung ernannten Civil-Komißäre oder Ortsobrigkeiten aus Nachlässigkeit oder bösem Willen den gerechten Forderungen der Bataillons-Kommandanten nicht genüge thun wollen, soll(te) davon sogleich von Seiten der Bataillons-Kommandanten ein Bericht erstattet werden* (§7). *Um zu erfahren, was im Bezirk in politischer Hinsicht vorfällt*, wurde den Bataillonskommandanten geraten, *eine Art militärischer Polizei einzuführen*. Von ihr gemeldete Personen sollten *nach vollkommener Überzeugung der Wahrheit ... unter sicherer Eskorte an das Oberkommando mit einem bezughabenden und klaren Bericht sofort überführt* werden (§9). Falls es in einer Gemeinde zu Fällen von *Ungehorsam* käme, *in welcher Hinsicht es sey*, so sei nicht ein Befehl des Oberkommandos einzuholen, sondern die Bataillonskommandanten dürften *auf die erste Aufforderung der Civil-Behörden denselben sofort bewaffnete Hülfe ... leisten* (§10).

Krzywinski, der diese Instruktion seinem vorgesetzten General Sznayde vorgelegt hatte, sicherte diesem zu, *daß die Bataillons-Kommandanten ... ihrem Berufe Ehre machen und Ihre Befehle mit dem größten Diensteifer und der größten Pünktlichkeit ausführen werden*. Am Tage, an dem die zuvor beschriebene Instruktion verfasst wurde (28. Mai), gab die Militärkommission der Rheinpfalz die Einrichtung einer Feldpost bekannt, die *zur Erleichterung des Verkehrs zwischen der Obercommandantur und den Befehlshabern der kleinern Truppenkörper so wie dieser unter sich* erfolgte. Der Beginn des *regelmäßigen Feldpostdienstes* wurde danach für den 30. Mai angekündigt[50].

## 5. Das Militärbündnis Pfalz – Baden

Die provisorische Regierung in Karlsruhe hatte am 14. bzw. 16. Mai 1849 mit der pfälzischen ein Militärbündnis abgeschlossen[51]; die Bestimmungen des Vertrages wurden aber nicht umgesetzt, insbesondere erfolgte nicht die vorgesehene militärische Vereinigung

---

50  LA SP J 1/108 fol. 211r–212r.
51  Abdruck des Vertragstextes bei G. Struve, Geschichte der drei Volkserhebungen in Baden, Bern 1849, S. 178. Vgl. ferner O. Fleischmann, Geschichte des Pfälzischen Aufstandes, nach den

beider Länder. Die provisorische Regierung der Pfalz setzte zumindest anfangs große Hoffnungen und Erwartungen in dieses Vertragswerk. Am 29. Mai 1849 erteilte sie Johann Eckhard[52] eine Vollmacht, sich nach Karlsruhe zu begeben, *um dort mit dem regierenden Landesausschuß ein Anlehen im Betrag von sechzigtausend Gulden* auszuhandeln, zu gleicher Zeit vom badischen Landesausschuss sich Kanonen, Mörser, Munition und Munitionswagen aushändigen zu lassen und alles dann nach Kaiserslautern zu führen[53]. Es sollte sich aber zeigen, dass die pfälzische Regierung den badischen Bündnispartner völlig falsch eingeschätzt hatte. Mit ihren Wünschen stieß die pfälzische provisorische Regierung bei derjenigen in Baden »auf Granit«. Der Wunsch nach Gewährung einer großzügigen Anleihe wurde nicht erfüllt, derjenige nach Waffen und Munition nur insoweit, dass die badische Vollziehungsbehörde nach vielen mühsamen Unterhandlungen acht Geschütze, die nicht in bestem Zustand waren, an sie verkaufte; derjenige nach Unterstützung und Verstärkung der eigenen Streitmacht durch badische Soldaten blieb vor Beginn der Kämpfe mit den preußischen Truppen unerfüllt.

Nach wiederholten abschlägigen Antworten, die sich mehrere Mitglieder der pfälzischen Regierung in Karlsruhe persönlich geholt hatten, unternahm der Pole Zurkowski, Mitglied im Generalstab, einen letzten Versuch beim badischen Kriegsminister Eichfeld. Zurkowski machte gegenüber Eichfeld rein militärische Rücksichten geltend, die einzig und allein im Interesse der badischen Armee selbst wären, und bekam darauf endlich zwei Kompanien bewilligt, die aber kaum in der Pfalz angekommen, wieder Kontreordre erhielten und zurückkehren mußten, wo sie hergekommen waren[54]. Statt militärische Hilfe und Unterstützung von Baden zu erhalten, wurde die provisorische Regierung der Pfalz mit deren Forderung konfrontiert, ihre schwachen militärischen Kräfte auch noch dem weit stärkeren Baden zur Verfügung zu stellen. Der Oberbefehlshaber der badischen Truppen, Franz Sigel, schrieb nämlich am 8. und 9. Juni aus seinem Hauptquartier in Heidelberg an den rheinhessischen Freischarenführer Ludwig Blenker und an Gustav Adolf

---

zugänglichen Quellen geschildert, Kaiserslautern 1899, S. 189; SCHNEIDER (wie Anm. 32), S. 100f.; SPERBER (wie Anm. 37), S. 408; FODOR (wie Anm. 37), S. 332f.

52   In der Vorlage heißt es: *Eckard aus Grünheim, Mitglied der bayerischen Volkskammer.* Einen Ort *Grünheim* gibt es in Bayern nicht. Es muß sich bei dem Bevollmächtigten der provisorischen Regierung der Pfalz um den protestantischen Pfarrer in Gönnheim (Kanton Dürkheim, Landkommissariat Neustadt), Johann Eckhard (in den Akten auch *Eckhardt oder Ekhardt* geschrieben), handeln, der 1849 Mitglied des bayerischen Abgeordnetenhauses gewesen war. Dazu passt auch, dass er *als Agent* der provisorischen Regierung der Pfalz von ihr am 29. Mai und 3. Juni 1849 insgesamt 442 Gulden erhielt. LA SP J 2/44 fol. 245r, 359v, 385r, 403r, 418r – 418v; Anklage-Akt (wie Anm. 31), S. 6, 59–61, 68, 172, 173, 214, 265. Das Assisengericht der Pfalz zu Zweibrücken verurteilte Eckhard am 28. September 1851 *in contumaciam wegen Hoch- und Staatsverrats resp. Verleitung von Soldaten zur Fahnenflucht etc. etc.* zur *Todesstrafe.* LA SP J 1/297 fol. 2v, 13v. Eckhard emigrierte in die Vereinigten Staaten und schlug sich dort als Weinwirt, Hauslehrer, Musiklehrer u.ä.m. durch. G. BIUNDO, Die evangelischen Geistlichen der Pfalz seit der Reformation, Pfälzisches Pfarrerbuch (=Genealogie und Landesgeschichte 15), Neustadt a. d. Aisch 1968, S. 93; G. BIUNDO, Pfälzisches Pfarrer- und Schulmeisterbuch (=Geschichte der Protestantischen Kirche der Pfalz 1), Kaiserslautern 1930, S. 89; HAASIS (wie Anm. 30), S. 264.

53   Ferner war er ermächtigt, in Straßburg Waffen und in Stuttgart Munition einzukaufen, alles im Auftrag der pfälzischen Revolutionsregierung. LA SP J 1/110 fol. 398r.

54   A. ZURKOWSKI, Kurze Darstellung des Feldzuges in Baden und der Pfalz, Bern 1849, S. 23.

Techow, den Vorsitzenden der pfälzischen Militärkommission, dass die pfälzischen Truppen aus der Pfalz abgezogen werden müssten, da diese einer feindlichen Invasion nicht widerstehen könnten, und daher an die Neckarfront gebracht werden sollten[55]. Ebenfalls am 9. Juni schrieb derselbe an General Sznayde und forderte diesen dringend auf, für einen beabsichtigten Einfall der badischen Truppen in das Hessische die pfälzische Volkswehr zur Verfügung zu stellen. In seinem Brief hieß es u. a.[56]: *Durch die politischen Verhältnisse sowohl als durch die militärischen Vorgänge an der hessischen Grenze sind wir gezwungen, aus einer blos defensiven Stellung gegenüber Hessen und den alliirten Tuppen in eine offensive überzugehen. In der Ueberzeugung, daß ein gemeinsames Operiren der badischen und pfälzischen Armee unsern Sieg weit mehr sichern werde, fordern wir Sie auf, auf das Unternehmen einzugehen, wie wir es hier begründen.*

*Die schleunige, unverzügliche That ist nothwendig gemacht durch den Geist in unserm Lager, für den der Krieg und nur der Krieg ein Heilmittel ist, ferner durch die vollständige Demoralisation und Zerrüthung der feindlichen Heere, die wir benüzen müssen, ehe man sich durch befestigte nordische Truppenkörper arrangirt.*

*Die badische Armee wird das Centrum und die rechte Flanke des Angriffs liefern, wir erwarten von den Pfälzern eine gleichzeitige Operation auf dem linken Flügel. Wir bürgen für den Sieg, wenn wir bei der* jetzigen *Stärke des Feindes ihn überraschen. Was aber mit unserer Sache geschehen wird, wenn die voraussichtlichen Verstärkungen eingetroffen sind und die Reaktion die würtembergische Hilfe uns ganz entrückt haben wird, das steht außer unserer Gewalt.*

*Wir halten den Augenblik für einen großen, entscheidenden,* wir *halten uns verantwortlich für die Bewegung desselben, aber auch die, auf deren Unterstützung wir ein* Recht *haben. Wir werden im Nothfalle allein handeln, wenn man trotz dem Vertrage[57], trotz dem Drängen der Umstände, endlich trotz dieser unserer Aufforderung uns im Stich lassen sollte. Wir ziehen die Gefahr der Gegenwart einem Aufschube vor, der uns immer schwächer macht. Wenn wir nicht Hoffnung auf den Sieg hätten, würden unsere Feinde uns längst angegriffen haben. Wollen Sie uns die Ueberzeugung nicht einflößen, daß wir von dem Mitwirken der Pfälzer für den Kampf nichts mehr zu erwarten haben, so schicken Sie uns den Bürger Techow, damit mit diesem die näheren Umstände berathen werden.* Die größte Eile!

Noch am *9ten Juny 1849 Nachts 10 ¾ Uhr* schrieb aus Kaiserslautern der Oberkommandant der Pfälzischen Volkswehr, Franz Sznayde, an den Oberkommandanten der badischen Truppen, Oberst Sigel in Heidelberg, seinen Antwortbrief, in dem er feststellte, dass die Pfalz *im Augenblicke nicht im Stande* sei, Baden *wirkliche Hilfe zu leisten*, da sie noch mit der Organisation ihrer eigenen Volkswehr befasst sei. Baden sei mit Schuld daran, dass diese Volkswehr noch so wenig organisiert sei, da es alle Mittel verweigert hätte, die die Pfalz zu einer schnelleren Organisation seiner Volkswehr befähigt hätten. Auch seien inzwischen *die Preußischen Truppen verstärkt an die Grenze gerückt*, so dass man auch aus diesem Grund keine Truppen entbehren könne. Sznayde kündigte an, dass er

---

55  BLOS, Denkwürdigkeiten des Generals Franz Sigel aus den Jahren 1848 und 1849 (wie Anm. 43), S. 97f.
56  LA SP J 1/108 fol. 204r–204v.
57  Sigel spielt hier auf den badisch-pfälzischen Bündnisvertrag vom 14./16. Mai 1849 an.

den Oberstleutnant Techow beauftragt habe, das Nähere Sigel mündlich auseinanderzu-
setzen[58]. Aus den Akten nicht ersichtlich, aber wohl ein Kompromissangebot Sznaydes
und der pfälzischen Militärkommission war es, dass Blenker mit seinen Freischaren flan-
kierend den Angriff der badischen Truppen unter Sigel auf der linken Rheinseite durch
seinen Angriff auf Worms unterstützen durfte. Die militärischen Operationen beiderseits
des Rheines scheiterten bekanntlich[59].

## 6. Sznaydes Projekt der drei Feldlager

In der kurzen Zeit, die Sznayde als Oberbefehlshaber in der Pfalz war, erschienen von ihm
viele Dekrete zur militärischen Organisation, die aber in der Regel das Papier nicht wert
waren, auf dem sie gedruckt wurden. Ein Beispiel sei hier herausgegriffen: Am 1. Juni
1849 überraschte Sznayde die provisorische Regierung der Rheinpfalz mit dem Vorschlag,
drei Feldlager in der Pfalz einzurichten, und zwar in Mutterstadt, Kaiserslautern und
Homburg, jedes etwa 4 000 Mann stark. Die provisorische Regierung sollte dazu die
erforderlichen Maßnahmen *zur sofortigen Herbeischaffung der hiezu nöthigen Utensilien
treffen* wie z. B *Äxte, Spaten, Stroh für die Baracken (in Ermangelung von Zelten), Holz
zur Feuerung, Küchengeräthe, namentlich Feldkessel aus Gesundheitsblech, je eines für 10
Mann, mit Deckeln versehen, die als Platte dienen können, Feldflaschen, einen für jeden
Mann.* Die vier Lager sollten auch dazu dienen, *die neuausgehobene Mannschaft gleich an
die unumgänglich nöthige Disciplin zu gewöhnen*[60]. Für die provisorische Regierung der
Rheinpfalz genehmigte »Kriegsminister« Reichard alles von Sznayde Geforderte ohne
Bedenken und schob die Ausführung auf die Ökonomie-Kommission ab[61], wo der Auf-
trag der Ausführung harrte, ohne dass bis zum Einmarsch der Preußen auch nur ein Spa-
tenstich zur Ausführung eines jener geforderten Lager getan worden wäre.

## 7. Militärkommissar Rouppert

Unter den vier polnischen Militärkommissaren, die von Sznayde ernannt wurden und in
der Pfalz Verwendung fanden, ist besonders Rouppert zu erwähnen, der bei Kirchheimbolanden eine der wenigen militärischen Auseinandersetzungen auf pfälzischem Boden mit
den vordringenden preußischen Truppen zu bestehen hatte. Im polnischen Aufstand von
1830 war Rouppert Adjutant Sznaydes gewesen, stand also mit diesem in einem besonders
engen Vertrauensverhältnis[62]. In Folge des Zusammenbruchs der Erhebung von 1830/31

---

58    LA SP J 1/106 Bd. II fol. 145r–145v.
59    Es handelt sich dabei um den dritten Einfall der Blenkerschen Freischaren in die Stadt Worms
(Das Großherzogliche Obergericht zu Mainz in seiner Anklagekammer, Mainz 1850, S. 15 f.). Am
13. Juni 1849 vormittags mußten sich die Freischaren vor den anrückenden Preußen wieder zurückziehen und im Anschluss rückte ein Detachement des preußischen Obersten von Brandenstein in die
Stadt ein. STAROSTE (wie Anm. 37), S. 173, 181.
60    Bericht aus der Pfalz, XII, Kaiserslautern, 1. Juni 1849; LA SP J 1/103 fol. 28r.
61    LA SP J 1/110 fol. 363v.
62    Nach Sznaydes Angaben, zit. bei BAMBERGER, Erlebnisse (wie Anm. 14), S. 67.

emigrierte Rouppert nach Frankreich, wo er *beim Chausseebau* eine Anstellung fand. Nach dem 4. Juni 1849 wurde Rouppert von Sznayde zum Kommandanten der rheinhessischen Freischaren in Kirchheimbolanden ernannt, wo er den bisherigen Kommandeur Heusner, der seinen Militärdienst in der bayerischen Armee geleistet hatte, ablösen sollte, der sich bei den Freischaren *als guter Feldzeugmeister, aber als ungeeigneter Befehlshaber* erwiesen hatte[63]. Bamberger und Zitz[64] hatten sich deswegen nach Kaiserslautern ins Hauptquartier begeben und baten dort Sznayde um *einen guten Officier..., der das Kriegswesen genug verstünde, um ein Bataillon Infanterie zu commandiren.* Ihrem Wunsche entsprechend wählte Sznayde dafür Major Rouppert aus, ein nach Sznaydes Ansicht *ausgezeichneter Officir sowohl durch seinen Muth als durch seine militärischen Talente,* den er selbst *seit dem polnischen Kriege von 1831 schätzen gelernt habe, und* den er *seit mehr als 20 Jahren persönlich kenne.* Sznayde wies Bamberger und Zitz darauf hin, *daß* Rouppert *nicht deutsch verstünde,* worauf diese zur Antwort gaben, *daß dies nichts zu bedeuten habe, indem fast das ganze Korps französisch spreche*[65]. Es sollte sich jedoch bald zeigen, dass Bamberger und Zitz das Sprachenproblem unterschätzt hatten. Am 6. Juni berichtete Rouppert dem militärischen Oberkommando in Kaiserslautern u. a. über seine neue Stellung[66]: *Ich beehre mich Ihnen hiermit anzuzeigen, daß ich die hiesige militärische Einrichtung und Ordnung zu meiner größten Zufriedenheit angetroffen habe. Die Organisation des Bataillons hat der frühere Kommandant Heusner und (Zitz) dem polnischen Offizier Bataillons-Adjudanten Tyl*[67] *beauftragt und* wenn seine Arbeit in etwa vier Tagen abge-

---

63  BAMBERGER, Erlebnisse (wie Anm. 14), S. 67; K. LUCAE, Kirchheimbolanden und der pfälzisch-badische Aufstand 1848–49, Kirchheimbolanden 1979, S. 95; R. WEBER, Ludwig Bamberger, der radikale Republikaner, in: Männer der Revolution von 1848, H. BLEIBER u. a. (Hgg.), Bd. 2, Berlin (DDR) 1987, S. 273 – 304, hier S. 300 (dort das Literaturzitat), 302.- Zur Person Heusners ist u. a. bekannt: Heusner diente in der bayerischen Armee, besuchte die polytechnische Schule und sammelte *später auf dem Gebiete des Freischaarenkrieges praktische Erfahrungen.* Bamberger übertrug ihm zu Beginn des Aufenthaltes der rheinhessischen Freischaren in Kirchheimbolanden das Kommando über dieselben, das er bis wenige Tage vor dem Rückzug innehatte. (BAMBERGER, Erlebnisse, wie Anm. 15, S. 8f.; LUCAE, a.a.O., S. 92f.). Heusner wurde wegen seiner führenden Beteiligung an der pfälzischen Revolution vom Assisengericht zu Zweibrücken am 31. Oktober 1851 *in contumaciam* zur Todesstrafe wegen Hoch- und Staatsverrats *und anderer geringerer Verbrechen, vollziehbar auf dem Marktplatze der Stadt Zweibrücken* verurteilt. (LA SP J 1/297 fol. 5r, 17v).

64  Ludwig Bamberger, Journalist, Redakteur der Mainzer Zeitung, geboren 22. Juli 1823 in Mainz als Sohn eines jüdischen Kaufmanns, gestorben 14. März 1899 in Berlin. Bamberger war wegen seiner Verwicklung in die Pfälzische Revolution durch das Assisengericht der Pfalz zu Zweibrücken am 31. Oktober 1851 *in contumaciam* zur Todesstrafe wegen Hoch- und Staatsverrats *und anderer geringerer Verbrechen, vollziehbar auf dem Marktplatze der Stadt Zweibrücken* verurteilt worden (LA SP J 1/297 fol. 4v, 17r). Dr. Franz Heinrich Zitz, geboren 18. November 1803 in Mainz, kath.; verheiratet 1837 mit der Dichterin Kathinka Halein; Advokat, Mitglied in der Nationalversammlung zu Frankfurt a.M. als Abgeordneter für den 10. großherzoglich hessischen Wahlkreis (Stadt Mainz und Teile des Landkreises Mainz). Zitz war wegen seiner führenden Beteiligung an der pfälzischen Revolution vom Assisengericht der Pfalz zu Zweibrücken am 31. Oktober 1851 *in contumaciam* zur Todesstrafe wegen Hoch- und Staatsverrats *und anderer geringerer Verbrechen, vollziehbar auf dem Marktplatze der Stadt Zweibrücken,* verurteilt worden (LA SP J 1/297 fol. 6v, 17v). Er starb am 30. April 1877 in München.

65  LA SP J 1/106 Bd. 2 fol. 86r.

66  LA SP J 1/108 fol. 103–104.

67  Über Tyl konnte nichts ermittelt werden.

schlossen sei, *dann erst wollen sie mir das organisirte Bataillon übergeben.* Roupperts erster Eindruck war, dass *das ganze militärische Wesen bis jetzt nicht der Kommandant Heusner (weil er selbst sehr wenig versteht) sondern sein Adjudant Tyl allein geführt hat. Im ganzen Bataillon befinde sich sonst kein guter Offizier außer dem Tyl und Grabski*[68] – der erste habe sogar in der deutschen Sprache das Bataillon theilweise ausexerzirt, die ganzen Instructionen für die Garnison selbst entworfen und militairische Ordnung eingeführt, der zweite habe eine Schützen-Kompagnie sehr gut ausgebildet. Die beiden so hoch gelobten polnischen Offiziere schlug Rouppert in seinem Bericht an Sznayde vom 6. Juni 1849 zur Beförderung als Hauptleute vor. Beide hätten seit einem Monat (!) *den schwierigsten Dienst gethan und sie verdienen auch mit Recht die Charge als Hauptleute*[69]. Klang dieses Schreiben noch sehr hoffnungsfroh, so überraschte bereits zwei Tage später Rouppert General Sznayde mit der Bitte, wieder von seinem Amt abberufen zu werden, nachdem es offensichtlich zu größeren Misshelligkeiten, insbesondere mit dem bisherigen Befehlshaber Heusner gekommen war, dem Rouppert offensichtlich zu deutlich seine Geringschätzung und die Bevorzugung seiner polnischen Landsleute gezeigt hatte, und der andererseits von sich aus nicht bereit war, das Kommando über die rheinhessischen Freischaren niederzulegen[70]. Rouppert führte in seinem Bericht u. a. aus: Nachdem er von Kaiserslautern zusammen mit Bamberger nach Kirchheimbolanden gekommen war, wollte er sofort das Kommando übernehmen und habe dazu seine Vollmacht vorgezeigt. Der bisherige Kommandant Heusner wollte aber weiterhin selbst das Bataillon formieren und es evtl. erst völlig organisiert an Rouppert übergeben. *Da aber bis jetzt* nach Roupperts Ansicht *noch gar nichts von Seite des* bisherigen *Kommandanten in dieser Hinsicht geschehen* sei, *um das Bataillon zu formiren (ausgenommen einiger Dislocirungen der einzelnen Abtheilungen),* so war der Termin der Übergabe unter solchen Bedingungen völlig ungewiss. Andererseits gab Heusner gegenüber Rouppert zu verstehen, dass er *sehr wenig rechnen* würde *auf* Roupperts *militärische Wissenschaften.* Als auch noch von Rouppert (durch Heusner?) verlangt wurde, *in der deutschen Sprache einige Worte an die Kompagnien zu sagen,* dem aber selber die deutsche Sprache völlig fremd war, so brachte dies bei Rouppert »das Fass zum Überlaufen«. Rouppert bat daher Sznayde, ihn kurzfristig von seinem Kommando zu entbinden, das er bis jetzt sowieso noch nicht inne gehabt habe, *namentlich, da er der deutschen Sprache nicht mächtig* sei.

Bei Bamberger, der zusammen mit Zitz die rheinhessischen Freischaren zur Unterstützung der pfälzischen Freiheitsbewegung bewogen hatte, fand Rouppert in seiner schwierigen Lage keine Unterstützung. Bamberger urteilte vielmehr über Rouppert recht abfällig: *...und die ersten Tage, die der neue Kommandant bei dem Corps zubrachte, überzeugten uns, daß er weder allgemeine Intelligenz noch besondere Sachverständigkeit besaß. Er wußte auch nicht das Geringste anzufassen und ging den ganzen Tag stumpf, müßig und rathlos herum ... jeder einzelne Wehrmann begriff, daß unser*

---

68    Über die Anklage gegen Grabsky in der Pfalz und seine Verurteilung siehe weiter unten! LA SP J 1/297 fol. 5r, 16r; J 2/391 fol. 179r–181v, 188r–189v, 198r-201v, 209r–212r.
69    Rouppert schloss seinen Bericht mit der Bitte, dass er die Bürger Tyl und Grabsky behalten möchte und es deshalb nicht nötig sei, *den Bürger Trzeciak hierher zu schicken.* Über den Polen Trzeciak konnte nichts ermittelt werden.
70    LA SP J 1/108 fol. 105–106.

*Kommandant dem Posten lange nicht gewachsen sei*[71]. Die darauf von Bamberger an Gustav Adolf Techow, den Vorsitzenden der Militärkommission[72], gerichtete Bitte, Rouppert durch einen fähigeren Kommandanten zu ersetzen, konnte letzterer ihm mangels geeigneter Persönlichkeiten nicht erfüllen[73]. Bamberger ließ aber nicht nach und forderte weiterhin die Abberufung Roupperts, worauf General Sznayde schließlich mit Erlass vom 9. Juni 1849 dem *Kommando des rheinhessischen Freicorps* ankündigte, dass die geforderte Abberufung *in kürzester Frist verfügt werden* solle[74]. In einem weiteren Erlass vom gleichen Tage *an den Bürger Bamberger in Kirchheimbolanden* bestätigte Sznayde die beabsichtigte Abberufung Roupperts, betonte aber andererseits dessen hervorragende Qualitäten. Er könne nicht verbergen, dass es ihm leid tue, diesen auf Bambergers eigenen Wunsch *zugesandten, ausgezeichneten Offcier* so sehr verkannt zu sehen. Da es aber nie seine Absicht war, Bambergers *Privat-Corps einen* seiner *Landsleute aufzudringen,* wolle er Bambergers Wunsche Genüge leisten und werde daher Rouppert *eine andere Bestimmung geben*[75]. Am 10. Juni 1849 teilte Oberkommandant Sznayde aus dem Hauptquartier zu Kaiserslautern dem Oberst Heusner, Roupperts Gegenspieler um die Führung im Rheinhessischen Freikorps, mit, dass er den Major Schlinke zum Oberbefehlshaber über die Verteidigung an der pfälzischen Nordgrenze ernannt habe. Das rheinhessische Freikorps unterstehe ab sofort seinem Befehl[76]. Das bedeutete aber noch nicht die Abberufung Roupperts als Oberkommandant des rheinhessischen Armeekorps[77], die zwar angekündigt, aber weiterhin noch ausstand. Am 14. Juni 1849, kurz vor dem Einmarsch der preußischen Truppen in Kirchheimbolanden, berichtete Bamberger über Rouppert: *Als Ruppert auf dem Sammelplatz erschien, und wieder wie gewöhnlich, einem Automaten gleich herumlief, beschwor ich ihn, doch irgend Etwas im Angesicht des drohenden Einmarsches der Preußen anzuordnen, was in dieser dringenden Lage geschehen solle. Allein ich hätte ebenso gut mich an den nächsten Laternenpfosten gewandt. Es war kein zusammenhängender Gedanke und noch weniger irgend eine Anordnung an ihm herauszubringen.*[78]

---

71  BAMBERGER, Erlebnisse (wie Anm. 14), S. 64.
72  Gustav Adolf Techow, geboren 1813, gestorben 1893, stammte *aus Brandenburg* und war *preußischer Leutnant* gewesen. Das Assisengericht der Pfalz zu Zweibrücken verurteilte ihn am 31. Oktober 1851 *in contumaciam* zur Todesstrafe wegen Hoch- und Staatsverrats *und anderer geringerer Verbrechen.* (LA SP J 1/297 fol. 6r).
73  BAMBERGER, Erlebnisse (wie Anm. 14), S. 67f.; vgl. auch WEBER (wie Anm. 63), S. 302.
74  LA SP J 1/106 Bd. 2 fol. 86r.
75  LA SP J 1/106 Bd. 2 fol. 44r–44v.
76  LA SP J 1/106 Bd. 2 fol. 66r. Hans Gottlieb Ludwig Schlincke (Schlinke), geboren um 1807, war ein *entlassener preußischer Offizier.* Das Assisengericht der Pfalz zu Zweibrücken verurteilte Schlincke am 31. Oktober 1851 *in contumaciam* zur Todesstrafe wegen Hoch- und Staatsverrats *und anderer geringerer Verbrechen.* (LA SP J 1/297 fol. 6r, 17v; Best. X 64/32 fol. 6r, 17v).
77  In dieser Eigenschaft unterzeichnete er z. B. am 11. Juni 1849 zusammen mit seinen schärfsten Kritikern Zitz und Bamberger eine Verfügung an Nix, Hauptmann der dritten Kompanie, wegen *eines sehr strafbaren Versuchs des Erpressens* begangen im Rausch, und dass dieser seine Kompanie verlassen hatte, *um einer Leidenschaft nachzuhängen* und anschließend *auf dem Wagen mit einem Mädchen* in den Ort einzufahren, was *Anlaß zur Aergerniß und übler Auslegung gaben.* (LA SP J 1/106 Bd. II fol. 85r–85v).
78  BAMBERGER, Erlebnisse (wie Anm. 14), S. 77; zit. auch bei LUCAE (wie Anm. 63), S. 105.

Der Freischärler Josef Regnier aus Mainz schrieb später an seinen Gevatter, Bäcker-
meister Jean Weber, aus der Gefangenschaft rückblickend über die Ereignisse in Kirchheimbolanden, wobei er ebenfalls kein gutes Haar an der Führungsqualität von Rouppert
ließ: *Am Eingange der Stadt wurde der Bau einer Barrikade versucht; es war zu spät, wie
überhaupt von Seiten des Kommandierenden (Rouppert, ein Pole, der erst 2 Tage bei uns
war) keine Maßregel weder zu einer Verteidigung noch zu einem rechtzeitigen, geordneten Rückzuge getroffen war.*[79]
    Über das Gefecht mit den Preußen bei Morschheim am 13. Juni und dasjenige bei
Kirchheimbolanden am 14. Juni 1849 sowie den erfolgten Rückzug nach Dürkheim
schickte Rouppert am 15. Juni 1849 einen Bericht an den General Sznayde nach Neustadt
a. d. H.[80]. Daraus ist zu entnehmen, dass es bei dem Gefecht von Kirchheimbolanden zwischen Rouppert und dem rheinhessischen Freischarenführer Zitz zu Abstimmungsprob-
lemen kam und Rouppert selbst, angeblich wegen eines fehlenden Pferdes, die ihm untergebenen Truppen nicht im erforderlichen Maße hatte führen können[81]: *Unsere
Freischaaren haben sich vor Kirchheimbolanden in einer Tirailleurlinie auf dem Felde aus-
gedehnt, sie haben sich geschlagen beinahe ohne Kommando – denn ich und mein Adjudant waren nicht im Stande zu Fuß (wir haben keine Pferde) alles auszuführen. – Der
Feind war schon vor der Stadt – ich habe Barrikaden bauen lassen – aber nachdem der
Bürger Zitz einen schriftlichen Befehl an alle Abtheilung[en] geschickt hat[te], sich
zurückzuziehen, wollte kein einziger Mann die Stadt vertheidigen. Die letzten waren die
Schützen, die sich im Garten gehalten haben.*[82] *Wir haben uns in die Gebirge in der größten Ordnung zurückgezogen.*[83] Rouppert schloss seinen Bericht mit der üblichen Klage
über mangelhafte Ausstattung und ausbleibende Gelder ab: *Es fehlen mir 200 Paar Stiefel
und Geld für die Leute, 3 gute Reitpferde.*
    Nach der Flucht über die Rheinschiffbrücke bei Knielingen schrieb Rouppert am
19. Juni 1849 aus *Deutsch Neureuth* (=Neureut, Stadt Karlsruhe) erneut an das Oberkommando der Pfälzer Volkswehr, das sich jetzt in Karlsruhe befand, und bat dringend und
inzwischen schon zum dritten Mal um seine Abberufung als Kommandant des rheinhessischen Bataillons. Sein Hauptargument für den Wunsch nach Abberufung war das Sprachenproblem, das die Zusammenarbeit zwischen ihm, der außer polnisch nur französisch
sprach, und den Offizieren und Soldaten behinderte bzw. sehr erschwerte[84]. Das Problem

---

79  Zit. nach Lucae (wie Anm. 63), S. 117.
80  LA SP J 1/110 fol. 54–55.
81  Die Führer der rheinhessischen Freischaren, Bamberger und Zitz, brachten sich unter Benutzung
einer Kutsche des Arztes Dr. Hitzfeld aus Kirchheimbolanden über Marienthal – Rockenhausen in Sicherheit. Bamberger, Erlebnisse (wie Anm. 14), S. 78; Staroste (wie Anm. 37), S. 180 Anm. 1.
82  Bamberger, Erlebnisse (wie Anm. 14), S. 77–79; Staroste (wie Anm. 37), S. 178–181; Fleischmann (wie Anm. 51), S. 284 ff.; Lucae (wie Anm. 63) S. 110–112.
83  Der Rückzug erfolgte in Richtung Dürkheim. Die preußischen Truppen folgten ihnen von
Kirchheimbolanden aus über Göllheim, Kerzenheim gegen Freinsheim und Bad Dürkheim, wo es
am 15. Juni zu einem Zusammentreffen von Revolutions- und preußischen Truppen kam. Zinn (wie
Anm. 4), S. 57; Staroste (wie Anm. 37), Bd. 1, S. 185 f.; Fleischmann (wie Anm. 51), S. 291; Haasis
(wie Anm. 30), S. 212 f.; Lucae (wie Anm. 63), S. 114; H.-P. Plattner, Das rheinhessische Freischa-
ren-Bataillon 1849, in: Heimat am Mittelrhein 25 (1980), Nr. 5, S. 1.
84  LA SP J 1/317 fol. 59r.

der Bataillonskommandantschaft erledigte sich für Rouppert schließlich auf die Weise, dass Bamberger und Zitz in Karlsruhe die rheinhessische Freischar auflösten, dann mit der Eisenbahn nach Basel fuhren und sich in der Schweiz in Sicherheit brachten[85].

## 8. Die Ernennung Ludwig Mieroslawskis zum gemeinsamen Oberbefehlshaber der badisch-pfälzischen Streitkräfte

Seit dem 9. Juni 1849 hatten die pfälzischen und badischen Truppen mit dem Polen Ludwig Mieroslawski einen gemeinsamen Oberbefehlshaber. Ludwig Mieroslawski wurde am 17. Januar 1814 in Nemours geboren als Sohn eines polnischen Offiziers und einer Französin. Er lebte seit 1820 im Königreich Polen und erhielt dort eine Ausbildung als Offizier an der Kadettenanstalt zu Kalisch. Im Jahre 1830/31 war er am polnischen Aufstand beteiligt. Er flüchtete nach der Niederlage auf österreichisches Gebiet, war für einige Monate in Quarantänelagern zu Brünn, Olmütz und Budweis interniert und reiste dann im Triumphzug durch Deutschland zur Emigration nach Frankreich. Seit 1840 hatte er enge Kontakte zum Polnischen Demokratischen Verein und war seit 1842 Mitglied in der Zentralbehörde der polnischen Emigration. Von März bis Mai 1849 führte Mieroslawski die aufständischen Soldaten auf Sizilien gegen die Neapolitaner. Sein Eintreten für die Unabhängigkeit Siziliens und die Freiheit der Völker war auch in der Pfalz durch zahlreiche Veröffentlichungen bekannt geworden[86]. In der Schlacht von Catania am 6. April 1849 wurde er durch eine Schusswunde schwer verletzt. Am 24. Mai 1849 kehrte er nach Paris zurück. Dorthin brach auch Ende Mai eine gemeinsame Gesandtschaft der seit 14. bzw. 16. Mai 1849 militärisch verbündeten beiden Länder Rheinpfalz und Baden mit Jakob Friedrich Schütz[87] und Karl Blind[88] auf, um zum einen Kontakt mit der französischen Regierung aufzunehmen, zum anderen mit Mieroslawski Verhandlungen zu begin-

---

85    Nach seinen eigenen Angaben verließ Bamberger am 22. Juni 1849 nach der Auflösung der rheinhessischen Freischaren Karlsruhe und gelangte mit der Eisenbahn nach Basel. Vgl. L. BAMBERGER, Erinnerungen, hg. von P. NATHAN, Berlin 1899, S. 197; H. JESSEN (Hg.), Die deutsche Revolution 1848/49 in Augenzeugenberichten, Düsseldorf 1968, S. 344; WEBER (wie Anm. 63), S. 303. Aus Empörung über die Auflösung des rheinhessischen Freikorps drohte u. a. der pfälzische Revolutionspräsident Reichard den beiden »Abtrünnigen« Bamberger und Zitz an, sie beide vor ein Erschießungskommando zu stellen. WEBER (wie Anm. 63), S. 302f.; ZINN (wie Anm. 4), S. 57: *Sie wurden beide für vogelfrei erklärt; entkamen jedoch.*
86    Die Trompete von Speyer Nr. 4 vom 4. April 1849, S. 14 veröffentlichte einen Tagesbefehl Mieroslawskis, den dieser als Anführer der sizilianischen Aufständischen an diese richtete sowie a.a.O., Nr. 5 vom 7. April 1849, S. 19 mit der Wiedergabe einer Ansprache desselben an die französische Legion, die zusammen mit den sizilianischen Aufständischen kämpfte.
87    Friedrich Jakob Schütz, Literat, Abgeordneter der Nationalversammlung in Frankfurt a. M. für den 12. Wahlbezirk des Großherzogtums Hessen (Kreis Bingen und Teile des Kreises Alzey), geboren 31. August 1813 in Mainz, gestorben 4. März 1877 in Rotterdam (Niederlande). Das Assisengericht der Pfalz zu Zweibrücken verurteilte Schütz am 28. September 1851 *in contumaciam wegen Hoch- und Staatsverrats resp. Verleitung von Soldaten zur Fahnenflucht etc. etc. zur Todesstrafe.* LA SP J 1/297 fol. 6r, 18v.
88    Karl Blind wurde in der Pfalz nicht vor den Assisen angeklagt. Zu Baden vgl. RAAB (wie Anm. 10), S. 94f.

nen[89]. Hier erreichte den von seiner Verwundung noch nicht Genesenen der Ruf aus dem fernen Baden und der Pfalz, an der Spitze der gemeinsamen Revolutionsarmee als Oberbefehlshaber für die Verwirklichung bürgerlicher Freiheitsideale zu kämpfen. Da Mieroslawski zunächst noch an seinem persönlichen Erscheinen in den deutschen Aufstandsgebieten verhindert war, teilte er in Briefen seine Ratschläge mit[90]: *Die Mängel der revolutionären Politik in Deutschland* waren nach ihm *so allgemein bekannt und so beunruhigender Art, daß er einzig und allein auf die allenthalben verbreiteten Gerüchte hin an die Regierungen Badens und der Pfalz Schreiben erließ* ... Für Mieroslawski war es *ein unfehlbarer revolutionärer Lehrsatz, daß jede Bewegung, die sich nicht alsbald schon während der Periode, welche dem Krieg vorangeht, bis an die äußersten Grenzen ihrer nationalen und socialen Verwandtschaft ausdehnt, eine verfehlte Revolution ist, weil die während der ersten Periode begangenen Fehler sich in der darauf folgenden strategischen Periode nicht wieder gut machen lassen, indem die militärischen Mittel eines Landes nur noch eine einfache und strenge Darlegung seiner anderweitigen und früher entwickelten Kräfte sind.* Mieroslawski *bestand folglich in seinen Briefen darauf, daß man schleunigst die regelmäßigen Truppen, welche der Aufstand in die Hände der badischen Regierung gegeben hatte, dazu verwenden sollte, die Bewegung in die deutschen Nachbarländer, namentlich nach Hessen und Würtemberg hinüberzutragen, deren revolutionäre Verbindungen mit Baden und der Pfalz für Niemand ein Geheimniß waren.* Nach Mieroslawskis Ansichten *würde diese friedliche Eroberung in ihren umfassenden Folgen die Besetzung der Festungen Landau und Germersheim nach sich ziehen, eine Besetzung, die bei dem ersten insurrectionellen Aufschwung der Pfalz versäumt worden, und ohne welche doch weder eine militärische Organisation noch ein militärischer Widerstand zu hoffen war*[91]. *Von der rechtzeitigen Besetzung dieser beiden Festungen* hing nach Mieroslawskis Ansicht *das Schicksal der Pfalz und folglich auch Badens, vielleicht sogar des ganzen republikanischen Deutschlands ab. Die pfälzischen Republikaner können es also mit Nichts entschuldigen* – so Mieroslawski –, *daß sie die Gelegenheit zu einer alsbaldigen insurrectionellen Ueberrumpelung derselben unbenutzt vorübergehen ließen.* Mit Sicherheit überschätzte er hier die Möglichkeiten und die Kraft der pfälzischen Revolutionäre. Er widerlegte sich im Grunde selbst, wie wir noch sehen werden, wenn er den Wert der pfälzischen Revolutionsstreitkräfte an anderer Stelle wieder als äußerst gering einschätzte[92]. *Noch weit unentschuldbarer aber* verhielt sich dabei nach Mieroslawskis

---

89  K. Blind, Die badisch-pfälzische Gesandtschaft in Paris im Jahre 1849, in: Die Gartenlaube, Nr. 49, 1902, S. 845 – 848, Nr. 50, S. 858 – 862; J. Ph. Becker und Ch. Esselen, Geschichte der süddeutschen Mai-Revolution des Jahres 1849, Genf 1849, S. 123; [A. Goegg], Rückblick auf die Badische Revolution unter Hinweisung auf die gegenwärtige Lage Teutschlands, Paris 1851, S. 40; [A. Goegg], Nachträgliche Aufschlüsse über die Badische Revolution von 1849, Zürich 1876, S. 119; S.-M. Bauer, Die Verfassunggebende Versammlung in der badischen Revolution von 1849, Darstellung und Dokumentation (= Beiträge zur Geschichte des Parlamentarismus und der politischen Parteien 94), Düsseldorf 1991, S. 82f. Anm. 5 und 6.
90  L. von Mieroslawski, Berichte des Generals Ludwig von Mieroslawski über den Feldzug in Baden, Bern ²1849, S. 43. Die Empfänger der Briefe Mieroslawskis werden in der Veröffentlichung nicht genannt, es dürfte sich aber wohl um die provisorische Regierung der Pfalz und die badische Regierung handeln.
91  Mieroslawski (wie Anm. 90), S. 44.
92  Vgl. dazu weiter unten S. 117f.

Ansicht *die provisorische badische Regierung, die mit einem ächten Kirchthurmegoismus mit der Pfalz um die nothwendigen Mittel feilschte, diese anfänglich begangene Sünde zu sühnen. Die schändliche Art, wie Baden die Rheinpfalz preisgab, ehe es noch durch die Ankunft der Verbündeten am Main genöthigt war, alle seine Truppen am Neckar concentrirt zu halten, fand* später nach Mieroslawskis Ansicht *eine grausame, aber gerechte Strafe in der Art, wie Baden seinerseits von dem übrigen Deutschland preisgegeben wurde. Furchtbare und ewige Lehre von der Gesammtverbindlichkeit der Völker!* – so sein vernichtendes Urteil[93].

Mieroslawski nutzte die ersten beiden Tage seiner Anwesenheit auf badischem Gebiet (9. und 10. Juni), um sich den Truppen in Mannheim und Heidelberg vorzustellen, die ihn *mit großen Enthusiasmus* empfingen und auf die er sichtlich *einen bedeutenden Eindruck machte*[94]. Mieroslawski hatte im Zusammenhang mit der Übernahme des Oberbefehls Forderungen gestellt, die die provisorische Regierung Badens und Vertreter der pfälzischen provisorischen Regierung in einem vorläufigen Vertrag zusammenfassten[95]. Für die provisorische Regierung in Baden unterzeichneten am 12. Juni 1849 in Karlsruhe den Vertragstext[96] Brentano, Goegg, Peter, für die provisorische Regierung der Rheinpfalz *der Bevollmächtigte* Oskar Kieselhausen[97] und *das beim Abschlusse des obigen Vertrags zugegene Mitglied der provisorischen Regierung der Rheinpfalz* Josef Martin *Reichard*[98]. Einen Tag später unterschrieben in Kaiserslautern die dort zurückgebliebenen Mitglieder der provisorischen Regierung der Rheinpfalz den Vertragstext: N. Schmitt, Hepp, P. Fries und Greiner[99]. Dieser Vertrag wurde in Karlsruhe der dort tagenden Verfassunggebenden Versammlung in ihrer zweiten Geheimsitzung vorgelegt[100]. Diese war über die weitreichenden Vollmachten, die darin Mieroslawski gewährt werden sollten, entsetzt. Auch erfuhren die Abgeordneten, dass Mieroslawski für sich und seinen Generalstab 140 000 Gulden gefordert hatte, sich aber schließlich mit 30 000 Gulden begnügt habe[101]. Einer der Abgeordneten, Florian Mördes, schrieb später dazu in seinen Memoiren: *Dieser Vertrag*

---

93   MIEROSLAWSKI (wie Anm. 90), S. 44 Anm.
94   BLOS, Denkwürdigkeiten des Generals Franz Sigel aus den Jahren 1848 und 1849 (wie Anm. 40), S. 91.
95   Vgl. BAUER (wie Anm. 89), S. 96.
96   Von dem Vertrag liegen im Landesarchiv Speyer drei gleichlautende Ausfertigungen vor, davon eine ausdrücklich als *Abschrift* bezeichnet, die zwei anderen sind von den Mitgliedern der provisorischen Regierung der Rheinpfalz eigenhändig unterschrieben: LA SP J 1/106 Bd. II fol. 191–192 (*Abschrift*), fol. 193–194 und fol. 195–196. Der Vertrag ist wörtlich auch bei L. HÄUSSER, Denkwürdigkeiten zur Geschichte der Badischen Revolution, Heidelberg 1851, S. 554f. abgedruckt.
97   Oskar Kieselhausen aus Gotha (Königreich Sachsen), *Student und Techniker*. Das Assisengericht der Pfalz zu Zweibrücken verurteilte Kieselhausen am 31. Oktober 1851 *in contumaciam* zur Todesstrafe wegen Hoch- und Staatsverrats *und anderer geringerer Verbrechen*. LA SP J 1/297 fol. 5r, 18r.
98   LA SP J 1/106 Bd. II fol. 192r, 196r.
99   LA SP J 1/106 Bd. II fol. 192r, 196r. Eines der beiden Exemplare ist zusätzlich mit einem aufgedrückten Papieroblatensiegel der Provisorischen Regierung der Rheinpfalz versehen.
100  F. MÖRDES, Die deutsche Revolution mit besonderer Rücksicht auf die badische Revolutions-Episode, Herisau 1849, S. 277f.; BAUER (wie Anm. 89), S. 96.
101  BAUER (wie Anm. 89), S. 96.

*war der Art, daß er Mieroslawski zum Diktator von Baden, zum Herrn über Gut und Blut der Bürger machte.*[102]

Die Verfassunggebende Versammlung bestimmte sofort eine Kommission zur Überarbeitung des Vertragstextes, die darauf noch am 12. Juni durch ihren Berichterstatter, Florian Mördes, einen völlig neuen Vertragsentwurf vorlegte. Dieser zweite Entwurf, der die fast diktatorische Gewalt Mieroslawskis in der ersten Fassung durch zahlreiche Bestimmungen wieder eingrenzte[103], wurde von der Verfassunggebenden Versammlung noch am 12. Juni 1849 angenommen[104]. Am 13. Juni 1849 schickte die provisorische Regierung für Baden den Vertragstext *dem General, Bürger Mieroslawski im Hauptquartier Heidelberg mit dem höflichsten Ersuchen, sich ungesäumt darüber zu äußern, ob er den Vertrag in der von der verfassungsgebenden Versammlung beschlossenen Weise einzugehen bereit sey und betreffenden Falles zur Unterzeichnung des Vertrages*; gleichzeitig informierte sie entsprechend unter Beilage des Vertragsentwurfs die provisorische Regierung der Rheinpfalz und bat diese mit Bezug auf § 3 des Entwurfs, einen Civil-Commissär zu ernennen[105]. Am 15. Juni 1849 wurde der Vertrag von der provisorischen Regierung in Baden »mit diktatorischer Gewalt unterzeichnet«[106].

Am 12. Juni 1849 wurde in Karlsruhe der Bruder von Ludwig Mieroslawski, Adam Mieroslawski, in badische und pfälzische Dienste übernommen, und zwar als Oberbefehlshaber über die Rheinflotte, ausgestattet mit der *Vollmacht, auf dem Rhein u. seinen Nebenflüssen alle zu den militärischen Operationen erforderlichen Anordnungen zu treffen, Maschinen, Geschirre, Schiffe, Barken, Kähne und andere Fahrzeuge, wie alle sonstigen Erfordernisse zu requiriren, anzuschaffen u. nach Gutdünken zu benutzen*[107]. Unterzeichnet wurde die Vollmacht von den badischen Regierungsmitgliedern Brentano, Peter und Goegg und *für die provisorische Regierung der Rheinpfalz* durch deren *Bevollmächtigten Oskar Kieselhausen*. Der Text wurde sofort der provisorischen Regierung der Rheinpfalz in Kaiserslautern übermittelt, die ihn am 13. Juni 1849 durch Unterschrift ihrer Regierungsmitglieder Schmitt, Fries, Hepp und Greiner genehmigte[108]. Wie sein Bruder hatte auch Adam Mieroslawski sich 1830/31 den polnischen Aufständischen angeschlossen und nahm den Rang eines Unteroffiziers ein. Auch er musste nach dem Zusammenbruch des Aufstandes nach Frankreich emigrieren. Hier ließ er sich zum Seemann ausbilden, und legte 1839 das Examen als Kapitän auf großer See ab. Seit 1840 hielt er sich in St. Dénis auf

---

102  Mördes (wie Anm. 100), S. 277.
103  Der Vertragstext u. a. abschriftlich LA SP J 1/106 Bd. II fol. 189r–189v.; ferner in: Operationen und Gefechts-Berichte aus dem Feldzuge in der Rhein-Pfalz und im Großherzogthum Baden im Jahre 1849, Beihefte zum Militair-Wochenblatt vom Oktober 1849 bis Juni 1851, Berlin 1849–1851, Beilage 4; W. von Voss, Der Feldzug in Baden und der Pfalz 1849, Berlin 1903, S. 476.
104  Mördes (wie Anm. 100), S. 278; Bauer (wie Anm. 89), S. 97.
105  LA SP J 1/106 Bd. II fol. 188r.
106  Bauer (wie Anm. 89), S. 97.
107  LA SP J 1/106 Bd. II fol. 198r bzw. 199r.
108  In LA SP J 1/106 Bd. II fol. 198r bzw. 199r liegen zwei derartige Ausfertigungen vor, die neben den Unterschriften der gen. Regierungsmitglieder noch zusätzlich mit einem aufgedrückten Papieroblatensiegel der provisorischen Regierung der Pfalz versehen sind. Eine Entwurfsfassung mit geringfügig abweichendem Text der *Vollmacht* liegt vor in LA SP J 1/317 fol. 52r.

der Insel Réunion auf. Im Dezember 1848 bereitete er zusammen mit seinem Bruder Ludwig den Aufstand auf Sizilien vor. Von der badischen Revolutionsregierung wurde er – sicherlich auf Empfehlung seines Bruders Ludwig – mit der Bildung einer Rheinflotte beauftragt und zum Hauptingenieur der Truppen bestimmt[109]. Sein Bruder Ludwig trug ihm auf, den Rhein zu bereisen und Maßnahmen zu treffen, um den Übergang der Preußen zu verhindern[110], was ihm am 15. Juni 1849 zumindest bei der Rheinschiffbrücke Mannheim-Ludwigshafen gelang[111]. Nach dem Zusammenbruch der badisch-pfälzischen Revolution kehrte er vermutlich über die Schweiz nach Frankreich zurück; 1850 hielt er sich in St. Dénis auf, später auf der Insel Mauritius. Adam Mieroslawski soll Frankreich zur Annexion der Inseln St. Paul und Neu Amsterdam im Indischen Ozean verholfen haben[112]. Er starb 1851 während einer Seereise.

## 9. Ludwig Mieroslawski und seine militärischen Anordnungen hinsichtlich der Pfalz

Ludwig Mieroslawski hatte durch die Berichte des Generals Sznayde ein schonungslos offenes, wenig erfreuliches Bild über den Zustand der pfälzischen Streitkräfte erhalten. Er kam daher zu dem Schluß, dass *die bewaffnete Macht der Pfalz nur in der Meinung vorhanden sei; sie bedürfte vieler Zeit, vieler Opfer und Unterstützungen, um eine faktische Macht zu werden, … Die von der revolutionären Regierung in Kaiserslautern dekretirten Volkswehren* bestanden nach Mieroslawskis Ansicht *noch immer zum größten Theil auf dem Papier. Die drei Freiwilligenabtheilungen, unter Schimmelpfennig in dem Thale, das von Zweibrücken nach Landau führt, unter Blenker*[113] *unterhalb Frankenthal, und unter Willich*[114] *unterhalb Landau, bilden dermalen noch die einzige mobil gemachte Streitmacht der Pfalz und belaufen sich im Ganzen nur auf 3000 Rekruten.* Rechnet man dazu noch etwa 2 500 Mann Volkswehr, *deren Zusammenziehung bei Neustadt* Mieroslawski *dem General Sznayde befohlen* hatte, ferner *8 Kanonen und die badische Verstärkung,* die

---

109  B. KRAPP, Ludwig Mieroslawski, »Obergeneral« der Revolutionsarmee. Die Mitwirkung von Polen an der badischen Volkserhebung des Jahres 1849 im Lichte des gesamtpolnischen Freiheitskampfes, in: ZGO 123 (1975), S. 227–241, hier S. 238.
110  O. HELLER, Aus dem Tagebuch eines Achtundvierzigers (Dr. Enno Sander), in: Deutsch-Amerikanische Geschichtsblätter, Jahrbuch der Deutsch-Amerikanischen Historischen Gesellschaft von Illinois 13 (1913), S. 309–344, hier S. 325.
111  KRAPP (wie Anm. 109), S. 238.
112  KRAPP (wie Anm. 109), S. 241.
113  Ludwig Blenker (Blencker), geboren 31. Juli 1812 Worms, gestorben 31. Oktober 1863 New Jersey. Das Assisengericht der Pfalz zu Zweibrücken verurteilte Blenker am 31. Oktober 1851 *in contumaciam* zur Todesstrafe wegen Hoch- und Staatsverrats *und anderer geringerer Verbrechen.* LA SP J 1/297 fol. 4v, 18r.
114  Johann August Ernst Willich, geboren 19. November 1810 Posen, gestorben 23. Januar 1878, *verabschiedeter kgl. preußischer Leutnant.* Das Assisengericht der Pfalz zu Zweibrücken verurteilte Willich am 31. Oktober 1851 *in contumaciam* zur Todesstrafe wegen Hoch- und Staatsverrats *und anderer geringerer Verbrechen.* LA SP Best. J 1/297 fol. 6v, 17v. Die Anklage warf Willich u. a. vor: Derselbe war Militärkommissär in Neustadt und ebenda einquartiert; er war Kommandant der Freischaren und Volkswehr, die die Festung Landau belagerte.

soeben auf Mieroslawskis Veranlassung *Willich unterhalb Landau zugeschickt* worden war[115], so lasse sich *aus all' diesen Streitkräften zusammen eine Heeresabtheilung bilden; doch dürfe man nicht daran denken, mit solchen abgesonderten Detaschements den Preußen und den Baiern (!), die zu gleicher Zeit aus dem Norden und aus dem Westen heranrücken[116], den Besitz der Pfalz im Ernste streitig machen zu wollen[117].* Mieroslawski erteilte daher dem General Sznayde den Befehl, dem von Kreuznach her vordringenden preußischen Korps unter Hirschfeld[118], *sowie dem von Saarbrücken heranrückenden preußisch-baierischen Korps[119] nur gerade so viel Widerstand entgegenzusetzen, als schlechterdings nöthig ist,* damit 1) die revolutionären Abteilungen *sich nicht von einander abschneiden lassen;* 2) *damit keine derselben vom Rheine abgeschnitten werde;* 3) *damit sie uns,* wenn sie zu der in Baden operierenden Revolutionsarmee hinzu stoßen, *genaue Mittheilungen über die sie verfolgenden Truppen machen können.* Sznayde sollte also danach mit der ihm unterstellten pfälzischen Revolutionsarmee in einem geordneten Rückzug *aus der Pfalz über Mannheim zu der badischen Armee stoßen,* sofern es ihm gelingen sollte, vor Hirschfelds Ankunft in Ludwigshafen seine Armeeteile zu vereinigen; alternativ sollte er den Rhein bei Speyer überqueren, sofern ihm die Preußen den Weg über Ludwigshafen-Mannheim bereits verlegt haben sollten; *falls der Weg nach Speier nicht* mehr *die genügende Sicherheit darbietet,* sollte er schließlich *über die Knielinger-Brücke* die Pfalz verlassen[120].

Am 13. Juni 1849 schrieb Mieroslawski an den Präsidenten der provisorischen Regierung Badens einen Brief und bat darin dringend, sogleich eine Kolonne, bestehend aus zwei Bataillonen und zwei bespannten Haubitzen, die man aus dem Arsenal zu Karlsruhe nehmen könne, von Karlsruhe nach Landau zu schicken[121]. Am 14. Juni 1849 wiederholte er von Mannheim aus diese dringende Bitte[122]. Inzwischen war nämlich Mieroslawski der Einfall der Preußen in die Pfalz bekannt geworden und er musste sogar annehmen, dass der Feind zur Stunde wahrscheinlich schon Kaiserslautern besetzt halte. Die Pfalz aber

---

115 Es handelt sich um das Regiment Dreher. Ferdinand Dreher aus Karlsruhe bzw. Lahr (Großherzogtum Baden) wurde wegen seiner Beteiligung am pfälzischen Aufstand vom Assisengericht der Pfalz zu Zweibrücken am 31. Oktober 1851 *in contumaciam* zur Todesstrafe wegen Hoch- und Staatsverrats *und anderer geringerer Verbrechen* verurteilt.

116 Die bayerischen Truppen trafen erst nach den preußischen in der Pfalz ein. Der bayerische Oberbefehlshaber Fürst von Thurn und Taxis setzte mit seinem westfränkischen Korps am 16. Juni 1849 bei Oppenheim über den Rhein und erklärte die Pfalz im Kriegszustand. Er erreichte am 17. Juni Worms, am 19. Juni Ludwigshafen und am 21. Juni Speyer. STAROSTE (wie Anm. 37), Bd. 1, S. 189 f.; RENNER, Die pfälzische Bewegung in den Jahren 1848/49 und ihre Voraussetzungen (wie Anm. 37), S. 197; LUCAE (wie Anm. 63), S. 144; FODOR (wie Anm. 37), S. 337.

117 MIEROSLAWSKI (wie Anm. 90), S. 3 f.

118 Moritz von Hirschfeld, geboren 23. Juli 1790, gestorben 13. Oktober 1859. Er befehligte 1849 das erste preußische Korps, mit dem er am 13. Juni 1849 in die Pfalz einrückte und am 20. Juni 1849 den Rhein bei Germersheim überschritt. Er führte die Gefechte bei Waghäusel, Ubstadt, Durlach und Kuppenheim.

119 Die Angabe ist insoweit unrichtig, als von Saarbrücken aus keine bayerischen Truppen in die Pfalz eindrangen.

120 MIEROSLAWSKI (wie Anm. 90), S. 4.

121 Vgl. LA SP J 1/106 Bd. 2 fol. 201r.

122 Das von Mieroslawski eigenhändig verfaßte Schreiben in französischer Sprache im LA SP J 1/106 Bd. 2 fol. 201r–201v.

habe keine organisierten Streitkräfte, um diesen Einfall zu widerstehen. Deshalb, so teilte Mieroslawski mit, habe er dem General Sznayde befohlen, alle seine Truppen in Neustadt an der Haardt zusammenzuführen, ehe diese mit den badischen Truppen in Mannheim vereinigt werden sollten. Anderseits befinde sich die von den Feinden gehaltene Festung Landau in der größten Not und es sei möglich, dass eine noch rechtzeitig dort ausgeführte Demonstration die Festungsgarnison bewegen würde zu kapitulieren, bevor die preußischen Truppen zu ihrer Hilfe und Entlastung eintreffen werden. Selbst wenn dieses Ziel nicht erreicht werde, sei die Entsendung eines badischen Detachements in die Pfalz unumgänglich, um das Zusammenziehen der pfälzischen Streitkräfte auf Neustadt und deren Rückzug auf Mannheim oder Speyer zu schützen und zu unterstützen.

Er benutze die Gelegenheit, um auch zugleich mitzuteilen, dass er die Truppen in Heidelberg und Mannheim hatte Revue passieren lassen. An diesen zwei Punkten habe er eine Konzentration aller Kräfte anbefohlen mit Ausnahme einer Vorhut in Weinheim.

Die 16 000 oder 18 000 feindlichen Soldaten, die an der Grenze zu Baden gegenüberstehen, hätten bis jetzt noch nichts gegen die badischen Truppen unternommen und warten offensichtlich die Resultate des preußischen Einmarsches in die Pfalz ab, bevor sie ihre Feindseligkeiten beginnen. Seine Absicht sei es, unter keinen Umständen Truppenteile abzusondern, sondern vielmehr alle am Neckar zusammenzuhalten, um einige entscheidende Schläge zu erteilen, sobald die Bewegungen des Feindes ihm dazu Gelegenheit bieten. Zur Vermehrung und zur Versorgung der eigenen Armee sei es deshalb ganz wesentlich:

1. sofort sämtliche Feldartillerie zu schicken, die in Karlsruhe und Rastatt verfügbar sei, versehen mit ausreichender Munition und Gespannpferden;

2. nach Heidelberg alle Truppen zu schicken, die sich noch im Süden von Baden befinden und dort vor Ort den Dienst versehen für die noch nicht mobilisierte »Garde Nationale«;

3. ein großes Vorratsmagazin an der Eisenbahnstrecke einzurichten, das regelmäßig die Armee versorgen kann; die Versorgungsmöglichkeiten aus dem Neckartal seien inzwischen bereits erschöpft.

Mit einer konzentriert operierenden und wohl versorgten Armee seien sie immer in der Lage, den Feind einige Male zu schlagen, und dass dies uns dann an einem einzigen Tag von allen Hindernissen befreien werde, denen sie ausgesetzt seien. Es sei daher nötig, alle Kräfte anzuspannen und alle vorstellbaren Opfer zu bringen, um in etwa acht Tagen 25 000 Soldaten mit 80 Kanonen vereinigt zu haben. Gegenwärtig können allenfalls 16 000 bis 18 000 Mann und 30 Kanonen aufgebracht werden.

Auf das bereits erwähnte Schreiben Mieroslawskis vom 13. Juni erwiderte einen Tag später die provisorische Regierung von Baden, dass auf Wunsch des ersteren *die Artilleriebrigade sogleich die Weisung erhielt, 2 bespannte Haubizen mobil zu machen*, dass diese und ferner zwei Mörser sowie *2 Compagnien zur Eskorte* in die Südpfalz geschickt werden; dass ferner das Linienbataillon Mahler vom 2. Infanterieregiment in Bretten *denselben Weg wie die Artillerie* nehmen soll[123]. Diese Maßnahme erfolgte jedoch, wie sich zeigen

---

123  Abschrift des Schreibens im LA SP J 1/110 fol. 83r. Zu Franz Mahler vgl. RAAB (wie Anm. 10), S. 590.

sollte, zu spät, um der Pfalz in ihrer bedrängten Lage noch zu helfen. Unter diesen ungünstigen Umständen fällte Mieroslawski einen für die Pfalz bitteren Entschluss: *Da die
Pfalz nicht im Stande gewesen war, in der festgesetzten Zeit eine wirkliche Armee auf die
Beine zu stellen, so mußte sie unbarmherzig geräumt und geopfert werden, denn im Krieg
geht es wie im Sturm: was nicht mehr oder noch nicht nützt, ist eine Last, d. h. ein Feind.
Diese militärische Unmacht der Pfalz öffnete den Verbündeten die ganze linke Flanke des
badischen Landes von Worms bis zur Mündung der Lauter. Einem bereits so sehr überlegenen und begünstigten Feinde den Rheinübergang zu verwehren, wurde fortan unmöglich, da die Brücke und der Brückenkopf von Germersheim, welche die Badenser in Folge
einer unbegreiflichen Nachlässigkeit vor der Invasion weder zu zerstören noch zu besetzen gewußt hatten, ein für den Feind unaufhörlich offenes und für unsere Truppen auf
immer verschlossenes Thor wurde.*[124]

Entsprechend dem Befehl Mieroslawskis sollte Sznayde daher *aus der Pfalz über
Mannheim zu der badischen Armee stoßen, sofern es ihm gelingen sollte, seine Armeeteile vor Hirschfelds Ankunft in Ludwigshafen zu vereinigen*, oder aber über Speyer, wenn
ihnen der Feind den Weg nach Mannheim verlegen sollte; sollte dies auch nicht mehr möglich sein, endlich über die Knielinger-(Schiff-)Brücke den Weg nach Baden nehmen[125].

## 10. Ludwigshafen im strategischen Konzept der Revolutionäre, dessen Einnahme durch preußische Truppen und die Beschießung der Stadt durch badische Artillerie (15.–17. Juni 1849)

Ein besonderes Augenmerk hatten Mieroslawski und Aleksander Zurkowski, Adjutant
im Generalstab, auf die Verteidigung von Ludwigshafen gelegt[126]. Es sicherte im Westen
die längs des Neckar aufgestellten Revolutionstruppen, denen die feindlichen Truppen
unter Peucker[127] und Gröben[128] gegenüberstanden. Doch Ludwigshafen drohte von verschiedenen Seiten Gefahr. Vom Bereitstellungsraum Oppenheim rückte ein preußisches
Detachement vor, ferner von Saarbrücken-Homburg die 2. Division, vom Bereitstellungsraum Baumholder-Meisenheim die 3. Division und vom Bereitstellungsraum Kreuznach
die 1. und 4. Division des ersten preußischen Armeekorps. Würden sie Ludwigshafen und
den Rheinübergang erobern, ständen ihre Truppen auch im Rücken der badischen Revo-

124  Mieroslawski (wie Anm. 90), S. 47.
125  Mieroslawski (wie Anm. 90), S. 4.
126  K. Kleeberger, Die Ludwigshafener Freischarenfahne 1849, in: Heimat-Blätter für Ludwigshafen am Rhein und Umgebung 21 (1932), Nr. 15; A. Zink, Ludwigshafen im Feuer der Freischaren,
T. 1–4, General-Anzeiger, 7., 8., 9. und 11. Juni 1951; 1848/49 Revolution in Ludwigshafen, Ausstellungskatalog bearb. von P. Ruf, Ludwigshafen 1991; »Anklage-Akt« (wie Anm. 31), S. 176.
127  Eduard von Peucker, geboren 19. Januar 1791, gestorben 10. Februar 1876, wurde am 10. Juni
1849 zum kommandierenden General des in Gemeinschaft mit zwei preußischen Korps unter dem
Oberbefehl des Prinzen von Preußen zur Bekämpfung des badischen Aufstandes bestimmten, aus
verschiedenartigen Reichstruppen gebildeten »Neckarkorps« ernannt. Vgl.: ADB Bd. 25, 1887,
S. 556–559.
128  Karl Graf von der Gröben (geboren 17. September 1788, gestorben 13. Juli 1876) befehligte im
Feldzug gegen die Pfalz und Baden das Zweite preußische Armeekorps. Vgl.: ADB Bd. 9, 1879,
S. 705 f.

lutionstruppen und könnten diese einkesseln und vernichtend schlagen. Für die preußischen Truppen war Ludwigshafen ferner strategisch interessant wegen der Bedeutung seines Hafens, des Rheinüberganges, als Ausgangspunkt der pfälzischen Ludwigsbahn und der Verbindung mit den badischen und hessischen Eisenbahnen. General Mieroslawski begab sich – diese Gefahr sehend – noch am Abend des 14. Juni nach Ludwigshafen, wo er die drei dort zusammenlaufenden Straßen durch *Recognoscirungspatrouillen* überprüfen, die Hauptausgänge derselben verbarrikadieren ließ und die von seinem Bruder Adam Mieroslawski schon am Tage ausgeführten vorbereitenden Maßnahmen zu einer schnellen Abführung der Rheinschiffbrücke inspizierte. Er ordnete eine zweckmäßige Verteilung der Streitkräfte in Ludwigshafen an, auf Mannheimer Seite vertraute er die Bewachung der Schiffbrücke einer Artillerieabteilung unter dem Kommando des Hauptmanns Arnold Steck, einem Schweizer, an[129].

Am Morgen des 15. Juni begann der Angriff der Verbündeten auf die vier Punkte Ludwigshafen, Käfertal, Ladenburg und Schriesheim, beinahe gleichzeitig sowohl von der Rhein- als auch von der Neckarseite, um den Übergang über den Rhein bzw. Neckar zu erzwingen. Die Preußen rückten in zwei Kolonnen über Oggersheim und Friesenheim gegen Ludwigshafen vor. Um 11 Uhr erreichten sie den Rohrlacher Hof und näherten sich von dort aus der ersten Barrikade der Aufständischen am Ankerhof. Es setzte ein heftiger Schusswechsel ein, der jene zwang, sich auf ihre stärkste Verteidigungslinie am »Deutschen Haus« zurückzuziehen. Den Preußen gelang es mit Unterstützung ihrer Artillerie, auch diese Barrikade zu stürmen[130]. Die preußischen Schützen und Jäger vom 1. Bataillon des 28. Infanterie-Regiments erreichten die Eisenbahnstrecke der Ludwigsbahn zuerst an der Stelle, wo diese die Chaussee etwa 400 Schritt außerhalb Ludwigshafens durchschneidet. Hier wurden sie von einem sehr lebhaften Feuer der Revolutionstruppen »empfangen«. Die preußische zweite Kompanie rückte von Friesenheim kommend gegen den Ludwigshafener Bahnhof vor, den die Revolutionäre, ohne Widerstand zu leisten, aufgaben. Vom Bahnhof führte eine dammartige Chaussee von etwa 250 Schritt Länge nach dem nördlichen Ausgange von Ludwigshafen, der durch eine Barrikade bestehend aus Baumwollenballen gesichert und, wie die anliegenden dreistöckigen Häuser, mit Schützen stark besetzt war. Dies sollte vom Bahnhof aus vorstoßend das nächste Ziel der preußischen Truppen werden, während zahlreiche Revolutionäre bereits entweder über die Schiffbrücke nach Mannheim abzogen oder entlang des Rheins über Mundenheim flüchteten. Der preußische Leutnant von Decker erhielt den Befehl, auf dem Eisenbahndamm bis zum Bahnhof vorzugehen, um dort eine geeignete Stelle für seine Artillerie zu finden, von der aus die Schiffbrücke und die darüber flüchtenden Aufständischen beschossen werden sollten. Die am Mannheimer Ufer postierte badische Artillerie zeigte sich jedoch zunächst so überlegen, dass gleich nach dem ersten Feuern von preußischer Seite durch das Gegenfeuer drei preußische Kanoniere niedergestreckt wurden, so dass von Decker die Position im Bahnhofsbereich wieder aufgeben musste und sich für seine Geschütze neue Stellungen auf der Chaussee vom Bahnhof nach Ludwigshafen (Bahn-

---

129  Blos, Denkwürdigkeiten des Generals Franz Sigel aus den Jahren 1848 und 1849 (wie Anm. 43), S. 63, 94 (bezeichnet Steck als *einen tapferen schweizerischen Offizier*); Raab (wie Anm. 10), S. 909.
130  1848/49 Revolution in Ludwigshafen (wie Anm. 126), S. 9.

hofstraße) suchen musste, wo er bessere Deckung fand[131]. Der Widerstand der revolutionären Truppen in Ludwigshafen war anfangs stark, wurde aber von den überlegenen preußischen Truppen relativ schnell gebrochen. Mieroslawski und Zurkowski hatten zweifellos noch größere und langanhaltendere Gegenwehr von den Revolutionären erwartet. Aber es ist übertrieben und ungerecht, wenn Mieroslawski schreibt: *Ludwigshafen, wo die Bürgerwehr versprochen hatte, sich hinter den in der Nacht erbauten Barrikaden zu vertheidigen, … empfing allen Erwartungen zuwider den Feind mit solcher Zuvorkommenheit, daß derselbe beinahe mit einem und demselben Schlag die Rheinbrücke genommen und sich den Weg nach Mannheim erzwungen hätte.*[132] Auch Zurkowski ließ kein gutes Haar an den Verteidigern Ludwigshafens und schrieb: *Die Volkswehr in Ludwigshafen hatte versprochen, sich hinter den in der Nacht konstruirten Barrikaden zu vertheidigen, … Sie that nichts von alledem. Die Preußen rückten ohne einen Schuß zu thun (!)*[133] *in Ludwigshafen ein und hätten fast mit demselben Schlag die Rheinbrücke und den Eingang von Mannheim genommen.*[134]

Unter dem Schutz der badischen und dem *mörderischen Feuer* der preußischen Artillerie führte in dieser Situation der Bruder des Generals, Adam Mieroslawski, die bereits von ihm am Tag zuvor demontierten drei Schiffe aus der Mitte der Schiffsbrücke ab, und verhinderte so jeden Versuch der Preußen, sie zu erobern und zu einem problemlosen Rheinübergang zu kommen[135].

Drei Tage lang bestrich die badische Artillerie ein Haus nach dem andern in Ludwigshafen, setzte dieselben in Brand und vertrieb daraus die Preußen. Insbesondere in der Ludwigshafener Geschichtsschreibung hält sich die Vermutung, dass die neidischen Mannheimer diese Gelegenheit genutzt haben, die im wirtschaftlich-handelspolitischen Wettstreit lästig gewordene Konkurrenz Ludwigshafen auf diese brutale Weise auszuschalten[136]. Aber es war Mieroslawski selbst, der den Befehl zur Zerstörung Ludwigsha-

131  Bericht des 1sten Bataillons des 28ten Infanterie-Regiments, in: Operationen und Gefechts-Berichte aus dem Feldzuge in der Rhein-Pfalz und im Großherzogthum Baden im Jahre 1849 (wie Anm. 103), S. 5; Bericht des Leutnants von Decker der 6pfündigen Fuß-Batterie Nr. 34, in: Operationen und Gefechts-Berichte, a.a.O., S. 9f.; Bericht des 1sten Bataillons des 28ten Infantrie-Regiments, Die Kanonade von Ludwigshafen am 15., 16. und 17. Juni 1849, in: Operationen und Gefechts-Berichte, a.a.O., S. 6.

132  MIEROSLAWSKI (wie Anm. 90), S. 8.

133  Vgl. dagegen die Darstellung in: Operationen und Gefechts-Berichte aus dem Feldzuge in der Rhein-Pfalz und im Großherzogthum Baden im Jahre 1849 (wie Anm. 103), S. 4–13.

134  ZURKOWSKI (wie Anm. 54), S. 17.

135  Ein Brückenglied der Schiffbrücke wurde zu früh abgehängt, so daß ein Teil der flüchtenden Aufständischen in den Rhein stürzte *und viele ertranken.* Von dieser Katastrophe steht sowohl in den Erinnerungen Mieroslawskis als auch von Zurkowski kein Wort. Vgl. FLEISCHMANN (wie Anm. 51), S. 280f.; 1848/49 Revolution in Ludwigshafen (wie Anm. 126), S. 9; K. O. BRAUN, Geschichte der beiden Rheindörfer Oppau und Edigheim, Ludwigshafen a. Rh. 1953, S. 511. Nach F. WALTER, Geschichte Mannheims vom Übergang an Baden (1802) bis zur Gründung des Reiches (Mannheim in Vergangenheit und Gegenwart 2), Mannheim 1907, S. 396; mit Berufung auf Corvin hatten dieser und Adam Mieroslawski vergeblich versucht, die Brücke abzufahren, waren aber durch die Preußen daran gehindert worden. Am 15. Juni nachmittags geriet die Rheinbrücke bei den Kämpfen auf Mannheimer Seite in Brand und wurde während der nächsten Tage fast vollständig zerstört.

136  FLEISCHMANN (wie Anm. 51), S. 282; BRAUN (wie Anm. 135), S. 511.

fens gegeben hatte und dem zur Konterrevolution neigenden Mannheimer Bürgertum drohte er einmal an: *Übrigens gebe ich Euch zu wissen, daß, wenn in Folge eines zweiten verrätherischen Attentats von Eurer Seite*[137] *der Feind Mannheim bekommen sollte, ich mit Mannheim verfahren werde, wie ich mit Ludwigshafen verfahren bin, d. h. Ihr könnt Euch dann mit Euern Verbündeten in die Asche der Schätze theilen, deren Unterstützung Ihr der Revolution verweigert.*[138]

Am Vormittag des 17. begann von badischer Seite die Kanonade von neuem, und wurde mit geringen Unterbrechungen den Tag über unterhalten. Zwischen 5 und 7 Uhr nachmittags war sie besonders heftig und hauptsächlich gegen den von der 4. Kompanie besetzten Bahnhof gerichtet. Derselbe wurde durch das badische Artilleriefeuer stark beschädigt[139].

## 11. Die militärische Räumung der Pfalz unter General Sznayde

Über den Rückzug Sznaydes und der ihm unterstellten Revolutionstruppen aus der Pfalz informiert uns ein Brief desselben aus Karlsruhe, datiert am 19. Juni 1849[140]. Danach hatte Sznayde am 16. Juni – wie es ihm Mieroslawski befohlen hatte – alle noch verfügbaren pfälzischen Revolutionstruppen in der Umgebung von Neustadt zusammengezogen. Der vorrangig ihm anbefohlene Rückzug über Ludwigshafen war nicht mehr möglich, da die Stadt schon seit dem 15. von den Preußen angegriffen wurde und auch der Rückzug über Speyer war nicht opportun, weil hier keine Schiffbrücke einen schnellen Übergang ermöglicht hätte und dort jederzeit mit einem Angriff der Preußen gerechnet werden musste. So blieb nur die dritte Alternative übrig, ein Rückzug weiter südlich über die Knielinger Schiffbrücke. Sznayde begab sich daher mit seinen zusammengeführten pfälzischen Revolutionstruppen zunächst über Edenkoben nach Frankweiler und Umgebung, wo sie über Nacht blieben. Von dort aus schickte er unter dem Oberbefehl Willichs ein Korps von etwa 1 500 Mann »in die Berge« mit der Absicht, *in die beiden Täler von Annweiler und Bergzabern* einzudringen und dort einen Bergkrieg (*pour la guerre de montagne*) gegen die anrückenden Preußen zu beginnen. Die Hauptstreitmacht zog weiter unter Umgehung der Festung Landau über Siebeldingen, Mörzheim, von wo der überwiegende Teil der Revolutionsarmee weiter nach Kandel sich begab, ein kleiner Teil nach Herxheim (*Herzheim*), wo sie über Nacht blieben. In Kandel stieß völlig überraschend Willich mit

---

137    Als erstes *verrätherisches Attentat* der Bürger Mannheims bewertet Mieroslawski vermutlich, dass diese die Anordnungen Mieroslawskis zur Unterminierung der Neckarbrücke, nötigenfalls Sprengung derselben, nicht mit der erwarteten Bereitwilligkeit befolgt, ja die dazu bestimmten Pioniere sogar misshandelt und zeitweilig verjagt hatten. Vgl. STAROSTE (wie Anm. 37), Bd. 1, S. 244.
138    Zitiert nach ZURKOWSKI (wie Anm. 54), S. 19.
139    Bericht des 1sten Bataillons des 28ten Infantrie-Regiments, Die Kanonade von Ludwigshafen am 15., 16. und 17. Juni 1849, hier vom 17. Juni 1849, in: Operationen und Gefechts-Berichte (wie Anm. 103), S. 7; Literatur zur Einnahme Ludwigshafens: W. MARX, Die Entstehungsgeschichte der Stadt Ludwigshafen am Rhein, Festschrift »100 Jahre Ludwigshafen«, Ludwigshafen 1953, S. 24, 27; H. STURM, Die pfälzischen Eisenbahnen (=Veröffentlichungen der Pfälzischen Gesellschaft zur Förderung der Wissenschaften Speyer 53), Speyer 1967, S. 105 f.
140    LA SP J 1/106 Bd. 2 fol. 204–205.

seinem Korps wieder zur Hauptstreitmacht. Er hatte, wie Sznayde versicherte, *alle Täler so hervorragend durch den Feind besetzt vorgefunden, daß es ihm unmöglich war, sich dort festzusetzen. Nach einem sehr lebhaften Gefecht* (gemeint ist dasjenige bei Rinnthal)[141], bei dem sie nach Sznaydes Angaben drei Tote und 18 Verwundete, darunter den *Bürger Schimelpfenig*, zu beklagen hatten, sahen sie sich zum Rückzug gezwungen. Am 18. Juni führte Sznayde beide Heeresgruppen nach Wörth und von dort aus zur Knielinger Schiffbrücke, wo die Spitze der Heeresgruppe am Mittag eintraf. Der Übergang »beunruhigte« Sznayde sehr, mussten doch über dieses Nadelöhr ca. 6 000 pfälzische Soldaten, 150 Wagen sowie die Artillerie hinübergeführt werden, die in dieser Situation bei einem feindlichen Angriff besonders gefährdet und verwundbar waren. Wie Sznayde versicherte, hat er höchst persönlich den Übergang geleitet und er fand, wie er versicherte, in guter Ordnung statt und war nach 3 ½ Stunden abgewickelt. Als die letzte revolutionäre Nachhut die Schiffbrücke passiert hatte, traf am Ort des Geschehens Adam Mieroslawski ein, um die Schiffsbrücke abzubauen. Noch aber hatte ein Bataillon mit ca. 200 Mann, das schlecht geführt (*mal commandé*) unter dem Oberbefehl des Polen Struss stand, das sichere rechte Rheinufer nicht erreicht. Man wartete zunächst noch auf dieses Bataillon, aber vergebens. Als bekannt wurde, dass die preußische Avantgarde sich bereits in Wörth befand, begann man eiligst mit der *Demolition* der Schiffsbrücke, womit man um sieben Uhr abends fertig war. Sznayde schickte jetzt die Truppen in die Standquartiere, zur Bewachung der abgebauten Schiffsbrücke ließ er den badischen Major Mahler mit zwei Kompanien vom 2. Infanterieregiment sowie 2 Kanonen und 4 Haubitzen zurück.

Wieviel Truppen er jetzt noch besitze, wisse er nicht genau, schrieb Sznayde in dem erwähnten Bericht. Er habe bis jetzt noch keine detaillierten Informationen über die Stärke der Bataillone, die sich auf dem Rückzug tagtäglich vermindert hätten. Er schätzte aber sein Armeekorps auf etwa 6 000 Soldaten ein[142], von denen allerdings drei Viertel nur mangelhaft mit Schuhzeug versehen und ein ebenso großer Anteil schlecht bewaffnet sei. Allen pfälzischen Soldaten mangele es an Drill, sie wüßten noch nicht einmal eine Kolonne zu formieren und ebensowenig ein Karree. Was ihn selbst angehe, so berichtete er dem Oberbefehlshaber Mieroslawski, dass ihn die außerordentliche Anstrengung, zu der er durch die sehr kritische Lage in der Pfalz gezwungen war, krank gemacht habe; jetzt sei er hundemüde (être *sur les dents*), seine Beine seien außerordentlich geschwollen, er könne seine Knie nicht mehr bewegen, noch sich Strümpfe und Schuhe anziehen; er wäre gerne zu Mieroslawski – wie ihm anbefohlen – gekommen, er sei aber gezwungen, das Bett zu hüten und Medizin zu nehmen. Er wisse noch nicht, ob sie ihm auch helfen werde; wenn dies nicht der Fall sein sollte, wäre es ihm unmöglich, ein Pferd zu besteigen.

Christian Zinn hat sowohl Mieroslawski wie auch Sznayde wegen der widerstandslosen Preisgabe der Pfalz heftige Vorwürfe gemacht: *Ohne Schwertschlag räumten wir die*

---

141  Zu dem Gefecht bei Rinnthal vgl. zuletzt R. Übel, Militärische Ereignisse in der Südpfalz im Mai und Juni 1849, in: Mitteilungen des Historischen Vereins der Pfalz 97 (1999), S. 461–504, hier insbes. S. 497 – 503.
142  Vor Beginn der Kämpfe soll dagegen die Stärke der pfälzischen Revolutionsarmee 12 821 Mann betragen haben. Die Ermittlung dieser Angabe erfolgte nach den zwischen dem 6. und 13. Juni 1849 eingelaufenen Rapports der Bataillonskommandanten. Abgedruckt in: Operationen und Gefechts-Berichte (wie Anm. 103), Beilage 5.

*Pfalz; ohne den geringsten Widerstand konnte der Feind von ihr Besitz nehmen. Ich grollte einen Augenblick der provisorischen Regierung, weil ich glaubte, sie habe wegen ihrer eigenen Rettung diesen Rückzug über Hals und Kopf angeordnet. Doch bald sah ich ein, daß die provisorische Regierung keine Schuld trage, sondern lediglich die Generäle Mieroslawsky und Sznayde. Erster weil er das so leicht und so vortheilhaft zu vertheidigende Terrain der Pfalz sogleich aufgab, und den beregten Rückzug befahl, und Letzterer, weil er, anstatt gegen diesen Befehl schleunigst Vorstellungen machen zu lassen, solchen so schnell als möglich vollzog. Mieroslawsky soll später gesagt haben, daß er ganz anders operirt haben würde, wenn er das Terrain der Pfalz genau gekannt hätte.*[143] In Mieroslawskis eigener Veröffentlichung über die badisch-pfälzische Revolution findet sich allerdings kein einziger Hinweis, der dieses revidierte Urteil bestätigen würde. In ähnlich kritischer Weise wie Christian Zinn äußerte sich auch Johann Philipp Becker zur kampflosen Preisgabe der Pfalz[144].

## 12. Die pfälzischen Truppen unter Sznayde auf badischem Boden

Am 20. Juni 1849 rückten die preußischen Truppen im Schutz der Festung Germersheim und ihres Brückenkopfes jenseits des Rheines über den Fluß, ohne auf irgendwelchen Widerstand der Revolutionstruppen zu stoßen. Sznayde hielt sich zu diesem Zeitpunkt trotz eines anderslautenden Befehls Mieroslawskis noch immer in der Nähe von Karlsruhe auf und konnte den Vorstoß der Preußen nicht mitabwehren[145]. Er hatte zwar in der Nacht vom 20. auf den 21. Juni eine Vorhut von 500 Mann unter Willich gegen Graben geschickt, er selbst aber blieb am 21. mit seinem Gros an pfälzischen Truppen bestehend aus ca. 5 000[146], nach anderen zeitgenössischen Quellen bis 9 000 Mann, *unthätig stehen, obgleich fortwährend der Kanonendonner von Waghäusel ertönte, und trotzdem er den Befehl hatte, vorzurücken … Die große und günstige, ja eigentlich die letzte Gelegenheit, den Feind zu schlagen und dadurch unserer Sache eine günstigere Wendung zu geben, war dahin*, schrieb Sigel dazu in seinen »Denkwürdigkeiten«. Auf Befehl Mieroslawskis verlegte Sznayde jetzt seine pfälzischen Truppen nebst den zugehörigen 15 Kanonen *auf die Straße von Karlsruhe nach Heidelberg* mit dem Auftrag, *bei Ubstadt und Bruchsal Stand zu halten*, bis Mieroslawski selbst die Hauptarmee von Heidelberg aus der preußischen Umklammerung heraus über Sinsheim nach Durlach bei Karlsruhe geführt hätte[147].

Am 23. Juni schickte Sznayde seine pfälzischen Truppen in ein Gefecht bei Ubstadt gegen die Preußen, an dem auch Christian Zinn aus Kaiserslautern teilnahm, der darüber schrieb: *Am folgenden Tag, des Morgens um 6 Uhr rückten wir nach dem eine Stunde von Bruchsal gelegenen Orte Ubstadt vor, wo General Sznayde den schlagendsten Beweis seiner Untauglichkeit zu einem Oberbefehlshaber lieferte. Vor Ubstadt, auf einer kleinen*

---

143  ZINN (wie Anm. 4), S. 57 f.
144  BECKER-ESSELEN (wie Anm. 89), S. 310 f.
145  W. REAL, Die Revolution in Baden 1848/49, Stuttgart/Berlin/Köln/Mainz 1983, S. 154, 156 f.
146  BLOS, Denkwürdigkeiten des Generals Franz Sigel aus den Jahren 1848 und 1849 (wie Anm. 43), S. 114 – 5 000 Mann; MIEROSLAWSKI (wie Anm. 90), S. 23 – 9 000 Mann.
147  MIEROSLAWSKI (wie Anm. 90), S. 23.

*Anhöhe im Wald, stunden die Preußen. Sznayde ließ nun unsere Artillerie auf eine, eine Viertelstunde hinter Ubstadt gegen Bruchsal zu gelegene ziemlich steile Anhöhe führen, von wo sie am Kampf durchaus keinen Theil nehmen konnte, und ließ sodann durch einige Bataillone angreifen. Die Leute rückten muthig vor, und hielten Stand, bis die preußische Artillerie ein mörderisches Kartätschenfeuer eröffnete. Da unsere Artillerie zu weit entfernt war, um antworten zu können, so geriethen Alle in einen panischen Schrecken, und lösten sich in wilder Flucht auf. General Sznayde hielt indessen ganz ruhig zu Pferd vor Bruchsal, und konnte weder sehen noch hören, was auf dem Schlachtfeld vorging.*[148] Auch ein weiteres Gefecht bei Bruchsal endete, ehe es richtig begonnen hatte, im Rückzug und panischer Flucht sowie der Preisgabe der Stadt[149]. So führte Sznayde seine Truppen in den Gefechten vom 21.–23. Juni 1849 im Badischen höchst ungeschickt, so dass ihm die Niederlagen der Revolutionäre zum großen Teil angelastet wurden[150].

Am 23. Juni, dem Tage der Schlacht von Ubstadt, verbreitete sich auf einmal das Gerücht, dass der dort kommandierende General Sznayde in Wirklichkeit kein Pole, sondern ein Preuße mit Namen Schneider sei, der sich verräterischerweise diesen hohen Rang in der Armee verschafft habe, *um sie desto sicherer zu verkaufen.* In einer Abteilung badischer Volkswehr, die am folgenden Tag von Karlsruhe zur Division Sznayde stoßen sollte, ging daher das Gerücht um, *sie sei schon verkauft und werde sogleich bei ihrer Ankunft auf dem Schlachtfelde ausgeliefert werden.* Als sie im badischen Weingarten eingetroffen war, wollte sie nicht weiter marschieren. General Sznayde ritt daher zu ihnen. Bei seinem Anblick kam es zur Revolte: *Eine Schar von Wüthenden* erhob ein wildes Geschrei, riss Sznayde seine in französischen und polnischen Feldzügen erworbenen Ehrenzeichen herunter, misshandelte ihn mit Schlägen und Fußtritten, schlug ihm über den Kopf *und hätte ihn ohne die Dazwischenkunft der zu seinem Beistand herbeigeeilten Pfälzer unzweifelhaft massakrirt. Brave Männer, welche ihn kennen gelernt hatten, rissen ihn der wüthenden Bande aus den Händen und brachten ihn in Gemeinschaft mit einigen badischen Soldaten blutig und mit zerrissener Uniform in unser Hauptquartier nach Durlach. Die verbrecherischen Hoffnungen der Anstifter dieser Rebellion wurden jedoch an dem guten Sinn und der Biederkeit des deutschen Charakters zu Schanden;* der Rädelsführer der Rebellion konnte durch von Annecke verhaftet werden. Soweit die Darstellung des Sachverhalts nach dem polnischen Teilnehmer Zurkowski, Angehöriger des Generalstabs bei Mieroslawski[151].

Auch Christian Zinn, der ebenfalls bei den pfälzischen Revolutionstruppen dabei war, und Gustav Struve in seiner »Geschichte der drei Volkserhebungen in Baden«, 1849,

---

148  Zinn (wie Anm. 4), S. 59; positiver sieht Sigel die Schlacht, vgl. Blos, Denkwürdigkeiten des Generals Franz Sigel aus den Jahren 1848 und 1849 (wie Anm. 43), S. 116. Eine Darstellung des Gefechts aus preußischer Sicht in: Operationen und Gefechts-Berichte (wie Anm. 103), S. 71, 87–97; ein Bericht von Sznayde an Mieroslawski zum Gefecht bei Ubstadt, abgedruckt in: Operationen und Gefechts-Berichte (wie Anm. 103), S. 96.

149  Vgl. Zinn (wie Anm. 4), S. 60 f.; aus preußischer Sicht vgl. Operationen und Gefechts-Berichte (wie Anm. 103), S. 101–103.

150  Vgl. F.X. Vollmer, Der Traum von der Freiheit. Vormärz und 48er Revolution in Süddeutschland in zeitgenössischen Bildern, Stuttgart 1983, S. 386; Bauer (wie Anm. 89), S. 167 f., 322 ff.

151  Zurkoswski (wie Anm. 54), S. 37.

heben die Rettung Sznaydes durch die pfälzischen Soldaten hervor bzw. betonen ausdrücklich, dass diese an der Meuterei nicht beteiligt waren[152].

Merkwürdigerweise wird dagegen in einigen modernen Darstellungen behauptet, dass sich in Weingarten pfälzische Soldaten (!) erhoben, die sich von General Sznayde verraten glaubten bzw. diesen damals davongejagt hätten, wozu diese vielleicht auch gute Gründe gehabt hätten, was aber historisch nicht zutrifft[153].

Sznayde war von dem Vorfall so geschockt, dass er zu Mieroslawski nach Durlach fuhr und den ihm übertragenen Oberbefehl freiwillig aufgab. Mieroslawski ernannte als dessen Nachfolger Johann Philipp Becker, der allerdings darüber wenig erfreut war, dass er noch zusätzlich zu seinem bisherigen Kommando dasjenige über seine pfälzischen Landsleute erhielt[154].

Sznayde floh in die Schweiz. Er wurde dort noch 1849 ausgewiesen. Im Oktober 1849 war er dann vermutlich wieder in Paris. Er starb im November 1850 in Grenelle in der Nähe der französischen Hauptstadt[155].

## 13. Die Niederlage der pfälzisch-badischen Truppen an der Murg und der Rücktritt Mieroslawskis als Oberbefehlshaber

Es ist an dieser Stelle nicht möglich, den Verlauf der Kampfhandlungen in Baden im Einzelnen darzustellen. Die letzte entscheidende Schlacht an der Murg verlief zunächst günstig für die Revolutionstruppen; durch Disziplinlosigkeit von Teilen derselben schlug sie schließlich doch noch zu ihren Ungunsten um und endete in einem allgemeinen Zusammenbruch der Verteidigungslinien und in chaotischer Flucht der meisten Truppenteile. Die Niederlage an der Murg wurde durch das Zurückweichen und die Flucht der unter Blenkers Kommando stehenden Truppen eingeleitet: Blenker ... *stund mit einem badischen Infanterieregimente bei Gernsbach. Derselbe hielt nur kurze Zeit den angreifenden Reichstruppen stand*, die überraschend vom bis dahin neutralen Württemberg aus vorstießen. Blenker *ergriff mit seinen Leuten die Flucht*. Christian Zinn schrieb zu Blenker: *Wohl war er nicht stark genug, um den Feind aufzuhalten; allein jedenfalls konnte er länger Widerstand leisten. Er hatte ebendenselben militärischen Fehler, wie Sznayde, er machte nichts lieber, als gerade Rückzüge. Der unter seinen Befehlen stehenden badischen Infanterie hatte sich ein solcher panischer Schrecken bemächtigt, daß ganze Kompagnien durch die Murg wateten, und sich auf die Berge und in den Wald flüchteten. Auch die übrige Mannschaft Blenckers machte es nicht viel besser.*[156]

---

152 ZINN (wie Anm. 4), S. 60f; STRUVE (wie Anm. 51), S. 314ff.; STAROSTE (wie Anm. 37), Bd. 1, S. 349f.

153 R. DLUBEK, Arbeiter in den Freischaren der badisch-pfälzischen Revolutionsarmee, in: Das lange 19. Jahrhundert: Personen – Ereignisse – Ideen – Umwälzungen; Ernst Engelberg zum 90. Geburtstag (Abhandlungen der Leibniz-Sozietät 1,1), Berlin 1999, S. 227–260, hier S. 247.

154 STAROSTE (wie Anm. 37), Bd. 1, S. 350; DLUBEK (wie Anm. 153), S. 247.

155 Deutsche und Polen in der Revolution 1848–1849, Dokumente aus deutschen und polnischen Archiven, bearb. von H. BOBERACH u. a. (Schriften des Bundesarchivs 37), Boppard 1991, S. 697; RAAB (wie Anm. 10), S. 940.

156 ZINN (wie Anm. 4), S. 63. Vgl. W. BLOS, Die deutsche Revolution, Geschichte der deutschen Bewegung von 1848 und 1849, Berlin, Bonn 1979 (Nachdruck von 1893), S. 586: *Mieroslawski hatte*

Nach der deprimierenden Niederlage an der Murglinie hielt es Mieroslawski für notwendig, die Offiziere der verschiedenen Korps – soweit sie erreichbar waren –
zusammenzurufen und zu befragen, welches das wirksamste Mittel wäre, um die Ordnung und den Gehorsam unter den Truppenteilen wieder herzustellen. Die angesprochenen Offiziere erklärten darauf, dass nach ihrer Ansicht die *Einheimischen allein* durch
ihre Kenntnis der Sprache und der Sitten ihrer Soldaten im Stande wären, Ordnung und
Disziplin wieder herzustellen. Es gab also auch damals schon ein besonderes Ausländer-
problem!

*Mieroslawski*, so schrieb Sigel, *welcher Alles, was in seinen Kräften stand, gethan und
sich bei vielen Gelegenheiten der größten persönlichen Gefahr ausgesetzt hatte, sah ein,
daß seine Mission zu Ende sei.*[157] Auf die vorgenannte Erklärung seiner Offiziere hin
reichte er seine Entlassung bei der provisorischen Regierung von Baden ein. Diese nahm
am 1. Juli 1849 in Offenburg sein Gesuch an. Am Schluss ihres darauf ergangenen Ant-
wortschreibens hieß es:

*Es bleibt uns nur noch übrig, Ihnen, Bürger Oberbefehlshaber, im Namen unseres
Vaterlandes unsere lebhafte Erkenntlichkeit für die edlen und muthvollen Anstrengungen
zu bezeugen, durch welche, ungeachtet der Verräthereien, mit denen Sie umstrickt waren,
Sie unsere Armee so oft zum Siege geführt haben.*[158] Franz Sigel, Vorgänger und auch wieder Nachfolger Mieroslawskis als badischer Oberbefehlshaber, schrieb über diesen: *Er
war klein von Statur, hatte blaue Augen, hellblondes, etwas gelocktes Haar und gleichen
Bart und das polnisch-französische Blut äußerte sich bei ihm in seinem ungemein lebhaften
Wesen … Mieroslawski war ein sehr guter Stratege. Kühn in seinen Unternehmungen und
von großer persönlicher Tapferkeit, besaß er auch eine seltene Rednergabe. Leider verstand er die deutsche Sprache nicht, ein Uebelstand, welcher ihm bei vielen Gelegenheiten
hindernd in den Weg trat; auch litt er noch an einer offenen Schußwunde, … die ihm,
besonders beim Reiten, oft Beschwerde verursachte.*[159]

Mieroslawski verließ nach seiner Entlassung mit seinem Stab und einem Teil der polnischen Legion das Land[160]. Er emigrierte zunächst in die Schweiz, wo er sich drei Monate
aufhielt, bis er die erbetene Einreiseerlaubnis nach Frankreich erhielt[161]. Er begab sich darauf nach Paris und war dort zunächst als Privatlehrer tätig. Er erhielt 1860 von Giuseppe
Garibaldi den Befehl über die internationale Legion in Italien, 1861–1862 war er Kommandeur der polnischen Militärschule in Genua. Im Jahre 1863 wurde er im polnischen Aufstand zum Diktator berufen, musste aber über Krakau fliehen und kehrte nach Paris
zurück. Er blieb in den letzten Lebensjahren ohne Einfluß und starb verarmt am 22. No-

---

den Fehler gemacht, daß er Gernsbach, den am meisten gefährdeten Punkt dieser Stellung (= Murglinie), mit unzuverlässigen pfälzischen Volkswehren unter Blenker besetzt hatte; …
157  BLOS, Denkwürdigkeiten des Generals Franz Sigel aus den Jahren 1848 und 1849 (wie Anm.
43), S. 117.
158  ZURKOWSKI (wie Anm. 54), S. 67f.
159  BLOS, Denkwürdigkeiten des Generals Franz Sigel aus den Jahren 1848 und 1849 (wie Anm.
43), S. 91.
160  BLOS, Denkwürdigkeiten des Generals Franz Sigel aus den Jahren 1848 und 1849 (wie Anm.
43), S. 117.
161  In Bern traf er auch mit Sigel wieder zusammen. Vgl. BLOS, Denkwürdigkeiten des Generals
Franz Sigel aus den Jahren 1848 und 1849 (wie Anm. 43), S. 137.

vember 1878 in Paris[162]. Über seine Tätigkeit als Oberbefehlshaber der badisch-pfälzischen Truppen hat er eine Veröffentlichung unter dem Titel »Berichte des Generals Mieroslawski über den Feldzug in Baden« herausgegeben, die in 2. Auflage in Bern 1849 erschien.

## 14. Die Gründe für den Zusammenbruch der badisch-pfälzischen Armee

Die Gründe für den Zusammenbruch der badisch-pfälzischen Armee und ihre Niederlagen gegen die Truppen der Konterrevolution fasste der polnische Offizier im badischen Generalstab, Aleksander Zurkowski, wie folgt zusammen:

*Die Auflösung der badischen Armee und das unglückliche, so überaus schnelle Ende unseres Feldzugs lassen sich in letzter Analyse auf zwei Hauptursachen zurückführen: 1) auf die Unfähigkeit des größten Theils und den schlechten Geist einer gewissen Anzahl der Offiziere, und 2) auf die daraus hervorgehenden Mangel an Disciplin unter den Soldaten. Mieroslawski, welcher über den Charakter revolutionärer Armeen Erfahrungen gemacht hatte, hatte gleich bei der Uebernahme des Oberkommandos von der provisorischen Regierung die Einsetzung einer Examinationskommission für die Kandidaten zu Offiziersstellen, und einen permanenten Kriegsrath zur Aburtheilung militärischer Vergehen und Verbrechen gefordert. Diese beiden feierlich verheißenen Maßregeln wurden niemals ins Leben gerufen. Die Offiziersstellen wurden mit einer unsinnigen Liberalität vergeben, während Verrath und Ungehorsam straflos blieben. Die Armee wimmelte von Offizieren ohne Fähigkeit, ohne Autorität und ohne bestimmte Stellung oder Kommando.*[163]

Und Zurkowski stellte noch etwas fest, was er als Nationalfehler der Deutschen bezeichnet: *... ich kann nicht umhin hier eines Nationalfehlers zu erwähnen, welcher allen übrigen Vorschub leistet und den Deutschen so eigenthümlich ist, daß das eigentliche Wort dafür in keiner andern Sprache existirt. Dieses Wort ist ›Kneipen‹, was soviel bedeutet, als den schönsten Theil des Lebens in lustiger Gesellschaft am Biertisch zu(zu)bringen, und in endlos behaglichem Gespräche ein Glas Bier nach dem andern herunterschlürfen. Das Bier ist den deutschen, was der Hachich dem Orientalen, der Opium dem Chinesen und der Branntwein dem Slaven.*[164]

Mit diesem Urteil befand sich Zurkowski in guter Gesellschaft mit vielen deutschen Kritikern, nur dass – wenn wir den Blick wieder auf die Pfalz lenken – es hier mehr zu einem großartigen Weinfest ausartete. Zitiert sei hier nur ein Satz aus Friedrich Engels Revolutionsanalyse: *Die Herstellung der Kneipfreiheit war der erste revolutionäre Akt des pfälzischen Volkes: Die ganze Pfalz verwandelte sich (während der Revolution) in eine große Schenke, und die Massen geistigen Trankes, die ›Im Namen des pfälzischen Volkes‹ während dieser sechs Wochen verzehrt wurden, überstiegen alle Berechnung.*[165]

---

162  Die »Pfälzer Zeitung« Nr. 279 vom 29. November 1878, S. 2 schrieb zu Mieroslawskis Tod: *In Paris starb am 23. November der polnische General Mieroslawski, 64 Jahre alt. Er war ein fahrender Kämpe der internationalen Revolution gewesen. Im pfälzisch-badischen Aufstande befehligte er bei Waghäusel und floh von dort (!) in die Schweiz.*
163  ZURKOWSKI (wie Anm. 54), S. 56.
164  ZURKOWSKI (wie Anm. 54), S. 63.
165  K. MARX und F. ENGELS, Werke, Bd. 7, Berlin 1960, S. 154 f.; F. ENGELS, Die deutsche Reichsverfassungskampagne, Berlin 1969, S. 93; E. SCHNEIDER und J. KEDDIGKEIT, Die Pfälzische Revolu-

Die von Zurkowski angegebenen Gründe kennzeichnen sicherlich Hauptschwach-
punkte der pfälzisch-badischen Revolutionstruppen. Ausschlaggebend war aber für die
Niederlage die militärische Überlegenheit sowohl der Zahl nach als auch der Ausrüstung
und Disziplin nach bei den angreifenden Reichstruppen.

Es ist noch notwendig, einen kurzen Blick auf die juristische Abwicklung gegen die
polnischen Revolutionsteilnehmer zu werfen. In der von dem pfälzischen Generalstaats-
prokurator errichteten Anklageakte gegen die 333 Hauptbeteiligten an der pfälzischen
Revolution[166] stehen unter den nichtbayerischen Angeklagten die Polen nach denen aus
dem Großherzogtum Hessen, dem Königreich Preußen und dem Königreich Sachsen an
vierter Stelle mit neun Hauptbeschuldigten. Es waren dies: Ludwig Mieroslawski, Adam
Mieroslawski, Franzisek Sznayde, Feliks Raquillier, Rouppert, Julian Grabsky, Andreas
Struss, Feliks Trocinsky und Kotodciejewsky. In der Assisensitzung zu Zweibrücken vom
31. Oktober 1851 wurden alle neun vorgenannten Polen in Abwesenheit wegen Hoch-
und Staatsverrats zur Todesstrafe verurteilt, *vollziehbar auf dem Marktplatze der Stadt
Zweibrücken*. Innerhalb von drei Tagen musste ferner ein Auszug des Urteils durch den
Scharfrichter in Frankenthal, Kaiserslautern, Landau und Zweibrücken, jeweils Sitz eines
Landgerichts, an einem (Schand-)Pfahl angeschlagen werden und das Vermögen der Ver-
urteilten verfiel der Zwangsverwaltung, was jedoch in diesen Fällen nur von theoretischer
Bedeutung war[167].

Über die Motive, die Mieroslawski und weitere Polen veranlassten, sich in den Kampf
der deutschen Revolutionäre zu stürzen, schrieb der von Mieroslawski in den Generalstab
der Revolutionsstreitkräfte berufene A. Zurkowski: *Wir hatten nicht nur noch eine alte
Rechnung mit den Preußen abzumachen, sondern erblickten auch in ihnen die Vasallen
von Rußland, die bis an den Rhein vorgeschobenen Posten des Czaren. Es war klar, daß
wenn es ihnen einmal erst gelungen wäre, die Revolution hier zu ersticken, sie sich auf
Ungarn, das einzige Land, das heute noch die Fahne der Revolution in Händen hält, werfen.*[168] *… Der allbekannte Haß unserer Soldaten und ganz Deutschlands gegen diese hoch-
müthigen und hinterlistigen Soldknechte schien das Beste zu versprechen. Ich war gewiß,
daß wir sie schlagen würden …*[169]

Die deutschen Revolutionsteilnehmer haben nach der Niederlage diese Motive ihrer
polnischen Mitstreiter zu sehr aus den Augen verloren und in ihren Revolutionserinne-

---

tion 1848/49, Kaiserslautern 1999, S. 154–156; J. KEDDIGKEIT, Das militärische Scheitern des Pfälzischen Aufstandes 1849, in: Jahrbuch zur Geschichte von Stadt und Landkreis Kaiserslautern 22/23
(1984/85), S. 405–424, hier S. 413.

166  Anklag-Akte, errichtet durch die K. General-Staatsprokuratur der Pfalz, nebst Urtheil der
Anklagekammer des k. Appellationsgerichtes der Pfalz zu Zweibrücken vom 29. Juni 1850, in der
Untersuchung gegen Martin Reichard, entlassener Notär in Speyer und 332 Consorten wegen
bewaffneter Rebellion gegen die bewaffnete Macht, Hoch- und Staatsverrathe etc., Zweibrücken
1850. (Enthält: 1. Urteil der Anklagekammer des Appellationsgerichts der Pfalz vom 29. Juni 1850,
eigene Seitenzählung 1–125 mit eigenem Personenregister S. III–V; 2. »Anklage-Akt«, errichtet vom
ersten Staatsprokurator L. Schmitt beim Appellationsgericht in Zweibrücken am 8. Juli 1850, eigene
Seitenzählung 1–290).

167  LA SP J 1/297 fol. 4v, 18r.

168  Die Ungarn konnten sich noch bis August 1849 gegen die weit überlegenen, verbündeten
Österreicher und Russen behaupten.

169  ZURKOWSKI (wie Anm. 54), S. 30.

rungen die militärische Führungsschwäche einiger polnischer Revolutionsführer wie z. B. von Sznayde über Gebühr herausgestrichen und dabei auch vergessen, dass sie die Polen in einen praktisch aussichtslosen Kampf gerufen und ihnen die Verantwortung übertragen haben. Man muss sich auch heute noch des Satzes von Friedrich Engels schämen, der Beweis sein sollte und doch nur Ignoranz darstellt, wenn es bei ihm heißt: *Die Polen haben nie etwas anderes in der Geschichte getan, als krakeelsüchtige Dummheit gespielt.*[170]

---

170  Zitiert nach W. DIEHL, Polenbegeisterung, eine Ehrenrettung, in: Süßes Hoffen, bittre Wahrheit, Lyrik und Prosa, 150 Jahre Hambacher Fest, W. DIEHL (Hg.), Landau 1982, S. 116 f.

# Todesurteile der Kriegsgerichte in Baden nach der Revolution 1848/49

VON HEINRICH RAAB

## Das Militärstrafwesen in der Revolutionszeit

Die »Vereinigung der Freunde des Wehrgeschichtlichen Museums Schloß Rastatt e.V.« hat in ihrer Publikation vom Jahre 1984 *Unter dem Greifen* über das Militär in der Revolution 1848/49 auf Seite 116 wie folgt darüber berichtet: *Im Laufe der kommenden Monate begannen die Stand- und Kriegsgerichtsprozesse gegen die meuternden Soldaten. Die Zahlen der zum Tode Verurteilten schwanken, es scheinen zwei Offiziere, 49 Unteroffiziere und Mannschaften gewesen zu sein.* Es ist anzunehmen, dass viele Autoren diese Angaben, die immer wieder festzustellen sind, ganz einfach in ihre Veröffentlichungen und Aufsätze übernommen haben, wobei oft sogar kein Unterschied zwischen den Stand- und Kriegsgerichten gemacht wurde. Die preußischen Militärkommandeure hatten im Rahmen des für Baden geltenden Kriegsrechts das Recht, in ihrem Zuständigkeitsbereich Kriegsgerichte einzurichten, die nach dem Standrecht urteilen durften. Den mit preußischen Militärs besetzten und nach badischen Kriegsrecht urteilenden Gerichten arbeiteten die Untersuchungs- und Anklagebehörden zu, deren Personal sich aus badischen Beamten zusammensetzte.

Die Militärgerichtsbarkeit war früher eine besondere Form des Militärstrafrechts. Das Militärstrafrecht, Teil des Militärrechtes, enthält die Strafnormen zum Schutz der besonderen militärischen Interessen sowie Verfahrensnormen zur Verwirklichung jener Strafbestimmungen. Der Militärstrafprozess unterscheidet sich vom gemeinen Prozess durch eigene Organe (Untersuchungsrichter, Militär- und Kriegsgerichte) und verkürztes Verfahren. Beim Ausnahmezustand wurde meistens das Standrecht verkündet, das die Einrichtung von Standgerichten (Ausnahmegerichten) gestattete und zu rascher Handhabung der Strafgewalt und zu abgekürzten Strafverfahren führte. Somit wurde bei den Standgerichten im wahrsten Sinne des Wortes »kurzer Prozess« gemacht[1].

Im Generallandesarchiv Karlsruhe werden zwei Aktenhefte über die Errichtung der Kriegs- bzw. Standgerichte in den Jahren 1849 bis 1850 verwahrt: *Provisorisches Gesetz über das bei den Kriegsgerichten einzuhaltende Verfahren*[2] und *Bestellung und Besetzung*

---

1 A. G. FREI/K. HOCHSTUHL, Wegbereiter der Demokratie, Karlsruhe 1997, vgl. S. 173.
2 Generallandesarchiv Karlsruhe (GLA) 233/31961.

*der Ausscheidungskommissionen, Untersuchungsgerichte, Standgerichte, Kriegsgerichte*[3]. Leider sind von den Stand- und Kriegsgerichten im Generallandesarchiv keine Untersuchungsakten vorhanden. Da die Preußen die Verurteilungen bei den Standgerichten in Mannheim, Rastatt und Freiburg selbst vorgenommen haben, wurden diese Unterlagen von ihnen hinterher auch nach Preußen mitgenommen und sind wohl durch Kriegseinwirkung im Zweiten Weltkrieg in Verlust geraten. Nur vom Standgericht Mannheim sind im Nachlass von Freydorf[4], der dort als Ankläger mitwirkte, noch einige Akten greifbar. Die Unterlagen der Kriegsgerichte der badischen Einheiten mussten vermutlich ebenfalls wegen der am 25. November 1870 mit Preußen abgeschlossenen Militärkonvention am 1. Januar 1872 teilweise an das preußische Kriegsministerium und den Generalstab abgegeben werden. Sicherlich haben diese Kriegsgerichtsakten im Zweiten Weltkrieg dasselbe Schicksal erlitten wie die Standgerichtsakten. Nur ein Teil der badischen Militärakten kam in das badische Finanzministerium bzw. wurde im Jahre 1892 an das Generallandesarchiv abgeliefert.

Allerdings konnten bis zur Veröffentlichung der *Revolutionäre in Baden 1848/49*[5] auch keine genauen Nachforschungen über dieses Thema angestellt werden. Vor dieser Publikation waren meistens die so genannten Generalakten – eine Unmenge von Material in den Ministerialbeständen – ausgewertet worden, während für die Datenbank auch die Überlieferung der Anzeigeblätter erfasst wurde, in denen die meisten Aufzeichnungen über die Kriegsgerichte zu finden sind. Mit der nachfolgenden Kurzbeschreibung und Aufstellung der zum Tode verurteilten Offiziere und Mannschaften durch die Kriegsgerichte in Mannheim, Karlsruhe und Rastatt soll über diesen Komplex etwas mehr Klarheit geschaffen werden:

## Ein Todesurteil nach dem Heckeraufstand

Bereits im Jahre 1848 wurde der Soldat im 2. Infanterie-Regiment Karl Friedrich Bechtel aus Blansingen, der beim Heckeraufstand im Frühjahr 1848 zu den Freischaren übergegangen war und an einem Gefecht gegen das Militär teilgenommen hatte, am 18. August zum Tode verurteilt, dann aber zu lebenslänglich begnadigt[6]. Da im Jahre 1848 noch kein Standgericht eingerichtet worden war, kann es sich hier nur um ein Kriegsgericht (Militärgericht) handeln. Er kam ins Zuchthaus in Bruchsal und wurde am 13. Mai 1849 aus dem alten Männerzuchthaus in Bruchsal von Freischärlern befreit[7]. Da nach der Revolution 1848/49 am 22. Mai 1850 nach ihm gefahndet wurde, könnte er auch 1849 am Aufstand beteiligt gewesen sein[8].

---

3   GLA 234/10201.
4   GLA 69 von Freydorf.
5   H. Raab, Revolutionäre in Baden 1848/49. Biographisches Inventar für die Quellen im Generallandesarchiv Karlsruhe und im Staatsarchiv Freiburg, bearb. v. A. Mohr, Stuttgart 1998.
6   GLA 65/1441: 182–183.
7   GLA 215/379: 85 und 255/144:2f.
8   GLA Großherzoglich Badisches Anzeigeblatt für den Mittelrheinkreis 1859, S. 618.

## Das Standrecht der badischen Revolutionäre 1849

Interessant ist, dass das Standrecht im Jahr 1849 – zumindest verbal – zuerst von den Revolutionären verbreitet wurde, um diejenigen Bürger zur Beteiligung am Aufstand zu veranlassen, die nicht gerade mit Begeisterung folgen wollten. So war der Landwirt und Tagelöhner Heinrich Winterer von Ettenheim als Teilnehmer am 14.5.1849 beim Exekutionszug nach Münstertal dabei, um dort Mannschaft bzw. junge Leute zum Rebellenheer und Gewehre zu erpressen und drohte bereits zu Beginn des Aufstandes mit Standrecht und Totschießen[9]. Der Lehramtskandidat Josef Mathias Hägele von Hindelwangen, der Schriftführer des Zivilkommissärs Baumgartner und später selbst Zivilkommissär war, hatte bereits Ende Mai 1849 zur Unterstützung der provisorischen Regierung aufgefordert und über die Teilnahmslosigkeit des Amtsbezirks Stockach beim Ausmarsch des 1. Aufgebots dem Kriegsministerium berichtet[10]. Wohl wegen solcher Vorkommnisse hat der am 1. Juni 1849 ernannte Kriegsminister und ehemalige Leutnant Franz Sigel von Sinsheim im Hauptquartier in Heidelberg am 5. Juni 1849 den Kriegszustand erklärt und das Standrecht verhängt. Rechtsanwalt Maximilian Werner aus Oberkirch, der damals als Kriegskommissär in Heidelberg war, hat das Standrecht unterschrieben[11]. Rechtspraktikant Florian Mördes von Mannheim unterzeichnete mit Maximilian Werner nochmals am 20. Juni 1849 eine Verordnung über das Kriegs- und Standrecht[12].

Dieses Standrecht wurde immer wieder bei Widerständen und Verordnungen angedroht. Einige Anlässe, bei denen solche Androhungen ausgesprochen wurden: Ein Müller namens Josef Baschnagel von Stühlingen hat unter Androhung des Standrechts zum Einsammeln von Waffen aufgefordert[13]. Der Lohnschreiber Alois August Beckert von Rheinbischofsheim stellte sich der provisorischen Regierung zur Verfügung und wurde Verpflegungskommissär, machte dazu mehrere Exekutionszüge nach Urloffen, Hügelsheim, Stollhofen, Lörrach usw. mit. Dabei kam es zu Misshandlung mehrerer Personen, Verhaftung von reaktionären Beamten und er drohte mit dem Standrecht[14]. Der Kaufmann und Bürgermeister Friedrich Bossert von Wallstadt (Ladenburg) hatte zum Gehorsam gegenüber der provisorischen Regierung aufgefordert und ihnen bei Ungehorsam mit dem Standrecht gedroht[15]. Der Kellner Johann Gilli von Hüfingen soll als Anführer des 1. Aufgebots junge Leute auf Anordnung der revolutionären Regierung zusammengetrieben und dabei mit Standrecht gedroht haben[16]. Der Landwirt Johann Gros von Philippsburg hat sich vom Zivilkommissär Schanzlin zu einer Exekution verwenden und dabei das Standrecht verkünden lassen[17]. Der Kaufmann Adolf Martin von Bühl hat am 20.6.1849 als Volkswehrführer unter Standrechtsandrohung den Befehl zum Aufbruch des 1. Aufge-

9   GLA 233/31153: 87; 236/8568: 190 und 237/2730:5.
10   GLA 233/31153: 99–100; 236/8535: 71–72; 237/2370:2 und Staatsarchiv Freiburg (StAF) B 750/2 Nr. 65:42–43.
11   GLA 65/715/II:51; 69 von Freydorf Nr. 26: 257 und Nr. 27:67.
12   GLA 69 von Freydorf Nr. 25:67.
13   GLA 237/2760: 3–4 und 237/52778: 85–86.
14   GLA 229/73869 I und 233/31153: 89.
15   GLA 236/8535: 208 und 237/2736: 4, 8–9.
16   GLA Großherzoglich Badisches Anzeigeblatt für den Seekreis 1850, S. 473–474.
17   GLA 237/2749: 6–7.

bots nach Ottersweier erlassen, beförderte zwangsweise verhaftete Volkswehrmänner zum Generalkommando und veranlasste als Bezirkskommandant Fahndungen nach desertierten Soldaten und Wehrmännern. Er hat 17 Wehrmänner, die das Land verlassen wollten, von ihrem Vorhaben abgehalten[18]. Der Geistliche Anton Müller von Kupprichhausen forderte sogar im Beichtstuhl die jungen Leute auf, für die Freiheit zu kämpfen und drohte mit standrechtlicher Behandlung[19]. Der Müller und Bürgermeister Michael Müller von Seelbach (Lahr) hatte das 1. Aufgebot von Seelbach organisiert und selbst nach Lahr geführt, die Zurückgebliebenen zum 1. Aufgebot gepresst und im Juni 1849 einen 80jährigen Mann, der die Nachricht vom Anrücken der Preußen verbreitete, einsperren lassen[20]. Der Landwirt Max Nüßle von Sulzfeld (Eppingen) zwang das 1. Aufgebot mit Waffen in der Hand zum Ausmarsch nach Fürfeld, half bei der Dienstentlassung des Bürgermeisters Pfefferle, beteiligte sich bei der Verhaftung des reaktionären Lehrers Hettmannsberger in Sulzfeld, drohte den Widerstrebenden mit Standrecht und sistierte die Gölerschen Schuldbeitreibungen[21].

Es blieb nicht bei Drohungen, sondern Hinrichtungen wurden auch vollzogen. So mussten ein Nagelschmied und Scharfschütze bei der deutsch-polnischen Legion Karl Lipps von Neufreistett und ein Schneider Georg Palmer von Freistett (Rheinbischofsheim) die zwei desertierten Bürgerwehrmänner Roman Ganz von Hinterstraß und Josef Ruf von Yach vom 1. Aufgebot des Amtes Triberg am 29.6.1849 in Oos standrechtlich erschießen[22]. Bereits im Juni 1849 ließ der ehemalige Feldwebel Franz Nikolaus Weber von Ettlingen – am 10. Juni 1849 bei der 1. Kompanie des Leib-Infanterie-Regiments zum Oberleutnant gewählt – den als Spion verhafteten Waldhüter Leopold Stetter standrechtlich zum Tode verurteilen[23]. Der Korporal Adam Bertsch in der 4. Kompanie des Leib-Infanterie-Regiments war Angehöriger des Erschießungskommandos, das am 21. Juni 1849 diesen Waldhüter Stetter hinrichtete[24]. Außerdem war an dieser Hinrichtung der Soldat Karl Kramer aus Langenbrücken (Bruchsal) von der 1. Kompanie des Leib-Infanterie-Regiments beteiligt[25].

## Die Standgerichte der Preußen in Mannheim, Rastatt und Freiburg

Bald nach Ende der Revolution 1848/49 haben die Standgerichte Mannheim, Rastatt und Freiburg ihre Arbeit aufgenommen. Das Standgericht Mannheim hat sechs Todesurteile ausgesprochen, wobei fünf vollstreckt wurden. Das Standgericht in Rastatt hat 21 Todesurteile ausgesprochen, davon wurden 19 vollstreckt. Beim Standgericht in Freiburg wur-

---

18   GLA 233/31153: 103–104.
19   GLA 237/2705: 5 und 237/16845.
20   GLA 233/31153: 105.
21   GLA 233/31153: 103; 237/3728: 14 und 237/16845.
22   GLA 229/15690: 133; StAF A 27/3 Nr. 41: 4, 41 und Nr. 289: 3 und GLA 313/4306: 7.
23   GLA Flugschriftensammlung zur Revolution Ch 275; 229/85771: 81; 231/1127: 152; 233/31153: 235, 281–281, 324–325; 234/2 034 Beilage 45 und 237/2861: 18.
24   GLA 69 von Freydorf Nr. 121; 18.
25   GLA 60/1508: 5; 69 von Freydorf Nr. 117: 18, 34; 233/31153: 235, 281–282, 324–325; 234/2034 Beil. 45 f.; 237/2861 und 237/3782:10.

den vier Todesurteile ausgerufen und davon wurde ein Urteil in zehn Jahre Zuchthaus umgewandelt. Am 20. Oktober 1849 wurden in Rastatt die letzten Todesurteile vollstreckt, und zwar an Leutnant Karl von Bernigau aus Mühlhausen in Thüringen[26], an Geometer Johann Jansen aus Köln[27] und an Soldat Ludwig Schade aus Karlsruhe[28]. Nach dem Erlass vom 27. Oktober 1849[29] kam es bei den Standgerichten zu keinen Aburteilungen mehr, und die Kriegsgerichte nahmen ihre Arbeit auf, wie aus der nachfolgenden Liste der Verurteilten der Kriegsgerichte zu ersehen ist. Da die Namen der Todesurteile bei den Standgerichten hinlänglich bekannt sind, wird von einer Aufzählung dieser Verurteilten abgesehen. Allerdings sollte man da noch anfügen, dass die Urteile der Standgerichte als willkürlich anzusehen sind. Der ehemalige Leutnant im 35. Preußischen Infanterie-Regiment, Otto Julius Bernhard von Corvin-Wiersbitzki aus Gumbinnen, der bereits am Gefecht der Deutschen Legion unter Georg Herwegh in Dossenbach im Frühjahr 1848 als Chef des Generalstabes beteiligt war, dann noch maßgeblich am Aufstand 1849 mitgewirkt hat, wurde zwar vom Standgericht in Rastatt zum Tode verurteilt, aber gleich anschließend zu zehn Jahren Zuchthaus begnadigt[30]. Dagegen wurde der Feldwebel Josef Kilmarx aus Rastatt hingerichtet, der eigentlich, im Gegensatz zu Corvin-Wiersbitzki, am Aufstand 1849 nur wenig teilgenommen hat[31]. Vielen Mitstreitern von Kilmarx, die wesentlich mehr bei verschiedenen Aktivitäten während der Revolution beteiligt waren, wurde nicht einmal ein Verfahren eröffnet. Sicherlich wollte man bei Kilmarx als Rastatter ein Exempel statuieren, da eigentlich die Soldatenmeuterei in seiner Heimatstadt den Ausbruch der Revolution erst richtig auslöste.

## Kriegsgerichte der badischen Einheiten

Da wegen Meuterei, »Treulosigkeit« und Hochverrats am 22.8.1849 vom Standgericht Mannheim ein Leutnant im 2. Infanterie-Regiment, Andreas Schmidt, geb. am 12. Oktober 1819 in Randen, vor ein ordentliches Kriegsgericht gewiesen wurde, nahmen offensichtlich bei den badischen Regimentern bereits kurz nach der Niederschlagung des Aufstandes im Jahre 1849 die Kriegsgerichte ihre Tätigkeit auf[32]. Hier wurden noch wegen Meuterei, Hochverrats und *Treulosigkeit* etwa 45 Todesurteile gefällt, die aber nicht zur Ausführung kamen, dann in langjährige Zuchthausstrafen umgewandelt wurden. Viele Soldaten wurden in Abwesenheit abgeurteilt oder mussten auswandern.

---

26  H. RAAB (wie Anm. 5), S. 141–142.
27  H. RAAB (wie Anm. 5), S. 438.
28  H. RAAB (wie Anm. 5), S. 792.
29  GLA 69 von Freydorf Nr. 117: 18, 34.
30  H. RAAB (wie Anm. 5), S. 141–142.
31  H. RAAB (wie Anm. 5), S. 481.
32  GLA 69 von Freydorf Nr. 117 und Nr. 126; 233/31153; 233/33620; 236/8537; 239/619; 285 Zug. 1934/34 Nr. 24; 313/3864 und Großherzoglich Badisches Anzeigeblatt für den Seekreis 1849, S. 1300.

## Bilanz

Somit kann man von 75 bis 76 Todesurteilen bei den Stand- und Kriegsgerichten nach der Revolution 1848/49 ausgehen. Zur Aufklärung des Todesurteils des Soldaten Paul Huck und einiger zum Tode Verurteilten, werden vermutlich noch in den Gemeindearchiven der Heimatorte Aufzeichnungen vorhanden sein, da die Akten auswärtiger Archive nicht erfasst werden konnten: Die Gemeindearchive bergen in ihren einschlägigen Beständen – Gemeinderatsprotokolle, Rechnungsbücher mit Belegbänden, Grund- und Pfandbücher, Militär-, Kriegs- und Einquartierungssachen, Polizei- und Strafrechtspflege usw. – eine Fülle von Informationen, ebenso die örtlichen Kirchenbücher, Aufzeichnungen der Pfarrämter, der katholischen und evangelischen Kirchenbehörden, weiter die Polizei-, Flüchtlings- und Einwanderungsakten der Aufnahmeländer der geflohenen Demokraten in der Schweiz, Frankreich und USA usw. Sie alle sind zur Ergänzung und Vertiefung heranzuziehen. Zu beachten ist auch, dass auch noch im Generallandesarchiv unter den Spezialakten der Orte, zum Beispiel bei den Schuldienstakten der Lehrer beim Kultusministerium (Abt. 235) usw. eventuell noch Aufzeichnungen über die Teilnahme an revolutionären Handlungen vorhanden sind. Darüber hinaus wurden bei den Kriegsgerichten noch viele Soldaten zu mehrjährigen Zuchthaus- bzw. Festungsstrafen verurteilt, was im Band »Revolutionäre in Baden 1848/49« dokumentiert ist.

Da gerade diese von den regulären Kriegsgerichten zum Tode verurteilten Soldaten heute wenig bekannt sind, werden nachfolgend alle bisher ermittelten Quellen des Generallandesarchivs und Staatsarchiv Freiburg (StAF) aufgeführt:

## Durch badische Kriegsgerichte zum Tode verurteilte Soldaten[33]:

Berghauser, Franz, Xaver, geb. am 23.12.1824, Lehrer in Kürzell (Lahr)

Gefreiter bei der 10. Kompanie des 4. Infanterie-Regiments und »Hauptaufwiegler«. Als Redner bei den Offizierswahlen auf dem Marktplatz in Mannheim aufgetreten und an Gefechten beteiligt[34]. Flüchtig, Steckbrief vom 31.8.1849[35]. Vermögen am 26.12.1849 beschlagnahmt[36]. Am 15. Februar 1850 wegen »Hochverrats, Meuterei und Treulosigkeit« vom Kriegsgericht Mannheim zum Tod durch Erschießen und Verstoßung aus dem Militär verurteilt[37].
Im Dezember 1850 als Bassist am Theater in Basel und ab Neujahr 1851 in Bern[38]. 1851 als Flüchtling im Kanton Bern[39]. Nach Mitteilung vom 2. Januar 1853 unter dem Namen Orth als Sän-

---

33 Die Quellenangaben beziehen sich – sofern nicht anders vermerkt – immer auf das Generallandesarchiv Karlsruhe.
34 233/31153:282–283, 325–326; 236/8573:174–179; Großherzoglich Badisches Anzeigeblatt für den Unterrheinkreis 1849, S. 795; Großherzoglich Badisches Anzeigeblatt für den Mittelrheinkreis 1849, S. 846 und Großherzoglich Badisches Anzeigeblatt für den Mittelrheinkreis 1850, S. 374.
35 Großherzoglich Badisches Anzeigeblatt für den Seekreis 1849, S. 1013.
36 255/212:16.
37 233/31153:282–283, 325–326; Großherzoglich Badisches Anzeigeblatt für den Unterrheinkreis 1850, S. 299; Großherzoglich Badisches Anzeigeblatt für den Mittelrheinkreis 1850, S. 374 und Großherzoglich Badisches Anzeigeblatt für den Oberrheinkreis 1850, S. 440.
38 236/8573:174–179, 195–196 und 313/2901:69–71, 112–114.
39 48/3079:95, 48/5208:37; 49/1019:168; 49/2420:7, 236/8573:291 und 313/4200:54.

ger in Basel, am 2. März 1853 in Bern und im Juli bzw. Oktober 1853 »als ruhiger Mann am Theater in Zürich«[40]. 1862 in Baden als flüchtig registriert[41].

### Berner, Anton, Landmann in Neuhausen (Engen)

Scharfschütze beim 3. Infanterie-Regiment, hat sich an der Mairevolution »hervorragend beteiligt«. Aufrührerischer Reden und der Teilnahme an der Misshandlung und Beschimpfung des Hauptmann Josef v. Frick (?) in Kehl bezichtigt. Gefechtsteilnehmer[42].

Am 15. Januar 1850 wegen »Meuterei und Treulosigkeit« vom Kriegsgericht Rastatt zum Tod durch Erschießen verurteilt[43]. Flüchtig; Staatsbürgerschaft aberkannt[44].

Schadenersatzforderungen[45].

Im April 1850 ist er als Flüchtling in »Töss« (?), beantragt einen Ausweis zur Heimkehr aus der Schweiz[46]. Am 24. Juni 1850 von Aargau nach Amerika[47]. Am 2. November 1860 in Baden noch als flüchtig aufgeführt; wegen der begangenen Misshandlung wird die Begnadigung abgelehnt[48].

### Bertsch, Adam, Soldat aus Schwetzingen

Korporal und Kriegsschüler bei der 4. Kompanie des Leib-Infanterie-Regiments; zum Kreisrat gewählt. Blieb in Heidelberg, als Brentano dort war. 1849 Befürworter einer Rückkehr des Großherzogs. Angehöriger des Erschießungskommandos, das am 21. Juni 1849 den wegen angeblicher Spionage standrechtlich verurteilten Waldhüter Leopold Stetter von Oberstadt/Otterstadt (?) hinrichtete[49].

Sollte als Zeuge in der Untersuchungssache gegen Hauptmann Josef Ruppert vor dem Standgericht aussagen[50]. Im September 1849 in Haft[51]. Durch den Erlass vom 27. Oktober 1849 kam es nicht mehr zur Aburteilung durch das Standgericht[52]. Der »Treulosigkeit« und Tötung beschuldigt[53]. Im Verzeichnis vom 10. Dezember 1849 als Gefangener im Karlsruher Rathausturm aufgeführt[54]. Zuerst zum Tode verurteilt, Strafe dann vom Kriegsgericht Karlsruhe in lebenslänglich umgewandelt. Am 26. Juli 1850 in die Strafanstalt Bruchsal gebracht und im September 1851 zur Auswanderung begnadigt[55]. Nach anderen Angaben am 10. Oktober 1854 begnadigt[56].

40  236/8575:222, 278 f., 374; 236/8576:18, 69f, 167a und 313/4200:61, 116.
41  233/31153:282–283, 325–326.
42  233/31153:235, 281, 282, 325–326; 236/8578: 167–168 und 237/4039:3.
43  233/31153:235, 281, 282, 325–326; 237/2873; 359 Zug. 1924/58 Nr. 6: 172 jetzt StAF B 715/13 Nr. 6:172.
44  Großherzoglich Badisches Anzeigeblatt für den Seekreis 1850, S. 370, 555.
45  237/2873.
46  49/2409:165 und 49/2410:64.
47  236/8536 und 236/8576:126.
48  60/1508:15 und 233/31153:325–326.
49  69 von Freydorf Nr. 121:18.
50  69 von Freydorf Nr. 121:61.
51  234/2034 Beil. 45.
52  69 von Freydorf Nr. 117:18, 34.
53  236/8537:278 und 69 von Freydorf Nr. 126.
54  234/10211:5.
55  236/8585:38; 236/8537 und 311/6, 1852, Nr. 102 und 1853 Nr. 60.
56  311/7, 1854, Nr. 40.

## Biesele, Leopold, geb. am 12.11.1826 in Bruchsal

Leutnant des 3. Infanterie-Regiments, bei den Offizierswahlen 1849 zum Oberleutnant oder Major befördert[57]. Am 13. Mai 1849 war ein Leutnant Biesele am Bahnhof in Kehl[58]. Am 2. Juli 1849 war ein Leutnant Bisell an den Beratungen wegen Übergabe der Festung Rastatt beteiligt[59].
Am 29. Juli 1849 Gefangener im Fort A in Rastatt[60]. Am 24. Oktober 1849 an ein ordentliches Gericht überwiesen[61]. Vom Kriegsgericht (?) zu drei Jahren schwerer Festungsstrafe verurteilt[62]. Nach anderslautenden Angaben zum Tode verurteilt und mit Hilfe von Freunden und seiner Braut Babette Vogel in die Schweiz entkommen. Inzwischen verheiratet, zwölf Kinder[63].

## Birkle, Jakob, Soldat aus Rothweil

Soldat beim 3. Infanterie-Regiment. Aus Sicht der Behörden »ein unverschämtes Subjekt und Wühler« und frech zu den Vorgesetzten«. An der Befreiung der Gefangenen in Lörrach beteiligt.
Wegen Meuterei und »Treulosigkeit« am 28. Februar 1850 zum Tode durch Erschießen (Kriegs- gericht?) verurteilt, Strafe dann jedoch in lebenslänglich umgewandelt. Am 27. September 1854 zur Auswanderung begnadigt[64].

## Dietz, Heinrich, Maurer aus Rettigheim (Wiesloch)

Korporal der 8. Kompanie des 3. Infanterie-Regiments; bei den Offizierswahlen zum Leutnant gewählt[65]. Aufwiegler in der Kompanie, Mitglied des demokratischen Komitees beim Regiment. Hielt aufreizende Reden, war als Abgeordneter bei der Offenburger Versammlung und kämpfte auf Seite der Revolutionäre gegen die preußischen Truppen[66].
Wegen Meuterei und »Treulosigkeit« am 2. März 1850 vom Kriegsgericht Rastatt zum Tode durch Erschießen verurteilt[67]. Flüchtig[68].

## Dreher, Johann, Soldat aus Kandern (Lörrach)

Soldat im 3. Infanterie-Regiment, »forderte die Soldaten auf, die Offiziere wegzujagen, leitete hauptsächlich die Offizierswahlen in seiner Kompanie, ermahnte die Soldaten, der provisorischen Regierung treu zu sein und die Gegner derselben niederzuschießen«. Im Januar 1850 flüchtig, am Aufstand beteiligt und Vermögen beschlagnahmt. Wegen Meuterei und »Treulosigkeit« am 7. Juni 1850 zum Tode durch Erschießen (Kriegsgericht?) verurteilt, nach 1860 noch flüchtig[69].

---

57   Ch 275; 229/85771:86; 238/1657 und 49/2410:36.
58   233/611:88.
59   65/11498:59; ZGO, Band 106: 155.
60   49/2410:36; Ch 274:6.
61   N Mone Nr. 26:177.
62   233/31153:320 und 233/33620:83.
63   BA Büssenschütt 3813/1970.
64   233/31153:266–267, 323–324.
65   Ch 275; 229/85771:86; 236/8535:203 und 252/15:197.
66   233/31153:282–283.
67   233/31153:282–283 und 359 Zug. 1924/58 Nr. 6:172 jetzt StAF B 715/13 Nr. 6:172.
68   233/31153:282–283; 237/4148:3, 359 Zug. 1924/58 Nr. 6:172, 185 jetzt StAF B 715/13 Nr. 6:172, 185 und Großherzoglich Badisches Anzeigeblatt für den Unterrheinkreis 1850, S. 283.
69   233/31153: 285–286, 326–327 und 237/2774:28.

## Ell, Franz, 26 Jahre alt, Soldat aus Graben (Karlsruhe)

Korporal im 1. Infanterie-Regiment. Veranlasste am 30. Mai 1849 den meuterischen Zug der Soldaten von Rastatt nach Baden-Baden, nahm Offiziere fest und ließ auf den Lokomotivführer und Heizer des in Oos haltenden Zuges feuern, wobei diese verwundet wurden. In Baden-Baden angekommen, beschimpfte und bedrohte er den Oberleutnant von Goeler und »benahm sich höchst unverschämt gegen die Ehegattin des Obersten von Pieron«. An mehreren Gefechten u. a. in Leutershausen und Michelbach beteiligt[70].

In der Nacht vom 23. auf den 24. November 1849 aus dem Rastatter Militärhospital entflohen[71]. Wegen Beteiligung am Aufstand in Untersuchung[72]. Nach Angaben vom März 1850 aus den Kasematten in Rastatt entwichen[73]. Am 20. April 1850 wegen Meuterei und »Treulosigkeit« vom Kriegsgericht (?) in Abwesenheit zum Tode durch Erschießen verurteilt[74]. 1860 Begnadigung abgelehnt[75]. Weiterhin flüchtig[76].

## Gässler, Friedrich, Soldat aus Kippenheim (Ettenheim)

Gefreiter der 12. Kompanie des 3. Infanterie-Regiments. Benahm sich am 12. Mai 1849 höchst unverschämt gegen General Hoffmann, verlangte von ihm, Vertreter der Volksversammlung nach Offenburg zu schicken und bedrohte auch Hauptmann von Böckling mit Erschießen[77]. Zum Korporal gewählt[78]. Wird als »Haupttäter im Bezirk Hornberg« bezeichnet, der sich angeblich eine Reihe schwerer Verbrechen zu Schulden kommen ließ[79].

Am 29. Juli 1849 Gefangener im Rastatter Fort A[80]. Vermögensbeschlagnahme vom 7. August 1849[81]. Am 18. Januar 1850 wegen Meuterei und »Treulosigkeit« zum Tode durch Erschießen (Kriegsgericht?) verurteilt; später in lebenslänglich Zuchthaus umgewandelt und am 27. September 1854 zur Auswanderung begnadigt[82].

## Gantert, Bonifaz, Soldat aus Faulenfürst (Bonndorf)

Soldat des 3. Infanterie-Regiments. Einer der Anführer der Meuterer beim Gefängnissturm in Lörrach; brach dabei sein Bajonett ab und rühmte sich hinterher, General von Rotberg verwundet zu haben. Am 3. Juni 1850 wegen Meuterei und »Treulosigkeit« zum Tode durch Erschießen (Kriegsgericht?) verurteilt. Strafe in lebenslänglich umgewandelt. Am 27. September 1854 zur Auswanderung begnadigt[83]. Nach Angaben vom 2. November 1860 nicht begnadigt[84].

---

70  60/1508:16; 233/31153:236, 285–286 und 237/3767:3.
71  237/3767:3.
72  Großherzoglich Badisches Anzeigeblatt für den Oberrheinkreis 1849, S. 1660.
73  Großherzoglich Badisches Anzeigeblatt für den Mittelrheinkreis 1850, S. 407, 525.
74  233/31153:285–286, 299–303, 327–328, 343–345.
75  60/1508:16 und 233/31153:236.
76  233/31153:327–328.
77  233/31153:267–268, 323–324.
78  49/2410:35.
79  171/2381:69 und 247/124: 9, 19 jetzt StAF A 27/3 Nr. 124:9, 19.
80  49/2410:35.
81  171/2381:69 und 229/27866:79.
82  233/31153:267–268, 323–324.
83  233/31153:274–275, 324–325.
84  60/1508:14 und 233/31153:234.

### Gnam, Elias, Soldat aus Neuhausen (Pforzheim)

Kanonier der Festungsbatterie, Hauptmeuterer, richtete eine Kanone gegen General Hoffmann und seine Abteilung und verwundete Hauptmann Zeroni[85].

Am 29. Juli 1849 Gefangener im Rastatter Fort A[86]. Wegen Meuterei und »Treulosigkeit« am 30. November 1849 von der Untersuchungskommission des Regiments in Rastatt zum Tode durch Erschießen verurteilt. Strafe in lebenslänglich bzw. 20 Jahre Zuchthaus oder 17 Jahre Einzelhaft umgewandelt[87]. Am 15. Februar 1850 in die Strafanstalt Bruchsal gebracht. Strafende vorgesehen am 20.12.1866[88]. Zur Begnadigung unterschiedliche Belege: Am 7. November 1854 zur Auswanderung begnadigt[89]. Am 22. März 1855 begnadigt[90]. Nach einem Schreiben vom 2. November 1860 wegen Verwundung des Hauptmanns Zeroni Begnadigung abgelehnt[91].

### Goeler, Bernhard, Metzger aus Selbach (Gernsbach)

Soldat der 12. Kompanie des 3. Infanterie-Regiments. Angeblich »ein durchaus schlechtes Subjekt« und Anhänger der Umsturzpartei. Bedrohte Hauptmann von Böckling, der sich aus Rastatt entfernen wollte, mit Erschießen[92].

Am 29. Juli 1849 Gefangener im Rastatter Fort C[93]. Wegen Meuterei und »Treulosigkeit« am 10. Juni 1850 vom Kriegsgericht Rastatt zum Tode verurteilt, im Rekurs in zwanzig Jahre Haft umgewandelt[94]. 1851 Strafgefangener im Zuchthaus Freiburg[95]. Beim Auditorat in Rastatt in gerichtlicher Untersuchung, am 20. April 1852 in die Strafanstalt Bruchsal gebracht, Strafende vorgesehen am 25.6.1867[96]. Am 8. bzw. 31. August 1854 zur Auswanderung begnadigt[97]. 1855 in Amerika[98]. Noch 1861 Entschädigungsforderungen der Staatskasse[99].

### Haas, Ludwig, Soldat aus Forbach (Gernsbach)

Gefreiter im 3. Infanterie-Regiment. Einer der Hauptmeuterer des Rastatter Militäraufstands. Zum Leutnant gewählt[100], Soldat der 6. Kompanie; hielt eine Rede an die Meuterer, in der er die Soldaten u. a. aufforderte, ihm ihre Forderungen für Offenburg mitzuteilen[101]. Hielt beim Verbrüderungsfest am 10. Mai in Rastatt und als Abgeordneter der Rastatter Soldaten auf der Offenburger Volksversammlung am 12. Mai 1849 aufreizende Reden. In Offenburg als Vertreter der Soldaten in den Landesausschuss gewählt[102]. Genannt im Zusammenhang mit »Tax«-Erhebung für Bürgerwehr-

85   233/31153: 268–269, 324–325.
86   49/2410:6.
87   233/31153:268–269, 324–325, 311/6, 1852: Nr. 61 und 311/7, 1854:Nr. 23.
88   311/6, 1852, Nr. 61.
89   233/31153:268–269.
90   311/8, 1855, Nr. 15.
91   60/1508:14 und 233/31153:234.
92   233/31153:267–268.
93   49/2410:36.
94   233/31153:267–268, 323–324; 237/2826:6–7 und 237/3371:4.
95   269 Zug. 1927/30 Nr. 1:48, 60 und 269 Zug. 1952/39 Nr. 18:13.
96   311/6, 1852: Nr. 440 und 1853: Nr. 221.
97   233/31153:267–268, 323–324 und 311/7, 1854: Nr. 114.
98   269 Zug. 1952/39 Nr. 18:89f.
99   237/2776:80–81.
100  Ch 322:369; 229/15690:194–195; 233/31153:281–282, 325–326; 237/2776: 60–61 und N Mone Nr. 27:24.
101  48/5084:269, Nachtrag zur Geschichte des 3. Infanterie-Regiments (hier 11.Mai genannt).
102  N Mone Nr. 25:31–32.

und Militärtransporte mit der Eisenbahn im Raum Karlsruhe, Mannheim und Südbaden[103]. Vom 1. bis 22. Juni 1849 Stadtkommandant in Mannheim, wobei er sich angeblich »durch Roheit und Energie« auszeichnete[104].

Der Entwendung von Waffen aus dem großherzoglichen Residenzschloss angeschuldigt[105]. »An der Mairevolution hervorragend beteiligt«, steckbrieflich gesucht[106]. Untersuchungsakten wegen Hochverrats[107]. Am 8. Januar 1850 vom Kriegsgericht Rastatt wegen Meuterei und »Treulosigkeit« zum Tode durch Erschießen verurteilt[108]. Schadenersatzforderungen[109].

Flüchtig; über Straßburg, Paris und Le Havre nach Amerika ausgewandert. Nach Angaben vom 13. Dezember 1849 Gastwirt in New York[110]. 1862 noch flüchtig[111].

### Hahner, Andreas, Soldat aus Werbachhausen (Tauberbischofsheim)

Soldat im 1. Infanterie-Regiment; hielt hochverräterische Reden. »Als die 10. und 12. Kompanie auf Befehl ihrer Vorgesetzten nach Biengen marschierten, zwang er Major Koch zur Herausgabe der Fahne und marschierte mit beiden Kompanien nach Freiburg«. An der Mairevolution beteiligt, Eltern: Johann Georg Hahner und Anna Maria Hahner. Flüchtig; am 5. Februar 1850 vom Kriegsgericht Karlsruhe wegen Meuterei und »Treulosigkeit« zum Tode durch Erschießen verurteilt[112]. Nach Angaben vom 2. Oktober 1858 ohne staatliche Erlaubnis nach Amerika ausgewandert[113]. Staatsbürgerrecht aberkannt[114]. 1860 noch flüchtig[115].

### Hegner, Josef, Soldat aus Judentenburg (Heiligenberg)

Soldat im 2. Infanterie-Regiment. »Ein in jeder Beziehung schlechtes Subjekt«, »verbreitete revolutionäre Flugschriften«, »suchte Soldaten von ihren Offizieren abwendig zu machen«, stand mit dem »berüchtigten« Advokaten Heunisch in Verbindung, ermunterte die Soldaten zum festen Zusammenhalten gegen die rechtmäßige Regierung und beraumte Soldatenversammlungen an[116].

Nach Angaben vom 20. Januar 1850 als Flüchtling im Kanton Waadt; Antrag auf Ausstellung eines Ausweises zur Heimkehr[117]. Am 26. Januar 1850 Ausweis zur Heimkehr aus der Schweiz erhalten[118]. 1850 flüchtig[119]. Wegen Meuterei und »Treulosigkeit« als Hauptmeuterer am 7. März

103   237/2793:110–113.
104   233/31153:281–282; 236/8561:24; 276/3438:20, 38–41, 58 und 276/3439:4.
105   268 Zug. 1902/33 Nr. 65.
106   233/31153:325–326; 237/2818:96; 237/4039:3 und Großherzoglich Badisches Anzeigeblatt für den Mittelrheinkreis 1850, S. 407, 424, 633 und 788.
107   268 Zug. 1902/33 Nr. 65.
108   233/31153:281–282, 325–326; 237/2783:15; 237/2788:30–31 und 237/2819:12–13.
109   237/2818:139.
110   48/5202; 49/1471:285; 236/8577:55 und N Mone Nr. 28:89.
111   233/31153:325–326.
112   233/31153:285–286, 317–328; 237/2776:71–72; 237/2829:6–7; 237/2830:42 und Großherzoglich Badisches Anzeigeblatt für den Unterrheinkreis 1850, S. 314 und 338.
113   Großherzoglich Badisches Allgemeines Anzeigeblatt 1858 Nr. 62.
114   Großherzoglich Badisches Allgemeines Anzeigeblatt 1859, Nr. 8.
115   233/31153:285–286 und 327–328.
116   233/31153:249, 285–286.
117   49/2409:48.
118   49/2410:63.
119   237/2822:28, 31, 33 und 237/2825:160.

1850 vom Kriegsgericht Karlsruhe zum Tode verurteilt, flüchtig[120]. Aberkennung des Staatsbürger-rechts[121]. Vermögensbeschlagnahme und Entschädigungsansprüche der Generalstaatskasse[122].

## Huck, Paul, Soldat aus Daisendorf (Meersburg)

Korporal im Leib-Infanterie-Regiment; »Versuchte schon vor Ausbruch der Revolution Solda-ten zu verführen«, wiegelte am 12. Mai 1849 in Bruchsal seine Kompanie auf und forderte von den Soldaten, Major Ludwig, der sie beruhigen wollte, nicht zu Wort kommen zu lassen. Beim Einrü-cken in Karlsruhe ließ er Hecker hochleben und beging eine Insubordination gegen Oberst Holtz. Als Hauptmeuterer, Aufwiegler wegen »Treulosigkeit« am 15. Dezember 1849 zum Tode durch Erschießen (Kriegsgericht?) verurteilt. Am 2. November 1860 bzw. 1862 noch flüchtig[123]. Ist ver-mutlich mit Korporal Paul Huck aus Varnhalt identisch.

## Huck, Paul, Soldat aus Varnhalt (Bühl)

Korporal im Leib-Infanterie-Regiment, angeblich Handlanger der Zivilkommissäre und Ratge-ber der revolutionären Führer in Säckingen; rühriger Verbreiter von Flugschriften und falschen Gerüchten[124]. Der Meuterei, Verhaftung von Gendarmen und der Gelderpressung beschuldigt[125]. »Ein williges Werkzeug der Aufrührer in Säckingen«. Flüchtig[126]. Ausweisung aus der Schweiz erör-tert, 11.12.1849[127]. Nach Bericht vom 8.2.1850 wurde ein Soldat Paul Hug aus Varnhalt wegen Anstiftung zur Meuterei beim Leib-Infanterie-Regiment vom Kriegsgericht Karlsruhe zum Tode durch Erschießen verurteilt[128]. Flüchtig, zur Fahndung ausgeschrieben[129]. Ist vermutlich mit Korpo-ral Paul Huck aus Daisendorf bzw. Deisendorf identisch.

## Kaiser, Alois, Müller aus Nöggenschwiel (Waldshut)

Kanonier der Festungsartillerie; »Hauptaufwiegler«, der den Zug kommandierte, welcher unter dem Rufe »Hecker Hoch!« in das Gromersche Bierhaus in Rastatt einzog, den regierungstreuen Wachtmeistern Wenzel und Glock einen Säbelhieb versetzte, seine Pistole auf Rittmeister Wolff anlegte und auch am Angriff auf den Hauptmann Zeroni in Rastatt beteiligt war.

120   233/31153: 285–286, 327–328 und 237/2821:20–21.
121   213/3740c: 125; 237/4107:21; 359 Zug. 1924/58 Nr. 6: 186 jetzt StAF B 715/13 Nr. 6: 186; Großherzoglich Badisches Anzeigeblatt für den Unterrheinkreis 1850, S. 579; Großherzoglich Badi-sches Anzeigeblatt für den Mittelrheinkreis 1850, S. 537, 690, Großherzoglich Badisches Anzeige-blatt für den Oberrheinkreis 1850, S. 659; Großherzoglich Badisches Anzeigeblatt für den Seekreis 1850, S. 610 und Großherzoglich Badisches Anzeigeblatt für den Oberrheinkreis 1850, S. 550.
122   237/2776:34, 37, 59–60 und Großherzoglich Badisches Anzeigeblatt für den Unterrheinkreis 1850, S. 790–791.
123   233/31153:281–182, 325–326.
124   236/8510:9 und 372 Zug. 1891/71 Nr. 6:59,jetzt StAF B 733/6 Nr. 6:59.
125   237/3044:9 und 372 Zug. 1891/71 Nr. 7:27 jetzt StAF B 733/6 Nr. 7:27.
126   236/8535:78–79.
127   372 Zug. 1891/71 Br. 7:27 jetzt StAF B 733/6 Nr, 7:27.
128   381 Zug. 1910/84 Nr. 73:12 jetzt StAF B 746/6 Nr. 73:12.
129   237/3361:3; 359 Zug. 1924/58 Nr. 6: 156 jetzt StAF B 715/13 Nr. 6:156; 363 Zug. 1907/122 Nr. 39:20 jetzt StAF B 723/3 Nr. 39:20 und Großherzoglich Badisches Anzeigeblatt für den Mittel-rheinkreis 1850, S. 422, 445, 562.

Wegen Meuterei und »Treulosigkeit« am 18. Dezember 1849 vom Kriegsgericht Rastatt zum Tod durch Erschießen verurteilt, flüchtig[130]. Am 4. August 1850 von Zürich nach Amerika ausgewandert[131]. 1850 Staatsbürgerrecht aberkannt[132]. 1860 noch flüchtig[133].

### Klumpp, Josef, Soldat aus Kappel (Achern)

Wegen Beteiligung an hochverräterischen Unternehmungen in Untersuchung. Im Januar 1849 Soldat eines Dragoner-Regiments[134]. Karabinier des 2. Dragoner-Regiments. Nach vorheriger Verabredung auf einem Patrouillenritt von Landau aus mit seiner untergebenen Mannschaft nach Mannheim entwichen[135]. Wegen Desertion in Untersuchungshaft. Am 13. September 1849 aus dem Untersuchungsarrest im »Reiter-Depot« in Mannheim entkommen; steckbrieflich gesucht[136]. Wegen Desertionskomplotts und »Treulosigkeit« am 8.1.1850 vom Kriegsgericht Mannheim in Abwesenheit zum Tod durch Erschießen verurteilt, dann vom Großherzog zu sechs Jahren Militärarbeitsstrafe begnadigt[137]. Zur Aberkennung des Staatsbürgerrechts Unterlagen 1850[138]. Begnadigungsverfahren 1860[139].

### Kochendörfer, Johann Karl, Schneider aus Weinheim

Oberfeldwebel im 4. Infanterie-Regiment in Mannheim. Der Eidesleistung für die revolutionäre Regierung, Annahme eines höheren Dienstgrades bei den Offizierswahlen und Anführung von Gefechten bezichtigt[140]. Zum Oberleutnant gewählt, später Hauptmann[141]. »Schneidergeselle, als Major bei den Aufständischen«[142]. Zur Fahndung ausgeschrieben[143]. Der Meuterei und des Hochverrats beschuldigt[144]. Vermögensbeschlagnahme[145]. Zahlungsanforderung vom 23. Januar 1850[146]. Wegen Hochverrats, Meuterei und »Treulosigkeit« am 14. Februar 1850 vom Kriegsgericht Mann-

---

130 233/31153:283–284, 326–327 und 359 Zug. 1924/58 Nr. 6: 172, 209 jetzt StAF B 715/13 Nr. 6:172, 209.
131 236/8536 und 236/8576:126.
132 236/8578:89.
133 233/31153:326–327.
134 234/10199:199–204, 401–402.
135 255/212:21.
136 Großherzoglich Badisches Anzeigeblatt für den Unterrheinkreis 1849, S. 838; Großherzoglich Badisches Anzeigeblatt für den Mittelrheinkreis 1849, S. 926 und Großherzoglich Badisches Anzeigeblatt für den Seekreis 849, S. 1072, 1084.
137 233/31153:249–250; 255/212:21; Großherzoglich Badisches Anzeigeblatt für den Unterrheinkreis 1850 S. 43 und Großherzoglich Badisches Anzeigeblatt für den Mittelrheinkreis 1850, S. 45.
138 239/4957:113; 255/144:6 und Großherzoglich Badisches Anzeigeblatt für den Mittelrheinkreis 1850, S. 391, 408, 621.
139 233/31153: 249–250.
140 Großherzoglich Badisches Anzeigeblatt für den Unterrheinkreis 1849, S. 739–740; Großherzoglich Badisches Anzeigeblatt für den Mittelrheinkreis 1849, S. 794, Großherzoglich Badisches Anzeigeblatt für den Oberrheinkreis 1849, S. 987–988 und Großherzoglich Badisches Anzeigeblatt für den Seekreis 1849 S. 956.
141 229/85771:77 und 237/2954:24.
142 236/8501:8.
143 206/3195:141 und 229/15690:9–10.
144 Großherzoglich Badisches Anzeigeblatt für den Oberrheinkreis 1849, S. 987–988 und Großherzoglich Badisches Anzeigeblatt für den Mittelrheinkreis 1849, S. 794.
145 237/2774:23; 237/4015:3 und 255/212:16.
146 381 Zug. 1910/84 Nr. 73:12 jetzt StAF B 746/6 Nr. 73:12.

heim zum Tod durch Erschießen und Verstoßung aus dem Militär verurteilt[147]. Zur Aberkennung des Staatsbürgerrechts Unterlagen Juli 1850[148].

Ab Herbst 1849 in Straßburg und Umgebung beobachtet. Angeblich bei einem Schneider in der Münsterstraße 10 beschäftigt[149]. Nach Angaben vom 26.12.1849 flüchtig; Vermögensbeschlagnahme[150]. 1851 in der Schweiz, zunächst in Liestal, später Dorneck, Basel und Solothurn[151]. Zur Internierung und Ausweisung Unterlagen 1851/1852[152]. Am 11. September 1861 zur Heimkehr in das Großherzogtum begnadigt[153].

## Kramer, Karl, Soldat aus Langenbrücken (Bruchsal)

Soldat der 1. Kompanie des Leib-Infanterie-Regiments. Der Meuterei und der Beteiligung am Erschießungskommando beschuldigt, das den Waldhüter Leopold Stetter am 21. Juni 1849 wegen angeblichen Spionierens hinrichtete[154]. Im September 1849 angeblich in Mannheim inhaftiert[155]. Fall auf Erlass vom 27. Oktober 1849 nicht vor dem Standgericht Mannheim verhandelt[156]. Flüchtig; Fahndung vom 27. November 1849[157]. Am 14. März 1850 vom Kriegsgericht Karlsruhe wegen Meuterei, »Treulosigkeit« und Ermordung des Waldhüters Stetter zum Tode verurteilt[158]. Bis Juni 1850 noch nicht gestellt[159]. Schreiben vom 12. Juni 1850 wegen Aberkennung des Staatsbürgerrechts[160]. Begnadigung des Flüchtigen 1860 abgelehnt[161]. Entschädigungsforderungen der Staatskasse[162].

147   233/31153:282–283, 328–329; 237/2782:19; Großherzoglich Badisches Anzeigeblatt für den Unterrheinkreis 1850 S. 299; Großherzoglich Badisches Anzeigeblatt für den Mittelrheinkreis 1850, S. 374 und Großherzoglich Badisches Anzeigeblatt für den Oberrheinkreis 1850 S. 440.
148   Großherzoglich Badisches Anzeigeblatt für den Mittelrheinkreis 1850 S. 785 und Großherzoglich Badisches Anzeigeblatt für den Oberrheinkreis 1850 S. 729.
149   48/3079:191–192; 48/5202; 49/1471:322–323; 236/8500: 186, 203; 236/8501:8, 17,60; 236/8503: 64–65; 236/8577: 124; 237/2854; 313/2903:160; 266 Zug. 1890/22 Nr. 7:242, jetzt StAF B 18/38 Nr. 7:242; Großherzoglich Badisches Anzeigeblatt für den Unterrheinkreis 1850 S. 151, 504; Großherzoglich Badisches Anzeigeblatt für den Mittelrheinkreis 1850 S. 619 und Großherzoglich Badisches Anzeigeblatt für den Oberrheinkreis 1850, S. 604.
150   237/2774:23, 237/4015:3 und 255/212:16.
151   48/3079:116. 180–181, 205–207; 48/3080:158–159, 235; 49/2422:11–12, 38–40; 49/2423:17; 49/2434:13; 236/8574:13–14, 27,49–53, 69, 89–90, 137–143, 239–240, 268–270; 236/8576:187; 313/2903:123, 179–180, 218, 228, 313/2904:98; 313/2906:7 und 340 Zug. 1898/13 Nr. 277: 102 jetzt StAF B 692/2 oder 3 Nr. 277: 102.
152   48/3079; 115, 165–166; 48/3080:10–12, 18, 38–39; 49/2422:11, 20–21, 36; 49/2423:4–6; 236/8574:62, 313/2903:137 und 313/2905:183–184.
153   60/1508:12–13; 233/31153:229–233, 282–283, 302, 328–329 und 236/8575:63, 189, 280.
154   60/1508:5, 69 von Freydorf Nr. 117:18, 34; 233/31153:235, 281–282, 324–325; 234/2034 Beil.: 45 f; 237/2861:18 und 237/3782:10.
155   234/2034 Beil. 45 f.
156   69 von Freydorf Nr. 117:18, 34.
157   237/3767:3.
158   69 von Freydorf Nr. 117: 18 und 34 und Nr. 126; 233/31153:281–282, 324–325; 237/2833:5–6; 237/2861:18 und 237/3782:10.
159   359 Zug. 1924/58 Nr.6: 149 und 161 jetzt StAF B 715/13 Nr. 6: 149, 161; Großherzoglich Badisches Anzeigeblatt für den Unterrheinkreis 1850 S. 575; Großherzoglich Badisches Anzeigeblatt für den Mittelrheinkreis 1850, S. 443, 455, 713 und Großherzoglich Badisches Anzeigeblatt für den Seekreis 1850, S. 413.
160   Großherzoglich Badisches Anzeigeblatt für den Seekreis 1850 S. 620.
161   60/1508:15 und 233/31153:235, 281–282, 324–325.
162   237/2776:81–82.

## Lohmann, Johann Christian, Emailleur aus Unterschwarzach (Neckargemünd)

Bedienungskanonier der 2. Festungsbatterie bei der Artilleriebrigade, der Beteiligung am Militäraufstand und des gewalttätigen Angriffs auf Hauptmann Zeroni beschuldigt. Fahndung vom 18. September 1849[163]. Ein Lehmann rühmte sich angeblich, den Juden Salomon Weil im Juni 1849 erschossen zu haben[164]. Nach Angaben vom 15. April 1850 wegen Meuterei und Insubordination vom Kriegsgericht Rastatt in Abwesenheit zum Tode durch Erschießen verurteilt[165]. Staatsbürgerrecht im Mai 1850 aberkannt[166].

Ein Julius Christian Lohmann, Zifferblättermacher von Unterschwarzach, war als Flüchtling in der Schweiz. Im Mai 1850 ausgewiesen und abgereist[167]. Vom 1. Januar bis 15. Mai 1852 in Frankreich[168]. Am 25. April 1852 von Bern (?) nach Amerika oder England emigriert[169]. 1860 noch flüchtig; Begnadigung abgelehnt[170].

## Lorenz, Meinrad, Soldat aus Altschweier (Bühl)

Soldat im 1. Infanterie-Regiment; Anhänger der Umsturzpartei. Als »Wühler« bezeichnet und angeblich an der Ermordung Salomon Weils beteiligt[171]. Wegen Meuterei und »Treulosigkeit« und Mordes in Untersuchung[172]. Am 24. Januar 1850 zum Tode durch Erschießen (Kriegsgericht?) verurteilt[173]. Weiterhin flüchtig[174].

## Manz, Franz Friedrich August, Soldat aus Heidelsheim (Bruchsal)

Kurier im 4. Infanterie-Regiment; bei den Offizierswahlen 1849 zum Leutnant gewählt[175]. »Leistete den Eid für die vorläufige Regierung, nahm höhere Militärchargen an, beteiligte sich an Gefechten und versuchte dabei, die Soldaten durch Drohung mit Erschießen bei den Aufständischen zurückzuhalten«[176]. »Hauptaufwiegler« in seiner Kompanie, »Hauptmeuterer« und »eifriger Revolutionär«[177].

---

163 60/1508:15; 233/31153:235, 283–284, 326–327; 260/2:49 und 359 Zug. 1924/58 Nr. 6: 185 jetzt StAF A 27/3 Nr. 276: 185.
164 359 Zug. 1924/58 Nr. 6: 183 jetzt StAF A 27/3 Nr. 276: 183.
165 233/31153:283–284, 326–327; 359 Zug. 1924/58 Nr. 6: 172 jetzt StAF B 715/13 Nr. 6: 172 und StAF A 27/3 Nr. 276: 185.
166 215/397: 138, 151; 236/8578: 76; 237/4148:3; 359 Zug. 1924/58 Nr. 6: 185 jetzt StAF B 715/13 Nr. 6: 185; 363 Zug. 1907/122 Nr. 39:38 jetzt StAF B 723/3 Nr. 39:38; Großherzoglich Badisches Anzeigeblatt für den Unterrheinkreis 1850 S. 274, 464; Großherzoglich Badisches Anzeigeblatt für den Mittelrheinkreis 1850, S. 360, 377, 523, 578; Großherzoglich Badisches Anzeigeblatt für den Oberrheinkreis 1850, S. 407, 569 und Großherzoglich Badisches Anzeigeblatt für den Seekreis 1850 S. 525.
167 236/8221:238–239.
168 48/3080:82; 49/2420:67 und 236/8575:114.
169 236/8536 und 236/8576:128.
170 60/1508:15 und 233/31153:326–327.
171 233/31153:286–287, 328–329 und 233/40250b:26f.
172 247/276:27, 29 jetzt StAF A 27/3 Nr. 276:27,29.
173 233/31153:286–287, 328–329 und 233/40250b:26f.
174 60/1508:16; 233/31153:236, 286–287, 328–329, 359 Zug. 1924/58 Nr. 6:156, 187 jetzt StAF B 715/13 Nr. 6: 156, 187; 363 Zug. 1907/122 Nr. 39:20 jetzt StAF B 723/3 Nr. 39:20 und Großherzoglich Badisches Anzeigeblatt für den Mittelrheinkreis 1850, S. 422, 445, 562.
175 229/85771:77 und 233/31153:282–283.
176 Großherzoglich Badisches Anzeigeblatt für den Mittelrheinkreis 1849, S. 866–867; Großherzoglich Badisches Anzeigeblatt für den Oberrheinkreis 1849 S. 1156 und Großherzoglich Badisches Anzeigeblatt für den Seekreis 1849, S. 1013.
177 233/31153:282–283.

Steckbrief vom 31. August 1849[178]. Zahlungsbefehl vom 24. Dezember 1849[179]. Vermögen am 26. Dezember 1849 beschlagnahmt. Flüchtig; wegen Meuterei und Hochverrats gesucht[180]. Wegen Anstiftung zur Militärmeuterei, »Treulosigkeit« und Hochverrats am 13. März 1850 vom Kriegsgericht Mannheim in Abwesenheit zum Tode durch Erschießen, Verstoßung aus dem Militär und Degradierung verurteilt[181].

Fahndung vom 24. März 1850. Aberkennung des Staatsbürgerrechts[182]. Im November 1860 noch flüchtig[183]. Entschädigungsansprüche der Staatskasse[184].

## Mone, Friedrich, Soldat aus Heidelberg

Kriegsschüler und Gefreiter im 4. Infanterie-Regiment, bei den Offizierswahlen 1849 zum Leutnant gewählt[185]. Sohn des Archivdirektors Franz Josef Mone. Als »eifriger Revolutionär« und »Aufwiegler« bezeichnet[186]. Während der Revolution in Mannheim stationiert; am 23. Mai 1849 besuchsweise in Karlsruhe. Nach dem Gefecht bei Heppenheim verfasster Brief vom 2. Juni 1849 an seinen Bruder Friedegar in Karlsruhe. Mitte Juni 1849 nahm er in Ladenburg einen mecklenburgischen Major auf dem Kirchturm gefangen[187]. »Arretierte den Bürgermeister von Käfertal«[188] nach dem Gefecht bei Waghäusel in Heidelberg[189].

Flüchtig. »Wegen Eidesleistung für die vorläufige Regierung, Beteiligung bei den Offizierswahlen, Annahme höherer Chargen, Beiwohnung und Anführung in Gefechten und gewaltsame Zurückhaltung der Soldaten vom Übergange« zur Fahndung ausgeschrieben[190]. Wegen Hochverrats angeklagt[191]. Vermögen am 26. Dezember 1849 beschlagnahmt[192].« Wegen »Treulosigkeit«, Hochverrats und Anstiftung zur Soldatenmeuterei am 28. Februar 1850 vom Kriegsgericht Mannheim zum Tode durch Erschießen unter Verstoßung vom Militär verurteilt[193]. Weiterhin flüchtig[194]. Schreiben vom 29. November 1850 zum Zahlungsbefehl[195]. 1860 Begnadigung abgelehnt[196].

178  Großherzoglich Badisches Anzeigeblatt für den Unterrheinkreis 1849 S. 795–796.
179  359 Zug. 1924/58 Nr. 6: 143 jetzt StAF B 715/13 Nr. 6:143 und Großherzoglich Badisches Anzeigeblatt für den Unterrheinkreis 1850 S. 32–33.
180  237/2774:23; 237/4015:3 und 255/212:16.
181  233/31153:282–283; 237/2788:37–38, 237/2819:302–304; 237/2835:3–4; 237/3898:5 und 359 Zug. 1924/58 Nr. 6:143 jetzt StAF B 715/13 Nr. 6:143.
182  359 Zug. 1924/58 Nr. 6:161 jetzt StAF B 715/13 Nr. 6:161; Großherzoglich Badisches Anzeigeblatt für den Unterrheinkreis 1850, S, 334, 575; Großherzoglich Badisches Anzeigeblatt für den Mittelrheinkreis 1850, S. 443, 456, 714 und Großherzoglich Badisches Anzeigeblatt für den Seekreis 1850 S. 621.
183  233/31153:282–283.
184  237/2776:93–94.
185  Ch 275 und 229/85771:77.
186  233/31153: 282–283, 326–327.
187  N Mone Nr. 26: 7, 16, 60.
188  233/31153:282–283.
189  N Mone Nr. 26:93.
190  237/2774:24; 237/4015:3 und Großherzoglich Badisches Anzeigeblatt für den Mittelrheinkreis 1849 S. 963.
191  Großherzoglich Badisches Anzeigeblatt für den Unterrheinkreis 1849 S. 850–851.
192  255/212:16.
193  233/31153:282–283, 326–327; 237/3898:5; 359; 359 Zug. 1924/58 Nr. 6:143, 149 jetzt StAF B 715/13 Nr. 6: 143, 149 und Großherzoglich Badisches Anzeigeblatt für den Unterrheinkreis 1850 S. 360.
194  233/31153:326–327; 237/4148:3, 359 Zug. 1924/58 Nr. 6:185 jetzt StAF B 715/13 Nr. 6:185 und Großherzoglich Badisches Anzeigeblatt für den Unterrheinkreis 1850 S. 284, 465.
195  Großherzoglich Badisches Anzeigeblatt für den Mittelrheinkreis 1850 S. 1088.
196  60/1508:15.

## Protz, Martin, Soldat aus Billigheim (Mosbach)

Oberfeldwebel im 4. Infanterie-Regiment, 1849 zum Oberleutnant ernannt[197]. Eifriger Anhänger der »Umsturzpartei«. »Hat pflichttreuen Soldaten bei Nichtanschließung zu den Freischaren mit Erschießen gedroht, als erwählter Major bei Käfertal kommandiert und auch das Gefecht bei Kuppenheim mitgemacht«.

Steckbrieflich gesucht[198]. Nach Angaben vom 12. März 1850 hatte ein Unteroffizier Protz vom 4. Infanterie-Regiment von der Generalstaatskasse 5 Gulden 35 Kreuzer Löhnung erhalten[199]. Ende Dezember 1849 der Meuterei und des Hochverrats beschuldigt[200]. Wegen Meuterei, »Treulosigkeit« und Hochverrats am 7. Februar 1850 vom Kriegsgericht Mannheim in Abwesenheit zum Tode durch Erschießen unter Verstoßung vom Militär verurteilt[201]. Weiterhin flüchtig[202].

## Reinmann, Josef, Soldat aus Rheinweiler (Müllheim)

Soldat im 3. Infanterie-Regiment; er widersetzte sich am 12. Mai 1849 den Befehlen seiner Vorgesetzten. Auf Vorhaltungen des Oberleutnants Hoffmann reagiert er mit der Bemerkung zu den Soldaten: »Laßt ihn schwätzen, wir antworten ihm mit Kartätschen«. Galt als »Hauptmeuterer«[203]. Flüchtig; Fahndung wegen »Treulosigkeit« vom 1. März 1850 und Vermögensbeschlagnahme[204]. Am 14. Juni 1850 wegen Meuterei und »Treulosigkeit« zum Tod durch Erschießen (Kriegsgericht?) verurteilt. 1860 noch flüchtig[205].

## Ritter, Karl, geb. 27.1.1826 in Karsau, Soldat aus Karsau (Säckingen)

Soldat im 3. Infanterie-Regiment[206]. Vermutlicher Mitunterzeichner eines Aufrufs an die badischen Soldaten vom 14. Mai 1849[207]. Galt als Hauptmeuterer in Rastatt, hat eine aufrührerische Rede in der Gromerschen Bierbrauerei gehalten, war Mitglied des sogenannten regierenden Landesausschusses und wurde in die Verfassunggebende Versammlung gewählt. Mandat nicht angetreten[208]. »Gehörte zu den Oberleitern der Revolution«[209].

---

197    Ch 275, 229/85771:77 und Großherzoglich Badisches Anzeigeblatt für den Unterrheinkreis 1849, S. 794.
198    233/31153:282–283; Großherzoglich Badisches Anzeigeblatt für den Unterrheinkreis 1849 S. 794; Großherzoglich Badisches Anzeigeblatt für den Mittelrheinkreis 1849 S. 867; Großherzoglich Badisches Anzeigeblatt für den Oberrheinkreis 1849 S. 1146 und Großherzoglich Badisches Anzeigeblatt für den Seekreis 1849 S. 1037–1038.
199    237/2783:10.
200    237/2774:23; 237/4015:3 und 255/212:16.
201    233/31153:282–283, 325–326; Großherzoglich Badisches Anzeigeblatt für den Unterrheinkreis 1850, S. 299, Großherzoglich Badisches Anzeigeblatt für den Mittelrheinkreis 1850 S. 374 und Großherzoglich Badisches Anzeigeblatt für den Oberrheinkreis 1850 S. 440.
202    233/31153:282–283, 325–326; 359 Zug. 1924/58 Nr. 6:171, jetzt StAF B 715/13 Nr. 6:171, 363 Zug. 1907/122 Nr. 39:39 jetzt StAF B 723/3 Nr. 39:39 und Großherzoglich Badisches Anzeigeblatt für den Unterrheinkreis 1850, S. 274, 405; zum Oktober 1850: 266 Zug. 1890/22 Nr. 7:242.
203    233/31153:285–286, 327–328.
204    237/4060:8.
205    237/31153:285–286, 327–328.
206    237/2776:58–59.
207    N Mone Nr. 26:23.
208    48/3076:63; 60/1508:15; 65/11371:110; 65/11620/4:1; 233/31153:281–282, 325–326; 236/8571:38 und Großherzoglich Badisches Regierungsblatt 1849 Nr. 165.
209    233/31153:235 und Großherzoglich Badisches Anzeigeblatt für den Mittelrheinkreis 1849 S. 730.

Fahndung vom 1. August 1849[210]. Wegen Beteiligung am letzten Aufstand, »Treulosigkeit« und Meuterei am 7. Januar 1850 vom Kriegsgericht Rastatt zum Tod durch Erschießen und Schadenersatz verurteilt[211]. Staatsbürgerrecht im Mai 1850 aberkannt[212].

Als Flüchtling in der Nordschweiz[213]. Nach Mitteilung vom 2. Februar 1850 hatte er angeblich gesagt, dass »beim nächsten Einfall die Ohren und Nasen abgeschnitten werden«[214]. Nach Angaben von 1850/1851 längere Zeit als Schreiber beim Flüchtlingskomitee in Zürich[215]. Nach Angaben vom 30. Juni 1853 ist ein Kaufmann Karl Ritter aus Karsau von Solothurn nach Amerika ausgewandert[216]. Eltern: Johann Baptist Ritter (Lehrer) und Katharina geb. Herzog aus Karsau[217]. Entschädigungsansprüche der Staatskasse[218].

## Rosenthal, Leopold, Soldat aus Ladenburg

Karabinier des 2. Dragoner-Regiments; der Aufreizung der Soldaten beschuldigt[219]. Galt als »Hauptaufwiegler« bzw. »Hauptmeuterer«. »Hat sich bei den Offizierswahlen 1849 besonders als Leiter betätigt und wurde selbst zum Oberleutnant gewählt«[220]. Am Gefecht bei Waghäusel beteiligt[221]. Ein Rosenthal soll »an der gewaltsamen Wegführung von drei Reitpferden der Frau von Lotzbeck in Lahr bzw. zum Nachteil des Obersten von Rotberg« sowie der Beschlagnahme der Kasse auf Schloss Donaueschingen bzw. bei der Obereinnehmerei in Bonndorf während der Revolution beteiligt gewesen sein«[222]. Nach Angaben vom 31. Juli 1849 im Besitz eines gestohlenen Pferdes[223]. Revolutionsteilnehmer[224]. Am ganzen Feldzug beteiligt und mit den Resten der Revolutionsarmee in die Schweiz übergewechselt[225].

Flüchtig; zur Fahndung ausgeschrieben bzw. steckbrieflich gesucht[226]. Vermögen am 26. Dezember 1849 beschlagnahmt[227]. Untersuchung wegen Hochverrats durch das Bezirksamt Lahr bzw. Bonndorf. Wegen Meuterei, »Treulosigkeit«, Diebstahl, Erpressung und Raubes vom Kriegsgericht

210   166/232:55.
211   49/2413:130; 233/31153:281–282, 325–326; 237/2783:15; 237/2821:21–22 und 237/2828:139.
212   215/379:87; Großherzoglich Badisches Anzeigeblatt für den Seekreis 1850, S. 547 und Großherzoglich Badisches Anzeigeblatt für den Mittelrheinkreis 1850 S. 606.
213   48/3078:258; 48/3079:276; 49/2413:178; 236/8501:66; 236/8573:29, 32; 236/8574:188 und 372 Zug. 1891/71 Nr. 7:94, 103, 235f jetzt StAF B 733/6 Nr. 7:94, 103, 235f.
214   236/8572:102–103.
215   48/3078:148, 182; 48/3079:302; 49/2413:130; 49/2420:33, 236/8572:138, 186; 236/8574:170 und 313/2904:140.
216   236/8536; 236/8576:128 und 372 Zug. 1891/71 Nr. 8:309 jetzt StAF B 733/6 Nr. 8:309.
217   237/2776:58–59.
218   237/2776:34, 36, 58–59.
219   N Lutz Nr. 2: Karlsruher Zeitung vom August 1849.
220   233/31153:282–283, 326–327 und Großherzoglich Badisches Anzeigeblatt für den Unterrheinkreis 1849 S. 1007, 1030.
221   233/31153:282–283.
222   229/27866:80; 233/31153:282–283; 236/8510:5; 236/8535:14–15; 236/8577:52; 237/2704:7; 237/2735:4; 237/2778:11–12; 317/286:5, 29–30 jetzt StAF A 96/3 Nr. 286:5, 29–30; 244/6:2 jetzt StAF A 26/2 Nr. 6:2; 264/7:173 jetzt StAF B 17/11 Nr. 7: 173; Großherzoglich Badisches Anzeigeblatt für den Unterrheinkreis 1849, S. 1007; Großherzoglich Badisches Anzeigeblatt für den Mittelrheinkreis 1849, S. 1182 und Großherzoglich Badisches Anzeigeblatt für den Oberrheinkreis 1849, S. 1421.
223   49/2412:19.
224   229/15690:194–195 und 237/2776:21.
225   Großherzoglich Badisches Anzeigeblatt für den Unterrheinkreis 1849, S. 1007, 1030, und Großherzoglich Badisches Anzeigeblatt für den Mittelrheinkreis 1849, S. 1182.
226   N Lutz Nr.2: Karlsruher Zeitung vom 1. August 1849.
227   237/2704:4; 237/2775:73 und 255/12:17.

Mannheim am 26. Januar 1850 in Abwesenheit zum Tod durch Erschießen und Ausstoßung vom Militär verurteilt sowie zu Schadenersatz verurteilt[228]. Staatsbürgerrecht aberkannt[229]. Als Flüchtling in der Schweiz, im September 1849 in Zürich[230]. 1862 noch flüchtig[231].

### Roth, Donat, Soldat aus Freiatzenbach (Schönau)

Soldat im 2. Infanterie-Regiment. »Als nach Ausbruch der Revolution die beiden Kompanien, welche unter Hauptmann Koch in Langendenzlingen lagen, nach dem Kaiserstuhl abmarschieren sollten, verlangten die Soldaten nach Freiburg zu marschieren. Hauptmann Koch hat Oberleutnant Asbrand mit der Fahne an die Spitze der Truppe treten lassen und forderte die treu gebliebenen Soldaten auf, sich um ihn zu scharen. In diesem Augenblick sprang Roth, den Hahn seines Gewehres spannend, auf den Hauptmann Koch zu und nötigte denselben zur Herausgabe der Fahne«.
Wegen Meuterei und »Treulosigkeit« am 27. Dezember 1849 als »Hauptmeuterer« vom Kriegsgericht Rastatt zum Tod durch Erschießen verurteilt. Strafe später in lebenslänglich Zuchthaus umgewandelt. Am 16. Januar 1850 in die Strafanstalt Bruchsal eingeliefert und am 27. September 1854 zur Auswanderung begnadigt[232].

### Rottermann, Friedrich, Soldat aus Haßmersheim (Mosbach)

Soldat im 2. Infanterie-Regiment; »forderte schon vor Ausbruch der Revolution die Soldaten auf, an den Volksversammlungen teilzunehmen. Rottermann erschien in Begleitung anderer meuterischer Soldaten beim 1. Bataillon des Regiments in Zarten und forderte die Truppen auf, ihre Offiziere zu verlassen. Als der Rest beider Bataillone zwei Tage darauf nach Freiburg zurückkehrte, veranlasste er die Arretierung mehrerer Offiziere«[233]. Im Besitz einer Liste mit Namen von Weinheimern, die verhaftet wurden[234].
Wegen Meuterei und »Treulosigkeit« am 9. März 1850 in Abwesenheit durch Erschießen (Kriegsgericht?) verurteilt[235]. Fahndung vom 13. April 1850[236].
Am 30. November 1849 als Flüchtling in der Schweiz, Ausweis zur Heimkehr aus der Schweiz erhalten[237]. Am 2. November 1860 noch flüchtig[238].

---

228  233/31153:282–283; 237/2775:73; 237/2783:15; 237/2788:33–34; 237/2818:102,139; 237/2819:13–14; 237/4060:5; 237/2819:13–14; Großherzoglich Badisches Anzeigeblatt für den Unterrheinkreis 1850, S. 216; Großherzoglich Badisches Anzeigeblatt für den Mittelrheinkreis 1850, S. 290, 788 und Großherzoglich Badisches Anzeigeblatt für den Oberrheinkreis 1850, S. 319; zu Schadenersatzforderungen: 237/2776:21, 22, 69–70 und 237/2854:31.
229  236/8578:61; 237/2704:4; 255/12:17; 317/284:1 jetzt StAF A 96/3 Nr. 284:1; Großherzoglich Badisches Anzeigeblatt für den Unterrheinkreis 1850, S. 110; Großherzoglich Badisches Anzeigeblatt für den Mittelrheinkreis 1850, S. 149 und Großherzoglich Badisches Anzeigeblatt für den Seekreis 1850, S. 108.
230  48/3078:182; 48/3079:302; 49/2413:130; 49/2420:33; 236/8572:186 und 236/8574:169.
231  233/31153:282–283, 326–327.
232  233/31153:272–273, 324–325, 311/6, 1852, Nr. 51 und 311/7, 1854, Nr. 17.
233  233/31153:285–286, 327–328.
234  305/43:24.
235  233/31153:285–286, 327–328.
236  359 Zug. 1924/58 Nr. 6: 171 jetzt StAF B 715/13 Nr. 6:171 und Großherzoglich Badisches Anzeigeblatt für den Unterrheinkreis1850, S. 273, 405.
237  48/3078:28 und 49/2410:58.
238  233/31153:285–286, 327–328.

## Rümmelin, Ignaz, Soldat aus Ottersweier (Bühl)

Kanonier der 2. Feldbatterie der Artilleriebrigade, Sprecher bei Soldatenversammlungen und ein eifriger Meuterer. »Wiegelte die Batterie auf« und stand mit Karl Friedrich Heunisch in unmittelbarem Kontakt[239]. Der Militärmeuterei angeklagt; Fahndung vom 28. August 1849[240]. Am 24. Januar 1850 vom Kriegsgericht Karlsruhe wegen Meuterei und »Treulosigkeit« in Abwesenheit zum Tod durch Erschießen verurteilt[241]. Im März 1850 noch nicht gestellt[242].

Am 12. April 1850 in Unterstraß/Ktn. Zürich; beantragt Ausweis zur Heimkehr[243]. Am 19. April 1850 von Zürich nach Amerika[244]. Am 5. Mai 1850 noch flüchtig[245]. Vermögensbeschlagnahme[246]. Eltern: Sattlermeister Ignatz Rümmelin und Eleonore Späth[247]. Vermutlich 1862 noch flüchtig[248].

## Sauter, Martin, Bierbrauer aus Zimmerholz (Engen)

Soldat im 3. Infanterie-Regiment[248a]. »Bearbeitete schon vor Ausbruch der Revolution die Soldaten im Interesse der Umsturzpartei«, Hauptteilnehmer am Aufstand in Lörrach«, »Hauptwühler« und »eifriger Förderer der Soldatenversammlung in Lörrach«, bei der er in einer Rede zur Empörung gegen die rechtmäßige Regierung aufforderte. Auch bei der gewaltsamen Gefangenenbefreiung »besonders tätig«[249]. An Gefechten beteiligt[250].

Nach Angaben vom 14. März 1850 flüchtig[251]. Wegen »Treulosigkeit« und Meuterei am 3. Juni 1850 zum Tod durch Erschießen (Kriegsgericht?) verurteilt[252]. Vermögensbeschlagnahme[253].

Im April 1850 in Zürich, Antrag auf Ausstellung eines Ausweises zur Heimkehr[254]. Staatsbürgerrecht aberkannt[255]. Am 11. Juni 1850 von Zürich nach Amerika ausgewandert[256]. Im November 1860 »gegenwärtig noch flüchtig«[257].

## Scheibel, Karl, Küfer aus Heidelberg

Soldat des 2. Dragoner Regiments; galt bereits im Frühjahr 1848 als »Wühler« und »Verleumder« seiner Vorgesetzten. Einer der Rädelsführer bei Ausbruch der Revolution. Zum Wachtmeister gewählt. »Bedrohte treu gebliebene Soldaten und Unteroffiziere mit Erschießen« und widersetzte

---

239   233/31153: 283–284, 326–327.
240   229/81864:10; 237/2957:3 und 237/3887:3.
241   233/31153:283–284, 326–327; 237/2788:50–51; 237/2821:22–23,35; 237/2822:29 und 381 Zug.
1890/84 Nr. 73:12 jetzt StAF B 746/6 Nr. 73:12.
242   Großherzoglich Badisches Anzeigeblatt für den Mittelrheinkreis1850, S. 423, 445.
243   49/2409:163 und 49/2410:64.
244   236/8536 und 236/8576:125.
245   359 Zug. 1924/58 Nr. 6:187,562 jetzt StAF B 715/13 Nr. 6: 187, 562.
246   Großherzoglich Badisches Anzeigeblatt für den Unterrheinkreis 1850, S. 791.
247   237/2776:61–62.
248   233/31153:326–327.
248a  255/144:5.
249   233/31153:286–287, 327–328.
250   236/8578:167–168.
251   Großherzoglich Badisches Anzeigeblatt für den Seekreis 1850, S. 371.
252   233/31153:286–287, 327–328.
253   237/2774:28.
254   49/2409:165 und 49/2410:64.
255   Großherzoglich Badisches Anzeigeblatt für den Seekreis 1850, S. 535.
256   236/8536 und 236/8576:126.
257   233/31153:286–287, 327–328.

sich denjenigen, welche nach dem Treffen von Waghäusel die rechtmäßige Regierung wiederherstellen wollten[258]. Am 21. Juli 1849 untergetaucht[259]. Wegen Meuterei inhaftiert und in Untersuchung. In der Nacht vom 25. zum 26. Oktober 1849 aus dem Gefängnis ausgebrochen. Fahndung und Steckbrief vom 26. Oktober 1849[260]. Vermögensbeschlagnahme vom 13. Januar 1850 wegen »Aufforderung zur Auflehnung gegen die Offiziere und Treubruchs«[261]. Fahndung vom 4. Mai 1850[262]. Wegen Anstiftung zur Soldatenmeuterei und »Treulosigkeit« am 25. Juli 1850 vom Kriegsgericht Mannheim in Abwesenheit zum Tod durch Erschießen verurteilt[263]. 1862 noch flüchtig[264].

## Scheidet, Valentin, Soldat aus Achern

Soldat im 3. Infanterie-Regiment. »Bearbeitete schon vor Ausbruch der Revolution die Soldaten seiner Kompanie im Sinne der Umsturzpartei, mit welcher er in Verbindung stand«. »Veranlaßte mit anderen Meuterern die Soldatenversammlung in Lörrach« und »war einer der Anführer bei dem hierauf erfolgten Gefängnissturm«. »Hauptbeteiligter beim Aufstand in Lörrach«[265].

Im Januar 1850 flüchtig; Vermögensbeschlagnahme[266]. Aberkennung des Staatsbürgerrechts im Juni 1850[267]. Wegen Meuterei und »Treulosigkeit« am 8. Juni 1850 zum Tod durch Erschießen (Kriegsgericht?) verurteilt, 1862 noch flüchtig[268].

## Schmidt, Peter, Schiffer aus Haßmersheim (Mosbach)

Fahndung vom 25. Juli 1848 wegen Desertion vom 3. Infanterie-Regiment in Rastatt. Nach Angaben vom 15. September 1848 wieder gestellt[269]. »Ist in jeder Beziehung ein verdorbener Mensch« und stand bei Ausbruch der Revolution wegen dritten Diebstahls in Untersuchung. Von den Meuterern befreit. An der Ermordung des als angeblichen Spion verhafteten Karl Maier aus Rastatt beteiligt, »zeigte sein blutiges Bajonett und rühmte sich dieser Mordtat«[270]. Am 13. Juli 1849 vermutlich in der Festung in Rastatt[271].

Vom 16. Juli bis 7. August 1849 im Hospital in Karlsruhe[272]. Dann als politischer Gefangener in der Infanterie Kaserne[273]. Am 16. April 1850 flüchtig[274]. Wegen Tötung in Untersuchung[274a]. Wegen

258 233/31153: 286–287.
259 54/134:16.
260 N Mone Nr. 28:75; 237/3044:27; 237/4223:3; Großherzoglich Badisches Anzeigeblatt für den Unterrheinkreis 1849, S. 977, Großherzoglich Badisches Anzeigeblatt für den Mittelrheinkreis 1849, S. 1129 und Großherzoglich Badisches Anzeigeblatt für den Oberrheinkreis 1849, S. 1440.
261 255/212:29; Großherzoglich Badisches Anzeigeblatt für den Mittelrheinkreis 1850 S. 62 und Großherzoglich Badisches Anzeigeblatt für den Seekreis 1850, S. 62.
262 237/4147:3 und 359 Zug. 1924/58 Nr. 6: 185 jetzt StAF B 715/13 Nr. 6:185.
263 233/31153:286–287, 328–329; Großherzoglich Badisches Anzeigeblatt für den Unterrheinkreis 1850 S. 55, 283, 464, 716; Großherzoglich Badisches Anzeigeblatt für den Mittelrheinkreis 1850 S. 879 und Großherzoglich Badisches Anzeigeblatt für den Oberrheinkreis 1850 S. 787.
264 233/31153:328–329.
265 233/31153:285–286, 327–328.
266 37/2774:28.
267 239/4957:113.
268 233/31153:285–286, 327–328.
269 Großherzoglich Badisches Anzeigeblatt für den Unterrheinkreis 1848, S. 753, 879.
270 233/31153:286–287, 328–329.
271 234/1917:11.
272 364/526:10.
273 236/8561:94, 101.
274 359 Zug. 1924/58 Nr. 6: 172 jetzt StAF B 715/13 Nr. 6: 172.
274a 233/40250:17f.

Meuterei, »Treulosigkeit« und Mord am 3. Mai 1850 zum Tod durch Erschießen (Kriegsgericht?) verurteilt[275].

Aufenthalt anschließend unklar[276]. 1860 noch flüchtig; Begnadigung abgelehnt[277].

### Schöpperle, Fidel, geb. 1826, Müller aus Endermettingen (Stühlingen)

Soldat der 7. Kompanie des 1. Infanterie-Regiments; am »meuterischen Zuge nach Baden[-Baden]« beteiligt. »Benahm sich äußerst brutal gegen Offiziere bzw. gegen Hauptmann Keßler, der sich auf württembergisches Gebiet geflüchtet hatte und daselbst eingeholt wurde. Er stellte sich nach der Verhaftung mit geladenem Gewehr und aufgepflanzten Bajonett vor demselben«[278].

Zur Fahndung ausgeschrieben[279]. Wegen Meuterei und »Treulosigkeit« am 20. April 1850 zum Tod durch Erschießen (Kriegsgericht?) verurteilt[280]. Im Mai 1850 noch flüchtig[281]. Am 24. Juni 1850 von Zürich aus nach Amerika emigriert[282].

Nach Angaben vom 14. November 1849 im Ktn. Zürich und rückkehrwillig. Antrag auf Ausstellung eines Ausweises zur Heimkehr aus der Schweiz im November 1849[283]. Nach Angaben vom 11. Juli 1850 Staatsbürgerrecht aberkannt[284]. Im November 1860 noch flüchtig[285].

### Scholl, Franz Josef, Soldat aus Balsbach (Eberbach)

Soldat im 1. bzw. 2. Infanterie-Regiment; galt als »äußerst tätiger ›Wühler‹«[286].

Wegen Meuterei und »Treulosigkeit« vom Standgericht (wohl Kriegsgericht) in Rastatt in Abwesenheit zum Tod durch Erschießen verurteilt. Strafe in lebenslänglich Zuchthaus umgewandelt. Als Flüchtling in der Schweiz, Antrag auf Ausstellung eines Ausweises zur Heimkehr aus der Schweiz im November 1849[287]. Wegen Beteiligung am Militäraufstand gesucht; im März 1850 noch flüchtig[288]. Am 21. August 1850 in die Strafanstalt Bruchsal eingeliefert[289]. Am 11. Dezember 1854 zur Auswanderung begnadigt[290].

275   233/31153:286–287, 328–329.
276   49/2413:140–141, 167, 328.
277   60/1508:16 und 233/31153:236, 286–287, 328–329.
278   233/31153:285–286, 327–328.
279   215/379:87.
280   233/31153:285–286, 327–328.
281   255/144:11; Großherzoglich Badisches Anzeigeblatt für den Unterrheinkreis 1850 S. 522 und Großherzoglich Badisches Anzeigeblatt für den Mittelrheinkreis 1850 S. 621.
282   236/8536; 236/8576:126 und 340 Zug. 1897/13/I Nr. 270:42 jetzt StAF B 692/2 oder 3 Nr. 270:42.
283   48/3077:203; 49/2408:293; 49/2410:55 und 340 Zug. 1897/13/I Nr. 275:18 jetzt StAF B 692/2 oder 3 Nr. 275:18.
284   Großherzoglich Badisches Anzeigeblatt für den Unterrheinkreis 1850 S. 761 und Großherzoglich Badisches Anzeigeblatt für den Seekreis 1850 S. 661.
285   233/31153:285–286, 327–328.
286   233/31153:324–325.
287   48/3077; 49/2408:296 und 49/2410:54.
288   Großherzoglich Badisches Anzeigeblatt für den Unterrheinkreis 1850 S. 271.
289   311/6, 1852; Nr. 108; 1853, Nr. 64 und 233/31153:324–325.
290   311/7, 1854, Nr. 42 und 233/31153:324–325.

## Schopferer, Simon, Soldat aus Feuerbach (Müllheim)

Scharfschütze im 3. Infanterie-Regiment. Der Beschimpfung und Misshandlung des Hauptmann v. Frick in Kehl beschuldigt, der sich daraufhin das Leben nahm[291]. An der Mairevolution hervorragend beteiligt; ab 23. Oktober 1849 zur Fahndung ausgeschrieben[292].
Wegen Meuterei, Gewalttat und »Treulosigkeit« und Beteiligung am letzten Aufstand am 15. Januar 1850 vom Kriegsgericht Rastatt in Abwesenheit zum Tod durch Erschießen bzw. zu zwölf Jahren Zuchthaus verurteilt[293]. Wegen Aberkennung des Staatsbürgerrechts 1851[294]. Entschädigungsforderungen[295]. Begnadigung nach Angaben vom 2. November 1860 abgelehnt[296].
1862 noch flüchtig[297].

## Sickinger, Josef Anton, Soldat aus Hamberg (Pforzheim)

Korporal im 3. Infanterie-Regiment. »Hat am 30. Mai 1849 die Leute zum meuterischen und hochverräterischen Zuge von Rastatt nach Baden-Baden antreten lassen und bedrohte diejenigen, die nicht mitziehen wollten«[298].
Fahndung vom 4. Dezember 1849[299]. Wegen Meuterei und »Treulosigkeit« am 20. April 1850 vom Kriegsgericht Karlsruhe in Abwesenheit zum Tod durch Erschießen verurteilt. Weiterhin flüchtig[300]. Entschädigungsansprüche der Staatskasse. Eltern: Leinweber, Ferdinand Sickinger und Veronika geb. Volz[301].

## Stengele, Peter, Schlosser aus Gutenstein (Meßkirch)

Kanonier bzw. Korporal der 4. Feldbatterie der Artillerie. Mitglied des Volksvereins[302]. Anhänger der »Umsturzpartei«. An der Ermordung des Juden Salomon Weil in Rastatt besonders beteiligt[303]. Am 29. Juli 1849 als Gefangener im Rastatter Fort C aufgeführt[304].
Seit 28. August 1849 als Gefangener in Bastion XI in Rastatt und wegen Mord und »Treulosigkeit« in Untersuchung[305]. Am 24. Juni 1850 vom Kriegsgericht Rastatt zum Tod durch Erschießen

---

291 60/1508:15; 233/31153:235, 281–282, 325–326 und 238/2077:21.
292 237/4039:3; 255/145:36; 359 Zug. 1924/58 Nr. 6:212 jetzt StAF B 715/13 Nr. 6:212; 363 Zug. 1907/122 Nr. 39:24 jetzt StAF B 723/3 Nr. 39:24 und Großherzoglich Badisches Anzeigeblatt für den Unterrheinkreis 1851 S. 136.
293 233/31153:281–282, 325–326; 237/2783:15; 237/2788:23–24; 237/2826:7–8; 237/2873:5; 359 Zug. 1924/58 Nr.6:172 jetzt StAF B 715/13 Nr. 6:172 und Großherzoglich Badisches Anzeigeblatt für den Unterrheinkreis 1851 S. 136.
294 236/8578:88.
295 269 Zug. 1952/39 Nr. 18:59–60.
296 60/1508:15.
297 233/31153:325–326.
298 233/31153:286–287, 328–329 und 237/3921:3.
299 237/3921:3.
300 233/31153:286–287, 328–329; 237/2776:34; 237/2829:8–9; 237/2820:43; Großherzoglich Badisches Anzeigeblatt für den Mittelrheinkreis 1851 S. 163 und Großherzoglich Badisches Anzeigeblatt für den Mittelrheinkreis 1852 S. 250.
301 237/2776:34, 37, 71–72.
302 236/8208:54 und 236/8509:37.
303 233/40250b:26f und 233/31153:234, 274–275, 324–325.
304 49/2410:40.
305 236/8560:188 und 247/276:27, 29, 160 jetzt StAF A 27/3 Nr. 276:27, 29, 160.

verurteilt, dann zu lebenslänglich Zuchthaus begnadigt[306]. Am 11. September bzw. 12. Oktober 1854 zur Auswanderung begnadigt[307]. 1860 vollständige Begnadigung abgelehnt[308].

## Vogel, Alexander, Musiker aus Helmsheim (Bruchsal)

Bataillonshornist im Leib-Infanterie-Regiment; galt als Hauptmeuterer. »Trat dem Major Weizenegger, welcher das Bataillon nach Müllheim führen wollte, mit blankem Säbel entgegen und führte die Abteilung nach Kandern«[309]. Nach Niederwerfung des Aufstandes geflüchtet[310].
Der Meuterei beschuldigt; Fahndung vom 28. September 1849[311]. Wegen Teilnahme am letzten Aufstand, Anstiftung zur Meuterei und »Treulosigkeit« am 25. Februar 1850 vom Kriegsgericht Karlsruhe in Abwesenheit zum Tod durch Erschießen verurteilt[312]. Aberkennung des Staatsbürgerrechts im Juni 1850[313].
Am 6. Juni 1859 gestellt[314]. Auf allerhöchste Entschließung vom 22. Juni 1859 zu zehn Jahren Zuchthaus begnadigt. Nach Angaben vom 2. November 1860 seitdem »in der Anstalt«[315]. Vom Kriegsgericht Karlsruhe zu zehn Jahren Zuchthaus oder sechs Jahren Einzelhaft verurteilt. Am 27. Juni 1859 in die Strafanstalt Bruchsal eingeliefert. Strafende vorgesehen 25.6.1866[316]. »Durch allerhöchste Entschließung vom 21. September 1861 vollständig begnadigt«[317]. Entschädigungsansprüche. Eltern: Tagelöhner Johannes Vogel, Eheleute in Helmsheim[318].

## Weber, Franz Nikolaus, Soldat aus Ettlingen

Feldwebel der 1. Kompanie des Leib-Infanterie-Regiments. Am 10. Juni 1849 zum Oberleutnant gewählt[319]. »Befehligte die Truppen des Insurgentenführers Berger, welche den als Spion verhafteten Waldhüter Stetter von Otterstadt/Oberstadt (?) standrechtlich erschossen haben«[320].
Im September 1849 flüchtig[321]. Wegen Meuterei, »Treulosigkeit« und Ermordung des Waldhüters Stetter am 14. März 1850 vom Kriegsgericht Karlsruhe in Abwesenheit zum Tod durch Erschießen verurteilt.
Weiterhin flüchtig[322]. 1860 wegen Beteiligung an der Erschießung des Waldhüters Stetter von der Begnadigung ausgeschlossen[323].

306   233/31153:274–275, 324–325; 233/40250b:26f, 311/6, 1852 Nr. 116 und 311/6, 1853 Nr. 68.
307   233/31153:274–275, 324–325 und 311/7, 1854, Nr. 44.
308   60/1508:14 und 233/31153:234.
309   233/31153:281–282.
310   233/31153:328–329.
311   237/3044:9.
312   233/31153:281–282, 328–329; 237/2783:16, 237/2830:42; 237/2831:6–7; 237/2832:42 und 363 Zug. 1907/122 Nr. 39:38 jetzt StAF B 723/3 Nr. 39:38.
313   237/4107:21; 359 Zug. 1924/58 Nr. 6:161 jetzt StAF B 715/13 Nr. 6:161; Großherzoglich Badisches Anzeigeblatt für den Unterrheinkreis 1850, S. 575; Großherzoglich Badisches Anzeigeblatt für den Mittelrheinkreis 1850 S. 443, 456 und Großherzoglich Badisches Anzeigeblatt für den Seekreis 1850 S. 414, 620.
314   233/31153:328–329.
315   233/31553:281–282.
316   311/11, 1859 Nr. 369.
317   233/31153:328–329.
318   237/2776:79–80.
319   Ch 275; 229/85771:81; 231/1127:152 und 234/2034: Beil.:45.
320   60/1508:15; 234/2034:Beil.: 45; 233/31153:235, 281–282, 324–325 und 237/2861:18.
321   234/2034: Beil. 45.
322   233/31153:281–282, 324–325; 237/27788:59–60; 237/2831:6–7; 237/2861:18, 237/16844 und Großherzoglich Badisches Anzeigeblatt für den Mittelrheinkreis 1850 S. 423, 606.
323   60/1508:15 und 233/31153:235, 282–282 u. 324–325.

## Weiland, Melchior, Soldat aus Schönfeld

Wachtmeister im 1. Dragoner-Regiment. Im Monat Mai an der Militärmeuterei beteiligt[324]. Zum Leutnant, dann zum Rittmeister ernannt[325].

Fahndung vom 6. September 1849[326]. Wegen Gelderpressung Beschlagnahme seines Vermögens[327]. Zahlungsbefehl des Bezirksamtes Tauberbischofsheim vom 19. Dezember 1849[328]. am 14. Januar 1850 wegen Meuterei vom Kriegsgericht Karlsruhe in Abwesenheit zum Tod durch Erschießen verurteilt[329]. Aberkennung des Staatsbürgerrechts[330]. Weiterhin flüchtig[331].

## Wolfinger, Rudolf, Soldat aus Freiburg

Früher bei der Eisenbahn angestellt[332]. Soldat im 1. Infanterie-Regiment. »Hat sich im Frühjahr 1848 in Rastatt hochverräterische Äußerungen erlaubt«[333]. Hat sich im Gromerschen Bierhause in Rastatt in Bezug auf die deutschen Fürsten mit »Herunter müssen die Bluthunde« geäußert. Um der deswegen gegen ihn eingeleiteten Untersuchung zu entgehen, entwich er in die Schweiz[334]. Steckbrief vom 19. August 1848[335]. Am Struveaufstand beteiligt, »wobei er mehrere Brutalitäten beging«[336]. Hat als Kommandant der Leopoldshöhe »verschiedene Erpressungen verübt, öffentliche Kassen beraubt und Arretierungen von Staatsbeamten vorgenommen«[337]. In Müllheim mit Karl Isaak Dörflinger zusammengetroffen[338]. Wegen Beraubung der Kasse von Eimeldingen 1848 erwähnt. Im Herbst auf der Schusterinsel[339]. Wegen Vergehens und Raubes beim Freischarenzug. Bruder des Assessors Wolfinger in Lörrach[340]. Als Flüchtling in Nancy[341].

Nach Angaben vom 2. Januar 1849 wegen Hochverrats in Untersuchung[342]. Der Beteiligung am Septemberaufstand im Amtsbezirk Lörrach beschuldigt[343]. Wegen Meuterei, »Treulosigkeit«, aufrührerischer Reden, Majestätsbeleidigung und Teilnahme an hochverräterischen Unternehmungen im September 1848 am 1. Juli 1850 vom Kriegsgericht (?) in Abwesenheit zum Tod durch Erschießen verurteilt[344].

---

324 Großherzoglich Badisches Anzeigeblatt für den Mittelrheinkreis 1849 S. 746.
325 Ch 275; 48/5475, Nr. 3 und 229/85771:78.
326 237/3153:26.
327 215/379:17, 85.
328 237/4015:3 und Großherzoglich Badisches Anzeigeblatt für den Unterrheinkreis 1849 S. 1178.
329 252/15:197 und Großherzoglich Badisches Anzeigeblatt für den Mittelrheinkreis 1850 S. 78.
330 215/379:92 und Großherzoglich Badisches Anzeigeblatt für den Unterrheinkreis 1850 S. 515.
331 Großherzoglich Badisches Anzeigeblatt für den Unterrheinkreis 1850 S. 314, 338, 419, 451.
332 237/16827:259.
333 Großherzoglich Badisches Anzeigeblatt für den Mittelrheinkreis 1850 S. 537.
334 233/31153:286–287.
335 Großherzoglich Badisches Anzeigeblatt für den Mittelrheinkreis 1848 S. 736.
336 233/31153:286–287.
337 236/8513:128; 237/16827:218 und Großherzoglich Badisches Anzeigeblatt für den Mittelrheinkreis 1850 S. 537.
338 236/8221:186.
339 237/16827:218, 259, 264.
340 236/8513:338–342, 346–349.
341 313/3861:172.
342 236/8514:5.
343 305/73:87.
344 233/31153:286–287, 328–329 und Großherzoglich Badisches Anzeigeblatt für den Mittelrheinkreis 1850, S. 564.

Nach Angaben vom 19. Januar 1858 ist er in Amerika[345]. Erbschaftsaufruf vom 24. April 1863; Aufenthalt unbekannt[346].

345   233/31153: 286–287, 328–329 und Großherzoglich Badisches Allgemeines Anzeigeblatt 1858 Nr. 5.
346   Badisches Allgemeines Anzeigeblatt 1863 Nr. 23.

# Die badischen Liberalen und die preußische Unionspolitik 1849–1850

VON FRANK ENGEHAUSEN

Vergleicht man die innenpolitischen Konstellationen in den deutschen Staaten in der Anfangsphase der Revolution von 1848/49, dann kann dem Großherzogtum Baden eine Sonderstellung zugewiesen werden. Früher und schärfer als andernorts spaltete sich die Opposition in zwei Gruppen: in Liberale und Demokraten, Gemäßigte und Radikale oder, wie es der Heidelberger Historiker Ludwig Häusser ausdrückte, einen *monarchischen* und einen *antimonarchischen Theil*[1]. Die Frage, wann diese Spaltung erfolgte, ist schwierig zu beantworten. Die besseren Argumente sprechen jedoch dafür, den entscheidenden Bruch im Frühjahr 1848 zu sehen und ihn nicht schon ein halbes Jahr vor Ausbruch der Revolution zu datieren. Die Versammlungen in Offenburg im September und in Heppenheim im Oktober 1847 verfolgten zu unterschiedliche Zwecke, als dass ein klarer Vergleich möglich wäre[2]. Zudem wurden weder hier noch dort verbindliche Parteiprogramme aufgestellt, die Handlungsanweisungen geben konnten, als Ende Februar 1848 die Nachricht von der Revolution in Frankreich politische Umwälzungen auch in Deutschland anstieß. Die Spaltung der Opposition vollzog sich dann schnell: Auf der Heidelberger Versammlung am 5. März 1848 traten die Gegensätze offen zutage, auch wenn man sich noch einmal auf ein gemeinsames Manifest verständigte[3]; die Beratungen des Vorparlaments in der Frankfurter Paulskirche knapp vier Wochen später zeigten, dass eine Kooperation nicht mehr möglich war[4]. Die gemäßigten Liberalen um Bassermann

---

1 L. HÄUSSER, Denkwürdigkeiten zur Geschichte der Badischen Revolution, Heidelberg 1851, S. 84.
2 Zu den beiden Versammlungen vgl. neuerdings R. SCHIMPF, Offenburg 1802–1847. Zwischen Reichsstadt und Revolution, Karlsruhe 1997, S. 263–291; R. HOEDE, Die Heppenheimer Versammlung vom 10. Oktober 1847, Frankfurt a.M. 1997; W. v. HIPPEL, Revolution im deutschen Südwesten. Das Großherzogtum Baden 1848/49 (Schriften z. pol. Landeskd. Baden-Württ. 26), Stuttgart u. a. 1998, S. 86–91.
3 Vgl. dazu F. ENGEHAUSEN, Die Heidelberger Versammlung und der Beginn der deutschen Revolution, in: DERS. u. F. HEPP (Hgg.), Auf dem Weg zur Paulskirche. Die Heidelberger Versammlung vom 5. März 1848. Begleitband zu der Ausstellung im Kurpfälzischen Museum der Stadt Heidelberg vom 5. März–3. Mai 1998, Ubstadt-Weiher 1998, S. 11–30.
4 Zum Problem der Spaltung der Opposition in Frühjahr 1848 vgl. L. BERGSTRÄSSER, Die parteipolitische Lage beim Zusammentritt des Vorparlaments, in: Zeitschrift für Politik 6 (1913), S. 594–620.

und Mathy meinten fortan, einen Kampf an zwei Fronten führen zu müssen, gegen die intransigenten Verfechter der alten Ordnung ebenso wie gegen die Radikalen, die unter dem Deckmantel der Freiheit der Anarchie den Weg bereiteten. Umgekehrt hatten aus der Perspektive Heckers, Struves und ihrer Parteigänger die gemäßigten Liberalen das Volk verraten und waren in das Lager der Reaktionäre gewechselt.

In der Mehrzahl der zum jüngsten Jubiläum erschienenen Publikationen, die sich mit der Revolution in Baden befassen, lag das Hauptaugenmerk auf den Radikalen[5]. Die gemäßigten Liberalen dagegen haben wenig Beachtung gefunden, so dass der Forschungsstand in Hinblick auf die Geschichte des badischen Liberalismus in der Revolution 1848/49 nach wie vor als unbefriedigend bezeichnet werden muss: Eine umfassende Darstellung der Arbeit des von den Liberalen dominierten Landtags zum Beispiel fehlt ebenso wie fundierte Biographien liberaler Parteiführer. Zu den bislang von der Forschung vernachlässigten Aspekten gehört auch das Verhalten der badischen Liberalen in der Endphase der Revolution. So könnte man bei der Lektüre der einschlägigen Gesamtdarstellungen[6] den Eindruck gewinnen, dass bei Ausbruch der Mairevolution 1849 die gemäßigten Liberalen völlig von der politischen Bühne verschwunden seien. Zu zeigen, dass das nicht der Fall war, ist das Anliegen dieses Aufsatzes, der sich mit der Frage beschäftigt, wie die badischen Liberalen auf die deutschlandpolitische Initiative reagiert haben, mit der die preußische Regierung unmittelbar nach Ablehnung der Kaiserkrone durch Friedrich Wilhelm IV. versuchte, Teile der Nationalbewegung für eine Bundesreform unter preußischer Ägide zu gewinnen. Zuvor ist jedoch auf einige Probleme hinzuweisen, die die Situation der badischen Liberalen in der Revolution kennzeichneten.

# I.

Eine präzise Antwort auf die Frage, wie stark der Rückhalt war, den die gemäßigten Liberalen in Baden im Verlauf der Revolution in der Bevölkerung hatten, lässt sich nicht geben, da die Parteibildung gerade erst begann und auch die in diesem Zeitraum abgehaltenen Wahlen nur mit erheblichen Einschränkungen Aufschluss über die Popularität der politischen Gruppierungen geben. Deutlich zu erkennen ist allerdings, dass die Ergebnisse der in Baden zwischen Ende April und Mitte Juni 1848 erfolgten Wahlen zur Frankfurter Nationalversammlung nicht der politischen Kräfteverteilung in der Zweiten Kammer des Landtags entsprachen, wie sie sich nach der Gesamtwahl von 1846 und der Teilerneuerung vom Herbst 1847 darstellte[7]. Die späteren Protagonisten der radikalen Partei waren im Karlsruher Ständehaus nur schwach vertreten; Struves Versuch, ein Landtagsmandat zu erringen, war gescheitert, und selbst Hecker war es im Herbst 1847 nur mit

---

5  Vgl. dazu F. ENGEHAUSEN, Neue Literatur zur Revolution von 1848/49 (2. Folge), in: ZGO 148 (2000), S. 293–318.
6  Neben HIPPEL (wie Anm. 2) wären zu nennen: W. REAL, Die Revolution in Baden 1848/49, Stuttgart u. a. 1983; F. X. VOLLMER, Vormärz und Revolution 1848/49 in Baden. Strukturen, Dokumente, Fragestellungen, Frankfurt a. M. u. a. 1979. Die Reaktion der badischen Liberalen auf das preußische Unionsprojekt wird in keinem der drei Bücher behandelt.
7  Zu den Landtagswahlen von 1846/47 vgl. I. WITTMER, Urwahlen im Oberrheinkreis des Groß-

Hilfe der Liberalen gelungen, wieder in die Zweite Kammer einzuziehen[8]. Die gemäßigten Liberalen hingegen, die auch nach Ausbruch der Revolution an der Strategie der gesetzlichen Reform festhielten und eine konstitutionelle Ordnung sowohl in Baden wie auf nationaler Ebene anstrebten, waren dort die stärkste Gruppierung[9]. Dass die deutliche Dominanz der Liberalen im Landtag nicht mehr durch eine hinreichende populäre Resonanz gedeckt wurde, zeigte sich im Frühjahr 1848. Ein Vergleich der Landtagswahlen von 1846/47 mit den Wahlen zur Nationalversammlung von 1848 ist insofern statthaft, als sich die Wahlrechtsbestimmungen nicht in eklatanter Weise unterschieden[10]. Die weitgehend identische Wählerschaft vollzog nach Ausbruch der Revolution offenkundig eine deutliche Linkswende, denn die badischen Abgeordneten in der Paulskirche schlossen sich dort überwiegend den beiden demokratischen Fraktionen an. In den 20 badischen Wahlkreisen waren nur sechs Liberale erfolgreich: Alexander von Soiron, Karl Theodor Welcker und Karl Zittel, die in Frankfurt der rechtsliberalen Casino-Fraktion angehörten, der linksliberale Heidelberger Jurist Karl Mittermaier sowie die fraktionslosen Ernst Friedrich Gottschalk und Karl Helbing[11]. Die Liberalen konnten also nur 30 Prozent der Mandate gewinnen; was die auf sie entfallenen Wahlmännerstimmen betrifft, so konnten sie einen etwas höheren Wert erzielen[12]. Die Aussagekraft dieser Ergebnisse sollte allerdings nicht zu hoch bewertet werden, da die politische Frontenbildung in vielen Wahlkreisen gerade erst begonnen hatte. So wurde Johann Adam von Itzstein als prominente Symbolfigur der vormärzlichen Opposition acht Mal gewählt. In den sieben Wahlkreisen, in denen deshalb Nachwahlen nötig wurden, setzten sich dann Kandidaten sehr unterschiedlicher Couleur

herzogtums Baden (1846–1863), Frankfurt a. M. u. a. 1986, S. 100–149. Zu den badischen Landtagswahlen im Vormärz vgl. allgemein M. HÖRNER, Die Wahlen zur badischen zweiten Kammer im Vormärz 1819–1847 (Schriftenreihe d. Hist. Komm. bei d. Bayer. Akad. d. Wiss. 29), Göttingen 1987.

8    Vgl. S. FREITAG, Friedrich Hecker. Biographie eines Republikaners (Transatlantische Hist. Studien 10), Stuttgart 1998, S. 99.

9    Zur Kräfteverteilung in der Zweiten Kammer vgl. HIPPEL (wie Anm. 2), S. 46–56.

10   Gewählt wurde jeweils indirekt. Die Wahlberechtigung war bei den Landtagswahlen an das Ortsbürgerrecht, bei den Wahlen zur Nationalversammlung an das Staatsbürgerrecht geknüpft. Auch war die Volljährigkeit mit 25 beziehungsweise 21 Jahren unterschiedlich definiert. Durch restriktive Verordnungen trug die badische Regierung im April 1848 jedoch dafür Sorge, dass der Kreis der Wahlberechtigten nicht wesentlich größer wurde als bei den Landtagswahlen. Vgl. dazu HIPPEL (wie Anm. 2), S. 165 ff.; WITTMER (wie Anm. 7), S. 166–176.

11   Zu den Wahlen vgl. HIPPEL (wie Anm. 2), S. 165–171; K. OBERMANN, Die Wahlen zur Frankfurter Nationalversammlung im Frühjahr 1848. Die Wahlvorgänge in den Staaten des Deutschen Bundes im Spiegel zeitgenössischer Quellen, Berlin (Ost) 1987, S. 207–215. Kurzbiographien der Abgeordneten finden sich in: H. BEST u. W. WEEGE, Biographisches Handbuch der Abgeordneten der Frankfurter Nationalversammlung 1848/49 (Handbücher z. Gesch. d. Parl. u. d. pol. Parteien 8), Düsseldorf 1996. Zur Tätigkeit Mittermaiers und Welckers in der Paulskirche vgl. die Beiträge von F. ENGEHAUSEN und Chr. BERGER WALDENEGG in: F. ENGEHAUSEN, A. KOHNLE (Hgg.), Gelehrte in der Revolution. Heidelberger Abgeordnete in der deutschen Nationalversammlung 1848/49. Georg Gottfried Gervinus – Robert von Mohl – Gustav Höfken – Karl Mittermaier – Karl Theodor Welcker – Karl Hagen – Christian Kapp, Ubstadt-Weiher 1998, S. 93–154. Das politische Profil Gottschalks ist schwer nachzuzeichnen, da er am Jahresanfang 1849, als die entscheidenden Abstimmungen in der Paulskirche stattfanden, häufig abwesend war. Helbing stimmte zumeist mit der Casino-Fraktion.

12   Die bei OBERMANN (wie Anm. 11), S. 215, genannte Zahl von 28 Prozent ist irreführend, da er die Wahlmännerstimmen, die auf unterlegene liberale Kandidaten entfallen sind, nicht mitzählt.

durch: die fraktionslosen Liberalen Gottschalk und Helbing sowie Salomon Fehrenbach und Dominikus Kuenzer, die in der Paulskirche auf der äußersten Linken ihre Plätze nahmen; nur Wilhelm Sachs und Johann Anton Christ schlossen sich der Fraktion der gemäßigten Demokraten im Deutschen Hof an, der auch Itzstein angehörte. Ein weiteres Beispiel für die Offenheit der politischen Situation in diesen Wochen lieferte der Wahlkreis Heidelberg, den zunächst Alexander von Soiron für die Liberalen gewinnen konnte. In der Nachwahl, die nötig wurde, weil er das Mandat in einem anderen Wahlkreis annahm, setzte sich der Demokrat Karl Hagen gegen Soirons politischen Weggefährten Franz Peter Buhl durch[13].

Dass die badischen Liberalen trotz des enttäuschenden Verlaufs der Wahlen im Großherzogtum in der Frankfurter Nationalversammlung eine wichtige Rolle spielten, liegt zum einen daran, dass mit Friedrich Daniel Bassermann, Georg Gottfried Gervinus, Karl Mathy und Robert von Mohl vier Prominente in auswärtigen Wahlkreisen Mandate gewinnen konnten[14]. Zum anderen bekleideten die badischen Liberalen in Frankfurt wichtige politische Ämter, so dass ihr Einfluss ihre nominelle Stärke bei weitem übertraf: Bassermann war bis August 1848 Vorsitzender des Verfassungsausschusses der Paulskirche und danach Unterstaatssekretär im Innenministerium der Provisorischen Zentralgewalt, Mathy hatte den gleichen Posten im Finanzministerium inne, Mohl war Reichsjustizminister, Soiron fungierte von Mai bis Oktober 1848 als Erster Vizepräsident der Nationalversammlung und folgte im September 1848 Bassermann als Vorsitzender des Verfassungsausschusses nach, dem auch Welcker und Mittermaier angehörten. Die zwangsläufige Folge dieser starken Einbindung in die Politik der Frankfurter Nationalversammlung war es, dass die liberalen Parteiführer in der badischen Politik in den Revolutionsmonaten kaum präsent sein konnten. Der Landtag wurde zwar im Sommer 1848 für längere Zeit vertagt, und seit dem Jahresende intensivierte sich die Reisetätigkeit zwischen Frankfurt und Karlsruhe; eine effektive Leitung der liberalen Kammerfraktion wie überhaupt der liberalen Partei in Baden wurde durch diesen Umstand jedoch erheblich erschwert[15].

Neben den beiden bereits erwähnten Faktoren, dem offenkundig schwindenden Rückhalt in der Bevölkerung und der vorrangig nationalpolitischen Orientierung der

---

13  Vgl. R. ZEPF, Karl Hagen, in: ENGEHAUSEN/KOHNLE (wie Anm. 11), S. 160.

14  Bassermann wurde in Bayern gewählt, Gervinus in Preußen, Mathy und Mohl in Württemberg. HIPPEL (wie Anm. 2), S. 171, meint, dass Bassermann und Mathy auf außerbadische Wahlkreise ausgewichen seien, da sie in Baden keine Chance auf ein Mandat gehabt hätten. Mathys Wahl in Calw erfolgte allerdings schon Ende April, so dass für ihn gar keine Notwendigkeit bestand, sich in den badischen Wahlkämpfen zu exponieren. Was Bassermann betrifft, so hatten die Liberalen für den Fall, dass ein auswärtiges Mandat nicht zu erlangen war, den vergleichsweise sicheren Karlsruher Wahlkreis für ihn reserviert, der dann von Bassermanns späterem Fraktionskollegen Karl Zittel gewonnen wurde. Vgl. dazu L. MATHY (Hg.), Aus dem Nachlaß von Karl Mathy. Briefe aus den Jahren 1846–1848, Leipzig 1898, S. 220ff., 234f., 254f. Zu den Wahlen von Gervinus und Mohl vgl. die Beiträge von A. KOHNLE und P. NORDBLOM, in: ENGEHAUSEN/KOHNLE (wie Anm. 11), S. 27, 38, 46f., 64. Gervinus hätte in der Tat einen süddeutschen Wahlkreis vorgezogen; Mohl konkurrierte – ohne dies zu wissen – in Mergentheim mit Bassermann.

15  HIPPEL (wie Anm. 2), S. 174f., weist darauf hin, dass wegen dieser besonderen Situation die parlamentarischen Debütanten Ludwig Häusser und August Lamey, die erst 1848 in Nachwahlen in die Kammer eingezogen waren, in Führungspositionen innerhalb der liberalen Fraktion gelangen konnten.

Parteiführer, ist noch ein drittes folgenreiches Problem zu nennen, das die Situation der badischen Liberalen in der Revolution kennzeichnete: Anders als man bei Politikern erwarten sollte, denen sich die unverhoffte Möglichkeit bietet, ihre seit Jahren vorgebrachten Forderungen nun zu verwirklichen, scheint ihre kollektive mentale Disposition wesentlich durch defensive Elemente geprägt gewesen zu sein. Die badischen Liberalen waren kurz nach Ausbruch der Revolution zur Regierungspartei geworden, ohne dass die Anhänger der alten Ordnung nennenswerten Widerstand geleistet hätten. Die politische Hauptkonfliktlinie verlief deshalb im Großherzogtum von Anfang an nicht wie in den meisten anderen deutschen Staaten zwischen einer heterogenen Opposition und den Konservativen. Damit fehlte in Baden ein Feindbild, das andernorts den Zusammenhalt der divergierenden oppositionellen Gruppen zumindest über einen gewissen Zeitraum hinweg ermöglichte. Statt dessen wurden die Liberalen selber zur Hauptzielscheibe der politischen Unzufriedenheit. Der Liberalismus, so meinte Ludwig Häusser, *mußte sich vor Augen halten, daß er nach keiner Seite Dank verdienen werde, von den Vormärzlichen nicht, weil die ihm die frühere Opposition nicht vergaßen und jetzt nur schwiegen, so lange die Liberalen der letzte Damm gegen die Anarchie waren – von den Radicalen nicht, weil sie in der constitutionellen Consequenz des Liberalismus einen Abfall erblickten und in ihren bisherigen Verbündeten nun die unbequemen Widerstandsmänner gegen die Revolution wahrnahmen*[16]. Aus einer solchen Position heraus populäre Politik zu betreiben, gelang den badischen Liberalen nicht[17]. Die defensive Haltung war die wohl zwangsläufige Folge der strategischen Prämisse, politische Veränderungen nur auf dem Wege der gesetzlichen Reform herbeizuführen, das heißt, die Modernisierung des politischen Systems in Baden und die Gründung eines deutschen Nationalstaats ohne gewaltsame Konfrontation mit den Fürsten zu bewerkstelligen. Bei der Festlegung auf eine solche Strategie musste das Hauptaugenmerk der Lösung der nationalen Frage gelten, da die badische Verfassung nicht isoliert umgestaltet werden sollte: Die Neufassung des Landtagswahlrechts, die Reform beziehungsweise Abschaffung der Ersten Kammer sowie die Kompetenzverteilung zwischen Landtag und Monarchen mussten sich nach dem Willen der Liberalen an den Frankfurter Beschlüssen orientieren. Für die liberale Kammerfraktion in Karlsruhe bedeutete dies, dass ihre defensive Taktik im Frühjahr 1849 zu einer obstruktiven wurde. *Sie war sich*, erneut sei Häusser zitiert, *über ihre Stellung nach Links und Rechts ganz klar und hatte sich nach beiden Seiten hin mit vollständiger Resignation gewaffnet; sie hoffte, durch zähen Widerstand den Andrang der revolutionären Partei abzuwehren, bis eine günstigere Zeit gekommen war; aber freilich brachte sie nicht in Rechnung, daß das Scheitern des Verfassungswerks in Frankfurt die Revolution von*

---

16   HÄUSSER (wie Anm. 1), S. 95. An anderer Stelle (S. 99) klagte Häusser: *Der Liberalismus sollte regieren, nachdem die moralische Macht der Regierungen durch sie selber gebrochen war* [...] *Er sollte regieren in einem Moment der allgemeinen Auflösung, wo die Einsicht und die politische Mäßigung wenig Macht mehr übte, sondern Alles dem Instinct der aufgeregten Massen zu verfallen drohte* [...] *wir begreifen recht gut den Spott und die Bitterkeit, womit der Radicalismus damals und später die Selbstverleugnung der Liberalen verhöhnen konnte.*
17   So zeitigte etwa der Versuch, ein konstitutionelles Vereinswesen aufzubauen, um den demokratischen Volksvereinen das Feld der außerparlamentarischen Opposition nicht allein zu überlassen, nur geringe Erfolge. Vgl. dazu HIPPEL (wie Anm. 2), S. 242–245.

*Neuem heraufbeschwor und eine Soldatenmeuterei in Baden selbst alle politischen Verhältnisse erschütterte und zerstörte.*[18]

Mit der Ablehnung der Kaiserkrone durch Friedrich Wilhelm IV. und der revolutionären Eskalation in Baden im Mai 1849 war der politischen Strategie der badischen Liberalen der Boden entzogen. Keiner der zehn liberalen badischen Abgeordneten ging mit dem Rumpfparlament nach Stuttgart. Als letzter gab am 13. Juni Robert von Mohl sein Mandat zurück, weil mit der Übersiedlung nach Stuttgart die Nationalversammlung in eine Bahn eingetreten sei, *auf welcher mit ihr zu gehen, wider meine politische Anschauung und Überzeugung ist. Von einer oppositionellen Tätigkeit etwas zu erwarten, wäre in den jetzigen Zuständen töricht*[19]. Als ebenso aussichtslos wie die Fortsetzung der Arbeit der Nationalversammlung erachteten die Liberalen den Versuch, in die badische Politik in der zweiten Hälfte des Mai und im Juni 1849 einzugreifen. Eine Beteiligung etwa an den Wahlen zur badischen Verfassunggebenden Versammlung, die Anfang Juni stattfanden, kam für sie nicht in Betracht, da dies eine Anerkennung der Usurpation der Staatsgewalt durch die demokratischen Volksvereine bedeutet hätte[20]. Die einzige Handlungsoption, die die badischen Liberalen in dieser Situation sahen, war abzuwarten, ob sich vielleicht doch noch eine Gelegenheit ergeben werde, den Weg der gesetzlichen Reform wieder zu betreten. Von der politischen Prominenz der Partei zog sich nur Kammerpräsident Mittermaier, der sich allerdings in den Augen der badischen Liberalen ohnehin als unzuverlässiger, da den Demokraten gegenüber zu nachgiebiger Mitstreiter erwiesen hatte, schon in diesen Wochen endgültig aus der Politik zurück[21].

## II.

Der Anknüpfungspunkt für die Fortsetzung der liberalen Legalitätsstrategie bot sich mit der nationalpolitischen Initiative der preußischen Regierung, die maßgeblich auf Betreiben von Josef Maria von Radowitz, einem Berater Friedrich Wilhelms IV., am 26. Mai 1849 das sogenannte Dreikönigsbündnis mit Sachsen und Hannover abgeschlossen hatte, das die Vorstufe einer kleindeutschen Union unter preußischer Führung darstellen sollte[22]. Als Grundlage der Union war eine unter konservativen Auspizien revidierte Version der Paulskirchenverfassung vorgesehen: Das allgemeine Wahlrecht sollte

---

18 HÄUSSER (wie Anm. 1), S. 179.
19 Stenographischer Bericht über die Verhandlungen der deutschen constituirenden Nationalversammlung zu Frankfurt a. M., F. WIGARD (Hg.), Bd. 9, Frankfurt a. M. 1849, S. 6841.
20 S.-M. BAUER, Die Verfassunggebende Versammlung in der badischen Revolution von 1849. Darstellung und Dokumentation (Beiträge z. Gesch. d. Parl. u. d. pol. Parteien 94), Düsseldorf 1991, S. 33, erwähnt zwar, dass sich im Wahlkampf die demokratische und die konstitutionelle Partei voneinander abgegrenzt hätten, konstatiert dann aber, dass die Konstitutionellen kaum in Erscheinung getreten seien. Sie verweist auf eine Karlsruher Wahlempfehlung, die Welcker, Häusser und Lamey nannte. Dass diese Empfehlung mit Wissen der drei vermeintlichen Kandidaten erfolgte, ist jedoch höchst unwahrscheinlich.
21 Vgl. dazu F. ENGEHAUSEN, Karl Mittermaier, in: ENGEHAUSEN/KOHNLE (wie Anm. 11), S. 114 f.
22 Die immer noch beste Darstellung der preußischen Unionspolitik ist F. MEINECKE, Radowitz und die deutsche Revolution, Berlin 1913; vgl. neuerdings auch Gunther MAI (Hg.), Die Erfurter Union und das Erfurter Unionsparlament 1850, Köln u.a. 2000.

durch das indirekte Dreiklassenwahlrecht ersetzt werden, das suspensive Veto des Staats-oberhaupts durch ein absolutes, und zudem war ein Fürstenkollegium als zusätzliches föderatives Verfassungsorgan avisiert[23]. Der geflohene badische Großherzog Leopold und seine Regierung gerieten nicht aus Neigung, sondern unter dem Druck der Verhält-nisse in das Schlepptau der Unionspolitik, als sie Anfang Juni beim preußischen König um militärische Hilfe gegen die Revolutionäre im eigenen Land nachsuchten. Voraussetzung für die Hilfszusage war der badische Beitritt zu dem Dreikönigsbündnis, der dann ebenso schnell erfolgte wie die von preußischer Seite geforderte Entlassung des Ministeriums Bekk, dem Friedrich Adolf Klüber als leitender Minister nachfolgte[24].

Eine direkte Einflussnahme auf die Kabinettspolitik des exilierten Monarchen war den badischen Liberalen zumal nach dem Ministerwechsel nicht möglich; sie verfolgten die preußische Unionspolitik jedoch mit großem Interesse und sondierten sofort die Mög-lichkeiten, auf diesem Wege vielleicht doch noch zumindest einen Teil ihrer politischen Ziele zu realisieren. Bassermann, Mathy und Soiron, die sich auch nach ihrem Austritt aus der Nationalversammlung noch in Frankfurt aufhielten, luden schon am 3. Juni 1849 zusammen mit einigen anderen ehemaligen Mitgliedern der Casino-Fraktion die erbkai-serlichen Parteigänger aus der Paulskirche zu einem Treffen nach Gotha ein, wo über den von Radowitz ausgearbeiteten Entwurf einer neuen Reichsverfassung debattiert werden sollte[25]. Gravierende Skrupel wegen der eigenmächtigen Änderungen an dem Verfas-sungswerk der Paulskirche hatten die Initiatoren des Gothaer Treffens offenkundig nicht; wichtiger als die Beibehaltung des allgemeinen Wahlrechts und des suspensiven Vetos, die von den gemäßigten Liberalen ohnehin nur mit Missbilligung in den Kompromissver-handlungen mit der Paulskirchenlinken im März 1849 akzeptiert worden waren, erschien ihnen die Möglichkeit, mit der Zusammenkunft des in den Unionsplänen vorgesehenen Reichstags wieder ein nationalpolitisches Forum zu gewinnen. So schrieb Mathy, einen Tag nachdem er den preußischen Verfassungsentwurf zur Kenntnis genommen hatte, in einem Brief an Hermann von Beckerath, dem er bis vor kurzem als Unterstaatssekretär im Reichsfinanzministerium zur Seite gestanden hatte: *Auf die Aenderungen, welche an unserer Verfassung gemacht wurden, kömmt es, meines Erachtens, weniger an als auf die Frage: Wie bringt man am raschesten einen Reichstag zu Stande.*[26] Das Haupthindernis für das Zustandekommen des Reichstags sah Mathy in dem preußischen Plan, schon die ersten Reichstagswahlen in allen Mitgliedsstaaten der Union nach dem oktroyierten preu-ßischen Wahlrecht durchzuführen. Prinzipielle Bedenken gegen das Dreiklassenwahl-recht hatte er zwar nicht, er hielt es aber aus taktischen Erwägungen für günstiger, den ein-zelnen Staaten andere Wahlverfahren zu erlauben, zumal die Detailbestimmungen des

23   Der von Radowitz ausgearbeitete Verfassungsplan ist abgedruckt in: E. R. Huber (Hrsg.), Dokumente zur deutschen Verfassungsgeschichte, Bd. 1: Deutsche Verfassungsdokumente 1803–1850, Stuttgart u. a. ³1978, S. 551–559.

24   Vgl. dazu die noch immer grundlegende Arbeit von W. F. Schill, Baden und die preußische Unionspolitik 1849–50. Ein Beitrag zur Geschichte der deutschen Einheitsbewegung (Heidelberger Abhandl. z. mittleren u. neueren Gesch. 60), Heidelberg 1930.

25   Vgl. G. Witzmann, Die Gothaer Nachversammlung zum Frankfurter Parlament im Jahre 1849 (Mitt. d. Vereinigung f. Gothaische Gesch. u. Altertumsforschung, Jg. 1916/17), Gotha 1917, S. 8f.

26   Mathy an Beckerath, 2. Juni 1849, in: Ungedruckte Briefe Mathy's und Bassermann's an v. Beckerath, in: Deutsche Revue über das gesammte nationale Leben der Gegenwart 7/1 (1882), S. 181.

preußischen Gesetzes sich nicht problemlos übertragen ließen[27]. Auch Soiron meinte, dass Preußen Konzessionen machen müsse, um den Erfolg des Unionsprojekts nicht zu gefährden – schließlich mussten sowohl Bayern als auch Württemberg erst noch für einen Anschluss gewonnen werden. In einem Brief an den preußischen Liberalen und ehemaligen Präsidenten der Nationalversammlung Eduard Simson teilte er mit, dass sich die Initiatoren des Gothaer Treffens darauf verständigt hätten, *daß die Vorschläge der drei Königreiche als ein Mittel zu betrachten seien, wieder einen Reichstag zu versammeln und auf diesem eine Verfassung von Deutschland zustande zu bringen, insofern den übrigen Staaten nicht zur unerläßlichen Bedingung gemacht würde, die zwischen den drei Königreichen vorläufig vereinbarte Verfassung auch ihrerseits vorläufig anzunehmen und auf das von denselben vorgeschlagene Schutz- und Trutzbündnis einzugehen, und insofern nicht die übrigen deutschen Staaten zugleich genötigt werden sollten, das vereinbarte Wahlgesetz unverändert anzunehmen*[28].

Die in der Korrespondenz Mathys und Soirons mit den preußischen Liberalen Beckerath und Simson sichtbare Sorge um die Akzeptanz des Unionsprojekts vor allem in den süddeutschen Staaten erwies sich auch als das Hauptproblem auf dem Gothaer Treffen, zu dem sich vom 26. bis 28. Juni 1849 150 ehemalige Abgeordnete der Paulskirche versammelten. Die Einigung auf eine gemeinsame politische Stellungnahme, die später als das Programm der Gothaer Partei bekannt wurde, erfolgte nicht ohne Friktionen: Den von Friedrich Christoph Dahlmann im Auftrag der Initiatoren der Versammlung ausgearbeiteten Text hielt eine Gruppe preußischer Teilnehmer um Beckerath für verbesserungsbedürftig, da er die Position der preußischen Regierung nicht gebührend würdige. Sie präsentierten ihrerseits einen Entwurf, der sich stärker von der Frankfurter Reichsverfassung distanzierte und von den Regierungen, die sich der Union anschlossen, forderte, sämtliche Bestimmungen der Radowitzschen Unionsverfassung vorläufig anzuerkennen und nicht nur jene, die mit dem Frankfurter Gegenstück übereinstimmten. Einen weiteren Streitpunkt stellten die avisierten Reichstagswahlen dar: Der Entwurf Dahlmanns wollte den Einzelstaaten die Ausgestaltung des Wahlrechts überlassen, während Beckerath und seine Mitstreiter allenfalls Modifikationen des preußischen Dreiklassenwahlrechts zu dulden bereit waren[29]. Eine Kommission harmonisierte die beiden Entwürfe, so dass sich die Versammelten nach dreitägiger Diskussion auf ein Programm einigen konnten; nur ein gutes Dutzend Teilnehmer, unter ihnen der prominente preußische Parlamentarier Georg von

---

27    Vgl. ebd., S. 183, Brief Mathys an Beckerath vom 11. Juni 1849. Bassermann teilte diese Bedenken nicht und scheint sich deshalb mit den übrigen Initiatoren des Gothaer Treffens überworfen zu haben. In einem Brief an Beckerath vom 14. Juni 1849 betonte er gerade die Notwendigkeit, überall nach dem Dreiklassenwahlrecht zu wählen, da andernfalls ein Reichstag zusammenkäme, *der wiederum keine andere Freude als das Verneinen kennte* (ebd. S. 185).
28    B. v. SIMSON, Eduard von Simson. Erinnerungen aus seinem Leben, Leipzig 1900, S. 212 f.
29    Die beiden Entwürfe sind abgedruckt in: WITZMANN (wie Anm. 25), S. 48–57. Zu den Zielen Beckeraths vgl. auch den Bericht Friedrich von Eichmanns, der im Auftrag der preußischen Regierung die Gothaer Versammlung beobachtete: Eichmann an Kamptz, 26. Juni 1849, in: W. REAL (Hg.), Das Großherzogtum Baden zwischen Revolution und Restauration 1849–1851. Die Deutsche Frage und die Ereignisse in Baden im Spiegel der Briefe und Aktenstücke aus dem Nachlaß des preußischen Diplomaten Karl Friedrich von Savigny (Veröff. d. Komm. f. gesch. Landeskd. in Baden-Württ. A 33/34), Stuttgart 1983, S. 74 ff.

Vincke, verweigerte die Unterschrift[30]. Das Gothaer Programm bezog zunächst Stellung zum Verfassungswerk der Paulskirche, das nicht ohne Not aufgegeben werde[31]. Die Durchführung der Reichsverfassung ohne Abänderung sei jedoch unmöglich geworden, zugleich aber mit dem Verfassungsentwurf der Union *neuerdings ein Weg eröffnet, auf welchem sich der verlorene Einigungspunkt möglicherweise wieder finden läßt.* Auch die inhaltliche Substanz dieses Entwurfs wurde für akzeptabel erachtet, da sie *die unerläß-lichen Grundlagen des deutschen Bundesstaates, namentlich ein erbliches Reichsoberhaupt in der Person des mächtigsten rein deutschen Staates, ein Staatenhaus und ein Volkshaus und somit den Kern der Reichsverfassung in sich aufgenommen hat.* Da den Gothaer Liberalen *die Zwecke, welche durch die Reichsverfassung vom 28. März erreicht werden soll-ten,* höher standen *als das starre Festhalten an der Form, unter der man dieses Ziel anstreb-te,* betrachteten sie es als ihre vorrangige Aufgabe, ihren Teil zum Zustandekommen des Reichstags beizutragen. In der Wahlrechtsfrage fand man einen Kompromiss, der eine stillschweigende Duldung des von Radowitz projektierten, ungleichen Wahlverfahrens bedeutete: Die Unterzeichneten erkannten es *als das Angemessenste an, wenn in jedem einzelnen Staate auf landesverfassungsmäßigem Wege das Wahlgesetz für den nächsten Reichstag festgestellt wird.* Sollte dies unter den *obwaltenden Umständen,* womit wohl die Intransigenz der preußischen Regierung in dieser Frage gemeint war, nicht möglich sein, sollte es den Einzelstaaten überlassen bleiben, das Dreiklassenwahlrecht zumindest zu modifizieren. Wegen *Bedenken gegen ein Wahlgesetz* wollten die Gothaer das *Zustande-kommen des ganzen Werkes* jedenfalls nicht scheitern lassen.

Die badischen Teilnehmer an dem Gothaer Treffen – neben Bassermann, Mathy und Soiron war nur noch Robert von Mohl anwesend[32] – beteiligten sich rege an den Debatten, allerdings ohne sich als Wortführer des linken oder rechten Flügels der Versammlung zu profilieren[33]. Außerhalb der Programmdebatten spielte zumindest Mathy eine wichtige Rolle, denn er gehörte einer neunköpfigen Kommission an, die Vorschläge unterbreitete, wie in den kommenden Wochen und Monaten die politische Arbeit der Gothaer zu koor-

30  Vgl. die Teilnehmerliste in: Witzmann (wie Anm. 25), S. 94–100.
31  Vgl. das Programm in: Huber, Dokumente, Bd. 1 (wie Anm. 23), S. 547f. Zuletzt wurde es abgedruckt in: H. Fenske (Hg.), Quellen zur deutschen Revolution 1848–1849 (Ausgew. Quellen z. dt. Gesch. d. Neuzeit 24), Darmstadt 1996, S. 351f.
32  Gervinus und Zittel waren eingeladen worden, waren aber nicht nach Gotha gekommen; vgl. Witzmann (wie Anm. 25), S. 95, 100. Anders als die anderen drei war Mohl an den Vorbereitungen des Treffens nicht beteiligt gewesen. Zu Beginn der Beratungen war Mohl noch unsicher, ob man sich auf eine Erklärung einigen werde, die auch er unterzeichnen könne. Vgl. Württembergische Landesbibliothek Stuttgart, Cod. Hist. 4⁰ 506/III/28c, Brief Mohls an seine Frau vom 26(?). Juni 1849. Auch Mohl gehörte schließlich zu den Unterzeichnern.
33  Die Protokolle der Versammlung sind überliefert in der Forschungs- und Landesbibliothek Gotha, Chart. A 1299. Wortmeldungen der badischen Teilnehmer finden sich dort auf den Bll. 14ʳ, 14ᵛ, 16ʳ, 30ᵛ. Sofern es in Anbetracht der nur geringen Meinungsverschiedenheiten überhaupt statt-haft ist, zwischen rechten und linken Gothaern zu unterscheiden, müsste Bassermann wohl der preußenfreundlichen Rechten zugeordnet werden. Zumindest teilte er die Bedenken, die Mathy und Soiron in der Wahlrechtsfrage hatten, nicht (siehe oben Anm. 27). In seiner schriftlichen An-meldung für das Treffen an den Gothaer Versammlungsleiter Friedrich Gottlieb Becker am 13. Juni hatte Bassermann mitgeteilt: *Wenn alle einen so versöhnlichen Sinn mitbringen wie ich, dann ver-zweifle ich nicht an einem glücklichen Ergebnisse unserer Beratung;* zit. nach: Witzmann (wie Anm. 25), S. 102.

dinieren sei. Für den Aufbau eines zentral gelenkten Vereinswesens fand sich zwar keine Mehrheit, da man die in der Revolution erprobten politischen Aktionsformen der Linken nicht imitieren wollte; es wurde aber ein Ausschuss eingesetzt, der die Kontakte zu den Gothaer Versammlungsteilnehmern und zu anderen liberalen Politikern pflegen, Material über die politische Stimmung in den Einzelstaaten sammeln und vor allem Einfluss auf die liberale Presse nehmen sollte[34]. Mitglieder dieses zentralen Komitees waren Heinrich und Max von Gagern, August Hergenhahn, Theodor Reh und Mathy. In der Arbeit dieses Ausschusses nahm Mathy in der folgenden Zeit eine Schlüsselstellung ein, da ihm die Umwandlung der 1847 von badischen Liberalen in Heidelberg gegründeten und inzwischen in Frankfurt erscheinenden »Deutschen Zeitung« zum Zentralorgan der Gothaer Partei übertragen wurde[35].

Während Mathy in der zweiten Jahreshälfte 1849 in Frankfurt die Beiträge in der nach wie vor überregional einflussreichen, aber unter finanziellen Schwierigkeiten leidenden »Deutschen Zeitung« auf Parteilinie brachte und für die preußische Unionspolitik warb[36], versuchte Soiron, der nach Mannheim zurückgekehrt war, die Handlungsmöglichkeiten der Liberalen in Baden nach der Niederschlagung der Revolution zu sondieren. Chancen zu politischer Betätigung gab es allerdings kaum, da die Landtagssession bei Beginn der Revolution im Mai unterbrochen worden war und völlig unklar schien, wann der erst Mitte August 1849 nach Karlsruhe zurückgekehrte Großherzog die Ständeversammlung wieder einberufen würde. Öffentliche Parteiveranstaltungen konnten im unmittelbaren Gefolge des niedergeschlagenen demokratischen Aufstands und unter preußischer Militärbesatzung nicht abgehalten werden, so dass der Meinungsaustausch der badischen Liberalen privater Natur bleiben musste. Ein erstes nicht öffentliches Treffen liberaler Kammermitglieder scheint schon am 22. Juli 1849, also zeitgleich mit dem Fall der Festung Rastatt, stattgefunden zu haben[37]. Über die Aktivitäten in den folgenden Monaten ist allerdings nur wenig in Erfahrung zu bringen; die schwierige politische Situation der Liberalen in dieser Zeit hat eine ungünstige Quellenlage zur Folge.

Soiron übermittelte Mathy eine ausführliche politische Lagebeurteilung, nachdem er am 18. August als Mitglied einer Deputation der Mannheimer Bürgerschaft in Karlsruhe

---

34   Vgl. dazu G. A. KERTESZ, Die Gothaer 1849/50. Zu den Anfängen der politischen Parteien in Deutschland, in: Darstellungen und Quellen zur Geschichte der deutschen Einheitsbewegung im 19. und 20. Jahrhundert, Bd. 15, Chr. HÜNEMÖRDER (Hg.), Heidelberg 1995, S. 214–245; WITZMANN (wie Anm. 25), S. 76 ff.

35   Vgl. dazu U. v. HIRSCHHAUSEN, Liberalismus und Nation. Die Deutsche Zeitung 1847–1850 (Beiträge z. Gesch. d. Parl. u. d. pol. Parteien 115), Düsseldorf 1998, S. 46–50.

36   Die »Deutsche Zeitung« sollte durch Aktienverkäufe in den Besitz der Partei übergehen. Finanzielle Unterstützung fand man schließlich auch bei der preußischen Regierung, die einige Aktien erwarb und die Abnahme von jeweils 200 Exemplaren zusagte, da sie sich politische Werbung vor allem in Süddeutschland erhoffte; vgl. ebd., S. 48. HIRSCHHAUSEN informiert auch ausführlich (S. 183–199) über die politischen Positionen der »Deutschen Zeitung«.

37   Häusser berichtete Mathy in einem Brief vom 14. Juli 1849 über ein geplantes Treffen in Karlsruhe und bat ihn und Bassermann dringend zu kommen. In der Frage, ob auch die *lavatrix parlament. Centralis* [d. i. Mittermaier, d. Verf.] hinzugezogen werden solle, war Häusser unsicher und wünschte Mathys Rat. Die übrigen Einladungen wollte der liberale Landtagsabgeordnete aus Lahr, Rudolf Baum, übernehmen. Abschriften der Briefe, die Mathy 1849/50 von Häusser und Soiron erhielt, finden sich im Bundesarchiv, Außenstelle Frankfurt (im folgenden BAF), FSg. 1/133.

die feierliche Rückkehr Leopolds miterlebt hatte[38]. Von der neuen badischen Regierung
erwartete Soiron wenig Gutes; er sah eine *Kamarilla* am Werke und weit und breit niemanden, der genug Verstand und Energie habe, den *Tollheiten der neuen Minister entge-*
*gen zu wirken* oder gar die äußerst einseitige *Auffassung der Vergangenheit, Gegenwart*
*und Zukunft,* der der Großherzog anhänge, zu erschüttern. Die eigene Position sei unan-
genehm, aber nicht hoffnungslos: *So sehr es mir aber scheint, daß man Leute wie Basser-*
*mann, Dich und mich von Oben herab betrachtet, wie halbe Verbrecher, von denen man*
*nur bedauert, daß man ihnen nicht auch zu Leibe kann; so kann ich doch von der hiesigen,*
*der Karlsruher und der sonstigen Gemäßigten Bürgerschaft aus der Umgegend und*
*namentlich von den Leuten, die rot getan und es jetzt bereuen, die Versicherung geben,*
*daß dieselben über Anschuldigungen gegen uns lachen, und daß wir in diesem täglich sich*
*vergrößernden Kreis noch viel Vertrauen besitzen.* Zunächst gelte es aber, sehr vorsichtig
zu sein und nicht früher *gegen den neuen Unfug* aufzutreten, *als bis dies geschehen kann,*
*ohne das kranke badische Volk, das vor Allem Ruhe nötig hat, von neuem zu seinem Ver-*
*derben aufzuregen.* Da Karlsruhe aber ohnehin nicht der politische Hauptschauplatz sei,
wollte Soiron andere Prioritäten setzen: *Werfen wir unsere ganze Kraft auf die deutsche*
*Sache, von deren Gestaltung Badens Zukunft ja vorzugsweise abhängt; wenn wir in*
*Baden wieder nötig sind, so werden wir auch möglich sein und mit Leuten, welche nicht*
*einmal einsehen, daß man es nach einer solchen Krise mit den wenigen noch übriggeblie-*
*benen nicht verrückten Menschen halten muß, schon fertig werden.* Mathy, der im September nach Karlsruhe reiste, um sich ein Bild von den badischen Zuständen zu machen,
teilte die Einschätzung Soirons, dass dort die Perspektiven zunächst ungünstig seien[39],
musste aber zur gleichen Zeit die Erfahrung machen, dass auch in der deutschen Sache
kaum Fortschritte zu erreichen waren. Es blieb nicht nur der Anschluss Württembergs
und Bayerns an die Union aus, auf den die Liberalen noch auf der Gothaer Versammlung
gehofft hatten, sondern es distanzierten sich im Herbst 1849 mit Hannover und Sachsen
auch die wichtigsten bereits gewonnenen Unionsmitglieder von Preußen[40]. Da mit der
publizistischen Werbung für die Unionspolitik in der »Deutschen Zeitung« allein nicht
viel auszurichten war, rückten dann doch für Mathy wieder Überlegungen in den Vordergrund, in der einzelstaatlichen Politik aktiv zu werden. Ließ sich schon die Erweiterung
der Union nicht bewerkstelligen, so galt es nun, zumindest den Zusammenhalt der bisherigen Mitgliedsstaaten zu festigen. *Bassermann, Soiron und ich,* teilte Mathy Beckerath am

---

38   Ebd., Brief vom 24. August 1849. Noch negativer als in dem folgenden Zitat ist die Einschätzung der Position der badischen Liberalen in einem Brief Soirons an Rudolf Haym vom 22. September 1849: *Bei uns sieht es allerdings am schlimmsten aus. Nach einer solchen Schweinerei ein unfähi-*
*ges Ministerium, das teilweise boshaft ist und das den höchsten Beifall eines mehr als je verhetzten*
*Fürsten findet, wenn es immer wiederholt: an allem unseren Unglück sind die Liberalen schuld, sie*
*haben den ersten Keim gelegt, sie haben allen Autoritätsglauben zerstört und wie das dumme Lied*
*weiter heißt. Die Freuden meiner Stellung können Sie sich denken. Die Roten wollen mich vergiften,*
*die Reaktionärs von echtem Wasser wollen sich für frühere Zeiten rächen und hassen niemanden*
*mehr, als denjenigen, gegen welchen kein Grund strafrechtlichen Einschreitens vorliegt, weil ihnen*
*dadurch die Freuden der Rache entzogen sind;* Ausgewählter Briefwechsel Rudolf Hayms, hrsg. v.
H. ROSENBERG (Dt. Gesch.quellen d. 19. Jh. 27), Stuttgart u. a. 1930, S. 90.
39   Vgl. Mathys Briefe an Beckerath vom 7. und 24. September 1849 in: Ungedruckte Briefe (wie
Anm. 26), S. 281–285.
40   Vgl. dazu MEINECKE, Radowitz (wie Anm. 22), S. 313–339.

13. Oktober mit, *werden bald in Karlsruhe dahin arbeiten, daß Baden, dessen Beitritt zu dem Bündnisse bis jetzt als ein einseitiger, gezwungener Act des Fürsten betrachtet wird, seine Stimme dafür erhebt*[41].

Der am besten geeignete Ort, um die Stimme für die preußische Unionspolitik zu erheben, war für die badischen Liberalen der Landtag. Wann und in welcher Form er zusammentreten würde, war jedoch auch im Herbst 1849 noch nicht abzusehen. Ein Dutzend Angehörige der liberalen Kammerfraktion verständigte sich bei einer Versammlung am 28. Oktober darauf, nicht länger nur auf eine Entscheidung der Regierung in dieser Frage zu warten, sondern selbst die Initiative zu übernehmen[42]. Man kam überein, beim Innenminister Adolf Freiherr Marschall von Bieberstein vorstellig zu werden und zu erklären, dass man die baldige Einberufung des Landtags für notwendig erachte. In der Frage, ob der Landtag aufzulösen und neu zu wählen oder die Zweite Kammer durch Ergänzungswahlen zu komplettieren sei, sprachen sich die zwölf Liberalen einstimmig für die zweite Lösung aus, da Neuwahlen so kurze Zeit nach der Niederschlagung der Revolution zu riskant seien. Dies trug die liberale Deputation, der neben Soiron Häusser und August Dennig angehörten, dem Innenminister dann auch vor, der nur verlauten ließ, *daß die Regierung selbst beabsichtigt, recht bald für eine ständische Vertretung zu sorgen. Im ganzen wurde uns*, berichtete Soiron an Mathy, *viel weniger gesagt, als Antwort von uns verlangt, so daß die Konferenz eine Audienz im buchstäblichen Sinne des Worts genannt werden konnte*[43]. Soiron musste sich also auf das Hörensagen verlassen und konnte nur mitteilen, dass die *bürokratische Partei* angeblich auf Auflösung des Landtags dränge und auch die Mehrheit des Staatsministeriums diese Lösung befürworte. *Andere behaupten, die Meinungen seien dort in 3 Stimmen pro und 3 Stimmen contra geteilt. Im Großherzoglichen Kabinett soll jetzt alles im Allerhöchsten monarchischen Stil behandelt werden, wie man es seit 1830 nicht gewohnt war.*

Flankiert wurde der Versuch der direkten Einflussnahme auf die großherzogliche Regierung durch publizistische Werbung für eine schnelle Einberufung des Landtags in mehreren Artikeln der »Deutschen Zeitung« Ende Oktober und im November 1849[44]. Auch hier wurde für Ergänzungswahlen an Stelle einer Totalerneuerung plädiert: Immerhin zähle die Zweite Kammer zur Zeit noch ungefähr 40 Mitglieder, *von welchen etwa fünfzehn der Rechten und fünfundzwanzig dem Centrum angehören – eine mächtige Unterstützung für ein Ministerium, welches constitutionell regieren will; eine Unterstützung, mit der man getrost zwanzig Ergänzungswahlen wagen kann; während eine Kammerauflösung das Land rein dem Zufall preisgeben und schon deshalb das größte Mißtrauen erregen müßte, weil man dann annehmen könne, die Kammer, welche bis zum*

---

41   Ungedruckte Briefe (wie Anm. 26), S. 285 f.
42   Vgl. BAF, FSg. 1/133, Brief Soirons an Mathy vom 1. November 1849. Teilnehmer waren Soiron, Häusser, Karl Zittel, August Dennig, Nikolaus Blankenhorn-Krafft, der Vizepräsident der Zweiten Kammer Ludwig Weller, Friedrich Siegle, Bernhard August Prestinari, Josef Zentner, Rudolf Baum und Franz Peter Buhl. An den zwölften Teilnehmer konnte sich Soiron nicht mehr erinnern. Von den Genannten traten lediglich Siegle und Zentner in den folgenden Wochen nicht als Angehörige der Gothaer Partei in Baden in Erscheinung.
43   Ebd.
44   Es sei hier noch darauf hingewiesen, dass in diesen Wochen intensive Diskussionen über die Mitarbeiter der »Deutschen Zeitung« geführt wurden. Insbesondere die beiden Heidelberger Histo-

*Einbrechen der offenen Gewalt das Ministerium Bekk gegen die Revolutionäre gehalten, sei dem neuen Ministerium nicht reactionär genug*[45]. Eine Totalerneuerung berge auch in Hinblick auf die nationale Frage große Gefahren. Eine Auflösung, die auf eine Ersetzung der *liberal-conservativen Mehrheit* durch *Ultra's* ziele, die vorgeben, *daß sie die Einrichtung des Staates auf den alten Fuß von 1830 zurückführen*, würde in Wirklichkeit ganz andere Folgen haben: *Das Drängen nach Auflösung geht von den Führern der österreichisch-ultramontanen Partei aus, welche in der badischen Beamtenwelt weit hinauf ihre starken Verzweigungen hat. Diese Partei strebt, von dem Bündnisse mit Preußen loszukommen, nicht etwa zu Gunsten der Souveränität des Großherzogs, sondern zu ganz anderen Zwecken, die in dem österreichischen Armeecorps im Vorarlberg ihren Rückhalt, in der Auflösung des Staates und der Vertheilung des Landes ihren Zielpunct haben*[46]. Strategische Überlegungen, wie sie die »Deutsche Zeitung« in polemischer Überspitzung vortrug, spielten auch bei der Entscheidungsfindung der badischen Regierung eine wichtige Rolle. Der leitende Minister Klüber und der Großherzog selber favorisierten die Auflösung des Landtags und Neuwahlen, von denen sie sich eine deutliche Schwächung der liberalen Kammerfraktion versprachen. Die übrigen Minister um Marschall von Bieberstein befürchteten im Falle einer Totalerneuerung eine preußenfeindliche Mehrheit in der Zweiten Kammer und sprachen sich deshalb für Ergänzungswahlen aus[47]. Die Aussicht, sich der Liberalen vielleicht entledigen zu können, und die Sorge, dass man auf sie angewiesen sein könnte, um das Bündnis mit Preußen fortzusetzen, wurden lange gegeneinander abgewogen. Die Entscheidung verzögerte sich auch deshalb, weil der preußische Gesandte Savigny im November nicht in Karlsruhe weilte und man in dieser Frage nicht ohne Rückendeckung handeln wollte. Auf preußischer Seite wurde die Landtagsauflösung zunächst auch für die bessere Option gehalten. Schließlich gab aber das Argument den Ausschlag, dass die derzeit in der Kammer vertretenen liberalen Oppositionellen in der deutschen Frage mit dem Ministerium und Preußen gehen würden[48].

Die Entscheidung, den Landtag nicht aufzulösen, sondern Ergänzungswahlen anzuordnen, fiel zur *allgemeinen und größern Theils angenehmen Ueberraschung*, wie die

riker und renommierten liberalen Publizisten Gervinus und Häusser zeigten wenig Neigung, sich mit Artikeln zum politischen Tagesgeschehen zu exponieren. Soiron vermutete persönliche Gründe. Gervinus habe bereits die Erfahrung gemacht, *daß man sich durch Begeisterung für eine neue Idee um den Ruf eines politischen Propheten bringen kann*, und auch Häusser meine, *daß es einem Professor der Geschichte und angehenden Politiker nicht gut ansteht, etwas befördern zu wollen oder gar befördert zu haben, das nichts weniger als äußeren Glanz und ebenso wenig Gewißheit des Erfolges für sich hat. Kathedermenschen und Schriftsteller von Profession* müßten politische Vorsicht walten lassen, *weil ihr geistiges Leben in ihrer Tätigkeit auf dem Katheder und in der Literatur besteht*; ebd., Brief Soirons an Heinrich von Gagern vom 4. November 1849. Am 1. und 2. Dezember 1849 fand im Hause Franz Peter Buhls in Deidesheim ein Treffen von Heinrich v. Gagern und Soiron mit Gervinus und Häusser statt, um beide wieder für die Mitarbeit an der »Deutschen Zeitung« zu gewinnen. Vgl. dazu Clotilde KOCH-GONTARD an ihre Freunde. Briefe an ihre Freunde. Briefe und Erinnerungen aus der Zeit der deutschen Einheitsbewegung 1843–1869, bearb. v. W. KLÖTZER, Frankfurt a. M. 1969, S. 120, Anm. 2.

45   Deutsche Zeitung Nr. 298, 28. Oktober 1849.
46   Deutsche Zeitung, Beil. zu Nr. 314, 13. November 1849.
47   Vgl. SCHILL (wie Anm. 24), S. 64–67.
48   Vgl. den Situationsbericht aus dem preußischen Außenministerium vom 17. Dezember 1849, in:

»Deutsche Zeitung« kommentierte[49], Ende November 1849. Für die badischen Liberalen war die Zeit des Abwartens nun vorüber. Die drei in Heidelberg wohnenden Abgeordneten Friedrich Bissing, Häusser und Zittel organisierten für den 9. Dezember eine Versammlung in Karlsruhe, um über die Kandidatenaufstellung in den Wahlbezirken zu beraten, in denen Neuwahlen anstanden, aber auch um die Präsenz der Partei zu demonstrieren. *Unsere Gegenwart in Karlsruhe treibt den Bürokraten und der Camarilla immer einigen Angstschweiß aus*, teilte Soiron Mathy mit und forderte ihn nachdrücklich zur Teilnahme auf, weil es der *Piepmeierei nach rechts*, die sich unter den Fraktionskollegen zeige, entgegenzuwirken gelte[50]. Über den Verlauf der Versammlung liegen nur wenige Nachrichten vor. Von Kontroversen ist in einem Bericht der »Deutschen Zeitung« vom 12. Dezember jedenfalls nicht die Rede. Über *den Weg zur Wiederherstellung eines verfassungsmäßigen Zustandes mit gesetzlichen Bürgschaften gegen die Wiederkehr anarchischer Zustände* habe *es keine Verschiedenheit der Meinungen* gegeben. Die versammelten Mitglieder der Zweiten Kammer seien sich vielmehr einig gewesen, *daß die Zukunft des Landes in erster Linie durch eine befriedigende Lösung der deutschen Frage* bedingt sei. Vorrangiges Ziel müsse es deshalb sein, *die freien Einrichtungen*, die in der Paulskirchenverfassung wie in dem preußischen Entwurf der Unionsverfassung verbürgt seien, auch für Baden zu sichern. Was die bevorstehenden Wahlkämpfe betreffe, so bestehe Anlaß zur Zuversicht. Die *constitutionelle Partei* habe ihre *Organisation durch die vaterländischen Vereine bewahrt und dadurch eine geregelte Thätigkeit bei den Wahlen gesichert*[51]. Die Lösung der deutschen Frage zur wichtigsten politischen Aufgabe zu erklären, war eine auch in tagespolitischer Perspektive plausible Entscheidung, denn einen Tag nach dem Treffen der liberalen Kammermitglieder in Karlsruhe wurde das Gesetz über die Wahlen zum ersten Unionsreichstag in Baden veröffentlicht[52]. Die Erfolgsaussichten der preußischen Unionspolitik hatten sich zwar erheblich verschlechtert, da Hannover und Sachsen die geplante Einberufung eines Reichstags nach Erfurt boykottierten[53]; für die badischen Liberalen stand es jedoch außer Frage, die Union zu unterstützen, auch wenn ihr neben Preußen nur zwei Dutzend der kleineren deutschen Staaten angehörten und sie zunächst allenfalls die Keimzelle des angestrebten Nationalstaates darstellte. Dass von badischer

---

REAL, Revolution und Restauration (wie Anm. 29), S. 400f. Die Zahl der liberalen Oppositionellen unter den derzeit noch 36 verbliebenen Abgeordneten der Zweiten Kammer wurde hier mit zehn angegeben. Namentlich genannt wurden Bassermann, Mathy und Soiron.
49 Beil. zu Nr. 334, 3. Dezember 1849.
50 BAF, FSg. 1/133, Brief vom 5. Dezember 1849.
51 Deutsche Zeitung Nr. 343, 12. Dezember 1849. Die Zahl der Teilnehmer wird nicht genannt: *man bemerkte die Abg. Soiron, Welcker, Bassermann, Mathy, Häusser, Baum, Zittel, Bissing, Lamey u. A.* Der Berichterstatter der Augsburger Allgemeinen Zeitung (Nr. 347, 13. Dezember 1849) nannte als Teilnehmer noch Stösser, Huber, Malsch und Dennig. Er bemerkte eine ungleichmäßige regionale Verteilung: *Gleichwohl läßt das fast gänzliche Ausbleiben der Oberländer Volksvertreter bei der gestrigen Versammlung fast vermuthen daß der, früher österreichisch gewesene, Breisgau und Seekreis ein gemeinsames Wahlbetreiben seiner Vertrauensmänner mit den Gothaern nicht zu seinen Wünschen rechnet.*
52 Vgl. F. L. SEPAINTNER, Wahlrecht und Wahlen vor der Reichsgründung in Baden: Die Wahl zum Erfurter Volkshaus 1850 und die Zollparlamentswahl 1868, in: ZGO 147 (1999), S. 637; WITTMER (wie Anm. 7), S. 268–274.
53 Vgl. MEINECKE (wie Anm. 22), S. 340–359.

Seite die Unionspolitik fortgesetzt werde, schien um so wichtiger, als das Großherzogtum als Brückenkopf nach Bayern und Württemberg fungieren sollte, während andererseits die Hoffnung bestand, dass die beiden nord- und mitteldeutschen Königreiche unter dem Druck der Verhältnisse doch noch vor der endgültigen Lösung von dem Bündnis zurückschrecken würden.

## III.

Da die Landtags- und die Reichstagswahlen in Baden fast zeitgleich stattfinden sollten, widmete sich das Wahlkampfprogramm, das die badischen Liberalen Mitte Dezember 1849 ausarbeiteten, folgerichtig zu gleichen Teilen den Landesangelegenheiten und der deutschen Frage. Das Programm wurde Ende des Monats im Druck verbreitet, zu den 22 unterzeichnenden Landtagsabgeordneten gehörten mit Bassermann, Mathy und Soiron die bisherigen Protagonisten der Gothaer Partei[54]. Die recht ausführliche Einleitung des Programms diente dem Rückblick auf die *jüngsten Erschütterungen*[55], für die die Liberalen niemanden haftbar machen wollten. Statt *Anklagen und Gegenanklagen, die nur altes Uebel aufrühren*, sei der Blick in die Zukunft zu richten. Die *Hoffnungslosigkeit und Ermüdung, womit viele der patriotischen Freunde den kommenden Zeiten unthätig und leidend entgegensehen*, teile man nicht; man wolle mit allen *Gutgesinnten zusammenstehen, zu wetteifern in Thätigkeit und Aufopferung für das geliebte Land, dessen unglückliche Schicksale uns nicht so tief erschüttern dürfen, daß wir an der Möglichkeit einer glücklichern Zukunft verzweifelten.* Der elegischen und von Selbstmitleid nicht ganz freien Einleitung folgte eine Reihe von dezidierten politischen Forderungen, die einen deutlichen Beleg dafür liefern, dass die badischen Liberalen am Jahresende 1849 noch keineswegs den Freiheitsgedanken zugunsten des Einheitsgebots aufgegeben hatten. Das Ziel sei die *Beseitigung der Ausnahmezustände, die Rückkehr freier politischer Formen* sowie die *Begründung einer wahrhaft volksthümlichen Ordnung.* In der Konkretion hieß dies: die Sicherung der Pressefreiheit, der Erhalt der in der Revolution eingeführten Schwurgerichtsbarkeit und die Umgestaltung der Ersten Kammer des Landtags. Vor allem mit dem letzten Punkt griff man ein brisantes Problem auf, das die innenpolitischen Kontroversen im Vorfeld der Mairevolution angeheizt hatte[56]. Erfolgsperspektiven für die badische Politik sahen die 22 liberalen Abgeordneten jedoch nur, wenn die deutsche Frage gelöst werde: *Die Krankheit, die Baden zerrüttet hat, ist kein eingeborenes Uebel, das nur unserm Lande angehörte; ihre Wurzeln reichen weit über den deutschen Boden, und wol-*

---

54   Unterzeichnet wurde das Programm außerdem von: Baum, Bissing, Blankenhorn-Krafft, Dennig, Häusser, Helmreich, Hildebrandt, Huber, Lamey, Malsch, Meyer, Oster, Prestinari, Riesterer, Schmitt, Stösser, Welcker, Weller und Zittel. Der Korrespondent der »Allgemeinen Zeitung« (Nr. 363, 29. Dezember 1849) wusste, dass die Abgeordneten Becker, Buhl und Siegle nicht unterzeichnet hatten, weil sie eine erneute Wahl nicht annehmen wollten.
55   Dieses und die folgenden Zitate nach: Karlsruher Zeitung Nr. 307, 28. Dezember 1849.
56   Adelsprivilegien sollten dem Programm zufolge bei der zukünftigen Zusammensetzung der Ersten Kammer keine Rolle mehr spielen: *Die privilegierten Kammern, die auf Standesvorrechten beruhen, haben in allen deutschen Staaten entweder aufgehört oder sind im Begriffe, einer Umgestaltung entgegen zu gehen. Auch bei uns wird dieser Nothwendigkeit entsprochen werden müssen.*

*len durch eine gemeinsame Heilung der deutschen Zustände abgegraben sein. Begründen wir den deutschen Bundesstaat mit dem Rechtsschutz für Alle* […] *mit allen Bedingungen eines großen und freien politischen Lebens im Innern und nach außen, mit freier Lebensluft für alle schlummernden und unbenützten Kräfte in der Nation. Die letzte Möglichkeit,* dieses *Ziel auf friedlichem Wege* zu erreichen, sei die Unterstützung der preußischen Unionspolitik. Vor allem habe das Augenmerk dem *neuen Verfassungs-Reichstag zu Erfurt* zu gelten. Statt den *Gefühlen des Schmerzes, der Verbitterung, der Ermüdung unmännlich* nachzuhängen, müsse die Chance der bevorstehenden Wahlen genutzt werden, um einen Beweis der Lebensfähigkeit Badens zu liefern.

Welche Wirkung der Wahlaufruf der 22 liberalen Abgeordneten auf die konstitutionelle Anhängerschaft in Baden hatte, lässt sich schwer ermessen. Deutlicher zu erkennen ist die Reaktion der großherzoglichen Regierung, die Anfang Januar 1850 zwar nicht direkt Stellung gegen die badischen Gothaer bezog, aber die offiziöse »Karlsruher Zeitung« polemische Artikel gegen die Berichterstattung der »Deutschen Zeitung« veröffentlichen ließ[57]. Die zwiespältige Haltung der Regierung den Gothaern gegenüber, die sich bereits bei den Diskussionen über eine mögliche Auflösung des Landtags gezeigt hatte, veränderte sich nach der Veröffentlichung des Wahlaufrufs nicht. Der preußische Gesandte Savigny berichtete Mitte Januar nach Berlin, dass die *Janitscharenmusik jener 22* mehr *Antipathie als Vertrauen* einflöße; insbesondere der Großherzog persönlich äußere *sich stets nur mit der äußersten Gereiztheit über diese Männer.* Gleichwohl müsse man sie als politischen Faktor berücksichtigen, auch wenn man ihnen wirklichen Einfluss nicht zubilligen dürfe: *Es wird daher darauf ankommen, diese talentvollen und für das hiesige Land zahlreichen Gothaer Redner von Anfang an auf den richtigen Standpunkt einer gewissen Selbstverleugnung zurückzuführen, aus der sie, nach gewonnenem Siege über die eigene Begierde nach Portefeuilles, veredelter in Erfurt sich werden zeigen können als das, wofür sie sich nebst ihrem Führer Gagern ausgeben:* »Die Besten der Nation«[58]. Wie groß die Vorbehalte gegenüber den Gothaern waren, zeigt sich auch in der Einschätzung des leitenden Ministers Klüber, der wenige Wochen später den badischen Diplomaten Meysenbug ermahnte: *Halten Sie den Gedanken fest, daß die Gothaer unserer und aller Regierungen Feinde, daß sie Revolutionäre, aber nicht einmal aufrichtige Republikaner, daß sie mit einem Wort Egoisten sind[59].*

Verlauf und Ergebnisse der Landtagswahlen im Januar und Februar 1850 geben nur wenig Aufschluss über die populäre Resonanz des Liberalismus in Baden nach dem Ende der Revolution. Zwar waren 29 der 63 Mandate für die Zweite Kammer in Ersatz- beziehungsweise Erneuerungswahlen zu vergeben[60], aber nur zwei der 22 Unterzeichner des liberalen Manifests vom Dezember 1849 mussten sich den Wählern stellen. Friedrich Bissing, der zuvor eines der beiden Heidelberger Mandate innehatte, wurde in Pforzheim gewählt, und Georg Michael Schmitt konnte erneut in Wertheim gewinnen. Strittig waren

---

57  Vgl. z. B. Karlsruher Zeitung Nr. 6, 8. Januar 1850.
58  Savigny an Schleinitz, 13. Januar 1850, in: REAL, Revolution und Restauration (wie Anm. 29), S. 425.
59  Brief vom 1. April 1850, zit. nach: SCHILL (wie Anm. 24), S. 94.
60  Alle zwei Jahre wurde ein Viertel des Landtags neu gewählt. In den übrigen Wahlbezirken hatten die jeweiligen Abgeordneten in der Revolution ihre Mandate niedergelegt, ohne dass es zu Nachwahlen gekommen war.

ihre Kandidaturen nicht: Bissing wurde einstimmig, Schmitt mit 28 von 32 Wahlmännerstimmen gewählt[61]. Ein dritter Gothaer, der sich um einen Abgeordnetensitz hätte bemühen müssen, nämlich Karl Theodor Welcker, kandidierte aus Gesundheitsgründen weder
für den Landtag noch für den Erfurter Reichstag[62]. Die übrigen 19 Unterzeichner des
Wahlkampfprogramms mussten ihre Mandate nicht verteidigen und waren damit von der
Notwendigkeit entbunden, ihre Wähler von der Plausibilität ihrer politischen Strategie zu
überzeugen. Über gezielte Kandidaturen der Gothaer Partei, deren Personal sich ja im
wesentlichen in den 22 Landtagsabgeordneten erschöpfte, ist in den übrigen Wahlbezirken wenig bekannt: Robert von Mohl, der sich um einen der beiden Heidelberger Abge-
ordnetensitze bemühte[63], war jedenfalls kein Erfolg beschieden. Eine nennenswerte Verstärkung der liberalen Kammerfraktion brachten die Ergänzungs- und
Erneuerungswahlen nicht. Die erneut gewählten ehemaligen Minister Dusch und Bekk,
die in den Revolutionsmonaten der Regierungspolitik ein liberales Profil gegeben hatten,
hielten Distanz zu ihren früheren Parteifreunden[64], und von den jüngeren Abgeordneten,
die erstmals in den Landtag einzogen, lässt sich kein klares politisches Bild gewinnen.
Einer von ihnen, der Lörracher Arzt Eduard Kaiser, erklärte in seinen Lebenserinnerungen, damals den Gothaern zugehörig gewesen zu sein[65], und vielleicht stand auch Ludwig
Kirsner, der von 1871 bis 1875 Präsident der Zweiten Kammer war und zu den führenden
badischen Nationalliberalen zählte, schon damals an der Seite seiner späteren Parteifreunde. Insgesamt war der Ausgang der Landtagswahlen am Jahresanfang 1850, die im übrigen
offenkundig von einer geringen Wahlbeteiligung gekennzeichnet waren[66], für die badischen Gothaer enttäuschend. So sah die »Deutsche Zeitung« in dem Wahlergebnis die
Folge massiver bürokratischer Einflussnahme; vielerorts seien *gegen den Willen der gebil-
deteren, unabhängigen Wähler selbständige, gemäßigte Candidaten verdrängt und unbedingte Anhänger der strengconservativen Partei durch die Beamten durchgesetzt, mithin
ein politisches Werkzeug benutzt worden, das in vormärzlichen Zeiten gang und gäbe
war*[67]. Auf Seiten der Regierung war man mit dem Ausgang der Wahlen sehr zufrieden.
Savigny berichtete Ende Februar nach Berlin, dass das Resultat von Leopold und seinen

---

61    Zu den Wahlergebnissen vgl. Verhandlungen der Stände-Versammlung des Großherzogthums
Baden in den Jahren 1850 und 1851. Protokolle der Zweiten Kammer und deren Beilagen. Protokollheft, Karlsruhe 1851, S. 8 ff.; A. ROTH, P. THORBECKE (Hgg.), Die badischen Landstände insbesondere die Zweite Kammer. Landtagshandbuch, Karlsruhe 1907, S. 274–291, mit einer Übersicht
der Abgeordneten in den Wahlbezirken von 1819–1871.
62    Eine mögliche Kandidatur Welckers war ein Dauerthema in Soirons Berichten an Mathy im
Januar 1850. Vgl. BAF, FSg. 1/133, Briefe vom 11., 25., 27., 29. und 30. Januar 1850.
63    Vgl. Deutsche Zeitung Nr. 8, 8. Januar 1850.
64    Vgl. BAF, FSg. 1/133, Brief Soirons an Mathy vom 8. Januar 1850: *So sind diese emporgedienten
Staatsdiener. Um sich von ihnen poussiren, tragen, verteidigen zu lassen, dazu sind die Parteien gut,
aber ehrlich mit ihnen zu gehen, wenn man mit ihnen mißliebig geworden, das ist zuviel verlangt
[…] Wir werden auf Bekk halten müssen, dies gebietet uns die Klugheit, weil außer ihm nichts besse-
res da ist; allein ich könnte mich nicht dazu verstehen, Lanzen für ihn zu brechen.*
65    Vgl. E. KAISER, Aus alten Tagen. Lebenserinnerungen eines Markgräflers 1815–1875, Lörrach
o. J., S. 290–295.
66    Für den Oberrheinkreis hat WITTMER (wie Anm. 7), S. 248–253, einige Werte ermittelt. Sie liegen deutlich unter der Wahlbeteiligung bei den Landtagswahlen 1846/47.
67    Deutsche Zeitung Nr. 56, 25. Februar 1850.

Ministern *als ein vorzügliches* betrachtet werde. *Eigentliche Oppositionswahlen* seien *gar nicht vorgekommen*. Mit den Ausnahmen Bekk und Dusch, in denen Savigny keine gefährlichen Oppositionellen sah, gehörten die Neugewählten der *altkonservativen Partei* an und seien *größtenteils Administrationsbeamte*[68].

*Wahre Patrioten, die weiter sehen als bis zum bevorstehenden badischen Landtag, trösten sich mit den Erfurter Aussichten und mit der Hoffnung, dass durch die Erfolge des Reichstags die Ministerien und die Kammern der kleinen Staaten immer mehr ihre Bedeutung verlieren werden*,[69] so lautete die Bilanz des Landtagswahlergebnisses in der »Deutschen Zeitung«. Wenn damit der Hoffnung Ausdruck gegeben wurde, dass die badischen Gothaer bei den Reichstagswahlen erfolgreicher sein würden als bei den Ergänzungs- und Erneuerungswahlen für die Zweite Kammer, wurden Erwartungen geweckt, die sich nur zum Teil erfüllen sollten. In den Wahlkampf waren die Liberalen mit einer stattlichen Liste möglicher Kandidaten gegangen; auf einem Treffen von Kammerabgeordneten und Vertrauensmännern der vaterländischen Vereine am 20. Januar 1850 wurden Soiron, Bassermann, Mathy, Zittel, Blankenhorn-Krafft, Dennig, Lamey, Baum, Weller, Häusser und Gervinus, aber auch die früheren Minister Dusch, Bekk, Karl und Friedrich Hoffmann als potentielle Reichstagsabgeordnete genannt[70]. Einen aggressiven Wahlkampf mit scharfer Frontstellung gegen vermeintlich reaktionäre und großdeutsche Kandidaten in allen Wahlkreisen führten die badischen Gothaer jedoch nicht. Sie scheinen sich vielmehr eine gewisse Zurückhaltung auferlegt zu haben, nachdem bei einer Versammlung der Mitglieder der Zweiten Kammer, zu der Christian Franz Trefurt und Jakob Wilhelm Speyerer eingeladen hatten, am 4. März in Karlsruhe eine möglichst weitgehende Verständigung der Parteien verabredet worden war[71].

Die Wahlmänner für die Reichstagswahlen wurden Ende Februar 1850 nach dem Dreiklassenwahlrecht gewählt; die Nominierung der 14 Abgeordneten, die das Großherzogtum im Erfurter Volkshaus vertreten sollten, erfolgte Mitte März[72]. Unter den Gewählten

---

68  REAL, Revolution und Restauration (wie Anm. 29), S. 466, Bericht Savignys an Schleinitz vom 27. Februar 1850. In seinem Bericht anlässlich der Landtagseröffnung (S. 477, 9. März 1850) teilte Savigny mit, die Neuwahlen seien *bis auf drei Ausnahmen durchaus gouvernemental ausgefallen*. Die *Fraktion Soiron* habe im Oberlande trotz *aller nur möglichen Anschreiben ihrer Führer keinen der Ihrigen bei der Deputiertenwahl durchbringen können*.
69  Deutsche Zeitung Nr. 56, 25. Februar 1850.
70  Vgl. Deutsche Zeitung Nr. 22, 22. Januar 1850.
71  Vgl. Karlsruher Zeitung Nr. 55, 6. März 1850. Trefurt war bis zur Märzrevolution Justizminister gewesen; der ehemalige Heidelberger Bürgermeister Speyerer hatte bis 1842 der liberalen Opposition angehört, hielt sich aber 1849/50 von den Liberalen fern. Trefurt betonte in einer Ansprache bei der Versammlung die Notwendigkeit eines *einträchtigen Zusammenwirkens* er hob hervor, *daß es hiebei nicht auf die seitherige Parteistellung, also nicht auf die Frage ankomme, ob ein Kandidat früher Etwas mehr oder weniger liberal gefärbt war, ob er etwas früher oder später konservativ geworden, sondern allein darauf, ob er mit redlichem Ernst die Versammlung in Erfurt und ein für Deutschlands wahre Einigung und Größe gedeihliches Resultat derselben wolle.* Trotz dieser Verständigungsbemühungen ist SEPAINTNER (wie Anm. 52), S. 641f., zu widersprechen, wenn er meint, dass es keinen »rechten Wahlkampf« gegeben habe, weil die »faßbare politische Alternative« gefehlt habe. Die publizistischen Kontroversen zwischen der »Deutschen Zeitung« und der »Karlsruher Zeitung« belegen das Gegenteil.
72  Zum Wahlverfahren vgl. WITTMER (wie Anm. 7), S. 278–280. In den Wahlbezirken des Oberrheinkreises war die Wahlbeteiligung deutlich niedriger als bei den Wahlen zur Frankfurter Natio-

waren nur drei ausgewiesene Gothaer: Ludwig Häusser, August Dennig und Soiron, der sich in Mannheim allerdings erst durchsetzen konnte, nachdem der Kandidat, der im ersten Wahlgang die meisten Stimmen erzielt hatte, zu seinen Gunsten verzichtete[73]. Von der Vorschlagsliste, die die badischen Liberalen am 20. Januar verabredet hatten, erhielten außerdem die ehemaligen Minister Karl und Friedrich Hoffmann sowie Bekk Mandate. Wenig Erfolg war Robert von Mohl beschieden; wie schon bei den Landtagswahlen einige Wochen zuvor unterlag er im Wahlkreis Heidelberg. Für seinen Gegenkandidaten, den Karlsruher Geheimrat Schaaff, waren die *bürokratischen Mächte*, wie die »Deutsche Zeitung« mitteilte, *in den verschiedenen Aemtern sehr thätig* geworden[74]. Wie Schaaff standen auch die übrigen sieben siegreichen Kandidaten den Gothaern fern, wobei das Spektrum vom auf Ausgleich bedachten Landtagsveteranen Speyerer bis zu Gideon Weizel reichte, den Soiron ob seiner prinzipienlosen politischen Geltungssucht schlichtweg für ein *Brechmittel* hielt[75]. Verstärkt wurde die kleine Gruppe der badischen Gothaer im Erfurter Volkshaus dann durch Bassermann und Mathy, die wie schon bei den Wahlen zur Frankfurter Nationalversammlung aufgrund ihrer überregionalen Popularität auswärtige Mandate gewinnen konnten[76]. Die »Deutsche Zeitung« erhob ähnliche Klagen wie anlässlich der Landtagswahlergebnisse, erklärte aber, dass die liberale Partei in Anbetracht der *Ermattung der Bevölkerung und der Rührigkeit der Bureaukratie* zufrieden sein könne, wenigstens *sechs von 14 Wahlen durchgesetzt* zu haben. Überdies sei das Resultat für Erfurt und die künftige deutsche Union *ziemlich gleichgültig*, da die Kandidaten der bürokratischen Seite mit den Liberalen in der deutschen Sache übereinstimmten, zumindest solange die badische Regierung ihre propreußische Politik fortsetze[77].

Vor der Eröffnung des Erfurter Reichstags fanden im März in Karlsruhe noch einige Landtagssitzungen statt, da die Ständeversammlung dem Beitritt Badens zur Union, der bislang ein reiner Akt der großherzoglichen Kabinettspolitik gewesen war, nachträglich zustimmen sollte. Darüber hinaus waren von der Ersten Kammer zwei und von der Zwei-

---

nalversammlung knapp zwei Jahre zuvor. Vor allem in den mittel- und niederbesteuerten Klassen war sie gering (S. 282–289).

73   Kandidaten und Abgeordnete finden sich in einer Liste bei SEPAINTNER (wie Anm. 52), S. 642. Zur Wahl Soirons vgl. Karlsruher Zeitung Nr. 66, 16. März 1850.

74   Nr. 73, 14. März 1850. In einem Brief an Prof. Schulze lieferte Mohl im Frühjahr 1850 eine eigenwillige Interpretation seiner Wahlniederlage: *Hätten es meine academischen Verhältnisse möglich gemacht, so würde mir eine Wahl nach Erfurt sehr erwünscht gewesen sein, und dann hätte ich auch die Mittel ergriffen, welche dazu geführt haben würden. Allein so ließ ich es passiv kommen, wie es wollte, in der dann auch eingetretenen Hoffnung, daß ich nicht veranlaßt werden würde, der Consequenz und Parteistellung ein empfindliches Opfer zu bringen*; zit. nach: L. GERSTNER, Erinnerungen an Robert von Mohl, in: Die Gegenwart 32 (1887), S. 38.

75   BAF, FSg. 1/133, Brief an Mathy vom 30. Januar 1850: *Dieser Kerl, dem man es ansieht und anriecht, an welchem Teil ihres Körpers er hohe und höchste Personen bei jeder Gelegenheit leckt und all seine übrige Gemeinheit!*

76   Mathy wurde in Schlesien gewählt, Bassermann in einem rheinischen Wahlkreis. Vgl. das Verzeichnis der Abgeordneten in: Stenographischer Bericht über die Verhandlungen des Deutschen Parlaments zu Erfurt. Volkshaus, o. O., o. J., S. 331–334.

77   Deutsche Zeitung Nr. 81, 22. März 1850. Ein ausführlicher Kommentar zu diesem Artikel findet sich in: Karlsruher Zeitung Nr. 72, 26. März 1850. Es wurde dort der Vorwurf der Wahlbeeinflussung zurückgewiesen. Die Wahlmänner sollten der »Deutschen Zeitung« »ihren Dank dafür abstatten, daß sie [...] als willenlose Werkzeuge des bürokratischen Terrorismus hingestellt werden«.

ten Kammer drei der insgesamt zehn badischen Vertreter für das Staatenhaus des Unions-
reichstags zu ernennen[78]. Für die prominenten badischen Liberalen bedeuteten die Landtagssitzungen im März die kurzzeitige Rückkehr in den Mittelpunkt des politischen
Geschehens im Großherzogtum. Ludwig Häusser ergriff schon bei dem feierlichen Emp-
fang beim Großherzog anlässlich der Landtagseröffnung das Wort, um, wie Savigny
meinte, *über seine lebendige Loyalität einen Zweifel nicht aufkommen zu lassen*[79], und
auch in den ersten Sitzungen profilierten sich die Gothaer: Bei den Wahlen der drei Kandidaten für die Präsidentenstelle der Zweiten Kammer, die dem Großherzog zur Auswahl
vorzuschlagen waren, wurden neben Bekk mit Soiron und Weller zwei Unterzeichner des
liberalen Wahlkampfprogramms vom vergangenen Dezember nominiert[80]. Dass der
zunächst wichtigsten Kommission, nämlich jener, die das badische Bündnis mit Preußen
zu begutachten hatte, mit Mathy, Soiron und Bissing mehrheitlich Abgeordnete der
Gothaer Fraktion angehörten, dürfte zumindest aus liberaler Sicht eine Selbstverständ-
lichkeit gewesen sein[81].

An den Debatten über den badischen Anschluss an die preußische Unionspolitik
beteiligten sich die Angehörigen der Gothaer Fraktion mit einem starken Engagement,
das im Wissen um die bescheidenen Erfolge des Erfurter Reichstags und das nachhaltige
Scheitern der Union kurios anmuten mag, das aber doch wohl als Beleg für die sehr große
Bedeutung gewertet werden muss, die die badischen Liberalen dieser letzten Möglichkeit
einer für sie befriedigenden Lösung der deutschen Frage beigemessen haben. Der von
Mathy am 13. März in der Zweiten Kammer vorgetragene Kommissionsbericht[82] folgte
im wesentlichen den Argumentationslinien, auf die sich die Liberalen während der
Gothaer Versammlung im Juni 1849 verständigt hatten: Der Rückblick auf die Arbeit der
Frankfurter Nationalversammlung fiel knapp aus, die Ablehnung der Kaiserkrone durch
Friedrich Wilhelm IV. wurde bedauert, aber nicht weiter kommentiert[83]. Mit dem Schei-
tern der Reichsverfassung sei keineswegs der alte Deutsche Bund wiederbelebt worden,
sondern es blieb als wichtigster politischer Faktor *der Anspruch der Nation auf eine ihren
Bedürfnissen angemessene Form der Einigung*. Den Rechtsboden für die Einlösung dieses
Anspruchs habe Preußen mit dem Bündnis vom Mai 1849 geschaffen; auch halte der Entwurf der Unionsverfassung die *wesentlichen Bedingungen des Bundesstaates*, wie sie in
der Paulskirche formuliert worden seien, aufrecht. Im Vergleich des Entwurfs der Uni-

78   Die übrigen fünf wurden von der Regierung ernannt. Es handelte sich dabei um den Fürsten zu
Fürstenberg, Friedrich Karl Frhr. Rüdt v. Collenberg-Bödigheim, Karl Ludwig Böhme, den Frhr. v.
Meysenbug und den Fabrikanten Friedrich Lauer, der als Mannheimer Kandidat für das Volkshaus
zugunsten Soirons zurückgetreten war. Vgl. REAL, Revolution und Restauration (wie Anm. 29),
S. 497, Bericht Savignys an Schleinitz vom 24. März 1850.
79   Ebd. S. 477, Bericht an Schleinitz vom 9. März 1850.
80   Vgl. Protokollheft Zweite Kammer (wie Anm. 61), S. 11. Den parlamentarischen Gepflogenhei-
ten entsprechend, ernannte der Großherzog Bekk, der die meisten Stimmen erhalten hatte, zum
Kammerpräsidenten. Bekks Rede nach der Übernahme des Präsidentenamtes vgl. ebd., S. 14ff.
81   Vgl. ebd., S. 17. Die beiden anderen Kommissionsmitglieder waren Bekk und Speyerer.
82   Verhandlungen der Stände-Versammlung des Großherzogthums Baden in den Jahren 1850 und
1851. Protokolle der Zweiten Kammer und deren Beilagen. 5. Beilagenheft, Karlsruhe 1851, S. 83–88.
83   Die Frage, *ob in dieser Lage die Nationalversammlung einen anderen Weg hätte einschlagen
können oder sollen* als die unter Protest erfolgte, aber doch friedliche Preisgabe ihres Werkes, wurde
dem Urteil der Geschichte überlassen (ebd., S. 83).

onsverfassung mit der Frankfurter Reichsverfassung vermochte der Kommissionsbericht nur wenige gravierende Unterschiede zu erkennen, zumal wenn man als Maßstab den Entwurf der Paulskirchenverfassung nehme, wie ihn der Verfassungsausschuss nach der ersten Lesung zusammengestellt hatte *und wie er als der unverfälschte Ausdruck der Mehrheit der Nationalversammlung anzusehen ist.* In der Bewertung der Änderungen könne man unterschiedlicher Auffassung sein, dem *unbefangenen Freunde des Vaterlandes* sei jedoch von Anfang an klar gewesen, dass das Unionsprojekt *nicht von der Hand gewiesen werden durfte.* Ernsthafte Bedenken verursache allein das Wahlrecht zum Unionsreichstag, das auf ganz anderen Voraussetzungen aufbaue als das Wahlgesetz der Paulskirche. Da Preußen das Dreiklassenwahlrecht indes zur conditio sine qua non erklärt habe und zudem die Ablehnung des Wahlgesetzes die Beschickung des unmittelbar bevorstehenden Erfurter Reichstags unmöglich machen würde, beuge man sich dem Unvermeidlichen und empfehle der Kammer nicht nur die nachträgliche Billigung des badischen Anschlusses an die Union, sondern auch des Wahlgesetzes[84].

Die Plenardebatte über den Kommissionsbericht verlief wenig kontrovers. Als Hauptredner der Gothaer fungierte Häusser, der die Aufmerksamkeit auf den in diesen Tagen bekannt gewordenen Bundesreformplan lenkte, auf den sich Bayern, Sachsen und Württemberg geeinigt hatten, um in der deutschen Frage nicht vollends in die Defensive zu geraten[85]. Häussers Kritik an diesem großdeutschen Reformplan richtete sich vor allem gegen die avisierte kollegiale, von den Regierungen der sieben größten Staaten zu ernennende Bundesregierung, die nichts anderes sei als der Versuch, *die alte organisierte Anarchie in Deutschland* wiederherzustellen, während es doch der erwiesene Wille der Nation sei, *eine innige und konsequente Politik durch ein einziges Oberhaupt* zu betreiben[86]. Dass die Union in ihrem derzeitigen Bestand noch keineswegs der erhoffte Bundesstaat war, stellte Häusser nicht in Abrede; sie sei aber das *lebensfähige Element zu einer wirklichen staatlichen Bildung.* Um sie können sich *die Staaten wie um einen Kristall herum legen,* ihre *Attraktionskraft* könne *allmählig zur staatlichen Einheit führen*[87]. Am Ende werde *alles Andere, was wir noch wünschen und bis jetzt vermissen, hineingezogen werden, weil nichts Anderes da ist, was als Anziehungspunkt dienen könnte, und in jenem Projekt alles Das, was die Nation will, in seinen Grundlinien festgestellt ist, es also auch allein sich auf geschichtlichen und natürlichen Grundlagen bewegt.* Zwei weitere prominente Gothaer sekundierten Häusser in der Debatte: Zittel wies darauf hin, dass die Unionspolitik dazu beitragen könne, die verbreitete demokratische Gesinnung im badischen Volke nachhaltig zu verdrängen, und bemühte sich außerdem, die konfessionellen Bedenken der Katholiken durch Hinweis auf die kirchliche Freiheit in Preußen zu zerstreuen; Sorion gab sich überzeugt, dass der Erfurter Reichstag einen erfolgreichen Verlauf nehmen werde, da dort *erleuchtete, energische preußische Staatsmänner die Leitung der Sache in die Hand neh-*

---

84    Bedenken gegen das Wahlgesetz versuchte der Kommissionsbericht außerdem mit dem Hinweis zu zerstreuen, dass es nur für die erste Reichstagswahl gelte und in Erfurt, nicht in Karlsruhe Einvernehmen über ein endgültiges Wahlgesetz erzielt werden müsse (ebd., S. 87).
85    Ihre Übereinkunft vom 27. Februar 1850 ist abgedruckt in: HUBER, Dokumente, Bd. 1 (wie Anm. 23), S. 568ff.
86    Häussers Rede findet sich in der Beilage zur Karlsruher Zeitung Nr. 64, 16. März 1850.
87    Häusser führte auch den naheliegenden Vergleich mit der Entwicklung des Zollvereins an.

*men*[88]. Auch wenn nicht alle Mitglieder der Zweiten Kammer so optimistisch in die Zukunft schauten wie Soiron, wurden dem Kommissionsbericht entsprechend sowohl der Beitritt Badens zur Union wie das Wahlgesetz mit allen gegen eine Stimme nachträglich genehmigt[89]. Die wenige Tage später erfolgte Wahl der drei Mitglieder für das Erfurter Staatenhaus spiegelte das Kräfteverhältnis der politischen Gruppierungen in der Kammer nicht präzise wider: Gewählt wurden der ehemalige Minister und nicht parteigebundene Liberale Dusch, Trefurt als gemäßigter gouvernementaler Abgeordneter sowie der ausgewiesene Gothaer Zittel[90]; aus der recht großen Gruppe der konservativen Parlamentsneulinge wäre allerdings wohl auch niemand als Kandidat in Frage gekommen. Vervollständigt wurde die Gruppe der badischen Abgeordneten, die dann schnell zum Reichstag nach Erfurt reisen mussten, durch den Heidelberger Professor Heinrich Zöpfl und Friedrich August Freiherr Marschall von Bieberstein, den Bruder des Innenministers, die von der Ersten Kammer als Vertreter für das Staatenhaus gewählt wurden[91].

## IV.

Obwohl die Landtagsgeschäfte zügig erledigt worden waren, traf offensichtlich keiner der badischen Abgeordneten rechtzeitig zur Eröffnung des Erfurter Reichstags am 20. März 1850 ein[92]. Mathy und Soiron kamen immerhin früh genug, um bei der Wahl des Verfassungsausschusses des Volkshauses am 26. März berücksichtigt zu werden; Soiron, der in der Paulskirche den Verfassungsausschuss geleitet hatte, wurde in Erfurt zum stellvertre-

---

88   Ebd. (Zittels Rede); Karlsruher Zeitung, 1. Beilage zu Nr. 65, 17. März 1850 (Soirons Rede).
89   Vgl. Protokollheft Zweite Kammer (wie Anm. 61), S. 20.
90   Ebd., S. 24.
91   Vgl. Verhandlungen der Stände-Versammlung des Großherzogthums Baden in den Jahren 1850 und 1851. Protokolle der ersten Kammer und deren Beilagen. Protokollheft, Karlsruhe 1851, S. 15. Die nachträgliche Billigung des badischen Beitritts zur Union und des Wahlgesetzes erfolgte in der Ersten Kammer ebenso schnell und reibungslos wie in der Zweiten (ebd., S. 14). Zur Überraschung der Gothaer erwies sich Zöpfl, der der Kammer als gewähltes Mitglied der Universität angehörte, als energischer Fürsprecher des Anschlusses an Preußen. Bei seiner Wahl – er hatte sich gegen den bisherigen liberalen Universitätsvertreter von Stengel durchgesetzt – hatte die »Deutsche Zeitung« (Nr. 355, 24. Dezember 1849) noch gemutmaßt, er sei *kein Freund des Dreikönigsbündnisses*. Der von Zöpfl vorgetragene Kommissionsbericht findet sich in: Verhandlungen der Stände-Versammlung des Großherzogthums Baden in den Jahren 1850 und 1851. Protokolle der ersten Kammer und deren Beilagen. 1. Beilagenheft, Karlsruhe 1851, S. 46–53. Zöpfl hatte unmittelbar nach Ausbruch der Revolution einen Verfassungsentwurf veröffentlicht (Bundes-Reform, deutsches Parlament und Bundesbericht, Heidelberg 1848), war danach aber politisch nicht mehr in Erscheinung getreten. Zu den Biographien der Erfurter Parlamentarier vgl. neuerdings Jochen LENGEMANN, Das Deutsche Parlament (Erfurter Unionsparlament) von 1850. Ein Handbuch: Mitglieder, Amtsträger, Lebensdaten, Fraktionen, München und Jena 2000.
92   Clothilde Koch-Gontard teilte Heinrich v. Gagern am 20. März brieflich mit, dass Mathy und Soiron am Vortag aus Karlsruhe in Frankfurt angekommen seien, *beide hocherfreut über den Geist der Kammer und ihre Haltung in der deutschen Frage*. Soiron sei gleich nach Erfurt weitergereist, während Mathy sich erst am folgenden Tage auf den Weg machen wolle; KOCH-GONTARD (wie Anm. 44), S. 142. Dem Protokoll des Volkshauses (wie Anm. 76), S. 32, zufolge war Soiron bei der Eröffnungssitzung allerdings noch nicht anwesend.

tenden Vorsitzenden gewählt[93]. Die Arbeit, die der Ausschuss in Erfurt zu leisten hatte, war allerdings nicht mit der Aufgabe zu vergleichen, die sich seinem Frankfurter Pendant gestellt hatte. Langwierige Grundsatzdebatten mussten und konnten nicht geführt werden, da zum einen aufgrund des demokratischen Wahlboykotts die alternativen Verfassungsvorstellungen der Linken in Erfurt nicht vertreten wurden und zweitens, anders als in der Paulskirche, unstrittig war, dass das Vereinbarungsprinzip galt: Der Erfurter Reichstag besaß keine verfassunggebende Alleinkompetenz und musste bei der Revision des Radowitzschen Verfassungsentwurfs die vermutlichen Reaktionen der Regierungen der Unionsmitglieder berücksichtigen. Taktischen Fragen kam bei der Arbeit des Verfassungsausschusses deshalb große Bedeutung zu. Nach zweiwöchigen Beratungen war der Verfassungsausschuss nicht in der Lage, den Abgeordneten des Volkshauses einen Mehrheitsantrag zum weiteren Vorgehen zu präsentieren, weil die Ausschussmitglieder in den taktischen Fragen sehr unterschiedliche Auffassungen vertraten: Die Linke, in Erfurt waren dies die Gothaer, favorisierte die unverzügliche En-bloc-Annahme der Unionsverfassung, da die rasche Konstituierung des Bundesstaates die wichtigste Aufgabe sei. Würde man, so die Befürchtung, mit der Revision der Verfassung beginnen, so ergebe sich für die Regierungen nur eine Gelegenheit, möglicherweise vorhandene Skrupel gegen das ganze Projekt erneut zu kultivieren. Dies galt auch mit Blick auf die abtrünnigen Unionsmitglieder Hannover und Sachsen, deren im Mai 1849 erfolgte Verpflichtung auf den Verfassungsentwurf noch als bindend betrachtet wurde. Die Erfurter Rechte hingegen wollte eine gründliche Revision des Entwurfs, die sie für dringend geboten hielt, weil zum Beispiel der Grundrechtskatalog mit jenem der preußischen Verfassung von Januar 1850 harmonisiert werden musste. Hinter dieser Forderung stand allerdings im wesentlichen nur eine Obstruktionstaktik; die Verfassungsrevision hatte für die Rechte das Ziel, das ganze Unionsprojekt zu Fall zu bringen[94]. Alle Versuche, in der Frage der grundsätzlichen Vorgehensweise zwischen den Positionen der Linken und der Rechten einen Kompromiss zu finden, waren im Verfassungsausschuss gescheitert. Revisionsvorschläge hatte der Ausschuss gleichwohl ausgearbeitet, so dass keine weitere Verzögerung eintreten musste, wenn das Plenum eine Entscheidung über die Vorgehensweise getroffen hatte[95].

Im ersten Teil der Plenardebatte des Volkshauses, in dem über das Für und Wider der En-bloc-Annahme der Verfassung beraten wurde, ergriff von den badischen Abgeordneten nur Soiron das Wort[96]. Er sah den Reichstag mit dem Dilemma konfrontiert, *entweder*

---

93    Vgl. ebd., S. 66. Nach der Konstituierung der Ausschüsse vertagte sich das Volkshaus für eine Woche. Bei der nächsten Sitzung am 3. April war dann das Gros der badischen Abgeordneten anwesend. Es fehlten z. B. noch Woellwarth und die Brüder Hoffmann, die jeweils erst in einer Nachwahl gewählt wurden, weil die Wahlkreise zunächst an Kandidaten gefallen waren, die das Mandat nicht annahmen; vgl. SEPAINTNER (wie Anm. 52), S. 642. SCHILL (wie Anm. 24), S. 99, meinte, dass über die badischen Abgeordneten in Erfurt nicht allzuviel zu sagen sei, da keiner von ihnen »zu größerer Bedeutung« gelangte. Dies gilt sicher nicht für Mathy und Soiron.
94    Zu den Positionen der Linken und der Rechten in Erfurt sowie vor allem auch der preußischen Regierung vgl. MEINECKE (wie Anm. 22), S. 385–410.
95    Der von Camphausen vorgetragene Bericht des Verfassungsausschusses findet sich in: Protokoll des Volkshauses (wie Anm. 76), S. 79–94. Der Antrag der Linken auf En-bloc-Annahme war im Ausschuß mit 11 gegen 10 Stimmen abgelehnt worden (S. 84 f.).
96    Ebd., S. 104 ff.

*etwas vielleicht nicht ganz Brauchbares anzunehmen, oder durch Beschließen von Abän-*
*derungen und Verbesserungen den rechtlichen Fortbestand des Entwurfes, wie er uns vor-*
*gelegt war, zu gefährden.* Bei der Wahl zwischen diesen beiden Wegen glaubte Soiron,
dass das, *was sich an dem Entwurfe beanstanden läßt,* nicht von so großer Bedeutung sei,
dass man *durch das Forschen nach dem Besseren das Gute in seiner Existenz* riskieren
dürfe. Priorität müsse die Wahrung des *Rechtspunktes* haben, da nur er die Staaten, *die*
*vielleicht geneigt wären, von dieser Union zurückzutreten,* vom Abfall abhalte. Wenn man
eine Revision vollziehe, gebe man den Regierungen einen bequemen Vorwand, *nachher*
*von ihrem Rechte des Zurücktretens Gebrauch* zu machen. Einen weiteren Grund für die
unveränderte Annahme sei die Notwendigkeit, nun endlich eine Unionsregierung einzusetzen: *Und was hat denn der deutschen Einheit bisher hauptsächlich gefehlt? Verfassun-*
*gen, Leute die über Verfassungen gesprochen und geschrieben, Versammlungen, die über*
*Verfassungen beraten und Beschlüsse gefaßt haben? Meine Herrn! Das haben wir Alles*
*genug gehabt. Was uns Noth thut, das ist eine rechte Macht und man kann sich wohl ent-*
*schließen, von manchen Mängeln der Verfassung abzusehen, wenn nur mit dieser Verfas-*
*sung eine Macht begründet wird, denn was kann uns die schönste Verfassung helfen, wenn*
*wir nicht zur Macht gelangen?* Im Plenum fanden diese Argumente eine stärkere Resonanz als zuvor im Verfassungsausschuss. Der Antrag auf En-bloc-Annahme der Verfassung wurde am 13. April mit 125 zu 89 Stimmen angenommen; die anwesenden badischen
Abgeordneten stimmten alle, die Gothaer ebenso wie die Konservativen, mit der Mehrheit[97]. Das Staatenhaus bestätigte diesen Beschluss wenige Tage später, wobei das Ergebnis
mit 62 zu 29 Stimmen noch deutlicher ausfiel als im Volkshaus[98].

Der En-bloc-Annahme der Verfassung in beiden Häusern folgte jeweils die materielle
Prüfung des Verfassungsentwurfs, die allerdings nur Revisionsvorschläge zum Resultat
haben sollte, die den verbündeten Regierungen zur Kenntnis- und Stellungnahme zu
übergeben waren. Auf diese Weise wollte man Verbesserungsmöglichkeiten aufzeigen,
ohne den eigenen Rechtsstandpunkt preiszugeben. In den Detaildebatten des Volkshauses
stellten die badischen Gothaer unter Beweis, dass es ihnen nicht allein um die Machtfrage
ging, die Soiron zuvor in den Vordergrund gestellt hatte, sondern dass sie den liberalen
Inhalten der Verfassung durchaus noch große Bedeutung beimaßen: Bassermann profilierte sich mit einer energischen Rede gegen die Versuche der äußersten Rechten um Ger-
lach, Stahl und Bismarck, den konstitutionellen Kern des Verfassungsentwurfs aufzuwei-
chen[99]; Mathy sprach sich gegen den Plan aus, einen Zusatz einzufügen, der die
Einzelstaaten dazu verpflichten sollte, das Dreiklassenwahlrecht bei den Landtagswahlen
einzuführen[100]; Häusser hielt eine vielbeachtete Rede, die sich dem zukünftigen Verhältnis

---

97  Vgl. ebd., S. 142 f. Die einzige Ausnahme war der Freiburger Professor Franz Joseph Buß, der
als katholischer Kandidat bei den Wahlen in Baden gescheitert war, aber einen westfälischen Wahlkreis hatte gewinnen können.
98  Vgl. Stenographischer Bericht über die Verhandlungen des Deutschen Parlaments zu Erfurt.
Staatenhaus, o. O. o. J., S. 114. Die badischen Mitglieder des Staatenhauses waren sich nicht einig:
Fürstenberg, Marschall und Meysenbug stimmten gegen die En-bloc-Annahme. In der vorangegan-
genen Debatte hatte Zöpfl eine lange Rede gehalten (S. 102–106).
99  Protokoll des Volkshauses (wie Anm. 76), S. 156 ff.
100  Vgl. ebd., S. 258 ff.

der Union zu Österreich widmete[101]. Von den gouvernementalen Abgeordneten aus Baden griff keiner in die Debatten ein. Die Abstimmungsergebnisse zeigen jedoch, dass sich die Einigkeit der badischen Reichstagsmitglieder auf die Verfahrensfrage beschränkte und bei den Detailfragen durchaus Meinungsverschiedenheiten zwischen den Parteien bestanden[102]. Im Volkshaus wie im Staatenhaus wurden die Detailberatungen zügig abgeschlossen, so dass den Unionsregierungen die Revisionsvorschläge übermittelt werden konnten. Am 29. April erklärte Radowitz als Kommissar des Verwaltungsrates der Union das Parlament unter dem Vorbehalt einer möglichen Wiedereinberufung für *zur Zeit beendigt*[103]. Für die badischen Gothaer bedeutete dies den Abschied von der nationalen Politik. Dass es ein Abschied für lange Zeit sein würde, war zu diesem Zeitpunkt noch nicht abzusehen, denn die preußische Regierung, die nach den Reichstagsbeschlüssen das Heft des Handelns in der Hand hatte, setzte die Unionspolitik in der Folgezeit nur zögernd fort. Die *erleuchteten, energischen preußischen Staatsmänner*, auf die Soiron im März 1850 seine Hoffnungen gesetzt hatte[104], konnten sich in der diplomatischen Konfrontation mit Österreich, das die Restituierung des alten Bundestages betrieb, bekanntlich nicht durchsetzen. Der Weg führte von Erfurt nicht zu einem neuen Bundesstaat, sondern zur preußischen Kapitulation von Olmütz.

Die fortschreitende Erosion der Unionspolitik in der zweiten Jahreshälfte 1850 erlebten die badischen Gothaer als entfernte Beobachter, die nur äußerst beschränkte Handlungsmöglichkeiten hatten. Seit der Fortsetzung der Landtagssession im September 1850 bemühten sie sich, die nach wie vor preußenfreundliche Politik des Ministeriums Klüber zu unterstützen. Die Zweite Kammer geriet dabei zunehmend in Gegensatz zu der Ersten, in der Kritik an dem Kurs der Regierung laut wurde. Die Gefahren, die das Bündnis mit Preußen für das in Süddeutschland in der nationalen Frage isolierte Großherzogtum barg, rückten in den Vordergrund, zumal als eine bewaffnete Konfrontation zwischen Preußen und Österreich in dem Konflikt um Kurhessen drohte[105]. Die innenpolitische Situation in Baden mutete für einige Wochen paradox an: Die Zweite Kammer, in der die Gothaer nach wie vor mit 20 Abgeordneten die stärkste Gruppierung darstellten, war die einzige verlässliche Stütze des Ministeriums, das im Juni 1849 als Restaurationsregierung eingesetzt worden war, während die üblicherweise loyale Erste Kammer die Lösung des Bündnisses mit Preußen forcierte, das die Revolution in Baden niedergeschlagen und damit auch den Fortbestand der politischen Privilegien, denen die Erste Kammer ihre Existenz verdankte, gesichert hatte. Die Entlassung Klübers durch den Großherzog Ende Oktober

---

101  Vgl. ebd., S. 230ff. In der Literatur über Häusser wird häufig mitgeteilt, dass er einen glänzenden Eindruck im Erfurter Parlament hinterlassen habe. K. HILLEBRAND, Unbekannte Essays, hrsg. v. H. UHDE-BERNAYS, Bern 1955, S. 254, wusste z. B. zu berichten, dass er dort einen »bevorzugten Rang« eingenommen und bald einen »großen Einfluß« ausgeübt habe. Häusser hat in Erfurt aber nur einmal die Rednertribüne betreten. Das Protokoll vermerkte bei dieser Gelegenheit allerdings tatsächlich: *Tiefer Eindruck und lebhaftes Bravo und Beifallklatschen auf der linken und in den Centren.*
102  Als gelegentlicher Parteigänger der äußersten Rechten erwies sich Frhr. v. Woellwarth, der z. B. mit einer Minderheit eine weitere Aushöhlung des parlamentarischen Budgetrechts anstrebte; vgl. Protokoll des Volkshauses (wie Anm. 76), S. 172f.
103  Ebd., S. 321.
104  Siehe oben bei Anm. 88.
105  Im Detail können die innenpolitischen Entwicklungen in Baden im Herbst 1850 hier nicht dargestellt werden. Zur Lösung Badens von der Union vgl. SCHILL (wie Anm. 24), S. 144–190.

1850 stellte dann die gewohnte Rollenverteilung wieder her. Auf die vorsichtige Liquida-
tion des preußischen Bündnisses durch den neuen leitenden Minister Rüdt von Collen-
berg im November und Dezember 1850 reagierten die badischen Liberalen in der Zweiten
Kammer mit wiederholten Bekenntnissen zur Fortsetzung der Unionspolitik. Damit
erwarben sie sich zwar Ehre in den Augen der preußischen Verbündeten[106], vermochten
aber sonst nichts auszurichten. Mit dem Untergang der Union hatten die badischen
Gothaer ihren zentralen politischen Orientierungspunkt verloren. Da sie immer den Primat der deutschen Frage betont hatten und der Überzeugung anhingen, dass liberale Politik in Baden nur möglich sei, wenn das Großherzogtum in dem deutschen Bundesstaat
Halt finde, war der Rückzug aus der badischen Politik für sie eine folgerichtige Entscheidung. Den Anfang machte Ludwig Häusser am Jahresende 1850. Seinem Heidelberger
Kollegen Gervinus, der schon zwei Jahre zuvor nach nur kurzem Wirken in der Paulskirche politisch resigniert hatte, teilte er am 18. Oktober mit, dass er *in den nächsten Tagen
den völligen Rückzug aus der Politik antrete* [...] *Meinen Platz im Carlsruher Ständehaus
werde ich aufgeben, alles andere auch, und mich zu trockenen, aber erquickenden Studien
retirieren. Wir machen nichts mehr, wir müssen uns zu dem traurigen: vogue la galère entschließen. Der Tag, von dem das alte Kirchenlied sagt: dies irae, dies illa, wird ohnedies
rascher und gewaltiger kommen als wir es ahnen mögen*[107]. Andere liberale Abgeordnete
warteten noch den Schluß des Landtags im Februar 1851 ab und schieden dann aus der
Zweiten Kammer aus: Bassermann, Baum, Helmreich, Soiron, Stösser und Zittel. Ein Jahr
später folgten Dennig, Hildebrandt, Lamey, Malsch, Mathy, Schmitt und Weller. Von den
22 Abgeordneten, die im Dezember 1849 das Gothaer Wahlkampfprogramm unterzeichnet hatten, gehörten vier Jahre später nur noch fünf dem Landtag an; unter ihnen war
allerdings keiner der Protagonisten der Partei.

## V.

Für die badischen Liberalen endete die Revolution nicht mit dem Fall der Festung Rastatt
im Juli 1849, sondern mit der diplomatischen Niederlage Preußens in Olmütz im November 1850. Weil ihr Hauptaugenmerk seit dem März 1848 immer der Lösung der deutschen
Frage gegolten hatte, unterstützten die badischen Liberalen die preußische Unionspolitik,
obwohl sie dadurch in eine schwierige Situation gerieten. Sie liefen nicht nur Gefahr, ihren
politischen Ruf zu ruinieren, wenn sie nach der Ablehnung der Kaiserkrone durch Friedrich Wilhelm IV. im April 1849 ein zweites Mal ihre Hoffnungen auf den preußischen
König setzten. Darüber hinaus mussten die Liberalen mit dem Einschwenken auf den
Gothaer Kurs manche politischen Ideale hintanstellen, obwohl sie sich nach außen
bemühten, die Unterschiede zwischen der Paulskirchenverfassung und dem Entwurf der

---

106  Savigny berichtete in diesen Wochen mehrfach sehr anerkennend über die Haltung der Zweiten Kammer. Am 7. November 1850 teilte er dem Prinzen von Preußen mit, dass die *preußische Partei in der II. Kammer sich bewundernswert* benehme, zwei Tage später bezeichnete er das *Ausharren
unserer Partei* als *rührend*; REAL, Revolution und Restauration (wie Anm. 29), S. 667, 670.
107  Der Brief ist abgedruckt in: A. KALTENBACH, Ludwig Haeusser. Historien et patriote
(1818–1867), Paris 1965, S. 409f.

Unionsverfassung als gering hinzustellen. Zur schwierigen Situation trug außerdem bei, dass man der konservativen Agitation, die in den Liberalen die Hauptschuldigen für die revolutionäre Eskalation sah, keine Angriffsflächen bieten wollte. Die an politische Selbstverleugnung grenzende Zurückhaltung, die sich die badischen Liberalen um des nationalen Zieles willen auferlegten, ist deutlich sichtbar in den Briefen, die Soiron an Mathy während des Landtagswahlkampfs von 1850 schrieb. So teilte er ihm am 11. Januar mit, dass er keineswegs die Absicht habe, sich *dem Ministerium Klüber auf Gnade und Ungnade zu ergeben.* Allerdings dürfe man es nicht eher angreifen, bis es *die genügende Veranlassung dazu gibt.* Eine frühzeitige Opposition würde die eigenen Erfolgsaussichten zunichte machen: *Wir würden dadurch das allgemein gefühlte Bedürfnis der Friedensseligkeit verletzen, welches naturgemäß auf lange Kämpfe und auf ein schweinisches Regiment folgen mußte*[108]. Die bevorstehende Landtagssession werde, so schrieb er einige Tage später, höchste Anforderungen an die eigene Leidensfähigkeit stellen: *Diesmal gehören Nerven wie Batzenstricke dazu, um die Residenzluft und die Widerwärtigkeiten auszuhalten, die uns bevorstehen*[109]. In der politischen Arbeit der folgenden Wochen und Monate gelang den badischen Gothaern die Selbstbeherrschung dann allerdings so gut, dass Außenstehende sie überhaupt nicht mehr als Oppositionelle wahrnahmen. Der preußische Gesandte Savigny zum Beispiel, der noch im Herbst 1849 auf eine Totalerneuerung des Landtags gedrängt hatte, um den Liberalismus als politische Kraft in Baden auszuschalten, berichtete ein halbes Jahr später nach Berlin, dass die Domestizierung der ehemaligen Opposition vollauf geglückt sei: *Die Umstände hier haben das Resultat herbeigeführt, daß diejenigen, die in anderen deutschen Ländern die äußerste Rechte jetzt bilden, hier, wenn man so sagen kann, schon zur Linken gehören*[110].

Die Mairevolution von 1849 bedeutete nicht das Ende des politischen Wirkens der badischen Liberalen, wenngleich sie einen gravierenden Einschnitt darstellte. Zuvor hatten die Liberalen als Regierungspartei fungiert, danach besaßen sie nur noch sehr begrenzte politische Handlungsmöglichkeiten. Ihre Hoffnung, die politischen Ziele, die mit der Reformarbeit des badischen Landtags und mit der Fertigstellung der Paulskirchenverfassung schon greifbar nahe gewesen waren, vielleicht doch noch verwirklichen zu können, blieb für mehr als ein Jahr bestehen. Allerdings mussten die badischen Liberalen ihre politische Strategie den veränderten Bedingungen anpassen: Zwar war mit den Radikalen einer der Gegner, gegen die sie seit dem März 1848 gekämpft hatten, mit der Niederschlagung der Mairevolution ausgeschaltet worden; der andere Gegner schien jedoch nun als so übermächtig, dass die Liberalen völlig in die Defensive gerieten. Die Sorge, dass die Reaktionäre die konstitutionelle Ordnung ganz beseitigen könnten, sowie das verbreitete Friedensbedürfnis nach dem preußischen Feldzug ließen es als ratsam erscheinen, wie letztmals in dem Wahlkampfmanifest der 22 von Dezember 1849 geschehen, nur vorsichtig dosierte Freiheitsforderungen zu erheben. Diese Zurückhaltung war auch deshalb plausibel, weil für die badischen Liberalen vor und nach der Mairevolution der Primat der deut-

---

108  BAF, FSg. 1/133.
109  Ebd., Brief vom 30. Januar 1850.
110  REAL, Revolution und Restauration (wie Anm. 29), Bericht vom 14. März 1850, S. 484. Vgl. auch S. 496 ff. den Bericht vom 24. März 1850 mit einer ausführlichen Analyse der *Unterwerfung des ehemaligen Liberalismus* (S. 498).

schen Frage unstrittig war. Die badische Politik wurde von ihnen zwar nicht gering geschätzt, hatte aber immer nur zweitrangige Bedeutung. Die Hauptaufgabe war und blieb die Schaffung eines deutschen Bundesstaates, der als Voraussetzung für die Modernisierung des politischen Systems im Großherzogtum galt. Vermutlich hat diese nationale Orientierung zur geringen Popularität des badischen Liberalismus beigetragen[111]. Die populäre Resonanz war und blieb bescheiden, wie die Ergebnisse der Wahlen zur Frankfurter Nationalversammlung und zum Erfurter Reichstag verdeutlichen. Die Liberalen erklärten sich dies vor dem Mai 1849 mit der hemmungslosen demokratischen Propaganda, danach mit bürokratischer Wahlbeeinflussung. Für die Landtagspolitik lautete ihre Taktik demnach, dass die eigene Position nicht durch Wahlen gefährdet werden durfte: Am Jahresanfang wie am Jahresende 1849 widersetzten sie sich der zunächst von den Radikalen, dann von den Konservativen erhobenen Forderung nach einer Auflösung des Landtags. Dass diese Scheu vor plebiszitärer Politik, wie andere Verhaltensweisen der Liberalen in der Revolution auch, langfristige Folgen hatte, sei abschließend wenigstens angedeutet, denn von den badischen Gothaern zu der späteren Nationalliberalen Partei im Großherzogtum gab es nicht nur programmatische Kontinuitäten: Zwei der Protagonisten der Partei, Bassermann und Soiron, erlebten den Beginn der Neuen Ära zwar nicht mehr; Mathy, Lamey und Häusser dagegen kehrten in wichtige Positionen zurück, als der Liberalismus in den 1860er Jahren erneut regierende Partei wurde.

---

111 HIPPEL (wie Anm. 2), S. 392, weist in den Schlussbetrachtungen seiner Geschichte der Revolution in Baden darauf hin, dass die politischen Schlagworte »Republik« und »Freistaat« vor allem deshalb große Resonanz fanden, weil sie als Chiffren für »mehr Autonomie im unmittelbaren Umfeld der eigenen […] Lebensverhältnisse« verstanden wurden. Aus diesem Befund könnte man vielleicht umgekehrt schlussfolgern, dass die vorrangig auf die deutsche Nation ausgerichteten politischen Forderungen der Liberalen zu abstrakt waren, um mit den Vorstellungen eines »kommunalistischen Republikanismus« erfolgreich konkurrieren zu können.

# Die Aufhebung der Kreisregierungen in Baden 1849–1863
## Bürokratiekritik, Revolution und Verwaltungsreform

VON BERND WUNDER

Die meisten Verfassungsänderungen und Reformgesetze der deutschen einzelstaatlichen Parlamente und Regierungen während der 48er Revolution wurden nach deren Niederschlagung aufgehoben. In den 60er Jahren gelang es dem wiedererstarkten Liberalismus, einzelne Reformvorhaben mehr oder weniger weitgehend wieder aufzunehmen und auf einzelstaatlicher Ebene durchzusetzen. In den 60er und 70er Jahren blieb jedoch die Bürokratiekritik der 48er Revolution weitgehend unberücksichtigt. Die Bürokratie des monarchischen Obrigkeitsstaates ging als Sieger aus der Revolution und der Ära des liberalen Kurses hervor. Einzig auf kommunaler Ebene setzte sich das Ringen zwischen Liberalismus und Obrigkeitsstaat bis 1918 fort[1].

Eine Ausnahme bildet jedoch die Aufhebung der Mittelinstanz der Innenverwaltung in Baden 1863, durch die ein Revolutionsgesetz von 1849 verwirklicht wurde. Hiermit wurde ein altes Ziel des vormärzlichen Liberalismus erreicht. Als einziger deutscher Mittelstaat kannte Baden bis 1945/51 keine Verwaltungsmittelinstanz (Regierungsbezirke)[2].

Durch das Gesetz vom 10. April 1849[3] wurden in Baden die beiden unteren Verwaltungsinstanzen, das heißt die Kreisregierungen (Regierungspräsidien) und Bezirksämter, aufgehoben und durch sogenannte ›Kreise‹ ersetzt. Organe dieser neuen Kreise waren neben einem staatlichen Kreisamt die in allgemeiner und geheimer Wahl gewählte Kreisversammlung, die ihrerseits einen 6–8köpfigen Kreisausschuss ernannte. Die Kreisversammlung hatte *Angelegenheiten oder Interessen des Kreisverbandes* zu beraten und ent-

---

1 Auf die Reform der Gemeindeverfassungen 1848ff. wird im Folgenden nicht eingegangen. Vgl. H. HEFFTER, Die deutsche Selbstverwaltung im 19. Jahrhundert, Stuttgart 1950; K. UTERMANN, Der Kampf um die preußische Selbstverwaltung im Jahre 1848, Phil. Diss., Berlin 1937; G. ERLER, Die verwaltungspolitischen Ideen der 48er Bewegung, ihre Grundlagen und Auswirkungen unter besonderer Berücksichtigung der preußischen Gesetze von 1850, Jur. Diss., Münster 1928.
2 Nur Württemberg hob als Sparmaßnahme seine Regierungspräsidien 1924 auf (A. DEHLINGER, Württembergs Staatswesen in seiner geschichtlichen Entwicklung bis heute, Bd. 1, Stuttgart 1951, S. 308).
3 Gesetz, die Einrichtung und den Geschäftskreis der Verwaltungsbehörden betr., vom 10. April 1849 (Großherzoglich Badisches Regierungsblatt 1849, S. 205–215). Vgl. K. STIEFEL, Baden 1648–1952, Bd. 2, Karlsruhe 1978, S. 1133f.; HEFFTER (wie Anm.1), S. 295–298; J. B. BEKK, Die Bewegung in Baden von Ende Februar 1848 bis zur Mitte des Mai 1849, Mannheim 1850, S. 82.

scheiden, der Kreisausschuss sie durchzuführen und zugleich Verwaltungsstreitigkeiten in erster Instanz zu regeln. Ferner fielen verbleibende staatliche Kontroll- und Eingriffsrechte in den Gemeinden in seine Kompetenz. Die Tätigkeit des Kreishauptmannes, des höchsten staatlichen Beamten im Kreis, war auf die Leitung der Gremien und zusammen mit dem Kreisausschuss auf die Durchführung ihrer Beschlüsse beschränkt. Diese Verwaltungsreform, die wegen der ausstehenden budgetären Umsetzung und der beabsichtigten Trennung von Justiz und Verwaltung auf der untersten Instanz im Frühjahr 1849 nicht mehr in Kraft treten konnte, wurde aber anderthalb Jahrzehnte später mit geringen Veränderungen durchgeführt.

Das Gesetz vom 5. Oktober 1863[4] hob jedoch nur die Kreisregierungen auf und ließ die Bezirksämter bestehen. Dafür wurde kein staatliches Kreisamt geschaffen. An die Stelle der Kreisregierungen traten wie 1849 Kreisverbände, deren Organe eine Kreisversammlung, die allerdings nach einem gestaffelten Zensuswahlrecht gewählt wurde, sowie ein von letzterer gewählter Kreisausschuss waren. Die Kreisversammlung wurde auf die Beratung, Beschließung und Durchführung der überkommunalen Interessen des Kreises beschränkt. Anders als 1849 wurde jedoch neben den Bezirksbeamten ein Bezirksrat eingeführt, der auf der Basis eines Dreiervorschlages der Kreisversammlung von der Regierung ernannt wurde. Dieser Bezirksrat erhielt wie der Kreisrat von 1849 die Entscheidung in Verwaltungsstreitigkeiten sowie zusätzlich staatliche Kontrollaufgaben gegenüber den Gemeinden und – eine Neuerung gegenüber 1849 – bestimmte polizeiliche Aufgaben. Neu gegenüber 1849 war ferner die Schaffung eines unabhängigen Verwaltungsgerichtshofes als Berufungsinstanz in Verwaltungsstreitfragen; 1849 hatte das Innenministerium diese Aufgabe übernehmen sollen. Außerdem wurde zusätzlich ein Rechnungshof als staatliche Mittelstelle unter dem Namen ›Verwaltungshof‹ errichtet und vier Ministerialbevollmächtigte in den Kreisen (»Landeskommissäre«) als ständige Visitatoren eingeführt, die die Interessen der Regierung in den Kreisen wahren sollten. Insgesamt wurde dadurch der staatliche Einfluss gegenüber 1849 beachtlich erweitert. Entscheidend war jedoch, dass 1849 wie 1863 die vier alten Kreisregierungen aufgehoben und durch sich selbstverwaltende Kommunalverbände ersetzt wurden. Für Baden neu war 1849 wie 1863 die Schaffung eines Kommunalverbandes auf Kreisebene als Selbstverwaltungsorgan. 1849 wie 1863 wurden darüber hinaus Laienbeamte in die staatliche Verwaltungshierarchie auf Kreis- beziehungsweise Amtsebene in Form des Kreisrates beziehungsweise Bezirksrates aufgenommen. In ihre Hände wurden die staatlichen Reservatrechte gegenüber den Gemeinden, wie sie das Gemeindegesetz von 1831 dem Staat vorbehalten hatte, gelegt. Damit hatte sich die Funktion der Verwaltungsmittelinstanz umgekehrt: Aus einem Kon-

---

4    Gesetz, die Organisation der inneren Verwaltung betr., vom 5. Oktober 1863 (Großherzoglich Badisches Regierungsblatt 1863, S. 399–414). G. WEIZEL, Das badische Gesetz vom 5. Oktober 1863 über die Organisation der inneren Verwaltung mit den dazugehörigen Verordnungen, samt geschichtlicher Einleitung und Erläuterungen. Nach amtlichen Quellen bearbeitet, Karlsruhe 1864; F. BÖHLER, Der badische Bezirksrat. Seine Entwicklung und seine Stellung in der badischen staatlichen Verwaltungsorganisation, Jur. Diss. Freiburg 1933; HEFFTER (wie Anm.1), S. 417ff.; L. GALL, Der Liberalismus als regierende Partei. Das Großherzogtum Baden zwischen Restauration und Reichsgründung, Wiesbaden 1968, S. 182–188; F. LEWALD, August Lamey in: Badische Biographien, Bd. 5, Heidelberg 1906, bes. S. 475ff.; L. BLUM, Staatsminister August Lamey, Heidelberg 1934, S. 71–74; J. C. BLUNTSCHLI, Denkwürdigkeiten aus meinem Leben, Bd. 3, Nördlingen 1884, S. 32ff.

troll- und Aufsichtsorgan des Staates gegenüber den Gemeinden war ein weitgehend selbstständiges Selbstverwaltungsorgan der Gemeinden beziehungsweise Bürger geworden.

Die Schaffung der Mittelinstanzen in der Staatsverwaltung – Regierungen in Norddeutschland, Kreise in Süddeutschland – war eine Neuerung der napoleonischen Ära und ein Kernstück der Verwaltungsreformen der Jahre 1806–1808, als nach der Aufhebung des Alten Reiches eine straffe Verwaltungshierarchie zur Stärkung der staatlichen Exekutive eingeführt wurde[5]. Zwar hatten die führenden absolutistischen Staaten wie Preußen und Österreich schon im 18. Jahrhundert die lockere Personalunion ihrer Ländereien durch eine einheitliche Zentralverwaltung für Finanzen und Wirtschaft (Generaldirektorium in Preußen 1722, Direktorium in politicis et cameralibus in Österreich 1760, vgl. den französischen Contrôleur général des finances) mit nachgeordneten Mittelbehörden (Kriegs- und Domänenkammern in Preußen, Repräsentationen beziehungsweise Gubernien in Österreich, vgl. die Intendanturen in Frankreich) ersetzt, aber die deutschen Mittelstaaten konnten erst mit dem Ende des Alten Reiches 1806 die Privilegien ihrer Provinzen aufheben, das heißt, sie erhielten erst jetzt freie Hand bei der Reorganisation ihres Staatsgebietes. Vorbild für die deutschen Staaten war das napoleonische Verwaltungsgesetz vom 17. Februar 1800, das die 1789/90 eingeführte Selbstverwaltung der Departements durch gewählte Kollegialorgane zugunsten der Präfekten, die von der Regierung ernannt wurden, ersetzte, das heißt bürokratisiert hatte[6]. Durch die Aufhebung des Kollegialprinzips zugunsten des Büroprinzips wurde der Mittelverwaltung ihr Entscheidungsspielraum genommen und sie wurde zum Exekutivorgan der allein beratenden und beschließenden Zentralverwaltung degradiert. Sie wurde, wie die Bürokratiekritik formulieren sollte, zum »Briefträger« der Regierung. Ihre Aufgabe bestand allein in der sofortigen und gleichmäßigen Durchführung der Entscheidungen der Zentrale und in einer dementsprechenden Kontrolle der untersten staatlichen Amtsverwaltung und der kommunalen Selbstverwaltung. Gegenüber zentral beschlossenen Normen, die durch die neu eingeführten Gesetzblätter (Baden 1803) ohne Zeitverlust im gesamten Lande authentisch verkündet wurden, blieb kein Platz mehr für eine Berücksichtigung lokaler Gegebenheiten und Besonderheiten. Das Aushandeln von Kompromissen zwischen Amtmann und Lokalhonoratioren (Bürgermeister und Schultheiß) fiel jetzt der Kontrolle des uneingeschränkten Gesetzesvollzugs durch die Mittelinstanzen zum Opfer. Ziel dieser Verwaltungsreform war die Steigerung der Effizienz des Staatsapparates mit den Mitteln des modernen Gesetzesstaates.

In Baden wurde diese straffe, dreistufige Verwaltungshierarchie vom Freiherrn von Reitzenstein, dem bedeutendsten badischen Staatsmann der ersten Jahrhunderthälfte, durch Gesetz vom 26. November 1809 eingeführt[7]. Reitzenstein teilte das Land gleichförmig in 10 Kreise und 115 Bezirksämter ein. Die Kreisverwaltungen waren nach dem Büro- oder Präfektensystem monokratisch organisiert. Diese Kreisorganisation hatte im Vor-

5   F. L. Knemeyer, Regierungs- und Verwaltungsreformen in Deutschland zu Beginn des 19. Jahrhunderts, Köln, Berlin 1970.
6   J. Godechot, Les institutions de la France sous la révolution et l'empire, Paris[3] 1985, S. 586ff.
7   Die von Brauer 1803 eingeführte kollegiale Provinzialorganisation war noch der weitgehenden Selbstständigkeit der Provinzen im Sinne einer Personalunion verhaftet. Vgl. W. Andreas, Geschichte der badischen Verwaltungsorganisation und Verfassung in den Jahren 1802–1818, Leipzig 1913.

märz starke Einbußen hinnehmen, so 1823 den Straßenbau und 1826 die Steuerverwaltung abtreten müssen, allerdings 1834 die Aufsicht über das Volksschulwesen erhalten.
Ferner wurden durch das Gemeindegesetz von 1831 die staatlichen Eingriffe in die kommunale Selbstverwaltung auf einzelne Reservatrechte reduziert. Außerdem war ab 1813
innerhalb der Kreisregierungen schrittweise die kollegiale Entscheidungsform wieder eingeführt worden. Parallel zu diesem Aufgabenverlust war die Zahl der Kreise bis 1832 von
10 auf 4 reduziert worden. Um das Schicksal dieser 4 Kreisregierungen drehte sich die
Reformpolitik 1849 und 1863[8].

Trotz dieses schrittweisen Abbaues der Mittelverwaltung von 1809 bis 1832 blieb diese
als Kontrollorgan von Lokal- und Selbstverwaltung der Inbegriff des Ministerialdespo-
tismus und der Unterdrückung jeglicher bürgerlicher Selbstständigkeit. Sie wurde zum
Kernpunkt des Angriffs der bürgerlichen Bürokratiekritik besonders seit den 1840er Jahren. Der bürgerliche Liberalismus forderte die Aufhebung der Mittelinstanzen im Namen
bürgerlicher Freiheit, wollte damit aber das Verwaltungssystem napoleonischer Herkunft
insgesamt abschaffen. Die Alternative der vormärzlichen Liberalen zur staatlichen Mittelinstanz war die Ausdehnung der kommunalen Selbstverwaltung der Gemeinden bis auf
die Provinzialebene, so dass der bürokratische Staatsapparat mit seinen Berufsbeamten
auf die Ministerialverwaltung beschränkt worden wäre. Vorbild war unmittelbar die Ver-
waltungsstruktur der kurzlebigen französischen Revolutionsverfassung von 1791 und
andererseits die – wie in Preußen – noch feudal geprägte Selbstverwaltung der englischen
Gentry. Die Forderung der Altliberalen bestand nicht nur in dem Verlangen nach Ausdehnung der kommunalen Selbstverwaltung auf überkommunale Aufgaben in Wirtschaft,
Gesellschaft und Kultur, sondern dieses Modell war als Alternative zum bürokratischen
Verwaltungsmodell napoleonischer Prägung für den gesamten Staatsapparat außerhalb
der Residenz gedacht[9]. In diese altliberale Konzeption ist auch die Abschaffung der
Mittelverwaltung in Baden 1849/1863 einzuordnen. Im folgenden sollen daher die Konzeption der badischen Altliberalen und die Motive der Verwaltungsreform 1848/49 und
1863 vorgestellt und verglichen werden. Anschließend sollen die badischen Reformen in
den Kontext ähnlicher Institutionen in den deutschen Nachbarstaaten gestellt und ihre
verwaltungsgeschichtliche Bedeutung gewürdigt werden.

## Die Bürokratiekritik des Vormärz

Die massenhafte offene Kritik an den vormärzlichen politischen Zuständen entzündete
sich primär nicht an der monarchischen Herrschaftsform, sondern an der bürokratischen Herrschaft, das heißt an einem Verwaltungssystem, das den Bürger von Gemein-

---

8   Zur Kreisorganisation vorwiegend aus staatlicher Sicht: L. SEITERICH, Kreisdirektorium und
Kreisregierung im ehemaligen Großherzogtum Baden und die historische Entwicklung ihrer
Zuständigkeiten, in: ZGO 81 (1929), S. 493–556.
9   Vgl. B. WUNDER, Bürokratie und Selbstverwaltung, in: O. BRUNNER u. a. (Hgg.), Geschichtliche
Grundbegriffe, Bd. 7, Stuttgart 1992, S. 75–85; DERS., Bürokratie: Die Geschichte eines politischen
Schlagwortes, in: A. WINDHOFF-HÉRITIER (Hg.), Verwaltung und ihre Umwelt. Festschrift Th. Ell-
wein, Opladen 1987, S. 277–301.

schaftsaufgaben ausschloss und diese dem Staatsapparat, also den hauptberuflichen Beamten, übertrug. Entsprechend stellte Robert Mohl 1846 überrascht fest, dass das einigende Band der Opposition die Gegnerschaft gegen die Bürokratie sei, so das neue Schlagwort der 40er Jahre: *Der Standesherr, der Deutsch-Katholik, der Jesuitenanhänger, der Baumwollspinner, der Mann des Widerspruchs in einer ständischen Kammer, der landflüchtige Flugschriftenverfasser sind wundersam einstimmig in ihrer Verwerfung, im verachtenden Hasse gegen die Bürokraten.* Der Grund für die Ausweitung der Bürokratiekritik von einer Kritik der Verwaltungsorganisation zur politischen Systemkritik sei, dass *die Aufsaugung des gesamten öffentlichen Lebens durch den Staat jetzt fühlbarer geworden ist als dies in früheren Jahren war,* wobei der Schlusspunkt, jedenfalls in Süddeutschland, die Verstaatlichung des Baus und des Betriebs der neuen Eisenbahnen durch den Staat sei[10].

Die theoretische Verbindung eines Verwaltungstypus mit einem politischen System hatten die meist badischen Herausgeber und Mitarbeiter der ersten Auflage des im dänischen Altona erscheinenden »Staats-Lexikon« in den 30er und 40er Jahren vorgenommen und damit einen entsprechenden, zuvor nur mündlichen oder privaten Gebrauch des Begriffs ›Bürokratie‹ zum Beispiel beim Freiherrn vom Stein unter ausdrücklicher Berufung auf diesen in die politische Diskussion eingeführt. Karl von Rotteck hatte schon 1836 die moderne Verwaltung Napoleon zugeschrieben und als *Vervollkommnung der despotischen Verwaltungskunst* gebrandmarkt: *Die Verwaltung* [wurde] *auf militärischem Fuß eingerichtet* [...] *Die militärische Subordination* [sollte] *zum Hebel auch der bürgerlichen Verwaltung dienen*[11]. Karl Theodor Welcker hatte im gleichen Band die innerbehördliche Unterscheidung zwischen Kollegial- und Ministerial- beziehungsweise Präfektursystem unter Zusammenfassung von Verwaltung und Regierung als Exekutive auf die Politik ausgeweitet und Volksvertretungen und Gemeinderäte als Kollegien definiert und als Teil des *repräsentativ-kollegialischen Verwaltungssystems* bezeichnet. Daraus zog er die Folgerung: *Ebenso ist mit dem bürokratischen System umgekehrt gewöhnlich ein autokratisches Prinzip verbunden, welches die Teilnahme der Regierten ausschließt* [...]. *Hiernach schon ist es wohl klar, daß im allgemeinen das repräsentativ-kollegialische System dem Rechtsstaate, das autokratische und bürokratische System dagegen der Despotie entspricht.*[12] Noch schärfer formulierte der hessische Publizist Friedrich Murhard 1843 ebenfalls im »Staats-Lexikon«: *Ein solches Staatsregiment von oben nach unten mit Ausschließung jeglicher Mitwirkung der Bürger ist notwendig eine beständige Volksbevormundung mit möglichster Beseitigung oder Unterdrückung der Selbsttätigkeit im Volke.* Diese Regierungsform habe den *Charakter eines bloßen Polizeistaates angenommen* [...] *Der Staat*

---

10  R. MOHL, Über Bürokratie, in: Zeitschr. f. d. ges. Staatswiss. 3 (1846), S. 330 und 340f. Vgl. die Äußerung des bayrischen Publizisten Friedrich Rohmer, Deutschlands alte und neue Bürokratie, München 1848, S. 2, vom Herbst 1848: »Alle Interessen, wie sehr sie sich auch durchkreuzen, treffen in einem Punkte zusammen, in der Abneigung gegen die Bürokratie. Der Adel wie der Bürger, der Bauer wie der Gewerbsmann, die Industrie wie die Kirche – alle wollen keine Bürokratie mehr [...] und sie allein trifft in diesem Augenblick, wo die Wellen über das Schiff schlagen, der allgemeine Hass.«
11  Art. Buonaparte, in: C. v. ROTTECK/C. Th. WELCKER (Hgg.), Staats-Lexikon oder Encyclopädie der Staatswissenschaften, Bd. 3, Altona 1836, S. 130, 133.
12  Art. Collegium, in: ebd. 3 (1836), S. 517, 519.

[wird] *zu einer Art Zwangsanstalt und Zuchthaus*[13]. Murhard entwickelte auch sogleich die Alternative der *Volksfreunde*, nämlich *daß Emanzipation der Staatsbürger von der Vielregiererei eines bevormundenden Staatsbeamtenkorps und Berufung derselben zur Selbsttätigkeit in den einzelnen Kreisen des Staatslebens unerläßliche Bedingungen einer volkstümlichen öffentlichen Verwaltung seien*[14]. Das Schlüsselwort der Alternative zum bestehenden Staat war Assoziation: *Der Staat gleicht darin einer aus vielen besonderen Assoziationen zusammengesetzten großen Assoziation, so daß jene in diesem mehr auf eine organische als mechanische Weise, mehr durch Gemeinsamkeit der Interessen als durch Zwang zu einem untrennbaren Ganzen verknüpft sind, zu welchem sich die Teile wie die Glieder zum organischen Gesamtkörper verhalten. Es ist da Einheit mit Mannigfaltigkeit in Regierung und Verwaltung ... Das Prinzip des Selbstregierens und Selbstverwaltens macht sich da in allen Sphären des öffentlichen Lebens geltend und so entfaltet sich das freieste Staatsleben ohne Gefährdung der staatsgesellschaftlichen Einheit*[15]. Selbstverwaltung beziehungsweise Selbstregierung statt Bürokratie lautete die Alternative des vormärzlichen Liberalismus.

Nach der Erringung der Gemeindeselbstverwaltung, die in Baden mit dem für Deutschland liberalen Gemeindegesetz von 1831 weitgehend verwirklicht wurde, bestand die zweite Stufe der liberalen Bürokratiekritik in der Forderung nach Beseitigung der Kreisregierungen. In Baden wurde dies um so dringlicher empfunden, als es hier im Vergleich zu den Nachbarstaaten kein übergeordnetes Organ der Selbstverwaltung auf Provinzebene gab. Die Gelegenheit, sich mit den Kreisregierungen zu beschäftigen, bot sich der 2. Kammer alle zwei Jahre bei den Budgetberatungen. Schon seit den ersten Budgetverhandlungen 1819 nahm die Kammer zunächst mit dem Vorwurf der Vielschreiberei gegen die Kreisregierungen Stellung[16].

Erstmals tauchte das bayerische Vorbild der Provinzialstände (Landrat) 1822 auf, als der Abgeordnete Adam von Itzstein am 3. August eine Motion mit der Forderung nach einem Gesetz über die Einführung des rheinbayerischen Landrates in den badischen Kreisen ankündigte, aber dann doch nicht vorlegte[17]. Als der Freiburger Professor Welcker 1831 in die Zweite Kammer gewählt wurde, wurde die Frage der Kreisdirektorien jedoch unter diesem Aspekt kontinuierlich diskutiert. Am 26. März 1831 kündigte Welcker in der Zweiten Kammer eine Motion mit 7 Anträgen als *Früchte der Überlegung, des Nachdenkens von Jahren* an, die schon auf die Forderungen von 1848 verweisen. Als Punkt 5 forderte er 1831 die Aufhebung der Kreisdirektorien und die *Einführung von Landräten aus nichtbezahlten Volksabgeordneten, die sich temporär versammeln*[18]. Welcker dachte wie Itzstein an eine Nachahmung des bayerischen Landrates in der Rheinpfalz, das heißt an einen Provin-

---

13  Art. Staatsverwaltung, in: ebd. 15 (1843), S. 83, 89, 101.
14  Ebd., S. 89.
15  Ebd., S. 88f.
16  Abg. von Städel am 14. Juli 1819 (Verhandlungen der Zweiten Kammer der Ständeversammlung des Großherzogtums Baden 1819, 9. Protokollh., S. 66, 73); Itzstein am 18. Januar 1823 (ebd. 1823, 12. Protokollh., S. LXI, CXXVIIIff.); Zachariä am 27. April 1825 (ebd. 1825, 6. Protokollh., S. 595ff.).
17  Ebd. 1822/23, 7. Protokollh., S. 170, 258. – Grund war wohl die Kritik der bayerischen Zweiten Kammer an der Einführungsverordnung für das rechtsrheinische Bayern.
18  Ebd. 1831, 2. Protokollh., S. 4.

ziallandtag. Er verfolgte diese Forderung auf dem Reformlandtag 1831 aber nicht weiter[19]. Zehn Jahre später kam er jedoch wieder auf dieses Thema zurück, als der Großherzog bei der Landtagseröffnung 1842 – es war die Ära Blittersdorff – provozierend erklären ließ, dass er der Kammer keine Gesetzesentwürfe vorlegen lassen werde. Welcker antwortete am 28. Juni 1842 mit einer Sammelmotion *mehrere große Erleichterungen der materiellen Lasten des Volkes betr.*, unter die er auch die Entwicklung und Befestigung des *verfassungsmäßigen Rechtszustandes* einbezog. Welckers Motion war eine Art Regierungsprogramm der Opposition, das er bezeichnenderweise 1848 wieder aufnehmen sollte. Unter Punkt 7 forderte er *eine volksmäßigere, konstitutionellere, mehr sichernde und wohlfeilere Militär- und Zivilverwaltung.* Im zivilen Bereich sollte nach bayerischem oder preußischen Vorbild dem Volk durch einen Land- oder Kreisrat *eine gewisse Teilnahme in Beziehung auf die Provinzialverwaltung, ein Recht zur Beratung und Bewilligung provinzieller Einrichtungen, Straßen, Lehr-, Arbeits- und ähnlicher Anstalten und ein Recht der Bitte, Beschwerde und Kontrolle in Beziehung auf die amtliche Provinzialverwaltung eingeräumt werden.* Dadurch entstünde ein *natürliches, notwendiges und volksmäßiges Mittelglied zwischen der Gemeinde und der Ständeversammlung*[20]. Welcker ging hier nicht so weit, dass er die Abschaffung des gesamten Staatsapparates und seine Ersetzung durch Selbstverwaltungsorgane forderte, doch war die Errichtung einer Selbstverwaltungsstruktur von den Gemeinden über Provinzialstände zur Ständekammer ein deutlicher Hinweis auf eine Parallelorganisation. Ferner sollten die Provinzialstände nicht nur als höhere Kommunalverbände, sondern explizit auch als Kontrollorgane und zumindest Beschwerdeinstanz gegenüber der staatlichen Provinzialverwaltung tätig sein.

Den Kampf gegen die Kreisregierungen nahm der junge Abgeordnete Friedrich Daniel Bassermann als Berichterstatter der Budgetkommission 1844 und 1846 wieder auf. Am 13. Mai 1844 beantragte er ohne Abstimmung mit seiner Kommission in der Zweiten Kammer erfolglos die Streichung von zwei Kreisregierungen und erneut am 22. Juni 1846 die Aufhebung mindestens einer Kreisregierung, nämlich der des Mittelrheinkreises, um so die Regierung zur Verwaltungsreform zu zwingen. Bassermann wurde dabei von seinen Gesinnungsgenossen Welcker, Sander, Hecker etc. mit den geläufigen Argumenten der Bürokratiekritik unterstützt. Welcker attackierte die Kreisregierungen, weil von ihnen *der Sieg [...] gegen die freien Bewegungen im Volksleben, nicht bloß etwa gegen die Liberalen, sondern gegen alles, was die Gestalt einer freien volksmäßigen Bewegung an sich trägt,* ausgehe (1844), und Hecker variierte das Thema Polizeistaat versus Assoziationen[21]. Die Motionen und Anträge der 40er Jahre blieben erfolglos, da die Regierung sie

---

19 Am 5. Dezember 1831 bat die 2. Kammer im Zusammenhang mit einem Straßenbaugesetz um die Vorlage eines Gesetzes über die Einführung von Landräten auf dem nächsten Landtag 1833 (ebd. 1831, 33. Protokollh., S. 155).
20 *Das ist das Gebrechen des theuern Vaterlandes: Beamtengewalt und Nichtigkeit seiner Bürger. Wie über die Krankheit so ist auch über das Heilmittel für die Vaterlandsfreunde kein Zweifel: Öffentlichkeit heißt es und wahre, überall durchgeführte Vertretung* (Welcker am 28. Juni 1842; Verhandlungen Zweite Kammer, wie Anm. 16, 1842, 2. Protokollh., S. 47–62, Zitate: S. 59, 62). – Damals zitierte Welcker auch das berühmte Schreiben Steins an Gagern vom 24. August 1821 über die Bürokratie (ebd., S. 61).
21 Sitzung vom 13. Mai 1844: Verhandlungen Zweite Kammer, wie Anm. 16, 1844, 5. Protokollh., S. 184–215; Bericht Bassermanns vom 22. Juni 1846: ebd. 1846, 8. Protokollh., S. 50–59.

durch die Erste Kammer ablehnen ließ, doch förderten sie das Zustandekommen einer alternativen Programmatik der noch einigen Kammeropposition.

Eine am 13. Mai 1844 von der 2. Kammer angenommene Adresse gegen die Kreisregierungen, die unter dem Schlagwort der Verwaltungsvereinfachung firmierte, hatte jedoch den Erfolg, dass die Regierung intern die Kreisregierungen zur Stellungnahme aufforderte. Deren Selbstkritik an ihrer eigenen Organisation führte auch innerhalb der Regierung zu einer wachsenden Bereitschaft zur Reform der Mittelinstanz. Insbesondere sollten die Polizeistrafgewalt und die nicht strittige bürgerliche Rechtspflege im Zuge der 1845 zugesagten Trennung von Justiz und Verwaltung auf Amtsebene an die Gerichte verwiesen werden, außerdem sollte die Rechnungsabhör der Gemeinden und Stiftungen den Kreisregierungen abgenommen werden[22].

## Revolution und Verwaltungsreform 1848/49

Die Forderungen der liberalen Opposition und der beginnende Gesinnungswandel in der Regierung erhielten durch die Frühjahrsrevolution 1848 den erforderlichen Nachdruck, der zu ihrer Verwirklichung führte. Der massenhafte Protest des Frühjahrs richtete sich in Baden und anscheinend auch im Rhein-Main-Gebiet zunächst gegen die Amtmänner, die unterste staatliche Instanz, und fand dabei die wohlwollende Duldung der Gemeindebehörden. Er gipfelte in der teils organisierten Abwahl, teils tumultartigen Vertreibung von Amtleuten, die den Schlusspunkt jahrelanger Konflikte zwischen Amtmann und Amtstädten bildeten. Diese Vorgänge waren der Hintergrund und das Motiv sowohl für die Zweite Kammer als auch für die Regierung, die Frage einer Verwaltungsreform aufzunehmen[23]. Die vier Mannheimer Forderungen vom 27. Februar 1848, die primär das Machtmonopol der Regierung brechen wollten, enthielten noch keine Forderung aus der Bürokratiekritik. Wohl aber hatte die erste Offenburger Versammlung der Kammerlinken am 12. September 1847 die Bürokratiekritik ohne Beschränkung auf die Kreisregierungen aufgenommen und zur *Entwicklung unserer Verfassung* unter Artikel 12 gefordert: *Wir verlangen eine volkstümliche Staatsverwaltung.* Die Erläuterung dieser Forderung hielt sich voll und ganz im Rahmen der gängigen Bürokratiekritik: *Das frische Leben eines Vol-*

---

22  Vgl. die 28 Punkte, die Bassermann anhand der ihm zur Verfügung gestellten 5 Aktenfaszikel am 22. Juni 1846 referierte (Verhandlungen Zweite Kammer, wie Anm. 16, 1846, 8. Protokollh., S. 53–57); Seiterich (wie Anm. 18), S. 542f. Am 9. Juli 1846 ordnete der Großherzog die Errichtung von 65 Oberamtsgerichten und 11 Bezirksstrafgerichten sowie 55 Oberämtern in einem Nachtragshaushalt noch für 1847 an (Verhandlungen Zweite Kammer, wie Anm. 16, 1845/46, 4. Beilagenh., S. 343ff., 350, 367f.). Die Trennung von Justiz und Verwaltung auf Amtsebene als Voraussetzung für eine Kreisreform wurde erst durch Verordnung vom 18. Juli 1857 vollzogen.
23  Zu den Amtmannvertreibungen in Baden vgl. demnächst die Konstanzer Diss. von Jürgen Maciejewski; einstweilen B. Wunder, Die badische Beamtenschaft zwischen Rheinbund und Reichsgründung 1806–1871, Stuttgart 1998, S. 515–529; allgemein: J. Eibach, Der Staat vor Ort. Amtmann und Bürger im 19. Jahrhundert am Beispiel Baden, Frankfurt, New York 1994. In Württemberg richtete sich der Massenprotest 1848 gegen die Lebenslänglichkeit der Gemeinderäte und Bürgermeister, vgl. R. Waibel, Frühliberalismus und Gemeindewahlen in Württemberg 1817–1855. Das Beispiel Stuttgart, Stuttgart 1992, bes. S. 103ff.

*kes bedarf freier Organe. Nicht aus der Schreibstube lassen sich seine Kräfte bewegen und bestimmen. An die Stelle der Vielregierung der Beamten trete die Selbstregierung des Volkes*[24]. Bei der Erweiterung der Mannheimer Forderungen in der 2. Kammer am 1. März 1848 durch einen Antrag Heckers wurde die Offenburger Forderung wieder aufgenommen und als Punkt 7 *eine volkstümliche Verwaltung durch Beteiligung der Bürger hieran* gefordert[25]. Der hier thematisierte totale Umbau der Staatsverwaltung wurde jedoch in der nächtlichen Sitzung der Kammerkommission unter Welckers Leitung auf die Kreisverwaltung beschränkt. Die Forderung lautete nun nämlich auf Einführung *einer volkstümlichen Kreisverwaltung durch geeignete Beteiligung der Bürger an derselben*[26]. Die Antwort der Regierung weitete diese Forderung aber wieder auf die gesamte Außenverwaltung im Lande aus. Der leitende Minister Bekk sagte einen Gesetzentwurf über die *Einführung einer volkstümlichen Kreis- oder Bezirksverwaltung* zu[27]. Der Grund für diese Ausweitung war wohl die wachsende Unruhe in den Bezirksämtern. Dieses weitergehende Entgegenkommen der Regierung überdeckte den beginnenden Gegensatz in der Zielsetzung zwischen Liberalen (Kreisverwaltung) und Demokraten (gesamte Staatsverwaltung). Für die badische Linke trat diese Forderung jedenfalls im weiteren Verlauf der Revolution in den Hintergrund[28].

Der leitende Minister Johann Baptist Bekk brachte am 20. Juli 1848 einen Gesetzentwurf *die Einrichtung und den Geschäftskreis der Verwaltungsbehörde betr.* in der Zweiten Kammer ein, der die Zusage vom 4. März einlöste. Wegen der Abwesenheit der wichtigsten Parlamentarier bei der Frankfurter Nationalversammlung wurde der Entwurf erst im Herbst 1848 beraten, als der junge Abgeordnete August Lamey am 9. Oktober seinen Kommissionsbericht vorlegte. Bekk, der in den Verhandlungen darauf verwies, dass er schon vor einem Jahr einen entsprechenden Auftrag an die zuständigen Referenten im Innenministerium gegeben habe[29], ging die Frage einer volkstümlichen Verwaltung genauso grundsätzlich wie die Opposition an. Bekk, bis zu seiner Berufung ins Ministerium 1846 ein gemäßigter Liberaler, nahm die Bürokratiekritik ernst: Der Gegensatz zwischen Staat und Volk müsse beseitigt werden und die Erweiterung der Volksfreiheiten 1848 verlange Korrekturen im Staatsapparat, um die Einheit von Volk und Staat wieder

---

24  E. R. HUBER, Dokumente zur deutschen Verfassungsgeschichte, Bd. 1, S. 324 (lückenhafter Abdruck).
25  Verhandlungen Zweite Kammer (wie Anm. 16), 1847/49, 3. Protokollh., S. 50f.
26  Punkt 9 vom 3. März 1848; ebd., 6. Protokollh., S. 355.
27  Ebd., S. 356. Die Betonung liegt auf »einer«.
28  Auf der zweiten Offenburger Versammlung am 19. März 1848 tauchte diese Forderung nicht mehr auf. Nur auf Zuruf wurde die Forderung nach einer *wohlfeilen Regierung* (V/2) aufgenommen (W. BOLDT, Die Anfänge des deutschen Parteiwesens, Paderborn 1971, S. 145). Der Antrag Struve im Vorparlament am 31. März 1848 forderte pauschal die *Aufhebung des stehenden Heeres von Beamten und Ersetzen desselben durch eine wohlfeile Regierung, welche aus frei gewählten Volksmännern besteht* (Punkt 2). Hierbei ist *Regierung* als Exekutive im weitesten Sinne zu verstehen (HUBER, wie Anm. 23, S. 332). Die dritte Offenburger Versammlung vom 13. Mai 1849 forderte wieder pauschal: *Die alte Verwaltungs-Bürokratie muß abgeschafft werden und an ihre Stelle die freie Verwaltung der Gemeinden oder andern Körperschaften treten* (Punkt 13; BOLDT, S. 153).
29  Am 13. April 1847 an den Ministerialrat Gideon Weizel, den späteren Kommentator des Gesetzes von 1863 (G. W. GÖTZ, Die Entwicklung der höheren Kommunalverbände in Baden, Jur.Diss., Masch., Freiburg 1957, S. 24).

herzustellen. Das Schlüsselwort der Zeit war die Forderung nach Vertrauen zwischen Volk und Regierung beziehungsweise dem Staat. Im Frühjahr 1848 hatte diese Forderung zur Säuberung der Regierung und der Ernennung der sogenannten Märzminister geführt. Jetzt sollte die Beteiligung von Bürgern an der Verwaltung zur Identifikation der Bürger mit dem Staat führen: *Die Hauptsache hierin ist eine umfassende Beteiligung der Bevölkerung bei der Verwaltung der öffentlichen Angelegenheiten, die dem ganzen staatlichen Bau eine breite Grundlage gibt und ihn gegen die Angriffe und gegen den Mißbrauch der Freiheit stärkt.*[30] Vertrauen war die Bezeichnung für halbherzige Zugeständnisse, die dem Bürger wie in der Legislative Mitsprache, aber nicht Selbstregierung gewähren sollten: Sowohl eine parlamentarische Regierungsweise wie die Ersetzung der Beamtenverwaltung durch gewählte Bürger, wie sie die Demokraten forderten, sollte damit verhindert werden. Mit dieser Position gewannen die konstitutionellen Liberalen im Landtag sowohl die Demokraten, die auf einen späteren Ausbau dieser neuen Position hofften, wie die Konservativen und den Großherzog, die in der Bürgerbeteiligung ein Scheinzugeständnis sahen.

Die Kammerdiskussion über die Verwaltungsreform hielt sich in diesem argumentativen Rahmen. Da Provinzialstände in Baden fehlten, wurde mit dem Hauptzweck der *großen Beteiligung und Mitwirkung der Bürger bei der öffentlichen Verwaltung überhaupt* die *korporative Verbindung der Gemeinden hinsichtlich aller Angelegenheiten, Einrichtungen und Anstalten, die ihnen gemeinsam sind oder welche sie sich gemeinsam gründen und schaffen wollen* (Bekk) verbunden, das heißt, der neue Kommunalverband sollte auch Verwaltungsaufgaben übernehmen. Entscheidend war, so Lamey, dass der neue Kreisverband einen *Fortbau der Gemeindeverfassung* darstelle, der der mechanischen Ordnung des Beamtenstaates *durch eine eingreifende Mitwirkung der Bürger selbst einen fortschaffenden Entwicklungstrieb* hin zu einer *rein volkstümlichen Regierungsweise* gebe. In der anschließenden Diskussion bezeichnete Lamey das Gesetz daher sogar als *das Hochwichtigste, das diesem Landtag vorgelegt worden ist* und verwies auf den *Zeitdruck*, unter dem die Beratung politisch stehe. Die Linke, aber auch Lamey forderten daher konsequent, den Umbau der Verwaltung fortzusetzen, das heißt weitere Gesetze vorzulegen, *welche die entschiedene und tatkräftige Teilnahme der Staatsbürger in Rechts-, Verwaltungs-, Finanz- und Wehrangelegenheiten bewirken sollen.* Die Aufhebung der Kreisregierungen und Bezirksämter sollte nur ein Anfang sein. Selbst der Abgeordnete Friedrich Theodor Schaaf, der im Frühjahr als Mannheimer Regierungsdirektor aus seinem Amt verjagt worden war, sah angesichts des *Mißtrauens, womit die Funktionen der Verwaltungsbeamten – mit oder ohne Grund ist jetzt nicht zu erörtern – betrachtet worden sind,* in der Beteiligung des Bürgers an der Verwaltung ein Mittel, *das untergrabene Vertrauen auf den ganzen Organismus* wieder herzustellen, selbst wenn es finanziell kostspielig wäre. Der Bürger in

---

30  *Darum müssen Bürger aus dem Volke [...] an der Verwaltung in den verschiedensten Zweigen beteiligt werden [...] damit wächst die Zahl der Verteidiger der bestehenden Ordnung, und eine große und mächtige Partei, welche die Regierung im Volke selbst hat, ist die hauptsächlichste Stütze, die ihr Kraft geben und sie retten kann* (BEKK, wie Anm. 3, S. 25, 31, vgl. 41 f.). Vgl. das skeptischere Urteil des konservativen Heinrich von Andlaw, der in der »volkstümlichen Kreisverwaltung« eine Gefahr, nämlich eine neue Machtbasis der *Partei der Revolution* sah (Aufruhr und Umsturz in Baden, 1. Abt., Freiburg 1850, S. 106 f.).

der Verwaltung lerne so zu unterscheiden *zwischen Männern des Worts und Männern der Tat und der Wahrheit* und trage so dazu bei, *die Krankheit der Zeit zu lösen und zu heilen* (Lamey): Letztlich sollte also diese ganze Kampagne der Werbung um Vertrauen nur die Regierung stabilisieren[31].

Mit der Errichtung von Kommunalverbänden schloss sich Baden nur der übrigen deutschen Entwicklung an. Allerdings brachte deren Errichtung einen politisch motivierten Kompetenzverlust der bestehenden Kreisregierungen. Die Beteiligung von Bürgern an der Verwaltung als Laienbeamte war neu. In Deutschland hatte diese Politik nur in dem Versuch des Freiherrn vom Stein, Bürger als Berater in die Verwaltung einzugliedern, ein Vorbild. Auch ihm ging es um die Wiederherstellung der Einheit von Regierung und Volk und um die Werbung von Vertrauen[32]. Bekk hatte es im Gesetzentwurf aber offen gelassen, ob die neue Kreisorganisation auf der Basis der alten Bezirksämter oder der der alten Kreise anzusiedeln sei. Lamey hatte eine Reduzierung auf 30 *Bezirksverbände* gefordert, aber die Beratungen über das revidierte Budget für 1849 gingen im Frühjahr 1849 von 12 Kreishauptmännern und 57 *Nebenbeamten*, das heißt dem Erhalt der alten Bezirksamtmänner innerhalb der Kreisverbände aus, die sich der Zahl der Berufungsgerichte beziehungsweise der Größe der Reitzensteinschen Organisation von 1809 annäherten[33]. Von der Größe der neuen Kreise hing aber ihre Bürgernähe ab. Die geplante Beibehaltung sogenannter Nebenbeamter scheint darauf hinzudeuten, dass die radikale Aufhebung der Bezirksämter im Gesetzentwurf während der Budgetberatungen teilweise wieder zurückgenommen wurde und ihnen gewisse Funktionen belassen werden sollten, die nicht an den Kreisausschuss fielen und von ihm nur als Berufungsinstanz wahrgenommen werden sollten. Dem entsprach, dass das Verwaltungsgesetz von 1849 der Regierung die Freiheit

---

31  Vorlage und Begründung des Gesetzentwurfes durch Bekk: Verhandlungen Zweite Kammer, wie Anm. 16, 1847/49, 3. Protokollh., S. 367–381; Kommissionsbericht von Lamey: ebd., 8. Protokollh., S. 43–57; Grundsatzdiskussion ebd., 7. Protokollh., S. 2 ff. (17.–30. Oktober 1848). Nach einem zweiten Kommissionsbericht Diskussion 2.–6. März 1849. Inkraftsetzung durch den Großherzog am 10. April 1849 (Großherzoglich Badisches Regierungsblatt vom 17. April 1849, S. 205–214). Nur der nonkonformistische Abgeordnete Staatsrat Anton Christ hatte sich der allgemeinen Begeisterung über die Laienbeamten nicht angeschlossen, sondern gefordert, die staatliche Zentralisierung und die ubiquitäre Gesetzgebung rückgängig zu machen (17. Oktober 1848). Die einzigen gravierenden Veränderungen des Gesetzentwurfes waren die zusätzliche Aufhebung der Amtsrevisorate und die Vorlage eines Gesetzentwurfes über die Schaffung eines Verwaltungsgerichtes als Berufungsinstanz für Verwaltungsstreitigkeiten am 13. November 1848 (Verhandlungen Zweite Kammer, wie Anm. 16, 1847/49, 8. Protokollh., S. 209 f.). Lamey hatte ein Verwaltungsgericht als Berufungsinstanz in seinem Bericht als rechtsstaatliche Korrektur empfohlen, doch wurde diese Vorlage wegen des Verbots jeglicher Verwaltungsgerichtsbarkeit durch die Frankfurter Nationalversammlung nicht weiter beraten (§ 182 der Frankfurter Reichsverfassung bzw. Art. X der Grundrechte).
32  Vgl. Verordnung v. 26. Dezember 1808, §§ 17–22 (Preußische Gesetzessammlung, Ergänzungsband 1806–1810, Berlin 1821, S. 469 f.). H. OBENAUS, Verwaltung und ständische Repräsentation in den Reformen des Freiherrn vom Stein, in: Jahrb. f. d. Gesch. Mittel- u. Ostdeutschlands 18 (1969), S. 130–179. – Bei der Einführung der Repräsentanten in das Königsberger Regierungskollegium am 23. Juli 1809 erklärte der Oberpräsident Auerswald als Ziel dieser Maßnahme, *das Vertrauen der Nation zu ihrer Regierung zu beleben* (S. 162).
33  Kommissionsbericht vom 24. April und 8. Mai 1849 (Verhandlungen Zweite Kammer, wie Anm. 16, 1847/49, 5. Protokollh., S. 347–53, 357–61, 419 ff.).

beließ, die Kompetenzen der Kreisverwaltungen zu verändern, neue Beamte zu ernennen und den Zusammenschluss von Kreisteilen zu neuen *Vereinen* zu legitimieren[34].

Das bestimmende Ergebnis der Verwaltungsgesetzgebung der Revolutionsjahre 1848/49 war jedoch die Schaffung einer einzigen Verwaltungsinstanz unterhalb der Ministerien, die als Selbstverwaltungsgremium organisiert war und durch die Betreuung mit Verwaltungsaufgaben über einen Kommunalverband auf regionaler Ebene hinausging. Nicht nur bei der Ausführung staatlicher Normen auf lokaler Ebene, sondern auch bei ihrer Kontrolle sollten Laien beteiligt werden. Welche Aufgaben dem Kreishauptmann und den sogenannten Nebenbeamten vorbehalten bleiben sollten, blieb aber unklar. Die Einbindung von Laien in die staatliche Verwaltung sollte so nicht die Verwaltungshierarchie ersetzen, sondern Vertrauen in der Bevölkerung schaffen, das heißt, den Staat stärken. In diesem Ziel unterschieden sich Konservative und Liberale von den Demokraten. Deren Ziel war die sich selbst regierende und selbst verwaltende Bürgergesellschaft. Das Gesetz von 1849 ist daher eindeutig als vertrauensbildende Maßnahme im konservativ-liberalen Sinne zu interpretieren. Es ist ein Rückfall hinter Positionen, wie sie im Vormärz auch noch von Liberalen verfochten worden waren.

Es ist daher nicht erstaunlich, dass auch die gegenrevolutionäre Staatsmacht dieses Ziel der Vertrauensbildung weiter verfolgte, auch wenn es anscheinend keine konkreten Auswirkungen hatte. Unter dem 17. September 1849 trug der Innenminister den Amtsvorständen in einem Rundschreiben auf, den *Rat kundiger und patriotischer Männer des Bezirkes* bei der Durchsetzung der Regierungspolitik einzuholen, um einerseits die erforderlichen Lokalkenntnisse zu erhalten und andererseits *richtigere Begriffe über Zweck und Motive der Regierungsmaßnahmen zu verbreiten*[35]. Diese Aufforderung wurde anscheinend nur von dem Oberamtmann in Lörrach Jonathan Winter, dem konservativen Sohn des liberalen Kammerabgeordneten und Bürgermeisters von Heidelberg Johann Friedrich Winter, in organisatorische Form umgesetzt. Winter hatte schon im Frühsommer 1848 im Amtsbezirk Waldkirch mit Duldung seiner Vorgesetzten vier von den Bürgermeistern erwählte Personen 14tägig als Bezirksrat zusammentreten und sich von ihnen beraten lassen[36]. Diese 1849 insgesamt folgenlose Initiative ist ein Beleg dafür, dass selbst die konterrevolutionäre Regierung die Einbeziehung von Vertrauenspersonen des Amtsbezirkes in die Verwaltung als vertrauensbildende Maßnahme für erforderlich und vertretbar hielt, um *nach und nach das öffentliche Vertrauen wieder zu beleben*[37].

## Die Verwaltungsreform 1863

Die Wiederaufnahme der Verwaltungsreform erfolgte zu Beginn der 60er Jahre nicht auf Druck einer wie auch immer gearteten Öffentlichkeit, sondern als Forderung der liberalen Kammermehrheit, als diese durch den innenpolitischen Umschwung im Frühjahr 1860 an die Regierung kam. Hier war es der Berichterstatter der Kammerkommission von 1848

---

34  §§ 1,40–42.
35  WEIZEL (wie Anm. 4), S. 55f.
36  BÖHRER (wie Anm. 4), S. 18ff., 63ff.
37  WEIZEL (wie Anm. 4), S. 56.

August Lamey, der den von ihm unterstützten Gesetzentwurf Bekks wieder aufgriff und 1863 mit einigen Korrekturen verwirklichte. Über den beibehaltenen 59 Amtsbezirken wurden jetzt aber 11 Kreisverbände errichtet, die je 5 bis 6 Bezirksämter umfassten, so dass nun die unterste staatliche Verwaltungsebene nicht mehr mit den Kommunalverbänden zusammenfiel[38]. Das Ziel war 1863 wie 1848 die Gewinnung des Vertrauens der Bürger für den Staat. Schon bei der Eröffnungsrede des Landtags am 30. November 1861 hatte der Großherzog als politisches Ziel die Beteiligung der Bürger an der Verwaltung angekündigt, aber auch eingeschränkt: Um *eine freiere Entwicklung des Staatslebens* zu erreichen, sollten *der lebendigen Teilnahme des Volkes an den öffentlichen Angelegenheiten gesetzliche Wege eröffnet* [werden]. Aber, so fügte der Großherzog hinzu, *ohne daß die nötige Kraft der Regierung verkümmert würde,* [sollte] *der Gesetzentwurf den Beteiligten eine Mitwirkung auf dem ihre Interessen zunächst berührenden Gebieten anweisen*[39]. Die Reform sollte nicht Selbstbestimmung, sondern Mitwirkung bei der Verwaltung bürgerlicher Interessen bringen, ohne den Staatsapparat zu schwächen.

Die Beratungen über das Verwaltungsgesetz zogen sich über eineinhalb Jahre hin[40]. Das Gesetz wurde 1863 aber grundsätzlich kaum in Frage gestellt, da die Gesetzgebung seit 1849 die Kompetenzen der Kreisregierungen weiter reduziert und damit deren Existenz in Frage gestellt hatte. Nach der Trennung von Justiz und Verwaltung auf Amtsebene 1857 wurden die letzten Teile der freiwilligen Gerichtsbarkeit 1864 den Gerichten überwiesen. Ferner war die Aufsicht über die geistlichen Stiftungen 1860 den entsprechenden Abteilungen des Innenministeriums zugeordnet worden.

Die Diskussion in den Kammern verlief jedoch in einer spürbar defensiven Haltung. Auch wenn Verweise auf das Revolutionsgesetz von 1849 nach Möglichkeit vermieden wurden, stand die Diskussion unter dem Verdikt eines Spiels mit dem revolutionären Feuer. Der Berichterstatter der Zweiten Kammer Ludwig Kirsner hielt es für nötig, ausführlich die Frage zu beantworten, ob *die Beteiligung des Volkes an der Interessenvertretung, an der administrativen Justiz und an der politischen Staatsverwaltung* […] *mit der Staatsordnung in der konstitutionellen Monarchie verträglich* [sei]. Ein Blick über die badischen Grenzen erlaubte ihm eine bejahende Antwort. Dabei wurde das Ziel einer Verwaltungsreform 1863 ebenso wie 1848 definiert, nämlich als Aufhebung des Gegensatzes zwischen Volk und Staat beziehungsweise Bürokratie. Allerdings ging es jetzt nicht offen um die Beseitigung eines Unruhefaktors und eines revolutionären Gefahrenherdes. Statt dessen historisierten alle Beteiligten, sowohl der leitende Minister Lamey wie die Berichterstatter der Zweiten und Ersten Kammer, Kirsner und Bluntschli, den zugrunde liegenden Konflikt: Eine Bürokratie sei zur Schaffung und Festigung des Staates 1809 erforderlich gewesen. Dieses Ziel sei nunmehr erreicht. Andererseits hätten die Bürger sich vom Untertanen zum aufgeklärten Staatsbürger entwickelt und könnten deswegen einen Teil der Staatsverwaltung selbst übernehmen. Die Beteiligung der Bürger an der Verwaltung

38   Zu der Kontroverse über den Urheber der Gesetzesinitiative, vgl. GALL (wie Anm. 4), S. 184, der eine erste Initiative Lameys im Frühjahr 1861 belegt.
39   Verhandlungen Zweite Kammer, wie Anm. 16, 1861/63, Protokollh., S. 3 f.
40   Vorlage des Gesetzentwurfs an die 2. Kammer unter dem 9. Februar 1862, Schlussabstimmung und einstimmige Annahme in der 2. Kammer am 20. Juli 1863, Ausfertigung des Gesetzes durch den Großherzog am 5. Oktober 1863.

sei daher kein revolutionärer Akt, sondern eine organische Entwicklung[41]. Weiterhin aber sahen die Politiker in dieser Ausweitung der Rechte des Volkes ein *Wagnis* (Bluntschli) und eine Gefahr für den Staat, da *Intelligenz* und *Bürgersinn*, das heißt ein regierungskonformes Verhalten des Volkes nicht gesichert seien. Dieses Risiko müsse die Politik aber eingehen, um den systemgefährdenden Gegensatz zwischen Staat und Volk zu beseitigen. Durch die Beteiligung an der Verwaltung werde *das Vertrauen des Volkes zur Bezirksverwaltung wie zur Staatsregierung mächtig gefördert*[42].

Die Beteiligung der Bürger an der Verwaltung war auch 1863 eine vertrauensbildende Maßnahme des Staates, der dadurch nicht entmachtet, sondern gestärkt werden sollte. War die Schaffung eines Verwaltungsgerichtshofes als Berufungsinstanz in Verwaltungsstreitigkeiten und die Schaffung eines Rechnungshofes (Verwaltunghof) noch als rationale und rechtsstaatliche Ausdifferenzierung von Kompetenzen interpretierbar, so diente die Umwandlung des allgemeinen, gleichen und direkten Wahlrechts von 1849 in ein indirektes Wahlrecht unterschiedlicher Wahlkörper (Wahlmänner, kommunale Wahlbeamte, Großgrundbesitzer) und die Reduzierung der Wahl des 6–9köpfigen Bezirksrates auf einen Kandidatenvorschlag eindeutig der obrigkeitsstaatlichen Filterung des weiterhin mit Misstrauen betrachteten Volkswillens. Erst die Revolution von 1919 sollte die 1849 geplante direkte Wahl des Bezirksrates und der Kreisversammlung einführen.

1863 waren die Aufgaben des Kommunalverbandes und seiner Organe der Willensbildung (Kreisversammlung und Kreisausschuss) wie 1849 im Prinzip nicht mehr umstritten. Die *Förderung der gemeinsamen Kultur, Wirtschaft und Wohltätigkeit der Gemeinden* (§ 41 1863) durch den neuen Kommunalverband wurde 1863 im Gegensatz zur Staatsverwaltung nicht Selbstverwaltung, sondern *Interessenverwaltung* genannt. Hier hatte Baden gegenüber Preußen und Bayern nur einen Nachholbedarf aufzuarbeiten. Anders aber war es mit dem Bezirksrat: Er erhielt die Entscheidung erster Instanz in Verwaltungsstreitigkeiten der kommunalen Ebene und die Entscheidung in Kommunalangelegenheiten, die bisher beim Bezirksamt oder der Kreisregierung gelegen hatten. Dies entsprach der Regelung von 1849, war damals aber dem Kreisausschuss zugewiesen worden. Hinter der Übertragung der staatlichen Eingriffsrechte in die Kommunalverwaltung an

---

41   Verhandlungen Zweite Kammer, wie Anm. 16, 1861/63, 4. Protokollh., bes. S. 627 f.; 6. Protokollh., S. 345–555; Verhandlungen der Ersten Kammer der Ständeversammlung des Großherzogtums Baden, 1861/63, 3. Protokollh., S. 337–349.

42   Kirsner, Verhandlungen Zweite Kammer, wie Anm. 41, 6. Protokollh., S. 555. – Als Ziele des Gesetzes, über die Einrichtung eines bürgerlichen Kommunalverbandes, die Beteiligung von Laien an der politischen Verwaltung und den Abbau des konservativen Beamtenapparates in den Kreisen nannte Kirsner: *1. In der Bezirksinteressenvertretung die Einmischung der Staatsgewalt zu vermindern und den Gemeinsinn des Volkes durch Selbstverwaltung seiner näheren Interessen zu heben, 2. Durch die Mitwirkung der Bürger bei der Administrativjustiz und bei einem Teil der politischen Staatsverwaltung dieselben mehr und mehr mit dem Gesamtinteresse des Staates und der Verantwortlichkeit der Regierung zu verflechten und dadurch intelligenter und zufriedener zu machen; 3. Die Regierung im engeren Sinne einheitlicher, konzentrierter und somit wirksamer zu gestalten* […] (Verhandlungen Erste Kammer, wie Anm. 41, 3. Protokollh., S. 147). Vgl. Bluntschli: *Verwaltung wird dadurch dem Volke näher gebracht und sie wird dadurch jedenfalls an Vertrauen und an Einsicht in die Volkszustände und Bedürfnisse gewinnen. Die Fähigkeit unter den Bürgern, an den öffentlichen Geschäften teilzunehmen, wird sich erweitern und ausbilden können. Die öffentliche Ordnung wird so neue Stützen und die öffentliche Freiheit neue Vertreter erhalten* (ebd., S. 343).

Selbstverwaltungsorgane stand die Erinnerung, dass die Massenmobilisierung der Revolution im Frühjahr 1848 in den jahrelangen Streitigkeiten zwischen Gemeindebürgern und Gemeindeselbstverwaltung einerseits und dem Amtmann andererseits ihre wichtigsten Gründe hatte. Daher war die Beteiligung der Bürger an diesen Verwaltungstätigkeiten zentral für jede Form vertrauensbildender Maßnahmen.

1863 ging die Regierung aber noch einen Schritt weiter als 1849: Die Laienbeamten des Bezirksrates sollten polizeiliche Funktionen in einzelnen Teilen des Bezirksamtes erhalten und als eine Art Sheriff und Friedensrichter eine beruhigende Wirkung bei lokalen Konflikten ausüben, die man immer noch als politische und nicht als kriminelle Auseinandersetzungen interpretierte[43]. Auch diese neue Funktion stärkte den vertrauensbildenden und systemstabilisierenden Charakter der gesamten Verwaltungsreform. Trotz einiger restriktiver Beschränkungen definierte der Gesetzgeber 1863 Ursachen, Mittel und Ziele der Reform der Verwaltung genauso wie Regierung und liberale Kammermehrheit 1848/49: Ein Revolutionsherd, der sich schichtübergreifend in der Bürokratiekritik Ausdruck verschafft hatte und den Bestand des Staates gefährdete, sollte durch vertrauensbildende Maßnahmen beseitigt und zur Stärkung des alten Staates und der bestehenden Herrschaftsordnung verwandt werden. Das Besondere am badischen Fall ist, dass hier die Furcht vor einer Revolution noch 1863 die Gesetzgebung beeinflusste. Eine Selbstregierung unter Aufhebung der Verwaltungshierarchie, wie sie die Demokraten um Hecker und Struve gefordert hatten, wurde in den nächsten Jahrzehnten nur noch von den politischen und gesellschaftlichen Außenseitern des Sozialismus gefordert. Die Liberalen hatten ihre vormärzliche Forderung nach Selbstbestimmung der Bürger zur Mitwirkung der Bürger am bestehenden Staatsapparat abgeschwächt. Diese systemstabilisierende Wende hatten die badischen Nationalliberalen zwischen Frühjahr und Herbst 1848 vollzogen, doch hielten sie in den 60er Jahren an diesem Kompromiss fest und gewannen den Monarchen für seine Verwirklichung. Insoweit war das Verwaltungsgesetz von 1863 ein späterer Erfolg der Revolution, mit dem Baden vor 1914 weitgehend allein stand.

## Die badische Verwaltungsreform im zwischenstaatlichen Vergleich

Die badische Verwaltungsreform von 1849/1863 ging, insoweit sie über die Schaffung eines Kommunalverbandes hinausging, erstaunlich weit. Der Vergleich mit den Nachbarländern wurde schon in den Kommissionsberichten und Diskussionen der Kammern gezogen, so besonders ausführlich 1863 von Kirsner und Bluntschli, und dabei die Pionierrolle Badens betont[44]. Bei der Forderung nach Einführung von Provinzialständen in Baden wurde immer wieder auf die Nachbarländer Bayern, Preußen und Württemberg verwiesen. Preußen hatte in Wiederbelebung altständischer Einrichtungen 1823/24 Provinzial- und 1825–28

---

43  *Polizei ein Ehrenamt, verwaltet von den angesehensten Bürgern! Gegen 500 freiwillige Polizeibeamte im Großherzogtum Baden! Das heißt doch wohl eine großartige Reorganisation der Polizei. Hier ist dieses Institut endlich aus einer gehässigen Zuchtanstalt in eine lebendige Organisation des Bürgertums umgewandelt* (v. PREEN, Die neue Organisation in Baden, in: Preußische Jahrbücher 1865, 16, S. 59).
44  Vgl. auch den Ländervergleich des badischen Ministerialbeamten und zeitweiligen Ministers Gideon Weizel in seinem Kommentar zum Verwaltungsgesetz von 1863, S. 348–392.

Kreisstände eingeführt, die auf regionaler und lokaler Ebene im wesentlichen aber nur Aufgaben der überkommunalen Leistungsverwaltung wahrnehmen sollten. Da sie aber ständisch zusammengesetzt waren und ein Übergewicht der adeligen Großgrundbesitzer vorsahen, zudem der Landrat aus den Reihen der eingesessenen Großgrundbesitzer genommen werden musste, war Preußen für Badens Liberale kein brauchbares Vorbild[45]. Ähnliches galt für die englische Selbstverwaltung, die ebenfalls durch die größeren Grundbesitzer als Sheriffs und Friedensrichter, die vom König ernannt wurden, wahrgenommen wurde. Zudem kannte England keine Gewaltenteilung auf lokaler Ebene[46].

Mittelbares Vorbild für Baden war jedoch Frankreich und das von der französischen Entwicklung geprägte Belgien. Zunächst wirkte sich der französische Einfluss in einer Zeit wachsender deutsch-französischer Animosität in Baden namentlich nicht direkt, sondern über das angrenzende Rheinbayern aus. In Frankreich hatten die Revolutionsverfassung von 1791 bzw. die Gemeinde- und Departementsgesetze von 1789 und 1790 die bürokratische Struktur der Intendanturen (Généralités) beseitigt und die neu geschaffenen Departements durch einen gewählten Generalrat (Conseil général du département) und ein ebenfalls gewähltes Exekutivorgan, das Departementdirektorium (Directoire de département) ersetzt. Die Zentralregierung war im Departement nur noch durch einen Syndikus vertreten, dessen Einspruch ein aufschiebendes Veto zur Folge hatte. Zwar war diese dezentrale Departementverwaltung, so der Generalrat schon 1793 auf dem Höhepunkt der Revolution beseitigt oder ausgehöhlt worden, doch hatte der Generalrat unter Napoleon 1800 eine Wiedergeburt mit reduzierten Kompetenzen gefunden. Seit 1800 lag die Departementverwaltung allein in den Händen des neu geschaffenen, von der Regierung ernannten Präfekten, dem ein anfangs ernannter, seit 1802 bedingt gewählter Generalrat an die Seite gestellt wurde, der einmal im Jahr die Umlage der Steuern vornahm und ansonsten in Departementsangelegenheiten nur Wünsche äußern konnte. Gleichzeitig war ferner ein aus Ansässigen ernannter Präfekturrat zur erstinstanzlichen Entscheidung von Verwaltungsstreitigkeiten eingeführt worden[47]. Wenn auch die napoleonische Departementsverwaltung der Notabeln nur einen Schatten des Einflusses hatte, den die revolutionäre Departementsverwaltung der konstitutionellen Monarchie besaß, so hielten die besonders in den 1830er Jahren erörterten Reformvorschläge zur Aufwertung von General- und Präfekturrat das Interesse an diesen ursprünglich revolutionären Institutionen wach. Wichtig für die badischen Pläne war die Übernahme genuiner Aufgaben der Exekutive durch eine bürgerliche Selbstverwaltung, insbesondere die Entscheidung von Verwaltungsstreitigkeiten. Allerdings war die wichtigste Aufgabe des Generalrates, die Steuerverwaltung, in Baden den Kreisen schon 1826 entzogen worden.

---

45   H. Obenaus, Anfänge des Parlamentarismus in Preußen bis 1848, Düsseldorf 1984; P. Nolte, Repräsentation und Grundbesitz. Die kreisständische Verfassung Preußens im 19. Jahrhundert, in: K. Tenfelde/H. U. Wehler (Hgg.), Wege zur Geschichte des Bürgertums, Göttingen 1994, S. 78ff.
46   Vgl. die Äußerung des Abg. Josef Alexander Dahmen, selbst ein Englandreisender, am 13. Mai 1844 über die dortige Selbstverwaltung auf dem Lande und in den Städten: *Das eine ist ein arg aristokratisches Patrimonialverhältnis und das andere ein Munizipalverhältnis, wie wir es in unseren Reichsstädten hatten* (Verhandlungen Zweite Kammer, wie Anm. 16, 1844/45, 5. Protokollh., S. 205). Erst seit den 60er Jahren einflussreich wurde Rudolf Gneist, insbes.: Das heutige englische Verfassungs- und Verwaltungsrecht, Bd. 2, Berlin 1860.
47   Vgl. Godechot (wie Anm. 6), S. 102ff., 586ff.

Eine liberale Weiterentwicklung des französischen Verwaltungsmodells bot jedoch Belgien seit seiner Unabhängigkeit 1831. Nach dem belgischen Provinzialgesetz vom 30. April 1836 erhielt jede Provinz einen Provinzialrat mit eigenständigem Ausschuss, die beide von allen wahlberechtigten Bürgern gewählt wurden. Gegenüber seinem französischen Vorbild erhielt der belgische Provinzialrat, der ebenfalls nur einmal 14 Tage pro Jahr zusammentreten sollte, zusätzlich zur Umlage der Steuern das Recht zur Festlegung eines Provinzialbudgets und zu Ausführungsgesetzen für die Provinz sowie die Zuständigkeit für gemeinschaftliche Einrichtungen auf regionaler Ebene. Seinem ständigen Ausschuss, der an das ehemalige französische Direktorium erinnerte, oblag die kontinuierliche Verwaltung der Provinz. Die Interessen der Zentrale wurden durch das Bestätigungsrecht des Königs für bestimmte Beschlüsse und die Anwesenheit eines Gouverneurs und königlicher Kommissare in den Verwaltungsbezirken gesichert, denen insbesondere die Polizei unterstand[48].

Das französisch-belgische Selbstverwaltungsmodell auf Provinzebene war das unmittelbare Vorbild für die badischen Verwaltungsreformen. Allerdings beriefen sich die Liberalen zunächst auf Bayern, das dieses Modell als erster deutscher Staat in der französischen Form übernommen hatte. Bayern hatte den französischen Generalrat in der Pfalz unter dem Namen Landrat 1816 beibehalten und nach einem Antrag der Zweiten Kammer des bayerischen Landtags 1819 am 1. Januar 1822 durch Verordnung auf ganz Bayern übertragen, diese aber noch im gleichen Jahr wieder aufgehoben. Erst unter dem 15. August 1828 kam es zu einer gesetzlichen Einführung eines Landrates in allen bayerischen Regierungsbezirken. Dieser Landrat erhielt die finanziellen Kompetenzen des französischen Generalrates und konnte ebenfalls Wünsche hinsichtlich der Regionalinteressen äußern. Der Landrat war wie die bayerische Zweite Kammer berufsständisch, im Gegensatz zu Preußen aber ohne adeliges Übergewicht, zusammengesetzt. Erst ab der Jahrhundertmitte wurden dem Landrat Aufgaben eines Kommunalverbandes übertragen. Parallel dazu war in Bayern auf Amtsebene (Landgericht) die Bildung eines Distriktrates schon 1825 ermöglicht worden, der erst am 28. Mai 1852 auf der Basis eines reinen Zensuswahlrechts obligatorisch wurde. Mit dem pfälzisch-bayerischen Landrat erhielt daher erstmals auf deutschem Boden eine provinziale Selbstverwaltung Staatsaufgaben übertragen, und zwar auf der Basis eines grundsätzlich egalitären Staatsbürgerverbandes[49].

Im Gegensatz zum bayerischen Landrat war die württembergische Amtskörperschaft eine vorrevolutionäre Institution, die von Altwürttemberg auf das napoleonische Württemberg übertragen und 1819 verfassungsrechtlich (§§ 115/116) abgesichert worden war. Sie war ein Zusammenschluss der Gemeinden auf Amtsebene unter Leitung des staatlichen Oberamtmannes. Die Amtsversammlung ging nicht aus Wahlen hervor, sondern umfasste im Wesentlichen die Gemeindeschultheißen. Ihre Aufgabe waren die Umlage und der Einzug der direkten Steuern und der Auslagen für Amtsausgaben (Land- und Amtsschaden), zu denen aber im 19. Jahrhundert zunehmend Aufgaben der Leistungsverwaltung traten. Ein Ausschuss der Amtsversammlung hatte nur geringe, die Amtsver-

48   E. Bernimolin, Les institutions provinciales et communales de la Belgique, 2 Bde., Brüssel 1891/92.
49   M. Seydel, Bayerisches Staatsrecht, Bd. 3/1, München 1886, S. 279–320; F. Dereser, Der Landrat der Pfalz im Vormärz, Phil. Diss., Masch., Mainz 1954; P. Pierer von Esch, Der bayerische Landrat 1829–1848, Jur. Diss., Erlangen 1960.

sammlung begleitende Funktionen. Als altrechtlicher Zusammenschluss der Gemeinden hatte die württembergische Amtsversammlung nicht den Charakter einer Vertretung der Bürger, sondern der Gemeindeverwaltungen und fiel als Selbstverwaltungsorgan selbst hinter den preußischen Kreisrat zurück. Die württembergische Amtsversammlung wurde jedoch als Beispiel einer nichtstaatlichen und unbürokratischen Verwaltung immer wieder in der innerbadischen Diskussion herangezogen[50].

Neben Vorbildern für die badische Verwaltungsreform soll auch ein Blick auf parallele Entwicklungen in Deutschland 1848 geworfen werden. Die liberale Bürokratiekritik war nicht auf Baden beschränkt. Deswegen wurde das belgische Vorbild einer Kommunalisierung der Mittelinstanzen 1848 auch in einigen anderen deutschen Staaten übernommen und in weiteren Staaten wie Preußen zumindest diskutiert. Für Baden war dabei einmal das benachbarte Großherzogtum Hessen-Darmstadt, das allerdings nur halb so groß wie Baden war, einflussreich. Hier war die Mittelinstanz der napoleonischen Zeit schon 1832 beseitigt worden. Die den badischen Bezirksamtmännern vergleichbaren Kreisräte wurden durch Gesetz vom 31. Juli 1848 abgeschafft, das Land in 10 Regierungsbezirke eingeteilt und durch staatliche Regierungskommissionen verwaltet. Ihnen wurde je ein Bezirksrat aus 12 bis 24 (1853 15) Mitgliedern beigegeben. Der Bezirksrat wurde von allen wahlberechtigten Bürgern gewählt und trat jährlich einmal für 14 Tage zusammen. Die Kompetenzen dieses Gremiums waren weitgehend auf gutachtliche Stellungsnahmen beschränkt, nur in einigen Kommunalangelegenheiten stand ihnen eine Entscheidung zu. Eine restaurative Verwaltungsreform vom 10. Februar 1852 ließ den Bezirksrat bis auf eine zusätzliche Vertretung des Großgrundbesitzes bestehen, führte aber zwei ständig visitierende Beamte des Innenministeriums zur Kontrolle der Bezirke ein[51]. Die Verwaltungsgerichtsbarkeit war in Hessen-Darmstadt seit 1832 einem Administrativjustizhof, dem Vorbild des seit 1848 in Baden geplanten Verwaltungsgerichtshofes, übertragen worden. Die Kompetenzen des darmstädtischen Bezirksrates waren also geringer als die seiner badischen Parallelinstitutionen, insbesondere fehlten die ständigen Ausschüsse und die mit ihm verbundene Verwaltungstätigkeit (Kreisausschuss 1849, Kreisausschuss und Bezirksrat 1863). Andererseits waren der unabhängige Verwaltungsgerichtshof und die visitierenden Ministerialkommissare ein Vorbild für die badische Ordnung von 1863[52].

Auch in den anderen westdeutschen Staaten, in denen der Gegensatz zwischen kommunalem Bürgertum und der unteren Staatsbürokratie ausgeprägt war, kam es zur Kommunalisierung der unteren Staatsverwaltung, nämlich in Kurhessen und in Nassau. In Kurhessen war schon in der Verfassung von 1831 die Bildung gewählter Bezirksräte *für*

---

50 DEHLINGER (wie Anm. 2), S. 286 ff.; R. v. MOHL, Das Staatsrecht des Königreichs Württemberg, Bd. 2, Tübingen² 1840, S. 210–222.

51 Regelmäßige Amts- und Gemeindevisitationen im mehrjährigen Turnus waren in Württemberg seit 1820, in Bayern seit 1840 und in Baden seit 1850 durchgeführt worden. Insofern ersetzten die badischen Landeskommissäre die Amtsvisitationen der Kreisräte. Diese Visitationen waren verwaltungsgeschichtlich eine Bankrotterklärung der auf Schriftlichkeit beruhenden modernen Verwaltung.

52 Vgl. das Gesetz, die Organisation der dem Ministerium des Innern untergeordneten Verwaltungsbehörde betr., v. 31. Juli 1848 (Großherzogl.-hessisches Regierungsbl. 1848, S. 217–225), revidiert durch Gesetz v. 10. Februar 1853 (ebd. 1853, S. 37–44); HEFFTER (wie Anm. 1), S. 298; WEIZEL (wie Anm.4), S. 357–362; W. van CALKER, Das Staatsrecht des Großherzogtums Hessen, Tübingen 1913, S. 81–89.

*die Beratung und Vorbereitung von Verwaltungsmaßregeln* [...] [zum] *besten eines einzelnen Bezirkes* [...] *sowie für eine angemessene Mitaufsicht auf die* [...] *Ausführung der* [...] *wichtigen Einrichtungen* (§ 48) angekündigt worden. Diese Zusage wurde erst unter dem 31. Oktober 1848, das heißt unter dem Druck der Revolution, ausgeführt[53]. Die alte Mittelinstanz von vier Provinzialregierungen wurde durch neun Bezirke ersetzt, allerdings ihre Untergliederung in Kreise norddeutscher Art beibehalten. Dem Bezirk stand ein Bezirksdirektor als Staatsbeamter vor, dem ein nach gleichem Wahlrecht, aber berufsständisch gegliederter, gewählter Bezirksrat von 12 bis 24 Mitgliedern und ein sechsköpfiger Bezirksausschuss zur Seite standen. Der einmal jährlich auf 8 Tage zusammentretende Bezirksrat hatte eine wesentlich beratende Funktion *zur Förderung von Landwirtschaft, Gewerbe und Handel* [...] *und überhaupt auf Hebung der Wohlfahrt.* Die Zuständigkeit des Bezirksausschusses umfasste die *Aufsicht auf die Gemeindeverwaltung und die der Aufsichtsbehörde eingeräumten Befugnisse in Gemeindeangelegenheiten,* ferner die Entscheidung über die Umlage regionaler Lasten und die Entscheidung über einschlägige Streitigkeiten (Straßenbau, Stiftungen, Gewerbepolizei, Kriegslasten etc.). Die Ausführung stand allein dem Bezirksvorstand zu. Durch Gesetz vom 7. Juli 1851 wurde der Bezirksrat zwar beibehalten, doch neben einer Änderung des Wahlmodus auf eine begutachtende Stellung reduziert[54].

Auch in dem dritten hessischen Mittelstaat, im Herzogtum Nassau, wurde während der Revolution eine Selbstverwaltungsorganisation in die staatliche Verwaltungshierarchie eingebaut. Durch Gesetz vom 4. April 1849 wurde das Herzogtum, das nur ein Viertel der Einwohner Badens umfasste, in neun Kreise eingeteilt. Dem Kreisamtmann trat ein Kreisbezirksrat aus mindestens acht Mitgliedern zur Seite, die nach dem Landtagswahlrecht gewählt wurden. Der Kreisbezirksrat wurde zur Genehmigungsbehörde und zur Rekursinstanz für die Gemeinden in allen Angelegenheiten, die bisher der staatlichen Verwaltung vorbehalten waren. Bei der Revision der Verwaltungsreform am 24. Juli 1854 wurde der Bezirksrat um eine Großgrundbesitzervertretung erweitert, aber in seinen wesentlichen Kompetenzen beibehalten[55]. Die Nassauer und Kasseler Regelungen waren also Parallelentwicklungen zur badischen Verwaltungsreform, die jedoch selbst nach einer Rückbildung in der Restaurationsperiode das Jahr 1867 nicht überleben sollten[56].

53  Gesetz, die Bildung neuer Verwaltungsbezirke und die Einführung von Bezirksräten betr. (Sammlung von Gesetzen etc. von Kurhessen 1848, S. 237–44).
54  Gesetz v. 7. Juli 1851 (ebd. 1851, S. 27 ff., 31 ff.); WEIZEL (wie Anm. 4), S. 364 ff.
55  Gesetz v. 4. April 1849 (Verordnungsblatt des Herzogtums Nassau, S. 87–96), abgeändert durch Gesetz v. 24. Juli 1854 (ebd. 1854, S. 160–165); E. TREICHEL, Der Primat der Bürokratie. Bürokratischer Staat und bürokratische Elite im Herzogtum Nassau 1806–1966, Stuttgart 1991, S. 275–90 und 311–323.
56  Auch in einigen weiteren Staaten brachte die 48er Revolution eine bürgerliche Vertretung zumeist auf Amtsebene, doch setzte diese sich wie in Württemberg überwiegend aus den kommunalen Amtsträgern und zusätzlich den Großgrundbesitzern zusammen, vgl. den Amtsrat und die Kreiskommissionen in Braunschweig (1850) sowie die Amtsversammlungen in Hannover 1852 (aufgehoben 1859), den Amtsrat in Oldenburg 1855 und die Bezirksausschüsse in Sachsen-Weimar (1850). Im Königreich Sachsen wurde mit der Aufhebung der Patrimonialgerichtsbarkeit 1855 die Einführung von Friedensrichtern aus der Reihe der Großgrundbesitzer verbunden, welche ihrerseits wie in England zu allerdings nur beratenden Versammlungen zusammentreten konnten (WEIZEL, wie Anm. 4, S. 363–371).

Insgesamt ergibt sich – trotz des Ausreißers der liberalen und zunächst folgenlosen Bestimmung in der kurhessischen Verfassung von 1831 – als Ergebnis des Überblicks, dass 1848 außer in Baden in den drei hessischen Staaten vergleichbare Entwicklungen einer Umwandlung der Mittelbehörde in Selbstverwaltungsorgane fassbar werden. Dabei zeigt sich aber nicht nur eine Stoßrichtung gegen die Mittelinstanz, sondern insbesondere auch gegen die Bezirksämter und Kreise. Angesichts der territorialen Beschränktheit dieser Kleinstaaten war die Existenz einer Mittelinstanz schon quantitativ fragwürdig und ihre Aufhebung eine Rationalisierungsmaßnahme und Effizienzsteigerung der Verwaltung. Entsprechend wurde auch in Baden die Zweistufigkeit von Bezirksämtern und Kreisen 1935/36 beziehungsweise 1939 zugunsten des sogenannten »deutschen Kreises« (das heißt preußischen Kreises) aufgehoben.

Die Aufhebung der Mittelinstanz der Innenverwaltung und ihre Ersetzung durch Selbstverwaltungsorgane in Form höherer Kommunalverbände war ein Ziel des vormärz-lichen Liberalismus und seiner Forderung nach Demokratisierung nicht nur der Legislati-ve, sondern auch der Exekutive bzw. des Staatsapparates. Eine wesentliche Errungen-schaft des modernen, nachrevolutionären Staates war jedoch die Verstaatlichung der gesamten Exekutive und ihre Übertragung auf eine straffe Hierarchie staatlicher Berufs-beamter. Dieser Erfolg wäre bei einer Übernahme der Verwaltung durch bürgerliche Laien rückgängig gemacht worden. Das neu errungene Machtmonopol des Staates wäre gefährdet gewesen.

Unter dem Druck der Frühjahrsrevolution von 1848 einigten sich Liberale und Regie-rung sowohl in Baden wie in den hessischen Staaten jedoch auf einen Kompromiss, näm-lich eine Beteiligung von Bürgern an der unteren und mittleren Innenverwaltung, die die staatliche Hierarchie nicht ersetzen, sondern die Bürgerschaft in der Verwaltung als ver-trauensbildende Maßnahme integrieren sollte. Diese Reform nach französisch-belgi-schem Vorbild ging über eine bürgerliche Selbstverwaltung der sogenannten Leistungs-verwaltung, die Wirtschafts-, Sozial- und Kulturverwaltung in sogenannten höheren Kommunalverbänden vereinigte, hinaus und erfasste auch Teile der Hoheitsverwaltung. Dieser konservativ-liberale Kompromiss von 1848/49 wurde nur in mehreren kleineren Staaten Südwestdeutschlands verwirklicht, aber mit Ausnahme der späten badischen Umsetzung 1863 schon 1852/53 weitgehend wieder rückgängig gemacht. Auch in Hes-sen-Darmstadt wurde der Bezirksrat 1874 und schließlich in Baden 1939 abgeschafft. Der südwestdeutsche Kompromiss einer Beteiligung von Bürgern an der Exekutive konnte sich langfristig nicht behaupten. Die Bürokratie war also bei der Abwehr jeder Forderung nach Aufhebung ihrer monolithischen Struktur erfolgreich. Die badischen Diskussionen von 1849/63 verweisen daher nur auf eine gescheiterte historische Alternative des Libera-lismus. In der heutigen Sicht von Verwaltung als Dienstleistung oder Serviceorganisation für den Bürger stellt sich aber die Frage, ob die rein exekutive Umsetzung von Normen, das heißt Bürokratie und Bürgerferne, die einzige Form von Verwaltung ist, die Recht unparteiisch, das heißt ohne der Korruption durch die Mächtigen anheim zu fallen, unter Wahrung der Gleichheit in der Lage ist zu verwirklichen, denn die Mündigkeit des Bür-gers bleibt dabei auf der Strecke[57].

---

57  Zur heutigen Form der Bürokratiekritik vgl. E. BALLHAUS, Die Paragraphenreiter. Haarsträu-bende Erlebnisse mit dem Amtsschimmel, München 1997 (BsR 1214).

## *... in freier republikanischer Erde ...*
# Die Rolle der Schweiz für die Revolution und die Revolutionäre

VON MARTIN LEUENBERGER

Als Schweizer kann einem nie ganz wohl sein, wenn die Rede auf Flüchtlinge und Fremde kommt. Ein bisschen peinlich wird es, wenn auch noch Europa als Thema dazu kommt. Denn die Schweiz funktioniert heute zu sehr nach dem Motto: *Wir Schweizer sind schon recht, aber die Welt meint es schlecht mit uns!* Die Schweizerinnen und Schweizer müssen aufpassen, dass sie nicht die Integration der Schweiz in Europa verpassen. Sie dürfen nicht immer ein Bild der sich selbst genügenden Schweiz bemühen, einer eigentlichen fast schon autistischen Gemeinschaft, die von lauter Fremdem bedroht wird.

Und eines ist überhaupt nicht zulässig. Zu behaupten nämlich, dass sich diese *swiss isolation* aus der Geschichte der Schweiz ableiten lasse und die einzige angepasste Haltung für dieses kleine, von lauter feindseligen Kräften eingekreiste Land sei. Da halte ich es lieber mit Ludwig Börne, der 1828 zu Schillers Wilhelm Tell bemerkte: *Wenn er sagt: Der Starke ist am mächtigsten allein, so ist das nur die Philosophie der Schwäche*[1]. Die Schwäche dessen, der unfähig ist, sich in ein Bündnis mit anderen einzubringen.

Damals, vor über 150 Jahren, war die Schweiz nicht isoliert! Es war genau umgekehrt. Sie genoss einen wunderbaren Ruf im Europa jener Jahrzehnte, die man dann den Völkerfrühling nannte. Die Schweiz und die Bergwelt, das waren zwei Begriffe, welche in unzähligen Salons hochgehalten und gepriesen wurden. In der gebildeten Welt war die Bergwelt zum Symbol von Naturwüchsigkeit, Gesundheit, Schönheit und Kraft geworden. In unzähligen Gedichten ist dieses Loblied der Berge wiederzufinden. Es ist kein Zufall, dass der deutsche Dichter Friedrich Schiller das Schweizer Nationaldrama Wilhelm Tell schrieb. Die Berge und ihre raue, aber aufrechte Welt vermittelten den Schweizern den Ruf, sie seien ein Volk von lauter Gleichen. Die Schweiz, das Land und seine Politik, wurden zum *Bollwerk der Freiheit*[2]. Sie war sozusagen wortwörtlich »salonfähig« geworden.

Um dieses Land der Berge und der Freiheit kreisen die folgenden Gedanken. Mit ein paar Bemerkungen zur Geschichte der Schweiz in jenen Jahrzehnten soll verdeutlicht werden, aus welchen Gründen die Schweiz zum Vorbild der deutschen Demokraten von 1848 und zu einem wesentlichen Teil ihres Exils wurde.

---

1 Zitiert nach: L. Börne, Spiegelbild des Lebens, Aufsätze zur Literatur ausgewählt von M. Reich-Ranicki, Frankfurt a. M. und Leipzig 1993, S. 159.
2 Vgl. D. Gamboni und G. Germann (Hgg.) unter Mitwirkung von F. de Capitani, Zeichen der Freiheit. Das Bild der Republik in der Kunst des 16. bis 20. Jahrhunderts, Bern 1991, S. 395.

Wer die Schweiz und ihr Verhältnis zur deutschen Revolution von 1848/49 verstehen will, muss im Jahr 1798 beginnen. Damals begann die *Helvetische Republik*. Grosse Teile des Gebiets der heutigen Schweiz waren durch französisches Militär besetzt. Es auferlegte den Städten und Dörfern Einquartierungen und damit riesige Lasten. Die Helvetische Republik war etwas radikal Neues; sie wurde als Bruch mit allem Dagewesenen empfunden. Sie dauerte zwar nur bis 1803. Da ging sie mit der so genannten *Mediationsakte* Napoleons schon wieder zu Ende. Rückgängig ließ sie sich machen, aber nicht vergessen. Mit ihren neuen Gesetzen und Ideen – nicht nur mit dem Zentralstaat – zum Beispiel der Handels- und Gewerbefreiheit war sie so etwas wie der Anfang einer modernen Schweiz.

Etwas freilich ist auch in jener Zeit entstanden, was die Schweiz mit den deutschen Nachbarstaaten mehr verband, als man auf den ersten Blick ahnt: Eine nachdrückliche und prononcierte Franzosenfeindlichkeit. Dass Herwegh und Hecker – wenn dieser rasche voreilige Blick nach vorn gestattet ist – 1848 im Schwarzwald nicht zueinander fanden, hat vielleicht mit den Imponderabilien eines militärisch verlaufenden Aufstandes zu tun. Es ist aber auch Ausdruck davon, dass wer – wie Emma und Georg Herwegh – aus Frankreich kam und mit Franzosen kooperierte, in Süddeutschland nicht unbedingt mit breiter Unterstützung rechnen durfte. Um es deutlich zu formulieren: In der Schweiz verunmöglichte die Franzosenfeindschaft noch 1995 die Verabschiedung eines Kredits aus Anlass des 200jährigen Jubiläums der Helvetischen Republik. Da konnten die Historikerinnen und Historiker lange argumentieren, der Helvetik seien viele moderne Errungenschaften zu verdanken. Es waren vor allem die Innerschweizer Kantonsvertreter im Parlament in Bern, die sich weigerten, ein Jubiläum dieser *Fremdherrschaft* überhaupt in Betracht zu ziehen. Die Geschichte ist manchmal überhaupt noch nicht vergangen.

Man sah sich eben in den Jahren um 1830 in der Schweiz vor eine spezielle Situation gestellt. Es gab, verkürzt und sehr zugespitzt ausgedrückt, zwei verschiedene Formen von Verfassungen[3]. Da war zum Ersten die von alters her tradierte, direktdemokratische Verfassung der Landgemeinden und Talschaften. Die Männer standen mit ihren Säbeln als Ausweis der Zugehörigkeit im Rund und taten durch Handerheben öffentlich und weithin sichtbar ihre politischen Rechte kund. Zum andern bestand daneben eine moderne Verfassung, jene der repräsentativen, parlamentarischen Demokratie, in den liberalen Kantonen. Genau genommen müsste von drei Verfassungstypen die Rede sein, denn die parlamentarische Grundlage war vor allem in den städtischen Kantonen durchmischt mit ständisch-aristokratischen Zügen. Damit möchte ich antönen, dass unter einem verfassungsgeschichtlichen Gesichtspunkt die Verfassungen zweifellos verschieden waren. Unter einer herrschaftsgeschichtlichen Optik aber war die politische Praxis nicht ganz so verschieden, wie man vielleicht annehmen möchte. Man sollte sich hüten, die konservativen Kantone mit ihren Landsgemeindeverfassungen als reine Folklore verächtlich zu machen. Sie waren nämlich im Endeffekt nicht weniger »demokratisch« als die anderen, die liberalen Kantone.

24 Kantone – 20 ganze und vier halbe – bildeten dieses Gebilde *Schweizerische Eidgenossenschaft*. Und fast so viele Systeme von Münzen, Massen und Gewichten waren die-

---

3  T. CH. MÜLLER, Die Schweiz 1847/49 – das vorläufige, erfolgreiche Ende der »demokratischen Revolution«?, in: D. LANGEWIESCHE (Hg.): Demokratiebewegung und Revolution 1847 bis 1849. Internationale Aspekte und europäische Verbindungen, Karlsruhe 1998.

sem politischen Gebilde eigen. Eigentlich kennt die Schweiz mindestens ebenso viele »Geschichten«, wie sie Kantone zählt. Wahrscheinlich sind es noch viel mehr. Jede Talschaft ist stolz auf ihren historischen Sonderweg. Die Schweiz ging nicht einen Sonderweg, sie besteht aus lauter historischen Sonderwegen.

Vor allem bei den Eliten aus der Industrie und bei den Bildungsreformern der Kantone erstarkte ob so vieler Grenzen und ob so ausgeprägtem »Kantönligeist« der Wunsch nach einem Systemwechsel. Dabei nun spielten die Deutschen in der Schweiz eine nicht unbeträchtliche Rolle als Vorreiter. In der Schweiz waren viele Lehrer Deutsche. Man kann davon ausgehen, dass sie in ihrer Mehrheit Anhänger des Liberalismus waren, sonst hätte es sie kaum in die Schweiz verschlagen. Deutsche Professoren bauten die beiden neuen Hochschulen des Landes, Bern und Zürich auf. Die Reform und der Ausbau des Bildungssystems jener Zeit wurden in erster Linie von Deutschen getragen. Die Jugend der Schweizer Eliten wiederum studierte in Deutschland[4].

Die Eidgenossenschaft war längst keine Einheit heroisch gegen jede Art der Fremdherrschaft aufstehender Talschaften mehr. Vielleicht – und weil sie dies überhaupt und gar nie war –, fand deshalb Wilhelm Tell derart Anklang. Man spielt sich vor, was man gern sein möchte, und allmählich beginnen alle daran zu glauben.

An der Frage des politischen Systems spaltete sich diese Eidgenossenschaft zusehends. Wie liberal darf ein Land, darf und soll seine Verfassung sein? Daran schieden sich die Geister. Konservative Ansätze bezeichnen Freiheit immer und rasch als pure Schrankenlosigkeit. Ihre Sicht der Dinge sah die Schweiz dem völligen Sittenzerfall preisgegeben. *Dort herrschet schrankenlos Freiheit, Jeder spricht, Und schreibt und druckt und schimpft den Herren ins Gesicht*, hieß es[5].

Neben der Frage der Verfassungsform war es der Streit um die Religion, welche für viel Gesprächsstoff und mannigfaltige Streitereien sorgte. 1841 ließ der Kanton Aargau, die Vorhut des Radikalismus, alle Klöster schließen. Dies kam einer unerhörten Brüskierung gleich. Die Antwort des Kantons Luzern auf diese Provokation war die Berufung der Jesuiten. Für die Radikalen wiederum waren die Jesuiten fremde Handlanger der katholischen Kirche in Rom[6]. In zwei Freischarenzügen zogen die Radikalen 1844 und 1845 durch Volksversammlungen angetrieben als pseudomilitärische Verbände in die Innerschweiz. Sie scheiterten. Diesen offensichtlichen Landfriedensbrüchen setzten die sich bedroht fühlenden konservativen Kantone Luzern, Uri, Schwyz, Unterwalden, Freiburg, Zug und Wallis einen Schutzbund entgegen, den *Sonderbund*. Der wiederum überging das Verbot, innerhalb der Eidgenossenschaft einzelne Separatbünde zu schließen. Die Tagsatzung – die Art des schweizerischen Parlamentierens jener Zeit – rief zu den Waffen. Im November 1847 wurde der Sonderbund militärisch bezwungen und beendet. Dann wurde für schweizerische Verhältnisse ungewöhnlich flüssig die Ausarbeitung eines Bundesver-

---

4   Vgl. dazu ausführlich: K. URNER, Die Deutschen in der Schweiz. Von den Anfängen der Kolonienbildung bis zum Ausbruch des Ersten Weltkrieges, Frauenfeld/Stuttgart 1976.
5   A. E. FRÖHLICH, Der junge Deutsch-Michel, Zürich 1843.
6   Dazu ausführlich: Der siegreiche Kampf der Eidgenossen gegen Jesuitismus und Sonderbund. Dessen Zusammensetzung und Bedeutung in der Entwicklungsgeschichte der schweizerischen Nation und dessen Wirkung auf das politische Leben des Auslandes nebst vollständiger Schilderung des Feldzuges vom November 1847, durch einen Offizier der eidgen. Armee, Solothurn 1848.

trages angepackt. Es ist zu bedenken, dass die Schweiz aufgrund ihres eigenen Konfliktes im Vergleich mit den deutsche Staaten stets so etwas wie einen demokratischen Vorsprung hatte. Als im Frühjahr 1848 die Revolution losbrach, da war die Schweiz schon mit der Konfliktverarbeitung beschäftigt, und als sich das Jahr 1848 stürmisch dem Ende zuneigte, da hatte die Schweiz bereits eine neue Verfassung, von der die deutschen Demokraten noch träumten.

Doch noch einmal ein paar Jahre zurück: In den deutschen Fürstenstaaten war die Unterdrückung der freiheitlichen Regungen und Bewegungen immer manifester und deutlicher geworden. Seit 1830 mussten immer mehr Deutsche in die Schweiz fliehen, da sie offen mit dem Liberalismus und Radikalismus fraternisierten. Das Exil von 1848/1849 war nur die Fortsetzung dessen, was viel früher begonnen hatte. In der Schweiz trafen die Flüchtlinge über kurz oder lang auf ihresgleichen und agitierten weiter für ihre Sache. Diese unübersehbaren Aktivitäten wiederum veranlassten die deutschen Fürstenstaaten zum Versuch, ein tragfähiges Netz von Spitzeln aufzubauen sowie zu harter Kritik und diplomatischen Noten an der Schweizer Staatsführung. Mangelhaft kaschierte Interventionsgedanken zum Beispiel von Metternich machten dann rasch die Runde.

Und wie sie es schon 1823 getan hatte, setzte die Tagsatzung 1836 wieder auf Druck von auswärts ein so genanntes *Fremdenkonklusum* in Kraft: Fremde, die die Ruhe und Sicherheit gefährdeten, sollten aus der Schweiz weggewiesen werden. Was dann einsetzte, war eine Hetze gegen die Deutschen. Die Schweiz war zu jener Zeit ziemlich einfach unter Druck zu setzen. Es genügte, ihr zum Beispiel die Kornzufuhr aus Süddeutschland zu unterbrechen. Ja, selbst die Drohung allein machte sie schon gefügig. Ganz so selbstlos in ihrer Asylpolitik, wie die Schweiz das gerne darstellt, war sie nicht. Dahinter stand immer die Staatsräson oder anders formuliert, die Lehre vom größtmöglichen eigenen Nutzen. Das ist kein Verbrechen und nicht strafbar, aber ich meine, man darf es auch nicht einfach aus dem kollektiven Gedächtnis streichen, verdrängen und vergessen.

Wie auch immer: Der Anführer des ersten Badischen Aufstandes von 1848, Friedrich Hecker, floh sofort nach der Niederlage bei Kandern im Schwarzwald in die Nordwestschweiz. Dort blieb Hecker den Sommer 1848 über, bis er im September nach Amerika emigrierte. Vor, mit und nach ihm kamen: Mögling, Sigel, Löwenfels, Reiter, Raveaux, Weitling, Gustav und Amalie Struve, Heinzen und viele, viele andere, auch viele so genannte »Namenlose«. Sie taten dies alle zunächst aus ganz praktischen Gründen. Die Grenze zur Schweiz war in Sichtweite. Nichts lag näher, als in die Schweiz zu fliehen. Schon aus der geographischen Sichtweise lassen sich die badischen Revolutionen – oder sollte ich sagen: Revolutionsversuche? – nicht als Sackgassen bezeichnen. Dies kann man nur tun, wenn der Horizont am Rhein aufhört. In der Schweiz ging es nämlich weiter.

Es gab in der Schweiz weit herum eine große Begeisterung für die deutschen Demokraten, nicht nur für jene von 1848/49, sondern seit dem Beginn des 19. Jahrhunderts. In der Schweiz gab es etliche Zweigunternehmungen des *Jungen Deutschland*. Nicht nur dieser Begriff führt zur Behauptung, dass die »Revolutionen von 1848« eigentlich unter dem generationenspezifischen Gesichtspunkt als »Jugend- und Studentenbewegung« angesehen werden dürfen. Die Protagonisten waren ja zum großen Teil so jung. Für die Schweiz als Staat könnte man durchaus postulieren, dass die »moderne Schweiz« damals ihre »wilden« Jugendjahre durchlebte. Nur – und dies ist aus dem Blick zurück bedauerlich – die waren rasch vorüber. Von Jugendlichkeit ist heute nichts mehr zu spüren.

Anzunehmen, dass die Bezeichnung »Deutscher« schon alle einer und derselben Gruppe zuordnete, wäre freilich sehr ungeschickt und entspräche wenig der Eigendynamik einer »Bewegung«. Die Deutschen in der Schweiz pflegten ihre Streitigkeiten. Hier waren die beiden Gruppierungen auf sehr engem Raum beisammen. Zurückgeworfen auf die Situation von Vertriebenen saßen die Deutschen in den Wirtshäusern, in Salons oder in Hinterzimmern, diskutierten und stritten darüber, welches denn nun der rechte Weg für die gemeinsame Sache sein sollte. Zu fragen bliebe, ob die Sache überhaupt gemeinsam war – und welche Sache? Und nicht immer war klar zu erkennen, wer es mit wem hielt. Doch wie dem auch sei: Die Wirtshäuser waren voll bis unters Dach, und in ihren Biergärten wurde an den Sommerabenden des Jahres 1848 die Revolution wachgehalten[7].

Eines muss man dieser »Jugendbewegung« lassen. Die Revolution machte auch Spaß. Damit soll keineswegs in Abrede gestellt werden, dass das Anliegen ernst gemeint war. Im Gegenteil, die Welt zu verändern ist immer ein ernstes, oft ein tragisches Thema. Aber, wenn man die Akten über den Aufenthalt der Deutschen in der Schweiz ein wenig studiert und sich nicht nur um die politische Mission kümmert, über die berichtet wird, sondern hinter die Kulissen schaut, dann sieht man in eine burschenschaftstudentische handwerkervereinliche Männerwelt, in der es ab und zu ziemlich hoch zu und her ging. Dem Jungjuristen aus Braunschweig Georg Fein gingen die ewigen Gelage mit einem Mal zu weit und an die Leber. In sein Tagebuch machte er sich sorgfältig Notizen *Über meinen Hang zum unmässigen Trinken*[8]. Sorgsam rechnete er Flasche für Flasche zusammen.

Die Schweiz wirkte begeisternd auf die deutschen Exilierten. Hier schien die Vereinigung der verschiedenen Stränge der Bewegung: Bauern, Handwerker und Bürger gelungen. Friedrich Hecker glorifizierte die politischen Verhältnisse geradezu. Er war – und mit ihm Dutzende anderer – ein glühender Bewunderer der Schweiz. Als die Sonderbundsfrage auf Messers Schneide stand, gab er den Schweizer Radikalen den Rat, *den Schwachen und Schwankenden, den zu Compromissen geneigten, den durchgehauenen Weg, die ›Schweizer Lichtung‹ zu zeigen.* Die Schweiz als Lichtung im reaktionären Europa! Ein Urteil, das lange Zeit – und vor Ort gern gesehen übrigens – den Blick auf die Schweiz bestimmte. Solche Bilder bleiben haften. Der deutsche Historiker Heinrich Schmidt schreibt 1899: *…und oft hat sich das freie Alpenland als einen Hochaltar der Freiheit erwiesen.* Noch 1930 gibt etwa Ricarda Huch ein völlig romantisches Bild der Schweiz wieder: *Im Quellgebiet des Rheins, am Fusse der Alpen, unter den Eidgenossen, die sich um 1500 vom Reiche abgelöst hatten, da war noch Heiliges Römisches Reich deutscher Nation, [...] die Bewohner hatten fortgefahren, besonnen und umsichtig ihre eigenen Angelegenheiten wahrzunehmen*[9]. Das zieht sich fort bis in die Gegenwart. Gefragt, wes-

---

7   Vgl. dazu »1848: Wirtshaus, Hinterzimmer und Salon – deutsche Demokraten im Baselbieter Exil«, in: Nationalität trennt – Freiheit verbindet. Katalog zum trinationalen Ausstellungsprojekt, Haus der Geschichte Baden-Württemberg mit Museum Burghof Lörrach, Musée Historique Mulhouse und Dichtermuseum Liestal, Stuttgart 1998; N. MÖLLER, Revolutions-Rausch im Breisgau? Überlegungen zu Alkoholkonsum, Wirtshäusern und ihren Betreibern um die Mitte des 19. Jahrhunderts, in: Zeitschrift des Breisgau-Geschichtsvereins »Schau-ins-Land« 118 (1999), S.113–130.
8   NStA (Niedersächsisches Staatsarchiv) Wolfenbüttel, Nachlass Georg Fein 211 N 26.
9   H. SCHMIDT, Die deutschen Flüchtlinge, 1899, S. 19; R. HUCH, Alte und neue Götter. 1848. Die Revolution des neunzehnten Jahrhunderts in Deutschland, Zürich 1930, S. 267.

halb er den Sitz einer seiner Firmen ins schwyzerische Pfäffikon verlege, antwortet Boris Becker: *Die meisten Firmen ziehen wegen der schönen Berge in die Schweiz. Das Land ist halt schön, die Seen sind idyllisch, und die Leute sympathisch*[10].

Den Deutschen in der Schweiz machte das Fehlen dessen Eindruck, was sie in ihren Heimatstaaten Tag für Tag und Schritt auf Schritt erleben mussten: Die *sechs Geisseln der Menschheit*, wie Gustav Struve sie nannte *Königtum, Geburtsadel, Beamtentum, stehendes Heer, Pfaffentum und Geldwucher*. Gustav Struve ging sogar so weit, dass er für die deutschen Länder und Staaten eine Einteilung in 24 Kantone vorschlug.

Unter den Deutschen Exilierten gab es aber nicht nur Lob für die Schweizer und ihr Land. Es weilten etliche Kritiker da. Deren schärfster war vielleicht Friedrich Engels. Er hatte es vor allem auf die katholischen Orte der Innerschweiz abgesehen und schilderte diese sarkastisch als *bigott, brutal, borniert, widersinnig und käuflich*, als ewig zurückbleibende, *rohe Urgermanen*. Den badischen *kleinen Bourgeois*, seiner Ansicht nach die Verräter der Badischen Revolution, unterstellte Engels nun, sie suchten gerade nach diesem Schweizer Vorbild nichts als *ein stilles, gemütliches Leben in aller Gottseligkeit und Ehrbarkeit, in der kleinen geschichtslosen Bescheidenheit zufriedener Seelen*[11].

Freilich waren in der Schar der deutschen Flüchtlinge in der Schweiz ein Haufen Sonderlinge. Das macht diese Bewegung so interessant. Da passte keiner zum andern und doch versuchten sie zusammen Grosses. Ich spiele hier unter anderem auf das Paar Hecker und Struve an. Gustav Struve war ein besonders sonderbarer Sonderling in der Schar der Revolutionäre. Friedrich Hecker, selbst populär und offenbar auch trinkfest, bezeichnete ihn einmal spöttisch als sein *Rübenmönchlein*, weil Struve Vegetarier war. Sein Lebensstil war so grundverschieden vom grossen Rest – er trank keinen Alkohol, er badete in eiskalten Bächen, und er wich so wenig wie möglich von der Seite seiner Frau –, dass man versucht ist, all den Hass und den Spott, der über Struve ausgekippt wurde, nicht allein seiner radikalen Politik zuzuschreiben. Genauso scheint die ebenso kuriose wie spannende Figur Gustav Struve wegen der Konsequenz, mit der er an seiner Utopie festhielt, in Misskredit geraten zu sein. Im Urteil über die Schweiz waren Hecker und Struve aber einer Meinung.

Längst in den Vereinigten Staaten von Amerika gelandet, verlangte Friedrich Hecker vom späteren Schweizer Bundesrat Emil Frey – den er aus gemeinsamer Zeit bei der Armee der Konföderierten kannte – in den höchsten Flötentönen Auskunft über das Schweizer Verfassungs- und Staatswesen, damit er es im Chaos Amerika gewinnbringend applizieren könne. Der schon erwähnte Georg Fein aus Helmstedt bei Braunschweig geriet von einer Seelenlage in die andere. Eben noch hoch begeistert davon, dass jetzt die Revolution zum Siegen zurückgekehrt sei und er gerade nochmals so stolz sei, Deutscher zu sein, konnte er im nächsten Moment vor Kummer zusammenbrechen und sich nichts anderes mehr denken, als dass es das Beste wäre, er zöge sich als Schweizer Bürger, der er geworden war, zu einem ruhigen beschaulichen Wissenschaftlerleben zurück.

Karl Heinzen konnte dieser Schweiz, die nicht nur von Hecker und Struve, sondern

---

10   In: FACTS – Das Schweizer Nachrichtenmagazin, Nr.40, 7. Oktober 1999, S. 119.
11   F. ENGELS, Der Schweizer Bürgerkrieg, in: MEW 4, S. 394, 397 und DERS., Die deutsche Reichsverfassungskampagne, in: MEW 7, S. 138.

von vielen Exilierten geliebt wurde, nur wenig Überschwängliches entgegenbringen. Sie war ihm zu bürokratisch veranlagt. Heinzen war ein klassischer Agitator, selbst unter den ohnehin Schreiblustigen ein Vielschreiber und ein zutiefst skeptischer Mensch. Heinzen war in vielem ein Einzelgänger. Er soll einmal gefordert haben, man müsse nur etwa 200 000 Köpfe abschlagen, so werde die Revolution Erfolg haben. Wie Struve galt auch Heinzen als doktrinärer Finsterling.

Fast genauso wenig anfangen mit der Schweiz konnte Christian Gottlieb Abt. Für ihn waren die Schweizer zu borniert und zu nationalistisch. Zwar fand er, die Schweiz sei das freiste Land in Europa, aber in Begeisterungsstürme mochte er deswegen nicht ausbrechen.

Nichtsdestotrotz genoss die Schweiz beim größeren Teil der Deutschen den Ruf eines seit alters her allen Flüchtlingen günstig gesonnenen Staatswesens. Daran vermochte die geäußerte Kritik nur wenig zu ändern. Zwar schrieb Georg Herwegh in den traurigen Momenten des Emigrantendaseins Verse wie *Ja, ich möcht' zu Hause sein*, aber an die Festgemeinde des Schützenfestes in Chur richtete er 1842 dennoch den flammenden Appell: *Euer Land ist die letzte Republik Europas und beinahe das einzige Asyl der Freiheit*[12].

Diese leidenschaftliche Parteinahme von Hecker, Herwegh und ihresgleichen für die Radikalen in der Schweiz machte die Sonderbundsfrage so bedrohlich für die ausländischen Herrscher. Wer in Amt und Würde stand in den Fürstenstaaten, fürchtete den demokratischen Flächenbrand. Die Radikalen in Europa waren vor Begeisterung fast aus dem Häuschen geraten, als der Sonderbund 1847 geschlagen wurde. Der Sieg über den Sonderbund galt ihnen als Fanal der Revolution. Darin liegt wohl die größte Bedeutung der Schweiz für die Deutschen Revolutionen von 1848/1849. Vielleicht kann man sogar – ganz unbescheiden – von einer gewissen Sogwirkung sprechen. Von überallher kamen so genannte Adressen an die Tagsatzung, welche sie beglückwünschten. Die Offenburger schrieben: *Ja wahrlich nicht allein für den heiligen Boden ihres schweizerischen Vaterlandes hat die hohe eidgenössische Tagsatzung den Kampf für Recht und Gesetz aufgenommen, sondern auch für den kirchlichen Frieden, für die Freiheit und den Fortschritt unseres geliebten deutschen Vaterlandes, ja des gesammten gesitteten Europas ist die hohe Bundesversammlung und auf ihren Ruf die bundestreue grosse Mehrheit des Schweizervolkes zu Vorkämpfern geworden.*[13] Das war gelebte Internationalität.

Dass es zur gleichen Zeit Schweizer Söldner waren, die in Neapel dem Königtum zum Triumph verhalfen, wer wollte im Taumel der Revolution schon an so etwas denken! Dass die Sieger des Sonderbundskrieges in Luzern bei der Abstimmung über die Bundesverfassung die Nichtstimmenden kurzerhand den Ja-Stimmen zuschlugen, für wen war das von Belang[14]! Dass sich die radikalen Gesinnungsgenossen in der Schweiz nicht in jedem Fall demokratischer Mittel bedienten, das waren für die Deutschen lediglich Kleinigkeiten, für

12  G. HERWEGH, Aus der Rede zum Schützenfest in Chur am 12. Juli 1842, in: B. KAISER (Hg.), Georg Herwegh – Der Freiheit eine Gasse, Berlin 1948, S. 212.
13  Der siegreiche Kampf der Eidgenossen, (wie Anm. 6), S. 366–368.
14  T. CH. MÜLLER, Die Schweiz 1847/49 – das vorläufige, erfolgreiche Ende der »demokratischen Revolution«? (wie Anm. 3).

die sich nur wenige von ihnen interessierten. Republik und Demokratie schienen am Jahreswechsel 1847/1848 erreichbar. Die Schweiz war ein Land in Bewegung, und dies wirkte ansteckend, weit über seine Grenzen hinaus.

Doch keineswegs ging es nur darum, die Flüchtlinge zu schützen. Großes Gewicht maß man nämlich der Frage bei, wie die Schweiz die deutschen Flüchtlinge wieder los werden würde – vor allem die Mittellosen. Die ›Willfährigkeit‹ gegenüber den Nachbarstaaten stand im Zeichen übergeordneter Staats-Interessen. Die Schweizer Kantone freilich verfolgten verschiedene Praktiken. Es gab solche und solche. In der Schweizer Tagsatzung wurde immer heftig über die Rolle der Schweiz debattiert, im *Parla..., Parla... Parlament, das Reden nimmt kein End.* Maßnahmen des Bundes liefen angesichts der dezentralen Machtverteilung in der Schweiz nur allzu oft ins Leere. Während die Radikalen eine aktive und tätige Unterstützung der Revolution wollten, verlangten die andern, die Schweiz müsse sich nach dem Motto: *Mischt euch nicht in fremde Händel* jeder Handlung, die als Unterstützung ausgelegt werden könnte, enthalten[15]. Diese eben angeführten Voraussetzungen sind im Folgenden beim Thema Schweizer Asylpolitik immer präsent zu halten. In den liberalen und radikalen Landesteilen beschränkte sich die Politik darauf, die Aktivitäten der Exilierten einzuschränken, sie verbot sie jedoch nicht. Allerdings wurde der Handlungsfreiraum zusehends enger. Aufgrund des Aufstandes vom September 1848, des Struve-Putsches, erhöhte sich der Druck[16]. Etliche Flüchtlinge waren mehrmals, immer wieder, zur Flucht geschritten. Sie entzogen sich dem Zugriff durch die Bundestruppen auf schweizerisches Gebiet, kehrten aber sogleich nach Baden zurück, wenn sich die rasch ändernde militärische Lage zu ihren Gunsten zu neigen schien. Man darf also vor allem in der Nordwest- und Nordostschweiz von einem »kleinen Grenzverkehr« sprechen. Dieses *Grenzhüpfen* beschränkte sich nicht nur auf die nationalstaatlichen Grenzen, sondern auch auf die binnenschweizerischen. Wollte zum Beispiel der Kanton Basel-Landschaft aus welchen Gründen auch immer eines Flüchtlings habhaft werden, dann rettete der sich in der Nacht, wohlinformiert, wie er nun mal war, auf das Gebiet eines Nachbarkantons, zum Beispiel Solothurns. Auch in der Stadt Basel gab es etliche Treffpunkte der Revolution, obwohl die offizielle Politik dieser Stadt, des Stadtkantons, eine Heidenangst vor der Revolution zum Ausdruck brachte und den Flüchtlingen, wo es ging, Steine in den Weg legte. Die Drehscheibe der Flüchtlingsaktivitäten in der Nordwestschweiz lag jedoch zweifellos außerhalb der Stadt auf der Landschaft. Das stete Kommen und Gehen der badischen Revolutionäre machte auf Schweizer Seite allerdings enorme Schwierigkeiten. Einen Schritt zur Verbesserung dieser Situation, so dachte man, sollte das Wegweisen der Flüchtlinge sein. Vor allem die Nähe zur Landesgrenze mitten im Rhein sollte vermieden und so der Aktionsradius eingeschränkt werden[17]. Aber die Wegweisung in die der Landesgrenze fernen Gegenden erwies sich als Schlag ins Wasser. Kein einziger Flüchtling bewegte sich dorthin!

15  Der Schweizer-Bote No. 59, 16. Mai 1848.
16  Vgl. dazu Frankfurter Oberpostamtzeitung 10. und 11. Oktober 1848, 6. und 13. November 1848; vgl. auch die entsprechenden Nummern der Basler-Zeitung und der National-Zeitung.
17  StABL (Staatsarchiv des Kantons Basel-Landschaft) Politisches D1, Deutsche Flüchtlinge, Schreiben des Regierungsrates an den Statthalter des Bezirks Arlesheim auf dessen Frage, ob er gegen Ausweisschein durch F. Hecker den deutschen Flüchtlingen eine Aufenthaltsbewilligung geben dürfe. Juli 1848.

Gegen Ende des Jahres 1848 begann der Bundesrat vermehrt in die Flüchtlingspolitik direkt einzugreifen. Er schickte den Präsidenten des Nationalrats, also eigentlich den ranghöchsten Schweizer in die Nordwestschweiz, um die Flüchtlinge zu überwachen[18]. Dies zeigt, wie wichtig die Frage geworden war. Man schickte nicht irgendeinen Mandatär. Zusehends verschärfte die Schweiz ihre Asylpraxis.

Da offenbart sich ein Umstand, den man oft übersieht. Es war gerade der Sieg des Liberalismus in der Schweiz, der in seinen Auswirkungen dafür sorgte, dass es die deutschen Liberalen immer schwieriger hatten mit dieser Schweiz. Dadurch nämlich, dass die Flüchtlingsfrage entgegen der früheren Praxis einer völlig ohnmächtigen Tagsatzung immer mehr zentralisiert wurde – der Bund hatte rasch einmal begriffen, dass er, wenn er für die Flüchtlinge bezahlte, er auch darüber verfügen konnte, was mit ihnen zu geschehen habe – wurde den liberalen Kantonen ihre tolerante Praxis immer mehr verunmöglicht. Mit anderen Worten heißt dies: Dass ausgerechnet das, was die deutschen Liberalen und Radikalen an der Schweiz so lobten, sie im Grunde genommen aus diesem Land trieb. Als im Sommer 1849 nach dem dritten Badischen Aufstand mit Abstand am meisten Flüchtlinge jener Jahre in die Schweiz kamen, – man rechnet mit ungefähr 10–12 000 – war der Zentralisierungsprozess schon sehr weit gediehen. Das scharfe und vor allem zusehends schärfer werdende Regiment, dem die Geflohenen in der Schweiz ausgesetzt waren, war nur deshalb möglich[19].

Im Sommer 1849, als es nicht enden wollte mit den Revolutionen in Baden, schuf man eilends das Amt des Eidgenössischen Kommissärs. Es ist bezeichnend, dass dieses Amt mit einem konservativen Politiker besetzt wurde. Er führte ein rigides, argwöhnisches Kontrollregime. Dass es erst noch ein Stadtbasler war, empfanden die radikalen Politiker auf der Landschaft als Provokation. Hatte sich doch die Landschaft Basel erst 1833 in einem blutig verlaufenen Aufstand gewaltsam von der städtischen Herrschaft getrennt.

Ein zentrales Aufgabengebiet des Kommissärs war die Suche nach Waffen. Obwohl stets berichtet wurde, den flüchtigen Revolutionären würden beim Grenzübertritt die Waffen abgenommen, bestand die Befürchtung, die deutschen Republikaner horteten ein Waffenarsenal auf Schweizer Boden. Nun bot die Lage am Rhein, den man auch zu nachtschlafender Zeit für den Fährbetrieb benützen konnte, tatsächlich gute Voraussetzungen. Auch Emma Herwegh dürfte in Basel oder in der Umgebung von Basel Waffen gekauft haben: eine Zahl von immerhin 1200 *Büchsen*[20]. Das war nicht wenig. Angeblich aus Gründen der Neutralität fühlten sich die Basler Behörden bemüßigt einzuschreiten. Schlimmer noch war, dass der Eidgenössische Kommissär glaubte feststellen zu können, dass über den Waffenhandel hinaus auch Schweizer Schützen für den Aufstand in Baden geworben würden[21]. Derartige Praktiken brächten die schweizerische Neutralität in arges

18   P. SIEGFRIED, Basel während des zweiten und dritten badischen Aufstandes, Basel o. J. [1928], S.46.
19   K. DEAN/M. WIDMER, Flüchtlinge und Flüchtlingspolitik in der Schweiz 1848/1849, in: C. GOEHRKE/W. G. ZIMMERMANN, »Zuflucht Schweiz«. Der Umgang mit Asylproblemen, Zürich 1994, S. 39–63.
20   Die Rede ist allerdings nur von der »Schweiz«. [Emma Herwegh], Zur Geschichte der deutschen demokratischen Legion aus Paris, S. 24. 900 Stück konnte sie gleich mitnehmen (lassen), 300 sollten später geliefert werden.
21   StABL Auszug aus dem Protokolle des Regierungsrates des Kantons Basel-Landschaft vom 7. Juli 1849, No. 2323.

Zwielicht. Er rügte denn auch, dass *auch hin und wieder Einwohner des hiesigen Kantons den Aufenthalt von Flüchtlingen verheimlichen*[22]. Das Verhältnis der Bevölkerung zu den Flüchtlingen scheint recht gut gewesen zu sein. Im großen Ganzen war man den 1848ern wohlgewogen. Gegenüber den ausländischen, eloquenten Advokaten wurde doch hin und wieder auch Futterneid erkennbar. Man nannte sie rasch einmal *Wortverdreher*, weil sie der Schriftsprache mächtiger waren als die einheimischen Rechtsgelehrten. 1848 war dennoch alles etwas anders. Selbst den vertriebenen Juden aus dem Elsass bot man einen Sommer lang Hilfe an. Später wurde das Klima dann wieder rauer. Doch da war die Revolution schon vorbei und vorüber. Die meisten deutschen Flüchtlinge verließen nach und nach die Schweiz. Vielleicht war ihnen die Schweiz als neue Heimat zu eng. *Der Horizont eines friedlichen, frommen Schweizertälchens* wie Georg Herwegh ihn dem Wilhelm Schulz aus Darmstadt vorwarf – wie Herwegh ebenfalls Basellandschaftlicher Bürger geworden, – schien den meisten zu hemmend, zu kleinkrämerisch, ein zu steiniger Boden. Manche von ihnen wendeten ihren Rock, hängten die Fahne nach dem Wind, andere blieben standhaft und träumten den Traum anderswo weiter. So blieb denn die Schweiz für die deutschen Demokraten von 1848/1849 nur eine Episode in ihrem Leben. Immerhin eine nicht unwichtige, das darf man, glaube ich, so sagen.

Die Schweiz hat sich als Asylland gehalten. Nach den 48er kamen die Communards aus Paris. Während der letzten Jahre des vorigen Jahrhunderts war sie als Refugium des Anarchismus ganz tauglich. Zu Beginn des zwanzigsten Jahrhunderts wussten sich russische Bolschewiki und Menschewiki gut aufgehoben. Aber auch für Deserteure aus den Armeen des 1. Weltkriegs bot die Schweiz Unterschlupf. Und während des Elends des Faschismus flohen Unzählige in die Schweiz und fanden Asyl. Da die offizielle Schweiz ihre wilden Sturm und Drangjahre von anno 1848 längst hinter sich hatte, traten Private an ihre Stelle und halfen, so gut es eben ging. Für die Flüchtlinge macht es schließlich keinen Unterschied, woher die Hilfe kommt.

Noch immer sieht einer der besten und treuesten Diener, den die Revolution hatte, Georg Herwegh, in Liestal von seinem Denkmal herab. Auf seinem Grabstein auf dem Liestaler Friedhof, auf welchem er zusammen mit Emma Herwegh bestattet liegt, steht es in Stein gemeißelt: *Von den Mächtigen verfolgt, Von den Knechten gehasst, Von den Meisten verkannt, Von den Seinen geliebt*[23].

Am Schluss ist dann der Bogen wieder zum Anfang zurückzuschlagen. Die Schweiz läuft Gefahr, aus lauter isolationistischer Selbstbeduselung von Europa abgehängt zu werden. Es tut dann ganz gut, zu wissen, dass es eine Zeit gab, in der es für einen Dichter der europäischen Revolution wie Georg Herwegh ein tiefer und inniger Wunsch war, in *freier republikanischer Erde* bestattet zu sein.

---

22   StABL Politisches D1, Deutsche Flüchtlinge, Auszug aus dem Protokolle des Regierungsrates des Kantons Baselland vom 28. August 1849, No. 2839.
23   Vgl. M. LEUENBERGER/H. R. SCHNEIDER, Kommen Sie zu uns nach der Landschaft, in Basel ist keine Luft für Sie! Die Revolution in Baden und die Flüchtlinge im Baselbiet, in: Basler Stadtbuch 1998, Basel 1999, S. 237–242.

# Lorenz Brentano – Vom Advokaten und Revolutionär in Baden zum Journalisten und Politiker in den USA. Eine biographische Skizze

VON SONJA-MARIA BAUER

Als Lorenz Brentano in der Nacht vom 28. auf den 29. Juni 1849 zusammen mit seiner Frau und zwei Freunden Freiburg, den letzten Tagungsort der revolutionären badischen Verfassunggebenden Versammlung, verließ und in die Schweiz abreiste[1], versuchte er wie viele Teilnehmer an der badischen Mairevolution von 1849 einer drohenden Strafverfolgung zu entkommen. Diese Flucht in die Schweiz, von der Brentano zu Anfang möglicherweise noch hoffte, sie werde nur zu einem kurzen Exil im Nachbarland führen, brachte jedoch letztlich für ihn wie für Tausende anderer politischer Flüchtlinge in Folge der Revolution von 1848/49 einen radikalen Schnitt in der Biographie.

Seine Karriere hatte der am 4. November 1813 geborene Lorenz Peter Karl Brentano mit einem rechtswissenschaftlichen Studium in Freiburg und Heidelberg 1831 bis 1834 begonnen, und sie wurde nach einer gut bestandenen Staatsprüfung 1835 zunächst als Schriftverfasser bei verschiedenen badischen Bezirksämtern, dann als Advokat beim Hofgericht in Rastatt bzw. Bruchsal und seit 1848 beim Hofgericht in Mannheim im badischen Staatsdienst fortgesetzt. Sie war durch das politische Engagement Brentanos, das ihn für kurze Zeit zum politischen Führer der badischen Mairevolution und zum Chef der ersten parlamentarisch gewählten – revolutionären – Regierung in Deutschland gemacht hatte, jäh unterbrochen worden[2].

## Schwieriger Anfang in der Neuen Welt

Als der Schweizer Bundesrat Brentano am 16. Juni 1849 als einen der führenden badischen Revolutionäre des Landes verwies, wodurch er allerdings einem badischen Auslieferungs-

---

1 Zur Rolle Brentanos in der Mairevolution vgl. S.-M. BAUER, Die Verfassunggebende Versammlung in der Badischen Revolution von 1849. Darstellung und Dokumentation (Beiträge zur Geschichte des Parlamentarismus und der politischen Parteien, Bd. 94), Düsseldorf 1991, passim.
2 Zur Biographie Brentanos, vor allem in seiner Badener Zeit, die hier nicht weiter thematisiert werden soll, vgl. F. VON WEECH/A. KRIEGER (Hgg.), Badische Biographien, V. 1, 1891–1901, Heidelberg 1906, S. 879–895; E. STROBEL, Lorenz Brentano. Einer der Hauptführer der Revolution 1849, in: Badische Heimat (1969), S. 153–155; D. BAEUERLE, Lorenz Brentano, Christoph Wolff und die Baden-Badener Mairevolution von 1849, in: Badische Heimat (1997), S. 449–463; zum politischen Engagement Brentanos in der badischen Zweiten Kammer 1845 bis 1848 und als Verteidiger von

antrag vom 25. September desselben Jahres zuvorkam, musste dem politischen Flüchtling klar sein, dass an eine baldige Rückkehr nach Baden nicht zu denken war. Er hielt sich noch bis zum Spätherbst in Frankreich auf und schiffte sich im November 1849 von Le Havre nach New York ein[3]. Dort stand der damals 36jährige zusammen mit seiner sechs Jahre jüngeren Frau Caroline und der 1842 geborenen Tochter Emily[4] nun vor einem persönlichen und beruflichen Neuanfang, für den der Jurist im badischen Staatsdienst von seiner Ausbildung her eigentlich keinerlei Voraussetzungen mitbrachte. Der Neuanfang war schwierig wie für die vielen anderen politischen Flüchtlinge und natürlich auch die Auswanderer, die seit 1850 vor allem aus Deutschland verstärkt in die Vereinigten Staaten strömten. So stieg beispielsweise die Zahl der deutschen Bevölkerung in Chicago bzw. Illinois, der späteren amerikanischen Heimat der Brentanos, zwischen 1850 und 1860 von 5 035 bzw. 38 160 auf 22 227 in der Stadt Chicago und auf 130 804 im gesamten Staat Illinois. In Chicago bildeten die Deutschen, d.h. noch in Deutschland Geborene, 1860 damit gut 20% der Gesamtbevölkerung von 109 260 Einwohnern[5].

Die Familie ließ sich zunächst jedoch in Pottsville, Pennsylvania, nieder, wo Brentano die Zeitschrift *Der Leuchtthurm* herausgab[6]. Er tat damit das, was viele, vor allem der führenden *48er* versuchten, die in Deutschland ein juristisches Studium absolviert hatten,

---

Gustav Struve und Karl Blind im ersten badischen Schwurgerichtsprozess vgl. S.-M. BAUER, Lorenz Brentano (1813–1891). Revolutionär – Opportunist – Pragmatiker?, in: Protokoll über das Kolloquium »Konservative Revolutionäre – Revolutionäre Konservative. Badische Politiker im Kreuzverhör«, veranstaltet von der Arbeitsgemeinschaft für geschichtliche Landeskunde am Oberrhein e.V. am 25.4.1998, Karlsruhe (masch.) 1998, S. 33–44; M. REIMANN, Der Hochverratsprozeß gegen Gustav Struve und Karl Blind. Der erste Schwurgerichtsfall in Baden, Sigmaringen 1985.

3   H. RAAB, Revolutionäre in Baden 1848/49. Biographisches Inventar für die Quellen im Generallandesarchiv Karlsruhe und im Staatsarchiv Freiburg, bearb. von A. MOHR, Stuttgart 1998, S. 115.

4   ILLINOIS STATE ARCHIVES, RS 951 005 (U.S. Census 1860, Population Schedules for Illinois). Für die Recherchen auf meine Anfrage und die Übersendung von Kopien danke ich Direktor John Daly sowie den Mitarbeiterinnen und Mitarbeitern der Illinois State Archives (vgl. auch Anm. 12, 15, 23, 58, 84).

5   E. BRUNCKEN, German Political Refugees in the United States during the Period from 1815–1860, in: Deutsch-Amerikanische Historische Gesellschaft von Illinois (Hg.), Deutsch-Amerkanische Geschichtsblätter, Chicago 3/1903, S. 33–48; 4/1903, S. 33–48; 1/1904, S. 33–59; E. MANNHARDT, Die Deutschen in Illinois, in: Deutsch-Amerikanische Geschichtsblätter, Chicago 1/1910, S. 217–224; P. SELBY, Lincoln and German Patriotism, in: Jahrbuch der Deutsch-Amerikanischen Historischen Gesellschaft von Illinois, Chicago 1912, S. 510–535, zitierte Zahlen (aus dem Zensus von 1860): S. 535; A.J. TOWNSEND, The Germans of Chicago (Diss., University of Chicago 1927), in: Jahrbuch der Deutsch-Amerikanischen Gesellschaft von Illinois, Chicago 1932, S. 1–147, zitierte Zahlen (aus dem Zensus von 1860): S. 19; P. MARSCHALCK, Deutsche Überseewanderung im 19. Jahrhundert (Industrielle Welt 14), Stuttgart 1973; W. VON HIPPEL, Auswanderung aus Südwestdeutschland II: Die Massenauswanderung aus Württemberg im Zeitalter des Pauperismus (1815–1870), Stuttgart 1984, bes. S. 137–147.

6   E. ANTHONY, Remarks [...] at the Funeral of Hon. Lorenz Brentano, September 20, 1891, in: In Memoriam Lorenz Brentano, 4.11.1813–17.9.1891, S. 3–16, hier S. 3. Eine Kopie des Buches »In Memoriam ...«, einer Sammlung von Pressetexten und Reden anlässlich des Todes von Lorenz Brentano, erhielt ich vom *Department of History* der University of Chicago aufgrund der Vermittlung von Dr. Alfred G. Frei. Für seine Bemühungen bedanke ich mich an dieser Stelle herzlich; German-American Biographical Publishing Company (Hg.), Chicago und sein Deutschthum, Cleveland/Ohio 1901–1902, S. 68.

das ihnen jedoch nicht ohne weiteres eine Zulassung als Anwalt in den Vereinigten Staaten verschaffte. Sie versuchten sich daher als Journalisten, und so stieg die Zahl der deutschsprachigen Zeitungen in den Vereinigten Staaten nach 1850 stark an[7]. Brentano trat im *Leuchtthurm* für die Abschaffung der Sklaverei ein und stieß damit auf den Widerstand der örtlichen Vertreter der Demokratischen Partei[8]. Mit seinem Engagement gegen die Sklaverei fand sich Brentano in der Gesellschaft vieler radikaler *48er*, die bei ihrer Ankunft in Amerika feststellten, dass in dem in Europa häufig idealisierten ›Mutterland‹ der modernen Demokratie auch nicht alle ihre Ideale verwirklicht waren[9]. Schließlich war es gerade die Sklavenfrage, die im Laufe der 50er Jahre dazu führte, dass sich eine große Zahl Deutschamerikaner, vor allem ehemalige *48er*, in der neuen Heimat wiederum politisch engagierten und sich an vielen Orten aktiv an der Gründung der neuen Republikanischen Partei beteiligten[10]. Doch für Lorenz Brentano war der erste Versuch, in den Vereinigten Staaten als Zeitungsredakteur beruflich Fuß zu fassen, nicht erfolgreich. Wohl wegen des Widerstands der örtlichen Vertreter der Demokratischen Partei in Pottsville gegen die abolitionistische Tendenz des *Leuchtthurm* gab er den Journalistenberuf zunächst wieder auf und verließ Pennsylvania. Die Familie zog 1851 nach Michigan und siedelte dort für einige Jahre auf einer Farm bei Kalamazoo[11]. Vom Leben der Brentanos als Farmer ist kaum etwas bekannt, lediglich die Tatsache, dass in dieser Zeit drei weitere Kinder der Familie geboren wurden, zwei Söhne und eine Tochter[12].

## Sklavenfrage und Bürgerkrieg – Brentano meldet sich wieder zu Wort

Mit dem Farmerleben scheint Lorenz Brentano jedoch letztlich nicht zufrieden gewesen zu sein. Nebenher schrieb er zumindest gelegentlich auch wieder in der Presse. Größere Aufmerksamkeit erregte ein Artikel, den er 1854 im *Kalmazoo Telegraph* publizierte. Darin stellte er die Ziele der neu entstehenden Republikanischen Partei vor und appellierte an seine Landsleute in den Vereinigten Staaten, die neue Partei zu unterstützen. Der

---

7    E. Bruncken (wie Anm. 5), 1/1904, S. 36; B. Hinrichs, Deutschamerikanische Presse zwischen Tradition und Anpassung. Die Illinois Staats-Zeitung und Chicagoer Abendzeitung 1879–1890, Frankfurt a. M. u. a. 1979, S. 36.
8    E. Anthony (wie Anm. 6), S. 4.
9    E.G. Franz, Das Amerikabild der deutschen Revolution von 1848/49, in: Beihefte zum Jahrbuch für Amerikastudien 2/1958, S. 104–108, 134–138.
10    E. Bruncken (wie Anm. 5), 1/1904, S. 36f., 43–59; A.J. Townsend (wie Anm. 5), S. 20–25; J. Goebel, A Political Prophecy of the Forty-Eighters in America, in: Jahrbuch der Deutsch-Amerikanischen Historischen Gesellschaft von Illinois, Chicago 1912, S. 462–496, hier S. 467.
11    K.J.R. Arndt/M.E. Olson, Die deutschsprachige Presse der Amerikas 1732–1968. Geschichte und Bibliographie, Bd. 2, Pullach b. München 1973, S. 541, Nr. 357, geben für 1851 als Redakteur des *Leuchtthurm Dr. Lippe* an. E. Anthony (wie Anm. 6), S. 4.
12    Illinois State Archives, RS 951 005 (wie Anm. 4). Nach den Angaben zur Volkszählung von 1860 hatten die Kinder der Brentanos 1860 folgendes Alter: Emily 18 Jahre, Carl Th[eodor] 6, Augustus 4 und Caroline 1 Jahr. Geburtsdatum von Carl Theodor, später nur Theodor Brentano: 29.3.1854, vgl. *Illinois Staats-Zeitung* (im folgenden: ISZ), 50jähriges Jubiläum 1848–1898, Jubiläumsnummer, 21.4.1898, S. 71 (Kurzbiographie Th. Brentanos).

Artikel fand Resonanz weit über die Grenzen von Michigan hinaus und überzeugte wohl auch zahlreiche Deutschamerikaner, sich den Republikanern anzuschließen[13].

Das Jahr 1854 war nicht nur für Brentano ein Neuanfang im politischen Journalismus bzw. im politischen Engagement allgemein. 1854 hatte der Kansas-Nebraska-Act, der die Sklaverei nun auch in bisher sklavenfreien Staaten des Nordens bzw. Westens nach Abstimmungen zulassen konnte, den bisher durch verschiedene Kompromisse mühsam erhaltenen Ausgleich zwischen Nord- und Südstaaten in der Sklavenfrage erschüttert. Die aufflammenden Proteste, an denen sich auch zahlreiche Deutschamerikaner, vor allem *48er* wie Brentano beteiligten, waren mit ein Grund für die Gründung der Republikanischen Partei[14].

Im Mai 1859, er war nun 45 Jahre alt, zog Brentano mit seiner Familie nach Chicago, wo er versuchte, in seinem alten Beruf als Jurist wieder Fuß zu fassen. Er erhielt im Mai 1859 eine Zulassung als öffentlicher Notar für die Stadt Chicago und den Verwaltungsbezirk *Cook County*[15]. Für die deutsche Bevölkerung trat er das erste Mal bei einer Feier zum Jahrestag von Schillers Geburtstag am 10. November öffentlich in Erscheinung. Er hielt bei dieser Gelegenheit in der Chicagoer *Metropolitan Hall* die Festrede und wurde von Georg Schneider, einem einflussreichen Deutschamerikaner in der Stadt, eingeführt[16]. Schneider bot Brentano auch die Möglichkeit, wieder als Journalist zu arbeiten. Er wurde Mitarbeiter der von Robert Bernhard Hoeffgen 1848 gegründeten deutschsprachigen *Illinois Staats-Zeitung*, deren leitender Redakteur und Mitbesitzer – neben Hoeffgen – Georg Schneider war. Schneider war seit 1851 bei der *Illinois Staats-Zeitung* beschäftigt, und unter seiner Leitung war das ursprünglich dreimal wöchentlich erscheinende Blatt zur erfolgreichsten deutschsprachigen Tageszeitung in Chicago geworden. Schneider war – wie Brentano ein *48er* und wegen seiner Teilnahme an der Mairevolution von 1849 in der Rheinpfalz verfolgt – aus politischen Gründen aus Deutschland in die USA emigriert. Er hatte sich verstärkt seit 1854 in Chicago in der Anti-Sklaverei-Bewegung engagiert und wurde so auch Mitbegründer der dortigen Republikanischen Partei. Durch seine politische Betätigung hatte sich eine freundschaftliche Beziehung zu dem aus Illinois stammenden Abraham Lincoln, der 1861 erster republikanischer Präsident der Vereinigten Staaten wurde, entwickelt[17]. Der Amtsantritt Lincolns, der fast ausschließlich mit Stimmen aus den nördlichen Staaten gewählt worden war, wurde dann – wie bekannt – der Anlass für die Sezession der Südstaaten als *Confederate States of America*[18].

---

13   Bericht in: The Western Rural, 20.5.1876, zitiert nach: W.P. ADAMS, Ethnic Leadership and the German-Born Members of the U.S. House of Representatives 1862–1945, Berlin 1996, S. 35, 48; vgl. auch ISZ, 18.9.1891, in: In Memoriam (wie Anm. 6), S. 22.
14   H. TEMPERLEY, Regionalismus, Sklaverei, Bürgerkrieg und die Wiedereingliederung des Südens, 1815–1877, in: Die Vereinigten Staaten von Amerika (Fischer Weltgeschichte 30, S. 71–124, hier: S. 99–102; P. SELBY (wie Anm. 5), S. 511–513; E. BRUNCKEN (wie Anm. 5), 1/1904, S. 50f.; A.J. TOWNSEND (wie Anm. 5), S. 27f.
15   ILLINOIS STATE ARCHIVES RS 103 063 (Executive Section. Executive Register), 1859, Bl. 564; Kurzbiographie Theodor Brentanos, in: ISZ, Jubiläumsnummer (wie Anm. 12), S. 71.
16   E. SEEGER, Chicago. Die Geschichte einer Wunderstadt, Chicago 1892, S. 126.
17   B. HINRICHS (wie Anm. 7), S. 37–41; Chicago und sein Deutschthum (wie Anm. 6), S. 68; P. SELBY (wie Anm. 5), S. 513, 516f.; A.J. TOWNSEND (wie Anm. 5), S. 20f.
18   H. TEMPERLEY (wie Anm. 14), S. 102–105.

Als am 12. April 1861 mit der Beschießung des Unionsforts Sumter auf einer Insel vor Charleston durch Konföderierte der Amerikanische Bürgerkrieg begann, war auch dies wieder für viele Deutschamerikaner, vor allem zahlreiche Emigranten der Revolution von 1848/49, ein Anlass, sich in ihrem neuen Heimatstaat – in der überwiegenden Mehrheit für die nördliche Union – zu engagieren. Viele von ihnen meldeten sich als Freiwillige und bildeten teilweise rein deutsche Regimenter, beispielsweise in New York, Illinois und Missouri, in denen auch viele ehemalige *48er* dienten. Die bekanntesten sind sicher die beiden Heckerregimenter, das 24. und das 82. Illinois-Regiment, die von Friedrich Hecker selbst aufgestellt und befehligt wurden. Die Teilnahme am Bürgerkrieg machte aber auch Einzelpersönlichkeiten berühmt, so neben Friedrich Hecker vor allem Franz Sigel, der als Generalmajor, und Carl Schurz, der als Brigadegeneral im Krieg diente. Sie waren jedoch nur die bekanntesten von 216 000 geborenen Deutschen und rund 300 000 deutschstämmigen Soldaten erster Generation, die Kaufmann in seinem Standardwerk über »Die Deutschen im Amerikanischen Bürgerkriege« nennt[19].

Neben dem Einsatz der Soldaten war auch die Tätigkeit vieler Deutschamerikaner und *48er* als Herausgeber und Redakteure von deutschsprachigen Zeitungen ein wichtiges Moment, um die deutsche Bevölkerungsgruppe auch in der anglo-amerikanischen Öffentlichkeit stärker ins Bewusstsein zu rücken. Neben dem schon genannten Georg Schneider und nun auch Lorenz Brentano bei der *Illinois Staats-Zeitung* sei hier noch auf die in St. Louis erscheinenden, ebenfalls unter den Deutschamerikanern einflussreichen Zeitungen *Anzeiger des Westen* und *Westliche Post* verwiesen, die um 1860 von Heinrich Börnstein und Georg Hillgärtner bzw. von Theodor Olshausen, Daniel Hertle und Emil Preetorius redigiert wurden, alle fünf Emigranten der Revolution von 1848/49[20].

Zahlreiche politische Flüchtlinge der Revolution von 1848/49 fanden im Einsatz für die Abschaffung der Sklaverei – ob im konkreten Kriegseinsatz oder in der Publizistik – ein neues Betätigungsfeld, das ihnen als Fortsetzung ihres Kampfes für Freiheit und Einheit in Deutschland erschien. Eine große Mehrheit der Deutschamerikaner unterstützte daher auch die Republikanische Partei, die als eines ihrer Ziele die Bekämpfung der Sklaverei vertrat, und die Deutschamerikaner hatten 1860 mit ihrer Stimmabgabe für diese Partei Abraham Lincoln ins Präsidentenamt verholfen. Nicht zu unterschätzen war dabei gerade die politische Meinungsbildung der oben genannten, aber auch anderer deutschsprachiger Zeitungen. Beleg dafür, dass auch Lincoln deren Einsatz zu schätzten wusste, ist die Tatsache, dass er beispielsweise Heinrich Börnstein und Georg Schneider nach seinem Regierungsantritt im diplomatischen Auftrag nach Europa sandte[21].

---

19   W. KAUFMANN, Die Deutschen im Amerikanischen Bürgerkriege (Sezessionskrieg 1861–1865), München/Berlin 1911, bes. S. 101–137; F. HENNE, Friedrich Hecker im Amerikanischen Bürgerkrieg 1861–1865, in: A.G. FREI (Hg.), Friedrich Hecker in den USA. Eine deutsch-amerikanische Spurensicherung, Konstanz 1993, S. 85–96; S.D. ENGLE, Yankee Dutchman. The Life of Franz Sigel, Fayetteville 1993; J. PICARD, Franz Sigel [Vorabdruck einer nie erschienenen Biographie], in: Staatsanzeiger für Baden Württemberg, Nr. 38, 22.5.1957, S. 3; Nr. 39, 25.5.1957, S. 3; Nr. 67, 4.9.1957, S. 2; Nr. 68, 7.9.1957, S. 2; Nr. 68, 7/1958, S. 2f.; Nr. 89, 2.12.1959, S. 2f.
20   J. NAGLER, Fremont contra Lincoln. Die deutsch-amerikanische Opposition in der Republikanischen Partei während des amerikanischen Bürgerkriegs, Frankfurt a.M. u. a. 1984, S. 45.
21   A. VAGTS, Deutsch-Amerikanische Rückwanderung (Beiheft zum Jahrbuch für Amerikastudien 6), Heidelberg 1960, S. 209, sieht in der relativ großen Zahl von Deutschamerikanern, die nach Lincolns Amtsantritt Posten vor allem im auswärtigen U.S.-Dienst erhielten, eine Anerkennung für

## Erfolgreicher Journalist und Zeitungsunternehmer

Die Tätigkeit Brentanos bei der *Illinois Staats-Zeitung*[22] ließ sich erfolgreich an, und er trat im Juli 1861, kurz nach Beginn des Bürgerkriegs, wieder von seinem Amt als Notar in *Cook County* zurück. Der Erlös aus dem Verkauf der Farm bei Kalamazoo brachte so viel Geld, dass Brentano im Oktober 1861 Hoeffgens halben Anteil an der *Illinois Staats-Zeitung* für 10 000 Dollar erwerben konnte und damit gleichberechtigter Geschäftspartner von Georg Schneider wurde. Beide Eigentümer betrieben gleichzeitig im selben Geschäftshaus in der *No. 12 Süd-Wells-Straße* in Chicago, in dem auch die Zeitung hergestellt wurde, eine *Deutsche und Englische Buch- & Accidenz-Druckerei*, für die sie mit den *neuesten und modernsten Schriften* und den *vorzüglichsten Pressen* warben[23]. Seine journalistische Arbeit bei der *Illinois Staats-Zeitung* und das damit verbundene politische Engagement, vor allem in der Anti-Sklaverei-Bewegung und bei der Vertretung deutschamerikanischer Interessen, für die er sich auch außerhalb der Zeitung in politischen Ämtern engagierte, machten Brentano in den nächsten Jahren weit über Chicago und den Bereich der Deutschamerikaner hinaus bekannt.

Neben der täglichen Ausgabe, die jeden Tag außer sonntags erschien, wurde von der *Illinois Staats-Zeitung* auch eine Wochenausgabe als Zusammenfassung der wichtigsten Beiträge der Woche herausgegeben, außerdem eine Sonntagszeitung *hauptsächlich belletristischen Inhalts*, die jedoch auch die aktuellen Nachrichten enthielt, die im Laufe des Samstags über Telegraf bei der Redaktion eingingen[24]. Nachdem Brentano im Herbst 1861 Mitinhaber der Zeitung geworden war, veränderte sich ihr äußeres Erscheinungsbild, auch bedingt durch den Kriegsbeginn. Bis zum Herbst 1861 füllte die *Illinois Staats-Zeitung*, die insgesamt vier Seiten umfasste, die sieben Spalten der Titelseite fast vollständig mit (Werbe-)Anzeigen und brachte nur in einer Spalte auf dieser Seite einen feuilletonistischen (Text-)Beitrag. Die zweite Seite enthielt dann in einer Spalte die eigentliche redaktionelle Berichterstattung, Korrespondentenberichte aus Europa (2–3 Spalten) sowie wiederum Anzeigen (3 Spalten). Ähnlich war die dritte Seite aufgebaut: Es wurden verschiedene, oft eingesandte Berichte sowie Nachrichten aus Europa abgedruckt. Zwei Spalten dieser dritten sowie die gesamte vierte Seite waren wiederum mit Anzeigen

die Unterstützung Lincolns durch die Deutschamerikaner; vgl. auch: O.E. SCHNEIDER, Abraham Lincoln und das Deutschthum, in: Deutsch-Amerikanische Geschichtsblätter, Chicago 1/1907, S. 65–75; J. GOEBEL (wie Anm. 10), S. 467; E. BRUNCKEN (wie Anm. 5), 1/1904, S. 49–59; P. SELBY (wie Anm. 5), S. 511–528.
22   Die *Newberry Library* in Chicago besitzt einen (Teil-)Bestand der *Illinois Staats-Zeitung* aus dem 19. Jahrhundert, eine im Vergleich zu früheren Jahrgängen relativ gute Überlieferung zu den Jahren, in denen Lorenz Brentano bei der Zeitung arbeitete. Es handelt sich um die Jahrgänge 1861 bis 1875 der täglichen Ausgabe, von denen ich die Jahre 1861 bis Mai 1869 durchgeschaut habe. Davon sind die Jahrgänge 1861 bis Juni 1864 relativ vollständig erhalten, von Juli 1864 bis Mai 1869 ist der Bestand nur lückenhaft überliefert, der Jahrgang 1865 fehlt ganz. Die wöchentliche Ausgabe dieser Jahre ist ebenfalls nur lückenhaft überliefert. Den Mitarbeiterinnen und Mitarbeitern der *Newberry Library* möchte ich an dieser Stelle herzlich für ihre freundliche Unterstützung meiner Recherchen danken, auch für die schnelle, großzügige Herstellung der von mir bestellten Mikrofilme.
23   ILLINOIS STATE ARCHIVES, RS 103 063 (wie Anm. 15), 1861, Bl. 300; ISZ, 8.10.1861 und 23.11.1861; E. ANTHONY (wie Anm. 6), S. 4; ISZ, Jubiläumsnummer (wie Anm. 12), S. 37.
24   ISZ, 14.4.1862; ISZ, Wöchentliche Ausgabe, 26.3.1863.

gefüllt. Der Anzeigenteil dominierte also bis zu diesem Zeitpunkt noch stark den Gesamt-eindruck des Blattes[25]. Ab dem 25. November 1861 – Brentano war im Oktober Teilhaber geworden – erschien die Zeitung dann in einer neuen Aufmachung. Das Format wurde verkleinert – hier spielten die seit dem Krieg gestiegenen Papierkosten eine Rolle –, doch wollte das Blatt seinen Lesern ausdrücklich *weniger Papier und mehr Lesestoff* bieten. Dazu brachte die Zeitung die neuesten Nachrichten in fünf von nun sechs Spalten auf der Titelseite; lediglich eine Spalte enthielt auf der ersten Seite noch Anzeigen. Auf der zwei-ten Seite folgten Leitartikel und Korrespondentenberichte, auf der dritten Seite dann das Feuilleton. Die vierte Seite enthielt den Lokalteil und *vermischte Nachrichten*, außerdem Brieflisten. Anzeigen waren in zwei bis drei Spalten auf der zweiten bis vierten Seite ver-teilt zu finden[26]. Die Brieflisten bildeten neben den Anzeigen für die Zeitungen vor allem im amerikanischen Westen eine wichtige Quelle der Einkommenssicherung. Sie wurden ihnen von den zuständigen Poststellen zugeteilt. So erfuhren die Leser, ob für sie Post ein-getroffen war, die sie dann abholen mussten. Die Brieflisten waren also ein wichtiger Grund, die Zeitung zu kaufen bzw. zu abonnieren[27]. Durch die neue Aufmachung erhielt die *Illinois Staats-Zeitung* unter dem Einfluss Brentanos – Schneider hatte inzwischen einen Konsulatsposten für die Vereinigten Staaten in Dänemark übernommen – stärker den Charakter einer politischen Zeitung mit aktuellen Nachrichten und redaktionellen Kommentaren. Neu war auch der Lokalteil auf der letzten Seite. Von Januar 1863 an fir-mierte das Blatt dann auch ausdrücklich als *das offizielle Organ des Stadtrathes*[28].

Bereits ein halbes Jahr, nachdem Brentano Hoeffgens Anteil erworben hatte, wurde am 14. April 1862 die Geschäftspartnerschaft mit Schneider aufgelöst. Brentano erwarb nun auch Schneiders Anteil an der *Illinois Staats-Zeitung*, ebenfalls für 10 000 Dollar. Er war nun finanziell und redaktionell alleiniger Chef des Unternehmens. Unter dem Schriftzug der Zeitung auf der Titelseite erschien nun die Zeile: *Druck und Verlag von L. Brentano*[29]. Trotz oder gerade wegen des Krieges nahm die Zeitung in den folgenden Jahren einen ungeheuren Aufschwung. Sie berichtete natürlich von den Kriegsereignissen, vor allem auch, wenn deutsche Regimenter bzw. Persönlichkeiten betroffen waren, und brachte auch Listen der Gefallenen aus Chicago und Illinois[30].

Der wirtschaftliche Erfolg der Zeitung war so groß, dass Zeitungsredaktion und Verlag im April 1863 ein neues, größeres Haus in der *No. 55 La Salle-Straße* mitten im Zentrum der Stadt gegenüber der *Metropolitan Hall* beziehen konnten[31]. Ab dem 1. Juli 1863 erschien die Zeitung nun auch wieder in einem größeren Format. Die Menge der Anzei-gen hatte diese Vergrößerung nötig gemacht. Dies weist zum einen auf steigende Einnah-men der Zeitung durch das Anzeigengeschäft, zum anderen aber auch auf eine Zunahme der Leserschaft hin, denn offensichtlich erschien es vielen Geschäftsleuten lohnend, in der

---

25   Vgl. beispielsweise ISZ, 4.7.1861 oder 11.7.1861.
26   ISZ, 25.11.1861.
27   J. NAGLER (wie Anm. 20), S. 96 f., zur Bedeutung der Brieflisten für die amerikanischen Zeitun-gen des Westens und zur indirekten Zensur durch Verweigerung von Brieflisten.
28   ISZ, 1.1.1863.
29   ISZ, 14.4.1869; ISZ, Jubiläumsnummer (wie Anm. 12), S. 45.
30   Beispiele: ISZ, 11.7.1861, 21.1.1863, 6.2.1863, 7.3.1864; 3.1.1863, 8.1.1863; 1.7.1864; 28.7.1864; 28.7.1862.
31   ISZ, 23.4.1863.

*Illinois Staats-Zeitung* zu werben. Die Zeitung wurde nun in neun Spalten gesetzt. Sie brachte weiterhin aktuelle Nachrichten, Berichte und Schlagzeilen auf der ersten Seite, nun aber auch hier bereits eine Spalte Kommentar. Fünf Spalten enthielten nun jedoch auch Anzeigen, teilweise in Doppelspalten gesetzt. Die weiteren Seiten waren ähnlich wie bisher gestaltet, insgesamt war der Umfang – inhaltlich und formal – jedoch gewachsen[32]. In der ersten Hälfte des Jahres 1863 nahm Brentano auch einen neuen Teilhaber in die Zeitung auf, Anton Caspar Hesing, ebenfalls einen Deutschamerikaner, der sich bisher in Wahlkämpfen für die Republikanische Partei engagiert hatte und seit 1857 Deputy Sheriff in Chicago war. Er war Mitbesitzer des Geschäftshauses in der La Salle-Straße und hielt damit insgesamt einen Drittel-Anteil an der Zeitung. Redaktionell scheint er nicht an der Zeitung mitgearbeitet zu haben[33]. Nach dieser Besitzveränderung erschien der Name Brentanos ab dem 1. Juli 1863 nicht mehr im Kopf der Zeitung. Im Impressum, jeweils am Ende mancher Ausgaben, hieß es nun: *Illinois Staatszeitungs-Compagnie. Präsident L. Brentano*[34]. Die Zeitung sicherte in dieser Zeit zum ersten Mal seit ihrem Bestehen auch die Existenz der Redakteure – neben Brentano seit 1861 auch Wilhelm Rapp, ein württembergischer *48er* – und der Drucker[35]. Die Vergrößerung der Zeitung und die Steigerung ihrer Auflagenhöhe schlugen sich allerdings auch im Preis nieder. Das jährliche Abonnement für die tägliche Ausgabe der *Illinois Staats-Zeitung* verteuerte sich unter Brentanos Leitung von 6 Dollar im April 1862 auf 10 Dollar im Februar 1867[36].

Die Zeitung war jedoch nicht nur wirtschaftlich ein Erfolg, sondern sie konnte auch an ihre bisherige politische und journalistische Bedeutung in der Öffentlichkeit anknüpfen und diese sogar noch ausbauen. Sie wurde unter Brentanos Leitung *nicht nur eine der einflußreichsten Tageszeitungen Chicagos, sondern auch das führende deutschsprachige republikanische Organ des gesamten Nordwestens*[37]. Mit 54 Jahren konnte es sich Brentano leisten, aus dem Alltag des Berufslebens auszuscheiden. Er verkaufte 1867 seinen Anteil, die Zwei-Drittel-Mehrheit, an der *Illinois Staats-Zeitung* an seinen bisherigen Minderheitenteilhaber Anton Caspar Hesing für 80 000 Dollar. Der Marktwert der Zeitung hatte sich also in den sechs Jahren unter Brentanos Leitung versechsfacht, und Brentano selbst konnte sein 1861/62 eingesetztes Kapital – 20 000 Dollar – in derselben Zeit vervierfachen[38].

---

32 ISZ, 1.7.1863.
33 ISZ, Jubiläumsnummer (wie Anm. 12), S. 45; E. SEEGER (wie Anm. 16), S. 125–127.
34 Beispiele: ISZ, 11.1.1866, 19.2.1867.
35 ISZ, Jubiläumsnummer (wie Anm. 12), S. 45; zu Wilhelm Rapp vgl.: E. MANNHARDT, Wilhelm Rapp, in: Deutsch-Amerikanische Geschichtsblätter, Chicago 1/1907, S. 58–61.
36 ISZ, 14.4.1862; 19.2.1867.
37 A.B. FAUST, Dictionary of American Biography Bd.2 (1958), S. 19 f.; Bd.3 (1929), S. 19 (dort das Zitat. Übers. der Autorin); vgl. auch: R. LINDBERG, Ethnic Chicago, Lincolnwood/Illinois ²1997, S. 49; vgl. auch: P.H. OLDEN/H. WISH, The Influence of the Illinois Staats-Zeitung upon American Politics, in: The American-German Review, hg. von der Carl-Schurz Memorial Foundation, Bd. 6, Nr. 3, Philadelphia 1940, S. 30–32, bes. S. 30, die die Einschätzung teilen, dass die Zeitung gerade während der Kriegsjahre ihre politische Bedeutung erlangte, denen jedoch Brentano als Hauptbesitzer und leitender Redakteur dieser Zeit offensichtlich nicht bekannt war.
38 ISZ, Jubiläumsnummer (wie Anm. 12), S. 45.

## Interessenvertreter der Deutschamerikaner

Ein ganz entscheidender Punkt für den Erfolg der *Illinois Staats-Zeitung* in den Jahren unter Brentanos Leitung war – wie schon das obige Zitat andeutet – deren politische Ausrichtung. Dabei waren zwei Aspekte von zentraler Bedeutung, und sie wurden auch immer wieder von der Zeitung in den verschiedensten Zusammenhängen thematisiert[39]. Die *Illinois Staats-Zeitung* verstand sich zum einen als Interessenvertreterin der deutschamerikanischen Bevölkerung und versuchte zum anderen, diese Bevölkerungsgruppe für die Republikanische Partei zu gewinnen. Wichtiger Punkt, vor allem während des Bürgerkriegs, war dabei die Abschaffung der Sklaverei, wenn dies auch nicht immer mit den Interessen der gesamten Partei einherging. Die Zeitung versuchte letztlich also auch, Einfluss zu nehmen auf die Politik der von ihr unterstützten Partei.

Ein großes Interesse der Deutschamerikaner, vor allem der in der Regel dem Bildungsbürgertum entstammenden *48er*, war das Bemühen um Respekt und Anerkennung von Seiten der Anglo-Amerikaner. Gerade seit der verstärkten Einwanderung um die Jahrhundertmitte kam es immer wieder zu Abgrenzungsbemühungen der seit mehreren Generationen im Land lebenden Anglo-Amerikaner gegenüber den neu Einwandernden. Sie reichten vom Versuch, die Naturalisation von Eingewanderten zu erschweren – d.h. diese länger von politischen Rechten auszuschließen –, bis hin zur Gründung der zunächst geheimen »*American*« *Party* um 1850, die auch als *Know-Nothing-Party* bekannt wurde – nach dem Verhalten der Mitglieder dieser Organisation, die die Anweisung hatten, bei Nachfragen nach ihrer Gruppe zu antworten: *I know nothing*. Dieser *Nativismus* führte vor allem bei dem in dieser Zeit stark anwachsenden Deutschamerikanertum zu Protesten und Gegenreaktionen[40], und auch die *Illinois Staats-Zeitung* sah eine ihrer Hauptaufgaben in der Bekämpfung des *Knownothingism*.

Während des Krieges waren es vor allem die Leistungen der deutschen Offiziere und Freiwilligenregimenter, die in der *Illinois Staats-Zeitung* immer wieder hervorgehoben wurden. Ob dabei die erfolgreichen Einsätze Sigels gegen konföderierte Truppen geschildert wurden – *Sigel, der tapfere General!* [geht erfolgreich gegen ca. 6 000] *Rebellen* [...] *auf der Prairie 7 Meilen östlich von Carthage* vor –, über den *Heldenmuth des 28. (2. deutschen) Ohio-Regiments in der Schlacht bei Piedmont* berichtet, die *Geschichte des alten Hecker-Regiments* beschrieben oder die Verluste des neuen Hecker-Regiments publiziert wurden[41]: dies alles diente genauso der Betonung deutscher Leistungen im amerikanischen Bürgerkrieg gegenüber Anglo-Amerikanern wie auch der Selbstversicherung der eigenen ethnischen Gruppe im neuen Heimatland. Gleichzeitig sollten auch positive Identifikationspersonen wie Franz Sigel oder Friedrich Hecker, die auch auf angloamerikanischer Seite die bekanntesten unter den im Bürgerkrieg kämpfenden Deutschen waren, in den Vordergrund gestellt werden.

39   Dabei wird vorausgesetzt, dass die Themen und Inhalte der *Illinois Staats-Zeitung* der Meinung des Besitzers und ersten Redakteurs, Lorenz Brentano, entsprechen. Die einzelnen Artikel sind in der Regel nicht mit Verfassernamen oder -kürzel gekennzeichnet.
40   E. Bruncken (wie Anm. 5), 1/1904, S. 47f.; grundsätzlich: R.A. Burchell, Die Einwanderung nach Amerika im 19. und 20. Jahrhundert, in: Die Vereinigten Staaten von Amerika (wie Anm. 14), S. 184–234, bes. S. 211–219.
41   ISZ, 11.7.1861; ISZ, 1.7.1864; ISZ, 28.7.1864; ISZ, 28.7.1862; ISZ, 3.1.1863 u. 8.1.1863.

Dabei versuchte Brentano, nicht nur über seine Zeitung zu wirken, sondern er setzte auch Kontakte und Ansehen ein, die er aufgrund seiner Tätigkeit in Chicago bzw. Illinois gewonnen hatte, um deutschen Interessen Gehör zu verschaffen. So wandte er sich in einem in der *Illinois Staats-Zeitung* veröffentlichten Brief an den republikanischen Kongressabgeordneten von Illinois, Isaac N. Arnold, mit der Bitte, seinen Einfluss in Washington einzusetzen, um Sigel ein neues Kommando zu verschaffen. Jener hatte sich Ende 1861 nach Unstimmigkeiten mit seinem Vorgesetzten in Missouri, General Halleck, von seiner bisherigen Stelle zurückgezogen. In dieser Angelegenheit schrieb Brentano auch zusammen mit anderen bekannten Deutschamerikanern aus Chicago – Caspar Butz, Georg Schneider und Anton Caspar Hesing – am 8. Januar 1862 ein neunseitiges Memorandum an die Senatoren und Kongressabgeordneten von Illinois in Washington[42]. In einem Brief an Friedrich Hecker vom 20. Mai 1862 berichtete Brentano von seiner Korrespondenz mit Isaac N. Arnold in einer ähnlichen Angelegenheit. Arnold hatte Brentano geschrieben, er wolle sich für die Ernennung von August Willich und Mersy, beide – der eine als Freischarenführer, der andere als ehemaliger badischer Offizier – im Mai 1849 Offiziere der badischen Revolutionsarmee, zu Brigadegeneralen einsetzen. Brentano hatte Arnold in seinem Antwortschreiben versichert, dies werde eine positive Wirkung auf die Deutschen haben. Gleichzeitig berichtete er in diesem Brief auch, dass er Arnold erläutert habe, wie wichtig eine neuerliche Ernennung Heckers sei, der Ende 1861 seinen Abschied vom 24. Illinois- (ersten Hecker-)Regiment genommen hatte, und dass sich Arnold in Washington dafür einsetzen solle[43].

Die Bemühungen um eine Beförderung Sigels hatten Erfolg. Arnold sagte in einem in der *Illinois Staats-Zeitung* veröffentlichten Brief die Unterstützung Sigels zu[44]. Auf seine Anregung gründete sich in Washington eine Initiativgruppe von Senatoren und Kongressabgeordneten des Nordwestens, die sich für die Ernennung des bekannten Deutschamerikaners zum Generalmajor einsetzte. Sigel, für dessen Beförderung auch deutschamerikanische Interessengruppen beispielsweise in Wisconsin und New York eintraten, wurde auf Anordnung Lincolns am 3. März 1862 zum Generalmajor ernannt[45]. Auch die Bemühungen um ein neues Kommando für Hecker, die u. a. auch Heckers früherer Vorgesetzter, General John Charles Fremont, unterstützte, waren erfolgreich. Am 23. Oktober 1862 ernannte Gouverneur Yates von Illinois Friedrich Hecker zum Oberst der 82. Illinois-, (des zweiten Hecker-)Regiments[46].

Die Beispiele zeigen, dass Brentano sehr schnell, nachdem er in Chicago Fuß gefasst hatte, nicht nur publizistisch, sondern auch politisch in die Rolle eines Interessenvertre-

42 ISZ, Wochenausgabe, 15.1.1862; J. NAGLER (wie Anm. 20), S. 48–50, S. 264–266 (dort das Memorandum).
43 Friedrich Hecker Manuskripte, Missouri Historical Society, St. Louis, zitiert nach: J. NAGLER (wie Anm. 20), S. 74, 268 (dort der Brief); zu Willichs und Mercys Rolle im amerikanischen Bürgerkrieg vgl. W. KAUFMANN (wie Anm. 19), S. 472–475, 531.
44 ISZ, 21.1.1862.
45 J. NAGLER (wie Anm. 20), S. 53, 55f., 71.
46 R. PAUL, »Freie Erde und freies Vaterland«. Friedrich Hecker in den USA, in: A.G. FREI (wie Anm. 19), S. 15–41, hier: S. 27f.

ters der deutschamerikanischen Bevölkerungsgruppe[47] hineinwuchs. Dazu nutzte er nicht nur Kontakte mit führenden Deutschamerikanern, sondern auch mit angloamerikanischen Politikern wie dem Kongressabgeordneten Isaac N. Arnold, die ihr deutschamerikanisches Wählerpotential in Illinois für so wichtig einschätzten, dass sie sich bemühten, dessen Interessen zu unterstützen.

## Republikaner – als Journalist und Politiker

Neben der Vertretung deutschamerikanischer Interessen war ein weiteres wichtiges Thema der *Illinois Staats-Zeitung* während des Bürgerkriegs die Sklavenbefreiung. Sie galt den Deutschamerikanern ganz allgemein als zentrales Problem im Bürgerkrieg und war besonders für die *48er* von entscheidender Bedeutung[48], waren doch persönliche Freiheit und Gleichheit aller Bürger sowie deren politische Partizipation zentrale politische Ziele, für die sie sich schon in Deutschland eingesetzt hatten. Eng verbunden mit der Anti-Sklaverei-Bewegung war die Person Abraham Lincolns, der auch als Hoffnungsträger vieler Deutschamerikaner 1861 ins Präsidentenamt gekommen war und nun die in ihn gesetzten Erwartungen erfüllen sollte.

Gleich zu Beginn der Präsidentschaft Lincolns und in den ersten Monaten des Bürgerkriegs führten jedoch diese – zunächst enttäuschten – Erwartungen fast zum Bruch zwischen Deutschamerikanern wie auch der *Illinois Staats-Zeitung* und dem neuen Präsidenten bzw. seiner Republikanischen Partei. Lincoln verhielt sich sehr zurückhaltend in bezug auf die Sklavenfrage. Noch siebzehn Monate nach Beginn des Bürgerkriegs formulierte er in einem Brief an den Herausgeber der New Yorker *Tribune* den bekannten Satz: *Mein höchstes Ziel in diesem Ringen ist die Rettung der Union, nicht die Bewahrung oder Abschaffung der Sklaverei. Wenn ich die Union retten könnte, ohne einen einzigen Sklaven zu befreien, dann würde ich es tun; und wenn ich sie dadurch retten könnte, daß ich alle Sklaven befreite, dann würde ich es tun.*[49] Im Gegensatz zu Lincoln ergriff jedoch General John Charles Fremont, der 1856 der erste Präsidentschaftskandidat der neu gegründeten Republikanischen Partei gewesen war und besonders bei den Deutschamerikanern viele Sympathien hatte, die Initiative und erließ im August 1861 in seinem Befehlsbereich in Missouri eine aufsehenerregende Proklamation. Er erklärte, dass der persönliche Besitz aller, die sich gegen die Union erheben, an den Staat fallen und ihre Sklaven, wenn sie welche besäßen, die Freiheit erhalten würden[50].

Lincoln revidierte zwar sehr schnell die Fremont-Proklamation im Punkt der Sklavenbefreiung, doch die Erklärung löste vor allem bei zahlreichen führenden Deutschamerika-

---

47   W.P. ADAMS (wie Anm. 13) bezeichnet dieses Verhalten als *ethnic leadership*; vgl. auch J. HIGHAM (Hg.), Ethnic Leadership in America, Baltimore 1978.
48   Vgl. als knappen, informativen Überblick zur politischen Integration der *48er* in den Vereinigten Staaten über die Anti-Sklaverei-Bewegung J. NAGLER, »Ubi libertas, ibi patria« – Deutsche Demokraten im Exil. Die politische Tätigkeit der Achtundvierziger in den USA, in: A.G. FREI (wie Anm. 19), S. 61–71.
49   Zitiert nach: H. TEMPERLEY (wie Anm. 14), S. 113.
50   J. NAGLER (wie Anm. 20), S. 21–26.

nern große Begeisterung aus, Lincolns Reaktion dagegen oft scharfe Kritik[51]. Die *Illinois Staats-Zeitung* ging sogar so weit, Fremont zwischen September 1861 und April 1862 zum neuen Präsidentschaftskandidaten der Republikanischen Partei zu proklamieren. Damit wurde die nach Meinung der Zeitung schwache und unentschlossene Politik der Lincoln Regierung, vor allem deren Weigerung, die Sklaverei abzuschaffen, scharf kritisiert[52]. In der Literatur wurde und wird immer wieder geschrieben, die Zeitung habe diese radikale Anti-Lincoln-Haltung nur vertreten können, da Georg Schneider, Freund Lincolns und damals zusammen mit Brentano noch Besitzer der *Illinois Staats-Zeitung*, sich in dieser Zeit im diplomatischen Auftrag in Europa aufhielt und die damaligen Redakteure Brentano und Rapp so ungehindert einen Kurs fahren konnten, den Schneider nicht unterstützt hätte. Der Anlass für Schneiders Rückkehr aus Europa sei gewesen, mäßigend auf die Zeitung einzuwirken[53]. Zwei Punkte lassen diese Schilderung zumindest fraglich erscheinen. Zum einen war Schneider offenbar bereits Anfang Januar wieder in Chicago, als er zusammen mit Brentano, Butz und Hesing das Memorandum für Sigel unterschrieb (s. oben). Zum anderen gab die Zeitung erst am 14. April 1862 die Proklamierung Fremonts zum Präsidentschaftskandidaten auf, also gerade in dem Moment, als Brentano Alleinbesitzer und damit auch allein leitender Redakteur der Zeitung wurde.

Die tatsächliche Rolle aller Beteiligten bei der *Illinois Staats-Zeitung* in der scharfen Anti-Lincoln- bzw. Pro-Fremont-Kampagne in der Zeit vom Herbst 1861 bis zum 14. April 1862 konnte nicht geklärt werden. Tatsache ist jedoch, dass die Haltung der Zeitung in den folgenden Jahren unter der Leitung Brentanos durchaus Lincoln gegenüber kritisch blieb, jedoch nie mehr dessen Stellung als gegenwärtigen Präsidenten oder zukünftigen Präsidentschaftskandidaten der Republikanischen Partei infrage stellte, was Brentano durchaus scharfe Kritik von radikaleren Gruppierungen unter den Deutschamerikanern einbrachte.

Die *Illinois Staats-Zeitung* begründete ihre geänderte Haltung mit der veränderten Politik Lincolns in der Sklaverei-Frage. Tatsächlich hatte Lincoln hier neue Signale gesetzt, als er in seiner Botschaft vom 6. März 1862 an den Kongress eine teilweise Aufhebung der Sklaverei in Aussicht stellte. Daraufhin kam es in verschiedenen Städten, so auch in Chicago und New York, zu Massenversammlungen, die Lincoln gegenüber ihre Zustimmung zum Ausdruck brachten. Den Sieg der Unionstruppen am Antietam am 17. September 1862, von dem der Norden hoffte, er werde den Umschwung im bis dahin für die Union nicht sehr erfolgreichen Krieg bringen, nahm Lincoln dann zum Anlass, die Aufhebung der Sklaverei anzukündigen, die am 1. Januar 1863 in den Staaten in Kraft treten sollte, die sich dann noch im Krieg mit der Union befinden sollten. Lincoln hatte nicht zuletzt dem Druck der radikalen Republikaner in seiner Partei, unter denen sich zahlreiche seiner deutschamerikanischen Wähler befanden, nachgegeben, die ihn schon seit Beginn des Krieges zu einem solchen Schritt gedrängt hatten[54].

---

51  Ebd., S. 26–33.
52  ISZ, September 1861 bis 14. April 1862 mehrfach; vgl. auch A.J. TOWNSEND (wie Anm. 5), S. 30, der allerdings zu Unrecht schreibt, die Zeitung habe sich bis zum Herbst 1862 für Fremont als neuen Präsidentschaftskandidaten eingesetzt.
53  O.E. SCHNEIDER (wie Anm. 21), S. 71; A.J. TOWNSEND (wie Anm. 5), S. 30; J. NAGLER (wie Anm. 20), S. 46.
54  O.E. SCHNEIDER (wie Anm. 21), S. 71 f.; H. TEMPERLEY (wie Anm. 14), S. 115.

Brentanos *Illinois Staats-Zeitung* versuchte vor allem nach Lincolns Sklavenemanzipationserklärung vom September, auch die deutschamerikanische Wählerschaft in Illinois wieder für den Präsidenten zu gewinnen. Im Zusammenhang mit dem Wahlkampf zu den Staatswahlen vom Herbst 1862 erinnerte ein Artikel Anfang November nochmals an die Fremont-Kundgebung in Chicagos Nordmarkthalle vom Herbst des vergangenen Jahres und stellte fest: *Was die deutschen Republikaner und Demokraten Chicago's damals gemeinsam anstrebten, ist jetzt erreicht; der Präsident hat endlich die Fremont'sche Emanzipationsproklamation adoptirt [... und der Verfasser erklärt, dass es deshalb] Ehrenpflicht ist, heute für die Kandidaten zu stimmen, welche auf die Emanzipationspolitik verpflichtet sind*, also für radikale Republikaner[55]. Die Zeitung stellte ihren Lesern also Lincolns Emanzipationspolitik auch als Erfolg ihrer Demonstrationen und Erfüllung ihrer Forderungen dar. Wie um die Ernsthaftigkeit der Lincolnschen Politik zu unterstreichen, wurde am 1. November in der *Illinois Staats-Zeitung* die Depesche des amerikanischen Außenministers an alle diplomatischen Vertreter der USA zur Emanzipations-Proklamation des Präsidenten publiziert[56].

Bei den am 4. November 1862 anstehenden Wahlen zur Staatslegislative kandidierte auch Lorenz Brentano für den 61. Distrikt, zu dem sein Chicagoer Wohnbezirk, Cook County, gehörte, als Kandidat für das Repräsentantenhaus des Staates Illinois auf der Liste der Republikanischen Partei[57]. Er machte also in seiner Zeitung auch Wahlkampf für seine Partei im persönlichen Interesse. Brentano wurde – zweieinhalb Jahre nach seinem Umzug nach Chicago! – neben dem anderen republikanischen Kandidaten, Francis A. Eastman, auf Anhieb in die Staatslegislative gewählt. Bei der Wahl erhielt er in seinem Stimmbezirk Cook County 2 546 Stimmen, lediglich 69 Stimmen weniger als sein anglo-amerikanischer Parteikollege und über 500 Stimmen mehr als der – nicht gewählte – Kandidat mit der nächsthöheren Stimmenzahl[58]: ein großer persönlicher Erfolg des erst 13 Jahre in den Vereinigten Staaten lebenden Brentano, der ohne seine erfolgreiche Zeitungsarbeit und ohne Rückhalt in der Republikanischen Partei und dort besonders unter den Deutschamerikanern nicht denkbar gewesen wäre.

Das Wahlergebnis insgesamt fiel weder in Illinois noch in anderen Staaten für die Republikanische Partei besonders günstig aus. In verschiedenen Staatslegislativen gewannen die Demokraten die Mehrheit wie beispielsweise in Indiana und in Illinois. In Illinois hatten sie im Senat dreizehn gegenüber zwölf Sitzen der Republikaner, im Repräsentantenhaus, in dem Brentano am 6. Januar 1863 seinen Sitz einnahm, war das Verhältnis nach seinem eigenen Bericht vom 22. Januar in der *Illinois Staats-Zeitung* 55 zu 30 zugunsten der Demokraten[59]. Grund dafür war um die Jahreswende 1862/63 auch der

---

55   ISZ, 4.11.1862.

56   ISZ, 1.11.1862.

57   ISZ, 28.10.1862; 1.11.1862; 3.11.1862; 4.11.1862.

58   ILLINOIS STATE ARCHIVES, RS 103 032 (Election Returns, Petitions, and Papers), *Abstract of votes given in the County of Cook*, 4.11.1862.

59   ISZ, 24.1.1863; 29.1.1863 (14. und 15. Bericht aus Springfield, *Correspondenz* der ISZ aus Indiana); Brentano berichtete regelmäßig in 22 Berichten von den Sitzungen der Legislative aus Springfield, der Hauptstadt des Staates Illinois (ISZ, 9.1.1863–9.2.1863). Da die Unterlagen der *General Assembly* (Staatslegislative) von Illinois aus den Jahren 1863–1864 durch Papierzerfall verloren gingen (schriftliche Auskunft von Direktor John Daly, Illinois State Archives, 9.7.1999), sind die

sich unter großen menschlichen Verlusten und für die Union immer noch erfolglos hin-
ziehende Krieg[60].

So waren die brisantesten Themen, die in der Versammlung behandelt wurden, die
Frage der Fortsetzung des Krieges und der Sklavenemanzipation. Bereits am 7. Januar lag
dem Repräsentantenhaus ein Gesetzentwurf vor, der ein noch vor Lincolns Amtsantritt
vom Kongress beschlossenes Amendment zur amerikanischen Verfassung genehmigen
sollte. Dieses Amendment sah vor, dass der Kongress nie die Aufhebung der Sklaverei in
einem Einzelstaat beschließen könne. Es musste, um wirksam zu werden, noch durch die
Legislaturen von drei Vierteln der Einzelstaaten angenommen werden. Der Senat von Illinois nahm das Amendment am 15. Januar mehrheitlich an, wobei auch zwei republikanische Senatoren zustimmten[61]. Am 8. Januar machten die Demokraten im Repräsentantenhaus zwei weitere Vorstöße, die sich gegen die Lincoln-Regierung richteten. Der eine
wollte eine Initiative für einen Waffenstillstand mit den Südstaaten in Gang bringen, der
andere war ein Antrag, der *die Freiheitsproklamation Lincoln's als u[n]gültig, verfassungs-
widrig, unverbindlich und verbrecherisch* erklären sollte. Als Reaktion auf diese beiden
Initiativen wurde Brentano in der Versammlung zum ersten Mal aktiv und stellte dagegen
den Antrag, in einer öffentlichen Erklärung Lincolns Emanzipationsproklamation vom
1. Januar 1863 als *den Eintritt einer äußerst wichtigen Epoche in der amerikanischen
Geschichte* anzuerkennen, durch die die *hauptsächliche Waffe* der Rebellen im Krieg und
die *scheußliche Grundursache* der Rebellion beseitigt werde. Sein Antrag wurde jedoch
mit 49 gegen 32 Stimmen abgelehnt[62].

Höhepunkt der Kritik an der Regierung Lincolns war sicher die Resolution, die das
Repräsentantenhaus am 28. Januar beschloss und die Brentano wegen ihrer Bedeutung im
Wortlaut in seiner Zeitung abdrucken ließ. Diese Resolution, die mit 47 gegen 26 Stimmen
(bei zwölf abwesenden Abgeordneten) angenommen wurde, warf Lincoln vor, er habe zu
Beginn des Krieges erklärt, dessen einziger Zweck sei die Wiederherstellung der Union.
Nun jedoch habe sich der Krieg *in einen unehrenhaften und schimpflichen Kreuzzug
gegen die festgestellten Rechte der Staaten* verwandelt. Durch seine Proklamation vom
1. Januar 1863 habe Lincoln außerdem versucht, *Negeraufstände in den südlichen Staaten
hervorzurufen[*, und er habe] *die Unions-Armee degradirt, indem er Neger in ihre Reihen
aufgenommen hat.* Die Mehrheitsresolution des Repräsentantenhauses schlug vor, noch
im April 1863 einen *Nationalconvent aller Staaten* aus Gesandten aller Staatslegislativen
nach Louisville zu berufen. Außerdem solle der Kongress der Vereinigten Staaten sofort
über einen Waffenstillstand verhandeln[63].

Bei dieser politischen Stimmung und diesen Mehrheitsverhältnissen in der Versammlung erschien der republikanischen Minderheit die Hoffnung auf Vertagung als der einzi-

---

Berichte in der *Illinois Staats-Zeitung* eine wichtige Quelle für Brentanos Tätigkeit in der Staatslegislative. Als amtliche Quelle liegt publiziert das *Journal* des Repräsentantenhauses von Illinois vor,
das alle Anträge sowie deren Antragsteller und die Beschlüsse der Versammlung enthält: Journal of
the House of Representatives of the Twenty-Third General Assembly of the State of Illinois, Springfield 1865, z.B. S. 15 (Notiz über Brentanos Eintritt in die Versammlung).
60  Vgl. O.E. SCHNEIDER (wie Anm. 21), S. 72f.
61  ISZ, 9.1.1863; 17.1.1863.
62  ISZ, 10.1.1863; 12.1.1863.
63  ISZ, 31.1.1863.

ge Ausweg. Tatsächlich vertagten sich Senat und Repräsentantenhaus am 14. Februar mit der Absicht, Anfang Juni wieder zusammenzutreten[64]. Als sich die Legislatur am 5. Juni jedoch wieder in Springfield versammelte, nahm ein Teil der republikanischen Abgeordneten, unter ihnen auch Brentano und sein Kollege Eastman, nicht mehr an den Sitzungen teil. In verschiedenen Artikeln bestritt Brentano in der *Illinois Staats-Zeitung* mit Hinweis auf Geschäftsordnungsmodalitäten das Recht der Versammlung, sich nach ihrer Vertagung nochmals zu versammeln. Der republikanische Gouverneur Yates von Illinois vertagte am 11. Juni von sich aus die Versammlung, was der oberste Gerichtshof in Mount Vernon Anfang Januar 1864 schließlich auch als rechtsgültig anerkannte[65]. Damit war nicht nur die Geschichte dieser kurzen 23. Staatslegislative von Illinois, sondern auch Brentanos erstes Engagement in einem politischen Amt in seinem neuen Heimatland beendet. Die Erfahrung aus dieser kurzen Abgeordnetentätigkeit musste Brentano jedoch deutlich machen, wie sehr die auch von ihm und vielen Deutschamerikanern vehement vertretene Politik der Sklavenemanzipation und der Bürgerkrieg die amerikanische Nation auch jenseits der Grenze zwischen Nord- und Südstaaten zerrissen hatte. In der Staatslegislative von Illinois wurde ihm deutlich vor Augen geführt, dass diese Politik zum gegenwärtigen Zeitpunkt auch nicht unbedingt und überall mehrheitsfähig war.

Diese Erfahrung war vielleicht mit ein Grund dafür, dass Brentano in den folgenden Monaten die Radikalisierung einer Minderheit der Deutschamerikaner, denen Lincolns Emanzipationspolitik immer noch zu zögerlich war, scharf kritisierte. Diese radikalen Emanzipationisten unter maßgeblichem Einfluss von Karl Heinzen gründeten im Oktober 1863 auf ihrem Kongress in Cleveland zunächst eine *Deutsche Organisation*, die neben der Abschaffung der Sklaverei im gesamten Unionsgebiet – Lincolns Proklamation hatte sich lediglich auf die mit der Union kriegführenden Staaten beschränkt – auch weitergehende Forderungen vertrat wie beispielsweise die nach unbedingter Unterordnung der Einzelstaaten unter die Union und die Unterstützung europäischer Revolutionsbewegungen durch die Vereinigten Staaten. Diese Organisation, zu deren führenden Vertretern auch Caspar Butz aus Chicago gehörte, bemühte sich in den folgenden Monaten, John Charles Fremont als Präsidentschaftskandidaten zu gewinnen. In Zusammenarbeit mit angloamerikanischen Radikalen wurde Ende Mai 1864 ein weiterer Konvent in Cleveland abgehalten, auf dem eine neue Partei, die *Radical Democracy*-Partei gegründet wurde, deren Grundsätze fast völlig mit den Beschlüssen der *Deutschen Organisation* identisch waren. Diese neue Partei nominierte John Charles Fremont, seit seiner Emanzipationsproklamation vom August 1861 Hoffnungsträger der radikalen Sklavereigegner, als Präsidentschaftskandidaten[66].

Brentanos *Illinois Staats-Zeitung* stand diesen ganzen Aktivitäten ablehnend gegenüber. Sie unterstützte zwar durchaus partielle Kritik an Lincoln, so beispielsweise die Kritik der Versammlung der radikalen Emanzipationisten Missouris in Springfield Anfang September 1863, die Lincoln aufforderten, der *sklavereifreundlichen, conservativen und nachgiebigen* Politik der Administration in Missouri ein Ende zu bereiten[67], doch kriti-

---

64   ISZ, 5.2.1863; 9.2.1863.
65   ISZ, 5.6., 6.6., 11.6.1863; 7.1.1864.
66   J. NAGLER (wie Anm. 20), S. 149–159, 208–220.
67   ISZ, 3.9.1863.

sierte sie den Konvent von Cleveland als *Paperlamento*, das *augenscheinlich unter der Fuchtel Heinzen's stand*[68]. Mit Karl Heinzen, einem alten Bekannten und politischen Gegner aus Badener Zeit, hatte sich Brentano bereits im Mai 1862 auseinandergesetzt, als dieser in einem Artikel in seiner Bostoner Zeitung *Der Pionier* Franz Sigel kritisiert hatte, der sich nach Ansicht Heinzens nicht radikal genug für die Sklavenbefreiung einsetze. Nicht nur, dass Brentano Heinzens Vorwürfe gegen Sigel als gegenstandslos verwarf, er hatte ihn schon damals als einen *Handlanger des Knownothingthums* bezeichnet, Heinzen also vorgeworfen, mit seinen extremen Forderungen den Nativismus in den Vereinigten Staaten zu schüren[69]. Brentano setzte sich wie in anderen Fällen so auch dieses Mal nicht nur publizistisch, sondern auch politisch für seine Ziele ein. Am 7. Juni 1864 war er zusammen mit Francis Hoffmann, dem deutschamerikanischen Vizegouverneur von Illinois, einer von 23 Deutschamerikanern – bei 444 Teilnehmern insgesamt – beim Nationalkonvent der Republikanischen Partei in Baltimore, der Abraham Lincoln wiederum zum Präsidentschaftskandidaten der Republikaner nominierte[70].

Mit der Unterstützung Lincolns und der Kritik an den *deutschen Ultras* oder *Radikalissimi*, wie die *Illinois Staats-Zeitung* die Anhänger der *Radical Democracy* zu bezeichnen pflegte[71], löste sie bei diesen natürlich auch Gegenreaktionen aus, die in erster Linie Brentano trafen, mit dem die Zeitung identifiziert wurde. In einem Brief vom Januar 1864 an Franz Sigel beschrieb Caspar Butz seine Enttäuschung über Brentanos Haltung: [...] *ich habe mich* **sehr** *in dem Mann getäuscht und bin ganz mit ihm zerfallen – singt jetzt in seiner Zeitung eine Lincoln-Hymne.* In einem späteren Schreiben vom Oktober desselben Jahres, ebenfalls an Sigel, sprach Butz sogar von dem *Schuft Brentano*[72].

Doch sollte sich herausstellen, dass die einflussreichsten Deutschamerikaner sowohl der *Deutschen Organisation* wie auch der *Radical Democracy* ihre Unterstützung verweigerten. Sowohl Franz Sigel wie Carl Schurz und Friedrich Hecker, die bekanntesten und populärsten Deutschamerikaner in den Vereinigten Staaten und damit natürlich als Verbündete wichtig, lehnten die Aktivitäten der radikalen Deutschen ab, vor allem weil sie dabei die Gefahr einer Spaltung für die Republikanische Partei sahen. Sigel schätzte jedoch auch den Einfluss von Heinzen und Butz als zu gering ein, als dass sie mit ihren Vorstellungen Erfolg haben könnten[73].

Tatsächlich verlor die *Radical Democracy* im Laufe des Sommers 1864 immer mehr Anhänger. Nicht zuletzt trug dazu auch bei, dass ihr Präsidentschaftskandidat Fremont auf der Suche nach Unterstützung sich auch den sog. *Friedensdemokraten* annäherte, dem konservativsten Flügel der demokratischen Partei, die im Gegensatz zu den *Kriegsdemokraten*, die zu einer partiellen Zusammenarbeit mit den Republikanern bereit waren, für eine sofortige Beendigung des Krieges eintraten. Dies wurde auch in der *Illinois Staats-*

---

68  ISZ, 6.6.1864.
69  ISZ, 29.5.1862; 30.5.1862; vgl. zu Heinzens Rolle in der badischen Mairevolution 1849 S.-M. BAUER (wie Anm. 1), S. 36f.; zu Heinzens politischen Vorstellungen in den USA vgl.: J. GOEBEL (wie Anm. 10), S. 468–471.
70  O. E. SCHNEIDER (wie Anm. 21), S. 75.
71  Vgl. beispielsweise ISZ 30.12.1863; 1.7.1864.
72  Zitiert nach J. NAGLER (wie Anm. 20), S. 162, 245.
73  Ebd. S. 156, 160f., 165, 202f., 219f. (dort Zitat aus einem Brief Sigels an seine Frau vom 8.6.1864).

*Zeitung* kritisch vermerkt, die zudem polemisch feststellte, dass Fremont sonst fast nur noch Unterstützung durch *die deutschen Fremontknechte* finde[74]. Mit Genugtuung stellte die Zeitung Mitte Juli dann auch fest, dass selbst zwei führende Mitglieder des Chicagoer Fremont Clubs, Gustav Leverenz und Louis Richberg, eine Resolution unterstützten, die sich für die republikanische Wahlempfehlung auf der Basis des Nationalkonvents von Baltimore aussprach[75]. Seit Juli machte die *Illinois Staats-Zeitung* auch immer wieder in Aufrufen Wahlwerbung für Lincoln als neuen und alten Präsidenten[76]. Fremont, der die Aussichtslosigkeit seiner Kandidatur einsah, zog diese im September 1864 zurück. Die radikale Opposition verlor ihre Basis immer mehr, nicht zuletzt auch wegen der zunehmenden militärischen Erfolge der Union[77]. Die *Illinois Staats-Zeitung* konnte am 9. November 1864 begeistert Lincolns Wahlsieg verkünden und gleichzeitig den Erfolg der Republikanischen Partei insgesamt, die vor allem in Chicago selbst eine große Majorität gewonnen hatte[78].

Die hier ausführlicher beschriebenen Jahre des Bürgerkriegs und der Auseinandersetzung um die Abschaffung der Sklaverei waren nicht nur für Brentano eine zentrale Erfahrung in den Vereinigten Staaten. Er erlebte wie viele Deutschamerikaner, vor allem auch viele *48er*, in diesen Jahren über sein journalistisches und politisches Engagement eine Integration in die Gesellschaft des neuen Heimatstaates, wie sie in dem Maße in den zehn ersten Jahren des Aufenthalts in den USA nicht stattgefunden hatte. Gleichzeitig wuchs er auch in eine Rolle als *ethnic leader*, als Sprecher und Interessenvertreter der Deutschamerikaner vor allem seiner Heimatstadt Chicago und des Staates Illinois, hinein, die ihn auch in der Folgezeit immer wieder in politische Funktionen und Ämter führte, die aber auch deutlich machte, dass er wie viele andere dieser *ethnic leaders* und die von ihnen vertretenen Bevölkerungsgruppen immer noch als Angehörige von Sondergruppen in dieser Gesellschaft empfunden wurden[79].

## Ausblick: Lokalpolitiker – Diplomat – Kongressabgeordneter

Wie im Titel bereits angedeutet, kann hier Brentanos Biographie nur skizziert werden, nicht zuletzt auch deshalb, weil noch längst nicht alle Quellen ausgewertet wurden. Nach den Jahren der Auseinandersetzung um die Sklavenemanzipation beendete Brentano keineswegs sein politisches Engagement, hatte er doch in diesen Jahren ein Ansehen gewonnen, aufgrund dessen ihm auch weiterhin berufliche und politische Aufgaben erwuchsen. In Chicago übernahm er noch im letzten Jahr des Bürgerkrieges ein Amt als städtischer Schulrat. In dieser Funktion setzte er sich zum einen für die Einführung des Turnunterrichts, zum anderen auch für bilingualen deutsch-englischen Unterricht an den öffentlichen Schulen in Chicago ein. Eine bilinguale deutsch-englische Privatschule, die *Schul-*

---

74   J. Nagler (wie Anm. 20), S. 239f.; ISZ, 24.6.1864.
75   ISZ, 18.7.1864.
76   ISZ, 1.7.1864 – 26.10.1864, passim.
77   J. Nagler (wie Anm. 20), S. 241; A.J. Townsend (wie Anm. 5), S. 31f.
78   ISZ, 9.11.1864.
79   Vgl. auch E. Bruncken (wie Anm. 5), 1/1904, S. 49, 59; J. Nagler (wie Anm. 20), S. 259f.

*anstalt des Herrn B. Wiedinger im Deutschen Hause* in Chicago, kannte Brentano *aus eigener Anschauung* – seine in Amerika geborenen drei Kinder kamen in den 60er Jahren ins Schulalter. In einem Artikel in der *Illinois Staats-Zeitung* empfahl er diese Schule den Lesern und stellte deren Unterrichtsmethoden und -inhalte vor[80]. Als Schulrat setzte er sich dann gemeinsam mit einem deutschamerikanischen Kollegen im Amt, dem Chicagoer Bankier Hermann Felsenthal, für die Einführung von Deutsch als Unterrichtssprache auch an den öffentlichen Schulen der Stadt ein. 1865 wurde Brentanos Antrag im Schulrat angenommen und zunächst deutscher Unterricht in einer Chicagoer Schule eingeführt. Das Projekt war erfolgreich, und 1872 wurde bereits in dreizehn Schulen in Chicago Deutsch gelehrt[81].

1866 gelang es Brentano auch, durchzusetzen, dass eine Turnstunde, die von einem ausgebildeten Fachlehrer gehalten wurde, in den öffentlichen Schulen eingeführt wurde. Diese Reform hatte jedoch auf Dauer keinen Bestand, und die Turnstunde wurde nach einem Jahr wieder aufgegeben[82]. Doch insgesamt war Brentanos Wirken im Bereich der städtischen Schulpolitik so nachhaltig, dass eine öffentliche Schule in Chicago nach ihm benannt wurde. Sie trägt noch heute seinen Namen und wird als Schule für Kinder vom Kindergartenalter bis zur achten Klasse genutzt[83]. 1868 endete Brentanos fünfjährige Tätigkeit im Schulrat von Chicago, dessen Präsident er während des letzten Jahres war. Das Jahr 1868 brachte noch einen neuen Höhepunkt seiner politischen Laufbahn: Er wurde im Herbst des Jahres zum Wahlmann für den Staat Illinois bei der Wahl des amerikanischen Präsidenten Grant gewählt[84].

1869, fast zwanzig Jahre nach seiner Flucht aus Deutschland, beschloss Brentano, die Vereinigten Staaten wieder zu verlassen und nach Europa zurückzukehren. Die Familie zog mit den drei in Amerika geborenen Kindern nach Zürich. Die älteste Tochter hatte in Chicago bereits einen deutschamerikanischen Arzt, Wilhelm Wagner, geheiratet, der im Bürgerkrieg Arzt im 24. Illinois- (ersten Hecker-)Regiment gewesen war. In der Schweiz setzte Brentano sich journalistisch in führenden deutschen Zeitungen für die Interessen der Vereinigten Staaten in der *Alabama-Frage* ein. Im Auftrag der Minister Elihu Washburne und Horace Rublee verteidigte er publizistisch die Ansprüche der USA in dieser Angelegenheit, die beispielsweise in Deutschland zunächst sehr umstritten waren. Dabei ging es um eine in der Zeit viel diskutierte völkerrechtliche Frage. Das Schiff *Alabama* war während des Bürgerkriegs im Auftrag der Südstaatenkonföderation in England gebaut

---

80   ISZ, 2.12.1862.
81   ISZ, 23.9.1891, zitiert nach: In Memoriam (wie Anm. 6), S. 36f.; allgemein zur Entwicklung des deutschamerikanischen Schulwesens vgl. L.V.J. RIPPLEY, The German Americans, Boston 1976, S. 116–128; B. GOLDBERG, The Forty-Eighters and the School System in America: The Theory and Practice of Reform, in: C.L. BRANCAFORTE (Hg.), The German Forty-Eighters in the United States, New York u. a. 1989, S. 203–218.
82   W.J. PESAVENTO, A Historical Study of the Development of Physical Education in the Chicago Public Schools, 1860 to 1965, Diss. Phil., Northwestern University 1966, S. 9–22, zitiert nach: P.R. DUIS, Challenging Chicago. Coping with Everyday Life, 1837–1920, University of Illinois Press 1998, S. 173.
83   Für diese Auskunft danke ich herzlich Ms Marge Topps, Corresponding Secretary, Chicago Genealogical Society (Brief vom 27. Juli 1999).
84   ILLINOIS STATE ARCHIVES, RS 103 063 (wie Anm. 15), 1868.

und von dort an die Südstaaten ausgeliefert worden – gegen den Einspruch der Union, die darin eine Verletzung der Neutralität Englands sah. Nach dem Krieg forderten die Vereinigten Staaten daher von England Schadenersatz für alle von der als Kaperschiff agierenden *Alabama* verursachten Verluste der Union. Die USA und England einigten sich schließlich auf die Einsetzung eines Schiedsgerichts in Genf, das im September 1872 England zur Zahlung eines Schadenersatzes in Höhe von 15,5 Millionen Dollar verurteilte[85].

Wohl in Anerkennung seiner Verdienste im *Alabama*-Fall ernannte Präsident Grant Brentano 1873 zum amerikanischen Konsul in Dresden, ein Amt, das er bis 1876 innehatte. Während der ganzen Zeit hielt er den Kontakt in die Vereinigten Staaten, auch zu seiner alten Zeitung, der *Illinois Staats-Zeitung*. Mit seinem journalistischen Nachfolger dort, dem als leitendem Redakteur von Anton Caspar Hesing eingestellten Hermann Raster, war er freundschaftlich verbunden und stand mit ihm in ständigem Briefwechsel[86].

1876 kehrte die Familie, nachdem die Dienstzeit Brentanos als Konsul abgelaufen war, wieder in die Vereinigten Staaten zurück, wo die nächste politische Aufgabe bereits auf Brentano wartete. Die *Illinois Staats-Zeitung* unterstützte seine Kandidatur für das Repräsentantenhaus, und Brentano wurde im Herbst des Jahres im Alter von 63 Jahren als Kandidat der Republikanischen Partei für den Staat Illinois in den 45. Kongress der Vereinigten Staaten gewählt, dem er bis zum März 1879 angehörte[87]. Dies war für einen Mann, der erst mit 36 Jahren in die Vereinigten Staaten ausgewandert war und die letzten Jahre noch nicht einmal im Land gelebt hatte, ein beachtlicher Karrieresprung und eine Anerkennung seines journalistischen und politischen Engagements in den vergangenen Jahren für die deutschamerikanische Bevölkerungsgruppe und für seine Partei. Ein solcher Erfolg wäre jedoch ohne das (Massen-)Medium der *Illinois Staats-Zeitung*, die ja dank Brentanos Arbeit in den 60er Jahren eine immer größere Leserschaft gefunden hatte und die seine Karriere in den Vereinigten Staaten nicht nur im Wahlkampf von 1876 immer begleitet und unterstützt hatte, undenkbar gewesen.

Als Abgeordneter im Repräsentantenhaus setzte sich Brentano wiederum für deutschamerikanische Interessen ein, beispielsweise in seiner Rede vor dem Repräsentantenhaus am 24. Februar 1879, jedoch durchaus in Abwägung auch der Interessen seines neuen Heimatlandes. Dabei ging es um eine Frage, die zahlreiche deutsche Auswanderer in den Vereinigten Staaten im 19. Jahrhundert betraf, die ihr Heimatland ohne offizielle Entlassung aus dem Staatsbürgerschaftsverhältnis in jungen Jahren verlassen hatten und damit auch dem Militärdienst entgangen waren. Brentano bezog sich in seiner Rede auf Verträge, die die USA 1868 mit dem Norddeutschen Bund und ähnlich auch mit süddeutschen Staaten abgeschlossen hatten (*Bancroft treaties*) und deren Verlängerung fraglich war. Sie regelten, dass Einwanderer aus Deutschland, die fünf Jahre in den Vereinigten Staaten gelebt hatten, bei Reisen in ihre Herkunftsländer als naturalisierte US-Bürger behandelt werden mussten. Dies bedeutete auch, dass sie wegen ihrer einstmals unerlaubten Auswanderung aus dem Geburtsland nicht mehr strafrechtlich verfolgt bzw. nachträglich

85   ISZ, 18.9.1891, und *Chicago Herald*, 18.9.1891, beide zitiert nach: In Memoriam (wie Anm. 6), S. 22, 26; Brockhaus Konversationslexikon, Leipzig [14]1894, Bd.1, S. 302.
86   Vgl. drei Briefe Brentanos vom 4.3., 3.6. und 11.8.1873 an Hermann Raster aus Dresden, Newberry Library, Ras.
87   A. JOHNSON, Dictionary of American Biography, Bd. 3, London 1929, S. 20.

zum Militärdienst gezogen werden konnten. Brentano sah es dabei jedoch als akzeptabel an, dass bei einer länger als zwei Jahre dauernden Rückkehr ins alte Heimatland davon ausgegangen werden könne, dass Amerika nicht als eigentliche Heimat angesehen werde und die Annahme der amerikanischen Staatsbürgerschaft möglicherweise nur zur Umgehung der Militärpflicht geschehen sei. Dann sei es das Recht des entsprechenden deutschen Staates, diese Männer zum Militärdienst einzuziehen. Allerdings forderte Brentano den betreffenden Paragraphen des Vertrages in zwei Punkten zu ergänzen bzw. zu präzisieren: Der Betroffene dürfe nicht älter als 31 Jahre sein, ein Alter, in dem die Militärpflicht in den deutschen Staaten ende, und auf eine Bestrafung wegen der unerlaubten Auswanderung müsse auf jeden Fall verzichtet werden. Brentano erklärte im Namen der Deutschamerikaner in den Vereinigten Staaten vor dem Repräsentantenhaus, dass die von ihm vertretene Bevölkerungsgruppe keine Unterstützung für Leute verlange, die sich als Bürger zweier Welten betrachteten und sich keiner von beiden wirklich verpflichtet fühlten: *I may be permitted to state here from the feeling which I know exists among the German-American portion of the people of the United States, that they would be the last to claim protection for such persons whom they consider citizens of two worlds but true to none.* Im weiteren Verlauf seiner Rede forderte Brentano dann, dass die *Bancroft*-Verträge durch einen neuen, mit dem Deutschen Reich abzuschließenden Vertrag ersetzt werden müssten, in dem gesichert werde, dass alle amerikanischen Bürger, auch naturalisierte, in Deutschland denselben Schutz garantiert hätten, der auch für Deutsche gelte, die die Vereinigten Staaten besuchten[88].

Dabei unterstrich die oben zitierte Erklärung ganz klar, dass – bei aller Vertretung deutsch-amerikanischer Interessen – Brentano selbst sich entschieden als amerikanischer Staatsbürger verstand und er diese Haltung auch bei der deutschamerikanischen Bevölkerungsgruppe voraussetzte. 30 Jahre nach seiner erzwungenen Auswanderung aus Deutschland hatte er sich als Bürger völlig in der *Neuen Welt* integriert, die ihm die Entfaltungsmöglichkeiten bot, die er in Deutschland nicht gefunden hatte. Dabei spielte – wie bereits gesagt – der erfolgreiche Kampf um die Sklavenemanzipation und um die Erhaltung der Union während des Bürgerkriegs, den viele Deutschamerikaner auch als Erfolg ihres Engagements betrachteten, eine bedeutende Rolle. In Amerika hatten sie politisch und militärisch erfolgreich für Freiheit und Einheit mitgekämpft, woran sie 1848/49 in Deutschland gescheitert waren.

Brentano starb – knapp 78 Jahre alt – am 17. September 1891 im Haus der Familie in der La Salle-Avenue in Chicago, nachdem er mehrere Jahre lang teilweise gelähmt an den Folgen eines Schlaganfalls gelitten hatte[89].

Hier konnten nur einige Ausschnitte aus seinem Lebensweg skizziert werden. Vieles musste offen bleiben, da – wie bereits gesagt – die Quellensuche und -auswertung noch nicht abgeschlossen ist. Einiges, was geschildert wurde, lässt Fragen offen: Warum verkaufte Brentano 1867 die *Illinois Staats-Zeitung*, die er bis dahin mit so viel Erfolg geführt

---

88   Speech of Hon. L. Brentano, of Illinois, in the House of Representatives, 24.2.1879, in: Congressional Record: Containing the Proceedings and Debates of the Forty-Fifth Congress, Third Session, Bd.8, Teil 3, Washington 1879, S. 161–164, Zitat: S. 162.
89   A. Johnson (wie Anm. 87), S. 20; *The Chicago Daily News, The Evening News*, 18.9.1891 (Newberry Library).

hatte? Warum kehrte er mit seiner Familie, also mit drei heranwachsenden Kindern zwischen zehn und fünfzehn Jahren, die in den Vereinigten Staaten geboren waren, 1869 plötzlich nach Europa zurück? Auch Brentanos Motive für seine hier nicht thematisierte Abwendung von der Republikanischen Partei in den 80er Jahren und für seine Unterstützung des demokratischen Präsidentschaftskandidaten Grover Cleveland[90] müssten noch genauer untersucht werden.

Die hier skizzierten Stationen aus dem Leben von Lorenz Brentano geben dennoch einen Eindruck von seiner außergewöhnlichen Biographie. Sie war jedoch in mancher Hinsicht auch exemplarisch, da sie viele typische Elemente aus der ›Karriere‹ gerade der *48er* in den Vereinigten Staaten aufweist: das durch die Sklavenfrage ausgelöste politische Engagement, die forcierte Integration durch dieses Engagement, vor allem während der Bürgerkriegszeit, in die Gesellschaft der Vereinigten Staaten, das wachsende Selbstbewusstsein der Deutschamerikaner als ethnischer Gruppe im neuen Heimatland und das dezidierte Eintreten für die Interessen dieser Gruppe verbinden Brentano mit vielen anderen *48ern*, von denen einige in diesem Beitrag genannt wurden. Und obwohl Brentano in den Vereinigten Staaten nie die Bekanntheit eines Franz Sigel oder Carl Schurz erlangte, kann seine Karriere doch als Beispiel für den Beitrag von Flüchtlingen und Immigranten zum politischen und intellektuellen Leben dieses Landes gelten.[91]

---

90   A. JOHNSON (wie Anm. 87); S. 20.
91   P.G. WILLIAMS, Lorenz Brentano, in: American National Biography, hg. v. J. A. GARRATY, M. C. CARNES, Bd. 3, New York/Oxford 1999, S. 484f.: *Though Brentano never became as well known in the United States as some other »forty-eighters«, such as Sigel or Carl Schurz, his career nevertheless stands as a testament to the continuing contributions exiles an expatriates have made to the nation's political and intellectual life.*

# Der Zweite Frühling der Revolutionäre:
# 1848/49 und der amerikanische Bürgerkrieg

VON WOLFGANG HOCHBRUCK

Es kommt nicht allzu oft vor, dass man im Leben für irgendetwas überhaupt eine zweite Chance bekommt. In dieser Hinsicht – und eigentlich nur in dieser – waren die aus Europa nach der Niederschlagung aller demokratischen Hoffnungen nach Amerika geflüchteten, ausgewiesenen und ausgewanderten Aktivisten und Anhänger der Revolutionen von 1848/49 zwölf Jahre später, im Frühling 1861, in einer bemerkenswerten, wenn auch nicht glücklichen Situation. Die Wahl des Republikaners Abraham Lincoln zum Präsidenten der Vereinigten Staaten im November 1860 hatte dazu geführt, dass die im Grunde seit der Unabhängigkeit im 18. Jahrhundert schwelende Krise um Sklavenhaltung und Staatsrecht in den Vereinigten Staaten nach Jahrzehnten der Kompromisse offen ausbrach. In einer Phase hysterischen politischen Aktionismus' verließen erst sieben, nach Ausbruch der Feindseligkeiten noch einmal vier Staaten die Union. Dieser politische Piratenakt einer einseitigen, verfassungsmäßig nicht abgesicherten und mit militärischer Gewalt durchgesetzten Sezession der Sklavenhalterstaaten zwang die Anhänger der Union zum Handeln. Wenn die USA, die zu diesem Zeitpunkt neben der Schweiz die letzte freie Republik der westlichen Welt waren, nicht Balkanisierung und Willkür anheim fallen sollten, musste die Sezession notfalls mit Gewalt beendet werden. Lincoln rief deshalb am 14. April 1861, nachdem das Bundesfort Sumter in South Carolina beschossen worden war, die ersten 75 000 Freiwilligen zu den Waffen. Unter den Ersten, die diesem Aufruf in den verbliebenen Bundesstaaten folgten, waren innerhalb weniger Tage und Wochen mehr als zwanzigtausend Deutsche, viele davon erst kürzlich eingewandert. Insgesamt sollten 180 000 in den diversen deutschen Landen geborene Männer aus verschiedenen Beweggründen im Bürgerkrieg kämpfen. Pivotale Figuren unter diesen Deutschen waren wenigstens zu Anfang des Krieges vielerorts Veteranen der Revolutionen von 1848/49.

Dass sie die Situation im Frühjahr 1861 als Chance begriffen haben, und dass sie willens, bereit, und – im Unterschied zu 1848/1849 – auch fähig waren, diese Chance zu nutzen, ist die Hauptthese dieses Beitrags.

So veröffentlichte der Frühsozialist und Revolutionsveteran Friedrich Anneke schon im Sommer 1861 in Frankfurt ein Buch unter dem Titel *Der Zweite Freiheitskampf*. Zu diesem Zeitpunkt müssen Reichweite und Folgen des amerikanischen Bürgerkriegs, dessen ganzes Ausmaß sich eben erst abzuzeichnen begann, den Beteiligten noch unklar gewesen sein. Anneke – und andere wie er – erfassten gleichwohl, dass sich hier eine zweite Chance bot, gleich zwei unvollständig gebliebene Revolutionen, die von 1776 und die von 1848, zu Ende zu führen. Die Bezeichnung »der zweite Freiheitskampf« wäre demnach insofern wörtlich zu nehmen, als im Bürgerkrieg sowohl die demokratischen Projekte der amerikanischen Unabhängigkeitserklärung von 1776 wie die der europäischen Auflehnungen gegen die Fürstenherrschaft in den Jahren 1848 und 1849 fortgesetzt wurden.

Dass eine solche Fortsetzung im Amerika von 1861 notwendig sein sollte, entbehrt nicht eines Maßes an bitterer Ironie: Ausgerechnet im Mutterland der bürgerlich-konstitutionellen Demokratie, an die sich die Europäer in ihren Zielen angelehnt hatten, kommen die revolutionären Kräfte von 1848/49 in diesem Frühling zu einem für viele von ihnen unerwarteten zweiten Kampfeinsatz für eben diese Demokratie. Nötig wird dieser zweite Freiheitskampf, weil es in achtzig Jahren demokratischen Lebens nicht gelungen war, eine gangbare Lösung für ein Ende der Sklaverei zu finden, deren fortgesetzte Existenz das Versprechen der Gleichheit der Freiheitsrechte aus der Unabhängigkeitserklärung täglich ad absurdum führte. Im Gegenteil: Die Sklavenzahl hatte zugenommen, und es waren nicht Fragen der Überwindung der Sklaverei, sondern Streit um ihre Ausdehnung auf neu erschlossene Gebiete im Westen, der letztlich zu offenen Feindseligkeiten führen sollte. Zum offiziellen Kriegsziel wird die Abschaffung der Sklaverei selbst unter Kriegsbedingungen erst 1863, und auch dann erst auf politischen Druck vom linken radikalen Flügel der republikanischen Partei, wo viele Deutsche ihre politische neue Heimat gefunden hatten sowie auf Anraten der Militärs, die das Potential der kampfbereiten Afrikamerikaner ausnutzen wollten. Der Enthusiasmus des Frühlings 1861 lag da schon weit hinter den auf der politischen Bühne handelnden Figuren.

Dass deutsche Achtundvierziger irgendwie im Bürgerkrieg dabei waren, ist Gemeinplatz und in dieser Form auch schon wieder unzulässige Verallgemeinerung. Die deutschen Einwanderer, die sich im Frühjahr 1861 schon beim ersten Aufruf Präsident Lincolns nach Freiwilligen melden, sind weder durchgängig ehemalige Revolutionäre, noch sind überhaupt ihre Beweggründe und Motivationen zu verallgemeinern. Eine große Anzahl von ihnen war dabei, weil sie durch die Sezession in ihren ureigensten vitalen Interessen betroffen wurden: Sie hatten sich z. B. in den noch Sklaverei erlaubenden Grenzstaaten Missouri, Maryland und Kentucky niedergelassen, die mit der Sezession zur Frontlinie wurden. In Missouris größter Stadt etwa, in St. Louis, stellten die Deutschen 1861 ein Drittel der Bevölkerung, und ethnische Konflikte waren häufig. Auch in Maryland und Kentucky, wo es in Louisville in den fünfziger Jahren zu erheblichen fremdenfeindlichen Ausschreitungen mit zahlreichen Toten gekommen war, beäugten sich die Bevölkerungsgruppen mit schlecht verhohlenem Misstrauen. Schlimmer war die Situation im tiefen Süden: Die zahlreichen in Texas angesiedelten Deutschen landeten durch den Ausstieg ihres Staates aus der Föderation weit hinter den feindlichen Linien. Das bedeutete entweder, sich für die Sache der Konföderation einspannen zu lassen, oder aufzupacken und wieder eine neue Heimat zu suchen, oder aber Widerstand zu leisten. Aus Texas begann folgerichtig eine Flucht- und Vertreibungswelle nach Mexiko, und auch in einigen Gebieten in Missouri, Kansas und Tennessee, in denen die Sezessionisten die Oberhand hatten, begannen ethnische Übergriffe gegen die deutschen Siedler. Gerade in den größeren Städten der Grenzregion aber hatten sich bereits mit dem Beginn der Sezessionen im Winter 1861 erste pro-unionistische paramilitärische Verbände gebildet, oft mit republikanischen Wahlclubs, oft mit den örtlichen deutschen Turnvereinen im Zentrum, um bei einem gewaltsamen Austritt der Grenzstaaten aus der Union Widerstand leisten zu können. Der Achtundvierziger Anteil in diesen Vereinen war nun allerdings hoch[1].

Letztlich griffen aber längst nicht alle Veteranen und Emigranten von 1848/49 im Bürgerkrieg zu den Waffen. Die politischen Verhältnisse der USA waren nicht nur deutlich von denen in Deutschland verschieden; historische und biographische Entwicklungen hatten auch dazu geführt, dass mancher Achtundvierziger die ihm in der populären Rezeption der Revolutionsgeschichte zugeschriebene Position modifiziert oder sogar aufgegeben hatte. Mancher hatte sich arrangiert und etabliert, sympathisierte eher mit der demokratischen Partei oder war einfach mit fortschreitendem Alter von den eigenen radikalen Ideen abgerückt. Gleichzeitig hatte sich aber in den USA anders als im nach-revolutionären Deutschland ein klassendurchlässiger politischer Radikalismus halten können, so dass die Mobilisierung im Frühjahr 1861 im Stande war, den Zusammenhang und die oft nur sporadische Kooperation der Ex-Revolutionisten aus allen Schichten angesichts eines die gemeinsamen Interessen belangenden Notzustands wieder herzustellen bzw. abzulösen. Diese gemeinsame ›Sache‹ verbindet denn auch den politisch und ideologisch fundierten Einsatz der alt-radikalen oder zwischenzeitlich radikalisierten Achtundvierziger mit der Sorge der unmittelbar Betroffenen, der Abenteuerlust anderer Freiwilliger und sogar mit der Motivation derer, für die der Krieg hauptsächlich ein willkommener Anlass war, den eingesessenen Amerikanern zu beweisen, dass die Deutschen ebenso gute Bürger der USA sein konnten wie die, die schon ein paar Generationen länger im Land gesiedelt hatten. Kombinationen der genannten Motivationen waren möglich und eher die Regel als die Ausnahme. Vor dem Hintergrund der Größe der Mobilisierungswelle des Frühjahrs 1861 waren die Alt-Achtundvierziger sogar nur eine zahlenmäßig relativ kleine Gruppe in der Masse der Unions-Freiwilligen. Trotzdem meine ich, dass eine Hypothesenbildung, die eine Verbindung zwischen 1848 und 1861 herstellt, historisch haltbar ist.

Diese Haltbarkeit wird durch drei Faktoren gestützt. Erstens: die Existenz eines »Geistes von 1848«, der auf einer Kontinuität des Einsatzes und des Idealismus einer radikalen Minderheit der Achtundvierziger aufbaut, der sich in der politischen Landschaft der USA der fünfziger Jahre dokumentiert, und der zu Beginn des Bürgerkriegs deutlich zum Tragen kommt; zweitens: die multiplikatorische Wirkung der genannten Gruppe der Alt-Achtundvierziger, die besonders bei Kriegsbeginn zu einem erneuten Aufleben dieses Geistes beiträgt und in einer dialektischen Wechselwirkung Teil dieses Geistes ist; und drittens: die Entstehung der *Forty-Eighters* als eine Gruppe von Quasi-Neu-Achtundvierzigern: Männern und auch Frauen, die 1848 entweder nur nachgeordnete Rollen gespielt hatten oder zu unerfahren oder schlicht zu jung gewesen waren, um irgendwelche größeren Aufgaben oder Führungsrollen übernehmen zu können, denen aber im Bürgerkrieg Führungsaufgaben zuwachsen, und die im Geist der radikalen Achtundvierziger handeln.

Um diesen *Spirit of 1848* besser erfassen zu können, ist ein Rückgriff auf die fünfziger Jahre nötig, verbunden mit einem definitorischen Exkurs. Letzterer wird durch die Undeutlichkeit des Begriffs *Achtundvierziger* bedingt, der insbesondere aus der amerikanischen Rückschau erhebliche Unschärfen aufweist, die durch die überwiegend biogra-

---

1 J. PRIMM/S. ROWAN (Hgg.), Germans for a Free Missouri. Translations from the St. Louis Radical Press, 1857–1862, Columbia 1983, S. 166; R. ROMBAUER, The Union Cause in St. Louis in 1861, St. Louis 1909, S. 128.

phisch orientierte Erforschung der *Achtundvierziger* auch nicht aufgelöst werden. Um in dem Durcheinander von Selbst- und Fremdzuschreibungen sowie fragwürdigen Unterteilungen in politische und Wirtschaftsflüchtlinge nicht der Versuchung zu erliegen, definitorische *terminal closures* zu konstruieren, die sich letztlich als nicht haltbar erweisen werden, wird vorgeschlagen, einen *Geist von 1848/Spirit of 1848* da zu konstatieren, wo sich aus den politischen Idealen der Achtundvierziger ableitbare Ideen in den USA manifestieren. Wie die *Achtundvierziger* oder eben ihr *Spirit* im Nordamerika der 50er Jahre des 19. Jahrhunderts weiter gewirkt haben, hat Bruce Levine in einigen Details in seinem Buch *The Spirit of 1848. German Immigrants, Labor Conflict, and the Coming of the Civil War* [2] belegt. Seine Argumentation und Beweisführung kann hier nicht im Einzelnen wiederholt werden; es wäre wichtig, dass dieses Buch endlich in deutscher Sprache zugänglich gemacht würde. Sehr allgemein zusammengefasst war der Geist von 1848 in zwei Feldern besonders aktiv, und auf diesen zwei Feldern auch besonders erfolgreich. Das eine Feld ist die Frage der Arbeiterorganisation und der Arbeitsgesetzgebung, das andere die Frage der Sklaverei.

Die ältere Geschichtsschreibung mit den gleichwohl wichtigen Werken von Wittke und Zucker [3] hat den Eindruck entstehen lassen, die flüchtigen, ausgewiesenen oder emigrierten Achtundvierziger und die Welle der mit ihnen ins Land gekommenen Immigranten seien von den USA mit mehr oder weniger offenen Armen aufgenommen worden, und sie hätten sich in der Folgezeit schnell und fleißig angepasst und dabei noch großartige Leistungen auf dem Gebiet der Kultur, Wissenschaft, Politik und der wirtschaftlichen Entwicklung für das meist auch so genannte ›neue Vaterland‹ geleistet. Das ist auch nicht eigentlich falsch; die von Wittke und Zucker dokumentierten Biographien bestätigen es. Allerdings wohnt dieser Sicht eine gewisse, aus der historischen Perspektive der Hundertjahrfeiern und des Wiederaufbaus nach dem Zweiten Weltkrieg erklärbare Einseitigkeit inne. Was außer Sicht gerät, ist, dass es gerade im ersten Jahrzehnt nach der europäischen Revolutionsphase in den USA Nachwirkungen der aus Europa importierten Ideen und Ideale gab, die über die Organisation von Theatergesellschaften und die Gründung von Zeitungen hinausgingen und die sich in der Praxis der amerikanischen Existenz ganz anders niederschlugen als die oft unfreiwillig komischen Versuche der Achtundvierziger, sich als intelligenz-bäuerliche *Latin Farmers* durchzubringen. Die amerikanische Politik hatte die Revolutionsjahre aufmerksam beobachtet, auch wenn die aktive Unterstützung, die sich manche der Revolutionisten erhofft hatten, minimal gewesen war. Immerhin reagierte auch die U.S.-Gesellschaft über das Ende der europäischen Demokratieprojekte hinaus auf die Impulse, die davon und von der Welle von Menschen ausgingen, die in ihrem Gefolge nach Nordamerika flohen, exiliert wurden oder auswanderten. Die Jahre zwischen 1848 und 1861 waren einer der eher seltenen historischen Momente, in denen der Export demokratischen Gedankenguts keine US-europäische Einbahnstraße war. Im Einfluss des *Spirit of 1848* wird sozusagen für eine Zwischenzeit eine Gegenfahrbahn sichtbar.

---

2   B. LEVINE, The Spirit of 1848. German Immigrants, Labor Conflict, and the Coming of the Civil War, Urbana 1992.

3   C. WITTKE, Refugees of Revolution. The German Forty-Eighters in America, Philadelphia 1952; A. E. ZUCKER (Hg.), The Forty-Eighters. Political Refugees of the German Revolution of 1848, New York 1950.

Ob man diese Gegenfahrbahn eindeutig positiv bewerten möchte, liegt im Ermessen des Einzelnen. Der Reformgeist trug nämlich letztlich zur Verschärfung bestehender Antagonismen bei. Am deutlichsten zeigt sich das am schwelenden Konflikt zwischen den freien und den Sklavenhalterstaaten, der schließlich in der Sezessionskrise von 1861 – 1865 kulminierte. Verständlicherweise waren nicht alle Amerikaner und nicht einmal alle Alt-Achtundvierziger von dieser Entwicklung sonderlich begeistert.

Unter den freiwilligen wie unfreiwilligen Neu-Amerikanern gab es binnen kurzer Frist sogar zum Teil heftige Auseinandersetzungen um die in der neuen Heimat vorgefundenen Strukturen. Die Sklaverei war ein massiver *stumbling block*, aber nicht nur sie: In seltsamem Widerspruch zur konstitutionell garantierten Rede- und Wahlfreiheit der U.S.-Bewohner stand etwa die vergleichsweise notdürftige Arbeits- und Sozialgesetzgebung. Hier zum Beispiel griffen einige der radikalen Veteranen ein, wie Bruce Levine zeigen konnte. Symptomatisch für die Verhältnisse in den USA und das Verhalten dieser Achtundvierziger ist der Streik der Schneider in New York im Sommer 1850 und das Auftreten des vormaligen Revolutionsführers Adolf Dengler als Sprecher der Streikenden. Der Mützenmacher Dengler, einer der wenigen Nicht-Intellektuellen in den Führungskreisen der Revolution, war im April 1848 Stellvertreter Langsdorffs in Freiburg gewesen; im September war er mit Doll und Mögling im Wiesental aktiv, weswegen er ziemlich weit oben auf der Fahndungsliste gelandet war. Die Preußen hatten just 1850 seine Spur verloren, die Raab'sche Datei verzeichnet ihn als 1850 auf der Überfahrt verstorben. Bei dem New Yorker Streik wurden die Firmenbosse als *despots and aristocrats* bezeichnet, und der anscheinend erst kurz zuvor eingetroffene Dengler rief seine Arbeitskollegen unzweideutig zum Kampf auf:

*Many among us have before been engaged in fighting for liberty in [the] Fatherland. Now, brethren, [...] it is time to fight again, and to fight boldly; we must not flinch, we must be resolute.* (Viele von uns haben im Vaterland bereits für die Freiheit gefochten. Nun, Brüder ... ist es wieder an der Zeit zu kämpfen, und mit Entschlossenheit zu kämpfen; wir dürfen nicht wanken, wir müssen fest stehen.)[4]

Aus Streiks wie diesem wuchsen ebenfalls in den fünfziger Jahren das Bedürfnis und die Einsicht in die Notwendigkeit der Organisation interethnischer Arbeitervereine, Genossenschaften und anderer Solidaritätsgruppen. Bei diesen Organisationsbemühungen waren es wieder die Radikaleren und internationalistisch Denkenden, die prominent in Erscheinung traten und ihren Status als Achtundvierziger und frühere Revolutionisten auch zur Authentifizierung ihres Anspruchs anführten. August Willich druckte eine seiner eigenen, *nicht im besten Englisch* gehaltenen Ansprachen zum Thema im *Cincinnati Republikaner* ab. Darin hieß es:

*By what means can we therefore succeed in the emancipation of the masses, of the workingmen? First to take out of the hand of the oppressors the means to keep us in disunion, we must break down the ruling prejudices. [...] Therefore fellow workingmen, let us first be Union-men before we are Catholics, or Methodists or Philosophers. Let us first be Union-men before we are Americans, Irish, Germans, English, French.* (Auf welche Art und Weise können wir deshalb die Emanzipation der Massen, der Arbeiter erreichen?

---

4 Zit. nach LEVINE (wie Anm. 2), S. 132. Übersetzung aller Passagen in runden Klammern vom Autor.

Erstens müssen wir die herrschenden Vorurteile niederbrechen, um den Unterdrückern die Möglichkeit zu nehmen, uns in Uneinigkeit zu halten. [...] Deshalb, Arbeitsgenossen, lasst uns zuerst Gewerkschaftler sein, bevor wir Katholiken, Methodisten oder Philosophen sind. Lasst uns zuerst Gewerkschaftler sein, bevor wir Amerikaner, Iren, Deutsche, Engländer, Franzosen sind.)[5]

Verbindungen der radikalen Achtundvierziger bis hin zu den Anarchisten der 80er-Jahre lassen sich nachweisen[6].

Hinsichtlich der Sklavereifrage war die Haltung der deutschen Immigranten wesentlich geschlossener als in Fragen des Arbeits- und Sozialrechts[7]. Mit wenigen Ausnahmen waren die in den loyalen Unionsstaaten ansässigen Deutschen Sklavereigegner, auch wenn längst nicht alle eine Gleichstellung der Afrikamerikaner befürworteten oder überhaupt für möglich hielten. Wieder sind es die radikaleren und internationalistischen Elemente unter den Revolutionsveteranen, die den rassistischen Konsens über die Minderwertigkeit der afrikanischen Rassen durchbrechen, und nicht nur das: Deutsche und amerikanische Abolitionisten und Afrikamerikaner kooperierten bereits vor dem Bürgerkrieg, wenn es um die Abschaffung der Sklaverei ging. Eine Versammlung in Cincinnati, Ohio, am 4. Dezember 1859 zu Ehren des verhinderten Sklavenbefreiers John Brown, sah für einen nur als »Spectator« (Beobachter) zeichnenden Zeitungsberichterstatter so aus:

The main floor and galleries of the hall were packed, Spectator reported. Some two-thirds of those present were Germans; most of the rest were black. [...] Black-red-gold banners hung from the gallery, and on the main stage were the Stars and Stripes, ›with a stalwart nigger as standard bearer.‹ [...] But Spectator seemed most shaken by the words of a third speaker – August Willich, leader of the city's Arbeiterverein and editor of its newspaper. Spectator listened in stunned disbelief as Willich not only mourned Brown and denounced slavery, the Democratic party, and its supporters but also ›exhorted his hearers to whet their sabers and nerve their arms for the day of retribution, when Slavery and Democracy would be crushed in a common grave‹. (Der Saal und die Empore waren voll besetzt, berichtete Beobachter. Etwa zwei Drittel der Anwesenden waren Deutsche, die meisten anderen waren schwarz. [...] Schwarz-rot-goldene Fahnen hingen von der Empore, und auf der Haupttribüne stand eine U.S.-Fahne, ›mit einem stämmigen Neger als Fahnenträger‹. [...] Aber Beobachter schien am meisten durch die Worte des dritten Sprechers erschüttert – August Willich, Vorsitzender des Arbeitervereins der Stadt und Herausgeber seiner Zeitung. Beobachter lauschte ungläubig während Willich nicht nur Brown betrauerte und die Sklaverei, die Demokratische Partei und ihre Anhänger verdammte, sondern ›seine Hörer auch ermahnte, die Säbel zu wetzen und ihren Arm zu stählen für den Tag der Vergeltung, an dem Sklaverei und Demokratie [i.e. Demokratische Partei] in ein gemeinsames Grab gestampft werden sollten.‹)[8]

August Willich, der Sprecher, der hier Sklaverei und die generell sklavenhalterfreundliche Democratic Party zusammen und notfalls gewaltsam abschaffen wollte, ist eines der

5   A. WILLICH, Ansprache auf dem Arbeiterfest, Cincinnati Republikaner 20. Juli 1860, S. 1.
6   F. HAUSMANN, Die Deutschen Anarchisten von Chicago, oder Warum Amerika den 1. Mai nicht kennt, Berlin 1998, z. B. S. 57.
7   LEVINE (wie Anm. 2), S. 217.
8   LEVINE (wie Anm. 2), S. 223.

beredtesten Beispiele unter den deutschen Achtundvierzigern für eine Kontinuität in der Radikalität. Willich ist gleichzeitig möglicherweise eben wegen dieser Radikalität die bis heute am wenigsten erforschte deutsche Hauptfigur von 1848/49 und zugleich von 1861–65[9]. Als Willich Anfang der fünfziger Jahre nach seinem politischen Bruch mit Marx und dessen Variante des Kommunismus das Exil in England gegen das in Amerika eintauschte, meldeten New Yorker Zeitungen, dass er immer noch den harten Kern seiner schon im Sommer 1848 nach den Erfahrungen mit dem desolaten Hecker-Zug im französischen Exil aufgestellten Besanconer Arbeiterlegion bei sich habe. Zwischen 1852 und 1861 war es dann fast unmöglich, im Mittelwesten der USA einen Arbeiterverein oder Turnverein zu gründen, ohne dass der alte Willich auftauchte und sprach. Seine Themen waren die notwendige Internationalisierung des Selbstverständnisses der Arbeiter und die überfällige Abschaffung der Sklaverei. Als Chefredakteur des Arbeiterblattes *Cincinnati Republikaner* war er eindeutig am linken Rand der großen Zahl von *Achtundvierziger*-Blättern; aber seine Stimme wurde gehört. 1857 verabschiedete die nationale Versammlung der Turner unter dem Präsidium des 48ers Daniel Hertle eine Resolution, in der unter anderem festgeschrieben wurde, dass die Turner zum Kampf gegen die Sklaverei und jede andere Form der Fremdenfeindlichkeit und der Diskriminierung aufgrund von Hautfarbe, Religion, Herkunft und Geschlecht bereit seien: Mit der kosmopolitischen Weltanschauung der Turner seien diese unvereinbar[10].

Dass für die im *Geist von 1848* operierenden Deutschen die Abschaffung der Sklaverei von Anfang an als Kriegsziel des *Civil War* feststand, zeigt, dass die politischen Ideale aus Europa nicht einfach kopiert wurden, sondern dass der *Spirit* eine wichtige Modifikation erfahren hatte. Sklaverei hatte in den deutschen Ländern 1848 nicht auf der Tagesordnung gestanden, und auch wenn die französische Revolutionsregierung im März als eine ihrer ersten Amtshandlungen die Sklaverei für Frankreich abschaffte, so galt dies doch nur noch für die kolonialen Gebiete. In den USA der Bürgerkriegsjahre dagegen war die Sklavereifrage für die Deutschen und speziell für den stark von Achtundvierzigern geprägten radikalen Flügel der republikanischen Partei so wichtig, dass die eher vorsichtige und teilweise halbherzige Politik der Lincoln-Administration in dieser Sache fast zur Bildung einer eigenen politischen Plattform für die Präsidentschaftswahlen 1864 geführt hätte[11]. Eine weitere Modifikation des *Spirit* wird da sichtbar, wo es 1861 nicht um die Durchsetzung einer republikanischen Verfassung oder um die Schaffung nationaler demokratischer Einheit ging, sondern um die Abwehr einer Konterrevolution, deren Drahtzieher in der quasi-aristokratischen politischen und wirtschaftlichen Führungsschicht des *Alten Südens* zu suchen waren. Damit sind 1861 mehrere zentrale Faktoren bzw. Vorbedingungen völlig verschieden von den Ausgangslagen der europäischen Freiheitskämpfe, die gerade ein Dutzend Jahre zurücklagen. Trotzdem wurden Analogien gesucht,

---

9   Der beste Kenner Willichs ist der emeritierte Philosophie-Professor Loyd Easton, siehe das entsprechende Kapitel in, L. EASTON, Hegel's First American Followers: The Ohio Hegelians, Athens 1966. Siehe auch die entsprechenden Stellen bei Bruce Levine (wie Anm. 2) und A. DIESBACH, August von Willich, Badische Heimat 58 (1978) S. 481–498.

10   ZUCKER (wie Anm. 3), S. 303.

11   Dazu ausführlich J. NAGLER, Frémont Contra Lincoln. Die deutschamerikanische Opposition in der republikanischen Partei während des amerikanischen Bürgerkriegs, Frankfurt 1984.

beschworen und gefunden. Schon im Februar 1861 hatte der Eisenhüttenwerker Friedrich
Oberkline wiederum in Cincinnati dem durchreisenden gewählten Präsidenten Lincoln
für den Kriegsfall die militärische Unterstützung der Deutschen angeboten[12], und mit zu
den ersten Freiwilligen für die Union überhaupt gehörte eine bewaffnete Turnerwehr-
kompanie in Washington unter dem Kommando des späteren Brigadegenerals Joseph
Gerhardt. Heinrich Börnstein sah sich ... *rückversetzt in die Tage von 1848 und 1849, und
die ausgetrocknete Milch des Enthusiasmus schien tatsächlich wieder zu fließen*[13], als am
27. 4. 1861 die Turner- und Schützenkompanien der ersten Missouri-Freiwilligenverbän-
de marschierten. Ein nicht identifizierter Revolutionsveteran jubelte am 26. April 1861 in
der New Yorker Criminal-Zeitung und im Belletristischen Journal: *Der Geist von 1848 ist
wieder erwacht!*[14] Wahrscheinlich als Ausdruck dieses 1848 und 1861 bei allen Unterschieden verbindenden Geists trug z. B. das von Franz Sigel 1861 in St. Louis aufgestellte
Dritte Freiwilligen-Infanterie-Regiment in seiner Erstausstattung eine optisch auffällig an
die Herweghsche Exil-Legion von 1848 angeglichene Uniform aus grauer Hose und Bluse
mit rotem Kragen und Aufschlägen und breitkrempigem Hut. Eine Kompaniefahne,
wahrscheinlich die der Turner-Zouaven Kompanie A des 3rd Missouri Reserve-Regi-
ments, zeigte in Anlehnung an die deutsche Turner-Emblematik auf rotem Grund eine
hammerschwingende Faust, die symbolisch Ketten zerbricht[15]. Deutlich wird der gesuch-
te Zusammenhang 1848/1861 auch dort, wo sich ein Regiment wie das 32. Indiana unter
dem Kommando des bereits erwähnten August Willich die *Marseillaise* – wohl mit dem
deutschen Text von Freiligrath – als Regimentshymne aussuchte. Kokarden und Fahnen
in den Farben des deutschen Bundes sind von einer Reihe von Einheiten belegt; die
bekanntesten darunter sicher die *United Turner Rifles* 20th New York Volunteer Infantry.
Ein anschauliches Beispiel dafür, wie die Verbindung gesucht und hergestellt wurde, ist
die Überreichung einer deutschen Fahne an das New Yorker 8. Freiwilligenregiment des
48ers Ludwig Blenker:

   The third banner was presented by Madame Strüve [sic] in the name of the Committee
   of ladies, friends and relatives of the regiment. It is a rich United States flag; on one side,
   instead of the blue field with stars, appear the black, red, and gold stripes of the national
   flag of Germany, and the staff is surmounted by a knot of dark green ribbon. Madame
   Strüve, in presenting the flag, said in German: »This flag is one that has already struggled
   for liberty in two countries, and you, soldiers, in bearing it forward, introduce it to a rene-
   wal of the struggle with which it has become familiar.« (Die dritte Fahne wurde durch
   Madame Struve im Namen des Komitees der Damen, Freunde und Verwandten des Regiments übergeben. Es ist eine reich geschmückte U.S. Bundesfahne; auf einer Seite erscheinen statt des blauen Sternenfeldes die schwarz – rot – goldenen Streifen der deutschen

---

12  LEVINE (wie Anm. 2), S. 255.
13  PRIMM, ROWAN (wie Anm. 1), S. 187, Artikel aus der Westlichen Post vom 1. Mai 1861 (Übersetzung vom Autor).
14  Zu Gerhardt siehe ZUCKER (wie Anm. 3), S. 296; New Yorker Criminal-Zeitung zitiert nach
LEVINE (wie Anm. 2), S. 256, 343.
15  A. REIMERS, The Memoirs of a Missouri Soldier: August Reimers, hg. Hartman McIntosh, Mili-
tary Images 13 (6/1992) S. 12; M. CORDILLOT, »Aux origines du socialisme dans le Sud des Etats-
Unis: les immigrés allemands dans les États esclavagistes, 1848–1865«, Le Mouvement Social 139
(2/1987) S. 72.

Nationalfahne, und oben auf dem Flaggenstock sitzt ein Knoten aus dunkelgrünem Band. Madame Struve sagte während der Übergabe auf deutsch: »Diese Fahne hat bereits in zwei Ländern für die Freiheit gekämpft, und ihr, Soldaten, die ihr sie voran tragt, tragt sie in eine Erneuerung des Kampfes, mit dem sie bereits vertraut ist.«[16]

In den wenigen Worten, die von der die Fahne überreichenden Amalie Struve anlässlich der Fahnenübergabe überliefert sind, ist der *Spirit of 1848* so, wie er sich im Frühling 1861 darstellte, in prägnanter Form wiedergegeben. Die die Kontinuität der Achtundvierziger symbolisierende Amalie Struve übergab ein anderes Symbol der Kontinuität an Veteranen und Nachfolger im Geiste. Das Moment der Modifikation ist in dieser Passage ebenfalls schön symbolisch sichtbar, handelt es sich doch nicht einfach um eine deutsche Bundesfahne, sondern um eine amerikanische Nationalflagge mit den deutschen Farben auf einer Seite der Gösch: Die deutschen Veteranen-Ideale und Anliegen werden sozusagen auf amerikanischem Untergrund neu verortet, ohne aber ihre Identität deshalb aufgegeben zu haben.

Das Ausmaß und die Spontaneität der Parteinahme für die Union unter den Deutschen in diesen ersten Monaten des Konflikts ist einer der beeindruckendsten Momente der Bürgerkriegsgeschichte überhaupt. Ethnisch überwiegend deutsche Regimenter und Batterien entstanden in New York, Ohio, Pennsylvanien, New Jersey, Indiana, Illinois, Iowa, Missouri, Minnesota und Kansas. Der wichtigste Coup gelang in Missouri: Fünf Regimenter Infanterie, fünf Regimenter Heimwehr und eine Batterie formierten sich innerhalb weniger Wochen, über 80 % der Männer waren deutscher Abstammung. Gouverneur Claiborne Jackson, der in einem Staatsstreich von oben versucht hatte, seinen Staat aus dem Unionsverband herauszubrechen, verrechnete sich vor allem bei der Einschätzung des revolutionären Potentials im Großraum St. Louis, wo die ortsansässigen Veteranen von 1848/49 und ihr politisches Umfeld nicht zögerten, wie in Baden eine Staatsregierung zugunsten der übergeordneten nationalen, republikanischen Idee über den Haufen zu werfen. Der amerikanische Historiker Steven Rowan hat diesen historischen Moment denn auch mit einigem Recht *die zweite badische Revolution* genannt[17].

Der unbedingte Einsatz für die Union im Frühjahr 1861 ist besonders bemerkenswert, wenn man diesen ›zweiten Frühling‹ der Revolutionäre vor dem Hintergrund der Auseinandersetzungen mit der Nativistenbewegung der fünfziger Jahre sieht. Diese zutiefst ausländerfeindlichen und auch vor Mord und Brandschatzung nicht zurückschreckenden Terroristen hatten viele Menschenleben auf dem Gewissen, und die Enttäuschung vieler Flüchtlinge und Einwanderer über die lässige Art und Weise, wie Staats- und Bundesbehörden mit der nativistischen Mordbrennerei umgegangen waren, ist in Briefen und Tagebuchaufzeichnungen evident[18]. Sympathisanten der Nativisten fanden sich auch und gerade unter den Republikanern, also den Parteigängern Lincolns. Das Misstrauen gegen diese ist ein bislang wenig beachtetes Argument dafür, dass bei weitem nicht alle Achtundvier-

---

16  ANON, First German Rifle Regiment, New York Daily Tribune, 18. 5. 1861, S. 8; für diesen Hinweis und eine Kopie des Artikels danke ich Ansgar Reiß.
17  S. ROWAN, Missouri 1861 – The Second Baden Revolution, in W. HOCHBRUCK et al (Hgg.) Achtundvierziger/Forthy-Eighters. Die Deutsche Revolution von 1848/49, die Vereinigten Staaten und der amerikanische Bürgerkrieg, Münster 2000, S. 101–115.
18  J. HOHLFELD, Amerika, Deutschland. Ein Brief Johann Friedrich Hohlfeld's [sic], hg. Hermann Gocht, Cöthen 1861.

ziger die Wahl Lincolns 1860 vorbehaltlos unterstützten, auch wenn sich namhafte Sprecher wie Carl Schurz für ihn stark gemacht und eine Menge Überzeugungsarbeit geleistet
hatten. Es ist weiterhin ein immerhin denkbarer zusätzlicher Grund dafür, dass sich die
Deutschen 1861 in den so genannten *ethnischen Regimentern* zusammenfanden, in denen
neben Deutschen fast nur andere Einwanderernationalitäten zu finden waren: Franzosen,
Tschechen, Polen, Ungarn; viele davon wiederum mit einer privaten Revolutionsgeschichte in Europa.

Die meisten der bisher namentlich bekannten Unionssoldaten mit 48er-Hintergrund
waren Offiziere, darunter 15 im Generalsrang – einschließlich aller fünf in Deutschland
geborenen Generalmajore der U.S.-Truppen – und 45 Obersten oder Oberstleutnants.
Das signalisiert einerseits ein Defizit der bisherigen, personenzentrierten Forschung, die
vor allem Menschen in führenden Positionen wahrzunehmen bereit ist. Es signalisiert
andererseits, dass eine Reihe von Revolutionsveteranen gewillt war, Führungsaufgaben zu
übernehmen. Damit sei im Zusammenhang mit dem ›Zweiten Frühling‹ der Revolutionäre
zunächst einmal gar nicht die Prominenz wie Sigel und Blenker gemeint, die Führungsaufgaben und Generalsepauletten für ihr quasi selbstverständliches Recht hielten und
gleich mit Kriegsbeginn spektakulär auftraten. Es gibt auch Fälle ebenso spektakulärer
Bescheidenheit: Friedrich Hecker und August Willich ließen sich zunächst als einfache
›Privates‹ einschreiben (blieben dies jedoch nicht lange). Auffällig oft ist jedoch das Muster, dass ein in seiner Heimatgemeinde als 48er bekannter Veteran den Plan zur Aufstellung einer Kompanie, einer Batterie, eines Regiments unterstützte oder selbst initiierte,
und dass daraufhin Freiwillige dieser Einheit zuströmten. In anderen Fällen wurden die
Revolutionskämpfer von ihren Kameraden in Führungspositionen gewählt, so etwa
August Mersy beim 9. Illinois, Adolf Dengler in Co. G des 3rd Missouri oder Gustav
Kaemmerling – dessen 48er-Status der Forschung bisher entgangen ist, er war 1849 Kom-
paniechef im westfälischen Aufstandsgebiet –[19] beim 9th Ohio.

Die weit überwiegende Mehrzahl der Freiwilligen des Frühjahrs 1861 waren natürlich
Jüngere, die die Revolution bestenfalls im Kindesalter erlebt haben. Für sie war der *Spirit
of 1848* der entscheidende Faktor, sich in Regimenter wie das 2te Missouri Heinrich Börn-
steins, das Dritte Sigels oder das Fünfte Carl Salomons einschreiben zu lassen, als Artilleristen mit den Batterien von Backhoff, Essig, Wiedrich, Brickel, Hoffmann oder anderer
auszurücken oder sich Ingenieur-Offizieren wie Hermann Ulffers und Albert Neustädter
anzuschließen. Noch im Sommer 1862, als das 26th Wisconsin aufgestellt wurde, wirkte
der Mythos der Achtundvierziger nach und schlossen sich einige Freiwillige dem Regiment an, weil Männer wie Wilhelm Jacobs, Hans Boebel, Heinrich Berninger und Bernhard Domschke dabei waren[20].

Betrachtet man das Personal dieses ›Zweiten Frühling‹ der Revolutionäre genauer, dann
fällt zweierlei unmittelbar auf. Zum Ersten ist zu vermerken, dass viele Revolutionsvetera-

---

19   K. GOEBEL, M. WICHELHAUS, Aufstand der Bürger. Revolution 1849 im westdeutschen Indus-
triezentrum. Vorwort v. Gustav Heinemann, Wuppertal 1974, S. 204, 287.
20   Vgl. J. PULA, The Sigel Regiment. A History of the 26th Wisconsin Volunteer Infantry, 1862 –
1865, Campbell, CA 1998, S. 356, 49, 9; ZUCKER (wie Anm. 3), S. 280, 287 f., 307, wobei Berninger
bei Zucker fehlt, während Pula weder von Boebel noch von Jacobs den 48er-Zusammenhang
erwähnt.

nen ihre zweite Chance militärisch zu nutzen suchten, darunter auch solche, deren Beteiligung 1848 Kampfeinsätze nicht einschloss. Mehrere Abgeordnete der Nationalversammlung, die, auf ihren Status vertrauend, in Stuttgart vom württembergischen Militär wie eine Hammelherde auseinandergetrieben worden waren, griffen eingedenk dieser Erfahrung diesmal selbst zur Waffe. Wer 1848/49 eher zum radikalen Flügel gehörte, war ohnedies in der Regel wieder mit dabei; hierunter auch einige, die nicht mehr kämpfen konnten, wie der kurzsichtige Eduard Märklin, der deshalb als Hospital Steward (eine Art Regimentsapotheker) anheuerte, oder Albert Kraus und August Becker, für die von ihren Regimentern freikirchliche Vereinigungen gegründet wurden, damit sie als Feldkapläne mitkommen konnten. Zum Zweiten fällt auf, dass eine Reihe der bekannteren Emigranten und Exilanten gerade aus dem gemäßigten Paulskirchenlager, dass aber auch einige ehemalige Anführer wie z. B. Amand Goegg nur nachgeordnete Rollen spielten, und dass sich im Verlauf des Krieges mehr und mehr abzeichnete, dass, abgesehen von einigen Figuren, die in beiden Erhebungen prominente Positionen einnehmen – wie Hecker, Sigel, Metternich, Blenker, Mersy und Willich –, die Mehrzahl der wichtigen *Forty-Eighters* des amerikanischen Bürgerkriegs in der ersten Revolution eher sekundäre Rollen gespielt hatten. Zu denken wäre hier etwa an die Brüder Salomon, die im Bürgerkrieg alleine zwei Generäle (Carl und Friedrich) und einen Gouverneur (Eduard) stellten, an Brigade- und Divisionskommandeure wie den 1849 unbedeutenden Carl Schurz, den im August 1848 aus der Düsseldorfer Garnison desertierten Adolf Buschbeck, den badischen Offizier Max Weber, oder an den erfolgreichsten von allen, den ehemaligen Mannheimer Bürgerwehroffizier Peter Osterhaus.

Man hat bei Osterhaus nach der Lektüre dessen, was über sein Leben vor Flucht und Exil 1849 ausfindig gemacht werden konnte[21], dringend das Gefühl, hier habe jemand erst nach Abschluss der Ereignisse wirklich bewusst verstanden, was für eine Tragweite und Konsequenz die eigene Teilnahme an der Revolution hatte. Osterhaus hatte als Bürgerwehroffizier in Mannheim die Beschießung des preußischen Brückenkopfs in Ludwigshafen und die Bewaffnung eines holländischen Freikorps zu verantworten. Das Abenteuer Revolution ließ den 24-jährigen vormaligen preußischen Reserveoffizier als steckbrieflich gesuchten Exilanten in Straßburg stranden, von wo aus er mit Hecker und dessen Schwager im Herbst 1849 die Reise nach Amerika antrat. In seinem gelernten Beruf als Kaufmann agierte Osterhaus zeitlebens glücklos, aber als Militär stieg er im Bürgerkrieg vom einfachen Soldaten zum Generalmajor auf. In 17 Schlachten und Gefechten führte er ein eigenes Kommando; diese Gefechte endeten alle siegreich für die Unionsseite. Über die militärischen Qualitäten des *Forty-Eighters* Osterhaus sind sich die Chronisten weitgehend einig. Nur wenige erwähnen den Menschen, der ein beliebter und geachteter Vorgesetzter war, und ein zu bissigem Spott neigender dazu. Allgemein wird von Osterhaus auch behauptet, er sei unpolitisch gewesen – das stimmt so meines Erachtens nicht. Er nahm Partei: 1861 war er unter denen, die gegen die Absetzung des einwandererfreundlichen Generals Frémont protestierten; 1862 wurde bei den Kongresswahlen in seiner Brigade nicht eine Stimme für die Befürworter eines auf die Wiederherstellung eines *Status*

21   H.-P. Kleber, Peter Joseph Osterhaus; ein deutsch-amerikanisches Leben, in: Koblenzer Beiträge zur Geschichte und Kultur, NF 2 (1992), 87–130. Auch für den Hinweis zum Status von Adolf Buschbeck danke ich Herrn Hans-Peter Kleber.

*quo ante* zielenden politischen Programms abgegeben. 1863 unterstützte und förderte *Fetzenpeter*, wie er von seinen Männern genannt wurde, die Aufstellung schwarzer Einheiten, als viele seiner Zeitgenossen diesem Projekt noch skeptisch bis ablehnend gegenüberstanden. Bei Shermans Marsch durch Georgia 1864 kommandierte Osterhaus das XV. Armeekorps, und seine Befehle gegen Plünderungen und mutwillige Zerstörung scheinen weitgehend befolgt worden zu sein, auch wenn die post-konföderierte Mythologie das anders haben möchte. Dem geschickt, aber unauffällig und ohne großes Aufhebens um seine eigene Person politisch agierenden Osterhaus vertraute man 1865–1866 den Befehl über den militärischen Distrikt Mississippi an, und von 1866 bis 1877 war er U.S.-Konsul in Lyon, wo er unter anderem während des deutsch-französischen Krieges mäßigend und vermittelnd zwischen Franzosen und internierten Reichsdeutschen wirkte. Anders als Franz Sigel, sein selbstbezogener und impulsiver Kamerad aus den frühen Bürgerkriegstagen, handelte Osterhaus überlegt und abgeklärt. Zudem stellte er sein eigenes Interesse fast immer hintan, und den Dienst im Interesse der Menschen und der Sache in den Vordergrund. Als Achtundvierziger in den Tagen der Revolution 1849 spielte Peter Osterhaus keine auffällige Rolle; als *Forty-Eighter* in den USA dagegen wurde er der erfolgreichste von nur fünf in den deutschen Ländern geborenen U.S.-Generalmajoren; die anderen waren Sigel und Schurz, die eindeutig aus politischen Gründen schon früh so weit befördert wurden sowie August Willich und Friedrich Salomon – alle wie Osterhaus Revolutionsveteranen –, die den Rang als *Brevet* bei ihrer Ausmusterung erhielten.

Ein drittes bemerkenswertes Moment der Personalstruktur fällt erst mittelbar auf. Es handelt sich um die eingangs erwähnte Gruppe von Neu-Achtundvierzigern oder, um ihrer geopolitischen Anlagerung in der Neuen Welt Rechnung zu tragen, *Forty-Eighters*. Ein hinsichtlich des Verhältnisses von Alt- und Jung-Achtundvierziger beispielhafter Fall sind die Brüder Wendelin und Fridolin Bührle aus Kappel in Baden. Der amerikanische Historiker William Keel war vor einigen Jahren per Zufall in einer Zeitung von 1914 auf einen Nachruf für den jüngeren Bruder Fridolin *Fred* Bührle gestoßen[22]. Der Ältere, Wendelin, hatte 1849 mit der badischen Volkswehr gekämpft. 1852 folgte ihm der erst 1835 geborene Fridolin in die Emigration. 1860 lebten beide in Jefferson City, der Hauptstadt von Missouri. In der »Zweiten badischen Revolution« waren beide mit dabei; Fred in Co. F des 5. Missouri Freiwilligen-Regiments unter dem Kommando des 48ers Friedrich Salomon, während sein älterer Bruder, 33 Jahre alt, verheiratet, drei Kinder, sich zur Heimwehr meldete. Später diente er im 42nd Regiment der Missouri State Militia. Nach herkömmlicher Auffassung wäre Wendelin Bührle ein Achtundvierziger, sein jüngerer Bruder Fridolin dagegen nicht.

Ein weiteres Beispiel: Unter den im Stil der Herwegh-Legion eingekleideten Soldaten des Dritten Freiwilligen-Infanterie-Regiments von Missouri waren zahlreiche europäische Revolutionsveteranen, darunter der Regimentskommandeur Franz Sigel und sein

---

22   W. KEEL, From the Badische Volkswehr to the Missouri Home Guard: Wendelin Bührle – a Common Soldier in Two Struggles for Freedom, Society for German American Studies Symposium, Indianapolis 1997. Für die Überlassung eines Exemplars dieses Vortrags danke ich Axel Scheurig. Zwischenzeitlich erschienen: William D. KEEL, From Freischärler in Baden to American Patriot: Wendelin Bührle – a Common Soldier in Two Struggles for Freedom, Yearbook of German American Studies 33 (1998), 19–40.

Stellvertreter Anselm Albert, der legendäre Friedrich Hecker, Adolf Dengler sowie ein sächsischer Abgeordneter der Nationalversammlung, Johann Friedrich Hohlfeld. Darunter war aber auch z. B. ein Sohn Heckers, und darunter war der junge Mecklenburger August Reimers, dessen Vater bei den 48er Unruhen in Schwerin vom Militär getötet worden war. Der Besitz des Vaters war beschlagnahmt worden, seine Frau mit zwei kleinen Kindern mittellos zur Auswanderung gezwungen worden. Die Mutter starb kurz nach der Ankunft in Amerika, der halbwüchsige Sohn schlug sich irgendwie mit Gelegenheitsarbeiten durch. Und er schloss sich den politisch agierenden Turnern an und war einer der Ersten, der an der geheimen Bewaffnung und dem Drill der Deutschen während der Krisenmonate des Winters 1860/61 teilnahm. Die Erstgenannten müssten fraglos als Achtundvierziger qualifiziert werden, auch wenn sie an verschiedenen Erhebungen teilnahmen und dabei zum Teil voneinander abweichende Positionen eingenommen haben – Sigel und Dengler schon beim Hecker-Putsch im April 1848, Hohlfeld dagegen in der Paulskirche, Albert weit entfernt unter Bem und Kossuth in Siebenbürgen. Arthur Hecker und August Reimers dagegen stünden von Alters wegen außerhalb der bisher gebräuchlichen Definitionsmenge, obwohl ihre Leben wenigstens ebenso sehr von der Revolution berührt wurden wie die der Älteren.

Arthur Hecker, August Reimers und Fred Bührle erscheinen zunächst einmal als Einzelfälle. Es ist jedoch auffällig, in wie vielen Fällen die mittlerweile erwachsenen Söhne von Achtundvierzigern zusammen mit oder öfter noch an Stelle der älteren Väter – und mit über vierzig war man eindeutig schon einer der Älteren – in die Unionsarmee eintraten. Achtundvierziger der zweiten Generation machten zum Beispiel einen wesentlichen Teil der deutschen Offiziere in den USCT-Regimentern aus, wie Martin Öfele festgestellt hat[23].

Die schwierige Forschungssituation mit ihrer unübersichtlichen Materiallage verhindert bisher eine soziographisch breiter angelegte Studie, um die folgende These zu untermauern. Parteinahme und Einsatz der *48er-Kids* zeigen, dass bei der Beurteilung der Rolle der Achtundvierziger in dieser Fortsetzung des Freiheitskampfs auch diejenigen mitgerechnet werden sollten, die im Gefolge der Revolution mit ihren Eltern oder älteren Geschwistern vertrieben wurden. Für sie waren die älteren Exilanten Vorbildfiguren und Anlaufstelle, und der radikalere Teil des *Geistes von 1848* setzte sich in den Jüngeren fort. Diese zweite Generation als legitime Fortsetzung der ersten zu akzeptieren heißt nun nicht, dass die Geschichte der Revolutionen von 1848/49 irgendwie umgeschrieben werden müsste. Aber wenn denn endlich eine brauchbare Geschichte der Fortsetzungskapitel dieser Revolutionen geschrieben wird, sollte man sie berücksichtigen. Eine wenigstens im Deutschen mögliche semantische Differenzierung wäre denkbar: Es gäbe dann nach der hier vorgeschlagenen Neu-Bestimmung zum einen die *Achtundvierziger*, und es gäbe die *Forty-Eighters*, und das sind dann eben nicht notwendig die gleichen Leute, sondern zum Beispiel deren Söhne und jüngere Brüder. Und selbst wo es die gleichen Leute sind, wie im Fall von Peter Osterhaus oder bei den aus Halberstadt stammenden Brüdern Carl, Friedrich und Eduard Salomon, kann man sagen, dass diese eher *Forty-Eighters* als *Achtund-*

---

23   M. ÖFELE, ›To End this Unholy Rebellion‹: Deutschsprachige Revolutionäre und die afroamerikanischen Verbände der Unionsarmee, in: W. HOCHBRUCK (wie Anm. 17), S. 116–129.

*vierziger* gewesen sind, weil ihr aktives und wirkungsmächtiges Eintreten für Ziele im Sinne des *Spirit of 1848* erst in den USA einsetzte.

Ob man gleich so weit gehen sollte, auch einen Mann wie Hubert Dilger als *Forty-Eighter* zu akzeptieren, sei zunächst dahingestellt: Dilger erreichte einige Berühmtheit als einer der fähigsten Artilleristen der Union während des Bürgerkriegs. Es ist bekannt, dass dieser junge badische Artillerieoffizier sich 1861 aus dem großherzoglichen Militärdienst beurlauben ließ, um für die Union zu kämpfen. Nun war der junge Hubert aber im Haus seines liberalen Onkels, des Jura-Professors und einstweiligen Innenministers August Lamey, aufgewachsen, und seine erste Anlaufstelle in Nordamerika war sein Onkel Ludwig, ein Alt-Achtundvierziger, der mit seinem Bruder nach 1849 hatte flüchten müssen.[24]. Hier den *Spirit of 1848* am Werk zu vermuten, ist wahrscheinlich nicht falsch; vieles muss jedoch Konjektur und Vermutung bleiben, solange kein eindeutigeres Material auftaucht.

Auf jeden Fall ist die vorgeschlagene semantische Differenzierung zwischen *Achtundvierzigern* und *Forty-Eighters* auch auf Frauen anwendbar: Ein schon oben erwähntes Beispiel für Kontinuität über die Wechsel der Zeiten ist Amalie Struve, die aber bereits 1862 starb. Zu den Achtundvierzigerinnen, die keine Rolle mehr spielen sollten, gehörte Elise Blenker. Weibliche *Forty-Eighters* waren dagegen Elise Salomon, Frau des Gouverneur-Bruders dieser Familie in Wisconsin, wo sie im Krieg die *Wisconsin Soldier's Aid Society* leitete, und Ottilie Assing, enge Mitarbeiterin und Vertraute des ehemaligen Sklaven und wichtigen schwarzen Politikers Frederick Douglass[25].

Das Phänomen der Achtundvierziger-Kontinuität auf der einen Seite und des deutsch-amerikanischen Neubeginns als *Forty-Eighter* sollte eigentlich ein lohnender Untersuchungsgegenstand sein; mehr als einen Hinweis auf ein in dieser Hinsicht bestehendes Forschungsdesiderat kann der vorliegende Beitrag jedoch nicht leisten. Schließlich ist auch die Kontinuität von 1848 bis 1861 in vielen Fällen noch nicht oder jedenfalls nicht hinreichend erforscht, zum Teil bisher auch noch nicht einmal festgestellt worden, womit ein (wenngleich externes) Kapitel der nicht gerade umfangreichen deutschen Demokratiegeschichte vernachlässigt wird. Dabei ist die Geschichte der *Forty-Eighters* vielfach interessanter und oft auch erfreulicher als die der Alt-Achtundvierziger. Wo einem prominenteren 1848er-Emigranten seine eigene Legende nach Amerika vorausgeeilt war, erwies es sich oft nur allzu schnell, dass die Person mit der Legende kaum Schritt zu halten vermochte. Ludwig Blenkers Stern als Brigadier sank schnell, wobei ein anderer 48er, Carl Heinzen, noch nachhalf. Gustav Struve quittierte schon bald und ohne sich nennenswerte Meriten erworben zu haben den Militärdienst wieder. Friedrich Heckers wenig erfolgreiches Bemühen um Einfluss und Geltung in den USA standen in merkwürdigem Widerspruch zu der Aura, die seine Figur umgab; Franz Sigels verschiedentliche Demissionen und Wiederaufnahmen militärischer Kommandos im Bürgerkrieg verweisen auf einen nicht nur schon fast tragisch glücklosen, sondern auch zutiefst verunsicherten »Helden«. Während diese militärisch und als Menschenführer zum Teil nur wenig überzeugend operierten, war es eher die zweite Garde der 1848er Revolution, die weniger Prominenten

---

24   Vgl. W. KAUFMANN, Die Deutschen im amerikanischen Bürgerkriege, München 1911, S. 492; M. LOWERY, »Capt. Hubert Dilger«, http://frognet.net/~mlowery/dil.htm.
25   Siehe C. LOHMANN (Hg.) Radical Passion. Ottilie Assing's Reports on America and Letters to Frederick Douglass, Frankfurt 1999.

und eben die jüngeren *Forty-Eighters*, die wie Osterhaus, Dengler oder die Salomon-Brüder Kompetenz bewiesen. Auch der 1849 noch bedeutungslose Carl Schurz ist solch ein Jüngerer, auch wenn seine Bekanntheit durch die spektakuläre Kinkel-Befreiung und sein Einsatz für Lincoln ihn nicht als Neu-*Forty-Eighter* qualifizieren. Schließlich: Der *Spirit of 1848* bringt im Idealfall gerade bei den Jüngeren ein hohes Maß persönlicher Integrität und Führungsqualität mit sich. Der *Forty-Eighter* August Reimers zum Beispiel beendete den Krieg als Leutnant, Wendelin Bührle stieg in seiner Einheit immerhin bis zum Sergeanten auf.

Der ›Zweite Frühling‹ der Revolutionäre, das Frühjahr 1861, wurde erst vier Jahre später mit der Kapitulation der letzten konföderierten Truppenteile abgeschlossen. Eine ganze Reihe alter *Achtundvierziger* hatte sich zu diesem Zeitpunkt bereits aus Gesundheitsgründen zurückziehen müssen, darunter Friedrich Hecker und Adolf Dengler. August Willich hatte von Resaca eine Lähmung des rechten Arms behalten; Ludwig Blenker, Germain Metternich, der Paulskirchenabgeordnete Hohlfeld und einige andere waren tot. Der Preis, den die radikalen *Achtundvierziger* und die *Forty-Eighters* in ihrem Kampf für den Sieg der freien Republik gezahlt haben, war hoch. Aber für dieses eine Mal in der Geschichte des 19. Jahrhunderts gewann die Idee gleicher Menschenrechte und einer föderalen, freien Republik. Auch deshalb waren Kampf und Einsatz der *Achtundvierziger/Forty-Eighters* im amerikanischen Bürgerkrieg geeignet, die 1849 geschlagenen Revolutionäre aus Baden und der Pfalz, aus Polen und Ungarn, Italien und Frankreich vom Stigma der unwiderruflichen Niederlage zu befreien, mit dem sie bis in die jüngste Vergangenheit hinein behaftet worden sind. *Eure Freiheit – und unsere* war die Losung der polnischen Freiheitskämpfer gewesen: Im amerikanischen Bürgerkrieg hatten sie und die anderen Ex-Europäer damit Erfolg. Dass dieser Erfolg mit Waffengewalt erzwungen werden musste, war tragisch. Die Tatsache an sich verweist aber auf die permanente Gefährdung demokratisch-republikanischer Systeme besonders durch Feinde im Inneren, und sie verweist auf die bittere Notwendigkeit, für die eigene Freiheit unter Umständen im Wortsinne und nicht nur mit Worten kämpfen zu müssen: *Ewige Wachsamkeit ist der Preis der Freiheit*, wie es im Motto der Gedenkstätte der Freiheitsbewegungen in der Deutschen Geschichte in Rastatt heißt. Im Sinne einer positiven, selbstbewussten und auch durchaus kämpferischen deutschen wie gemeineuropäischen demokratischen Traditionsstiftung ist der ›Zweite Frühling‹ der Revolutionäre noch wiederzuentdecken.

# Von repressiver Milde zu politischer Bewältigung: Begnadigung und Amnestie der badischen Revolutionäre (1849–1862)*

VON WOLFGANG PIERETH

Amnestien und Revolutionen sind Weggefährten. Ob die Revolution gelingt oder nicht, ist dabei ganz gleichgültig. Seit der Antike und bis in die Gegenwart haben revolutionäre Unruhen und Systemwechsel stets früher oder später Amnestien oder wenigstens Debatten über deren Zweckmäßigkeit nach sich gezogen[1]. Das galt – wohl erstmals – in der athenischen Demokratie des Jahres 403 v. Chr. und seitdem immer wieder: beispielsweise im Gefolge der frühneuzeitlichen Bürgerkriege in Frankreich und England, nach der Großen Französischen Revolution von 1789 und der deutschen Revolution von 1918/19[2]. Und auch heute ist die Regel noch gültig: Das belegen etwa die jüngst in Südafrika, Algerien und der Türkei ergangenen Amnestien[3] und die aktuellen deutschen Debatten über den strafrechtlichen und politischen Umgang mit sogenanntem ›DDR-Unrecht‹[4]. Man

---

* Erweiterte Fassung eines bei der Pforzheimer Tagung der Arbeitsgemeinschaft für geschichtliche Landeskunde am Oberrhein im Oktober 1999 gehaltenen Vortrags.
1 »Anzahl und Intensität von Amnestien« sind daher auch »Indikatoren für den inneren Zustand eines Staates.« D. MERTEN, Rechtsstaatlichkeit und Gnade Berlin 1978, S. 18; vgl. auch K. MARXEN, Rechtliche Grenzen der Amnestie. Heidelberg 1984, S. 3 f. sowie O. KIRCHHEIMER, Politische Justiz, Neuwied 1965, der S. 595 von einem »Thermometer« spricht, »an dem sich die Temperaturschwankungen im Ringen zwischen der Staatsgewalt und ihren verschiedenen Widersachern ablesen lassen«. Die hohe Bedeutung von Amnestien für die Bewältigung der hier nicht näher zu behandelnden zwischenstaatlichen Konflikte zeigt eindrucksvoll J. FISCH, Krieg und Frieden im Friedensvertrag. Eine universalgeschichtliche Studie über Grundlagen und Formelemente des Friedensschlusses, Stuttgart 1979.
2 W. NIPPEL, Bürgerkrieg und Amnestie: Athen 411–403, in: G. SMITH/A. MARGALIT (Hgg.), Amnestie oder Die Politik der Erinnerung in der Demokratie, Frankfurt/M. 1997, S. 103–119; H. QUARITSCH, Über Bürgerkriegs- und Feind-Amnestien, in: Der Staat 31 (1992), S. 389–418; J. CHRISTOPH, Die politischen Reichsamnestien 1918–1933, Frankfurt/M. u. a. 1988.
3 K. THOMAS, Die Verfassung der Amnestie: Der Fall Südafrika, in: G. SMITH/A. MARGALIT (wie Anm. 2), S. 179–191; zum Amnestieangebot für Kämpfer der PKK in der Türkei vgl. etwa Süddeutsche Zeitung Nr. 198 (28./29.8.1999), S. 1; zur Amnestie des neuen algerischen Königs Mohammed VI. für 46 000 Häftlinge ebd. Nr. 175 (2.8.1999), S. 6.
4 Vgl. etwa Th. BLANKE, Der »Rechtshistorikerstreit« um Amnestie: Politische Klugheit, moralische Richtigkeit und Gerechtigkeit bei der Aufarbeitung deutscher Vergangenheiten, in: Kritische Justiz 28 (1995), S. 131–150; Th. HILLENKAMP, Offene oder verdeckte Amnestie – über Wege strafrechtlicher Vergangenheitsbewältigung, in: Juristen Zeitung 51 (1996), S. 179–187.

spricht in diesen Fällen von Schlussstrich- oder Befriedungsamnestien, im Unterschied etwa zu Rechtskorrektur- und Jubelamnestien, die in der Regel andere Grundlagen und Ziele haben[5]. Ein erster genauerer Blick auf den Sinn von ›Amnestie‹ hilft, ihren engen Konnex zu politischen Unruhen und Umbrüchen zu verstehen: Der Begriff verweist bekanntlich auf das Vergessen und meint damit nicht unabsichtliches Verdrängen, sondern zweckgerichtetes, absichtliches Vergessen. Er umschreibt also keine Bewusstseinsleistung, sondern eine Handlungsmaxime[6]. Eine Befriedungsamnestie zielt »um der inneren Eintracht willen« auf »das wissentliche und willentliche gegenseitige Löschen von Ereignissen, die eine Gemeinschaft entzweit haben«[7]. Sie trägt damit der Tatsache Rechnung, dass es nach einem Ausnahmezustand oder Systemwechsel in einigen Bereichen schwierig ist, Handlungen strafrechtlich klar zu werten, die unter anderen politischen Umständen geschehen sind.

Dem Eingangsbefund, dass Amnestie und Revolution eng zusammengehören, lässt sich ein zweiter zur Seite stellen: Die historische Forschung beschäftigt sich ganz überwiegend mit dem revolutionären Part, weitaus weniger aber mit dem ihm meist folgenden Ringen um die juristisch-politische Bewältigung. Der historiographische Umgang mit der Revolution von 1848/49 ist ein treffendes Beispiel für diese Beobachtung: Zur Revolution selbst liegt mittlerweile eine kaum mehr zu übersehende Fülle an Forschungsliteratur vor[8], indes gibt es nur verstreute und spärliche Hinweise auf die sich in den einzelnen deutschen Staaten anschließende Amnestie- und Gnadenpolitik, ihre Umstände und Bedingungsfaktoren, ihren Verlauf und ihre Ziele[9]. Diese Feststellung gilt auch für das hier näher zu behandelnde Großherzogtum Baden. Während die Revolution und ihre unmittelbare justizielle Repression bereits aus verschiedenen Perspektiven beleuchtet wurden[10], liegt bislang weitgehend im Dunkeln, wie Großherzog und Regierung, politi-

---

5  H.-J. ALBRECHT, Braucht die Politik Amnestie? Anmerkungen zum Problem der Amnestie aus der Perspektive der Rechtsentwicklung im Ausland, in: W. GREIVE (Hg.), Amnestie, Gnade, Politik. Loccum 1988, S. 67–95, hier S. 68 f.
6  FISCH (wie Anm. 1), S. 36.
7  J. FREUND, Amnestie – ein auferlegtes Vergessen, in: Der Staat 10 (1971), S. 173–189, hier S. 187; zu diesem Komplex auch H. WEINRICH, Lethe. Kunst und Kritik des Vergessens, München 1997, v.a. S. 216–227.
8  Vgl. nur die fundamentalen Forschungsberichte von D. LANGEWIESCHE, Die deutsche Revolution und die vorrevolutionäre Gesellschaft: Forschungsstand und Forschungsperspektiven, Teil I, in: AfS 21 (1981), S. 458–498; Teil II in: AfS 31 (1991), S. 331–443, sowie von R. HACHTMANN, 150 Jahre Revolution von 1848: Festschriften und Forschungserträge, Erster Teil, in: AfS 39 (1999), S. 447–493, Zweiter Teil in: AfS 40 (2000), S. 337–401.
9  Der Aspekt ist Teil meines Habilitationsprojektes ›Amnestie und Gnade in Europa vom 18. bis 20. Jahrhundert‹. Einige Hinweise bei H. REITER, Politisches Asyl im 19. Jahrhundert. Die deutschen politischen Flüchtlinge des Vormärz und der Revolution von 1848/49 in Europa und den USA, Berlin 1992, S. 332–340 sowie bei C. JANSEN, Einheit, Macht und Freiheit. Die Paulskirchenlinke und die deutsche Politik in der nachrevolutionären Epoche 1849–1867, Düsseldorf 2000, S. 160 f. und S. 204 f.
10  Zur badischen Revolution jetzt v.a. die vorzügliche Darstellung von W. v. HIPPEL, Revolution im deutschen Südwesten. Das Großherzogtum Baden 1848/49, Stuttgart 1998; zur Niederschlagung insbesondere G. RICHTER, Revolution und Gegenrevolution in Baden 1849, in: ZGO 119 (1971), S. 387–425.

sche Öffentlichkeit, Gesellschaft und Betroffene in den folgenden Jahren mit den gegen die Revolutionäre ausgesprochenen Strafen umgingen[11].

Diese Zurückhaltung überrascht, denn wenigstens zwei Faktoren legen es nahe, genauer nach der Amnestiepolitik im postrevolutionären Baden zu fragen: Erstens hatten die Auseinandersetzungen der Revolutionszeit in der badischen Gesellschaft besonders tiefe Gräben aufgerissen. *Die gesellschaftlichen Verhältnisse waren greulich zerrüttet, die Bürgerschaft tief gespalten, selbst in dem Schoße der Familien hauste die Zwietracht,* schrieb beispielsweise Adolf Kußmaul mit Blick auf die Zeit um 1850[12]. Zweitens hat man in Baden die Revolution in besonders umfassender Weise mit Hilfe des Strafrechts zu bewältigen versucht[13]. Um die revolutionären Proteste und Erhebungen formal rechts- staatlich zu bewältigen, setzte die großherzogliche Regierung konsequent juristische Mittel ein. Hoch- und Landesverrat, Majestätsbeleidigung, Widersetzlichkeit, öffentliche Gewalttätigkeit und Aufruhr zählten – einzeln oder kombiniert – zu den häufigsten Anschuldigungen, die sich gegen Führer, Teilnehmer und Sympathisanten der Aufstände richteten. Den Konjunkturen der badischen Revolution folgend, löste diese juristisch- politische Strategie mehrere gewaltige Schübe von Verhaftungen, Verfahren und Verurtei- lungen aus. Schon zwischen März und September 1848 wurden – meist wegen des Heckerzuges – 4279 Verfahren eingeleitet und 850 Personen verhaftet, Struves ›Putsch‹ im

11   Für den Bereich des öffentlichen Dienstes finden sich Informationen bei B. WUNDER, Die badi- sche Beamtenschaft zwischen Rheinbund und Reichsgründung (1806–1871). Dienstrecht, Pension, Ausbildung, Karriere, soziales Profil und politische Haltung, Stuttgart 1998, S. 576f.; die Amnestie- politik bleibt unberücksichtigt im Standardwerk von L. GALL, Der Liberalismus als regierende Par- tei. Das Großherzogtum Baden zwischen Restauration und Reichsgründung, Wiesbaden 1968; die gängigen Überblickswerke zur badischen Geschichte liefern kaum mehr als einen Satz: H. FENSKE, Baden 1860–1918, in: HBWG 3. Stuttgart 1992, S. 133–234, hier S. 140; W. HUG, Geschichte Badens, Stuttgart 1992, S. 258; F. X. VOLLMER, Die 48er Revolution in Baden, in: Badische Geschichte. Vom Großherzogtum bis zur Gegenwart, Stuttgart 1979, S. 37–64, hier S. 63. Informationssplitter bieten auch biographische Arbeiten; so etwa H. SCHNEIDER, Josef Ignaz Peter, ein Achtundvierziger aus Achern, in: Die Ortenau 66 (1986), S. 427–453, hier S. 450; K. FISCHER, »Wie das Schicksal die Dinge fügt!«. Otto von Corvin in Bruchsal und Rastatt, Marbach 1998, S. 11; zahlreiche kurze personenbe- zogene Hinweise liefern zwei biographische Nachschlagewerke: H. RAAB: Revolutionäre in Baden 1848/49. Biographisches Inventar für die Quellen im Generallandesarchiv Karlsruhe und im Staats- archiv Freiburg. Bearbeitet von Alexander Mohr, Stuttgart 1998 (ausführlicher Datenbestand auf CD-ROM verfügbar); Revolution im deutschen Südwesten. Stätten der Demokratiebewegung 1848/49 in Baden-Württemberg, hg. von der Arbeitsgemeinschaft hauptamtlicher Archivare im Städtetag Baden-Württemberg, Karlsruhe 1997.
12   A. KUSSMAUL, Aus den Jugenderinnerungen eines alten Arztes. Ausgew. und mit einem Nach- wort hrsg. v. Helmut Bender, Waldkirch 1985, S. 117; Adolf Kußmaul (1822–1902) kam 1850 als Arzt nach Kandern; vgl. HIPPEL (wie Anm. 10), S. 382; eine »vergiftete Atmosphäre« konstatiert für die Zeit nach der Revolution auch F. X. VOLLMER, Offenburg 1848/49. Ereignisse und Lebensbilder aus einem Zentrum der badischen Revolution, Karlsruhe 1997, S. 248.
13   Zum badischen Strafrecht generell J. A. MACKERT, Von der peinlichen Prozedur zum Anklage- prozeß. Ein Beitrag zur Geschichte der Gerichtsorganisation und des Strafprozesses im Großher- zogtum Baden 1803–1879, in: Baden im 19. und 20. Jahrhundert, K.S. BADER, J. FEDERER, TH. MAUNZ (Hgg.), Bd. II, Karlsruhe 1950, S. 89–204; K. SCHWEICKERT, Das badische Strafedikt von 1803 und das Strafgesetzbuch von 1845, Freiburg 1903; A. J. BALDES, Die Entstehung des Strafge- setzbuches für das Großherzogtum Baden von 1845: mit Blick auf die badische Verfassungsge- schichte und die an der Strafgesetzgebung beteiligten Personen, Hamburg 1999.

September 1848 führte zu weiteren 1255 Verfahren und 739 Verhaftungen[14]. Seinen Höhepunkt erreichte der strafrechtliche Kampf gegen die Revolution nach der letzten Erhebung im Juli 1849, als über 6000 Verfahren anstanden[15]. Zum Vergleich: In der bayerischen Pfalz, die sich im Frühjahr 1849 ebenfalls erhoben hatte, wurden wegen Hochverrats und bewaffneter Rebellion gerade einmal 333 Verfahren eröffnet[16]; beim Nachbarn Württemberg, wo die Revolution in ruhigeren Bahnen verlaufen war, waren es unter 200[17].

Die Frage nach Gnade und Amnestie für die badischen Revolutionäre ist vor diesem Hintergrund keine rechtshistorische Marginalie. Sie zielt vielmehr auf das für den »bis in die Grundfesten erschüttert[en]«[18] badischen Staat zentrale Problem der mittel- und langfristigen Revolutionsbewältigung. Noch genereller formuliert: Sie zielt auf konkurrierende Vorstellungen von Recht und Gerechtigkeit, Erinnern und Vergessen in einer Zeit politischen Umbruchs, zwischen Revolutionsende, Reaktionszeit und ›Neuer Ära‹. Ob und unter welchen Bedingungen verurteilte Revolutionäre zu begnadigen oder zu amnestieren seien, beschäftigte Badens Politik und Gesellschaft mehr als 13 Jahre, denn erst im August 1862 erging das abschließende großherzogliche Amnestiedekret. Zahllose Gnadengesuche Inhaftierter und Geflohener, Amnestiepetitionen ganzer Ortschaften, naher Verwandter oder politisch engagierter Bürger an die Kammer, aber auch die unerwartete Rückkehr verurteilter Flüchtlinge aktualisierten die Revolution und ihre strafrechtliche Aufarbeitung stets neu und erzwangen immer wieder Entscheidungen darüber, unter welchen Bedingungen ehemalige Revolutionäre rehabilitiert und in das Staatswesen reintegriert werden sollten – und wollten. Das Ringen um Gnade und Amnestie verdeutlicht so, wie Regierung und Öffentlichkeit mit der revolutionären Vergangenheit und ihren in die

---

14   Die Zahlen bei K. AMMAN, Mittheilungen über den Proceß gegen Gustav von Struve und Karl Blind aus Mannheim wegen Hochverraths; die erste Verhandlung vor einem Badischen Schwurgerichte, in: Der Gerichtssaal. Zeitschrift für volksthümliches Recht (hg. von L. v. Jagemann). 1. Jg., 2. Bd., Erlangen 1849, S. 201–213, hier S. 209. Sogar 5572 Verfahren in direktem Zusammenhang mit dem Hecker-Zug vermutet H. ANDLAW, Aufruhr und Umsturz in Baden als eine natürliche Folge der Landesgesetzgebung mit Rücksicht auf die »Bewegung in Baden« von J.B. Bekk, damaligem Vorstand des Ministeriums des Innern. 1. Abtheilung, Freiburg 1850, S. 94.

15   Vgl. insbesondere RICHTER (wie Anm. 10), S. 410–415. V. VALENTIN, Geschichte der deutschen Revolution von 1848–1849, 2 Bde., Berlin 1930/31, Bd. 2, S. 540, schätzt die Zahl der Verhafteten sogar auf 14 000, rechnet dabei offenbar aber auch die zeitweilig in Mannheim und Heidelberg internierten Soldaten mit ein.

16   VALENTIN Bd. 2 (wie Anm. 15), S. 540.

17   H. MAIER, Die Hochverratsprozesse gegen Gottlieb Rau und August Becher nach der Revolution von 1848 in Württemberg, Pfaffenweiler 1992; vgl. auch den Ausstellungskatalog: Auf den Bergen ist Freiheit. Der Hohenasperg und das Gericht über die Revolution von 1848/49, hg. v. Haus der Geschichte Baden-Württemberg, Stuttgart 1998, v.a. S. 20–27; A. KRAUSE, »Auf den Bergen ist Freiheit« – Der Hohenasperg und das Gericht über die Revolution von 1848/49, in: Schwäbische Heimat 49 (1998), S. 229–238; einen anregenden Vergleich des Revolutionsgeschehens in den beiden südwestdeutschen Ländern unternimmt D. LANGEWIESCHE, Württemberg und Baden. Zwei Länder in der Revolution 1848/49 – Ein Vergleich, in: Freiheit oder Tod. Die Reutlinger Pfingstversammlung und die Revolution von 1848/49, hg. v. Haus der Geschichte Baden-Württemberg (Begleitbuch zur Ausstellung). Stuttgart 1998, S. 6–19.

18   GALL, Liberalismus (wie Anm. 11), S. 58.

Gegenwart ragenden Folgen umgingen, es wirft neues Licht auf Ziele, Funktionsweise und Selbsteinschätzung des bürokratisch-autoritären Regimes der Reaktionszeit und der liberalen Regierung der ›Neuen Ära‹, und es markiert spezifische vergangenheitspolitische Differenzen innerhalb des Regierungsapparates und zwischen einzelnen gesellschaftlichen Gruppen. Dabei heben sich zwei Phasen voneinander ab: erstens die engere Zeit der Reaktion bis zum Tod Großherzog Leopolds 1852 und zweitens die sich anschließende Herrschaftszeit Großherzog Friedrichs, die in die ›Neue Ära‹ führte und den Abschluss der politischen und strafrechtlichen Revolutionsbewältigung brachte. Im folgenden sollen die wichtigsten Aspekte beider Abschnitte vorgestellt werden, wobei das Hauptaugenmerk dem Umgang mit den Zivilisten gilt.

# I

Am Beginn des ersten Abschnitts steht zunächst einmal das Factum brutum: eine in dieser Form außerordentlich heftige justizielle Repression. Ihr Verlauf ist bekannt, so dass einige wenige Hinweise genügen: Die nach dem Sieg der preußisch geführten Invasionsarmee im Juli 1849 rasch anwachsende Verhaftungswelle erfasste zwar kaum einen der mittlerweile geflohenen Führer der Revolution, jedoch etliche Tausend ihrer mehr oder weniger stark engagierten Parteigänger. Schon während des ersten Jahres nach der Revolution, bis zum August 1850, verurteilten die Stand-, Kriegs- und Hofgerichte rund 1 600 Personen, jeweils etwa zur Hälfte Militärs und Zivilisten. Die Spannweite der Urteile reichte von Todesstrafen über lebenslangen bis zu zeitlich befristetem Freiheitsentzug unterschiedlicher Härte und Länge[19]. Während die Gerichte im Nachbarland Württemberg hauptsächlich die leichtere Festungsstrafe verhängten und damit eine gegenüber politischen ›Verbrechern‹ bis dato gängige Praxis fortsetzten, sahen sich zahlreiche badische Revolutionäre zu ihrem Entsetzen mit entehrenden Zuchthausstrafen konfrontiert: Sie wurden wie gewöhnliche Kriminelle behandelt und verloren automatisch wichtige bürgerliche Rechte wie den Zugang zu öffentlichen Ämtern, das aktive und passive Wahlrecht sowie Ansprüche auf Ruhegehälter und Pensionen[20]. Geflohenen Revolutionären entzog man

19 Zu diesem Komplex insbesondere RICHTER (wie Anm. 10), v.a. S. 412–415; VALENTIN Bd. 2 (wie Anm. 15), S. 531–544; WUNDER, Beamtenschaft zwischen Rheinbund und Reichsgründung (wie Anm. 11), v.a. S. 580–582; die drei Standgerichte in Bruchsal, Freiburg und Rastatt arbeiteten vom 27.7.1849 bis 27.10.1849. Sie verurteilten 27 Angeklagte (13 Militärs und 14 Zivilisten) zum Tod (23 Urteile wurden auch vollzogen) und 62 (27 Militärs und 35 Zivilisten) zu zehnjährigen Zuchthausstrafen, weitere 25 Angeklagte überwiesen sie an ordentliche Gerichte. Die nach dem 27.10.1849 für Militärs zuständigen Kriegsgerichte leiteten etwa 2 000 Verfahren ein und sprachen 729 Personen schuldig; soweit sich die 37 ausgesprochenen Todesurteile nicht gegen Flüchtige richteten, wandelte man sie in Zuchthausstrafen um. Die badischen Hofgerichte leiteten zunächst 3 732 Verfahren gegen Zivilisten ein (Verzeichnis in GLA 237/16844). Unter den hier bis August 1850 ergangenen 794 Urteilen (GLA 234/2055, fol. 71–75, hier fol. 72r) waren die härtesten neun lebenslange Zuchthausstrafen gegen flüchtige Revolutionsführer. Zu den Todesurteilen vgl. in diesem Band Heinrich Raab, S. 133–158.
20 Details im § 17 des badischen Strafgesetzbuches von 1845/51. Zu Württemberg der Ausstellungskatalog: Auf den Bergen ist Freiheit (wie Anm. 17), S. 68f.

darüber hinaus das Staatsbürgerrecht[21]. Bei Militär, Bürokratie und Kirchen flankierten und ergänzten ehrengerichtliche bzw. disziplinarische Verfahren das strafrechtliche Vorgehen[22]. Hinzu kamen Vermögensbeschlagnahmungen, mit denen der badische Fiskus die auf drei Millionen Gulden festgesetzten Kriegskosten einzutreiben versuchte und so auch flüchtige Revolutionäre mit Besitz in der Heimat traf.

Diese bis dahin unvorstellbare Flut von Untersuchungen und Prozessen traf auf einen Justizapparat, der zahlreiche Neuerungen und Provisorien zu bewältigen hatte, befanden sich doch Straf- und Verfahrensrecht in einem teilweise schon 1845 eingeleiteten Umbruch, den weitere, von der Revolution provozierte Gesetze und Verordnungen noch unübersichtlicher gemacht hatten[23]. Bezeichnenderweise wusste bei einer ersten Bilanz im August 1850 nicht einmal das Justizministerium zu sagen, wie viele der bereits Verurteilten Rekurs beim Oberhofgericht eingelegt hatten oder gar flüchtig waren. Fest stand zu diesem Zeitpunkt lediglich, dass in den Gefängnissen von Bruchsal und Freiburg 271 Zivilisten wegen revolutionsbezogener Delikte einsaßen[24] und mehrere tausend Fälle noch nicht abgeschlossen waren. Die zahllosen Verfahren, der damit zusammenhängende Bearbeitungsstau und die sehr harten Urteile der ersten Prozesswelle prägten das politische Leben und die öffentliche Stimmung im Land außerordentlich: Tausende lebten für Monate mit dem Stigma ungeklärter Verdächtigungen und unter dem Damoklesschwert einer drohenden Verurteilung mit all ihren einschneidenden Konsequenzen. Hunderte waren auf der Flucht, Aberhunderte erwarteten ihren Haftantritt oder saßen bereits, ihrem persönlichen und beruflichen Umfeld entrissen, als Straf- oder Untersuchungshäft-

---

21 Grundlage war § 9 d des 6. Konstitutionsedikts von 1808. Vgl. den erläuternden Artikel in der Karlsruher Zeitung Nr. 184 (7.8.1850). Erst ein Erlass Großherzog Friedrichs vom 4.11.1856 machte die Wiederverleihung der Staatsbürgerschaft und der aberkannten bürgerlichen Rechte unter bestimmten Voraussetzungen möglich; GLA 236/8578, fol. 141.

22 Etwa ein Drittel des badischen Offiziers- und Unteroffizierskorps schied aus der Armee aus, die nach preußischen Vorgaben reorganisiert wurde; W. F. SCHILL, Militärische Beziehungen zwischen Preußen und Baden 1849–1850, in: FBPG 43 (1930), S. 290–333. Beim zivilen Staatsapparat konnte sich die preußische Vormacht mit ihrer Forderung nach umfassender ›Säuberung‹ dagegen bei weitem nicht durchsetzen, jedoch richteten sich disziplinarische Maßnahmen nicht nur gegen die sogenannten Rädelsführer, sondern namentlich auch gegen »niedere Bedienstete und Beschäftigte in Randbereichen der staatlichen Verwaltung wie Lehrer, Bürgermeister, Advokaten, Notare und angehende Beamte wie Referendare und Skribenten, sowie alle, die ins Ausland geflüchtet waren«. B. WUNDER, Die badische Beamtenschaft während der Revolution von 1848, in: ZGO 135 (1987), S. 273–290, hier S. 284; eingehend auch DERS., Beamtenschaft zwischen Rheinbund und Reichsgründung (wie Anm. 11), S. 550–576. Zu den innerkirchlichen Untersuchungen vgl. B. K. DANNENMANN, Die evangelische Landeskirche in Baden im Vormärz und während der Revolution 1848/49. Frankfurt/M. u. a. 1996, S. 259–281; I. GÖTZ V. OLENHUSEN, Klerus und abweichendes Verhalten. Zur Sozialgeschichte katholischer Priester im 19. Jahrhundert. Die Erzdiözese Freiburg, Göttingen 1994, S. 305–307; C. REHM, Die katholische Kirche in der Erzdiözese Freiburg während der Revolution 1848/49, Freiburg/München 1987, S. 164–173.

23 Die Einzelheiten bei M. REIMANN, Der Hochverratsprozeß gegen Gustav Struve und Karl Blind. Der erste Schwurgerichtsfall in Baden, Sigmaringen 1985, v.a. S. 60–68.

24 Davon waren 212 Personen wegen Hochverrats inhaftiert (172 von den Hofgerichten und 40 von den Standgerichten verurteilt), 46 wegen Widersetzlichkeit, Gewalttätigkeit o.ä. und 13 wegen Majestätsbeleidigung. 74 Häftlinge saßen in Freiburg ein, 105 im Bruchsaler Zucht- und Korrektionshaus und 92 im dort gerade errichteten Männerzuchthaus. GLA 234/2055, fol. 71–75, hier fol. 72v und 73r.

linge in den überlasteten Gefängnissen. Namentlich in Bruchsal verschärfte sich die Raumnot noch zusätzlich, weil die schon vor der Revolution beschlossene Einführung des Einzelhaftsystems nach dem Vorbild des englischen Musterzuchthauses Pentonville größere Umbauten notwendig machte[25]. Die gestressten Gefängnisverwaltungen beklagten denn auch jahrelang die *Ueberfüllung der Strafanstalten*, bei der die Sträflinge *in ordnungsmäßiger Weise nicht mehr gelagert und beschäftigt werden können*[26]. Entlastungsversuche brachten angesichts der sofort nachrückenden neuen Gefangenen nur wenig Abhilfe: Um Zellen für ›Politische‹ frei zu bekommen, begnadigte man Anfang 1850 in rascher Folge über 130 Häftlinge, die wegen gemeiner Delikte einsaßen[27]. Die strafrechtliche Härte gegen die Revolutionäre löste also Nachsicht gegenüber anderen Rechtsbrechern aus – und führte bisweilen zu bizarren Begnadigungsgründen: So kam etwa ein Totschläger, der sich in der Haft nicht einmal gut betragen hatte, nach fünf Jahren Zuchthaus frei, weil man im Justizministerium unter dem Eindruck der herrschenden Zellenknappheit unversehens erkannt hatte, dass der erschlagene Kontrahent einen *ungewöhnlich dünnen Schädel* gehabt hatte[28]. Vor dem Hintergrund dieser eigenwilligen Gnadenpraxis musste die unnachgiebige Kriminalisierung der Revolutionsteilnehmer nur noch harscher wirken.

Tatsächlich setzte das ungemeine Ausmaß der strafrechtlichen Revolutionsbekämpfung nicht nur die zuständigen Behörden unter Druck, sondern fachte auch sehr rasch Debatten über eine Amnestie an. Bereits im Juli 1849 drängte der Schweizer Bundesrat erstmals vehement auf eine Amnestie in Baden und weiteren deutschen Staaten, konnte er doch nur so auf eine zügige Rückkehr der rund 10 000 ins Land geströmten Revolutionsflüchtlinge hoffen[29]. Seit August 1849 erreichten die Behörden zudem immer wieder Mel-

---

25 Das *Gesetz über den Strafvollzug im neuen Männerzuchthaus Bruchsal* vom 6.3.1845, das erst am 1.3.1851 endgültig in Kraft trat, findet sich im RegBl. 1845, Beilage zu Nr. XV sowie bei P. FRESSLE, Die Geschichte des Männerzuchthauses Bruchsal, (Jur. Diss.) Freiburg 1970, S. 87–92. Im August 1851 informierte das Justizministerium den Großherzog im Rahmen von Begnadigungsvorschlägen über *die Bauarbeiten im [Bruchsaler] Zucht- und Arbeitshause, wo durch die in Angriff genommene Herstellung der nach § 56 des Strafgesetzes nöthigen Einzelarreste die Hälfte des einen Seitenflügels, also der Raum für wenigstens 40 bis 50 Köpfe dem Dienste gänzlich entzogen ist und noch zweifelhaft bleibt, ob die neuen Räume, wenn der Bau fertig ist, schon im nächsten Winter bewohnt werden können.* Vortrag vom 22.8.1851, GLA 233/31153, fol. 78f., hier fol. 78v–79r. Zum Haftsystem FRESSLE; vgl. zudem: 1848/49 – Revolution und Zuchthaus in Bruchsal, hg. v. der Stadt Bruchsal und der JVA Bruchsal, Ubstadt-Weiher 1998; einen instruktiven Vergleich der Bruchsaler Anstalt mit der Festung auf dem Hohenasperg liefert der Ausstellungskatalog: Auf den Bergen ist Freiheit (wie Anm. 17), v.a. S. 66–107.
26 Vortrag des Justizministeriums vom 22.8.1851, GLA 233/31153, fol. 78f., hier fol. 79r. Eine vergleichbare Klage vom 3.4.1852 in GLA 234/2055, fol. 207f.
27 Die einzelnen Begnadigungen in GLA 233/31153, fol. 3–17.
28 Es handelt sich um den 27jährigen Nassauer Johann Kroth, der wegen *muthwillige[r] aus Jaehheit begangene[r] Tödtung* zu sechs Jahren Zuchthaus verurteilt worden war. Im Begnadigungsvorschlag für den Großherzog (ebd. fol. 16f.) heißt es: *Schlug seinen Gegner, mit dem er früher wegen einer Geliebten Streit hatte, ohne Veranlassung mit seinem Spazierstock, welcher Streich bei dem ungewöhnlich dünnen Schädel des Getroffenen am andern Tag dessen Tod zur Folge hatte. Wird als Ausländer des Großherzogtums verwiesen.*
29 Die Appelle der Schweiz richteten sich an Baden, Bayern, Hessen-Darmstadt, Hessen-Kassel, Sachsen und Württemberg. Zu diesem Aspekt liegt bereits eine Reihe Untersuchungen vor. Vgl. ins-

dungen, dass man unter den Inhaftierten und in weiten Kreisen der badischen Öffentlichkeit fest mit einem raschen und umfassenden Straffreiheitserlass rechne, der allenfalls die Revolutionsführer ausschließen würde[30]. Die Befürworter einer Amnestie hielten es nicht nur für schlichtweg unmöglich, so viele Menschen zu verurteilen und in Haft zu lassen[31], sondern sie stützten sich auch auf prinzipielle politische und rechtliche Erwägungen. Das belegen beispielsweise jene sechs Amnestiepetitionen, die der zweiten Kammer während ihrer ersten nachrevolutionären Sitzungsperiode 1850 zugingen[32]. Die rund 470 Unterzeichner forderten, lediglich die Anführer des republikanischen Umsturzversuches vor Gericht zu stellen; straffrei bleiben müssten hingegen die zahlreichen verwirrten, verführten und gutgläubigen Teilnehmer. Sie hätten nur die in Baden schließlich anerkannte Reichsverfassung verteidigen wollen, und seien nach der Flucht der großherzoglichen Regierung zudem ohne rechte Handlungsalternative gewesen[33]. Die Mairevolution war

besondere J. FREI, Die schweizerische Flüchtlingspolitik nach den Revolutionen von 1848 und 1849, Zürich 1977, v.a. S. 402–405; P. NEITZKE, Die deutschen politischen Flüchtlinge in der Schweiz 1848–49, Charlottenburg 1927, v.a. S. 47–55; REITER (wie Anm. 9), S. 216–257. Debatten über Amnestien setzten zu dieser Zeit auch in anderen deutschen Staaten ein, doch fehlt es hier noch an Untersuchungen. Knappe Hinweise bei JANSEN (wie Anm. 9), S. 204f. zu Sachsen, S. 214 zu Württemberg und S. 220 zu Bayern, wo tatsächlich eine bedingte Amnestie für die Revolutionäre zustande kam.

30 Vgl. etwa den Vortrag des Justizministeriums vom 10.12.1849; GLA 234/2056, fol. 12–16; Bericht der Zucht- und Korrektionshausverwaltung Bruchsal vom 14.8.1850; GLA 234/2055, fol. 7; O. v. CORVIN, Aus dem Zellengefängnis. Briefe aus bewegter, schwerer Zeit 1848–1856, Leipzig 1884, S. 189 f.: Brief Helds an Corvin, 6.1.1850: *Wie ich aus ziemlich sicherer Quelle gehört habe, geht man damit um, die politischen Gefangenen zum Frühjahr nach Aufhebung des badenschen Kriegszustandes in Freiheit zu setzen, freilich so, daß sie auf die Rückkehr nach Deutschland für immer verzichten müssen, wenn nicht eine gänzliche Umwälzung des bisherigen Systems eintritt, welches die völlige Amnestie zur Folge hat. Auf der anderen Seite höre ich, daß zum Frühjahr allen Denen, welche auswandern können, nämlich aus Europa, die Erlaubniß dazu gegen Urphede ertheilt werden soll, während die Strafzeit der übrigen auf drei Jahre ermäßigt wird. Du wirst nun wohl zu den Ersteren gehören, da sich die Mittel dazu am Ende leicht erschwingen lassen.*
31 Otto v. Corvin war sicherlich nicht allein mit seiner damals geäußerten Überzeugung, die großherzogliche Regierung könne schlecht zwei Fünftel der Badener erschießen und zwei Fünftel ins Zuchthaus stecken; vgl. O. v. CORVIN, Ein Leben voller Abenteuer. Bd. 2, hrsg. und eingel. v. Hermann Wendel, Frankfurt/M. 1924, S. 605.
32 Alle GLA 234/10176: Aus Michelfeld vom 22.3.1850 mit 80 Unterschriften (fol. 165 f.); aus Gemmingen vom 25.3.1850 mit 113 Unterschriften (fol. 169–171); aus Stockach vom 17.3.1850 mit 40 Unterschriften (fol. 173–179); aus Möhringen mit gleichem Datum und Text sowie 154 Unterschriften (fol. 181–190); von den Wahlmännern und Gemeinderäten aus 15 Gemeinden des Amtes Bonndorf vom 18.5.1850 mit 54 Unterschriften (fol. 193–195); von den Ortsvorgesetzten des Amtes Bonndorf vom 20.9.1850 mit 26 Unterschriften (fol. 196–199). Vgl. auch die entsprechende Beratung im Landtag: Verhandlungen der Stände-Versammlung des Großherzogthums Baden in den Jahren 1850 und 1851. Enthaltend die amtlichen Protokolle der zweiten Kammer und deren Beilagen (im folgenden: Ständeprotokolle). XXXVII. Sitzung vom 21.10.1850, Protokollheft, S. 95f. sowie Beilagenheft 5, S. 367–374 (Bericht der Petitionskommission, Vorsitz Abg. Bissing).
33 Die unterschiedlichen Motive der Revolutionsteilnehmer vom Frühjahr 1849 betonte bekanntlich auch F. ENGELS, Die deutsche Reichsverfassungskampagne, in: MEW 7, Berlin (Ost) 1975, S. 109–197, hier S. 196: »[…] denjenigen, denen es ernst war mit der Bewegung, war es nicht ernst mit der Reichsverfassung, und denen es ernst war mit der Reichsverfassung, war es nicht ernst mit der Bewegung.« Die Mairevolution als Konsequenz des radikalisierten Gemeindeliberalismus skizziert

aus dieser Perspektive eine *ausserordentliche Zeit* [...], *wo der brävste Bürger für durchaus erlaubt hielt, was ihm jetzt die Gerichte als Hochverrath anrechnen*[34]. Die Petenten hielten die strafrechtlichen Verfahren durchweg für ungeeignet, das Land zu befrieden, ja sogar für konfliktverschärfend. Fast schon drohend war die Rede von einem *Gefühl erlittener Rechtskränkung* und *bedenkliche[r] Mißstimmung, welche beim Vollzug der gerichtlichen Urtheile im ganzen Lande verbreitet würde*[35]. Nur eine Amnestie mit allseitigem Vergessen konnte nach dieser Logik den politischen Ausnahmezustand beenden und so das allgemeine Recht wieder in Kraft setzen. Diese Vorstellung war keineswegs aus der Luft gegriffen, sondern ruhte auf einer soliden rechtsphilosophischen Basis. Dass *zur Beendigung einer Revolution* [...] *die Publication eines Gesetzes der Vergessenheit* notwendig sei, hatten in den zurückliegenden Jahrzehnten etwa der in Heidelberg lehrende Carl Salomo Zachariä[36] und der im deutschen Vormärz sehr aufmerksam rezipierte französische Staatsrechtler Benjamin Constant vertreten[37]. Direkt im Anschluss an die Revolution verfocht diese Ansicht auch der damals suspendierte badische Hofgerichtsadvokat Heinrich v. Feder, der als Verteidiger am berühmten Schwurgerichtsprozess gegen Gustav Struve und Karl Blind teilgenommen hatte und später zu einem der prominentesten badischen Demokraten avancieren sollte[38].

Mit einer derart begründeten und zugeschnittenen Amnestie kalkulierten offenbar zunächst auch Angehörige der großherzoglichen Behörden. Ihre Strategie orientierte sich an der Bewältigung des gut ein Jahr zurückliegenden Heckerzuges, als man – mutmaßlich abschreckende – Massenverhaftungen kombiniert hatte mit einer weitreichenden und nach Vorstellung der Verantwortlichen versöhnenden Amnestie für Minderbelastete, die

P. Nolte, Gemeindebürgertum und Liberalismus in Baden 1800–1850. Tradition – Radikalismus – Republik, Göttingen 1994, S. 390–414.

34   So die Stockacher Petition, GLA 234/10176, fol. 173–179, hier fol. 174v–175r.

35   Ebd., fol. 176.

36   C. S. Zachariä, Vierzig Bücher vom Staate, 3. Bd., Heidelberg 1839. 15. Buch: Der allgemeine Theil der Verfassungslehre, das Zitat S. 90. Und weiter heißt es dort: *Diese Vergessenheit ist Rechtens, denn kann wohl überhaupt von einem Verbrechen, in der urkundlich-rechtlichen Bedeutung des Wortes, die Rede sein, so lange nicht das Gesetz, sondern physische Macht waltet? – Diese Vergessenheit ist eine Forderung der Menschlichkeit. Es ist ein Leichtes, in den Tagen der wiederhergestellten Ruhe zu lehren und zu predigen, was man in den Tagen der Gefahr hätte thun können oder sollen; desto schwerer ist es, den Tod im Angesichte, zu überlegen und zu handeln, wie man handeln soll. – Diese Vergessenheit ist ein Rath der Klugheit. Gemüthskrankheiten kehren leicht zurück, wenn der Genesene den Ort seines früheren Leidens wiedererblickt. Eine Regierung, welche nach Beendigung einer Revolution unversöhnlich gegen die Vergangenheit ist, verräth Mißtrauen in die Gegenwart.* Konzise Informationen zu Zachariä (1769–1843) bei M. Stolleis, Geschichte des öffentlichen Rechts in Deutschland. 2. Bd.: Staatsrechtslehre und Verwaltungswissenschaft 1800–1914. München 1992, S. 169–172.

37   Vgl. Freund (wie Anm. 7), S. 175 f. Zu Constant und seiner Wirkung L. Gall, Benjamin Constant. Seine politische Ideenwelt und der deutsche Vormärz, Wiesbaden 1963.

38   H. v. Feder, Das Staatsverbrechen des Hochverraths nach den Rechtsbegriffen der Vorzeit und der Gegenwart. Ein Handbüchlein für den deutschen Bürger und Rechtsgelehrten, insbesondere auch für Geschworne, Stuttgart 1850, S. 148 f., wo Feder direkt Bezug nimmt auf seinen Lehrer Zachariä. Vgl. F. Engehausen, Heinrich von Feder. Der politische Werdegang eines badischen Demokraten im 19. Jahrhundert, Mannheim 1997, v.a. S. 27–29.

schließlich annähernd 3 000 Personen betraf[39]. Ähnliche Tendenzen registrierte der preußische Geschäftsträger in Karlsruhe, Siegmund v. Arnim, bereits Ende Juni 1849, als er sarkastisch notierte: *Von Bestrafung der Schuldigen ist schon jetzt fast nicht mehr die Rede, dagegen viel von Amnestien für die Militärs und besonders für die trefflichen Civildiener, die ja von jeher der Kern der badischen revolutionären Großmachtstellung gewesen sind*[40]. Diese kritische Bemerkung kam nicht von ungefähr. Schon in der grundlegenden Instruktion für Arnim vom 24. Juni 1849 hatte Berlin vor den *Gefahren einer Amnestie* gewarnt, *welche das Rechtsgefühl aller Besseren empören müßte*[41]. Der Widerstand verschärfte sich noch, als im Juli 1849 die ersten Schweizer Amnestieappelle in Karlsruhe eingingen. Namentlich der preußische Sonderbevollmächtigte Karl Friedrich v. Savigny drängte – auch im Namen des Kronprinzen Wilhelm – bei der badischen Regierung wiederholt und höchst energisch darauf, *von der unzeitgemäßen Amnestiemaßregel abzusehen*[42].

Diese rigorose preußische Absage hatte mehrere Gründe. Bekanntlich war die preußische Invasion in Baden nicht als kurzfristige Militärintervention gedacht, sondern als erstrangige antirevolutionäre Weichenstellung: Der politische *Augiasstall* Baden sollte unter Mitwirkung einer neugebildeten großherzoglichen Regierung zum Musterland der Reaktion ausgebaut werden[43]. Die Berliner Verantwortlichen argwöhnten nun nicht ganz

---

39 Zum Konzept der Regierung Klüber VALENTIN Bd. 2 (wie Anm. 15), S. 535; WUNDER, Revolution (wie Anm. 22), S. 282. Die Amnestie vom 15.8.1848 ist abgedruckt im RegBl. 1848, Nr. LVII, S. 323f. Ergiebiges Material im GLA 234/2057–2059 und 234/10198–10200. Vgl. auch HIPPEL (wie Anm. 10), S. 163–165. In dieses Bild passt, dass Großherzog Leopold am 3.6.1849 aus seinem Exil nicht nur die bevorstehende Militärinvasion ankündigte, sondern auch all jenen *Amnestie* zusicherte, *welche nicht zu den Anstiftern oder Rädelsführern gehören und welche, ehe sie in einen Kampf mit den Truppen kommen, und zwar sobald es ihnen nach Verkündung dieser Verordnung überhaupt nur immer möglich ist, sich freiwillig unterwerfen, und so viel an ihnen liegt, die Sache der verfassungsmäßigen Regierung und der für die Wiederherstellung der Staatsordnung einschreitenden Truppen thätig zu befördern suchen*. RegBl. 1849, Nr. XXX, S. 293f. Amtlich getragene Initiativen für eine Amnestie sind auch noch 1850 greifbar, konnten sich aber nicht durchsetzen. Im August 1850 befürwortete beispielsweise der Inspektor der Bruchsaler Anstalten, Bernhard August Prestinari, eine Amnestie für das Delikt Majestätsbeleidigung; Bericht an das Justizministerium vom 9.8.1850; GLA 234/2055, fol. 13–16, hier fol. 14r. Prestinari hatte als Vorsitzender Rat im Justizministerium den Eid auf die Regierung Brentano geleistet und war deswegen nach der Revolution zum Hofgerichtsrat in Bruchsal degradiert worden; zu ihm GALL, Liberalismus (wie Anm. 11), S. 76f. und WUNDER, Beamtenschaft zwischen Rheinbund und Reichsgründung (wie Anm. 11), S. 554. 1850 war Prestinari zugleich Vorstand (Inspektor) des Bruchsaler Gefängnisaufsichtsrats; zu diesem Gremium FRESSLE (wie Anm. 25), S. 136f.
40 Arnim an Karl Friedrich v. Savigny, Mainz, 24.6.1849. Abgedruckt bei W. REAL (Hg.), Das Großherzogtum Baden zwischen Revolution und Restauration 1849–1851. Die Deutsche Frage und die Ereignisse in Baden im Spiegel der Briefe und Aktenstücke aus dem Nachlaß des preußischen Diplomaten Karl Friedrich von Savigny, Stuttgart 1983, S. 65–68, hier S. 66.
41 REAL, Nachlaß (wie Anm. 40), S. 68f., hier S. 68.
42 Savigny an Brandenburg; Kuppenheim bei Rastatt, 21.7.1849. Ebd., S. 169f., hier S. 170. Zahlreiche weitere Äußerungen Savignys in dieser Sache ebd. Zu seiner Person W. REAL, Karl Friedrich von Savigny 1814–1875. Ein preußisches Diplomatenleben im Jahrhundert der Reichsgründung, Berlin 1990.
43 Arnim an den preußischen Ministerpräsidenten Friedrich Wilhelm Graf v. Brandenburg, Karlsruhe, 5.7.1849; bei RICHTER (wie Anm. 10), S. 399. Ganz in diesem Sinn resümierte Savigny am 5.10.1849 gegenüber seinem Außenminister Alexander Freiherrn v. Schleinitz: *Als der Zweck unserer*

grundlos, dass die von ihnen ohnehin als lasch eingestufte Regierung Klüber nur allzu gern den Bitten nach einer Amnestie folgen und so Preußen zum Alleinverantwortlichen der postrevolutionären Unterdrückung stempeln würde[44]. Zudem befürchtete man auf preußischer Seite, dass nach einer Amnestiezusage *die einzelnen Verbrecher sofort wieder in ihre Heimat zurückkehren* und die Revolution dann unvermeidlich erneut aufflammen würde – an die versöhnende Wirkung einer Amnestie mochte man nicht glauben[45]. Aus Savignys Sicht waren Justiz- und Polizeiapparat im Großherzogtum bereits jetzt überlastet; sie konnten unmöglich aus den zurückströmenden Flüchtlingsmassen die zu amnestierenden Mitläufer und die in jedem Fall zu verurteilenden Anführer aussondern. Man müsse angesichts dessen vielmehr *froh* sein, *eines Teils der Inkulpanten los zu sein, ohne die Verpflichtung, sie wieder aufzunehmen* – die Verweigerung von Straffreiheit war hierfür das geeignete Instrument. Neben diesem praktisch-politischen gab es indes noch ein sehr wichtiges prinzipielles Motiv: Aus dem Blickwinkel der preußischen Reaktionspolitiker gründete die badische Erhebung in einer *Verwirrung aller Rechtsbegriffe*, die nicht zuletzt *die ewigen Amnestien* im Großherzogtum verursacht hatten[46]. Um dieses *verletzte Rechtsgefühl* wiederherzustellen, durfte man nach ihrer Auffassung unter keinen Umständen erneut Rechtsnormen durchbrechen[47], was mit einer Amnestie jedoch unvermeidlich geschah. Im Gegenteil: Die dezidierte, öffentliche Versagung von Straffreiheit hatte im Gefüge der eingeleiteten Reaktionsmaßnahmen herausragende politische Bedeutung, geradezu Signalcharakter. Savigny wurde nicht müde, diesen engen Zusammenhang immer wieder hervorzuheben. Schon Ende August 1849 meldete er seinem Außenminister, es habe *einen bedeutungsvollen Eindruck gemacht, daß die Rückkehr des Großherzogs nicht, wie das manche schwächliche Seelen geglaubt hatten, mit einer Amnestie begleitet war und auch die Exekutionen nicht eingestellt sind, man vielmehr hier der so lange schmählich vernachlässigten Gerechtigkeit freien Lauf gelassen hat*[48]. Während also für

---

*Intervention war stets festgehalten, daß es in unserem Interesse liege, in diesem Lande eine kräftige, unserem Einfluß unterliegende Regierung aufzurichten*; REAL, Nachlaß (wie Anm. 40), S. 372f., hier S. 372.

44 Die gleiche Strategie bei der Ausrufung des Kriegsrechts konstatiert RICHTER (wie Anm. 10), S. 404f.

45 Savigny an Karl Hermann v.Thile (Kassel), Hermann Ludwig v. Balan (Frankfurt), Adalbert Freiherrn v. Rosenberg (München) und den schon erwähnten Arnim (Karlsruhe); Freiburg, 19.7.1849, REAL, Nachlaß (wie Anm. 40), S. 166–168, hier S. 167. Auch für das Folgende.

46 Arnim an Savigny; Karlsruhe 24.7.1849. Ebd., S. 183. Insgesamt sind vier Straffreiheitserlasse oder -versprechen ergangen: Die *Staatsministerialverordnung* vom 18.3.1848 wurde veröffentlicht in der Karlsruher Zeitung am 19.3.1848; vgl. auch GLA 236/8511, fol 1f. Die *Amnestie-Ertheilung an die Theilnehmer der hochverrätherischen Unternehmungen* vom 15.8.1848 ist abgedruckt im RegBl. 1848, Nr. LVII, S. 323f. Die *Verordnung die Niederschlagung der politischen Untersuchungen betreffend* der Regierung Brentano erging am 22.5.1849; sie ist veröffentlicht im RegBl. 1849, Nr. XXXVII (8), S. 323. Die schon erläuterte Amnestiezusicherung des Großherzogs vom 3.6.1849 findet sich im RegBl. 1849, Nr. XXX, S. 293f. Knapper Abriss bei DANNENMANN (wie Anm. 22), S. 248–258. Zu den Initiativen der Regierung Brentano vgl. S.-M. BAUER, Die Verfassunggebende Versammlung in der Badischen Revolution von 1849, Düsseldorf 1991, S. 128–130.

47 Savigny an Thile (Kassel), Balan (Frankfurt), Rosenberg (München) und Arnim (Karlsruhe); Freiburg, 19.7.1849, REAL, Nachlaß (wie Anm. 40), S. 166–168, hier S. 168.

48 Savigny an Schleinitz; Karlsruhe, 29.8.1849, REAL, Nachlaß (wie Anm. 40), S. 309–311, hier S. 310. Noch in seiner Bilanz der Repressionspolitik im März 1850 betonte Savigny befriedigt, es hät-

die Verfasser der erwähnten Petitionen und die genannten Staatsrechtler eine Amnestie das normale Recht erst wiederherstellte, bedrohte sie für die preußische Führung 1849 eben dieses Recht. Damit sind zwei prinzipielle, immer wieder anzutreffende Positionen gegenüber Straffreiheitserlassen formuliert.

Vor dem Hintergrund einer weitreichenden öffentlichen Amnestieerwartung, der Überlastung aller Justizorgane und der rigiden preußischen Haltung musste die Karlsruher Führung zur Jahreswende 1849/50 über den weiteren Kurs entscheiden. In einem richtungsweisenden Vortrag räumte das von Anton Stabel geführte Justizministerium ein, dass *weitere Milde gegen Viele von denen, die in Untersuchung genommen wurden, [...] nicht ausbleiben* könne[49]. Nachsicht verdienten namentlich *die Verführten und Solche, welche v o r der Revolution in keiner Weise auf dieselbe hingewirkt haben, sondern von dem Strom fortgerissen wurden.* Zur Milde war man also entschlossen – freilich: den eigentlich in weiten Kreisen der Bevölkerung erhofften Straffreiheitserlass lehnte das Justizministerium ganz im preußischen Sinne kategorisch ab. Gerade die zur Bewältigung des Heckerzuges im August 1848 ergangene Amnestie habe *als Mittel zur Versöhnung* versagt, den *Glauben, daß Aufruhr ein Verbrechen sei, erschüttert* und das *Rechtsgefühl der treuen und ruhigen Bürger tief beleidigt.* Das Ministerium plädierte daher dafür, eine Amnestie zu verweigern und statt dessen den *regelmäßigen Weg der Begnadigung nach gefälltem Urtheil* zu gehen. Die Frage liegt nahe: Warum durfte es keine Amnestie, wohl aber individuelle Begnadigungen geben?

Eine Amnestie beseitigt nicht die Rechtswidrigkeit der Tat, die der Staat vielmehr weiterhin missbilligt. Jedoch konstituiert sie für eine konkrete Situation »die Fiktion, dass der Rechtsbrecher das Strafgesetz nicht verletzt hat«[50]. Sie gewährt in einer unbestimmten Vielzahl von Fällen Straferlass oder -nachlass und zudem den Verzicht auf die Verfolgung von Straftaten, gilt also sowohl für bereits Verurteilte als auch für Täter, gegen die noch nicht einmal Verfahren eingeleitet wurden, ja selbst für jene, die den Behörden unbekannt sind[51]. Dieses letzte Merkmal unterscheidet die Amnestie von der Begnadigung, die normalerweise ein rechtskräftiges Urteil voraussetzt und sich zudem konkret an einzelne Personen richtet. Es liegt auf der Hand, dass dieses Verfahren auch eine andere Form der

---

ten sich *die Folgen einer wahrhaft konservativen Politik in der erfreulichsten und segensreichsten Weise nunmehr herausgestellt. Die großherzogliche Regierung hat es von Anfang an für ihre Aufgabe angesehen, das Ansehen der Gesetze wiederherzustellen, die Gerechtigkeit zu üben und das Verbrechen zu bestrafen. Aus diesem Grunde hat sie keine Amnestie erlassen,* [Hervorhebung W.P.] *ist sie mit Strenge gegen die in offenem Aufruhr ergriffenen Landesverräter vorgegangen. [...] Die Bevölkerung ist wieder zur Besinnung gekommen; die Begriffsverwirrung, welche durch die Straflosigkeit politischer Verbrechen hier erzeugt war, ist dem Gefühle für das Recht gewichen.* Savigny an Hatzfeldt; Karlsruhe, 14.3.1850, ebd., S. 483–487, hier S. 483.

49   Vortrag vom 10.12.1849; GLA 234/2056, fol. 12–15. Hieraus auch die folgenden Zitate; die Hervorhebung im Original.

50   A. SPIES, Amnestiemaßnahmen und deren Verfassungsmäßigkeit in Frankreich und Deutschland, Frankfurt/M. u. a. 1991, S. 7.

51   Klassisch ist die Definition von J.-G. SCHÄTZLER, Handbuch des Gnadenrechts, München ²1992, S. 208: Danach handelt es sich bei Amnestien um »Rechtsnormen, die für eine unbestimmte Vielzahl von Fällen den Erlass (oder) die Milderung rechtskräftig erkannter Strafen (und anderer strafrechtlicher und quasi-strafrechtlicher Rechtsfolgen) aussprechen sowie die Niederschlagung anhängiger und die Nichteinleitung neuer Verfahren anordnen«.

strafrechtlichen und politischen Bewältigung mit sich bringt: Die Obrigkeit verzichtet in diesem Fall nicht auf Strafverfolgung und Schuldspruch, die – umstrittene – Tat wird nicht vergessen, sondern lediglich dem einzelnen Täter unter bestimmten Umständen verziehen[52]. Während also eine 1849/50 erlassene Amnestie die Revolution als politischen Ausnahmezustand hätte erscheinen lassen, blieb sie bei Begnadigungen ein flagranter Rechtsbruch. Die Revolutionäre wurden weiterhin strafrechtlich verfolgt – und zwar nicht nur die Anführer, sondern ein sehr breiter Kreis von Teilnehmern. Erst nachdem vor Gericht ausdrücklich ihre ›Schuld‹ festgestellt worden war, durften Verurteilte auf individuelle Gnade hoffen. Genau für dieses vom Justizministerium vorgeschlagene Verfahren entschied sich die badische Führung zur Jahreswende 1849/50, und sie folgte dem hier vorgezeichneten Kurs ein ganzes Jahrzehnt[53].

Dieser Weichenstellung lag ein prinzipielles Ziel zugrunde, das die badische Amnestie- und Gnadenpolitik während der gesamten reaktionären 1850er Jahre prägte: Ihre Hauptaufgabe war stets, das Fortwirken jener Ideen einzudämmen, die den revolutionären Konflikt ausgelöst und getragen hatten. Dazu gehörte einige Monate nach Revolutionsende eine gewisse Milde, denn nur sie konnte angesichts der Lage und der Stimmung im Land eine noch tiefer gehende Erbitterung verhindern – und damit auch eine möglicherweise aufs neue drohende Frontbildung gegen die Regierung. Jedoch durfte diese Nachsicht die eingeleitete antirevolutionäre Reaktionspolitik nicht konterkarieren, im Gegenteil: Sie musste diese Politik aktiv unterstützen. Einzelbegnadigungen waren dafür weitaus besser geeignet als eine Amnestie, ja sie nahmen im Gefüge der Reaktionsmaßnahmen rasch eine zentrale und bislang weitgehend übersehene Position ein, denn sie – und nur sie – ermöglichten der Regierung eine Politik repressiver Milde mit anhaltendem, direktem und disziplinierendem Zugriff auf die Revolutionsteilnehmer.

Ein erster wichtiger Aspekt war die Frage der verfassungsrechtlichen Zuständigkeit: Einzelbegnadigungen waren nach den Buchstaben der Konstitution von 1818 unumstrittenes Kronrecht[54]. Dagegen konnte es aus Sicht des Justizministeriums *bei einer Amnestieverordnung, auch wenn sie ohne die Stände und vor dem Zusammentritt derselben erlassen wird, [...] kaum ausbleiben, daß sich die Kammern dennoch in die Sache einmischen*, ja dass sie möglicherweise sogar einen Anspruch auf Zustimmung erheben würden[55]. Die Erfahrungen der kurz zurückliegenden Revolutionszeit sind hier deutlich fass-

---

52  MERTEN (wie Anm. 1), S. 13; FREUND (wie Anm. 7), S. 177.
53  Wie hochbedeutsam die Unterscheidung zwischen Gnade und Amnestie für die Verantwortlichen war, illustriert ein Einzelfall: Mit Blick auf den bevorstehenden Geburtstag Leopolds war im August 1851 eine wahre Flut von Gnadengesuchen eingegangen. Stabels Justizministerium sprach sich in diesem Zusammenhang zwar für weitere Milde aus, warnte den Großherzog jedoch eindringlich, *daß die Gewährung aller dieser Bitten eine vollständige Amnestie enthalten würde* – ein Eindruck, den man unbedingt vermeiden wollte; Schreiben vom 25.8.1851, GLA 234/2055, fol. 180f., hier fol. 180r.
54  § 15,3 der Verfassungsurkunde für Baden von 1818: *Der Großherzog kann erkannte Strafen mildern oder ganz nachlassen, aber nicht schärfen.* E.R. HUBER (Hg.), Dokumente zur deutschen Verfassungsgeschichte. Bd. I: Deutsche Verfassungsdokumente 1803–1850, 3. neubearb. u. verm. Aufl. Stuttgart u. a. 1978, S. 172–176, hier S. 173.
55  Vortrag vom 10.12.1849; GLA 234/2056, fol. 12–15, hier fol. 14v, auch für das folgende Zitat. Auch die preußische Vormacht erwartete beim Zusammentreten des ersten postrevolutionären Landtags Amnestieforderungen des Parlaments und eine harte Haltung der Regierung. Vgl. Savigny

bar: Die partiellen, auf Mitläufer zielenden amtlichen Amnestieüberlegungen hatten stets weitergehende Forderungen und hitzige Debatten über den Kreis der davon Begünstigten ausgelöst[56] – und damit, wie das Justizministerium nun rückblickend meinte, *der Regierung den Schein der Schwäche verliehen.* Dieses Argument verweist im Umkehrschluss zugleich darauf, was die Regierung für den Erlass einer Amnestie in jedem Fall voraussetzte: Sie musste sicher sein, ihre Amnestiepolitik widerspruchsfrei durchsetzen zu können. Das war indes nur denkbar, wenn die politische und rechtliche Hoheit im Land unumstritten bei ihr lag, und diese Sicherheit fehlte der Karlsruher Führung unmittelbar nach der Revolution fraglos. Mit Einzelbegnadigungen umging sie dieses Problem, ohne auf die angestrebte Politik repressiver Milde verzichten zu müssen: Sie konnte sich nun mit Hinweis auf das Kronrecht beharrlich weigern, den Ständen oder der Öffentlichkeit die Kriterien der Gnadenpolitik zu erläutern[57].

Damit vollzog sich die Feinabstimmung über das Schicksal der Revolutionäre im Arkanbereich der Verwaltung, die in der Gnadenpolitik eine hochbedeutsame Schlüsselstellung einnahm. Gnadengesuche wurden häufig ergänzt durch Kommentare der Gefängnisverwaltung, hin und wieder auch des konfessionell zuständigen Gefängnispfarrers oder einzelner Aufseher[58]. Urteilten sie negativ über den Bittsteller, war das Gesuch meist chancenlos. Das Justizministerium weigerte sich in diesen Fällen in der Regel, den Antrag auch nur an den eigentlich angeschriebenen Großherzog weiterzuleiten. Fehlten Begleitkommentare oder waren sie positiv, prüfte das Ministerium den Fall und entschied dann anhand eigener, scheinbar vorurteilsfreier Kriterien, ob das Gesuch dem Großherzog mit einer zustimmenden Empfehlung vorzulegen sei[59]. Die Beamten sahen dabei nach Auskunft des Justizministers nicht nur auf die *objektive Beschaffenheit der einzelnen Fälle u.*

an Schleinitz, Karlsruhe, 27.2.1850: Das Ministerium *hat den festen Entschluß, gleich von Anfang an jeder möglichen Ausschreitung in der Kammerverhandlung entgegenzutreten. Sollte die Amnestiefrage aufs Tapet kommen, so wird diese Zumutung als ganz unstatthaft zurückgewiesen werden,* bei REAL, Nachlaß (wie Anm. 40), S. 466 f. Es ist angesichts dessen falsch zu behaupten, das Ringen um das Amnestierecht zwischen Parlament und Staatsoberhaupt sei im Deutschland des 19. Jahrhunderts »kein Thema« gewesen. SPIES (wie Anm. 50), S. 26.

56   Wichtige Ständedebatten fanden u. a. statt in der 39. Sitzung vom 16.3.1848 (Ständeprotokolle 1848, drittes Protokollheft, S. 217–224), in der 41. Sitzung vom 18.3.1848 (ebd., S. 263 f.), in der 99. Sitzung vom 8.11.1848 und 100. Sitzung vom 9.11.1848 (ebd., achtes Protokollheft, S. 116–142 und S. 143–171) sowie in der 86. Sitzung vom 13.2.1849 (ebd., neuntes Beilagenheft, S. 13 f.).

57   Auf eine entsprechende Anfrage erhielt der Präsident der 2. Kammer am 5.9.1850 daher vom Justizminister auch nur mitgeteilt, es handle sich hier *um die Ausübung eines reinen Kronrechtes,* dessen Grundsätze nicht näher zu erklären seien. GLA 234/2055, fol. 120, hier fol. 120v. Die Kammeranfrage vom 3.9.1850 in GLA 231/1129, fol. 138.

58   Zum Gefängnispersonal in Bruchsal FRESSLE (wie Anm. 25), S. 126–136.

59   Die Gnadengesuche der Häftlinge befinden sich in der Regel in den Personalstrafakten, in Sachen Hochverrat namentlich in GLA 234/1610 bis 234/2053. Die häufig in Tabellenform gebrachten Gutachten und Gnadenvorschläge, die das Justizministerium dem Großherzog vorlegte, finden sich überwiegend in GLA 233/31153, 234/2055 und 234/2056 (hier v.a. Begnadigung zur Auswanderung). Sie wurden entweder von der Gefängnisverwaltung oder im Ministerium selbst verfasst. Eine detaillierte Analyse der Gnadengesuche kann hier nicht geleistet werden, ich verweise hier auf meine Habilitationsarbeit. Die mentalitätsgeschichtliche Dimension von frühneuzeitlichen Gnadengesuchen erschließt N. Z. DAVIES, Der Kopf in der Schlinge. Gnadengesuche und ihre Erzähler, Frankfurt 1988.

*die Vergangenheit der Angeschuldigten*, sondern sie holten auch bei den *Vorstehern und Inspektoren der Strafanstalten genaue Erkundigungen über die Aufführung der Sträflinge ein*[60]. Die vor Gericht gewonnenen Erkenntnisse und die darauf basierenden Urteile hielt man im Ministerium dagegen *nicht für unbedingt entscheidend […], weil wir nicht so sehr auf die äußeren Handlungen der Angeschuldigten, als auf die von ihnen vor u. während der Revolution bekundeten Gesinnungen sehen zu müssen glaubten.* Die Justizbürokratie legte also die Kriterien der Politik repressiver Milde fest und agierte in vollem Umfang als unkontrollierbares Korrektiv der Judikative; ihr Einfluss überlagerte auch das Gnadenrecht des nur teilweise informierten (und interessierten) Großherzogs. Dieser Kompetenzgewinn entsprach im übrigen ganz dem Zeittrend, denn in allen deutschen Staaten wuchs in der nun anbrechenden Reaktionsära der Einfluss staatlicher Bürokratien[61]. Dabei liegt es auf der Hand, dass die vorgebliche bürokratische Objektivität nichts anderes war als Schimäre und Anmaßung.

Die Bedingungen, unter denen Gnade gewährt wurde, zeigen klar die disziplinierende und kontrollierende Stoßrichtung dieser Politik. Vor allem in den ersten Jahren achtete man darauf, dass der Bittsteller zur weiteren Abschreckung einen beträchtlichen Teil seiner Strafe bereits abgesessen hatte[62]. Zudem musste er durch sein Verhalten im Gefängnis seine *aufrichtige, nachhaltige Reue und Sinnänderung* beweisen und dies in seinem Gnadengesuch auch noch einmal ausdrücklich bekunden[63]. Wer dazu nicht bereit war, hatte seine Strafe bis auf den letzten Tag abzusitzen; Theodor Mögling etwa fast sieben Jahre, darunter die gesetzlich maximal zulässigen sechs Jahre Einzelhaft[64]. Die Strafe wurde

---

60 Vortrag Stabels vom 19.8.1850; GLA 234/2055, fol. 71–75, hier fol. 73 v, auch für das folgende Zitat.

61 H.-U. Wehler, Deutsche Gesellschaftsgeschichte. Dritter Band: Von der »Deutschen Doppelrevolution« bis zum Beginn des Ersten Weltkrieges 1849–1914, München 1995, S. 197–221.

62 Dieses Kriterium betonte das Justizministerium gegenüber dem Großherzog immer wieder; etwa im Schreiben vom 25.8.1851, *die Begnadigung mehrerer politischer Sträflinge betr.*; GLA 233/31153, fol. 81 f. Die Praxis illustriert z.B. das ursprünglich 37 Begnadigungsvorschläge umfassende Verzeichnis vom November 1850 (zum Namenstag des Großherzogs am 29.11.). Acht Personen wurden von höherer Instanz wieder gestrichen, weil sie zu kurze Zeit oder noch gar nicht in Haft gewesen waren. Unter ihnen war beispielsweise der 30jährige Kornmäher Heinrich Karl aus Oberkirch, der zu drei Monaten peinlichem Gefängnis verurteilt worden war. Karl hatte seine Haftstrafe noch nicht angetreten und fand deswegen keine Milde, obgleich das Gnadengutachten ansonsten ein prekäres Bild seiner Lage zeichnete: *Karl hat wiederholt um Gnade gebeten; er ist ganz arm, hat eine kranke Frau und fünf Kinder, welche, wenn er seine Strafe erstehen müßte, der Gemeinde zur Last fallen würden; er hat überdieß eine längere Untersuchungshaft (153 Tage) erstanden.* GLA 234/2055, hier fol. 133v.

63 Vortrag des Justizministeriums vom 19.8.1850; GLA 234/2055, fol. 71–75, hier fol. 73v. Der Ausdruck der Reue fehlt denn auch in keinem Gnadengesuch, Gefängnisverwaltung und Justizministerium hoben diesen Aspekt in jedem Gutachten ausdrücklich hervor.

64 Der Württemberger Theodor Mögling war an allen drei badischen Aufstandswellen führend beteiligt. Im Oktober 1849 vom Standgericht Mannheim zum Tod verurteilt, wurde er wegen einer schweren Verwundung, die er bei Waghäusel erlitten hatte, zu zehn Jahren Zuchthaus begnadigt und saß seit 20.10.1849 in Bruchsal in Haft; GLA 234/1853 und 1854. Da zwei Monate Einzelhaft wie drei Monate Gemeinschaftshaft zählten, hatte Mögling seine Strafe nach knapp sieben Jahren erstanden. Vgl. das *Gesetz über den Strafvollzug im neuen Männerzuchthaus Bruchsal* (1845/1851): Die Höchstgrenze von sechs Jahren Einzelhaft fixiert § 5, die Gewichtung der Haft § 7; der Text im RegBl. 1845, Beilage zu Nr. XV und bei Fressle (wie Anm. 25), S. 87–92.

zudem stets nur *unter der Bedingung künftigen Wohlverhaltens* erlassen. Diese wichtige Klausel, die in keinem großherzoglichen Gnadenerlass jener Zeit fehlte, versetzte die Betroffenen in eine dauerhafte, jederzeit widerrufbare Bewährung und sollte nach dem Kalkül der Regierenden disziplinierend auf das direkte und weitere Umfeld ausstrahlen[65]. Der bürokratische Aufwand, mit dem diese Politik repressiver Milde umgesetzt wurde, war beträchtlich: Seit Juli 1851 erhielten die jeweils zuständigen lokalen Polizeibehörden jede bevorstehende Begnadigung mitgeteilt, denn sie hatten die Entlassenen von nun an zu überwachen, Reisen vorab zu genehmigen und eventuelles Fehlverhalten zu melden[66]. Nicht nur wegen dieser anhaltenden Bespitzelung waren die begnadigten Revolutionäre zunächst Bürger zweiter Klasse: Die ausgesprochene Gnade bezog sich nämlich nur auf die Haft, nicht aber auf sogenannte Nebenfolgen: Wichtige bürgerliche Rechte blieben suspendiert und mussten neu beantragt werden. Hier verfügte die Bürokratie also über ein zusätzliches Instrument der Disziplinierung[67].

Ein weiterer wichtiger Gnadenvorbehalt betraf den Aufenthalt im Großherzogtum. Ausländer, also Nicht-Badener, wurden nach ihrer Haftentlassung umgehend abgeschoben, bei einer Rückkehr ins Großherzogtum drohte ihnen die Verbüßung der Reststrafe. Aber auch zahlreiche Badener hatten nach dem Gnadenakt innerhalb weniger Tage das Land zu verlassen: sie mussten auswandern. Diese Politik hatte zwei Ziele: Erstens sollte sie die Raumnot in den überfüllten Gefängnissen lindern. Insofern richtete sie sich als Angebot an die große Masse minderschwer belasteter Revolutionäre – jedoch erst, wenn diese rechtskräftig verurteilt waren: Eine Auswanderung bereits vor ergangenem Gerichtsurteil stand im Herbst 1849 zwar zur Diskussion, doch das Justizministerium blieb seiner Linie treu und lehnte diesen Vorschlag ab, weil er *nichts Anderes als eine Amnestie* bedeute, welche die wirkungsvolle Kombination aus Schuldspruch und anschließendem Gnadenerweis unmöglich machen würde[68]. Zweitens und namentlich seit 1851/52 zielte die Auswanderungspolitik aber auch darauf, einzelne, teilweise schwer belastete Häftlinge gezielt loszuwerden[69]. Man musste oder wollte sie aus politischen

---

65  Vgl. etwa den Vortrag Stabels vom 19.8.1850; GLA 234/2055, fol. 71–75, hier fol. 74v.

66  Vgl. das umfangreiche Material in GLA 236/8585–8588. Diese Maßnahme war gedeckt durch § 25 des Strafgesetzbuches.

67  Dass dies von Beginn an im Kalkül des Justizministeriums lag, beweist der Vortrag vom 10.12.1849, in dem als Vorteil von Einzelbegnadigungen auch aufgeführt wird: *die so wichtigen Nebenfolgen der Strafe können aufrecht erhalten und die Strafe selbst kann, wenn sie nur auf Wohlverhalten erlassen wird, augenblicklich vollzogen werden.* § 24 des Strafgesetzbuches erlaubte diese nur teilweise Begnadigung.

68  Vgl. zu diesem Aspekt REITER (wie Anm. 9), S. 192–199; das Zitat im bereits mehrfach erwähnten Vortrag vom 10.12.1849, GLA 234/2056, fol. 12–15, hier fol. 13r. Zur Enttäuschung der Verantwortlichen erklärten sich bei einer Umfrage im Spätherbst 1849 lediglich 285 Personen zur Auswanderung in die USA bereit, von denen die meisten auch noch mittellos und daher nur auf Staatskosten außer Landes zu schaffen waren (die Zahlen ebd.). Grundlage dieser Befragung war noch das vom Staatsministerium am 3.10.1849 entwickelte Angebot, auch vor einem Urteilsspruch auszuwandern; vgl. GLA 234/2056, fol. 1 f. Die definitive (großherzogliche) Entscheidung, nur Verurteilte auswandern zu lassen, ist greifbar in einem Beschluß des Justizministeriums vom 5.1.1850; GLA 234/2056, fol. 17 f.

69  Diesen Aspekt übersieht REITER (wie Anm. 9), wenn er S. 199 zusammenfassend konstatiert: »Die badische Regierung konnte sich letztendlich nur dazu verstehen, gering belastete Revolutionäre unter der Bedingung der Auswanderung zu begnadigen.« Zu diesem Komplex in anderem

Gründen begnadigen, weil sie beispielsweise krank waren oder über eine gewisse Lobby verfügten, wollte sie aber als potenzielle Unruhestifter keinesfalls im Land belassen. Die Betroffenen hatten nur die Wahl, entweder ihre meist langjährigen Haftstrafen weiter abzusitzen oder sich der als ›Auswanderungsangebot‹ verbrämten Deportation zu fügen. Häufig betraf das gebildete, politisch engagierte und ins öffentliche Leben eingebundene Personen, aber auch Revolutionäre, die ihren Beruf nicht länger ausüben durften: katholische Pfarrer, die nach einer entehrenden Zuchthaushaft in Baden nicht mehr seelsorgerlich tätig werden konnten, wie Johann Baptist Uhlmann und Julius v. Braun[70]; entlassene Militärs, für die es in der neu formierten badischen Armee keinen Platz mehr gab[71]; Ärzte, wie Franz Kaucher[72]; aber auch Angehörige von Prominenten, wie etwa Rudolph Welcker, den Sohn Karl Theodor Welckers[73].

Die Gnadenpolitik hatte das angestrebte Bild einer strengen, aber gerechten Obrigkeit zu unterstützen. Sie sollte revolutionärem Märtyrertum vorbeugen und Ansatzpunkte für

Zusammenhang auch die anschauliche Studie von R.J. EVANS, Szenen aus der deutschen Unterwelt. Verbrechen und Strafe, 1800–1914, Reinbek 1997, v.a. S. 26–140 (Deportation preußischer Sträflinge nach Sibirien).

70   Johann Baptist Uhlmann wurde am 27.3.1850 vom Hofgericht Konstanz wegen Hochverrats zu sechs Jahren Zuchthaus verurteilt. Mehrere Gnadengesuche von ihm persönlich, seinen Verwandten und seiner ehemaligen Gemeinde Espasingen lehnte das Justizministerium ab, erst als er um die Auswanderungserlaubnis nach Amerika nachsuchte, wurde er am 24.4.1852 begnadigt. Seine Rückkehrbitte lehnte die Regierung im August 1856 ab. Erst im November 1857 durfte Uhlmann nach Baden zurück – aber auch jetzt nur unter der Bedingung, sofort nach seiner Ankunft vor dem Amtsgericht Meersburg erneut um Gnade zu bitten und seine Reue zu erklären. Material in GLA 234/2015 und in EBA Freiburg, Personalia: Johann Baptist Uhlmann, Konstanz. Vgl. auch Bernd Caesar, Johann Baptist Uhlmann, Klufterner Pfarrer in den Revolutionsjahren 1848 und 1849, Kluftern 1995. Julius v. Braun wurde am 26.10.1849 vom Standgericht Freiburg wegen Hochverrats zu zehn Jahren Zuchthaus verurteilt und am 27.2.1851 auf seine Bitte hin zur Auswanderung nach Amerika begnadigt. Der Oberkirchenrat unterstützte seinen Antrag mit dem Hinweis, *daß er bei uns in der Seelsorge nie mehr werde verwendet werden können.* Schreiben vom 8.1.1851 in EBA Freiburg, Personalia, Julius Ritter von Braun, Freiburg; vgl. auch das Material in GLA 234/1655 sowie REHM (wie Anm. 22), S. 19f. und S. 264.

71   Nach einer Aufstellung des Kriegsministeriums vom 21.11.1860 waren bis 1855 insgesamt 77 Soldaten zur Auswanderung begnadigt worden; GLA 233/31153, fol. 265–275.

72   Den Schwetzinger Arzt Franz Kaucher verurteilte das Standgericht Mannheim am 14.9.1849 wegen Hochverrats zu zehn Jahren Zuchthaus. Erst nachdem er selbst, seine Frau und Freunde sieben Gnadengesuche gestellt hatten und Kaucher in der Bruchsaler Haft psychisch und physisch gebrochen war, erhielt er am 24.6.1851 die Begnadigung zur Auswanderung. Im Mai 1861 bat er um die Erlaubnis zur Rückkehr, die ihm auch erteilt wurde. Material in GLA 234/1795.

73   Der Mannheimer Arzt Rudolph Welcker wurde am 9.3.1850 vom Hofgericht Freiburg wegen Hochverrats zu drei Jahren Zuchthaus verurteilt; er selbst und sein Vater baten mehrfach um die Begnadigung zur Auswanderung, die Welcker schließlich am 10.9.1851, kurz vor dem drohenden Haftantritt, erhielt. Die in GLA 234/2029 greifbaren Umstände seiner Auswanderung dokumentieren die erbarmungslose Härte, mit der die badischen Behörden diesen Gnadenakt vollzogen: Rudolph Welcker hatte Baden innerhalb von 14 Tagen zu verlassen, die gesamte Reise wurde penibel polizeilich überwacht, Vater Karl Theodor Welcker musste nicht nur Schadenersatz leisten und die sog. Straferstehungskosten bezahlen, sondern auch eine Kaution in Höhe von 2000 fl hinterlegen, die als Sicherheit gegen die unerlaubte Rückkehr des Sohnes dienen sollte und erst im Juli 1854 wieder freigegeben wurde. Als im Dezember 1851 Gerüchte auftauchten, Rudolph Welcker sei nur bis London gereist und habe dort Kontakte zu anderen Revolutionären aufgenommen, musste sein Vater eiligst Belege beibringen, um dies zu widerlegen.

substanziellen, weitreichenden Unmut verhindern. In den ersten Jahren zielte sie daher erstens auf all diejenigen, die aus dem Blickwinkel der Bürokratie vergleichsweise zu hohe Strafen erhalten hatten. Die Standgerichte unmittelbar nach der Revolution hatten weitaus härter geurteilt als später die Hofgerichte, und auch hier gab es Unterschiede. Diese Differenzen sollten über dosierte Milde ausgeglichen werden, um die strafrechtliche Repression auf das politisch gewünschte Maß zu bringen[74]. Gute Gnadenchancen hatten zweitens die schon einmal erwähnten *Verführten*, die nach Ansicht des Justizministeriums *nicht durch eingewurzelte staatsfeindliche Gesinnung, sondern durch Verblendung und den überwältigenden Drang der Ereignisse zu ihren strafbaren Handlungen bestimmt worden* waren[75]. Ihre langfristige Inhaftierung wäre öffentlich nicht zu vermitteln gewesen und hätte der Politik der repressiven Milde widersprochen. Deshalb versuchte das Justizministerium in den ersten Jahren nach der Revolution, diesen Kreis durch Gnadenakte vom harten Kern der Revolutionäre zu trennen. An diese Strategie knüpften sich weitere Erwartungen: Die ostentative Gnade sollte das stark beschädigte Ansehen der badischen Obrigkeit restaurieren und zudem der Revolution wenigstens im Nachhinein die Massenbasis entziehen: Sie wurde mehr und mehr zum Machwerk einiger unbelehrbarer, meist geflohener und nicht zu begnadigender Aufrührer stilisiert. Gute Chancen auf Gnade hatte daher, wer nicht institutionell in der demokratisch-republikanischen Bewegung engagiert gewesen war, und wer der *niederen, ungebildeten Klasse* angehörte[76]. Diese Schicht hielt man im Justizministerium für roh und leidenschaftlich, politisch unbedarft, von den Ereignissen des Frühjahrs 1849 überfordert und obendrein am ehesten durch eine Kombination aus Härte und Gnade zu disziplinieren. Gebildete hatten es demgegenüber weitaus schwerer, in ihren Gnadengesuchen einen Handlungsirrtum plausibel zu machen. Drittens konnten existenzielle Notlagen mildernd ins Gewicht fallen, etwa wenn Familienangehörige auf den nun inhaftierten Ernährer angewiesen waren und der Gemeinde zur Last zu fallen drohten[77]. Manchmal half es auch, wenn Gefangene schwere Krankheiten vorbrachten, die sich in der Haft erheblich verschlimmern oder gar zum Tod führen konnten, wie vor allem Lungenleiden. Das Argument setzten übrigens auffällig oft gnadesuchende Mediziner ein; dazu zählen beispielsweise auch die schon erwähnten Rudolph Welcker und Franz Kaucher[78].

---

74  In einem Vortrag vom 25.8.1851 stellte Stabel fest, dass sich *eine erhebliche Verschiedenheit und Ungleichheit in den Strafen ergeben hat. So sind z.B. Manche, die vor die Standgerichte gestellt wurden, zu zehnjähriger Zuchthausstrafe verurtheilt worden, während gleich aber mehr Betheiligte bei den ordentlichen Gerichten eine weit geringere Strafe betroffen hat. Es schien uns angemessen, auf ein solches Mißverhältnis Rücksicht zu nehmen und dasselbe möglichst auszugleichen.* GLA 234/2055, fol. 180f., hier fol. 181r.
75  Vortrag vom 19.8.1850; GLA 234/2055, fol. 71–75, hier fol. 72v.
76  Vortrag Stabels vom 25.8.1851; GLA 234/2055, fol. 180f., hier fol. 181, auch für das Folgende.
77  Vgl. ebd., fol. 180f., hier fol. 181. Der Hinweis auf zu versorgende Familienangehörige taucht sowohl in Gnadengesuchen als auch in den Gutachten der Justizbürokratie immer wieder auf. Vgl. z.B. die Gnadenvorschläge vom November 1850 in GLA 234/2055, fol. 130–138.
78  Besonders markant argumentierte Karl Theodor Welcker, der im Gnadengesuch für seinen Sohn Rudolph vom 25.8.1851 (direkt an den Großherzog) das Lungenleiden seines Sohnes zu einem geradezu zwingenden Gnadenkriterium aufbaute. Die *mehr als achtmonatliche zum Theil sehr harte Gefangenhaltung schon vor dem Urtheile* habe *leider die frühere Brustkrankheit* seines Sohnes *zu einer dauernden gefährlichen Höhe* gesteigert. Die Zuchthausstrafe bedrohe seinen Sohn angesichts

Die Politik repressiver Milde wurde stets effektvoll inszeniert und zur Herrschaftssta-bilisierung eingesetzt[79]. Die betroffenen Häftlinge wurden am Tag ihrer Entlassung im Gefängnis versammelt, wo ihnen der Gefängnisdirektor *mit einer angemessenen Anspra-che* den Gnadenakt, seine Begründung und seine Bedingungen – namentlich das geforder-te Wohlverhalten – eröffnete. Im Anschluss daran durften sie einzeln oder in kleinen Gruppen das Gefängnis verlassen, um sich *umgehend* in ihre Heimatgemeinde zu bege-ben, wo die Polizeibehörden sie bereits erwarteten; Ausländer wurden zwecks Abschie-bung an die Grenze geschafft[80]. Presseartikel sorgten dafür, dass sich die großherzogliche Milde auch öffentlich verbreitete[81]. Um den Effekt der Gnadenpolitik noch zu verstärken, sammelte man im Justizministerium einlaufende Gesuche regelrecht, damit sich am Geburts- und am Namenstag des Großherzogs im August und November umfangreiche-re Gnadenakte begehen ließen[82]. Diese Praxis verwob die ausgeübte Milde unmittelbar mit dem Ansehen des großherzoglichen Hauses und verlieh den Gnadenakten zusätzliche Aussagekraft, so dass weitere, nur schwer zu formulierende Begründungen unterbleiben konnten. Dieser Aspekt war der Karlsruher Führung außerordentlich wichtig: Im Som-mer 1851 wurde der Geburtstagsgnadenakt sogar extra einige Wochen vorverlegt, um eine

dessen *mit alsbaldige[m] Tod oder lebenslängliche[m] Siechthum* und sei daher *sogar nach der aus-drücklichen Bestimmung der Strafprozeßordnung* [...] *unvollziehbar;* Hochverratsakt Welcker in GLA 234/2029, fol. 17 f. Auch Rudolf Welcker selbst argumentierte mit seinem Asthmaleiden; Gna-dengesuch vom 24.8.1851; ebd. fol. 19–21. Das Justizministerium stützte sich auf den Aspekt in sei-nem zustimmenden Gnadengutachten vom 4.9.1851 (ebd., fol. 49 f.); vgl. auch den Hochverratsakt Kaucher; GLA 234/1795. Kaucher verwies immer wieder auf die in seiner Familie verbreiteten Lun-genleiden und auf seine durch die Haft *total untergraben[e] Gesundheit* (Gnadenantrag vom 28.8.1850, unfol.). Auch hier griff das Justizministerium in seinem schließlich befürwortenden Gut-achten vom 5.6.1851 den Gesundheitszustand Kauchers auf; ebd., unfol.

79 Dieser Faktor wog in zurückliegenden Jahrhunderten noch beträchtlich schwerer, darf aber auch für das konstitutionelle System des 19. Jahrhunderts nicht unterschätzt werden. Mustergültig beleuchtet den Gesichtspunkt für das frühneuzeitliche Frankreich R. A. JACKSON, Vive le Roi! A History of the French Coronation from Charles V. to Charles X. Chapel Hill, London 1984, S. 94–114.

80 Beispielhaft genannt seien die Ausführungsbestimmungen des Justizministeriums zum Gna-denakt am 29.8.1850 (Geburtstag des Großherzogs) in GLA 234/2055, fol. 97–103, die Zitate dort, fol. 97v.

81 Vgl. z.B. die Artikel in der *Badischen Landeszeitung* vom 3.9.1851 (Nr. 207), 18.4.1852 (Nr. 92), 12.5.1852 (Nr. 112).

82 Vortrag Stabels vom 19.8.1850; GLA 234/2055, fol. 71–75, hier fol. 71r. Diese Praxis spiegelt sich auch in den Hoffnungen der Gefangenen wider. So schrieb der in Bruchsal einsitzende Otto von Corvin am 6.9.1850 an seine Frau Helene: *Am 9. ist der Geburtstag des Prinzen Friedrich von Baden. Das wäre eine gute Veranlassung, ihn mit der Tochter des Prinzen von Preußen zu verloben und den Regenten bei dieser Gelegenheit zum Großherzog zu machen, wenn man das nicht bis zur Vermäh-lung aufschieben will. Wäre noch eine kleine badische Prinzessin da, so könnte diese den zukünftigen König von Preußen heirathen und Baden wäre ziemlich fest an Preußen gekittet. Wenn bei dieser erfreulichen Veranlassung eine noch erfreulichere Amnestie stattfinden sollte, so würde ich mich, wäre ich mit darunter, über diese glücklichen Familienfeste unendlich freuen.* CORVIN, Aus dem Zel-lengefängnis (wie Anm. 30), S. 306 f. Und unter dem Eindruck des Thronwechsels im Frühjahr 1852 schrieb er am 16.5.1852 an Helene: *Gebe nur der Himmel, daß der Berg unserer Hoffnungen nicht wieder eine Maus gebären möge! Ich glaube es weiß Niemand so recht, was geschehen wird. Beim Regierungsantritt des vorigen Großherzogs blieben nur wenige Gefangene in den Zuchthäusern.* Ebd., S. 384.

Reihe von Häftlingen noch *auf Wohlverhalten* begnadigen zu können, die am eigentlichen Geburtstag des Großherzogs ihre Strafe bereits regulär abgesessen gehabt hätten[83]. Meist im Rahmen solch auffälliger Gnadenschübe zu seinen Geburts- und Namenstagen sowie zu Ostern und Weihnachten sprach Großherzog Leopold bis zu seinem Tod im April 1852 479 individuelle Gnadenakte aus, vorwiegend handelte es sich um Straferlass für einsitzende Häftlinge[84]. Darüber hinaus ließ er zu seinem Geburtstag am 29. August 1851 insgesamt 1316 Verfahren gegen geringfügig Belastete niederschlagen – indes auch hier nur gegen das disziplinierende Versprechen künftigen Wohlverhaltens[85]. Damit war 1852 die Masse der politisch leichter zu entscheidenden Fälle abgearbeitet.

Bis in die zweite Hälfte der 1850er Jahre blieb die Gnadenpolitik fest in Regierungshand, und sie blieb in dieser Zeit stets eng verbunden mit der allgemeinen Reaktionspolitik. Die streng reglementierte Presse meldete ganz im amtlichen Sinn die einzelnen Gnadenakte, ohne weiteres Räsonnement anzustellen. Begnadigte Revolutionäre hatten das geforderte *Wohlverhalten* zu demonstrieren und verstummten schon deswegen weitgehend. Auf Seiten der katholischen Kirche setzte sich zwar 1849 der liberale Domkapitular Fidel Haiz für die verhafteten Priester ein, doch Erzbischof Vicari unterband dieses Engagement rasch und energisch[86]. Dass sich die Revolution über dosierte Einzelbegnadigun-

---

83  Vortrag Stabels vom 1.7.1851; GLA 233/31153, fol. 67.

84  Das ergibt sich aus dem Material in GLA 233/31153, 234/2055 und 234/10176. Eine rasche Orientierung ermöglichen die – zu addierenden – Statistiken des Justizministeriums für die Zweite Kammer: Die Übersicht vom 5.9.1850 dokumentiert 215 Gnadenfälle (in GLA 234/2055, fol. 120 sowie in 231/1129, fol. 139), die Zusammenschau vom 3.3.1852 (in GLA 234/2055, fol. 206 sowie in 231/1129, fol. 150) noch einmal 243 Gnadenfälle. Weitere 21 Begnadigungen sprach Leopold am 21.4.1852 aus, dies war der letzte Gnadenakt vor seinem Tod. Leicht abweichende Daten (insgesamt 306 Begnadigungen bis zu Leopolds Tod) liefert WUNDER, Beamtenschaft zwischen Rheinbund und Reichsgründung (wie Anm. 11), S. 576.

85  Die Fälle waren am 3.10.1849 zurückgestellt worden, um die Gerichte zu entlasten. Am 3.5.1851 plädierte das Justizministerium für die endgültige Niederschlagung *unter der Bedingung künftigen Wohlverhaltens*; Hauptargumente waren die wiederhergestellte *Ordnung* sowie die Befürchtung, dass angesichts der zahlreichen bereits ergangenen Begnadigungen eine erneute Verurteilungswelle minder Gravierter nicht recht zu vermitteln sei; GLA 234/10176, fol. 219f. Die entsprechende Entschließung des Großherzogs vom 29.8.1851 ebd., fol. 221. Um Niederschlagung dieser Verfahren hatte davor schon die Zweite Kammer gebeten: Ständeprotokolle 1850 und 1851. XXXVII. Sitzung vom 21.10.1850, Protokollheft, S. 95f.

86  Diesen und den folgenden Gesichtspunkt werde ich an anderer Stelle vertiefen, hier sind nur kurze Abrisse möglich: Im Oktober 1849 baten vier verhaftete katholische Geistliche um Unterstützung des Ordinariats. Ihnen drohten Standgerichtsprozesse und damit auch entehrende Zuchthausstrafen, die ihre weitere Tätigkeit als Pfarrer unmöglich machen würden; daher hofften sie auf die Verlegung ihrer Fälle in die zivile oder kirchliche Gerichtsbarkeit: Das waren der schon erwähnte Johann Baptist Uhlmann aus Kluftern (Schreiben vom 17.10.1849), Karl Gustav Oberle aus Biesendorf/Engen, Josef Lender aus Engen und der ebenfalls schon angesprochene Julius v. Braun aus Ewattingen/Bonndorf (gemeinsames Schreiben vom 18.10.1849). Eine entsprechende Initiative des Domkapitulars Fidel Haiz (Vortrag vom 26.10.1849) traf auf den erbitterten Widerstand des Kriegsministeriums (Schreiben August v. Roggenbachs an das Erzbischöfliche Ordinariat vom 10.12.1849); Haiz gab nicht auf und verfasste am 21.12.1849 ein scharfes Antwortschreiben, in dem er v.a. auf die Autonomie der katholischen Kirche abhob. Erzbischof Hermann von Vicari machte sich jedoch die Auffassung der Regierung zu eigen, dass an der Revolution beteiligte Geistliche besonders schwer gefehlt hätten und daher auch entsprechend hart zu bestrafen seien. Er stoppte den Brief und überhaupt das gesamte Engagement mit der Bemerkung, dies würde *eine sehr üble Stimmung gegen das*

gen nicht abschließend bewältigen ließ, beweisen indes die immerhin zehn Amnestiepetitionen, die bis 1856 beim Landtag eingingen. Aber dort versickerten sie. Die Stände, die während der Revolutionszeit noch erbittert über die Amnestiepolitik gestritten hatten, waren nun konservativer zusammengesetzt und hielten sich geradezu demonstrativ zurück; auch die Liberalen, die sich vom Makel der Umsturzpartei befreien wollten, betonten stets die prinzipielle Zuständigkeit der Regierung in Gnadensachen[87]. Es überrascht daher nicht, dass sich die länger einsitzenden Häftlinge allmählich vergessen fühlten. Beredtes Zeugnis dafür ist der Briefwechsel Otto v. Corvins, der bis September 1855 in Bruchsal inhaftiert war[88].

Summa summarum: Nachdem zunächst mit strafrechtlichen Mitteln grob Einschüchterung betrieben worden war, nutzte die Bürokratie die Einzelbegnadigungen zur politisch-justiziellen Feinsteuerung. Mit ihnen konnte die bislang geübte Härte so differenziert werden, dass sie das politische System wirkungsvoller stützte als eine rücksichtslose, unerträgliche Unterdrückung. Die Regierung hatte 1849 ein gegenseitiges Vergessen im Sinne einer Amnestie verweigert. Sie wollte aber die Revolution – namentlich ihre Ursachen und die Umstände ihrer Niederschlagung – durch Erinnerungsverbote einseitig aus dem öffentlichen Bewusstsein verdrängen[89]. Die repressive Milde war ein wesentliches, bislang allerdings kaum erkanntes Element dieser Politik: Sie trug maßgeblich dazu bei, die öffentliche Diskussion über die Revolution und das Schicksal der Revolutionäre fast vollständig einzuhegen. Zudem wirkte sie unverkennbar disziplinierend: Schon im August 1851 notierte Justizminister Stabel befriedigt, die Kombination aus Urteil, Haft

---

*Ordinariat hervorbringen.* (Marginalie auf dem Entwurf des von Haiz verfassten Briefes). Alle Angaben aus EBA Freiburg B2–29/53. Braun und Uhlmann wurden 1851 bzw. 1852 zur Auswanderung begnadigt und erhielten immerhin die notwendigen Dimissorialien (vgl. die Personalakten ebd.). Zu Fidel Haiz vgl. K.-H. BRAUN, Hermann von Vicari und die Erzbischofswahlen in Baden. Ein Beitrag zu seiner Biographie. Freiburg, München 1990, S. 120f.; Vicaris Haltung zur Revolution ebd., v.a. S. 136f. und bei REHM (wie Anm. 22), S. 174f.

87   Eine genauere Auswertung dieser Petitionen lohnt v.a. hinsichtlich ihrer Argumente sowie der Initiatoren, Unterstützer und der regionalen Schwerpunkte. Zu den sechs Petitionen des Jahres 1850 vgl. oben, Anm. 32. In der folgenden Sitzungsperiode erreichten die Kammer zwei Gesuche. Vgl. Ständeprotokolle 1851–1852: 17. Sitzung vom 3.2.1852, S. 45, *Petition des Fidel Gantert aus Birkendorf, die Behandlung der abgestraften Hochverräther betr.*, sowie 27. Sitzung vom 25.2.1852, S. 72, *die Petition mehrerer Einwohner zu Heidelberg um Erweiterung der Amnestie für politische Verbrecher.* In der 43. Sitzung vom 20.3.1852, S. 141, überwies die Kammer beide Gesuche dem *großh. Staatsministerium zur geeigneten Berücksichtigung.* In den folgenden beiden Sessionen gelangte jeweils eine Petition an die Kammer: Vgl. Ständeprotokolle 1854: 33. Sitzung, 27.3.1854, S. 99, *Eingabe der Sybilla Sachs zu Mannheim, das Strafverfahren gegen Abwesende betreffend.* In der 41. Sitzung, 8.4.1854, S. 141, erledigte die Kammer das Gesuch durch Übergang zur Tagesordnung. Ständeprotokolle 1855/56: 45. Sitzung vom 8.4.1856, S. 147, *Erneute Eingabe der Sybilla Sachs, das Strafverfahren gegen Abwesende betreffend.* Wieder erledigte die Kammer den Fall durch Übergang zur Tagesordnung, 52. Sitzung vom 18.4.1856, S. 178. Zur Politik der badischen Liberalen in den 1850ern und zum Agieren des Landtags GALL, Liberalismus (wie Anm. 11), S. 58–80.

88   CORVIN, Aus dem Zellengefängnis (wie Anm. 30), z. B. S. 443 (Brief an Helene vom 2.10.1853).

89   Dazu gehörte das Unterbinden von Totenehrungen und Denkmälern; J. DRESCH, Das Ringen um das Gedenken an die badische Revolution, in: 1848/49. Revolution der deutschen Demokraten in Baden, hg. v. Badischen Landesmuseum, Karlsruhe (Katalog zur Ausstellung). Baden-Baden 1998, S. 484–486 und ausführlich in diesem Band J. DRESCH, S. 305–315.

und Gnade auf Wohlverhalten sei *weit mehr geeignet*, die politischen Straftäter *in Schranken zu halten, als der vollständige Strafvollzug*[90]. Dass diese Strategie indes die Konflikte der Revolutionszeit nicht bewältigen, sondern nur aufstauen konnte, zeigen die amnestiepolitischen Debatten in der ›Neuen Ära‹.

## II

Als Großherzog Leopold im April 1852 starb, rückte sein Sohn Friedrich nach, zunächst als Prinzregent anstelle des regierungsunfähigen Bruders, seit September 1856 als Großherzog. Mit Friedrichs Namen untrennbar verknüpft ist die badische ›Neue Ära‹, die Zeit der inneren Reformen, der Liberalisierung und einer aktiven badischen Deutschlandpolitik[91]. Welche Bedeutung hatten die Amnestie- und Gnadenpolitik – und damit der Umgang mit der Revolutionszeit – in diesem Rahmen?

Zunächst einmal ist festzuhalten, dass Friedrich die bisherige Politik weder abrupt noch systematisch änderte. Während seiner Regentschaftszeit hielt er sich mit Gnadenakten sogar auffällig zurück[92]. Dahinter standen vermutlich politische, aber auch verfassungsrechtliche Rücksichten, Friedrich war schließlich lediglich Regent. Wer auf umfassende und rasche Versöhnungsgesten gehofft hatte – wie die in Bruchsal einsitzenden Häftlinge – sah sich zunächst getäuscht[93]. Der Stellenwert des Problems war allerdings weiterhin beträchtlich: Zwar war die Masse der sogenannten *minder Gravirten* unter Auflagen gnadenhalber freigekommen, es blieb jedoch ein Kreis verurteilter, nicht begnadigter Hochverräter übrig, der 1855 noch knapp 270 Personen umfasste. Die allermeisten davon waren in Abwesenheit verurteilt worden und weiterhin flüchtig. Tatsächlich in Haft saß zu diesem Zeitpunkt weniger als ein Dutzend, darunter namentlich die fünf Langzeithäftlinge: der Freiburger Hutmacher Bernhard Bader[94], der aus Mühlbach stam-

90    Vortrag vom 25.8.1851; GLA 234/2055, fol. 180 f., hier fol. 181r.
91    Generell GALL, Liberalismus (wie Anm. 11); H. Oncken (Bearb.), Großherzog Friedrich I. von Baden und die deutsche Politik von 1854–1871. Briefwechsel, Denkschriften, Tagebücher. 2 Bde., Berlin/Leipzig 1927.
92    Der Gnadenakt zum Regentschaftsantritt im Mai 1852 für 38 Gefangene betraf überwiegend Nicht-Politische; GLA 233/31153, fol. 110 f. Der Gnadenakt vom 29.4.1853 (ebd., fol. 115) galt 15 Personen, darunter waren drei Hochverräter aus der Revolutionszeit: Rudolf Mayerhofer aus dem bayerischen Knittelsheim (zu sechs Jahren verurteilt, seit über vier Jahren in Haft), Josef Lang aus Endigen (zu fünf Jahren verurteilt, knapp zwei Jahre in Haft) und Ludwig Witz aus Ilvesheim (zu drei Jahren verurteilt, bis auf neun Monate abgesessen).
93    Die Niedergeschlagenheit unter den Bruchsaler Gefangenen spiegeln die Briefe Otto von Corvins an seine Frau Helene wider, wie etwa jener vom 17.10.1852. *Der Regent*, schrieb Corvin dort, *scheint über Milde indessen eigene Ansichten zu haben und wenn sein Handeln gegen uns Milde genannt ist, so möchte ich seine Strenge nicht kennen lernen. Seit er regiert ist in den Begnadigungen ein völliger Stillstand eingetreten; Regierungswechsel, Geburtstage u.s.w., Gelegenheiten, die sonst durch Begnadigungen gefeiert wurden, sind spurlos vorüber gegangen.*
94    Bernhard Bader hatte am Heckerzug teilgenommen und war Mitorganisator und Adjutant der Schwäbischen Legion beim Feldzug von 1849 gewesen. Er war am 23.8.1849 vom Standgericht Freiburg wegen Teilnahme am Hochverrat zu zehn Jahren Zuchthaus verurteilt worden; GLA 234/1622–1623.

mende evangelische Pfarrer Georg Friedrich Schlatter[95], der Bruchsaler Gastwirt Heinrich Hetterich[96] sowie die schon erwähnten Nicht-Badener Otto v. Corvin und Theodor Mögling. Sie alle hatten zehn Jahre Zuchthaus abzubüßen und befanden sich seit 1849 in Haft, Hetterich allerdings mit krankheitsbedingten Unterbrechungen. Hinzu kamen einige erst später eingelieferte Gefangene, die kürzere Strafen abzusitzen hatten.

Friedrich und seine Berater hatten allem Anschein nach kein ausgefeiltes, langfristiges Konzept, wie mit den verurteilten Hochverrätern umzugehen sei, jedoch mit einer bedeutsamen Ausnahme: Seit Mitte der 1850er Jahre wollten sie offenbar möglichst rasch die Zeit überwinden, in der ehemalige Revolutionäre in Baden tatsächlich im Zuchthaus saßen. Diese Vorgabe löste innerhalb weniger Jahre eine zunächst wohl ungeahnte Dynamik aus, setzte die Regierung immer wieder unter erheblichen Entscheidungsdruck und dehnte die Amnestiepolitik in drei Wellen aus. Die entscheidenden Etappen waren die Amnestieerlasse vom 9. Juli 1857, 1. Dezember 1860 und 7. August 1862.

Am 9. Juli 1857 erging ein erstes sogenanntes Amnestiedekret. Man hat es extra um einige Tage zurückdatiert, damit es das Datum der Geburt des Thronfolgers tragen konnte, denn wie sein Vater hat auch Friedrich seine Gnadenakte fast stets auf persönliche oder familiäre Festtage gelegt[97]. Der Erlass vom Juli 1857 erstreckte sich auf zwei Gruppen: Er begnadigte erstens alle noch einsitzenden Revolutionsteilnehmer und zweitens von den verurteilten zivilen Flüchtlingen jene, die zu nicht mehr als acht Jahren Zuchthaus verurteilt worden waren. Das waren rund 175 Personen[98]. Dieser Erlass kam nicht von ungefähr: Der Großherzog hatte in den zurückliegenden zwei Jahren nämlich realisieren müssen, dass er sein Ziel, niemanden mehr aus politischen Gründen in Haft zu halten, mit den althergebrachten Einzelbegnadigungen nur sehr schwer erreichen konnte. Vor allem sein Gnadenakt an den vier reuewilligen Langzeithäftlingen im September 1855 hatte eine weitreichende Signalwirkung: Aus Anlass der Verlobung Friedrichs mit der preußischen Prinzessin Louise kamen Bernhard Bader, Otto von Corvin, Heinrich Hetterich und Georg Friedrich Schlatter frei[99]. Es blieb nur Theodor Mögling, dessen Haftzeit aber im Juni 1856 regulär

---

95   Georg Friedrich Schlatter war Alterspräsident der revolutionären konstituierenden Versammlung gewesen; am 4.1.1850 hatte ihn das Hofgericht Bruchsal zu zehn Jahren Zuchthaus verurteilt; DANNENMANN (wie Anm. 22), S. 271–273.
96   Heinrich Hetterich hatte sich als Bürgerwehrleutnant in der Mairevolution engagiert und u. a. beim Sturm auf das Bruchsaler Gefängnis am 1.5.1849 teilgenommen. Am 29.9.1849 wurde er vom Standgericht Rastatt zu zehn Jahren Zuchthaus verurteilt (GLA 234/2055, fol. 59f.); zur Unterbrechung der Haft wegen Krankheit GLA 233/31153, fol. 114 und fol. 143. Ebd., fol. 114v der Hinweis, dass Hetterich wegen seiner Herkunft aus Bruchsal seine Haft in Freiburg abzubüßen hatte; dort gab es keine Einzelhaftzellen, so dass die zehn Jahre nicht durch die härtere, aber schwerer wiegende Einzelhaft zu verkürzen waren.
97   RegBl. 1857, Nr. XXVII, S. 299: *Allerhöchstes Amnestiedekret.* An diesem Tag wurde der spätere Großherzog Friedrich II. geboren. Die Rückdatierung des Dekrets auf den Geburtstermin empfahl das Staatsministerium in einem Vortrag vom 10.7.1857; GLA 233/31153, fol. 202f.
98   *Verzeichnis der wegen Hochverrats (u.ä.) Verurteilten* vom Mai/Juni 1857 in GLA 234/10176, fol. 242–255.
99   Großherzoglicher Erlass vom 12.9.1855; GLA 233/31153, fol. 149–152. Neben den vier Genannten wurden noch zwei weitere Revolutionsteilnehmer begnadigt, die erst kurze Zeit einsaßen: Johann Baptist Wittmann aus Villingen sowie Johann Hoffmann aus Heidelberg. Darüber hinaus begnadigte Friedrich in diesem Erlass *sämtliche wegen Majestätsbeleidigung erkannte, noch nicht vollzogene Strafen* und ermächtigte das Justizministerium, anhängige Untersuchungen in dieser

endete. Wohl unter dem Eindruck dieser versöhnlicheren Politik kehrten nun immer wieder geflohene Revolutionäre nach Baden zurück, ergaben sich den Behörden, wurden – falls der Prozess noch ausstand – vor Gericht gestellt und landeten im Zuchthaus Bruchsal, um ihre Strafe abzubüßen. Jeder Gnadenakt an einem dieser Rückkehrer verstärkte bei anderen den Impuls, sich ebenfalls zu stellen. Schon im September 1856, zu seiner Hochzeit mit Louise, begnadigte Friedrich weitere elf Hochverräter, die erst seit kurzer Zeit inhaftiert waren[100]. Im März 1857 konnte er erneut drei[101], im April weitere zwei begnadigen[102]. Einziger politischer Häftling war nun der im Juli 1856 von Württemberg ausgelieferte Sinsheimer Müllermeister Georg Rauh, der in Abwesenheit zu neun Jahren Zuchthaus verurteilt worden war. Seine Begnadigung lehnte das Justizministerium wegen *hervorragender Betheiligung* an der Revolution vorerst ab – was nicht zuletzt zeigt, dass das prinzipiell konservative Ministerium der Gnadenpolitik in Einzelfällen durchaus Grenzen zu ziehen versuchte und Großherzog Friedrich dies hinnehmen wollte oder musste[103]. Aber noch im Monat der letzten Begnadigungen, April 1857, stellten sich wieder zwei minder belastete Revolutionsteilnehmer, nämlich der Freiburger Uhrmacher Franz Xaver Müller und der aus Meßkirch stammende Braumeister Anton Munding, die in Abwesenheit zu jeweils sechs Jahren Zuchthaus verurteilt worden waren[104].

Das Amnestiedekret vom Juli 1857 sollte diesen Kreislauf, der die Revolution und ihre Niederschlagung immer wieder neu aktualisierte, mit einer wirkungsvollen, vertretbaren und innerhalb der Regierung konsensfähigen Geste abkürzen. Es sollte Liberalität, Befriedung und Versöhnung vermitteln, aber nach der Vorstellung des Staatsministeriums bezeichnenderweise auch als ein Zeugnis dienen, *daß die Regierung wieder gekräftigt ist*[105] – der schon einmal angesprochene enge Zusammenhang zwischen Amnestiepolitik und politisch-rechtlicher Hoheit wird an dieser Stelle wieder fassbar. Ein genauerer Blick auf den Erlass zeigt, dass Großherzog Friedrich mit ihm die bisherige Gnadenpraxis keineswegs abrupt veränderte, sondern immer noch die bislang geübte Politik repressiver Milde verfolgte. Durch seine Orientierung an den Strafen (Hochverrat, Widersetzlichkeit, öffentliche Gewalttätigkeit, Aufruhr) und der Strafhöhe (maximal acht Jahre) trug das Dekret Züge einer Amnestie. Allerdings behielt es zugleich wesentliche Elemente der bisher geübten Individualbegnadigungen bei: Die Betreffenden erwirkten Straffreiheit nämlich nur *unter der Voraussetzung*, dass sie, *nachdem sie unter Erklärung ihrer Reue um Begnadigung nachgesucht haben, sich fortan wohlverhalten*[106]. Dieses Wohlverhalten hat-

Sache niederzuschlagen. Begnadigt wurden übrigens auch Geistliche und Laien, gegen die wegen des sich verschärfenden Kulturkampfes Verfahren eingeleitet worden waren.
100   Vgl. die Aufstellung vom 10.9.1856 ebd., fol. 179–183: Begnadigt wurden Christian Gottlieb Abt, Karl Bernard, Franz Bleienstein, Jacob Fuchs, Georg Götz, Friedrich Härter, Carl Thaddäus Klein, Georg Nikolaus Koch, Valentin Leonhard, Otto Walchner, Martin Wimmer.
101   Gnadenakt für Johann Jakob Baier, Joseph Fidel Bühler und Klemens Ruf vom 12.3.1857; GLA 234/2055, fol. 220.
102   Gnadenakt für Jakob Weisbrod und Heinrich Wernwag; ebd. bereits intern angekündigt.
103   Vortrag vom 5.3.1857, GLA 234/2055, fol. 18f.
104   GLA 234/10176, fol. 255r.
105   Vortrag des Staatsministeriums vom 10.7.1857; GLA 233/31153, fol. 202f., das Zitat fol. 202v.
106   Die Zitate aus dem Erlass im RegBl. 1857, Nr. XXVII, S. 299. Die Reueerklärung sei hier beispielhaft zitiert aus dem Hochverratsakt Franz Josef Lanzano; GLA 234/1828, fol. 18 (Erklärung

ten die örtlichen Behörden *mit aller Strenge zu überwachen*[107]. Insofern handelt es sich hier um eine Mischform aus Amnestie und Gnade, die den Übergang von der Reaktionszeit in die ›Neue Ära‹ treffend widerspiegelt: Die Amnestie zielte nicht nur auf Vergessen und Versöhnen, sondern mindestens genauso stark auf eine kontrollierte Bewährung der jetzt straffrei gestellten Revolutionäre im öffentlichen Leben. Das beweisen auch zwei weitere wichtige Einschränkungen, die das Staatsministerium in einem Vortrag ausdrücklich als dringend notwendige Filter herausstrich[108]: Erstens galt es nicht für jene, die sich außer politischer *noch anderer strafbarer Handlungen schuldig gemacht* hatten – diese Formulierung war dehnbar genug, unerwünschte Gnadenakte zu vermeiden und zwang die meisten der Angesprochenen, erst einmal vorsichtig abzuklären, welche Art von Straftat bei ihnen eigentlich vorlag. Zweitens erstreckte sich der Gnadenakt ausschließlich auf die Haft. Er galt nicht für die bürgerlichen Rechte, welche die Verurteilten im Zusammenhang mit der Zuchthausstrafe verloren hatten, und er galt vor allem nicht für die Staatsbürgerschaft, die ja allen geflohenen Revolutionären aberkannt worden war. Die Betroffenen mussten daher beides neu beantragen; dazu hatten sie unter anderem ein *längeres gesetzliches Verhalten* nachzuweisen und einen Treueeid abzulegen[109].

Zu den Rückkehrern, die sich der umständlichen Prozedur unterzogen, gehörten einige jeweils zu acht Jahren Zuchthaus verurteilte Hochverräter, die Mitglieder der Verfassunggebenden Versammlung oder Zivilkommissäre gewesen waren, unter ihnen beispielsweise der an allen drei badischen Aufständen prominent beteiligte Lottstettener Gastwirt Josef Weishaar[110]. Das Angebot von 1857 verlockte jedoch bei weitem nicht alle Angesprochenen zur Rückkehr; ein guter Teil hatte sich mittlerweile im Exil etabliert. Für die badische Regierung war die Zahl der tatsächlich Zurückkehrenden indes zweitrangig: Der Erlass zielte weniger auf knapp 200 individuelle Schicksale als vielmehr in grundsätzlicher Weise auf die badische und deutsche Innenpolitik[111]; bezeichnenderweise beauftragte die Regierung ihre Polizeibehörden, *über den Eindruck* zu berichten, *welchen die Amnestie für politische Sträflinge auf die Bevölkerung hervorgebracht hat*[112]. Dieser hohe Symbol-

---

Lanzanos vom 5.11.1857): *Ich bereue Alles was ich im Jahr 1849 zur Beförderung des damaligen Aufstandes gethan habe, und bitte unter dem Versprechen gesetzlichen Verhaltens für die Zukunft um gnädigen Nachlaß der gegen mich ausgesprochenen Zuchthausstrafe.*

107 Weisung des Innenministeriums an alle Ämter vom 28.7.1857; GLA 236/8584, fol. 5f.

108 Vortrag vom 10.7.1857; GLA 234/31153, fol. 202f.; die folgenden Zitate stammen aus dem Text des Amnestiedekrets.

109 Die Wiederverleihung war überhaupt erst seit kurzem möglich; dazu der oben schon einmal erwähnte Erlass Friedrichs vom 4.11.1856 in GLA 236/8578, fol. 141, und der zustimmende Vortrag des Innenministeriums vom 26.8.1856, ebd., fol. 139f.

110 Der Hochverratsakt in GLA 234/2028; Rückkehr und Überwachung in GLA 236/8587, fol. 40, 42, 87.

111 Innerhalb des gegenüber Amnestien grundsätzlich misstrauischen Polizeivereins betonte der badische Vertreter ausdrücklich den Erfolg des Dekrets: *Die in Folge einer beschränkten Amnestie zurückgekehrten minder Betheiligten, deren Zahl nicht sehr groß ist, haben sich bis jetzt vollkommen den Gesetzen gemäß und ruhig verhalten.* Badisches Memorandum ›Regierungsfeindliche Parteien‹ zu den Münchner Polizeikonferenzen vom Juni 1858, abgedruckt bei W. SIEMANN (Hg.), Der ›Polizeiverein‹ deutscher Staaten. Eine Dokumentation zur Überwachung der Öffentlichkeit nach der Revolution von 1848/49, Tübingen 1983, S. 218–222, hier S. 220.

112 Meldung des Gendarmeriekommandos Karlsruhe vom 10.8.1857 an das Innenministerium; GLA 236/8584, fol. 8; leider sind die Meldungen selbst nicht mehr in der Akte.

wert der Amnestiepolitik, ihre prinzipielle, vom Einzelfall völlig gelöste Bedeutung, sollte sich in den folgenden Jahren noch verstärken.

Seit dem ersten sogenannten Amnestiedekret vom Juli 1857 war die strafrechtliche und politische Bewältigung der Revolutionszeit kein quantitatives Problem mehr, sie wurde nun aber in zunehmendem Maß ein qualitatives. Der Erlass schloss von den zivilen Revolutionsteilnehmern jene 60 aus, die zu Zuchthausstrafen zwischen neun Jahren und lebenslang verurteilt waren, unter ihnen beispielsweise Lorenz Brentano, Amand Goegg, Friedrich Hecker, Joseph Ignaz Peter, Franz Sigel, Philipp Stay, Gustav Struve und Max Werner. Schon diese Aufzählung verdeutlicht die Herausforderung, vor der die badische Amnestiepolitik nun früher oder später stehen musste: Wie sollte man mit den schwer belasteten und im Land extrem umstrittenen Exponenten der demokratisch-republikanischen Bewegung umgehen? Diese Frage erhielt zusätzliche Brisanz durch den Zeitpunkt, zu dem sie sich immer drängender stellte: Der berühmte Systemwechsel vom Frühjahr 1860 hatte den Liberalismus in Baden nach Lothar Galls geflügeltem Wort zur regierenden Partei gemacht und auch die bislang streng reglementierte Öffentlichkeit freigesetzt: Die Amnestiepolitik lag nicht mehr im Arkanbereich der Regierung, sondern sie wurde nun auch offen und kontrovers in Presse, Vereinen und Versammlungen debattiert. Nur vordergründig ging es in diesem zwei Jahre lang, bis zum Sommer 1862, immer wieder aufflackernden Streit um das konkrete Schicksal der fünf Dutzend Hochverräter, von denen der größte Teil gar nicht auf Rückkehr drängte. Tatsächlich stand dahinter vielmehr das grundsätzliche Problem, wie die Vergangenheit, die diese Revolutionäre repräsentierten, vor dem Hintergrund der eingeleiteten Reformpolitik zu deuten sei und welche Konsequenzen dies für die Gegenwart haben musste. Darum entstand auch bald eine Front, die aus der Revolutionszeit vertraut war: Wieder standen sich der – nun regierende – Liberalismus einerseits und das erst allmählich neu entstehende linksliberal-demokratische Lager andererseits gegenüber. Beide Seiten verknüpften die Amnestiefrage mit ihren aktuellen politischen Interessen.

Für die Demokraten avancierte das Amnestieproblem zu einer Schlüsselfrage mit hohem politischem Symbolwert. Die insgesamt noch schwache und vor allem in ihrem radikalen Flügel weitgehend isolierte Gruppe versuchte, mit der Forderung nach bedingungsloser Amnestie ihre politische Legitimität zu untermauern, ihr Profil zu schärfen und namentlich im außerparlamentarischen Bereich Zuwachs und Dynamik zu gewinnen. Dieser Aspekt ist auch parteiengeschichtlich relevant, denn über die Neuanfänge der badischen Demokraten in den frühen 1860ern ist noch immer zu wenig bekannt[113]; die Amnestiedebatten der frühen 1860er Jahre können hier weitere Aufschlüsse liefern. Um ihrer Forderung nach bedingungsloser Amnestie Nachdruck zu verleihen, nutzten die

---

113 Als Partei konstituierten sich die Demokraten erst im März 1868, als sie in ihrem Zentrum Mannheim einen ›Demokratischen Verein‹ gründeten. Forschungsdefizite konstatiert bereits GALL, Liberalismus (wie Anm. 11), S. 200, Anm. 71. Ähnlicher Befund bei H.-P. BECHT, Politik und Milieu in Stadt und Land: Überlegungen zur Formierung und Entwicklung des badischen Parteiensystems, 1819–1933, in: DERS. und B. KIRCHGÄSSNER (Hgg.), Vom Städtebund zum Zweckverband, Sigmaringen 1994, S. 45–82, hier S. 56f.; vgl. auch DERS., Badische Parlamentarier 1867–1874. Historische Photographien und biographisches Handbuch, Düsseldorf 1995, S. 36, Anm. 50. Den hohen Stellenwert der Amnestiefrage konstatiert auch JANSEN (wie Anm. 9), S. 160f., am Beispiel der preußischen Paulskirchenlinken.

Demokraten die drei klassischen Instrumente, über die in jener Zeit eine de facto außerparlamentarische Kraft gebieten konnte: Petitionen, politische Feste und Presse.

Schon im August 1860 gingen vier gleichlautende Petitionen bei der zweiten Kammer ein, welche die bisherige Begnadigungspolitik der Regierung wegen ihrer unerfüllbaren Forderungen kritisierten und eine bedingungslose Amnestie forderten; sie allein könne die blutende Wunde schließen, volle Versöhnung und volles Vertrauen herstellen. Unterzeichnet hatten die Eingaben 370 Bürger aus Heidelberg, Neckargemünd, Offenburg und Wiesloch[114]. Eine weitere, ebenfalls koordinierte Petitionsserie erreichte den Landtag im Februar 1862, diesmal standen rund 230 Bürger aus Achern, Oberachern und Oberkirch dahinter[115].

Eine lokalhistorische Untersuchung der Unterschriftenlisten könnte möglicherweise zeigen, wie stark sich ehemalige Revolutionsteilnehmer an dieser Bewegung beteiligten und damit auch, inwieweit es in den genannten Orten im linksliberal-demokratischen Spektrum personelle Kontinuitäten zur Revolutionszeit gab. Ein Beispiel mag an dieser Stelle genügen: Gleich auf drei Gesuchen, nämlich jenen aus Neckargemünd, Offenburg und Wiesloch, findet sich der Name des Wieslochers Karl Bronner, der 1849 Mitglied des dortigen Volksvereins gewesen und wegen Teilnahme an der Mairevolution auch in die Mühlen der Justiz geraten war[116].

Nur wenige Wochen nach der Petitionswelle vom Februar 1862 erreichte die Kampagne für eine bedingungslose Amnestie der badischen Revolutionäre ihren Höhepunkt. Den Anlass dazu boten die Feierlichkeiten zum zweiten Jahrestag der berühmten großherzoglichen Osterproklamation, welche die ›Neue Ära‹ eingeleitet hatte[117]. Während es 1861 noch keine größeren Veranstaltungen gegeben hatte, gedachte man nun, im April 1862, dieses politischen Wendepunkts in zahlreichen badischen Städten und Gemeinden, um die Reform- und Deutschlandpolitik der Regierung Lamey-Roggenbach zu bekräftigen und zu unterstützen. Feste lassen sich beispielsweise nachweisen in Freiburg, Weinheim, Lörrach, Konstanz, Heidelberg, Bruchsal, Karlsruhe, Eberbach und auch im demokratischen Zentrum Mannheim[118]. Einige dieser Feiern – wie etwa die in Heidelberg – organisierte der

---

114 Die Petitionen finden sich in GLA 231/1129, fol. 156–165. Zit. aus der Offenburger Petition vom 20.8.1860 (fol. 156), die Hervorhebung im Original: *Die Wunden, welche die Aufstände in den Jahren 1848 und 1849 dem badischen Lande schlugen, sind bis auf e i n e geheilt und vernarbt, aber gerade diese eine blutet noch fort und fort. Noch irrt eine Zahl von Flüchtlingen, welche wegen ihrer Theilnahme an jenen Aufständen verurtheilt wurden, ferne der Heimath. Wäre es nicht endlich an der Zeit, sie dem Vaterlande zurück zu geben? Viele von den Flüchtigen zwar sind bereits durch die Gnade unseres Landesherrn wieder in die Heimath zurückgekehrt, aber zu Viele noch sind davon ausgeschlossen worden, oder es sollte ihnen nur unter Bedingungen die Gnade gewährt werden, welche sie nicht erfüllen konnten. Wir glauben, daß die Rückkehr der badischen Flüchtigen in keiner Weise störend wirken, wohl aber volle Versöhnung, volles Vertrauen herstellen werde.*
115 Die Petitionen in ebd., fol. 167–176.
116 GLA 236/8208, fol. 185 und 236/8567, fol. 178. Karl Bronner war schließlich am 20.9.1850 vom Hofgericht Mannheim wegen Hochverrats für ›klagfrei‹ erklärt worden; GLA 237/2769, fol. 29 f.
117 Der Text der Proklamation vom 7.4.1860 bei R. Krone (Hg.), Großherzog Friedrich von Baden. Reden und Kundgebungen 1852–1896, Freiburg 1901, S. 45 f.
118 Vgl. die Berichterstattung der liberalen *Karlsruher Landeszeitung* vom 8.4.1862 (Nr. 83), 9.4.1862 (Nr. 84), 11.4.1862 (Nr. 86) und 12.4.1862 (Nr. 87). Zu den Mannheimer Demokraten generell auch J. SCHADT (Bearb.), Alles für das Volk. Alles durch das Volk. Dokumente zur demokratischen Bewegung in Mannheim 1848–1948, Stuttgart/Aalen 1977.

Deutsche Nationalverein. Blickt man über die Grenzen Badens hinaus, verrät dieses Engagement einiges über die Motive und Ziele der Veranstaltungen: Unter dem Eindruck des
sich verschärfenden Heeres- und Verfassungskonflikts in Preußen – am 11. März 1862 war
dort der Landtag aufgelöst worden[119] – hatte der Nationalverein seine politische Strategie
in mehrfacher Weise geändert: Erstens verlegte er seine Aktivitäten von Preußen stärker in
die anderen deutschen Einzelstaaten, um dort fortschrittsliberale Mehrheiten zu erringen –
wobei er besonders eng mit der badischen Regierung kooperierte; zweitens versuchte er,
seine politische Basis durch Einbindung ehemaliger 48er Demokraten zu verbreitern; und
drittens begann er, was Shlomo Na'aman den »Flirt mit den Massen« genannt hat, also
volkstümliche Agitationsformen zu übernehmen, wie die demonstrative Teilnahme an politischen Festen[120]. Diese drei Elemente lassen sich auch unschwer in den badischen Veranstaltungen vom April 1862 wiederfinden[121]. All das ist im hier zu behandelnden Kontext
wichtig, weil von den Osterproklamationsfesten zugleich Amnestieappelle ausgingen: Bei
der Feier im Mannheimer Theatersaal wurden sieben Resolutionen verabschiedet, welche
prinzipiell die Regierung in ihrer Politik bestärken sollten, aber auch weitergehende Reformen anmahnten; unter Punkt fünf findet sich die Forderung nach einer Amnestie[122].
Der *Mannheimer Anzeiger*, das zentrale Blatt des demokratischen Lagers, hatte die Resolutionen schon vier Tage vor dem Fest publiziert und andere Gemeinden aufgefordert, sich
ihnen anzuschließen. Tatsächlich wurde der Katalog auch andernorts verlesen und per Ak-
klamation angenommen, so beispielsweise in Überlingen, Lahr und Eberbach[123]. Inwiefern
der Nationalverein oder einzelne seiner Mitglieder diesen Appell mittrugen oder gar initiierten, muss hier offen bleiben, es wäre aber gut vorstellbar: Wie das nur wenige Monate
später verkündete Bekenntnis des Vereins zur Reichsverfassung von 1849[124] mochte auch
die Forderung nach bedingungsloser Amnestie die noch zögerlichen Demokraten einbin-
den und so die ›fortschrittlichen‹ Kräfte stärken. Der Kölner Nationalverein hatte diese
Strategie jedenfalls schon im Dezember 1860 verfolgt, als er mit ausdrücklichem Hinweis
auf den – gerade erst entstehenden – Verfassungskonflikt den preußischen Landtag zu einem allgemeinen Amnestiegesetz aufforderte[125].

---

119  Auslöser war der Antrag Adolph Hermann Hagens, den Etat aufzuschlüsseln. W. SIEMANN,
Gesellschaft im Aufbruch. Deutschland 1849–1871, Frankfurt 1985, S. 210.
120  S. NA'AMAN, Der deutsche Nationalverein. Die politische Konstituierung des deutschen Bür-
gertums 1859–1867, Düsseldorf 1987, S. 126. Vgl. v.a. auch A. BIEFANG, Politisches Bürgertum in
Deutschland 1857–1868. Nationale Organisationen und Eliten, Düsseldorf 1994, hier S. 200–206.
121  Das erkannten auch die Zeitgenossen. Der katholische *Karlsruher Anzeiger* vom 16.4.1862
(Nr. 90) erklärte die Feier damit, dass es in Preußen einen politischen Wechsel gegeben habe und der
Nationalverein nun Interesse habe, *im »verschanzten Lager« im südwestlichen Deutschland ein
Lebenszeichen in Form einer Feier seiner Erfolge zu geben*. Vier Tage später (20.4.1862, Nr. 93) kritisierte er das Fest als reine Parteiveranstaltung des Nationalvereins und der 48er Demokraten.
122  *Baden's Volk wünscht und hofft, daß seine Regierung in dem Bewußtsein ihrer unerschütter-
lichen Stellung durch eine allumfassende versöhnende Maßregel die letzten Spuren einer traurigen
Vergangenheit verwischen und das ganze Volk in einem einzigen Gefühle des ungetrübten Glückes
aller seiner Söhne vereinen werde*. Abgedruckt im *Mannheimer Anzeiger* 3.4.1862 (Nr. 80); auch für
das Folgende.
123  *Mannheimer Anzeiger* 8.4.1862 (Nr. 84); *Karlsruher Landeszeitung* 11.4.1862 (Nr. 86).
124  BIEFANG (wie Anm. 120), S. 248–259.
125  Bezeichnenderweise abgedruckt im *Mannheimer Anzeiger* 27.12.1860 (Nr. 308).

Im Unterschied zu den 1850er Jahren, als die wenigen Amnestieinitiativen zumeist ungehört versickerten, erreichten die verschiedenen Aktivitäten nun rasch eine breitere Öffentlichkeit. Die Presse konnte über die Gesuche jetzt frei berichten. Namentlich der *Mannheimer Anzeiger* unterstützte die Amnestieforderung in zahlreichen, zunehmend drängender formulierten Artikeln. Er verbreitete die dem Landtag vorgelegten Petitionen[126], informierte über Amnestievorhaben außerhalb Badens[127] und über Gnadenakte an zurückkehrenden badischen Revolutionären[128]. Immer wieder formulierte das Blatt die wichtigsten Argumente, die aus demokratischer Perspektive eine bedingungslose Amnestie notwendig machten. Die Ausgabe vom 14. März 1862 brachte den engen Zusammenhang zwischen Revolutionsdeutung, Amnestie und aktueller Politik auf den Punkt: *Wer in früheren Jahren schon der Idee der Einigung Deutschlands seine Existenz zu opfern den Muth hatte*, heißt es dort mit Blick auf die 1849er Revolutionäre, *der sollte wohl heute, da man diese Idee von Seiten der Regierung und des gesammten Volkes zum siegenden Durchbruche bringen will, nicht ausgeschlossen sein, nur deßhalb, weil er damals nicht mit dem großen Haufen schwamm*[129]. Wenn aber die Demokraten 1849 richtig gehandelt hatten, genügte es nicht, ihnen die Zuchthausstrafen unter Auflagen gnädig zu erlassen. Die mit Begnadigungen bisher verbundene Unterwerfungsprozedur erschien aus diesem Blickwinkel untragbar. Die Urteile, die Schuldsprüche mussten vielmehr bedingungslos fallengelassen, vergessen, eben amnestiert werden – so wie umgekehrt auch die geflohenen Revolutionäre die Leiden ihres ungerechten Exils vergeben und vergessen würden. Erst auf dieser Basis konnte es eine wirkliche Versöhnung geben. Amnestie oder Begnadigung?, lautete also die Prinzipienfrage wieder, wie in den ersten Monaten nach der Revolution. Nur ging es diesmal nicht um die Masse der *minder Gravirten*, sondern um die Führer der Bewegung – und damit um die Bewegung selbst.

Der Liberalismus war in Baden 1860 regierende Partei geworden, und daher kam es bei der Frage nach einer umfassenden und bedingungslosen Amnestie auf die Haltung der Liberalen an. Aber die badischen Liberalen taten sich unendlich schwer mit diesem Problem. Dabei war es keine Frage mehr, ob zurückkehrende Revolutionäre tatsächlich ins Zuchthaus zu stecken seien, das war eigentlich undenkbar. Es ging den Liberalen nicht um den Vollzug der Strafe, es ging ihnen wie den Demokraten um die Maßgaben, unter denen Straffreiheit zu gewähren sei. Mehr als zwei Jahre, bis zum August 1862 zauderten und zögerten sie. Sie suchten die Entscheidung nicht, sie wurde ihnen abgerungen. Das zeigt sich schon an ihrem Zentralorgan, der *Badischen Landeszeitung*. Das Blatt berichtete weitaus verhaltener über die Debatte als etwa der *Mannheimer Anzeiger*; so erfuhren die Leser der *Landeszeitung* beispielsweise zwar, dass während der Osterproklamationsfeiern Resolutionen verabschiedet wurden, jedoch nichts über die darin auch enthaltenen amnestiepolitischen Forderungen[130]. Auch der nun liberal dominierte Landtag agierte

---

126 Etwa am 21.8.1860 (Nr. 199).
127 10.1.1861 (Nr. 9) und 18.1.1861 (Nr. 16): Preußische Amnestie; 18.3.1862 (Nr. 66): Württembergische Amnestie.
128 Z.B. am 4.3.1862 (Nr. 54): Gnadenakt für Amand Goegg.
129 14.3.1862 (Nr. 63): ›+ Ein Wort für Abwesende‹.
130 Vgl. die Berichterstattung vom 8.4.1862 (Nr. 83), 9.4.1862 (Nr. 84), 11.4.1862 (Nr. 86) und 12.4.1862 (Nr. 87).

weiterhin zurückhaltend: Die Petitionsserie vom August 1860 ließ er unerledigt, weil die Sitzungsperiode kurz danach endete[131]. Die Gesuche vom Februar 1862 begrüßte der Vorsitzende des Petitionsausschusses, Rudolf Kusel, zwar prinzipiell, doch mochte er sich nicht des *schönsten Vorrechts der Crone bemeistern*. Kusel lehnte daher die Vorstellung ab, *daß es nun Sache der Stände sei, auf die alsbaldige Gewährung einer Amnestie hinzuwirken*. Die Kammer folgte ihm in dieser Ansicht und ging mit dem Beschluss zur Tagesordnung über, die Regierung selbst möge entscheiden, *wann die Erfüllung des Wunsches der Petenten möglich und rathsam sei*[132].

Aber die Regierung tat sich ebenfalls schwer. Aus deutschlandpolitischer Perspektive sprach einerseits einiges für eine Amnestie: Das Problem beschäftigte in den frühen 1860ern immer wieder die überregionale, liberale Öffentlichkeit, die den Umgang der einzelnen deutschen Obrigkeiten mit den Revolutionären kritisch diskutierte und verglich. Das preußische Amnestiegesetz vom Januar 1861 setzte hier entscheidende Maßstäbe. Großherzog Friedrich und sein Berater Franz v. Roggenbach konnten von diesen Debatten nicht unbeeindruckt bleiben, richteten sie ihr Reformkonzept doch dezidiert deutschlandpolitisch aus. Andererseits meldete sich auch der reaktionäre Polizeiverein, dessen Mitglied Baden ja war, zu Wort[133]. Namentlich der sächsische Vertreter Ernst Adolph Koerner warnte in seinen Wochenberichten immer wieder vor Amnestien für die weiterhin zum Umsturz entschlossenen Revolutionäre. Seine effektvollen Mahnungen vor angeblich unmittelbar bevorstehenden Infiltrationen, vor Waffenschmuggel und Aufstandsplänen verfehlten ihre Wirkung in Karlsruhe nicht[134]. Im Justizministerium hielt man im Oktober 1860 zumindest einen Teil der geflohenen Badener für *Revolutionäre von Profession; sie haben ihre Umtriebe im Ausland fortgesetzt [...]. Es wäre deshalb sogar gefährlich, diesen Subjecten die ungehinderte Rückkehr zu gestatten, indem sie zweifellos ihre Wühlereien von Neuem beginnen* würden[135]. Felice Orsinis Attentat auf Napoleon III. im Januar 1858 stand den Zeitgenossen noch nachdrücklich vor Augen[136]; was wäre, wenn ein vorher in Baden ausdrücklich amnestierter Revolutionär eine vergleichbare Aktion unternehmen würde? Nicht zuletzt vor diesem Hintergrund erklären sich die Differenzen innerhalb der badischen Regierung. August Lamey sah eine Amnestie als

131  Ständeprotokolle 1859/60, 66. Sitzung vom 27.8.1860, S. 256: Das Sekretariat verkündete noch den Eingang der Petitionen, die Kammer wurde drei Tage später geschlossen.
132  Ständeprotokolle 1861/63, 45. Sitzung vom 9.5.1862, S. 218. Der Bericht Kusels in GLA 231/1129, fol. 177–179, Zit. fol. 179r.
133  Generell W. SIEMANN, »Deutschlands Ruhe, Sicherheit und Ordnung«. Die Anfänge der politischen Polizei 1806–1866, Tübingen 1985, zu Baden v.a. S. 450–459, zum System des Polizeivereins S. 242–304.
134  GLA 236/8785, Wochenbericht aus Dresden vom 24.12.1860, Punkt 26 (fol. 2r): Warnung vor Waffenschmuggel aus Frankreich unter Regie des geflohenen Ettlinger Gastwirts Philipp Adam Thiebauth; das badische Innenministerium wies die Grenzbehörden noch am 31.12.1860 zu erhöhter Wachsamkeit an (ebd., fol. 6). Wochenbericht aus Dresden vom 14.3.1861, Punkt 4 (ebd., fol. 11): Der badische Flüchtling Johann Philipp Becker habe von Genua aus zur Bildung einer deutschen Legion aufgerufen. L. BLUM, Staatsminister August Lamey. Ein badischer Politiker der Reichsgründungszeit, Heidelberg 1934, S. 69, vermutet, dass diese Warnungen die Lösung der Amnestiefrage tatsächlich erschwerten.
135  Vortrag vom 1.10.1860; GLA 234/10176, unfol.
136  SIEMANN, Gesellschaft im Aufbruch (wie Anm. 119), S. 176.

wesentlichen Grundstein für innenpolitische Reformen an[137], hingegen waren beispielsweise Stabel und sein vom Revirement der ›Neuen Ära‹ kaum erfasstes Justizministerium[138] weitaus zurückhaltender. Wenn man auf Gnadengesuche verzichte, erklärte der
Justizminister noch im Mai 1862 vor dem Landtag, dann bedeute das *nichts Anderes, als
daß die Regierung die Flüchtlinge um Verzeihung bitte wegen einer durch die Gerichte
erfolgten Verurtheilung*[139]; genau dazu waren Liberalkonservative wie Stabel aber nicht
bereit. Die Mairevolution musste in ihren Augen ein deutlich erkennbarer Rechtsbruch
bleiben, die Teilnahme an ihr konnte daher auch nur auf Bitten individuell vergeben werden. Der Zusammenhang zwischen Revolutionsdeutung, Vergangenheitsbewältigung
und Amnestiepolitik ist gerade hier mit Händen zu greifen. Kurzum: Die Liberalen suchten die Versöhnung, sie wollten die Revolution bewältigen, aber viele unter ihnen moch-
ten nicht das Risiko eingehen, Baden noch einmal zur Hochburg der Revolution zu
machen. Sie wollten die Mairevolution nicht im Nachhinein legitimieren und so
die Demokraten gewissermaßen zum Sieger vor der Geschichte erklären. Das war das
Dilemma.

Es war daher neben dem öffentlichen, linksliberal-demokratischen Druck vor allem
die Macht der Umstände, die Bewegung in die Amnestiefrage brachte. Im September 1860
suchte der ehemalige Bürgermeister von Hilzingen, Josef Dietrich, von Schaffhausen aus
um Begnadigung nach[140]. Dietrich war als Mitglied der Verfassunggebenden Versammlung und Zivilkommissär an der Erhebung von 1849 maßgeblich beteiligt gewesen. Er
hatte öffentliche Kassen beschlagnahmt, Waffen beschafft und darüber hinaus bei der
Plünderung des Schlosses Eberstein Silbergeschirr gestohlen. Im April 1850 war er dafür
in Abwesenheit zu zwölf Jahren Zuchthaus verurteilt worden. Dietrichs Strafe lag also
klar außerhalb der seit Juli 1857 gültigen Gnadengrenze von acht Jahren. Und auch die
Gutachten, die die Regierung über ihn einholte, waren verheerend: Selbst in seiner alten
Gemeinde wollte kaum jemand mit ihm zu tun haben. Gleichwohl plädierte das Justizmi-
nisterium im Oktober 1860 mit einer bezeichnenden Begründung für die Begnadigung
Dietrichs. Er sei wie viele andere Geflohene eine *politische Null*, der nur noch in einem
Fall gefährlich werden könne: nämlich wenn er sich stellen würde, ohne begnadigt zu sein.
Man würde dann, hieß es in dem Vortrag fast schon entsetzt, *Anstand nehmen müssen, die
Urtheile zu vollziehen und dadurch die von politischen Sträflingen befreiten Strafanstal-
ten von Neuem mit solchen Individuen zu füllen*[141]. Ein solches Vorgehen müsste jedoch
*eher den Eindruck eines harten, der Verzeihung unzugänglichen Sinnes als den einer stren-
gen Gerechtigkeit hervorrufen*. Das aber wollte man unter allen Umständen vermeiden,
Dietrich wurde im November 1860 auf Wohlverhalten begnadigt.

Damit war der Gnadenrahmen gesprengt, den das Amnestiedekret von 1857 abge-
steckt hatte. Im Justizministerium erkannte man sofort die Gefahr, die mit diesem Schritt
verbunden war: Er würde dem Drängen auf eine allgemeine Amnestie neuen Schub verleihen. Um derartigen Forderungen begegnen und *auf dem bisher eingehaltenen Wege*

---

137  Kurze Hinweise bei BLUM (wie Anm. 134), S. 69.
138  GALL, Liberalismus (wie Anm. 11), S. 187, Anm. 38.
139  *Mannheimer Anzeiger* 10.5.1862 (Nr. 111).
140  Der Hochverratsakt in GLA 234/1678 (unfol.). Auch für das Folgende.
141  Vortrag vom 1.10.1860 in GLA 234/10176, unfol. Auch in 233/31153, fol. 222–228.

*beharren* zu können, musste das Verfahren der Individualbegnadigungen reformiert, den Gegebenheiten der ›Neuen Ära‹ angepasst werden[142]. So löste der Fall des Josef Dietrich ein neues Amnestiedekret aus, das am 1. Dezember 1860, dem Geburtstagsfest der Großherzogin, verkündet wurde[143]. Es erweiterte den Gnadenrahmen auf alle bis zu zwölf Jahren Zuchthaus verurteilten Revolutionäre, bezog also auch Militärs mit ein[144]; den zu höheren Strafen Verurteilten[145] wurde eine individuelle Prüfung ihrer *Begnadigungsgesuche* in Aussicht gestellt. Zudem verzichtete der Großherzog nun auf die seit 1849 verlangten Bedingungen *Reue* und *Wohlverhalten*, obgleich das Justizministerium gerade Letzteres als disziplinierendes Instrument ausdrücklich hatte beibehalten wollen[146]. Damit endete mehr als elf Jahre nach der Revolution die Politik der repressiven Milde. Dauerbewährung und polizeiliche Überwachung der begnadigten Revolutionäre gehörten nun der Vergangenheit an[147]. Aber ganz ohne Vorbehalt blieb auch dieses Dekret nicht: Es verlangte noch *ein Ansuchen* des Betreffenden, die Strafe zu erlassen. Diese letzte Spur einer Gnadenbitte sollte verhindern, dass der Erlass den Charakter jener bedingungslosen Amnestie erhielt, wie sie die Demokraten forderten. Aus diesem Grund behielt man sich auch weiterhin vor, die Staatsbürgerschaft und die bürgerlichen Rechte getrennt zuzuteilen. Mit dieser Verordnung, ihrem weit gesteckten Gnadenrahmen und ihren erleichterten Bedingungen, wollte die Regierung die öffentlichen Amnestieforderungen eindämmen, ohne ihnen komplett nachgeben zu müssen. Aber dieses Kalkül ging nicht auf.

Das Dekret war kaum erlassen, als sich am 10. Dezember 1860 der zu 20 Jahren Zuchthaus verurteilte Maisbacher Lehrer Philipp Stay den Behörden in Mannheim stellte und die gerade erst gezogene Gnadengrenze erneut in Frage stellte. Stay war einer der prominentesten Vertreter der Bewegung vom Mai 1849; er hatte das republikanische Blatt *Volksführer* gegründet, war Redner auf vielen Volksversammlungen sowie Mitglied des regierenden Landesausschusses und der Verfassunggebenden Versammlung gewesen. Nach dem Zusammenbruch der Revolution war ihm die Flucht in die Schweiz gelungen, wo er sich weiterhin politisch engagierte. Von dort hatte er schon 1859 in einer Eingabe an die

---

142   Ebd.
143   RegBl. 1860, Nr. LXI, S. 453: *Amnestie für Verurtheilte wegen Hochverraths in den Jahren 1848 und 1849.*
144   Das Kriegsministerium hatte in einem Vortrag vom 21.11.1860 dafür plädiert; GLA 233/31153, fol. 229–231. Von den 304 noch flüchtigen oder früher schon zur Auswanderung begnadigten Soldaten konnten nach dem Dekret 224 zurückkehren, die übrigen 80 waren zu höheren Strafen verurteilt worden.
145   Eine Aufstellung des Justizministeriums (GLA 234/10176, unfol.) vom Frühjahr 1862 umfasst 24 Zivilisten; tatsächlich waren es 23, da zwei bereits im Exil gestorben waren, dafür aber ein anderer, dessen Begnadigung bevorstand, nicht mehr in die Liste aufgenommen wurde. Im Einzelnen: Zu lebenslanger Haft verurteilt waren Rudolph Berger, Lorenz Brentano, Amand Goegg (fehlt in der Übersicht), Friedrich Hecker, Friedrich Heunisch, Ludwig Mieroslawski, Franz Sigel, Gustav Struve und Max Werner; zu 30 Jahren Zuchthaus: Johann Blenker; zu 20 Jahren Zuchthaus: Joseph Ignaz Peter, Philipp Stay, Karl v. Rotteck, Heinrich Hoff, Karl Steinmetz (1852 gestorben) und Johann Philipp Becker; zu 18 Jahren Zuchthaus: Philipp Thiebauth und Raphael Weil; zu 15 Jahren Zuchthaus: Christoph Friedrich Kiefer, Karl Damm, Joseph Au, Elise Blenker, Franz Joseph Richter, August Mersy und Joseph Reich (1859 gestorben).
146   Vortrag vom 1.12.1860; GLA 233/31153, fol. 290f.
147   Weisung des Innenministeriums an sämtliche Ämter vom 18.3.1861; GLA 236/8584, fol. 14f.

badische Regierung eine bedingungslose Amnestie gefordert[148]. Im Justizministerium galt Stay als einer der *thätigsten Wühler zur Zeit des badischen Aufstandes,* der weiterhin hochgefährlich sei. Seine Rückkehr nur wenige Tage nach Erlass des Amnestiedekrets, das ihn wegen seiner zu hohen Strafe ja nicht direkt betraf, betrachtete man als gezielte Provokation. Stay versuche offenbar, notierte der Justizminister empört, die Regierung *durch sein plötzliches Erscheinen in Verlegenheit zu setzen.* Stabel lag mit seiner Analyse wohl ganz richtig: Der ehemalige Lehrer hatte die demokratische Presse von seiner bevorstehenden Rückkehr informiert[149], um so entsprechenden öffentlichen Druck aufzubauen, und er meldete sich auch noch mit einer ausgesprochen offensiv formulierten Erklärung zurück: Er *wünsche,* hieß es darin mehr fordernd als bittend, *die Erlaubniß zur straffreien Rückkehr in das Inland zu erhalten und zur Wiedererwerbung des Staatsbürgerrechts zugelassen zu werden.* Stays selbstbewusstes Auftreten zeigt, dass er das Dilemma der badischen Amnestiepolitik messerscharf erkannt hatte: Die Regierung verfügte über praktisch keine Sanktionsmöglichkeiten mehr. Tatsächlich musste auch Stabel zerknirscht zugestehen, dass es *allerdings mißlich* wäre, *wenn die erkannte Zuchthausstrafe nach so langer Frist jetzt noch [...] in Vollzug gesetzt werden müßte.* Der Justizminister war allerdings fest entschlossen, keinen zweiten ›Fall Dietrich‹ entstehen zu lassen: Man dürfe sich, warnte er den Großherzog, von einem unbekehrten Revolutionär keine Begnadigung *abtrotzen lassen,* zumal *die demokratische Partei gegenwärtig wieder rühriger* geworden sei und *Stay's Beispiel bei dem Gelingen seines Plans noch schlimmere Nachahmer finden würde.* Um den lästigen Lehrer wieder loszuwerden, schlug Stabel vor, *Demselben eine Frist von 24 Stunden zur Wiederentfernung aus dem Inlande mit dem Bemerken zu bewilligen, daß nach deren fruchtlosem Ablauf die Strafe unnachsichtig in Vollzug gesetzt würde.* Genau das konnten sich nun aber weder der Großherzog noch die übrigen Minister vorstellen, so dass man sich schließlich – gegen Stabels ausdrückliches Votum – zu einem Kompromiss entschloss, der die amtliche Hilflosigkeit nur mit Mühe kaschierte: Stays Gesuche um Straferlass und Wiederverleihung des Staatsbürgerrechts wurden zwar einstweilen abgewiesen, doch gestattete man ihm – nolens volens – *unter der Bedingung gesetzlichen Verhaltens* den Aufenthalt in Baden[150]. Aus der Rückschau besehen, zeigt der Fall des Philipp Stay überdeutlich, dass die badische Regierung seit Beginn der ›Neuen Ära‹ in ihrer Gnadenpolitik so gut wie keinen Spielraum mehr hatte: Wollte sie nicht ihre eigene Reform- und Deutschlandpolitik torpedieren, musste sie auf Sanktionen gegen zurückkehrende Revolutionäre verzichten, ganz gleichgültig, ob sie willkommen waren oder nicht. Gleichzeitig jedoch entsprach das Verfahren der Einzelbegnadigungen nicht jener vollständigen Versöhnung, wie sie ja von demokratischer Seite immer vehementer gefordert wurde.

Den Durchbruch brachte schließlich das Frühjahr 1862, also just jene Zeit, als auch die öffentlichen Forderungen nach einer Amnestie ihren Höhepunkt erreichten. In rascher

---

148 Der Hochverratsakt liegt in GLA 234/1991; die übrigen Angaben aus dem Vortrag des Justizministeriums vom 11.12.1860; GLA 233/31153, fol. 294–297, auch für das Folgende.
149 *Mannheimer Anzeiger,* 9.12.1860 (Nr. 294): Meldung über die anstehende Rückkehr. Weitere Berichte folgten am 12.12.1860 (Nr. 296) und am 20.12.1860 (Nr. 303).
150 Beschluss des Staatsministeriums vom 14.12.1860; GLA 233/31153, fol. 298. Das abweichende Urteil Stabels ebd.

Folge baten damals drei schwerstbelastete Revolutionäre um Straffreiheit: Neben dem zum Tod verurteilten Karlsruher Korporal Franz Ell[151] reichten im Januar und April 1862 mit Amand Goegg und Joseph Ignaz Peter zwei Führer und Exponenten der Maibewegung Gnadengesuche ein: Goegg hatte die Volksvereinsbewegung organisiert und war Finanzminister der Brentano-Regierung gewesen; das Hofgericht Bruchsal hatte gegen ihn im August 1850 in Abwesenheit eine lebenslängliche Zuchthausstrafe verhängt[152]. Peter war Justizminister der provisorischen Regierung und Mitglied des Kriegssenats gewesen; im April 1850 war er vom Hofgericht Bruchsal in Abwesenheit zu zwanzig Jahren Zuchthaus verurteilt worden[153]. Alle drei wurden nach längerem Tauziehen begnadigt[154], doch motivierte namentlich Goeggs spektakuläres Gesuch den Großherzog, nun nach einer abschließenden Regelung zu suchen: Unmittelbar nach dessen Begnadigung am 28. Februar 1862 beauftragte Friedrich Justiz- und Kriegsministerium, Vorträge über eine allgemeine Amnestie zu erstatten. Während das Kriegsministerium ein umfassendes Straffreiheitsdekret befürwortete[155], warnte Stabels Behörde ein letztes Mal eindringlich vor diesem Schritt und seinen Folgen für die Deutung der Revolution[156]. Die Argumentation mutet mittlerweile schon vertraut an: Man dürfe auf Bittgesuche der Revolutionäre keinesfalls verzichten, weil dies *gleichsam einen Triumpf für sie und ihre Grundsätze* bedeuten würde. Aber diese liberalkonservative Position war angesichts der Entwicklungen der zurückliegenden zwei Jahre nicht mehr haltbar. Als der Großherzog am 23. April 1862 zwischen den beiden Vorschlägen zu entscheiden hatte, lehnte er zwar eine Amnestie noch ab[157], aber der weitere Verlauf legt nahe, dass es ihm hier nur noch um das Abwarten eines sich bereits abzeichnenden Termins ging.

Am 7. August 1862, dem Tag der Geburt der Prinzessin Victoria, erließ Friedrich sein drittes und abschließendes Amnestiedekret. Die Autoren des Erlasses versuchten in subtiler Weise, beiden Seiten gerecht zu werden und damit die Parteien zu versöhnen. Der publizierte Text des Dekrets trug den Charakter einer Schlussstrichamnestie[158]: Es ließ die

---

151    Ebd., fol. 285 f.

152    F. LAUTENSCHLAGER, Amand Goegg, ein badischer Achtundvierziger, in: ZGO 57 (1948), S. 19–36; W. HUG, Goegg, Amand, in: M. ASENDORF, R. v. BOCKEL (Hgg.), Demokratische Wege. Deutsche Lebensläufe aus fünf Jahrhunderten, Stuttgart u. a. 1997, S. 209–211.

153    SCHNEIDER (wie Anm. 11).

154    In Sachen Ell: Befürwortende Vorträge des Kriegsministeriums vom 18.1.1862 und 30.1.1862 in GLA 234/31153, fol. 299–303. Das Justizministerium war in seinem Vortrag vom 6.3.1862 gegen eine Begnadigung Ells; ebd., fol. 343 f. Der Gnadenakt des Großherzogs erging am 23.4.1862; ebd., fol. 345. Amand Goeggs Gesuch erreichte die Regierung am 17.1.1862, Goegg befand sich damals auf freiem Geleit in Baden. Das Justizministerium befürwortete seinen Antrag am 20.2.1862 (ebd., fol. 304–308), der Gnadenakt vom 28.2.1862 ebd., fol. 309. Peters Gesuch vom 3.4.1862 war offenbar vom Gnadenakt gegenüber Goegg motiviert; es findet sich gedruckt bei E. BECK, Die Revolution 1848/49 und das Acherner Geschlecht Peter, in: Die Ortenau 35 (1955), S. 9–17, hier S. 16 f. Das Justizministerium behandelte das Gesuch in einem Vortrag vom 11.4.1862; GLA 233/31153, fol. 338–341. Der Gnadenakt des Großherzogs erging am 23.4.1862; ebd. fol. 342.

155    Vortrag vom 1.3.1862; ebd., fol. 310 f.

156    Vortrag vom 22.3.1862; GLA 234/10176, unfol., sowie in GLA 233/31153, fol. 333–335, das folgende Zitat fol. 334r.

157    GLA 233/31153, fol. 337.

158    RegBl. 1862, Nr. XXXVII, S. 315: *Allgemeine Amnestie für wegen politischer und gemeiner Verbrechen verurteilte Civil- und Militärpersonen.*

wegen politischer Verbrechen ergangenen Strafen bedingungslos nach und entsprach insofern den Forderungen der demokratischen Öffentlichkeit. Die Klauseln, die einzelne Revolutionäre nun noch erfüllen mussten, waren weitestgehend verdeckt. In dem Erlass war keine Rede von Staatsbürgerschaft und von bürgerlichen Rechten. Die Regierung interpretierte dieses Schweigen in ihrem Sinne und beharrte gegenüber Rückkehrwilligen darauf, dass beides wie bisher neu beantragt werden musste. Insofern blieben Justiz- und Innenministerium immer noch gewisse Einflussmöglichkeiten. Zudem klammerte das Dekret sogenannte schwere gemeine Verbrechen aus, die in der Revolutionszeit begangen worden waren. Die Formulierung zwang einige der Angesprochenen, erst abzuklären, welche Art von Straftat bei ihnen eigentlich vorliege. Bekannt ist der Fall Franz Sigels, der 1849 aus dem Rastatter Schloss türkische Waffen gestohlen hatte und deswegen erst 1864 in einem gesonderten Verfahren Straffreiheit zugesprochen erhielt[159].

Insgesamt aber konnte die Amnestieverordnung vom August 1862 die Wogen tatsächlich glätten, es gab in der Folgezeit keine weitergehenden Forderungen mehr, die eine breitere Öffentlichkeit unterstützt hätte. Dass die Amnestie nicht den Streit über Charakter und Ziele der Mairevolution beendete, ist gerade den nachlebenden, darüber immer noch debattierenden Historikern bewusst. Diese Differenzen zeigten sich schon in den ersten Kommentaren zum Augustdekret. Während der demokratische *Mannheimer Anzeiger* die Amnestie als konsequente und notwendige Folge der Osterproklamation feierte, blieb für die liberale *Karlsruher Landeszeitung* beim Rückblick auf 1849 ein *leiser Stachel* zurück[160]. Der generelle Erfolg der Amnestie zeigte sich indes schon am Tag ihrer Verkündung: Im Land herrschte *erhabene Begeisterung*[161]; *in zahlreichen Orten schmückten die Bewohner ihre Häuser mit wehenden Fahnen; allüberall herrschte Freude, die in unzähligen Hochs! auf den patriotischen Fürsten jubelnden Ausdruck fand*[162]. Im Mannheimer Hoftheater gab es bei festlich beleuchtetem Haus die Jubelouvertüre von Carl Maria von Weber und passenderweise La Clemenza di Tito, also die Milde des Titus, von Wolfgang Amadeus Mozart.

Damit endete nach mehr als 13 Jahren die strafrechtliche Bewältigung der badischen Revolution. Überblickt man diese Zeit im Ganzen, ist vor allem der Stellenwert hervorzuheben, den die bislang kaum beachtete Amnestie- und Gnadenpolitik im Gefüge der gesamten badischen Innenpolitik hatte. Ein irrationales, zweckfreies Element fehlte dieser obrigkeitlichen und administrativ gesteuerten Gnadengewähr völlig, sie diente vielmehr

---

159    GLA 233/31153, fol. 349f. und 48/5206, fol. 313–329.

160    12.8.1862 (Nr. 186). Im Kontext: *Es war eine Täuschung, wenn man in den Jahren 1848 und 1849 glaubte, die inpolitische Entwickelung so weit von einander geschiedenen deutschen Stämme sofort durch revolutionäre Mittel vorwärts treiben und zu einem politischen Ganzen schmieden zu können; es war ein nur durch die allgemeine politische Unreife zu entschuldigendes Vergehen, das freiheitlich entwickeltste und glücklichste deutsche Staatsleben jenen Irrthümern zum Opfer zu bringen, das Fürstenhaus, dem die konstitutionelle Freiheit Deutschlands die edelsten Impulse verdankte, büßen zu lassen für die Sünden verblendeter Dynastieen. Lange noch wird in dieser Hinsicht ein leiser Stachel zurück bleiben in tiefer fühlenden Herzen: möge das badische, möge das deutsche Volk Dessen nicht vergessen in den Tagen der Vergeltung.*

161    *Karlsruher Landeszeitung* 13.8.1862 (Nr. 187). Der katholische *Karlsruher Anzeiger* lieferte das Dekret am 12.8.1862 (Nr. 187) ohne jeden Kommentar.

162    *Mannheimer Anzeiger* 12.8.1862 (Nr. 190), auch für das Folgende.

immer dazu, gezielt die politische Entwicklung zu beeinflussen[163]: Während der 1850er
Jahre war die Politik der repressiven Milde ein wesentlicher Bestandteil der antirevolutio-
nären Reaktionsmaßnahmen. Sie trug entscheidend dazu bei, die republikanisch-demo-
kratische Bewegung im Land zu kontrollieren, zu unterdrücken und zu brechen. Die
Gnadenpolitik der 1850er Jahre ist daher gewiss kein Beleg für die These, in Baden sei die
»bloße Restriktion« nicht zur »wirklichen Reaktion« geworden[164]. In der ›Neuen Ära‹
schließlich avancierte die Amnestiefrage zu einem bedeutsamen Faktor der politischen
Revolutionsbewältigung. Obgleich die Zahl der betroffenen, nicht straffrei gestellten
Revolutionäre stetig sank, spitzte sich vor dem Hintergrund einer nun freigesetzten
Öffentlichkeit das Problem beständig zu. Die sich ausdehnende Amnestiepolitik war
daher ein unverzichtbares Signal der Reformfähigkeit, Reformwilligkeit und Stabilität des
neuen Systems, eine unabdingbare Voraussetzung für die neu ausgerichtete badische
Deutschlandpolitik und ein wichtiges Element liberal-demokratischer Zusammenarbeit.
Der Straffreiheitserlass vom August 1862 hat möglicherweise mit verhindert, dass sich in
der Anfangszeit der badischen ›Neuen Ära‹ eine linksliberal-demokratische Opposition
gegen die liberale Regierungspartei etablierte. Beide Phasen verdeutlichen, dass beim Ringen um Straffreiheit für die Revolutionäre nicht die individuellen Schicksale der Betroffenen im Mittelpunkt standen; vielmehr ging es in erster Linie um die angemessene Deutung
der Revolution für die Gegenwart und um ihre Instrumentalisierung für aktuelle politische Interessen.

---

163   Vgl. dagegen E.R. HUBER, Deutsche Verfassungsgeschichte seit 1789, Bd. 3 Bismarck und das
Reich. 3., wesentl. überarb. Aufl. Stuttgart u. a. 1988, der S. 63 im Zusammenhang mit der revidierten
preußischen Verfassung von 1850 generell konstatiert: »Die Gnadenerweise hatten im Staatsrecht
der konstitutionellen Monarchie noch nicht die Bedeutung von Akten der administrativen Korrektur von Strafurteilen; sie waren also keine zweckgerichteten Verwaltungsakte im Justizbereich. Vielmehr waren sie Akte zweckfrei erwiesener Gnade.«
164   GALL, Liberalismus (wie Anm. 11), S. 59. Kritisch bereits RICHTER (wie Anm. 10), S. 424,
Anm. 198, und SIEMANN, Deutschlands Ruhe (wie Anm. 133), S. 459, Anm. 653.

# Die badischen Amnestiegesetze

VON CORNELIUS GORKA

## 1. Die Gnade des »Vergessens«

Mit dem Entstehen des absoluten Staates der Neuzeit konzentrierten sich auch die wichtigsten Herrschaftsrechte in der Hand des souveränen Fürsten. Der Monarch war zugleich oberster Gesetzgeber und oberster Gerichtsherr. Die Richter fällten in seinem Namen die Urteile, deren Vollstreckung ebenfalls Aufgabe der fürstlichen Gewalt war. Dementsprechend hatte der Monarch auch das Recht, die von seinen Richtern gefällten Urteile zu kassieren, zu korrigieren oder nur mit seinem vorherigen Einverständnis exekutieren zu lassen[1].

Die zunehmende Einführung von Verfassungen in den deutschen Staaten und die Durchsetzung einer unabhängigen Justiz nach 1800 drängten auch die oberste Gerichtsherrlichkeit der Monarchen zurück. Es blieb ihnen lediglich das Begnadigungsrecht erhalten. Demnach hatte der Landesherr das Vorrecht, eine nach dem Gesetz erkannte härtere Strafe in eine mildere umzuwandeln, die Dauer der Strafzeit zu mindern oder auch die Strafe ganz zu erlassen. Der Gnadenerweis konnte entweder in Form einer Einzelfallbegnadigung oder in Form einer allgemeinen Amnestie ausgesprochen werden. Die Amnestie bezog sich – im Gegensatz zur einzelnen Begnadigung – nicht auf Einzelfälle, sondern auf eine unbestimmte, nach objektiven Kriterien abgrenzbare Vielzahl von gleichartigen Fällen[2]. Die Amnestie (αμνησια – das Vergessen) beinhaltete für bestimmte Vergehen entweder den Erlass oder die Milderung einer gerichtlich verhängten Strafe. Damit konnte auch die Einstellung der noch nicht abgeschlossenen Verfahren angeordnet werden. Mit dem »Vergessen« der Strafe sollte meist eine Versöhnung erreicht und damit ein Neubeginn möglich gemacht werden. Amnestien wurden oft nach Aufständen und Kriegen erlassen, um eine innere Befriedigung der Bevölkerung zu erreichen. Eine Begnadigung bedeutete aber noch keine Rehabilitierung, da das Strafurteil weiterhin gültig blieb. Lediglich die Rechtsfolgen wurden korrigiert, während die zivilrechtlichen Folgen eines Strafurteils von der Amnestie nicht berührt wurden.

Die badische Verfassung vom 22. August 1818 sicherte dem Großherzog in § 15 Satz 3 ein besonderes Begnadigungsrecht zu: *Der Großherzog kann erkannte Strafen mindern oder ganz nachlassen, aber nicht schärfen.* Eine Bindung des monarchischen Gnaden-

---

1 D. MERTEN, Rechtsstaatlichkeit und Gnade, Berlin 1978, S. 36.
2 Ebd., S. 13.

rechts an die Zustimmung des Landtags war in der Verfassung nicht enthalten. Die Kammern konnten nur im Rahmen ihrer verfassungsmäßigen Rechte an die großherzogliche Regierung herantreten und um einen entsprechenden Gnadenerlass bitten. Da eine Amnestie den Charakter eines Gesetzes erhielt, wurde sie im Gesetz- und Verordnungsblatt allgemein bekannt gemacht.

## 2. Amnestien während der badischen Revolution von 1848/49

Im Zusammenhang mit der Begnadigung der Revolutionäre von 1848/49 muss zunächst auf die Amnestien eingegangen werden, die noch während der Revolution ausgesprochen wurden und auch danach gültig blieben. Bereits nach dem Scheitern des Hecker-Zuges im April 1848 und des Struve-Putsches im September 1848 erreichten mehrere Petitionen verschiedener badischer Gemeinden den Landtag[3]. Darin wurde die Kammer *um Amnestierung sämtlicher politischer Verbrechen angeschuldigter Personen in Baden* gebeten. Die Staatsregierung wurde aufgefordert *ungesäumt alle Prozesse über politische Verbrechen niederzuschlagen und eine allgemeine unbedingte Amnestie zu ertheilen.* Ähnlich äußerten sich die Bürger in weiteren Petitionen[4]. Nach Ansicht der Petenten müsse *im Interesse unseres Vaterlandes eine heilende und versöhnende Kraft auftreten, damit die Wunde wieder vernarbt.* Die weitere Verfolgung von Aufständischen sollte demnach beendet werden, damit wieder Ruhe und eine Versöhnung der Gemüter eintreten könne.

Die Zweite badische Kammer des Landtags verhandelte in mehreren Sitzungen über die eingegangenen Petitionen und übergab die Angelegenheit dann einer Petitionskommission. Als deren Vorsitzender erstattete der Abgeordnete August Lamey in der Sitzung vom 15. Mai 1848 den Kommissionsbericht[5]. Darin lehnte er eine allgemeine Amnestie ab, weil es dafür noch zu früh sei und *weil es der Kammer diesmal nicht zustehe, in den Gang der Gerichte einzugreifen.* Auf Antrag der Kommission ging die Kammer anschließend zur Tagesordnung über.

Es folgten im Laufe des Jahres 1848 weitere Petitionen, in denen eine allgemeine Begnadigung der Teilnehmer der republikanischen Aufstände gefordert wurde. Die Petitionen hatten schließlich Erfolg: Am 15. August 1848 verkündete der Großherzog eine allgemeine Amnestie[6]. Allerdings war ihr Erfolg begrenzt: Einerseits wurden darin alle einfachen Teilnehmer der Aufstände begnadigt, andererseits waren die Anführer der Aufstände ebenso ausgenommen wie Beamte aus Staat, Schule und kommunaler Verwaltung. Auch mussten alle Begnadigten ein künftiges gesetzliches Verhalten versprechen und um ihre Begnadigung bitten. Weitreichender war dagegen der Beschluss der Zweiten Kammer vom 6. Dezember 1848, in dem sie verlangte, dass alle politischen Verfahren und Untersuchungen abzubrechen und eine allgemeine Amnestie zu erlassen sei[7]. Der Beschluss

---

3   GLA 231/1129.
4   Beispielsweise von Wahlmännern des Bezirks Villingen (ebd.).
5   Verhandlungen der Zweiten Kammer der Ständeversammlung 1847–49, Beilage Nr. 5, S. 279–281.
6   Bad. Reg. Bl. 1848, Nr. LVII.
7   GLA 231/1129, fol. 100.

wurde zwar bekannt gegeben, konnte aber nach der Niederlage der Mairevolution nicht mehr verwirklicht werden.

## 3. Amnestiebestrebungen nach der Revolution

Auch nach 1849 blieb die Frage der juristischen Bewältigung der Revolution auf der politischen Tagesordnung. Tausende von Revolutionären mussten sich nach 1849 wegen ihrer Beteiligung am Maiaufstand vor den Gerichten verantworten. Viele von ihnen wurden wegen Hochverrat, Meuterei, Aufruhr oder Majestätsbeleidigung zu mehrjährigen Haftstrafen verurteilt und verloren teilweise ihr Vermögen. Darüber hinaus wurde ihnen gemäss § 17 des badischen Strafgesetzbuches[8] in Folge der Verurteilung auch die staats- und gemeindebürgerlichen Rechte aberkannt. Vielen Revolutionsteilnehmern, insbesondere den politischen und militärischen Führern der Revolutionsbewegung, war rechtzeitig die Flucht ins Ausland gelungen. Sie wurden in Abwesenheit verurteilt und mussten bei einer Rückkehr mit dem Strafvollzug rechnen. Auch in anderen deutschen Staaten konnten sie nicht bleiben, da ihnen sonst die Auslieferung an Baden drohte. In einem »Verzeichnis der wegen Hochverrats in den Jahren 1848 und 1849 [flüchtigen] Verurteilten« aus dem Jahre 1857 sind viele prominente Emigranten mit den gegen sie verhängten Strafen aufgeführt[9]: *lebenslänglich*: Max Werner, Lorenz Brentano, Amand Goegg, Ludwig Friedrich Heunisch, Franz Sigel, Ludwig Mieroslawski, Rudolph Berger, Friedrich Hecker, Gustav (von) Struve; *20–30 Jahre*: Johann Ludwig Blenker, Josef Ignaz Peter, Philipp Stay, Karl Hoff (»verstorben«), Karl von Rotteck, Karl Steinmetz, Johann Philipp Becker; *4–18 Jahre*: u. a. Philipp Thiebauth, Christian Friedrich Kiefer, Karl Damm, Karl Eichfeld, Josef Fickler, Franz Volk, Karl Blind, Johann Peter Osterhaus und August Willich. Die meisten Emigranten waren Mitglieder der Revolutionsregierung bzw. des Landesausschusses gewesen oder hatten ein hohes politisches oder militärisches Amt bekleidet. Während für die gefangenen Revolutionäre nach 1849 der Weg in die Zuchthäuser führte, hatten sie den Weg ins Exil gewählt.

Im Sommer 1850 erreichten die Zweite Kammer mehrere Petitionen von Bürgern, Ortsvorgesetzten und Gemeinderäten aus Michelfeld, Gemmingen, Stockach, Möhringen und aus dem Amt Bonndorf[10]. Darin wurde um *Erwirkung einer Amnestie für die der Hochverraths-Theilnahme beschuldigten badischen Staatsbürger* gebeten. In den Petitionen wurde vorgebracht, dass die meisten Teilnehmer an der Revolution durch falsche Vorspiegelungen zu ihrem Schritt hingerissen worden seien. Jene die sich nur in geringer Weise an der Revolution beteiligt hätten sollten eher Nachsicht und Begnadigung finden, als die Anstifter und Anführer. Auch seien sie durch die Untersuchungshaft und weitere aus der Untersuchung entspringende Nachteile schon hinreichend bestraft. Andere Petitionen begründeten ihr Anliegen mit der ungleichen Behandlung der Revolutionäre. So würden viele Beamte, die damals dem Landesausschuss den Treueid leisteten, nicht nur im

8  Strafgesetzbuch vom 6.3.1845 (geändert am 5.2.1852).
9  GLA 234/10176, fol. 242–255.
10  Verhandlungen der Zweiten Kammer der Ständeversammlung, Beilagenheft V, S. 367–374.

Amt bleiben, sondern auch noch die Untersuchungen gegen vermeintliche Revolutionäre führen. Manche Bürger müssten sich dagegen selbst wegen einer geringfügigen Beteiligung an der Revolution verantworten. Auch wurde auf die traurige Lage der Verurteilten und Entflohenen, sowie deren Familien hingewiesen. Eine allgemeine Amnestie könne versöhnend wirken.

Die Kammer setzte eine Petitionskommission ein, deren Bericht der Abgeordnete Bissing in der Sitzung vom 21. Oktober 1850 erstattete[11]. Die Kommission kam zu dem Ergebnis, dass eine Amnestie zum jetzigen Zeitpunkt noch verfrüht sei. Angesichts des revolutionären Ausmaßes sei es Pflicht der Regierung, die Autorität des Gesetzes wiederherzustellen und Sühne zu verlangen. Eine allgemeine Amnestie könnte als Schwäche ausgelegt und den noch vorhandenen revolutionären Kräften wieder Auftrieb geben. Die Kommission trete allerdings für eine individuelle Begnadigung ein, da eine Begnadigung vom Einzelfall abhängen solle. Auch befürworte sie die Begnadigung zur Auswanderung um Gefängnisse und Staatskasse zu entlasten. Im übrigen vertrat die sie die Ansicht, dass die Kammer selbst keine Begnadigung aussprechen könne, da das Recht der Gnade nur der Krone zustehe. Jedes Eingreifen der Kammer in die Befugnisse einer anderen Gewalt müsse streng vermieden werden. Die eingegangenen Petitionen könnten nur Anlass sein, sich über die Notwendigkeit einer Amnestie zu äußern. Auf Antrag der Kommission beschloss die Kammer schließlich, *die vorliegenden Petitionen dem Großherzoglichen Staats-Ministerium mit dem Wunsche empfehlend [zu] überweisen, die gegen die minder Betheiligten an der Revolution einstweilen zurückgelegten Untersuchungen nebst allen Folgen vollständig niederzuschlagen.* Die Petitionen wurden noch am gleichen Tag dem Staatsministerium übergeben[12].

In seiner Antwort vom 3. März 1852 teilte Justizminister Wechmar der Petitionskommission mit, dass seit Anfang September 1850 im Ganzen 243 Personen, welche wegen politischer Vergehen verurteilt wurden, begnadigt worden seien (davon 38 zur Auswanderung). Darüber hinaus habe man bei 182 den Strafrest bei Wohlwollen nachgelassen, sowie bei 23 Verurteilten die Strafe erleichtert bzw. verkürzt. Auch habe der Großherzog durch höchste Entschließung vom 29. August 1851 bekannt gegeben, dass von einer weiteren Verfolgung der gegen die Teilnehmer am Maiaufstand eingeleiteten Untersuchungen unter der Bedingung künftigen Wohlverhaltens abgesehen werde[13]. Von einer allgemeinen Amnestie sprach die Regierung nicht. Bereits in seiner Eröffnungsrede vor der Zweiten Kammer am 6. März 1850 hatte Großherzog Leopold betont, dass er von seinem Gnadenrecht nur gegenüber Einzelnen Gebrauch machen wolle, die reuevoll darum nachsuchten[14]. Mit einer allgemeinen Begnadigung war damit nicht zu rechnen. Die Einstellung der noch laufenden Untersuchungen und Verfolgungen von Revolutionsteilnehmern konnte immerhin als eine Art »Teilamnestie« angesehen werden. Allerdings waren die bereits Verurteilten (und das war die Mehrheit) davon nicht betroffen. Auch mussten die Emigranten weiterhin bei einer Rückkehr mit dem Strafvollzug rechnen. Zu einer vollständigen Amnestie war die Regierung noch nicht bereit. Sie sammelte vielmehr die einzelnen Gna-

---

11  Ebd.
12  GLA 231/1129, fol. 145.
13  Ebd., fol. 150 und GLA 234/10176, fol. 221.
14  Verhandlungen der Zweiten Kammer der Ständeversammlung 1850/51, S. 4.

dengesuche von Verurteilten, um bei entsprechenden Anlässen (wie beispielsweise private Ereignisse im großherzoglichen Haus) eine größere Zahl von Einzelbegnadigungen auszusprechen.

Ungeachtet der ablehnenden Haltung der großherzoglichen Regierung gab es weiterhin Petitionen, welche eine Amnestie für die Revolutionsteilnehmer forderten. Am 20. März 1852 beriet die Zweite Kammer über eine Petition von Einwohnern aus Heidelberg (Erweiterung der Amnestie für politische Straftäter) und über eine Petition eines Bürgers von Birkendorf (Behandlung der abgestraften Hochverräter). Die Kammer beschloss nach kurzer Debatte beide Petitionen dem Staatsministerium »zur geeigneten Berücksichtigung« zu überweisen[15]. Leider sagen die Akten nichts darüber aus, ob die Regierung auf die Petitionen reagierte. Dies dürfte zu diesem Zeitpunkt kaum zu erwarten gewesen sein. Die Regierung verfolgte eine Politik der repressiven Milde, was eine Bevorzugung von Einzelbegnadigungen gegenüber einer allgemeinen Amnestie bedeutete. Das Staatsministerium sah darin ein geeigneteres Mittel der Disziplinierung als in einer unnachgiebigen Strafverfolgung. Zu einer Änderung der Begnadigungspolitik konnte es sich noch nicht entschließen.

## 4. Erste Teilamnestien unter Großherzog Friedrich I.

Am 24. April 1852 war Großherzog Leopold gestorben. An Stelle seines kranken älteren Sohnes Ludwig (II.) übernahm sein jüngerer Sohn Friedrich als Prinzregent und seit 1856 als Großherzog Friedrich I. die Regierungsgeschäfte. Der junge Thronfolger verfolgte in der Amnestiefrage zunächst kein eindeutiges Konzept. Da seine Regierungspolitik aber stärker auf die Zukunft als auf die Vergangenheit ausgerichtet war, schlug er hinsichtlich der Behandlung der ehemaligen Revolutionsteilnehmer bald einen versöhnlicheren Kurs ein.

Bereits 1855 verkündete Großherzog Friedrich I. eine erste Teilamnestie: Durch allerhöchste Entschließung vom 30. September 1855 ordnete er an, dass anlässlich seiner Verlobung mit Prinzessin Luise von Preußen sämtliche wegen Majestätsbeleidigung erkannten, aber noch nicht vollzogenen Strafen gnädigst nachzulassen und alle noch anhängigen Untersuchungen niederzuschlagen seien[16]. Die Amnestie war insofern ein Fortschritt, da sie eine unbestimmte Zahl von Begnadigten erfasste. Die Wirkung war allerdings gering, da die meisten Revolutionsteilnehmer auch noch wegen anderer politischer Vergehen angeklagt worden waren und die Prozesse weitgehend abgeschlossen waren. Die Amnestie betraf im Wesentlichen nur noch die Emigranten und alle nach 1849 wegen Majestätsbeleidigung Angeklagten.

Von größerer Wirkung war dagegen das großherzogliche Amnestiedekret vom 9. Juli 1857[17], welches am Tag der Geburt des Erbgroßherzogs Friedrich unterzeichnet wurde. Darin erklärte der Großherzog: *Wir finden Uns nach Anhörung Unseres Staatsministeri-*

---

15  Verhandlungen der Zweiten Kammer (wie Anm. 13), S. 141.
16  GLA 380/3543 (5.10.1855).
17  Bad. Reg. Bl. 1857, Nr. XXVII, S. 299.

*ums in Gnaden bewogen, denjenigen Unserer Unterthanen, welche sich in den Jahren 1848 und 1849 der Verbrechen des Hochverraths, der Widersetzlichkeit, der öffentlichen Gewaltthätigkeit oder des Aufruhrs schuldig gemacht haben und dermalen ihre Strafe erstehen, den Rest derselben zu erlassen; sodann jene Unserer vormaligen Unterthanen, welche wegen der bezeichneten Verbrechen landesflüchtig und zu keiner höheren als acht-jährigen Zuchthausstrafe verurtheilt sind, zu begnadigen und endlich die Untersuchungen dieser Verbrechen niederzuschlagen, welche bis auf Betreten der Angeschuldigten einge-stellt worden; alles Dieses unter der Bedingung, daß die Betreffenden, nachdem sie unter Erklärung ihrer Reue um Begnadigung nachgesucht haben, sich fortan wohlverhalten. Zugleich ermächtigen Wir Unser Ministerium der Justiz, den Begnadigten, welche sich über ein längeres gesetzliches Verhalten ausweisen, die Folgen der Zuchthausstrafen zu erlassen; und ebenso Unser Ministerium des Innern, ihnen, wenn sie Uns von Neuem den Eid der Treue leisten, das Staatsbürgerrecht wieder zu verleihen. Auf Diejenigen, welche sich nebst den oben erwähnten Verbrechen noch anderer strafbarer Handlungen schuldig gemacht haben oder welche dem Militärstand angehörten, findet dieser Gnadenakt keine Anwendung.*

Das Dekret wurde im Gesetzblatt verkündet und hatte den Charakter einer allgemei-nen Amnestie, da es einen größeren unbestimmten Personenkreis erfasste. Allerdings beinhaltete es auch Elemente der bisherigen Einzelbegnadigungen, da Gnade nur unter der Bedingung künftigen Wohlverhaltens und auf Antrag gewährt werden sollte. Der Großherzog begnadigte alle noch einsitzenden Revolutionsteilnehmer sowie alle Flücht-linge, die zu weniger als 8 Jahren Haft verurteilt worden waren. Im Vergleich zu den bis-herigen Maßnahmen bedeutete die Amnestie einen erheblichen Fortschritt.

Nach den vorhandenen Unterlagen fielen etwa 175 Personen unter das Amnestiege-setz. Die letzten politischen Häftlinge kamen nun frei; für viele Emigranten endete das politische Exil. Die Amnestie gab den Verurteilten aber weder ihr konfisziertes Vermögen zurück, noch wurden sie für die erlittene Haft entschädigt. Die Begnadigten erhielten dagegen einen Anspruch auf Rückgabe ihrer Bürgerrechte und auf Wiederzulassung als Rechtsanwalt oder in einem öffentlichen Amt. Die Regierung erließ entsprechende Anweisungen an die Behörden[18]. Allerdings wurden mindestens 60 Verurteilte (mit mehr als 8 Jahre Haft) von der Geltung des Amnestiedekrets ausgeschlossen. Dazu gehörten insbesondere die Revolutionsführer und die meisten Mitglieder der provisorischen Regie-rung und des Landesausschusses[19]. Außerdem wurden sämtliche geflüchteten Soldaten der Revolutionsarmee vom Geltungsbereich der Amnestie ausdrücklich ausgenommen. Ein weiterer Nachteil war, dass der Straferlass nur unter Bedingung künftigen Wohlver-haltens gewährt wurde, was eine polizeiliche Überwachung der Amnestierten nach sich zog. Die Betroffenen mussten reumütig um ihre Begnadigung bitten, was viele als demü-tigend empfanden und ablehnten.

Die juristische Bewältigung der Revolution blieb insofern unvollständig, als bestimm-te Personen weiterhin von einer Begnadigung ausgeschlossen blieben. Gerade die Behandlung der Emigranten aber warf die grundsätzliche Frage auf, wie die Regierung die

18  GLA 231/1129, fol. 178.
19  Vgl. Liste von 1857 (wie Anm. 9).

badische Revolution bewerten sollte, da gerade die geflüchteten Anführer diese Bewegung symbolisierten. Die Amnestie von 1857 führte daher noch nicht zu dem erhofften »Schlussstrich« unter die Revolution. Die badische Regierung war aber ein Schritt weiter auf dem Weg hin zu einer abschließenden Regelung. Die Freilassung der politischen Häftlinge ging einher mit einer allmählich einsetzenden Wandlung der großherzoglichen Innenpolitik. Ende der fünfziger Jahre kam es zum Abklingen der Reaktionsphase und zum Übergang zu einer liberalen Innenpolitik. Der Wunsch nach Versöhnung und Verzeihung war größer als der Wunsch nach Verfolgung und Vergeltung.

## 5. Die badische »Neue Ära«

### Der Regierungswechsel von 1860

Anfang April 1860 vollzog Großherzog Friedrich I. einen grundlegenden Kurswechsel in der Innenpolitik. Nachdem die Zweite Kammer eine von der konservativen Regierung Stengel-Meysenbug abgeschlossene Konvention mit der katholischen Kirche abgelehnt hatte, entließ der Großherzog das bisherige Ministerium und ernannte am 2. April 1860 ein neues Kabinett. Mit Anton Stabel (als Staats- und Justizminister) und August Lamey (als Innenminister) berief der Monarch die Führer der liberalen Opposition in beiden Kammern des Landtags in Regierungsämter. Indem der Großherzog jetzt die in der Abstimmung über eine zentrale Frage unterlegenen Minister durch die Führer der siegreichen Mehrheit ersetzte, tat er einen wesentlichen Schritt zum parlamentarischen Regierungssystem[20]. Abgesehen von den »Märzministerien« von 1848 wurde nun erstmals eine badische Regierung der parlamentarischen Mehrheit entnommen. Der Liberalismus war nun zur »regierenden Partei« geworden[21]. Die Regierung konnte sich auf eine breite Kammermehrheit stützen und gewann dadurch einen großen Handlungsspielraum für ihre künftige Innenpolitik. Der Regierungswechsel von 1860 markiert daher den Anfang einer liberalen Reformphase, der »Neuen Ära« in Baden.

In seiner Osterproklamation vom 7. April 1860 kündigte der Großherzog die Grundsätze der künftigen Regierungspolitik an[22]: Neue Kirchengesetze sollten den beiden großen Konfessionen eine möglichst freie Entfaltung gewährleisten. Dieser Grundsatz solle *auch auf anderen Gebieten des Staatslebens fruchtbar* [werden], *um alle Teile des Ganzen zu dem Einklange zu vereinen, in welchem die gesetzliche Freiheit ihre segensbringende Kraft bewähren kann.* Der Großherzog betonte außerdem seinen Willen zur Versöhnung: *Ohne Haß über Gegensätze, welche der Vergangenheit angehören müssen, stehet fest in dem Vertrauen zu einer Zukunft, die niemand verletzen will, weil sie gegen alle gerecht sein will.* Diese öffentliche Erklärung verdeutlichte den Übergang von der bisherigen strengen Reaktionspolitik zu einer versöhnlichen Reformpolitik. Die noch nicht begnadigten Emigranten konnten neue Hoffnung auf eine baldige Amnestierung schöpfen.

20   H. Fenske, Baden 1860 bis 1918, in: Handbuch der baden-württembergischen Geschichte 3, Stuttgart 1992, S. 133–233, hier: S. 136.
21   L. Gall, Der Liberalismus als regierende Partei, Mainz 1968.
22   Bad. Reg. Bl. 1860 Nr. XVI, S. 85 f.

Die neue Regierung machte sich schon bald an die Verwirklichung eines liberalen Reformprogramms: Das Verhältnis zwischen Staat und Kirche wurde neu geregelt. Die Kirchen blieben zwar dem Staat untergeordnet, wurden aber als öffentlich-rechtliche Körperschaften anerkannt und konnten ihre inneren Angelegenheiten selbständig regeln. Gewerbefreiheit und Freizügigkeit wurden eingeführt und die letzten Hindernisse für die industrielle Entwicklung beseitigt. Mit dem Gleichstellungsgesetz von 1862 erhielten die badischen Juden auch die gemeindebürgerliche Gleichberechtigung, nachdem sie bereits 1849 die vollen Staatsbürgerrechte erhalten hatten. Innere Verwaltung und Justiz wurden ebenso reformiert, wie das Polizeistrafrecht[23]. Durch das Organisationsgesetz von 1863 wurde auf regionaler Ebene neben den staatlichen Bezirksämter nun kommunale Kreisverbände mit Selbstverwaltung geschaffen. Baden wurde das erste deutsche Land, das eine unabhängige Verwaltungsgerichtsbarkeit einführte. Eine Justizreform modernisierte die Prozessführung, ordnete die Gerichtsverfassung neu und revidierte das Polizeistrafrecht im liberalen Sinne. Damit gelang es der Regierung Stabel-Lamey innerhalb weniger Jahre den badischen Staat nach liberalen und rechtsstaatlichen Prinzipien umzugestalten und dabei mehrere Forderungen zu erfüllen, die 1848/49 nicht mehr verwirklicht werden konnten. Damit begründete sie Badens Ruf als liberales »Musterländle«. Dieses Reformprogramm musste freilich ohne eine abschließende Bewältigung der Revolution unvollständig bleiben, da sich politische Flüchtlinge schlecht mit einer liberalen Reformpolitik vereinbaren ließen.

## Die Amnestie von 1860

Durch die Amnestie von 1857 waren alle Häftlinge und ein Teil der Emigranten begnadigt worden. Die emigrierten Führer der Revolution und die meisten Soldaten aber warteten bisher vergeblich auf einen Straferlass, der ihnen die Rückkehr in die Heimat ermöglicht hätte. Die Frage der Amnestierung aller Revolutionäre beschäftigte auch weiterhin den badischen Landtag. In einer öffentlichen Sitzung vom 27. August 1860 wurden der Zweiten Kammer Petitionen von Bürgern aus Offenburg, Heidelberg, Wiesloch und Neckargemünd vorgelegt. Darin wurde die Kammer um *Beantragung einer Amnestie für die wegen politischer Vergehen Verurtheilter* gebeten[24]. Die Petenten begründeten dies folgendermaßen: *Die Wunden welche die Aufstände in den Jahren 1848 und 1849 dem badischen Lande schlugen, sind bis auf _eine_ geheilt und vernarbt, aber gerade diese blutet noch fort. Noch irrt eine Zahl von Flüchtlingen, welche wegen ihrer Theilnahme an jenen Aufständen verurtheilt wurden, ferne der Heimath. Wäre es nicht endlich an der Zeit, sie dem Vaterlande zurück zu geben? Viele von den Flüchtlingen zwar sind bereits durch die Gnade unseres Landesherrn wieder in die Heimath zurückgekehrt, aber zu Viele noch sind davon ausgeschlossen worden, oder es sollte ihnen nur unter Bedingung der Gnade gewährt werden, welche sie nicht erfüllen konnten. Wir glauben, daß die Rückkehr der badischen Flüchtlinge in keiner Weise störend wirken, wohl aber volle Versöhnung, volles*

---

23  Eine ausführliche Darstellung der »neuen Ära« mit weiterführender Literatur findet sich bei L. GALL, Liberalismus (wic Anm. 21); H. FENSKE, Baden (wie Anm.20) sowie bei C. GORKA, Die Innenpolitik Badens in der »Liberalen Ära« 1860–1868, Magisterarbeit, Würzburg 1994.
24  GLA 231/1129, fol. 156–165.

*Vertrauen herstellen werde. Zur Unterstützung wollen wir nur darauf hinweisen, daß die bisher Zurückgekehrten ausnahmslos sich ein streng gesetzliches Verhalten zur Aufgabe setzten und daß sich gerade in neuerer Zeit, wo das Vaterland durch freche Ländergier von Außen bedroht wird, der vaterländische Sinn der Flüchtigen im schönsten Lichte gezeigt hat. Denn aus der Schweiz, aus England, aus Amerika senden die Verbannten fortdauernd ihre Erklärungen, worin sie ihre Liebe zum Vaterland aussprechen und zu kräftiger Abwehr des alten Feindes auffordern.* Die Petitionen bezogen sich – anders als frühere Petitionen – nur noch auf die noch nicht begnadigten Emigranten. Die Betonung der patriotischen Gesinnung und der Gesetzestreue der Emigranten sollten die Bedenken der Regierung zerstreuen, die Rückkehrer könnten erneut politische Unruhen entfachen.

Die Zweite Kammer beschloss daraufhin, die Petitionen der Petitionskommission zu überweisen. Leider lässt sich ein Kommissionsbericht in den Akten nicht finden. Wahrscheinlich ist es dazu nicht mehr gekommen, denn wenige Monate später beschloss die Regierung, eine entsprechende Bekanntmachung zu veröffentlichen[25].

Am 1. Dezember 1860 verkündete der Großherzog eine neue Amnestie mit folgendem Wortlaut[26]: [...] *Das Ministerium der Justiz und des Krieges sind ermächtigt, allen Unseren vormaligen Unterthanen des Civil- und Militärstandes, welche wegen des in den Jahren 1848 und 1849 begangenen Verbrechens des Hochverraths und des Aufruhrs zu einer Zuchthausstrafe von zwölf Jahren oder weniger verurtheilt worden sind, sofern nicht ein schweres gemeines Verbrechen damit zusammentrifft, auf ihr Ansuchen diese Strafe zu erlassen und ihnen die ungehinderte Rückkehr in das Land zu gewähren. Ueber Begnadigungsakte der zu schwererer Strafe Verurtheilten haben die Ministerien Vortrag an Unser Staatsministerium zu erstatten, damit Wir in jedem einzelnen Falle ermessen, ob ihnen die gleiche Gnade verliehen werden kann. Wegen Erlassung der Folgen der Zuchthausstrafe und wegen Wiedererwerbung des Staatsbürgerrechts für die Begnadigten finden die in Unserer Bekanntmachung vom 9. Juli 1857 [...] getroffenen Bestimmungen Anwendung.*

Mit dieser Amnestie wurden nun auch Verurteilte mit einer längeren Haftstrafe als acht Jahre begnadigt. Außerdem kamen nun auch die Soldaten der Revolutionsarmee, die 1857 noch ausgenommen waren, in den Genuss einer allgemeinen Begnadigung. Von den Rückkehrern wurde nun keine Reue und Wohlverhalten mehr verlangt; die polizeiliche Überwachung von Amnestierten fiel weg[27]. Wie die Amnestie von 1857 war aber auch hier der Geltungsbereich eingeschränkt: Verurteilte mit mehr als 12 Jahren Haft waren von der Begnadigung ausgenommen. Wie anhand der oben genannten Emigrantenliste[28] zu entnehmen ist, wurden von der Amnestie 35 Emigranten erfasst. Darunter befanden sich nur wenige prominente Revolutionäre wie Joseph Fickler oder Karl Eichfeld. Die meisten Revolutionsführer (mit einer höheren Haftstrafe) blieben weiterhin ausgeschlossen. Auch waren nicht alle Begnadigten bereit, das vorherige Gnadengesuch zu stellen, das ihnen die ungehinderte Rückkehr ermöglichen sollte. Eine Begnadigung von Verurteilten mit höherer Haftstrafe war weiterhin vom Einzelfall abhängig. Die Wirkung der Amnestie war daher nur sehr begrenzt. Die badische Regierung konnte sich immer noch nicht zu einer

---

25  GLA 234/10176, fol. 0288.
26  Bad. Reg. Bl. 1860, Nr. LXI, S. 453.
27  GLA 380/3542, fol. 2f.
28  Vgl. Liste von 1857 (wie Anm. 9).

unbeschränkten Amnestie entschließen, die auch die Revolutionsführer erfasst hätte. Dies warf aber auch die Frage nach dem grundsätzlichen Umgang mit der Revolution auf, welche diese Revolutionsführer symbolisierten. Für den badischen Staat stellte sich weiterhin das Problem, wie er mit seiner revolutionären Vergangenheit und deren Vertreter umgehen wollte. Erst mit der Begnadigung der letzten Verurteilten konnten die Strafakten geschlossen und die Revolution damit als bewältigt angesehen werden. Die Debatte um eine bedingungslose Amnestie aller Revolutionsteilnehmer ging daher weiter.

## 6. Das badische Amnestiegesetz von 1862

Am 25. Februar 1862 wurde der Zweiten Kammer des badischen Landtags Petitionen von Einwohnern aus Achern, Oberachern und Oberkirch vorgelegt[29]. Die drei Petitionen baten die Kammer um *Erwirkung einer allgemeinen Begnadigung für die an den Aufständen von den Jahren 1848 und 1849 Betheiligten* und hatten alle den gleichen Wortlaut: *Es sind jetzt 14 Jahre vorüber, daß ein Sturm sich im Westen erhob, der auch auf Deutschland sich herüber wälzte und dessen Grundvesten erschütterte. Nächste Folge hiervon waren Zugeständnisse an das Volk. Aber sie waren der Noth abgerungen; die Reaktion machte sich nur zu bald geltend und es erhoben sich ernste, blutige Kämpfe, in denen besonders unser engeres Vaterland namenloses Unglück überkam. Viele Männer, nicht wenige der besten, mußten flüchten, und gar manche derselben leiden noch heute in der Verbannung. Eine finstere, traurige Zeit trat ein und lastete schwer auf dem Volke. Da brach es urplötzlich den bannenden Zauber im Kampfe gegen das Konkordat und von da an beginnt wieder eine freiere Richtung. Unserm allverehrten erhabenen Fürsten gebührt das hohe Verdienst, sie geschützt und befördert zu haben. Er ist Einer der wenigen Fürsten, die nicht nur die Berechtigung der Zeit für [die] Entwicklung unseres gesammten Kulturlebens und damit die Grundsätze der Bewegungszeit anerkannten, sondern der auch entschieden dafür auftrat und dafür wirkt. Indessen hat sich auch sonst im deutschen Vaterlande dieser freiere Geist wieder Bahn gebrochen und durchweht Hütten und Paläste. Die Nothwendigkeit vorwärts zu gehen ist so gewaltig und zwingend, daß alle andern Rücksichten zurücktreten müssen. Hörten wir doch vor Kurzem aus einem hohen Munde die Worte, daß nur ein enger Verein von Fürst und Volke die Gefahren, die uns umdräuen, bekämpft und überwunden werden könnten. Wenn in solcher Zeit das Volk sich der Männer erinnert, die doch nur das Wohl des Vaterlandes wollten, so ist dieses gewiß sehr natürlich. Was man diesen Männern auch zur Last legen mag – es wäre gesühnt durch so viele Jahre der Leiden in der kalten Fremde, entrissen dem Kreise ihrer Familien und der Heimath. Und gewiß ist die Zeit gekommen, ihnen die Rückkehr freizugeben, den Schleier über eine unheilvolle Zeit zu ziehen, in der nicht blos von <u>einer</u> Seite gefehlt worden ist. Diese Zeit abzuschließen und die immerfort blutende Wunde so vieler Familien zu heilen. Gewiß, die Zurückgerufenen werden wieder zu den besten Bürgern des Landes zählen dürfen und der Dank ein tief gefühlter, freudiger und allgemeiner sein. Wir die Unterzeichneten sprechen daher die ehrerbietigste Bitte aus: Hohe zweite Kammer wolle mit der ihr zustehenden*

---

29   GLA 231/1129, fol. 167–174.

*Kraft dafür wirken, daß für alle Diejenigen, welche in Folge der Erhebungen von 1848 und 1849 bisher das Vaterland meiden mußten eine allgemeine und unbeschränkte Begnadigung recht bald gewährt werde.*

Wie bereits in früheren Petitionen wurde hier der versöhnliche Charakter einer allgemeinen Amnestie betont: Nach all den Jahren solle man die Emigranten wieder in Gnaden aufnehmen und von jeder Bestrafung absehen. Die Emigrierten seien durch die Zeit im Exil bereits genug gestraft. Auch wurde betont, dass die Revolutionäre nicht aus niederen Beweggründen sondern aus ehrenvollen Motiven gehandelt hatten. Es sei nun Zeit den »Schleier des Vergessens« über die Vergehen jener Männer auszubreiten. Die Petitionen erhielten zusätzliche Brisanz, da die beiden früheren Mitglieder der Revolutionsregierung Amand Goegg und Ignaz Peter Gnadengesuche gestellt hatten[30]. Die Petenten drängten nach einer allgemeinen Amnestie, die auch den Emigranten aus der eigenen Umgebung die Rückkehr ermöglichen sollte: Max Werner stammte aus Oberkirch, Amand Goegg aus Renchen und Franz Josef Richter aus Achern. Viele Städte und Gemeinden des Acher- und des Renchtales waren von der Revolution besonders stark erfasst worden. Auch 13 Jahre nach dem Ende der Revolution hatten die geflüchteten Revolutionäre dort nicht an Sympathie verloren.

Die Petitionen wurden auf Beschluss der Zweiten Kammer am gleichen Tag der Petitionskommission zur weiteren Beratung überwiesen[31]. Nach Ende ihrer Beratungen legte die Petitionskommission ihren Bericht vor, den der Abgeordnete Rudolf Kusel am 9. Mai 1862 in einer Landtagssitzung erstattete[32]. Darin gab er zunächst kurz den Inhalt der Petitionen wieder und führte anschließend die bisherigen Amnestie-Dekrete der Regierung auf. Kusel bemerkte dabei, dass infolge der mehrfach erlassenen Gnadenakte die Anzahl derer, die noch nicht amnestiert seien, eine sehr geringe geworden sei. Vergleiche man das, was bisher in Baden zugunsten der politischen Verurteilten geschehen sei mit den Zuständen anderer Länder, so stehe fest, dass die badische Regierung auch in der schweren Kunst des Vergessens und Vergebens keiner anderen nachstehe. Nichtsdestoweniger glaube die Kommission aussprechen zu müssen, dass auch sie den Augenblick freudig begrüßen werde, *wo allgemein und unbedingt auch dem letzten politischen Verbrecher die straffreie Rückkehr in das Vaterland gestattet werden kann.* Allerdings folge die Kommission nicht der Ansicht der Petenten, *daß es nun Sache der Stände sei, auf die alsbaldige Gewährung jener Wünsche hinzuwirken. Gegenüber der so vielfach bewährten Milde des Landesherrn und gegenüber einer freisinnigen Regierung scheint es uns fast nicht erlaubt, dem schönsten Vorrecht der Krone*[33] *ein bestimmtes Ziel vorschreiben zu wollen.* Da die Kommission aber auch der Ansicht war, *daß der letzte Schritt der Gnade nicht lange wird auf sich warten lassen, als gebietende Gründe es erheischen,* konnte sie sich zu einer Überweisung der Petitionen an das Staatsministerium nicht entschließen. Statt dessen schlug sie vor, die Kammer wolle beschließen: *Die zweite Kammer, vertrauensvoll der Großherzoglichen*

---

30   Ich danke Herrn Dr. Piereth für diesen Hinweis.
31   GLA 231/1129, fol. 167.
32   Ebd., fol. 177–179. Die anschließende Landtagsdebatte wurde in der Karlsruher Zeitung, im Karlsruher Anzeiger und in der Badischen Landeszeitung (jeweils vom 10.5.1862) sowie in den Verhandlungen der Zweiten Kammer 1861/63 (S. 218) wiedergegeben.
33   Gemeint ist wohl das Begnadigungsrecht des Monarchen.

*Regierung anheimgebend zu entscheiden, wann die Erfüllung des Wunsches der Petenten möglich und rathsam sei, geht zur Tagesordnung über.*

Anschließend äußerte sich Justizminister Anton Stabel zur Amnestiefrage. Er betonte, dass durch die Amnestie vom 1. Dezember 1860 allen politisch Verurteilten ohne Unterschied die Aussicht auf straffreie Rückkehr eröffnet worden sei, sofern sie darum nachsuchten. Dass dieser Gnadenakt keine leeren Worte enthalte, beweise die Tatsache, dass bis jetzt keinem einzigen die Rückkehr versagt worden sei. Von den Hauptbeteiligten an der Revolution befänden sich noch ungefähr 15 im Ausland und diese hätten bisher noch keine Bitte um straffreie Rückkehr gestellt. Auch würden manche Flüchtlinge im Ausland ihr revolutionäres Treiben fortsetzen. Und schließlich glaube die Regierung, es würde das sittliche und das Rechtsgefühl des Volkes verletzen, wenn man solche Individuen, welche die Revolution gewerbsmäßig betrieben, zur straffreien Rückkehr einladen würde. Die Regierung nehme die Petition zur Kenntnis, wisse aber noch nicht, wann eine allgemeine Begnadigung erlassen werde. Da sich niemand mehr zu Wort meldete, erklärte der Vorsitzende den Kommissionsantrag für angenommen.

Damit hatten die Petitionen zumindest einen Teilerfolg erreicht. Zweite Kammer und Petitionskommission unterstützten grundsätzlich das Anliegen der Antragsteller auf Erlass einer unbeschränkten Amnestie. Die Kommission war lediglich der Ansicht, dass nur der Großherzog eine allgemeine und unbedingte Amnestie aussprechen könne. Die Zweite Kammer hatte ihm daher den Zeitpunkt freigestellt. Ungeachtet der zurückhaltenden Äußerung seines Justizministers hatte sich der Großherzog aber bereits für eine Begnadigung aller Verurteilten entschieden. Eine Vollstreckung der noch ausstehenden Haftstrafen war auf Dauer nicht mehr zu erwarten und hätte außerdem im Widerspruch zu der liberalen Innenpolitik der Regierung gestanden. Wenige Monate später gab die Geburt der Prinzessin Victoria dem Großherzog Anlass, endlich eine abschließende Regelung zu verkünden: Mit seiner allerhöchsten Verfügung vom 7. August 1862 erließ Großherzog Friedrich I. eine unbeschränkte Amnestie[34]. Das umfassende badische Amnestiegesetz hatte folgenden Wortlaut: *Wir haben Uns nach Anhörung Unseres Staatsministeriums bewogen gefunden, allen Civil- und Militärpersonen, welche wegen politischer und nicht zugleich wegen schwerer gemeiner Verbrechen verurtheilt sind, die gegen sie erkannte Strafe in Gnaden nachzulassen.* Die Amnestieerklärung war vom gesamten Ministerium gegengezeichnet.

Die Regierung zog nun endgültig einen Schlussstrich unter die Revolution von 1848/49 und begnadigte alle Revolutionäre, die wegen politischer Delikte verfolgt worden waren. Die Amnestie von 1862 enthielt – im Gegensatz zu früheren Amnestien – keine Einschränkungen mehr. Die Revolutionsteilnehmer waren fast ausschließlich wegen politischer, nicht wegen gemeinen Vergehen angeklagt worden. Damit konnten nun die letzten Emigranten, die in Abwesenheit verurteilt worden waren, nach Deutschland zurückkehren. Darunter befanden sich die meisten bekannten Revolutionäre wie Max Werner, Lorenz Brentano, Amand Goegg, Christian Heunisch, Franz Sigel[35], Ludwig Mieros-

---

34   Bad. Reg. Bl. 1862, Nr.XXXVII, S. 315.
35   Franz Sigel musste sich aber noch wegen Diebstahl von Museumsgut verantworten (er hatte Gewehre aus der fürstlichen Sammlung mitgenommen). Er wurde dafür später ebenfalls begnadigt.

lawski, Rudolf Berger, Friedrich Hecker, Gustav Struve, Johann Ludwig Blenker, Ignaz Peter, Karl von Rotteck, Johann Philipp Becker, Philipp Thiebauth, Friedrich Kiefer, Franz Josef Richter und August Mersy. Nach den vorhandenen Unterlagen dürften noch etwa 25 Personen von der Amnestie profitiert haben[36]. Die Amnestie erfasste somit nur einen geringen Personenkreis, während die meisten übrigen Revolutionäre bereits durch frühere Gnadenakte amnestiert worden waren. Da aber jetzt mit den Revolutionsführern auch die Symbolgestalten der Revolution begnadigt wurden, erhielt die Amnestieerklärung von 1862 eine besondere Bedeutung. Die großherzogliche Regierung hatte nun vorbehaltlos allen Revolutionären die Strafe erlassen und damit ihre endgültige Versöhnung mit der Revolution ausgesprochen. Viele Begnadigte wie Amand Goegg, Philipp Thiebauth oder Johann Philipp Becker kehrten nun zurück. Andere, die sich im Ausland inzwischen eine Existenz aufgebaut hatten, nutzten nun die Gelegenheit zu Besuchen in ihrer alten Heimat. Auch vor 1862 Begnadigte sahen sich durch die liberale Innenpolitik der Regierung zur Rückkehr ermuntert. Die Bürgerrechte wurden den Amnestierten wieder erteilt und dadurch eine baldige Reintegrierung der kompromittierten Badener möglich gemacht. Seit den 1860er Jahren finden sich unter den Abgeordneten der badischen Zweiten Kammer auch Teilnehmer der Revolution von 1848/49 wieder[37]. Anderen gelang wieder die Zulassung zu einem öffentlichen Amt oder als Rechtsanwalt[38]. Das badische Amnestiegesetz von 1862 beendete damit nach mehr als 13 Jahren die juristische Bewältigung der Revolution und ermöglichte dadurch eine Versöhnung des badischen Staates mit den ehemaligen Revolutionären. Mit seiner Amnestie, die eine Konsequenz seiner liberalen Innenpolitik war, legte Großherzog Friedrich I. den Schleier des Vergessens und der Versöhnung über die Revolution und ihre Teilnehmer. Erst diese »heilsame Kraft des Vergessens schloss die Wunde des Bürgerkriegs von 1849«[39]. Darin liegt vor allem die politische Bedeutung des badischen Amnestiegesetzes.

36 Siehe Verurteiltenliste von 1857 (wie Anm. 9).
37 1848/49. Revolution der deutschen Demokraten in Baden (Ausstellungskatalog), hg. vom Badischen Landesmuseum Karlsruhe, Baden-Baden 1998, S. 466–471.
38 So wurde beispielsweise Philipp Thiebauth 1870 zum Bürgermeister von Ettlingen gewählt.
39 E. R. HUBER, Deutsche Verfassungsgeschichte 3, Stuttgart 1988, S. 198. Eine zeitgenössische Würdigung findet sich u. a. in der Badischen Landeszeitung vom 12.8.1862.

# Den Märtyrern der Freiheit …
# Das Ringen um das Gedenken an die Badische Revolution

VON JUTTA DRESCH

Als Deutschland nach dem Zweiten Weltkrieg auf dem Weg zu einem demokratischen Staat war, suchten die Deutschen nach ihren demokratischen Wurzeln. Sie fanden sie auch in der Revolution von 1848/49, die eben ihren 100. Jahrestag beging. Ein exemplarisches, wenn auch von außen aufgesetztes Zeichen für diese Traditionssetzung ist eine von der französischen Militärregierung in Baden-Baden veranstaltete große Ausstellung zum Thema[1]. In Karlsruhe sollte in diesem Jahr 1948 eine Feier zum Gedenken an die Revolution stattfinden. Als Ort der Veranstaltung wählte man das große Revolutionsdenkmal auf dem Alten Friedhof. Die Organisatoren mussten sich jedoch von Oberbürgermeister Friedrich Töpper darauf aufmerksam machen lassen, dass es sich bei diesem Denkmal mitnichten um ein Monument zur Erinnerung an die Vorkämpfer der deutschen Demokratie handelte, sondern – ganz im Gegenteil – um das Triumphdenkmal der Preußen, die 1849 den Oberbefehl über die Bundestruppen hatten, die die Revolution in Baden blutig niederschlugen. Die Feier fand natürlich nicht am Denkmal statt[2]. Dieser Vorgang zeigt, dass die in Monumenten ausgedrückte Erinnerung der Zeitgenossen und der nachfolgenden Generationen an die Badische Revolution von 1848/49 zwei Gesichter hat, die genau auseinander gehalten werden müssen.

Der Revolution wurde zum einen aus der Perspektive der Sieger gedacht. Zahlreiche Grabmäler für gefallene Soldaten der Bundestruppen zeugen davon. Zudem entstanden in wenigen Jahren im öffentlichen Raum Monumente zum Gedenken an den Sieg über die Badener[3]. Dagegen wurden Denkmäler, die den Freiheitskampf der Badener memorieren, zunächst jahrelang verhindert. Erst nach 25 Jahren oder gar erst nach 50 Jahren konnten sie realisiert werden, wobei zum Teil größte Schwierigkeiten überwunden werden mussten.

Um den Unterschied deutlich zu machen, möchte ich zunächst auf die Siegerdenkmäler eingehen: Die bei den Kämpfen gefallenen Soldaten der Bundestruppen wurden in

---

1 La Révolution de 1848–1849 dans l'Allemagne du Sud-Ouest. Die Revolution von 1848–1849 in Südwestdeutschland, Baden-Baden 1948, Ausstellungskatalog.
2 G. BRANDENBURGER u. a., Denkmäler, Brunnen und Freiplastiken in Karlsruhe 1715–1945, Karlsruhe 1987, S. 241–250, hier: S. 250. Revolution im Südwesten: Stätten der Demokratiebewegung 1848/49 in Baden-Württemberg, Karlsruhe 1997, S. 292–294, Abbildung.
3 J. DRESCH, Die Monumente des preußischen Triumphs, in: 1848/49. Revolution der deutschen Demokraten in Baden, Karlsruhe 1998, S. 456 f., Ausstellungskatalog.

Baden beerdigt. Auf mehreren Friedhöfen sind ihre Gräber und Grabsteine erhalten: In Weinheim, Mannheim, Heidelberg, Bad Schönborn-Mingolsheim, Gernsbach, Weingarten, Kuppenheim, Ladenburg, Waghäusel – und vermutlich noch auf weiteren Friedhöfen. Nach dem Sieg über die Badische Revolution errichteten die Preußen auf den Schlachtfeldern Denkmäler, die ihren Triumph versinnbildlichten. Alle im folgenden genannten Denkmäler sind erhalten:

Wiesental: Denkmal für sechs am 20. Juni 1849 im Gefecht von Wiesental gefallene Soldaten des 9. preußischen Husarenregiments. Die Initiatoren des in Form eines mit einem Adler bekrönten Obelisken gestalteten Denkmals waren gemäß der Inschrift »die Kameraden«[4].

Ubstadt-Weiher: Denkmal für fünf am 23. Juni 1849 bei Bruchsal gefallene Soldaten des 8. preußischen Ulanenregiments. Das Denkmal zeigt eine abgebrochene Säule und folgt damit einer traditionellen Grabmalsform[5].

Gemarkung Muggensturm (am vor kurzem aufgehobenen Bahnübergang, jetzt in neuer Aufstellung): Gedenkstein für 13 am 29. Juni 1849 im Gefecht am Federbach gefallene Soldaten des 25. königlich-preußischen Infanterieregiments. Auf dem Stein findet sich die Darstellung des Helms des antiken Kriegsgottes Mars. Initiatoren waren gemäß der Inschrift »die Kameraden«[6].

Rastatt-Niederbühl: Denkmal für sechs Soldaten des 20. königlich-preußischen Infanterieregiments, die am 8. Juli 1849 bei einem Ausfallversuch der Revolutionäre aus der Festung Rastatt getötet wurden. Das in Form einer Pyramide gestaltete Denkmal wurde von den Angehörigen des Regiments gestiftet[7].

Karlsruhe-Durlach, Friedhof am Basler Tor: Grabdenkstein mit eisernem Kreuz für die 15 bei Waghäusel, Durlach und Oberweier gefallenen Soldaten des 16. preußischen Landwehrregiments »Iserlohn«. Initiatoren des Grabmals waren »die Kameraden«[8].

Leider ist nur bei einem der genannten Denkmäler das Datum seiner Enthüllung bekannt: Das Denkmal in Wiesental wurde am ersten Jahrestag des Gefechts bei Wiesental, am 20. Juni 1850, feierlich eingeweiht. Doch ist davon auszugehen, dass alle genannten Denkmäler kurzfristig – das heißt im Zeitraum von maximal fünf Jahren – entstanden.

---

4   Artur J. HOFMANN u. a., Stadtführer Waghäusel, Ubstadt-Weiher 1996, S. 56–58, Abbildung. Badische Neueste Nachrichten, 7. März 1997. Revolution im Südwesten (wie Anm. 2), S. 675.
5   G. MEIER, Kleindenkmale im Landkreis Karlsruhe, Karlsruhe 1989, S. 111, Abbildung. Revolution im Südwesten (wie Anm. 2), S. 643 f., Abbildung.
6   Landkreis Rastatt. Heimatbuch 1/1974, S. 95, Abbildung. Revolution im Südwesten (wie Anm. 2), S. 423 f.
7   Landkreis Rastatt (wie Anm. 6). Revolution im Südwesten (wie Anm. 2), S. 495.
8   Revolution im Südwesten (wie Anm. 2), S. 304.

Kurzfristig wurde auch das offizielle Denkmal der Preußen zum Sieg über die Badische Revolution errichtet. Es wurde am 23. Juli 1852 auf dem Friedhof der badischen Hauptstadt Karlsruhe (heute: Alter Friedhof) mit einer militärisch-religiösen Feier eingeweiht und ist dort fragmentarisch erhalten[9]. Der preußische König Friedrich Wilhelm IV. gab das Monument persönlich in Auftrag. Er bestimmte wohl wesentlich dessen Gestaltung und finanzierte das Denkmal gemeinsam mit den Angehörigen der preußischen Armee. Auf den ersten Blick und unter Berücksichtigung des Standorts handelt es sich um ein Trauermal – was die erwähnte Verwechslung von 1948 heraufbeschworen haben mag. Es entstand eine schätzungsweise zwölf Meter hohe neogotische Sandsteinarchitektur in Form eines Grabbaldachins, in den ein großes Marmorkreuz eingestellt wurde. Die Namen der 137 im »Baden-Feldzug« gefallenen preußischen Soldaten wurden am Sockel eingemeißelt.

Aber das Karlsruher Denkmal hat auch deutliche Merkmale eines Triumphdenkmals. So wurde das Monument mit einer Figur des den Drachen tötenden Erzengels Michael bekrönt. Bei dieser biblisch-sinnbildlichen Darstellung vom Sieg des Guten über das Böse wurde kein Zweifel über die Verteilung der Rollen gelassen. Denn auf dem Brustpanzer des himmlischen Kämpfers prangt ein preußischer Adler. In der Gestalt des besiegten Ungeheuers wurden entsprechend die badischen Demokraten verkörpert. Auch mit der Wahl des Einweihungsdatums wurde der Sieg der Preußen über die badischen Demokraten noch einmal betont: Denn der 23. Juli 1852 war genau der dritte Jahrestag der Kapitulation der Festung Rastatt, welche die Niederlage der badischen Demokraten besiegelte. Das preußische Königshaus entsandte zur Denkmalseinweihung den Prinzen Wilhelm und damit den Triumphator des »Baden-Feldzuges« höchstpersönlich nach Karlsruhe. Erwähnenswert ist auch, dass in Potsdam ein Pendant des Karlsruher Denkmals mit einer identischen hl.-Michaels-Figur errichtet wurde. Es fand seinen Standort im Park von Babelsberg direkt hinter der Terrasse des großen Schlosses, das dem Prinzen Wilhelm als Residenz diente[10]. Auch die Existenz dieses Potsdamer Denkmals ist ein Zeichen für den Triumphcharakter des Karlsruher Monuments.

Soweit diese Bestandsaufnahme der Siegerdenkmäler. Wie aber steht es um das Gedenken an die gefallenen badischen Revolutionäre – und damit um das Gedenken an die Revolution an sich?

Von den vielen in den Kämpfen vom Sommer 1849 gefallenen Badenern sind nur wenige Gräber bekannt:

Heidelberg, Bergfriedhof: Grab für Freischärler, die während der Schlacht bei Weinheim fielen. Sie wurden am 7. Juni 1849 beerdigt. Es wurde ein Grabstein errichtet, der folgende Inschrift erhielt: »Sie starben für die Freiheit am 5. Juni bei Weinheim«. Diese Inschrift musste 1853 entfernt werden[11].

---

9   Siehe Anm. 2. Ferner Kat. 1848/49 (wie Anm. 3), S. 457 f., Nr. 667, Abbildung.
10   D. E. BARCLEY, Denkmal und Revolutionsfurcht. Friedrich Wilhelm IV. und die Verherrlichung des preußischen Feldzugs in Südwestdeutschland 1849 – Monumentale Beispiele im Potsdamer Raum, in: Jahrbuch für brandenburgische Landeskunde 44 (1993), S. 130–175, hier: S. 145–149, Abbildungen.
11   H. M. MUMM, Der Heidelberger Arbeiterverein 1848/49, Heidelberg 1988, S. 99, Anm. 13, S. 177–179, Quelle 93, Abbildungen S. 100 und 178.

Neulußheim, Friedhof: Hier wurden am 22. Juni 1849 insgesamt 45 – wie es im Kirchen-
buch heißt – »Krieger« beerdigt, die beim Gefecht in Waghäusel gefallen waren. Es handelte sich zum großen Teil um Angehörige des badischen Linienmilitärs. Aber auch einige
gefallene preußische Soldaten waren dabei. Sie wurden in einem gemeinsamen Grab
christlich beerdigt[12]. Das Grab ist nicht erhalten.

Gernsbach: Im Wald auf dem Weg nach Loffenau wurde ein Freischärler beerdigt. Auf
dem Grabhügel soll ein kleines Holzkreuz gestanden haben, auch vier oder fünf Erlen
seien dort angepflanzt worden. Dieses Grab soll Ende der 1920er Jahre noch gepflegt
worden sein. Heute erinnert ein an der nahen Straße errichteter neuer Gedenkstein an die
Grabstelle[13].

Nach dem Sieg über die Badische Revolution versuchten die Preußen mit aller Macht,
die Erinnerung der Badener an ihre demokratische Bewegung zu verhindern. Zunächst
wurde ein Erinnerungsverbot erlassen. Dieses Erinnerungsverbot setzte an den Symbolen
der Revolution an: Bereits am 28. Juni 1849 untersagte der preußische Kommandant in
Freiburg das Tragen revolutionärer Kleidungsstücke und Symbole. So wurde das Tragen
von Heckerhüten verboten und bei Zuwiderhandlungen mit drei Wochen Gefängnis
bestraft. Auch rote Federn, Bänder und Schleifen wurden verboten. Die Freiburger scheinen jedoch diesem Verbot nicht unwidersprochen nachgekommen zu sein, denn am
8. Dezember erneuerte der Kommandant seine Anordnung[14]. Das Singen des »Heckerliedes« war verboten. Natürlich war auch das Singen des noch 1849 entstandenen »Badischen Wiegenliedes« von Ludwig Pfau verboten, das die verordnete nachrevolutionäre
Ruhe in Baden so bitter kommentierte. Die zweite Strophe des Liedes lautet:

> »Schlaf, mein Kind, schlaf leis,
> dort draußen geht der Preuß!
> Der Preuß hat eine blut'ge Hand,
> die streckt er übers bad'sche Land,
> und alle müssen stille sein
> als wie dein Vater unterm Stein.
> Schlaf, mein Kind, schlaf leis,
> dort draußen geht der Preuß!«

Die Bürgerwehr von Lenzkirch im Schwarzwald wollte ihr Revolutionssymbol, eine
schwarz-rot-goldene Fahne, über die Niederlage der Revolution und über das Erinnerungsverbot hinweg sichern. Zumindest ist dies die einzig schlüssige Erklärung dafür,
warum die Fahne in der Wand eines Lenzkircher Wirtshauses eingemauert wurde. Das
Wissen um dieses Versteck ging dann aber verloren. So wurde die Fahne erst nach dem
Zweiten Weltkrieg bei Umbauarbeiten wiedergefunden. Sie wird heute im Lenzkircher

---

12   W. BLOS, Badische Revolutionsgeschichten aus den Jahren 1848 und 1849, Mannheim 1910,
S. 138–140.
13   G. L., Das Freischärler-Grab bei Loffenau, Zeitungsartikel vom 2. September 1937 (Kopie im
Archiv der Verfasserin). P. SCHÜREN, Das Freischärlergrab bei Lautenbach, Zeitungsartikel vom Juli
1974 (Kopie im Archiv der Verfasserin).
14   Kat. 1848/49 (wie Anm. 3), S. 453, Nr. 661.

Museum verwahrt und gehört zu den wenigen Bürgerwehrfahnen und damit zu den wenigen politischen Symbolen, die aus der Zeit der Badischen Revolution überhaupt authentisch erhalten sind[15].

Nach der Niederschlagung der Badischen Revolution verkündeten die preußischen Standgerichte ungefähr 30 Todesurteile. Für die Badener wurden die Hingerichteten zu Märtyrern ihrer demokratischen Revolution. Am 31. Juli 1849 wurde in Freiburg das erste standrechtliche Todesurteil vollstreckt. Hingerichtet wurde Maximilian Dortu aus Potsdam. Er war preußischer Soldat gewesen, solidarisierte sich aber 1849 mit den badischen Revolutionären. Im Rang eines Majors war Dortu Kommandant der Murgtäler Volkswehreinheiten. Nach seiner Gefangennahme traf ihn, den preußischen Staatsbürger, die Standgerichtsbarkeit mit voller Härte. Dortu wurde auf dem Freiburger Friedhof in der Wiehre erschossen und sogleich begraben[16]. Über seinem Grab soll ein Holzkreuz errichtet worden sein[17].

Bereits am 6. August 1849 – also sieben Tage nach der Hinrichtung – berichtete das »Frankfurter Journal«, das Grab des erschossenen Dortu sei jeden Morgen mit Blumen und Lorbeer geschmückt[18]. Für diese Grabpflege wurden im September 1849 elf Mädchen verhaftet und der Justiz übergeben: Vier der Frauen wurden zu 14 Tagen Gefängnis verurteilt, vier weitere sogar zu 24 Tagen[19]. Ein hartes Urteil für eine Totenehrung, das aber deutlich zeigt, mit welcher Intensität die Obrigkeit versuchte, die positive Erinnerung an die demokratische Erhebung in Baden zu unterdrücken.

Nach der Hinrichtung Maximilian Dortus beschlossen seine Eltern, nach Freiburg zu ziehen. Sie ließen sich dann jedoch im französischen Toulouse nieder, wo der Vater 1858 starb. Hellmuth Wetz berichtet: »Seine Witwe ließ in Freiburg über dem Grabe des Sohnes auf dem Friedhof in der Wiehre eine Gruft errichten, in der ihr Gatte neben dem Sohn beigesetzt wurde. Die Mutter, die 1861 in Berlin starb, hatte sich einbalsamieren und ebenfalls an der Seite des Sohnes begraben lassen. Sie hatte der Stadt Freiburg 1 000 Gulden zur ewigen Unterhaltung der Gruft vermacht.«[20] Das kleine Mausoleum erhielt die Inschrift: »Hier ruht / Maximilian Dortu aus Potsdam / 23 Jahre alt, erschossen den 31. Juli 1849[21], / Mit ihm vereint seine Eltern, / deren einzige Freude und Hoffnung er war.« Die Stiftung Frau Dortus soll nach einem Bericht des Volksschriftstellers und Landtagsabgeordneten Heinrich Hansjakob aus dem Jahr 1908 auch für die Armenunterstützung bestimmt gewesen sein[22]. Dieser soziale Aspekt mag erklären, weshalb sich die Stadt

15   Kat. 1848/49 (wie Anm. 3), S. 447, Nr. 648, Abbildung.
16   H. Wetz, Dreimal krachten 1849 die Salven der preußischen Pelotons am alten Friedhof in der Wiehre bei Freiburg, in: Bad. Heimat 54 (1974), S. 211–248, Abbildungen. W. Korn, Maximilian Dortu. Ein Grab in der Wiehre erinnert an einen jungen Freiheitskämpfer, in: Freiburger Almanach 25 (1974), S. 41–44, Abbildungen. Revolution im Südwesten (wie Anm. 2), S. 187.
17   Wetz, Salven (wie Anm. 16), S. 225.
18   Die »Karlsruher Zeitung« nahm am 11. August 1849 Bezug auf diesen Bericht des »Frankfurter Journals«.
19   Wetz, Salven (wie Anm. 16), S. 247.
20   Wetz, Salven (wie Anm. 16), S. 226.
21   Wetz, Salven (wie Anm. 16), S. 226: Wetz weist darauf hin, dass diese Inschrift ursprünglich ein falsches Todesdatum beinhaltete, nämlich den 14. August 1849. Dieser Fehler sei erst nach 1907 korrigiert worden.
22   H. Hansjakob, Der Theodor, Leipzig 1908, S. 66.

Freiburg der Erhaltung des Grabmals verpflichtet fühlte – auch über die Auflösung des Friedhofs hinaus, der jetzt Kinderspielplatz ist. Denn das kleine Mausoleum ist noch heute erhalten.

Das Grabmal der Eltern wurde zum Denkmal für den Sohn. Das Mausoleum für Maximilian Dortu ist ein durch private Initiative der Angehörigen zustande gekommenes Erinnerungsmal. Unter den Umständen, die im nachrevolutionären Baden herrschten, konnte es nur so realisiert werden: nur auf private Initiative und nur als Grabmal.

Die Entstehungsgeschichte eines weiteren Grabdenkmals für einen standrechtlich erschossenen badischen Revolutionär ähnelt derjenigen des Dortu-Mausoleums auffallend: Friedrich Neff aus dem südbadischen Rümmingen war Zivilkommissär von Lörrach und Freischarenführer. Er wurde am 9. August 1849 ebenfalls auf dem Freiburger Friedhof in der Wiehre standrechtlich erschossen und dort begraben. Auch Neffs Mutter fand einen Weg, dem Sohn wenige Jahre nach der Revolution und angesichts der von der Obrigkeit verhinderten Erinnerung ein privates Grabdenkmal zu errichten[23].

Neffs Heimatgemeinde Rümmingen hatte Mitte des 19. Jahrhunderts keinen eigenen Friedhof, so dass die Verstorbenen auf dem Friedhof eines Nachbarortes beerdigt werden mussten. Im Jahr 1854 schenkte die Mutter Neffs der Gemeinde Rümmingen ein Grundstück für einen Friedhof. Sie behielt sich einen Platz für ihr eigenes Grab vor sowie eine Grabstelle für ihren hingerichteten Sohn. Hellmuth Wetz notierte 1973 eine Überlieferung, die, da kein Aktenmaterial erhalten ist, hier nur referiert werden kann: Zwei Kameraden Friedrich Neffs überführten die sterblichen Überreste des Hingerichteten nach Rümmingen und brachten der Mutter als Erkennungszeichen ein aus dem Grab geborgenes Halstuch aus roter Seide mit. Wann diese Überführung erfolgte, wurde nicht überliefert. Sie muss jedoch noch zu Lebzeiten der Mutter erfolgt sein, die 1870 starb[24].

Das Grabmal für Friedrich Neff in Rümmingen ist in Form einer abgebrochenen Säule gestaltet. Es folgt damit einem traditionellen Grabmalstypus. Neben den persönlichen Daten des Hingerichteten erhielt die Säule eine Inschrift, die sie zum politisch motivierten Denkmal machte. Sie lautete: »Wer so wie Du für's Vaterland gestorben, / der hat sich ew'gen Ruhm erworben!« Diese Ehrung wurde im restaurativen Baden nicht gestattet. Auf Weisung der großherzoglichen Regierung musste die Inschrift wieder ausgemeißelt werden und konnte erst 1918 erneuert werden. Der Grabstein Friedrich Neffs ist in Rümmingen erhalten.

Ein drittes Erinnerungsmal stellt sich in die Reihe der bald nach 1849 realisierten privaten Denkmäler: Ein Obelisk für Andreas Counis in Pforzheim[25]. Andreas Counis war Sohn eines Pforzheimer Scheideanstalt-Besitzers. 1849 diente er als Karabiner in der zwei-

23  WETZ, Salven (wie Anm. 16), S. 227–239. Revolution im deutschen Südwesten (wie Anm. 2), S. 534f., Abbildungen. S. GREINER, J. MERK, Standrechtliche Erschießung [= über Friedrich Neff], in: Nationalität trennt, Freiheit verbindet, Stuttgart, Liestal, Mulhouse, Lörrach 1998/99, S. 238–241, Abbildungen.
24  H. WETZ, Die letzten Tage des Freiheitskämpfers von 1848/49. Friedrich Neff aus Rümmingen, in: Das Markgräflerland 35 (1973), S. 176–186, hier: S. 185.
25  Revolution im Südwesten (wie Anm. 2), S. 477, Abbildung. Olaf SCHULZE: »Hier ruhen die blutigen Ueberreste …« Auf den Spuren von Andreas Counis. Vortrag vor der Volkshochschule Pforzheim, 19. September 1999 (unpubliziert). Olaf Schulze, Pforzheim, sei für die freundliche Überlassung des Skripts vielmals gedankt.

ten Schwadron des 1. badischen Dragonerregiments. Er gehörte zu den Revolutionären, die in der Festung Rastatt eingeschlossen wurden und am 23. Juli vor den Bundestruppen kapitulierten. Am 14. September wurde Counis vor das Rastatter Kriegsgericht gestellt, das ihn zum Tode verurteilte. In einem Flugblatt vom 15. September wurde der Vollzug des Urteils bekannt gemacht. Dort heißt es zur Urteilsbegründung: »Andreas Counis [...] wurde überwiesen, schon vor Ausbruch der Revolution die Soldaten durch aufreizende Reden zum Ungehorsam gegen ihre Offiziere und zur Theilnahme an einer bevorstehenden Revolution aufgefordert zu haben. Er nahm sodann Theil an der in der Festung Rastatt ausgebrochenen Meuterei, indem er mit mehreren Andern unter dem Rufe ›Es lebe die Freiheit, es lebe die Republik!‹ die zum Einhauen gegen die Meuterer kommandirten Soldaten aufforderte, die Säbel stecken zu lassen und nicht gegen ihre Brüder zu fechten. Dieser Aufforderung wurde von einem großen Theil der Soldaten Folge geleistet und dadurch das Einschreiten gegen die Rebellen verhindert. Endlich leitete Andreas Counis die Offizierswahlen im Regimente und nahm Antheil an den Gefechten bei Heppenheim und Waghäusel.[26]« Das Standgericht sprach Counis der Anstiftung zur Meuterei sowie der Teilnahme an mehreren Gefechten für schuldig und verurteilte ihn wegen Hoch- und Landesverrats sowie Treulosigkeit zum Tode durch Erschießen. Das Urteil wurde am Morgen des folgenden Tages vollstreckt.

Ein etwa mannshoher Sandstein-Obelisk erinnert an Andreas Counis. Der Obelisk, dessen Entstehungszeit nicht überliefert ist, befand sich zunächst im privaten Garten der Familie in Pforzheim am Altstädter Kirchenweg Nr. 2. Dort war er axial zum Haupthaus aufgestellt, also an zentraler Stelle. 1948 wurde der Stein auf das Ehrenfeld des Pforzheimer Hauptfriedhofes transloziert. Auf dem Friedhof steht heute eine Kopie. Das Original befindet sich im Lapidarium des städtischen Museums. Der Obelisk trägt folgende beiden Inschriften: »Hier / ruhen die blutigen Ueberreste / meines / unvergeszlichen / Bruders.« und »Zum / Andenken / an / Andreas Counis. / Den 15. Septemb. 1849. / Gewidmet / von Adam Counis.« Diese Inschriften beinhalten neben Namen und Sterbedatum des Revolutionärs drei weitere Informationen: dass der Obelisk sowohl den Charakter eines Grabmals als auch den eines Gedenksteins hat und schließlich, dass der Bruder Adam Counis den Stein stiftete.

Wie passen diese Informationen mit dem Standort Pforzheim überein? Andreas Counis wurde in Rastatt erschossen. Die Leichname der dort Hingerichteten standen unter der Verfügungsgewalt des preußischen Standgerichts. Die 19 in Rastatt hingerichteten Revolutionäre wurden auf dem örtlichen Friedhof an einer definierten Stelle ohne jegliche Totenehre verscharrt. Die Gräber erhielten nicht einmal Namensschilder. Es ist davon auszugehen, dass auch Andreas Counis in Rastatt begraben wurde. Wie berichtet, wurde in Freiburg selbst die Grabpflege massiv unterbunden. In Rastatt war dies bestimmt nicht anders. Gleichzeitig ist eine Freigabe des Leichnams für eine Beerdigung am Heimatort absolut unwahrscheinlich. Denn ein solches frei zugängliches Grab hätte die Entstehung einer Art Pilgerstätte für einen Märtyrer der Revolution ermöglicht, und dies lag gewiss nicht im Interesse der Preußen.

Es ist deshalb zu vermuten, dass der Bruder den Grabstein anfertigen ließ und um die Genehmigung ersuchte, ihn in Rastatt über dem Grab des Andreas Counis zu errichten.

---

26 Zitiert nach SCHULZE (wie Anm. 25).

Wenn dies so war, untersagten die Preußen diese Grabsteinsetzung gewiss, denn sie hatten
ja das anonyme Verscharren der Leichname der Hingerichteten angeordnet. Es ist deshalb
weiter zu vermuten, dass Adam Counis den Grabstein – nun als Gedenkstein – im privaten Garten der Familie in Pforzheim aufstellte. Der Andreas Counis gewidmete Obelisk
ist ein von der Familie initiiertes privates Denkmal und steht damit in einer Reihe mit den
Denkmälern für Maximilian Dortu in Freiburg und Friedrich Neff in Rümmingen. Der
Grabmalcharakter spricht deutlich für eine kurzfristige Realisierung.

Unter dem Eindruck des von den Preußen verordneten Erinnerungsverbots waren die
mit familiärem Engagement errichteten Grabmäler offensichtlich die einzige Möglichkeit
des zumindest halböffentlichen Gedenkens an die hingerichteten Revolutionäre. Darüber,
ob die für die Gemeinden Freiburg und Rümmingen interessanten »Lockmittel« Geld zur
Armenpflege und Stiftung des Friedhofsgrundstücks die Genehmigungen für die Grabmäler beeinflusst haben, gibt es leider keine Überlieferungen. Lange Zeit änderte sich
nichts. Erst 1870 kam es zur Errichtung eines weiteren Grabsteins. Auf dem Friedhof in
Dossenbach wurde über dem Grab von zehn Teilnehmern des Herwegh-Zuges, der am
27. April 1848 von württembergischen Soldaten aufgerieben wurde, ein Gedenkstein
errichtet.

Grundsätzliches änderte sich erst im Jahr 1874. Zur 25jährigen Wiederkehr der badischen Revolution gab es in Mannheim und in Rastatt erste öffentliche Initiativen zu
Denkmalsetzungen für die standrechtlich hingerichteten Revolutionäre.

Zunächst nach Mannheim: Zwischen August und Oktober 1849 wurden in Mannheim
fünf Revolutionäre standrechtlich hingerichtet. Sie wurden an der Mauer des Friedhofes
erschossen und dort auch begraben. Es gibt keine Informationen darüber, ob sie kirchlich
beerdigt wurden. Zwar existiert ein Stahlstich, der drei Gräber mit Kreuzen beziehungsweise Grabstein zeigt und die Unterschrift trägt »Die Gräber der Gestandrechteten auf
dem Kirchhof in Mannheim«. Doch wurde dieser Stich auch mit der allgemeinen Unterschrift »Der Todtenacker zu Mannheim« verkauft[27].

Zur 25jährigen Wiederkehr der Badischen Revolution wurde den fünf Hingerichteten
mit finanzieller Unterstützung von »Genossen« aus St. Louis, Missouri (USA), wohin
viele Anhänger der badischen Revolution emigriert waren, auf dem Mannheimer Friedhof
ein Denkmal gesetzt[28]. Die Gräber der Hingerichteten wurden aufgelöst und ihre Gebeine unter dem Denkmal zusammengeführt[29]. Es entstand ein monumentaler Obelisk aus
französischem Kalkstein mit reich profiliertem Sockel. Die Hauptinschrift am Sockel des
Denkmals lautet: »Den Märtyrern der Freiheit aus dem Jahre 1849«. Weitere Inschriften
am Sockel nennen Namen, Berufe, Alter und Sterbedaten der Hingerichteten. Eine vor
dem Denkmal liegende Sandsteinplatte trägt die Inschrift: »Von Genossen aus der Fremde

27  Kat. 1848/49 (wie Anm. 3), S. 418, Nr. 613, Abbildung.
28  Die Friedhöfe in Mannheim, Mannheim 1992, S. 115–117, Abbildungen. Kat. 1848/49 (wie
Anm. 3), S. 486f., Nrn. 690, 691. Revolution im Südwesten (wie Anm. 2), S. 398.
29  Die bei der Auflösung des Grabes von Adolf von Trützschler gefundenen Reste eines roten
Halstuches und einer Schuhsohle wurden gemeinsam mit einer Photographie des Denkmals in
einem Bilderrahmen zusammengefügt. Dieses zeitgenössische Erinnerungsstück wurde 1998 vom
Badischen Landesmuseum Karlsruhe erworben. S. dazu: J. DRESCH, »Von Nagel zu Nagel«. Der
Weg der Exponate in die Landesausstellung, in: Inszenierte Geschichte(n), Baden-Baden 1999,
S. 27–33, hier: S. 31f., Abbildung.

sei bekränzt / die Gruft der Helden. / Die dem Standrechtblei des Siegers stolz sich / gegenüberstellten. / Ob sie auch im Kampf erlegen, seien / dennoch sie gepriesen. / Schon beginnt die Saat der Freiheit ihrem / Blute zu entspriesen. / St. Louis Missouri im Jahre 1874.« Es war das erste öffentliche Denkmal in Baden, das an die Freiheitskämpfer von 1848/49 erinnerte.

Amand Goegg berichtet 1876: »Mit [...] Härte wollte man das deutsche Volk ein für allemal von freiheitlichen Bestrebungen abschrecken. Dass dieser Zweck nicht erreicht wurde, beweist, um nur ein Beispiel anzuführen, die am 13. September 1874 in Mannheim unter großer Beteiligung stattgefundene und von republikanischen, mit Begeisterung begrüßten Reden feierliche Enthüllung des Denkmals für die standrechtlich Erschossenen [...]«[30]. Der Obelisk ist auf dem Mannheimer Hauptfriedhof erhalten.

Während in Mannheim das öffentliche Gedenken an die Revolution nach 25 Jahren möglich war, war dies in der Bundesfestung Rastatt zu diesem Zeitpunkt noch absolut undenkbar. Rastatt war für die Preußen die Stätte ihres Triumphs, für die badischen Demokraten der Ort der endgültigen Niederschlagung ihrer Erhebung. Ein Denkmal für die 19 zwischen August und Oktober 1849 in Rastatt standrechtlich erschossenen Revolutionsteilnehmer hatte deshalb für beide Seiten besonderen Symbolwert, was sich an der schwierigen Geschichte des Denkmals nachvollziehen lässt[31].

Die in Rastatt hingerichteten Revolutionäre wurden, wie schon berichtet, auf dem örtlichen Friedhof ohne jegliche Totenehrung verscharrt. Weder Grabhügel oder Namensschilder noch Kreuze durften an die Toten erinnern. Gras überwucherte allmählich das Grabfeld. In der Annahme, dass die 1862 ausgesprochene Amnestie für die Teilnehmer an der Revolution auch auf die Hingerichteten zu übertragen sei, bildete sich in Rastatt ein Denkmalkomitee. Zu seinen Mitgliedern zählte der Vizepräsident des provisorischen Landesausschusses und Finanzminister der revolutionären Regierung Amand Goegg, der nach der Amnestie aus dem englischen Exil nach Baden zurückgekehrt war. Das Denkmalkomitee brachte an Allerseelen 1873 auf den Gräbern hölzerne bekränzte Kreuze an sowie kleine Tafeln, die Namen, Herkunft, militärische Ränge und Todesdaten der Erschossenen trugen[32]. Dies war nun immerhin möglich.

Unmittelbar darauf rief das Komitee zur Errichtung eines Denkmals auf, das im 25. Jahr nach der Revolution, am Allerseelentag 1874, eingeweiht werden sollte. Im Februar 1874 veröffentlichte das Komitee einen Spendenaufruf zur Finanzierung des Monuments[33]. Der Aufruf richtete sich an alle »Freunde und Gesinnungsgenossen«, die mit

30  A. GOEG, Nachträgliche authentische Aufschlüsse, Zürich 1876, S. 171f.
31  H. KRAEMER, Rastatt im Revolutionsjahr 1848/49. Gedenkblätter zur Jahrhundertfeier, Rastatt 1949, S. 64–70. M. LURZ, Sozialdemokraten contra preußisches Militär und badisches Innenministerium. Das Denkmal der 1849 erschossenen badischen Revolutionäre in Rastatt, ein Anlass politischer Auseinandersetzung, in: K. BERGMANN/R. SCHÖRKEN (Hgg.), Geschichte im Alltag – Alltag der Geschichte, Düsseldorf 1982, S. 110–143, R. WOLLENSCHNEIDER, Das »Denkmal für die standrechtlich Erschossenen« der Revolution 1849 in Rastatt, in: Freiheitsbewegungen in der deutschen Geschichte. Handreichungen zum Besuch der Erinnerungsstätte Rastatt, Karlsruhe 1990, S. 30–33, 51, 109f. Revolution im Südwesten (wie Anm. 2), S. 494.
32  Kat. 1848/49 (wie Anm. 3), S. 489f., Nummern 695, 696, 697, Abbildungen.
33  Generallandesarchiv Karlsruhe, Nachlass Geck, Nr. 1530. Kat. 1848/49 (wie Anm. 3), S. 487, Nr. 693.

ihrer Spende eine »Ehrenpflicht« erfüllen würden. Alle, die dem Spendenaufruf mit einem
Beitrag von mehr als zwei Gulden folgten, erhielten eine zweifarbige Lithographie mit der
Ansicht des geplanten Denkmals[34]. Das Komitee wollte einen Sandsteinobelisken errichten, wie sie zeitgleich als Denkmäler für die Gefallenen des Krieges von 1870/71 massenhaft entstanden. Diese gestalterische Parallele setzte die bisher verfemten Toten der Revolution von 1848/49 mit den ehrenvoll gestorbenen Soldaten des deutsch-französischen
Krieges gleich. Drei symbolhafte Zeichen sollten den Obelisken zieren: ein Eichenkranz
als Symbol für Tapferkeit, ein dem Kranz unterlegter Palmzweig als Friedenssymbol
sowie ein Stern als Zeichen der politischen Freiheit. Die Inschrift sollte lauten: »Den Vorkämpfern / für / Deutschlands / Einheit u. Freiheit / von 1849.«

Das preußische Militärgouvernement in Rastatt war Rechtsnachfolger des Standgerichts, das 1849 die Todesurteile verhängt hatte. Aus diesem Grund besaß es noch 1874 die
Verfügungsgewalt über die Gebeine der Hingerichteten. Das Gouvernement untersagte
im November 1874 die Denkmalsetzung. Der bereits fertiggestellte Obelisk wurde nach
Renchen verkauft und 1879 dort – einzig mit veränderter Inschrift – als Denkmal für den
in Renchen geborenen Barockdichter Hans Jakob Christoph von Grimmelshausen aufgestellt. Diese neue Widmung wurde seitens des Denkmalkomitees sicher mit Bedacht
gewählt. Tatsächlich hat Grimmelshausens Hauptwerk, der 1668 erschienene Roman
»Der abentheuerliche Simplicissimus Teutsch«, in der sogenannten »Jupiter Episode« eine
gesellschaftskritische Dimension, in der die Abschaffung der Feudalherrschaft gefordert
wird und die als Ketzer verfolgten Wiedertäufer im Kleinen ein vorbildliches Modell
menschlicher Gemeinschaft verwirklichen. Hier eröffnen sich Parallelen zum freiheitlichen Denken der Revolutionäre von 1848/49[35]. Mit Renchen wurde zudem der Geburts-
ort Amand Goeggs als Standort für den Obelisken gewählt. Dieser ist dort an der Bundes-
straße 3 erhalten.

Zur 25jährigen Wiederkehr der Revolution von 1848/49 war die Situation des Gedenkens also gespalten. Auf der einen Seite war in Mannheim ein öffentliches Denkmal möglich – auf der anderen Seite war ein Denkmal in Rastatt noch undenkbar.

Machen wir nun einen Sprung um weitere 25 Jahre. Welches Gedenken an die Revolution von 1848/49 war 50 Jahre nach ihrer Niederschlagung möglich? Der Blick sei noch einmal nach Rastatt gerichtet: 1890 war die Bundesfestung Rastatt aufgelöst worden und folglich das preußische Gouvernement abgezogen. Erst jetzt war an die Genehmigung eines
Revolutionsdenkmals in Rastatt zu denken. Tatsächlich konnte am 10. August 1899 endlich ein Gedenkstein errichtet werden. Aber er wurde nur unter strengen Auflagen genehmigt. Der grob behauene, 3,10 Meter hoher Findling aus schwarzem Syenit musste den
Charakter eines Grabsteins streng wahren[36]. Ein Denkmalcharakter des Steins war also
untersagt. Es wurde lediglich eine Schrifttafel gestattet, die Namen, militärische Ränge,
Heimatorte und Sterbetage der Hingerichteten nennen durfte. Eine zweite Schrifttafel musste leer bleiben. Der Stein musste ohne jegliche Feierlichkeit aufgestellt werden. Finanziert
wurde er von deutschen und amerikanischen Demokraten und Sozialdemokraten.

---

34   Kat. 1848/49 (wie Anm. 3), S. 488f., Nr. 694, Abbildung.
35   Hans-Joachim Fliedner, Offenburg, sei für den Hinweis auf den Bezug zu Grimmelshausen
vielmals gedankt.
36   Wie Anm. 31. Kat. 1848/49 S. 490, Nr. 698, Abbildung.

Weitere zehn Jahre später, im Jahr 1909, konnte auf der Basis des neuen Vereinsgesetzes der Rastatter Grabstein erstmals als Kulisse einer Gedenkfeier für die Freiheitskämpfer von 1848/49 dienen. Erst 1924, also zur 75jährigen Wiederkehr der Revolution, durfte auf der zweiten Inschriftentafel die schon 1899 geplante politische Widmung angebracht werden. Sie lautet: »Den Opfern des Unverstandes und der Willkür, / den Kämpfern für Freiheit und Recht. / den Toten die Lebenden / gewidmet 1899 von Sozialdemokraten und Demokraten aus Deutschland und Amerika.« Der Denkstein steht heute, nur wenig von seinem ursprünglichen Standort verrückt, im Garten des Rastatter Kreiskrankenhauses.

Noch einmal zurück ins Jahr 1898. Am 20. März 1898 sollte am Grab Friedrich Neffs in Rümmingen eine Kranzniederlegung stattfinden. Den Akten des Bezirksamtes Lörrach zufolge, sollen »ehemalige Parteifreunde« Neffs dies vorgehabt haben. Das Bezirksamt untersagte jedoch noch 50 Jahre nach der Revolution »jede öffentliche Feierlichkeit an diesem Grabe«. Die Schleifen der beiden niedergelegten Kränze wurden von der Behörde konfisziert[37].

Der Umgang mit den Denkmälern in Rastatt und Rümmingen macht deutlich, wie auch noch 50 Jahre nach den Ereignissen die Erinnerung an die Revolution von 1848/49 schwierig war oder gar von politischer Seite behindert wurde. Doch das Bedürfnis nach einer positiven Erinnerung war in Baden fest verankert. Zum 75. Jubiläum, das in die Zeit der Weimarer Republik fiel, waren diese Schwierigkeiten endlich überwunden – war die Revolution von 1848/49 als Wurzel der deutschen Demokratie anerkannt.

---

37  WETZ, Tage (wie Anm. 24), S. 186. DERS., Salven (wie Anm. 16), S. 238 f.

# *In Erfüllung des Vermächtnisses*
# Revolutionsgedenken und Politik 1948 in Baden

VON KURT HOCHSTUHL

Die »Instrumentalisierung« von Geschichte zur politischen Identitätsbildung und zur Stabilisierung von Herrschaft ist sicher so alt wie die Geschichte als wissenschaftliche Disziplin. Erst jüngst widmete sich eine Arbeitsgruppensitzung auf der Jahrestagung der Kommission für geschichtliche Landeskunde in Baden-Württemberg dem Themenkomplex »Landesgeschichte und politische Identität«. In drei Vorträgen wurden aus verschiedenen Jahrhunderten Mechanismen, Methoden und Strategien vorgestellt, mit deren Hilfe die Untertanen, später dann das Staatsvolk, auf den politischen Status quo oder den zukünftig gewünschten eingeschworen werden sollten[1]. Umstritten bleibt lediglich die Wirksamkeit dieser Methoden und damit auch die Frage nach der Kausalität. Dient Geschichte, das heißt die Erinnerung an geschichtliche Ereignisse, tatsächlich der Begründung von Identität, oder bestätigt sie eher ein schon existierendes Identitätsgefühl? Sicher wäre es spannend, die mittelbaren oder unmittelbaren Erfolge des Unternehmens »Revolutionsgedenken 1848/49« zu untersuchen. Die schiere Zahl allein an Veranstaltungen, Besuchern und Publikationen kann dabei allenfalls ein Indiz dafür sein, mit welcher Professionalität dieses Ereignis angegangen wurde.

Clemens Rehm wird sich, da bin ich mir sicher, mit einem gehörigen Schuss Sarkasmus und Ironie diesem Bereich der historischen (Unterhaltungs-) Industrie zuwenden. Will man jedoch die nachhaltigen Wirkungen auch für die »politische Identität«, den mentalen Zustand der Übereinstimmung des politischen Ichs mit der Sozietät (so die Definition des Brockhaus), quantifizieren und qualifizieren, sind Feldforschungen unabdingbar. Was verbinden zum Beispiel die Besucher des Offenburger Freiheitsfestes mit diesem Ereignis zwei Jahre später? Sind es die kulinarischen Erinnerungen an Ochs am Spieß, an Freiheitsbier, Kartätschenwürste und Barrikadenwein, an den bunten Festzug mit historischen Szenen oder aber an die Aktualität der Offenburger Forderungen des Jahres 1847, Forderungen, die auch 150 Jahre danach zum Teil auf ihre Umsetzung warten? Können politische Traditionen mit Hilfe solcher Events verfestigt oder gar begründet werden? Verkommen die Events nicht vielmehr zur Beliebigkeit, weil doch alle zusammen und jeder für sich die »Traditionen« reklamiert, die gerade passen? Oder bewegt sich die »Karawane«

---

1 Protokoll der 46. Jahrestagung der Kommission für geschichtliche Landeskunde in Baden-Württemberg, 24.–25. Juni 1999, Waldenburg (Masch.).

einfach unbeeindruckt weiter zu den nächsten, mit sicher ebenso großem Pomp inszenier-
ten historischen Festivitäten, die unweigerlich auf uns zukommen?

Auch die zahlreichen Feiern, die 1948 in Deutschland stattfanden und an die gescheiterte Revolution 100 Jahre zuvor erinnerten, hatten nicht so sehr ihre Bedeutung in der
Vermittlung historischer Kenntnisse, sondern in dem Versuch, aus den Ereignissen Tradi-
tionslinien herauszuschälen, die den Intentionen der vier Besatzungsmächte und der von
ihnen kontrollierten deutschen Regierungen entsprachen. Sie waren somit Ausdruck der
politischen »Verfasstheit« des Landes, das drei Jahre nach Kriegsende fast unweigerlich
auf die Spaltung in Ost und West zusteuerte.

Entsprechend scharf ist auch die Trennungslinie des Erinnerns an der späteren
deutsch-deutschen Grenze auszumachen. Die Berliner Stadtverordnetenversammlung
konnte sich zum Beispiel nicht auf ein gemeinsames Gedenken an die Gefallenen des
18. März 1848 einigen; an der Feier des Magistrats in der Städtischen Oper in Charlottenburg nahm kein Vertreter der SED teil. Diese hatte einen Tag zuvor in einer Sitzung des
deutschen Volkskongresses ihrerseits der revolutionären Ereignisse gedacht. In beiden
Veranstaltungen wurde viel von deutscher Einheit gesprochen, doch jeder verstand etwas
anderes darunter. Auch das Vermächtnis der Revolution, das jeder zu erfüllen gelobte,
wurde unterschiedlich interpretiert. Die SED sah – mit den Worten ihres Vorsitzenden
Otto Grotewohl – als »entscheidende Lehre« die Forderung nach der Einheit des Volkes
unter der revolutionären Führung der Arbeiter- und Bauernklasse, repräsentiert natürlich
in der Partei selbst, während Jakob Kaiser (CDU) und vor allem Ernst Reuter (SPD) die
Rückbesinnung auf den »freiheitlichen Behauptungswillen« des deutschen Volkes betonten als notwendige Voraussetzung für ein europäisches Miteinander freier und friedlie-
bender Nationen, an dem die in Berlin agierenden »Mächte der Finsternis zerschellen«
sollten[2].

Das Erbe der Revolution war also geteilt, zwischen Ost und West. Doch auch im Westen, im Vergleich zwischen der amerikanischen und der französischen Besatzungszone,
kann man keineswegs von einer einheitlichen Traditionsbildung sprechen. Vor allem die
französische Besatzungsmacht verband mit den von deutscher Seite angeregten Gedenkveranstaltungen ihre spezifisch eigenen besatzungspolitischen Ziele. Besonders deutlich
lässt sich dies in der Einflussnahme auf die Feiern in (Süd-) Baden verfolgen.

Es kann hier im Rahmen dieses Beitrags nicht darum gehen, eine vollständige Aufrei-
hung der Aktivitäten der Jahre 1947–1949 darzubieten. Aus diesem Grunde beschränke
ich mich im Folgenden auf drei Hauptabschnitte, von denen sich zwei mit Ablauf und
Inhalt von Gedenkveranstaltungen in (Süd-) Baden befassen, der dritte, kürzere, das
nordbadische Pendant zum Gegenstand hat. Im Einzelnen handelt es sich um die
Gedenkfeiern des Jahres 1947 in Offenburg, den offiziellen Staatsakt des Landes Südbaden im April 1948 in Freiburg und die Karlsruher Gedenkwochen im Mai desselben Jahres.

2   Deutsches Rundfunkarchiv (Hg.), 1848 – geteiltes Erbe. CD-ROM 1998 (= Stimmen des 20. Jahrhunderts), Rede von Otto Grothewohl am 17. März 1848 auf der Tagung des 2. Volkskongresses
»Für Freiheit und gerechten Frieden« in der Berliner Staatsoper; Rede von Jakob Kaiser am 18. März
1948 auf der Kundgebung auf dem Platz der Republik vor dem Reichstag; Rundfunkansprache Ernst
Reuters am 18. März 1948.

# 1. Die Gedenkfeier 1947 in Offenburg – eine Chance wird erkannt!

Der Stadt Offenburg gebührt – ähnlich wie 1997 – bei den Jahrhundertfeiern der Badischen Revolution das Verdienst der Vorreiterschaft, kam doch aus ihren Mauern jener erste Vorstoß, der die ganzen Gedenkveranstaltungen ins Rollen bringen sollte. Im Februar 1947 wandte sich der Offenburger Druckereibesitzer und Lokalhistoriker Dr. Franz Huber an Bürgermeister Ernst und regte für den September des Jahres eine Gedenkveranstaltung an, die an die Versammlung der »entschiedenen Freunde der Verfassung« am 12. September 1847 im Offenburger Gasthaus »Zum Salmen« erinnern sollte[3]. Zur gleichen Zeit schlug er dem Präsidenten des Staatssekretariats Baden, Leo Wohleb, vor, im ganzen Land »Gedächtnisstunden« abzuhalten, »damit unser Volk sich bewusst wird, welche Verpflichtungen es aus der Zeit seiner Grossväter hat.« Auf eine offizielle Reaktion aus Freiburg musste Franz Huber jedoch noch geraume Zeit warten. Das Zögern von Regierungsseite hatte sicher nichts mit dem Inhalt seines Vorschlags zu tun. Doch just im ersten Quartal des Jahres 1947 war die gesamte politische Aufmerksamkeit auf die Staatswerdung des Landes (Süd-)Baden konzentriert, das aus dem südlichen, unter französischer Besatzung stehenden badischen Landesteil gebildet worden war. Die Verfassungsberatungen bestimmten die politische Debatte, historisches Erinnern als öffentlicher Akt rangierte in der politischen Prioritätenliste an entfernterer Stelle, auch wenn die Präambel der Verfassung vom 19. Mai 1947 dem neuen Land die Aufgabe zuwies, als »Treuhänder der alten badischen Überlieferung« zu wirken.

In Offenburg stieß die Anregung Hubers dagegen auf positive Resonanz, um so mehr, als Wohleb der Stadt seine Unterstützung in dieser Sache signalisierte. Ein Komitee mit Vertretern der vier im badischen Landtag vertretenen Parteien – Sozialistische Partei (SP), Badische Christlich-soziale Volkspartei (BCSV), Demokratische Partei (DP) und Kommunistische Partei (KP) – unter Vorsitz von Bürgermeister Ernst und unter Einbeziehung des Ideengebers wurde gebildet, das sich mit der Erarbeitung eines Programms befasste und den Ablauf der für den 13. September geplanten Gedenkfeier vorbereiten sollte. Die Zielsetzung des Komitees ging von Anfang an über den lokalen Rahmen der Stadt hinaus in Richtung auf eine zentrale Gedenkveranstaltung für ganz Südwestdeutschland. Der Mitte Juni 1947 der Militärregierung des Stadtkreises Offenburg übersandte Programmentwurf sah für den Vormittag des 13. September eine Jugendfeier in der Stadthalle »mit Ansprache eines Schulleiters« vor, an der zirka 3 500 Schüler aus Offenburg und Umgebung teilnehmen sollten. Für den Nachmittag war ab 15 Uhr die eigentliche Feierstunde ebenfalls in der Stadthalle geplant. Neben der Begrüßungsansprache des Bürgermeisters und kurzen Grußworten je eines Vertreters der vier Parteien sollte als Hauptredner Theodor Heuss auftreten, *ein geistvoller und doch auch populärer Redner und wohl einer der ältesten heute noch aktiven demokratischen Publizisten*[4], wie ihn Franz Huber durchaus

---

3  Stadtarchiv Offenburg (= StadtAOG) 5/1109; Huber selbst hatte sich schon mit der Revolution in Offenburg beschäftigt. Vgl. DERS. (Hg.): Offenburg in der Zeit des Vormärz und den Revolutionsjahren 1848/49. Verteidigungsschrift des Bürgermeisters Gustav Rée für sich und die Gemeinderäte ..., in: Adreßbuch der Kreis-Hauptstadt Offenburg, 1927, V. Abschnitt.
4  Staatsarchiv Freiburg (= StAF) C 5/1 861, Bürgermeister Ernst, Offenburg, an Leo Wohleb v. 28. Juli 1947.

zutreffend charakterisierte. Der vorgesehene Kreis der Ehrengäste umfasste neben *weiteren führenden Persönlichkeiten des Landes Südbaden* die politischen Spitzen der drei südwestdeutschen Länder, die Ministerpräsidenten von Württemberg-Baden, Südwürttemberg-Hohenzollern und Südbaden inklusive der Präsidenten der jeweiligen Landtage. Der Bedeutung des Ereignisses entsprechend, sollte für diesen Tag Arbeitsruhe *für alle öffentlichen Verwaltungen und Privatbetriebe* der Stadt verordnet werden. Die Vorsitzenden der Handwerkerinnungen in Offenburg hatten dafür bereits einstimmig ihre Zustimmung gegeben. Als Abschluss der Festtages war für den Abend eine Aufführung der 9. Symphonie von Beethoven aufgenommen worden. Gleichzeitig erging von Seiten der Stadt an den Direktor des Offenburger Gymnasiums, Otto Kähni, der Auftrag, eine Festschrift über »Offenburg und die demokratische Volksbewegung« zu verfassen[5]. Eine inhaltliche Beteiligung der französischen Besatzungsmacht war nach diesem Programmentwurf nicht vorgesehen, vielleicht auch nicht erwünscht. Der Militärgouverneur von Offenburg wurde lediglich um Genehmigung der Veranstaltung und insbesondere darum gebeten, die Einreise des Hauptredners in die französische Besatzungszone und damit dessen Auftritt in der Festveranstaltung zu ermöglichen. Die Erfüllung dieser Bitten überstieg offensichtlich die Kompetenzen der lokalen Militärregierung, die sich mit der Zentrale in Freiburg in Verbindung setzte. Dass dort, in dem für kulturelle Angelegenheiten des besetzten Landes zuständigen Service de l'Éducation Publique, bereits Überlegungen hinsichtlich der Centenarfeiern angestellt worden waren, ist unwahrscheinlich. Weder François Igersheim noch Hans-Georg Merz, die beide für ihre Forschungen die französische Überlieferung in den Archives de l'Occupation Française en Allemagne et en Autriche in Colmar eingesehen haben, geben Hinweise darauf[6]. Auf jeden Fall reagierte man bei der Militärregierung außergewöhnlich schnell auf den Programmentwurf aus Offenburg, sah man doch offensichtlich die Chance gegeben, mit den Jahrhundertfeiern Kulturpolitik im französischen Sinne zu betreiben und damit deren eigenständigen Stellenwert im Besatzungsgebiet zu unterstreichen. Denn diese war nicht nur Fassade, die die Wirklichkeit der »Ausbeutungskolonie«, der von den Begriffen »charbon« und »sécurité« geprägten rigiden Besatzungspolitik, verschleiern sollte. Sie hatte ein Eigengewicht, wie es schon Charles de Gaulle am 5. Oktober 1945 bei seinem Besuch in Freiburg vor einem beeindruckten Auditorium oberschwäbisch-badischer Honoratioren formuliert hatte. Die zukünftige Entwicklung deutsch-französischer Zusammenarbeit stand im Mittelpunkt seiner Ausführungen, die darin gipfelten, dass Frankreich gewillt sei, im Rückgriff auf ältere »süddeutsch-französische Bindungen« »unser gemeinsames Europa«, »unser Abendland« zu bauen[7]. Die französische Kulturpolitik in der Besatzungszone war eingebunden in diese

---

5  EBD., Schreiben der Stadt Offenburg an die Militärregierung Offenburg v. 18. Juni 1947 (Abschrift); die in Auftrag gegebene Festschrift konnte trotz Kontingentierung des Papiers pünktlich zur Feier im Verlag des Franz Huber erscheinen. Vgl. O. KÄHNI, Offenburg und die demokratische Volksbewegung. 1848–1849, Offenburg 1947.
6  F. IGERSHEIM, Il y a cinquante ans: Les commémorations de 1848 en Alsace et en Bade (zone française d'occupation), in: Révue d'Alsace 124 (1998), S. 205–236; H.-G. MERZ, Die französische Besatzungsmacht und die Revolution von 1848/49. Die 100-Jahr-Feier für den Volksaufstand wurde in Südbaden zum Politikum, in: Beiträge z. Landeskd. v. Baden-Württ., H. 6, Dez. 1998, S. 8–14.
7  G. MÜLLER, Württemberg-Hohenzollern 1945 bis 1952, in: M. GÖGLER, G. RICHTER, G. MÜLLER (Hgg.), Das Land Württemberg-Hohenzollern 1945–1952. Darstellungen und Erinnerungen,

de Gaullesche Abendlandkonzeption und hatte ihr dienstbar zu sein. Anfänglich war es in erster Linie eine antipreußische Konzeption. Der Begriff der »déprussianisation administrative et culturelle« durchzog alle politischen Direktiven aus Paris. Er zielte durch die Auflösung Preußens als der stärksten Teilgewalt auf die Einheit des Reiches, implizierte darüber hinaus »den Anspruch einer Veränderung dessen, was man für den deutschen Volkscharakter hielt, eines Volkscharakters, der in den südlichen und westlichen Teilen des Reiches durch die preußische Vorherrschaft verformt schien«[8]. Mit der administrativen Ausbildung der Besatzungszonen wurde es jedoch auch ein Programm der Abgrenzung gegenüber den süddeutschen Ländern, die nicht in der französischen Besatzungszone lagen. Auch aus diesem Grunde übertrafen »auf kulturellem Gebiet [...] die Franzosen wohl alle anderen Alliierten. Kulturelle Aktivität [...] sollte für Frankreich werben und zugleich die Härten der Besatzungspolitik überspielen« – so charakterisierte Theodor Eschenburg zutreffend die französische Kulturpolitik im besetzten Deutschland[9]. Die Erinnerung an die Revolution von 1848, in der – vereinfachend gesagt – Preußen der große Gegenspieler der demokratischen Kräfte im deutschen Südwesten gewesen war, fügte sich wie kaum ein anderes historisches Datum in die große Linie der französischen Kulturpolitik. Die Genehmigung der Veranstaltung in Offenburg war, mit Ausnahme eines »kleinen Schönheitsfehlers«, auf den wir gleich zurückkommen werden, daher folgerichtig, auch wenn sich deren Charakter etwas veränderte. Sie sollte nicht mehr zentrale Gedenkveranstaltung sein, sondern den Auftakt zu einer Reihe weiterer Veranstaltungen und Aktivitäten bilden, die die badische Staatskanzlei zu organisieren und zu koordinieren hatte. Schon am 28. Juni 1947, zehn Tage nach Eingang des Offenburger Programmentwurfs bei der Militärregierung, forderte die Direktion der Éducation Publique den badischen Staatssekretär für Kultus auf, ein Komitee aufrichtiger Demokraten zu bilden und es mit der Aufgabe zu betrauen, einen Rahmenplan auszuarbeiten, auf dessen Grundlage die beabsichtigten Gedenkfeiern, »auf hohem intellektuellem Niveau und unter Würdigung ihrer Bedeutung für die Gegenwart«, ablaufen sollten[10]. Die Zusammensetzung des Komitees lag mit einer Ausnahme in der Zuständigkeit der badischen Verwaltung. Dr. Hermann Venedey, Direktor des Konstanzer Gymnasiums, war auf Anordnung der Militärregierung Mitglied des Vorbereitungskomitees, das daneben aus dem badischen Landtagspräsidenten Dr. Karl Person (BSCV), dem Präsidenten des Freiburger Oberlandesgerichts, Dr. Paul Zürcher, Reichsbahnrat Hummel und dem Lörracher Rechtsanwalt und Landtagsabgeordneten der Demokratischen Partei, Friedrich Vortisch, bestand.

Anstoß und Kontrolle durch die Besatzungsmacht, Organisation durch die deutschen Behörden, dies war das System der Arbeitsteilung, auf dem die Gedenkfeiern basierten. Inhaltlich waren sie in die großen Linien der französischen Kulturpolitik eingebunden,

---

Sigmaringen 1982, S. 13–29, hier: S. 16f. In diesem Beitrag beschreibt Müller den tiefen Eindruck, den de Gaulle auf das Publikum in der Freiburger Universität machte.

8  R. HUDEMANN, Kulturpolitik im Spannungsfeld der Deutschlandpolitik. Frühe Direktiven für die französische Besatzung in Deutschland, in: F. KNIPPING, J. LE RIDER (Hgg.), Frankreichs Kulturpolitik in Deutschland, 1945–1950, Tübingen 1987, S. 15–33, hier: S. 20.

9  Th. ESCHENBURG, Jahre der Besatzung 1945–1949, Stuttgart, Wiesbaden 1983, S. 97.

10  StAF F 110/9 Nr. 316: Einrichtung eines »comité de personalités allemandes, animées d'une foi démocratique sincère et d'une compétence telle que les manifestations commémoratives revetent une haute tenue intellectuelle et donnent aux évenements qu'elles rappellent toute leur signification«.

was die Abgrenzung gegenüber der amerikanischen Besatzungszone mit einschloss. Und damit sind wir bei dem oben erwähnten »Schönheitsfehler« des Offenburger Programms, dem Festredner. Die Freiburger Militärregierung störte sich weniger an der Person Theodor Heuß als an der Tatsache, dass der Festredner in Heidelberg wohnte und somit aus dem »Ausland« einreisen musste. Sie war trotz persönlicher Intervention von Leo Wohleb nur bereit, eine Persönlichkeit zu akzeptieren, die »obligatorisch aus der französischen Besatzungszone« stammte[11]. Ansonsten wurde der Programmentwurf für Offenburg ohne Einschränkungen gebilligt. Einen »Redner gleichen Formats« in Südbaden beizubringen, schien denkbar schwierig. Zu allem Übel brach in Offenburg Mitte August Kinderlähmung aus, was die ganze Veranstaltung durch die sofort vom Gesundheitsamt eingeleiteten Quarantänemaßnahmen gefährdete. Bürgermeister Ernst erwog ernsthaft, »unter diesen Umständen von der geplanten Feier« abzusehen, wie er fast schon resignativ nach Freiburg meldete[12]. Erst am 21. August kam beruhigende Nachricht. Leo Wohleb hatte sich persönlich der Angelegenheit angenommen und präsentierte mit Friedrich Vortisch den gewünschten Festredner aus Südbaden. Größere Probleme hatte Wohleb jedoch mit der Absicht des Offenburger Organisationskomitees, Vertreter der Parteien bei der Veranstaltung zu Wort kommen zu lassen. Ein entsprechender Vorstoß beim Gemeinderat der Stadt hatte jedoch keinen Erfolg. Besonders die KPD wehrte sich mit Vehemenz dagegen. »Um den Burgfrieden zu wahren«, blieb der Gemeinderat bei seinem ursprünglichen Vorschlag, dem sich Wohleb beugte. Mit einem Knüller warteten die Sozialisten auf. Sie hatten im sozialistischen Kammerabgeordneten Salomon Grumbach einen prominenten französischen Redner gefunden, der für ihre Partei sprechen sollte. So wurde es in einer ersten Version des Programms auch angekündigt, das Anfang September zum Verkauf kam. Ein Einspruch der Militärregierung erforderte jedoch den Umdruck des Programms. Salomon Grumbach, Präsident der Kommission für auswärtige Angelegenheiten der französischen Kammer, hatte danach nicht als Vertreter der Sozialistischen Partei, sondern als Repräsentant der französischen Republik aufzutreten[13]. Seine Ansprache war denn auch der Höhepunkt einer langen Veranstaltung, in der nicht weniger als acht Redner, einschließlich des badischen Staatspräsidenten Wohleb, das Wort ergriffen. Entsprechend dem Leitgedanken der »déprussianisation« ging Grumbach auf die fatalen Fehlentwicklungen in Deutschland nach der Niederschlagung der Revolution ein: »Wenn die Revolution von 1848 gelungen wäre, dann hätte Deutschland Preußen aufgesogen und nicht umgekehrt und das deutsche Volk hätte in der Folge der Menschheit gedient«, so der Tenor des ersten Teils seiner Ansprache. Das deutsche Demokratiedefizit auszugleichen, sei Hauptziel der französischen Besatzungspolitik, nicht die wirtschaftliche Schwächung des Landes. Dennoch verteidigte Grumbach die rigorose Reparations- und Demontagepolitik in der französischen Besatzungszone, die nicht auf Rachegefühlen beruhe. Frankreich, das ein schweres Schicksal während der deutschen Besetzung zu erleiden hatte, sei durch seine eigene wirtschaftliche Not gezwungen, das Lebensnotwendige zu fordern. Allerdings könne es keinen Wiederaufbau Europas ohne Wiederaufbau Deutschlands geben. Die neue deutsche Demokratie sei vor die Aufgabe gestellt, das internationale Ver-

11  Ebd., C 5/1 Nr. 861.
12  Ebd., Schreiben v. 9. August 1947.
13  StadtAOG 5/1109.

trauen mühsam und in langwieriger Arbeit zurückzugewinnen, damit das deutsche Volk auch wieder eines Tages am Tisch der anderen Völker Platz nehmen könne. Mit einem Bekenntnis zu Freiheit und Einheit Deutschlands in einem friedliebenden Europa schloss Grumbach seine mit »brausendem Beifall« aufgenommene Rede. Ausführlich wurde sie in der regionalen Presse gewürdigt[14]. Die Veranstaltung selbst stieß jedoch nicht auf die erhoffte Resonanz beim Offenburger Publikum. Die Vertreter der französischen Militärregierung und die südbadischen Honoratioren blieben weitgehend unter sich, die Offenburger Festhalle war »schwächer besetzt [...] als vor 100 Jahren Offenburger in den ›Salmen‹ geströmt sind«, wie die KPD-Zeitung »Unser Tag« bitter kommentierte.

Noch 1947 wurde vom Freiburger Organisationskomitee die ehrgeizige Idee zu einer umfassenden Anthologie der revolutionären Ereignisse geboren. Ende November/Anfang Dezember erschien im Gesetz- und Verordnungsblatt sowie in sämtlichen badischen Tageszeitungen ein Aufruf zur Einsendung von »Berichten jeglicher Art, aus Briefen, Chroniken und Tagebüchern«, aus denen dann eine »Gesamtdarstellung über die Vorgänge in Baden« zusammengestellt werden sollte[15]. Das Echo war jedoch so bescheiden, dass Kreisoberschulrat Joseph Ludolf Wohleb, Bruder des Staatspräsidenten und Koordinator der Gedenkaktivitäten, das Projekt schon am 14. Januar als »überholt« charakterisierte und es zu den Akten legte[16]. In einer »großen Zwangslage« fand sich die Freiburger Regierung wieder, als der Verleger von Theodor Heuss im März 1848 anregte, dessen just erschienenes Werk über die 48er Revolution finanziell zu fördern und so eine Sonderauflage für Lehrer, Schulen und Büchereien in Südbaden zu ermöglichen. Die Militärregierung hatte bereits im Oktober 1947 eine vom Historiker und Offizier in der Abteilung Éducation Publique, Jean Sigmann, verfasste Abhandlung über die »Revolution von 1848 in Baden« angeboten. Mit großer finanzieller Unterstützung bis hin zur Übersetzung durch Joseph Wohleb war das Sigmannsche Buch, das natürlich stark auf die südwestdeutsch-französischen Beziehungen in der Revolution ausgerichtet war, gefördert worden. Daneben war kein Platz mehr für eine auf Frankfurt fixierte und den Einheitswillen Deutschlands stark betonende Schrift, auch wenn ihr Verfasser nicht im Geruch stand, ein Preuße zu sein[17].

## 2. Der Staatsakt in Freiburg, 25. April 1948

Am 3. März 1948 instruierte General Koenig in einem von Raimond Schmittlein, dem Leiter des Service Éducatif, aufgesetzten Zirkular die französischen Militärdienststellen über die inhaltlichen Schwerpunkte der für die kommenden zwei Jahre geplanten Erinnerungsfeiern. Im Mittelpunkt stand dabei der Rekurs auf die demokratischen Traditionen Südwestdeutschlands, die sich vor allem in den republikanischen »Volkserhebungen« nieder-

---

14 Badener Tagblatt v. 16. September 1947; Ortenauer Zeitung v. 16. September 1947; Unser Tag, Volkszeitung für Baden (KPD) v. 17. September 1947.
15 Vgl. Badische Zeitung v. 12. Dezember 1947.
16 StAF F 110/9 Nr. 316 – Randvermerk v. 14. Januar 1948.
17 Ebd., Antrag v. 24. März, Ablehnung v. 6. April 1948. Vgl. J. SIGMANN, Die Revolution von 1848 in Baden, Freiburg 1948.

geschlagen hätten. Den Gedenkfeiern in der französischen Besatzungszone kam danach
die Aufgabe zu, den rheinischen und süddeutschen »republikanischen« Charakter der
Bewegung hervorzuheben und ihn im Gegensatz zur »Reaktion«, repräsentiert durch die
preußische Armee, zu setzen. Zurückhaltung wurde empfohlen, was die Würdigung der
damaligen, »sehr mächtigen« Einigungsbestrebungen anbelangte. Auch wenn man diesen
historischen Wunsch nach Einheit Deutschlands nicht ignorieren könne, so General Koenig, wäre es nicht tunlich, ihn besonders hervorzuheben[18]. Dementsprechend sah auch die
Vorschlagsliste für die Gedenkveranstaltungen aus. In Baden sollte danach besonders an
Heckers Einzug in Lörrach, an die Revolte der Rastatter Garnison, den Einzug des republikanischen Landesausschusses in Karlsruhe und vor allem an die Schlachten gegen die
Preußen in Waghäusel, Gernsbach und anderen Orten erinnert werden. Der Grundsatz,
wonach die Veranstaltungen von den deutschen Behörden zu organisieren waren, blieb
zwar bestehen, jedoch hatte das französische Militär darüber zu wachen, dass nicht die
Parteien sie im Sinne der »Deutschen Einheit« ausbeuteten[19]. Diese Haltung macht auch
verständlich, weswegen die französische Zone vor jeder Beteiligung an nationalen
Gedenkveranstaltungen zurückschreckte, ja ihnen eigene Veranstaltungen entgegensetzte.
So wurde die große, in Baden-Baden im Sommer 1948 und danach in Mainz gezeigte Ausstellung »La Révolution de 1848–1849 dans l'Allemagne du Sud-Ouest« als Kontrapunkt
zu den deutschen Aktivitäten des Mai 1948 in Frankfurt konzipiert. Wünschen der dortigen Ausstellungsmacher, des Stadtarchivs Frankfurt, nach Exponaten wurde nicht entsprochen, und als der Schriftsteller Fritz von Unruh am 18. Mai in der Jahrhundertfeier
der ersten deutschen Nationalversammlung in der wiederaufgebauten Frankfurter Paulskirche sprach, fehlten Vertreter aus der französischen Besatzungszone. Denn Frankreich
hielt den 18. Mai 1848 für einen Tag der Trauer und nicht für einen Festtag der deutschen
Demokratie, wie Raymond Schmittlein im Vorwort des Ausstellungskatalogs unumwunden zugab. Schließlich sei die Paulskirche Symbol für ein »monarchistisches, natio-
nalistisches und pangermanistisches« Parlament und damit natürlicher Gegner der
republikanisch-demokratischen Kräfte Süddeutschlands gewesen[20]. Diese Anti-Frank-
furt-Haltung wurde in Baden bis hin zur Festlegung des Termins des Staatsaktes durch-
gehalten. In Abstimmung mit der Freiburger Regierungsspitze sollte er am 24. April
1948 stattfinden, 150 Jahre nach den republikanischen Kämpfen in Freiburg im
Zusammenhang mit der »ersten badischen Volkserhebung«. Auch für andere Veranstaltungen galten strenge Vorschriften. Vor dem 25. März 1948 durften überhaupt keine stattfinden, nicht einmal Pressenotizen waren ohne vorherige Zustimmung der Besatzungsmacht erlaubt.

---

18   Archives Françaises de l'Occupation en Allemagne et en Autriche (AFOAA). Depot de Colmar
– AC 466/4: »J'attire cependant votre attention sur le fait que la Révolution de 48 a marqué en même
temps qu'une volonté de rénovation démocratique, un appel trés puissant vers l'unité allemande.
Sans pouvoir nier ce désir d'unité, il nous convient pas que nous le soulignons«. Zit. nach IGERSHEIM
(wie Anm. 6), S. 229.
19   Ebd.: »il y a lieu de veiller à ce sujet qu'elles ne soient exploitées par certains partis au profit de
l'unité allemande«.
20   R. SCHMITTLEIN, Vorwort im Ausstellungskatalog, Baden-Baden 1948; Telegramm von Mauri-
ce Sabatier, Chef de la Direction Générale des Affaires Administratives, zit. nach: IGERSHEIM (wie
Anm. 6), S. 230.

Auf die Vorgaben der französischen Militärregierung reagierte Leo Wohleb zwiespältig. Die Parteien aus den Gedenkveranstaltungen herauszuhalten, entsprach durchaus seinen Intentionen, wie das Beispiel Offenburg belegt. Die nachgeordneten Stellen wurden dementsprechend angewiesen. Auf die inhaltliche Ausrichtung der lokalen Gedenkveranstaltungen nahm die badische Regierung jedoch keinen direkten Einfluss, zumindest wenn man den Akten glaubt. Nirgendwo wird vor einer zu starken Betonung des Wunsches nach Einheit gewarnt, wohl weil Freiburg wusste, dass diese Traditionslinie in der aktuellen politischen Situation nicht zu unterdrücken war. Mit Begehren und einem gewissen Neid blickten nämlich die Bewohner der französischen Besatzungszone auf die Entwicklungen in den anderen westlichen Zonen. Vor allem der wirtschaftliche Zusammenschluss in der Bi-Zone als Kern und Vorstufe einer zukünftigen Vereinigung und die dortigen deutlich besseren wirtschaftlichen Existenzbedingungen hatten auch in Südbaden den Wunsch nach Anschluss an diese Zone wachsen lassen. Wohleb selbst kam auf der zentralen Gedenkveranstaltung vom 25. April in der Freiburger Straßenbahnhalle nicht umhin, den Einheitsgedanken zu würdigen. Auch wenn er – Preußen im Visier – als das Besondere in der Revolution die »Auflehnung gegen die Bevormundung einer autoritären Staatsführung, gegen die Fesseln eines bürokratischen Polizeistaats« und damit die freiheitliche Komponente hervorhob, unterstrich er doch auch die damalige Entschlossenheit des badischen Volkes, »Vorkämpfer zu sein der Einigkeit der deutschen Länder«, die »ungebrochen lebendig« bleibe[21]. Wohlgemerkt, nicht der Einheit, sondern lediglich der Einigkeit! Und trotzdem war diese Passage, die ungewohnte neue Töne anschlug, eindeutig ein Signal an Paris, wohin Wohleb noch am Abend des 25. April als »Sprecher des Badischen Volkes und als guter Deutscher« reiste, um das in »(Süd)Deutschland weithin akzeptierte neue Politikverständnis«, was die Vereinigung der drei Zonen anbelangte, zu vermitteln[22].

In den kommenden Monaten sollten die französischen Direktiven für die Abhaltung der Gedenkveranstaltungen zu 1848/49 von dem Fortgang der politischen Entwicklung überholt werden. In einer Reihe von Konferenzen in der ersten Jahreshälfte 1948, abgeschlossen durch die Londoner Erklärung vom 4. Juni und die Frankfurter Dokumente vom 1. Juli, hatte Frankreich seine isolationistische Haltung in der deutschen Frage aufgegeben, der Vereinigung seiner Besatzungszone mit der Bi-Zone und damit der Bildung eines Weststaats mit eigener Verfassung zugestimmt[23]. Damit hatten auch die Gedenkveranstaltungen zur Revolution aus französischer Sicht jegliche politische Brisanz verloren. Bei der Erinnerungsfeier an die Kapitulation der Bundesfestung Rastatt zum Beispiel trat im Juli 1949 ein Redakteur aus Landshut als Festredner auf, dem ein Jahr zuvor durch die Franzosen noch die Einreise in ihre Zone verweigert worden war. Die Veranstaltung in Rastatt im Mai 1948 musste daraufhin kurzfristig abgesagt werden.

---

21 StAF NL Wohleb, Nr. 22 – Ansprache auf der Gedenkveranstaltung vom 25. April 1948.
22 MERZ (wie Anm. 6), S. 12.
23 Vgl. P. SAUER, Die Entstehung des Bundeslandes Baden-Württemberg. Eine Dokumentation, Stuttgart 1977, S. 40 ff.

## 3. Das nordbadische Pendant? Die Gedenkwochen in Karlsruhe

Am 25. Januar 1948 fand in Karlsruhe auf Einladung des Präsidenten des Landesbezirks Baden und des Oberbürgermeisters der Stadt die offizielle Gedenkveranstaltung für Nordbaden statt. Franz Schnabel sprach im vollbesetztem städtischen Konzerthaus über »Baden und das Jahr 1848«, umrahmt von Ansprachen des Oberbürgermeisters Töpfer und des Präsidenten des Landesbezirks Baden, Minister a. D. Heinrich Köhler. Sowohl diese Veranstaltung wie die Ende April/Anfang Mai 1948 durch den Karlsruher Kulturbund in Zusammenarbeit mit einem von den Parteien beschickten Arbeitsausschuss organisierte Gedenkwoche wurden ohne direkte Beteiligung oder Einflussnahme der amerikanischen Besatzungsmacht vorbereitet. Der nach dem Scheitern von 1849 und 1919 nunmehrige dritte Versuch, »die deutsche Demokratie zu organisieren«, stand dabei inhaltlich im Mittelpunkt. Baden, das »Quelle und Schlagader des deutschen demokratischen Lebens von jeher gewesen« war und wo der »Geist wahrer Toleranz« herrschte, kam im Tenor der Reden in diesem Organisationsversuch eine bedeutende Aufgabe zu. Besonders von Heinrich Köhler wurde stark auf das Vorbild der nordamerikanischen Republik für den »Rechtsstaat des Volkes« verwiesen und deren föderale Verfassung als nachahmenswertes Beispiel für Frankfurt 1948 – den Sitz der bizonalen Länderverwaltung – betont. Inhaltlich bestand Konsens; auch andere nordbadische Veranstaltungen, Mannheim und Heidelberg im Mai 1948 zum Beispiel, liefen – von der Betonung der lokalen Besonderheiten abgesehen – inhaltlich nach demselben Muster ab[24].

Kontroversen gab es lediglich in der Frage der Finanzierung der Veranstaltungen und damit um das ewig junge Thema, was die Beschäftigung mit Geschichte, letztendlich was Kultur kosten darf; ein Aspekt, der bei den Gedenkveranstaltungen in der französischen Zone kaum eine Rolle spielte. Begriffe wie Zuschüsse und Ausfallbürgschaften sind in den entsprechenden Akten der Präsidialstelle des Landesbezirks Baden häufiger anzutreffen als inhaltliche Äußerungen über den Charakter der badischen Revolution[25].

Vielleicht sind solche Diskussionen ein Gradmesser dafür, wie stark historisches Erinnern als konstitutiv für die Legitimation politischer Herrschaft oder zur Durchsetzung politischer Ziele angesehen wird. Wo es keine oder wenige Finanzierungsdiskussionen gibt, wo – übertrieben gesprochen – die Gelder bereitwillig fließen, kommt dem historischen Erinnern eine spezifisch interessenspolitische Bedeutung zu.

---

24  Zur Veranstaltung in Mannheim vgl. P. BLASTENBREI, Mannheim in der Revolution 1848/49, Mannheim 1997, S. 138 ff.
25  Generallandesarchiv Karlsruhe, Bestand 481/957: Gedenkfeier der 100jährigen Wiederkehr der badischen Revolution 1848.

# Der Gegenstand ist gross; der Augenblick ist wichtig…
# Die badische Revolution von 1849 im Ersten Deutschen Fernsehen des Jahres 1986 – Entstehung und Folgen der Romanverfilmung »Lenz oder die Freiheit«

VON THOMAS FENSKE

Spätestens seit der Ausstrahlung der amerikanischen Fernsehserie »Holocaust« im Januar 1979 in den Dritten Programmen der ARD ist die Adaption historischer Stoffe in den elektronischen Medien als legitime Darstellungsform der Vermittlung von historischen Inhalten stärker ins Bewusstsein der Geschichtswissenschaft getreten. Eine ZDF-Umfrage zu »Geschichte im Fernsehen« vom Dezember 1985 ergab folgendes Bild: »Die Hälfte der Befragten gibt den Spielfilm als die für die Gestaltung historischer Themen ansprechendste Sendeform an, jeweils ein knappes Drittel die Dokumentation und das Dokumentarspiel [Mehrfachnennungen waren möglich; d. Verf.]. Fernsehfilm, Fernsehserie und die Sendung von Archivmaterial bezeichnet jeweils rund ein Fünftel als geeignete Form für Geschichtsthemen. […] Als interessante Sendungselemente werden vor allem das Auftreten bekannter Schauspieler in historischen Rollen, Alltagsschilderungen, die Betrachtung deutscher Geschichte, das Drehen an Originalschauplätzen und die Möglichkeit emotionalen Nachvollziehens der Handlung genannt.«[1]

Die Vermutung, dass Filme mit historischen beziehungsweise vermeintlich historischen Inhalten auf das Publikum identitätsstiftende Wirkungen erzielen (sollen), zeigen nicht nur die Praktiken in totalitären Systemen mit dem Medium. Auch der Kostümfilm vor historischem Hintergrund oder die Western haben ihre gesellschaftlichen Funktionen.

Auf Initiative des damaligen Hauptabteilungsleiters Archive und Dokumentation des Südwestfunk Baden-Baden, Wolfgang Hempel, und unter der wissenschaftlichen Leitung des damaligen Leitenden Archivdirektors im Bundesarchiv, dem ehemaligen Präsidenten des Bundesarchivs, Prof. Dr. Friedrich P. Kahlenberg, wurde im Juli 1984 ein Projekt »Tagebuch der SWF-Produktion ›Lenz oder die Freiheit‹ – eine historische Begleitstudie« initiiert. Die Vermittlung historischer Stoffe in Fernsehproduktionen ist für ein breites Publikum im ausgehenden 20. Jahrhundert von größerer Bedeutung als etwa die traditionellen Formen der Geschichtsschreibung. Dies ist der Ausgangspunkt der Studie, die vom Juli 1984 bis Ende des Jahres 1986 produktionsbegleitend beim Südwestfunk zum Thema »Badische Revolution von 1849« durchgeführt wurde.

---

1  Das Parlament Nr. 51–52/21./28.Dezember 1985

In dem Entwurf einer Projektbeschreibung heißt es des Weiteren: »Mit den fertigen Produkten von Sendungen mit geschichtlichen Inhalten hat sich die Forschung wiederholt beschäftigt. [...] Die besonderen Probleme der Konzeption und Realisation von Fernsehsendungen mit historischen Stoffen sind hingegen kaum thematisiert.« Neben dem Erstellen eines die Produktion begleitenden Tagebuchs bestand die Aufgabenstellung darin, durch Aktenauswertung und in Einzelinterviews, deren Antworten vergleichbar sind, mit allen Beteiligten deren Motive und die Qualität ihrer Mitarbeit an der Verfilmung des Romanstoffes von Stefan Heym zu klären und zu protokollieren[2].

Bei den folgenden Ausführungen soll es nicht so sehr darum gehen, den Film, das fertige Produkt, inhaltlich, geschweige denn inhaltsanalytisch, zu bewerten. Vielmehr sollen die Kräfte aufgezeigt werden, die das Projekt initiierten, prägten und begleiteten. Im Vordergrund steht das Bemühen, Entscheidungsfindungen und die Schwierigkeiten der Produktion bei der Bewältigung eines historischen Stoffes dieser Größenordnung zu dokumentieren. Und schließlich stellt sich die Frage nach der Akzeptanz des Films bei Zuschauern, Kritikern und Verantwortlichen.

## Die Entscheidungsfindung für den Stoff

Bevor ich auf die Verfilmung des Romans »Lenz oder die Freiheit« eingehe, möchte ich zuvor einige biographische Daten des Schriftstellers Stefan Heym ins Gedächtnis rufen:

Am 10. April 1913 wurde der Autor, mit bürgerlichem Namen Helmut Flieg, in eine jüdische Kaufmannsfamilie in Chemnitz geboren. Das Gymnasium dort musste er 1931 wegen eines antimilitaristischen Gedichts verlassen. Sein Abitur machte er 1932 in Berlin. Hier schrieb er bereits erste Beiträge für verschiedene Zeitschriften, unter anderem für die »Die Weltbühne«. Er begann ein Studium der Philosophie, der Germanistik und der Zeitungswissenschaften. 1933 floh er nach Prag. Hier arbeitete er als Journalist – um die Familie in Deutschland zu schützen – unter dem Pseudonym Stefan Heym.

Nach der Übersiedlung in die USA 1935 beendete er sein Studium 1936 in Chicago mit einer Magisterarbeit über Heinrich Heine: »Atta Troll. Versuch einer Analyse«. Als Buch erschien die Arbeit limitiert 1983 bei Bertelsmann. So ist es auch nicht verwunderlich, dass Heine-Texte in den »Lenz« mit einflossen.

Von 1937 bis 1939 war Stefan Heym Chefredakteur der antifaschistischen New Yorker Wochenzeitung »Deutsches Volksecho«. 1943 trat er in die US-Army ein. Ausgebildet wurde er auch im Camp Sharp, das auf dem ehemaligen Schlachtfeld von Gettysburg liegt.

2   Zit. nach F. P. KAHLENBERG, unveröffentl. »Entwurf einer Projektbeschreibung »Tagebuch der SWF-Produktion »Lenz oder die Freiheit« – eine historische Begleitstudie«, 1984. Dieser Text basiert auf der überarbeiteten Fassung eines Referats anlässlich der Tagung: Baden 1848/49. Bewältigung und Nachwirkung einer Revolution. Tagung Pforzheim, 8.–10. Oktober 1999. Die Dokumentation der SWF-Produktion »Lenz oder die Freiheit« wurde mir übertragen. Ich danke an dieser Stelle besonders den Herren Prof. Dr. Friedrich P. Kahlenberg und Wolfgang Hempel für das entgegengebrachte Vertauen; Dr. Dietrich Mack, Dieter Berner, Jürgen Venske, allen Teammitgliedern und den Mitarbeitern des SWF, die mit diesem Projekt befasst waren, für ihre kollegiale Zusammenarbeit.

An der Normandie-Invasion nahm Heym als Sergant für psychologische Kriegsführung teil. Einer seiner Ausbilder war Hans Habe.

Inzwischen zum Offizier befördert und unter anderem Mitbegründer der »Neuen Zeitung« in München, wurde Stefan Heym Ende 1945 wegen seiner kritischen Einstellung zum aufkommenden Kalten Krieg in die USA zurückversetzt und schied aus der Army aus. Die McCathy-Ära und der Korea-Krieg ließen ihn 1952 nach Ostberlin übersiedeln.

Die Ausführlichkeit der Biographie bis hierher erscheint mir notwendig, um den Anfang des Romans und des Films, die auch autobiographische Züge beinhalten, zu verdeutlichen; Stefan Heym spricht die Einleitung und Rahmenhandlung des Films:

*Dieser Moment in Gettysburg, kurz bevor wir in die Schlacht des Zweiten Weltkrieges geschickt wurden, ließ weder meinen Freund Andrew noch mich ganz los. Rein zufällig waren wir an dieser Gedenkstätte für die Opfer des amerikanischen Bürgerkrieges auf den Grabstein des Vaters von seinem Vater gestoßen, der offensichtlich den gleichen Vornamen gehabt hatte wie er, Andrew, Andreas. Jedesmal, wenn ich ihn traf, nach unserer Landung in Europa, irgendwo in Frankreich und dann in Deutschland, fühlte ich mich erleichtert und lachte gewöhnlich und sagte, na, wie stehts damit, und er wußte, und ich wußte, daß wir an Andreas dachten, an den anderen Lenz. Und dann sprachen wir über ihn, um den Schatten des Todes, der seit jenem Nachmittag in Gettysburg über Lenz, dem heutigen Lenz, schwebte, auf ein erträgliches Maß zu reduzieren. Dann war der Krieg zu Ende, da starb Andrew an einer kleinen Brücke über einem kleinen Fluß von der Hand einiger kleiner Hitlerjungen, die eine Panzerfaust abfeuerten. Ungefähr sechs Monate später erhielt ich ein Päckchen von seiner Frau mit einem Begleitbrief: Es waren Tagebücher, Fotos, Briefe und Aufzeichnungen aus dem Nachlaß von jenem Captain Andrew Lenz, der, wie sein Zeitgenosse Lincoln es ausgedrückt hatte, dafür gestorben war, daß die Regierung des Volkes durch das Volk für das Volk auf dieser Erde nicht untergehe.*[3]

Auch mit Blick auf diese Rahmenhandlung schreibt Kahlenberg: »Der Stoff hilft, an die Opfer zu erinnern, die von den Vorvätern für die Durchsetzung demokratischer Freiheiten gebracht werden mussten. […] Zugleich weitet die Geschichte von Lenz und seinen Freunden den Blick auf die Universalität freiheitlicher Tradition. Denn das Emigrationsschicksal der 1849 Ausgewanderten wird im Film ausdrücklich zum Bindeglied zur jüngsten Vergangenheit, der Befreiung von der Herrschaft des Nationalsozialismus im Frühjahr 1945.«[4]

Die weitere Biographie des im Westen meistgelesenen DDR-Autors sei nur stichwortartig aufgezeigt: Der »kritische Marxist« wurde in der DDR zunehmend mit Veröffentlichungsverbot belegt und publizierte im Westen. Sein 1960 fertiggestellter Roman über den Ostberliner Aufstand am 17. Juni 1953, »Der Tag X«, erschien erst 14 Jahre später im Westen unter dem Titel »5 Tage im Juni«. 1976 Mitunterzeichner der Solidaritätserklärung für Wolf Biermann, wurde Stefan Heym 1978 vom Kongress des DDR-Schriftstellerverbandes ausgeschlossen. Die Veröffentlichung von »Collin« 1979 im Westen führt zur Kriminalisierung und einer Geldstrafe von 9 000 Mark wegen Devisenvergehens.

---

3   Drehbuch ›Lenz oder die Freiheit‹, 1. Kapitel: Aufbruch, Hilde Berger, Dieter Berner, Szene 101, Fassung vom 31. Januar 1985.
4   F. P. KAHLENBERG, Aufklärung und Unterhaltung. Geschichte im Fernsehen, in: F. P. KAHLENBERG/D. MACK (Hgg.), Abenteuer Revolution. Der SWF-Film Lenz oder die Freiheit, München 1986, S. 112–115, hier: S. 115.

Am 4. November 1989 sprach Stefan Heym auf dem Alexanderplatz in Berlin; 1992 war er Mitbegründer des »Komitees für Gerechtigkeit«. 1993 erhielt Heym als erster deutscher Schriftsteller in Israel den Jerusalem-Preis für Literatur.

Die Auseinandersetzungen um seine PDS-Kandidatur, das gewonnene Bundestagsdirektmandat gegen Wolfgang Thierse in Berlin Mitte/Prenzlauer Berg und die Verdächtigungen und Verhaltensweisen der CDU-CSU-Bundestagsfraktion gegenüber dem Alterspräsidenten und seiner Eröffnungsrede des damaligen deutschen Bundestags vom November 1994 sowie das abweichende Verhalten von Rita Süßmuth sind hinlänglich bekannt.

Nach dem direkten Zusammenhang der Abfolge der Romane »5 Tage im Juni« (1960 fertiggestellt) und »Die Papiere des Andreas Lenz« (1963) befragt, schrieb mir Stefan Heym: *Sie haben sehr richtig bemerkt, daß ich nach der Unterdrückung meines Romans über den 17. Juni auf die 1848/49er Revolution in Baden ausgewichen bin. Das Thema Revolution und Konterrevolution in Deutschland erscheint mir sehr wichtig; es steht heute noch auf der Tagesordnung; und die Mehrzahl der Schriftsteller hierzulande vermeidet es natürlich wie der Teufel das Weihwasser. Sie werden in fast allen meinen Büchern darüber etwas finden.«*[5]

Das gemeinsame zentrale Thema des Werkes von Stefan Heym scheint mir die aktive Auseinandersetzung mit den Problemen der (bürgerlichen wie sozialistischen) Freiheiten zu sein. Stets wird die dialektische Problematik der Selbstbehauptung des Individuums gegenüber dem Zwang der Gruppe, der Gesellschaft, thematisiert, egal ob es sich um aktuelle Romanthemen oder historische Inhalte handelt. Seinen Stil schulte und orientierte Stefan Heym dabei am amerikanischen Unterhaltungsroman. Einfache, klare Bilder und Sprache sollen in den Romanen den Leser unterhalten, anregen, fesseln, mitgehen, empfinden und nachdenken lassen.


## Schnitt

Eine weitere Biographie: die des Menschen, der für die Auswahl des Stoffes und die Fernseh-Produktion der Romanverfilmung der Badischen Revolution von 1849 nach Stefan Heym ausschlaggebend ist, die des Produzenten Peter Schulze-Rohr.

Jahrgang 1926, in Leipzig geboren, studierte Peter Schulze-Rohr Jura, Theaterwissenschaften und Soziologie. Nach dem juristischen Staatsexamen war er ab 1951 für drei Jahre Regieassistent bei Bert Brecht am Berliner Ensemble. Mit Egon Monk und Joachim Fest gemeinsam produzierte er in den 50er Jahren beim RIAS-Berlin die Hörfunkserie »15 Minuten Geschichte«. Von 1977 bis 1989 war Peter Schulze-Rohr Hauptabteilungsleiter Fernsehspiel und Musik im Südwestfunk Baden-Baden. 1981 verfilmte er erfolgreich den Roman »Collin« von Stefan Heym, in den Hauptrollen Curd Jürgens und Hans Christian Blech, die Geschichte zweier »alter Kämpfer«, die gemeinsam im Krankenhaus behandelt werden. Der eine Genosse Schriftsteller, der andere Funktionär.

---

5   Brief von Stefan Heym an den Verf. vom 20. September 1999.

In dem Begleitbuch zur SWF-Filmproduktion »Lenz oder die Freiheit« unter dem Titel »Abenteuer Revolution« schildert Peter Schulze-Rohr unter anderem seinen persönlichen Zugang zum historischen Stoff und zum Roman: Straßennamen auf dem Berliner Schulweg während der NS-Zeit (Kinkelstraße, Carl-Schurz-Straße); Ricarda Huchs »1848 – Die Revolution des 19. Jahrhunderts in Deutschland«, ein Oberstudienrat, der nicht nur das offizielle Geschichtsbild jener Zeit vermittelte.

Peter Schulze-Rohr schreibt: »Auf einer Fahrt von Hamburg nach Baden-Baden sah ich das Ausfahrtschild Waghäusel. Das war 1977, unterwegs zu Verhandlungen mit dem Südwestfunk. [...] Aber sollte man nicht jetzt, wenn's mit dem Südwestfunk was wird, Heyms Lenz...? Ein so wichtiger wie farbiger Stoff. Hier in der Region spielend, doch bedeutend über den Südwesten hinaus. Spannend geschrieben, unterhaltsam, mit prallen Figuren und ohne Scheu vor dem Schuss Kolportage, der Dramen wie Spielfilmen gut tut. Da wird geritten, gesungen, geliebt, gekämpft. Für Andreas Lenz, die erfundene Titelfigur, könnte sogar jener Gottfried Kinkel Pate gestanden haben. Dazu historische Personen, die Heym nicht weniger lebendig zu machen versteht als die erfundenen.«[6]

Der Wunsch der Fernsehdirektion, eine große Romanverfilmung zu realisieren, die in der Region des Senders spielt, kam diesen Plänen von Peter Schulze-Rohr entgegen. Das dahinter stehende Ansinnen des Senders ist klar: das Herausstellen des geographischen Raumes, des Sendegebietes, zur Förderung der Reputation innerhalb der in der ARD zusammengeschlossenen Rundfunkanstalten.

Zur Frage der Programmplanung ergibt sich damit folgendes Bild: Öffentliche Diskussionen über Programmplanungen finden nicht statt. Ebenso wenig findet eine Einbindung der Kontrollgremien zu diesem Zeitpunkt, das heißt vor der Ausstrahlung, statt. Die Programmideen werden nicht aus übergeordneten politischen Motiven heraus entwickelt, sondern folgen den Intentionen der Programmverantwortlichen. Die Attraktivität eines Stoffes für einen vermeintlichen Publikumsgeschmack steht dabei im Vordergrund der Überlegungen. Dass Programmverantwortliche bei der Stoffauswahl durchaus dem Trend der Zeit folgen können wie auch dem Wunsch, unterhaltsam Veränderungen des Bewusstseins und Nachdenken beim Zuschauer bewirken zu wollen, darf als gegeben vorausgesetzt werden. Der Umfang der finanziellen Mittel erhöht dabei für die Verantwortlichen auch den Erfolgsdruck, der sich spätestens seit Einführung des dualen Systems auch in öffentlich-rechtlichen Rundfunkanstalten in messbaren Einschaltquoten niederschlägt.

## Die Realisation

Etappen auf dem Weg von der Idee der Romanverfilmung, aus dem Jahre 1977, bis zur Produktion und Ausstrahlung im Herbst 1986 sollen im folgenden Kapitel dokumentiert werden.

Im Dezember 1980 gab es eine erste Projektbewilligung für die Verfilmung des Romans »Lenz oder die Freiheit«. Zunächst wurde eine 6x60-minütige Eigenproduktion

---

6 P. SCHULZE-ROHR, Am Anfang war, in: KAHLENBERG/MACK (wie Anm. 4), S. 7–9, hier: S. 8f.

anvisiert. Die Hauptabteilung Fernsehspiel beauftragte einen Drehbuchautor mit einem Treatment. Die Ablehnung des Exposés, auch durch Stefan Heym, ließ das Projekt zunächst ruhen.

Im Frühjahr 1983 nahm Dr. Dietrich Mack, inzwischen als Abteilungsleiter zur Hauptabteilung Fernsehspiel und Musik des SWF gekommen, Kontakt mit Dieter Berner auf. Dieter Berner, Jahrgang 1944, in Wien geboren, studierte von 1962 bis 1967 am Institut für Theaterwissenschaften und am Reinhardseminar. Von 1967 bis 1970 Schauspieler am Volkstheater in Wien, war Dieter Berner Mitbegründer eines Theaterkollektivs, dem »Theater der Courage«, das sich Ur- und Erstaufführungen zeitgenössischer Autoren zum Ziel gesetzt hatte, unter anderem Kroetz: »Wildwechsel« und Faßbinder: »Die Bremer Freiheit«. Seit 1972 arbeitete Berner als freier Regisseur. Die ORF-Produktion »Wo seine Wäsche«, bei der er mit Käthe Kratz auch das Drehbuch schrieb, erhielt internationale Preise.

Der Wunsch, Dieter Berner als Regisseur zu gewinnen, gründete sich auf dessen erfolgreiche Regiearbeit an der »Alpensaga«, einer gemeinsamen Produktion von ZDF, ORF und SRG – insgesamt sechs Folgen in den Längen zwischen 90 und 105 Minuten, die in den Jahren 1976 bis 1980 ausgestrahlt wurden. Mit den Drehbuchautoren Wilhelm Pevny und Peter Turrini lebte Dieter Berner von 1974 bis 1977 in einer Wohngemeinschaft.

Da Dieter Berner ein bereits neu erstelltes Exposé zu einem Drehbuch ablehnte, selbst aber auch als Drehbuchautor tätig war, bot es sich an, ihn auch mit dieser Aufgabe zu betrauen. Im Mai 1983 wurden Dieter Berner und seine Co-Autorin Hilde Berger mit der Produktion eines Drehbuchs für drei Folgen beauftragt.

Im Sommer 1983 fielen im Südwestfunk Baden-Baden die ersten Entscheidungen über den Stab. Neben den Drehbuchautoren und der Redaktion waren seit dem Spätsommer der Produktionsleiter Jürgen Venske, der Szenenbildner Jörg Höhn und die Kostümbildnerin Nicola Hoeltz mit dem Projekt befasst. Übereinstimmung bestand darüber, dass kein historisches Dokumentarspiel gedreht, dennoch aber das Alltagsleben des Sommers 1849 möglichst authentisch dargestellt werden solle. Damit stellte sich auch die Frage nach geeigneten Schauplätzen.

Nachdem es zunächst durchaus Überlegungen gab, zum Beispiel in der damaligen Tschechoslowakei zu drehen – aus Kostengründen, die daraus resultierten, dass die Landschaft noch nicht so industrialisiert und zersiedelt war wie diejenige im deutschen Südwesten – entschloss man sich dennoch zum Dreh in der Region. Zu der Frage der Drehorte gab Dieter Berner dem Referenten zu Protokoll: »Aber es war von mir aus schon eine prinzipielle Überlegung, dass ich es gerne hätte, wenn es möglich ist, das auch in dieser Region zu filmen. Weil die Unterstützung der Bevölkerung und das Interesse an solch einem Projekt ein ganz anderes ist, weil es ihr Projekt ist. Das war eben auch bei der ›Alpensaga‹ so. Dass die Leute, die da mitgemacht haben, das Gefühl gehabt haben, es geht auch um ihre Geschichte, es wird etwas von ihnen erzählt.«[7]

Im August und Dezember 1983 fanden die ersten Motivsuchen statt, die zunächst den Originalschauplätzen galten. Das erste Ergebnis war deprimierend: die Festung Rastatt – 1849 noch im Bau, zentraler Handlungsort des Romans – ist aus dem heutigen Stadtbild

---

7 Interview des Verf. mit Dieter Berner, 8. September 1984.

nahezu verschwunden. Wenige verstreut liegende Werke der Festung lassen sich finden und werden später auch genutzt, ungenügend aber für all die als »Rastatt« zu drehenden Szenen. Die Situation in Karlsruhe war eher noch abweisender. Für wichtige Szenen der Romanhandlung bot sich hier lediglich das Schloss für Dreharbeiten an. Die Suche nach geeigneten Motiven weitete sich über das Elsaß, Lothringen, Holland bis zur französischen Atlantikküste aus. Dabei wurde die relativ geschlossene Festung Belfort gefunden, deren Wälle und Mauern heute zwar auch bemoost und bewachsen sind, aber dennoch gute Voraussetzungen für Aufnahmen als Festung Rastatt bot.

Um die angestrebte historische Authentizität der Verfilmung zu gewährleisten, wurde für die Vorbereitung der Drehorte das Kaschieren von Asphaltstraßen, der Abbau von elektrischen Leitungen, Schildern, Zäunen und die Überbauung ganzer Hausfassaden beziehungsweise deren neuer Aufbau zur Blickabdeckung geplant.

Bis zum Beginn der Dreharbeiten am 30. Juli 1984 mussten noch etliche Probleme bewältigt werden. Hierbei soll nicht so sehr auf organisatorische Details und Schwierigkeiten der Produktion eingegangen werden, gleichwohl sollen aber einige Punkte aufgezeigt werden, die zu einem besseren Verständnis der organisatorischen Abläufe, Entscheidungsfindungen und Verantwortlichkeiten beitragen sollen.

Im Frühjahr 1984, genauer gesagt im Zeitraum Februar/März, zeigten die Kalkulationen des Produktionsleiters, dass bei der Vielzahl der Schauplätze, der Opulenz des Stoffes und den damit verbundenen Ansprüchen und Arbeiten für den Film, der vorgegebene Kostenrahmen nicht ausreichend war. Außerdem konnten die SWF-eigenen Studios nicht in dem zunächst geplanten Maße genutzt werden, da der Regisseur auf der Besetzung der Titelrolle durch Peter Simonišek bestand, dieser aber während der geplanten Studiozeiten bereits ein festes Engagement an der Berliner Schaubühne hatte. Hinzu kam, dass Dieter Berner noch einen Kinofilm unter dem Titel »Ich oder du« produzierte und damit die Drehbücher, die als Grundlage der Kalkulation dienen, nicht wie geplant vorlagen. Der Produktionsbereich sah sich zu diesem Zeitpunkt außerstande, finanzielle Verantwortung zu übernehmen. Gleichwohl wurde die Produktion fortgesetzt. In Absprache mit dem Fernsehdirektor Dieter Ertel wurde die Ausweitung der Produktion von drei auf vier Folgen beschlossen. Die Erweiterung einzelner Szenen bei gleichzeitiger Streichung anderer Motive sollte zu einem günstigeren Minutenpreis führen.

In einem Brief vom 2. März 1984 teilte Dr. Dietrich Mack – nach einem vorherigen Telefonat – dieses Dieter Berner mit. Ebenso gab Mack hier auch einige Anregungen Stefan Heyms zum bisher vorhandenen Drehbuch wieder: *Konkret: Stefan Heym gibt zu bedenken, ob man den Aufwand einiger Bilder zugunsten einer Konzentration auf Gesichter, Fahnen, Mündungsfeuer usw. nicht reduzieren sollte; gewiß – da sind wir uns einig – man soll die Geschichte vor allem in Bildern erzählen; doch Sie wissen besser als ich, daß die Bilder funktional sein müssen und daß man an einem ›Bilderbogen‹ rasch das Interesse verliert.* Dr. Mack schreibt, *mit Phantasie werden wir hoffentlich auch die Schwierigkeiten meistern.* Stefan Heym hat sich nicht nur für Dieter Berner *als ein Vater des Projekts bewiesen, weil er auf der einen Seite immer bereit war, zu helfen und mit seinen Gedanken dazu beizutragen, und klar zu machen und zur Quelle zu führen, auf der anderen Seite aber auch keinerlei Eitelkeiten eines Autors hatte*[8]. In dem Regievertrag fin-

---

8  D. BERNER (wie Anm. 6).

det sich auch der Passus: *Voraussetzung für die Abnahme des Rohdrehbuches und des endgültigen Drehbuches ist jeweils die Zustimmung des Original-Autors Stefan Heym.*

Die Dramatik bis zum Drehbeginn steigerte sich nochmals, als der Produktionsleiter am 18. Juni 1984 der Redaktion mitteilte, dass die bisherige Länge der gestoppten Drehbücher lediglich 300 Minuten anstelle der geforderten 360 Minuten ergäbe und seitens der Regie zehn zusätzliche Drehtage für die zweite Drehphase gefordert würden. Kurzzeitig wurden die Finanzmittel gestoppt. Finanzielle Reserven, die ursprünglich für andere Produktionen vorgesehen waren, wurden mobilisiert. Spätestens zu diesem Zeitpunkt war die Produktion »Lenz oder die Freiheit« eine Schwerpunktproduktion des Hauses geworden. Am 25. Juni 1984 unterschrieb Dieter Berner seinen Regievertrag.

Parallel zu diesen hauptsächlich pekuniären Auseinandersetzungen gingen natürlich auch die inhaltlichen und organisatorischen Vorbereitungen der Produktion weiter. Der Größe wegen lagerte sich die Produktion – auf Vorschlag des Produktionsleiters – in die ehemaligen Fabrikgebäude der Leitzwerke in Rastatt aus. Kameratests mit Uniformen ergaben für die Regie eine schlechte Wiedergabe der Farben, so dass von dem ursprünglich vorgesehenen Umkehrmaterial, das im SWF hätte entwickelt werden können, angesichts des günstigen Preises auf 16mm-Negativmaterial umgestiegen wurde. Dieses geschah mit Zustimmung des Fernsehdirektors. Die Chancen auf internationale Verwertungen erhöhten sich durch die Verwendung dieses Materials. Wir schreiben den 27. Juli 1984. Der erste Drehtag ist der 30. Juli. Vom 16. Juli bis zum 28. Juli gab es bereits Proben in den Leitzwerken.

Die inhaltlichen Vorbereitungen der Beteiligten: Redaktion, Drehbuchautoren, Produktion, Regie (Regisseur, Kameramann, Regieassistentinnen), der einzelnen Gewerke (Szenenbild, Kostümbildnerin, Maskenbildner, Außen- und Innen-Requisite, Pyrotechnik) und der Schauspieler können hier lediglich angedeutet werden.

Die Nutzung der historischen Quellen durch die Beteiligten war den Aufgaben und Funktionen entsprechend unterschiedlich. Allen Beteiligten gemeinsam war die optische Auseinandersetzung mit der Zeit. Neben den Sammlungen an zeitgenössischer Publizistik erwies sich die landesgeschichtliche Literatur in Südwestdeutschland als ergiebig. Wichtige Hinweise, auch für Ausstattung und Maske, fanden sich in der Dauerausstellung »Erinnerungsstätte für die Freiheitsbewegungen in der deutschen Geschichte« und im Wehrgeschichtlichen Museum Rastatt, ebenso im Generallandesarchiv Karlsruhe.

Das Bemühen der Gewerke galt dabei der Vorgabe des Regisseurs, möglichst viele Originalmaterialien, Objekte und Requisiten zu beschaffen. Europaweit wurde auch bei privaten Ausstattungsfirmen recherchiert. Zusätzlich fertigten dennoch die SWF-eigenen Werkstätten etwa 350 Objekte an, unter anderem schussfähige Kanonen und Protzen, Fassadenfluchten, sogar die Silhouette Rastatts, Wachhäuser, Stühle, Tische, bis hin zu Matten aus Styropor, die als Kopfsteinpflaster zum Kaschieren von Asphaltstraßen dienten. Darüber hinaus wurden die Dienste von ortsnahen Wagnern, Korbflechtern, Glasbläsern, Metallgießern und Druckern in Anspruch genommen.

Für den Kostümbereich stellte der geplante Einsatz zahlreicher Statisten von Anfang an die Aufgabe, die Qualität des Materials trotz der benötigten Quantitäten zu wahren. Kein erreichbarer Fundus hatte die erforderliche Zahl zeitgenössischer Uniformen und Kleidungsstücke. Sie mussten bei verschiedenen Stellen entliehen und zusätzlich in großem Umfang hergestellt werden. Bei der Umsetzung alter Vorlagen in neue Schnittmuster waren auch die unterschiedlichen Körpergrößen der 1849 und heute lebenden Menschen zu berücksichtigen. Originalteile und Orden mussten recherchiert und entliehen, Abgüsse gefertigt und reproduziert werden. Der Ärmlichkeit des Materials des Jahres 1849 war – auch bei der Solistengarderobe – Rechnung zu tragen. Insgesamt befanden sich etwa 13 000 Kostümteile im Lenz-Fundus, die in unterschiedlicher Zusammensetzung für circa 1 300 Kostüme dienten. Zusätzlich mussten vom SWF-Pyrotechniker mehr als 100 komplette, schussbereite Gewehre und etwa 300 Säbel besorgt und gepflegt werden.

Bevor auf die Arbeit der Regie näher eingegangen wird, soll zunächst die wissenschaftliche Begleitung des Filmprojektes kurz vorgestellt werden. Als wissenschaftlicher Berater vor und während der Dreharbeiten konnte bei ausgewählten Szenen Dr. Ulrich Schiers gewonnen werden, wissenschaftlicher Mitarbeiter des Wehrgeschichtlichen Museums in Rastatt. Die Beratung hatte sich ursprünglich aus dem Wunsch ergeben, in Uniformdingen historisch authentisch zu sein. Die Zusammenarbeit erweiterte sich auf militärtechnische Fragen, angefangen bei den 1849 üblichen korrekten militärischen Befehlen, über den Ablauf von Gefechten bis hin zum Alltagsleben der Soldaten.

Als weiterer Punkt der wissenschaftlichen Begleitung und Unterstützung des Filmprojektes ist noch die Herausgabe des ›Buchs zum Buch zum Film‹ zu nennen, wie es etwas despektierlich in einer späteren Filmkritiken hieß. Unter dem bereits zitierten Titel »Abenteuer Revolution, Der SWF Film Lenz oder die Freiheit«, publizierten hier neben den Herausgebern Friedrich P. Kahlenberg und Dietrich Mack, die Autoren Peter Schulze-Rohr, Dieter Berner, Thomas Koebner, Tilman Koops, Hubert Locher und Thomas Fenske für den dokumentarischen Teil.

Zurück zur Regiearbeit: In einem ersten Schreiben an Dr. Mack vom April 1983 schrieb Dieter Berner unter anderem: *1. Stefan Heym stellt einen Zusammenhang zwischen Lebensumständen einzelner und dem großen Gang der Geschichte dar. Darin ist seine Konzeption ähnlich der »Alpensaga« von Pevny und Turrini. Aus dem Konflikt neuer Ideen mit einer beharrenden, nur träge sich verändernden Realität bezieht die Handlung einen Teil ihrer Dramatik. Dem politischen Vokabular des Volksaufstandes im Herzogtum Baden im Jahre 1849 stehen die Schwierigkeiten der idealistischen Neuerer im Umgang mit realer Macht gegenüber. Die vielen, lustvoll geschilderten Figuren geben mit ihren sehr unterschiedlichen Motivationen ein realistisches Bild des Räderwerks Gesellschaft. Ein revolutionärer Finanzminister, der von seinen Beamten nicht einmal erfährt, wieviel Geld tatsächlich in den Staatskassen liegt, ist ein treffendes Beispiel für die Hürden einer Revolution und gleichzeitig eine Differenzierung des Begriffs »politische Macht«. So ist das Buch einmal in seiner aufklärerischen Dimension spannend und aufregend, aber gleichzeitig und in erster Linie eine Abenteuer- und Liebesgeschichte um den Helden Lenz, die Frauen Lenore und Josepha und den Freund Christoffel.*[9]

Nachdem Dieter Berner einer Verfilmung zunächst skeptisch gegenüber gestanden hatte, da er die direkte Umsetzung fürs Fernsehen als zu belehrend empfand – wie er in einem Interview äußerte –, änderte sich diese Haltung. Seinen persönlichen Zugang zu diesem Thema beschrieb er so: »Im Laufe der Zeit habe ich aber bemerkt, dass in der

---

9 Handakten HA FS-Spiel und Musik sowie Dieter BERNER: Wie durch ein Brennglas, in: KAH-LENBERG/MACK (wie Anm. 4), S. 17–19, hier: S. 17.

Geschichte sehr viele Dinge drinnen sind, die mich ganz unmittelbar betroffen haben, und zwar eigentlich die politische Auseinandersetzung: die Vermischung dieser politischen Auseinandersetzung der 48er Revolution in Deutschland mit persönlichen Schicksalen. Und ich habe daraus irgendwie abgelesen, ablesen können, die Problematik der politischen Auseinandersetzung auch heute. D. h., ich habe das Gefühl gehabt, dass da jemand Geschichte geschrieben hat, die in einer politisch sehr heißen Zeit gespielt hat, der aber selber politisch sehr tief betroffen ist davon, weil es eben um seine eigenen Probleme geht. Nämlich um die Probleme oder um den Wunsch, die Sehnsucht, in dieser Gesellschaft Veränderungen zu bewirken.«[10]

Dass für Dieter Berner dabei eigene Erfahrungen aus der 68er Zeit gegenwärtig wurden, ergibt sich aus der bereits kurz vorgestellten Biographie. Diese persönliche Betroffenheit benennt der Drehbuchautor und Regisseur als seine eigentliche Motivation, auf dieses Filmprojekt einzusteigen.

Die Begeisterung für die bereits vorgestellte Rahmenhandlung, die Einleitung des Romans wie des Films, teilte Dieter Berner durchaus mit den Programmverantwortlichen. Für ihn wird dadurch deutlich, »dass ja alles Wurzeln hat. Dass die Geschichte ähnlich zu verstehen ist, nicht nur was einmal war, sondern eigentlich als ein beständiger Prozess, der immer weiter läuft, dass man da irgendwie wie beim Baum runtergeht in die Wurzeln, von wo man herkommt. Von wo das eigentlich alles herkommt, was man jetzt fühlt und was man jetzt tut.« Das Erzählen solcher Geschichten beziehungsweise der Geschichte sieht Dieter Berner als sein Anliegen und eine Aufgabe der Kultur an.[11]

Die Besetzung der Rollen und die Arbeit mit den Schauspielern ist für Dieter Berner das zentrale Mittel, um Geschichten zu erzählen. Ausgangspunkt der Regiearbeit waren die vier Hauptrollen. Dieter Berner beschreibt dieses so: »Für mich ist das Wichtigste gewesen, dass man mit den Schauspielern Konstellationen herstellt, die die Dramatik der Geschichte ermöglichen. Dass die Schauspieler so ausgesucht sein müssen, dass sie schon von sich aus, von ihrem Charaktertyp, von ihrem Aussehenstyp, aufeinander prallen, diesen Gegensatz bedienen, der von der Geschichte her erfordert wird.«[12]

Da Dieter Berner in der Person und Biographie des Schaubühnen-Mitglieds Peter Simonišek seine Idealbesetzung für die Rolle des Andreas Lenz sah, erklärt sich auch sein beharrliches Festhalten an dieser Besetzung, was – wie oben bereits angesprochen – zur Reduzierung des Studioanteils und damit zu höheren Kosten führte.

Neben Proben mit den Hauptdarstellern gab es ebenfalls Casting- und Proben-Termine für alle kleineren Rollen. Gemeinsam mit dem Kameramann und unter Anwendung einer von Dieter Berner entwickelten Methode der Meditation, Konzentration und Improvisation ergab sich so selbst für kleine Rollen eine etwa jeweils einstündige Arbeit zwischen den Drehphasen. Ein Umstand, der später viel Zeit beim Drehen spart, wie Dieter Berner betont, da die grundsätzliche Festlegung der Rolle bereits im Vorfeld gemeinsam zwischen Regisseur und Kameramann, Schauspielerinnen und Schauspielern erarbeitet wurde. Schauen wir in die Besetzungsliste, so finden sich etliche Schauspieler, deren

---

10  Interview des Verf. mit Dieter Berner, 8. September 1984.
11  Ebd.
12  Ebd.

Namen heute allgemein bekannt sind, die 1983 aber bestenfalls für Insider als Talente galten: Dominique Horwitz als Goegg, Ulrich Tukur als Engels, Christoph Walz als Sigel, Dominic Raacke als Heilig, Uwe Ochsenknecht als Rinkleff, Roland Schäfer als Soldat und Barbara Auer als Mädchen, um nur einige zu nennen, von den damals bereits vom Bildschirm bekannten Schauspielerinnen und Schauspielern einmal abgesehen.

Zum Lustgewinn an der eigenen Arbeit befragt, gab Dieter Berner zu Protokoll: »[Der] besteht einfach darin, wenn solche Szenen gelingen, wo man das Gefühl hat, jetzt hat man vielleicht so ein Stück Geschichte oder so eine Vorstellung von Geschichte erwischt, so dass man das Gefühl hat, so könnte es etwa gewesen sein. Oder eben auch, wenn sich unter den Leuten miteinander etwas abspielt. Das ist für mich auch immer der Beweis dafür, dass man vielleicht der Wahrheit nahe kommt. Wenn sich zwischen Schauspielern etwas abspielen kann, das heißt dann auch, dass man eine Szene so angelegt hat, dass etwas Reales da drinnen passieren kann. Für mich ist das der wichtigste Beweis dafür, ob ich die Realität treffe, ob die Schauspieler imstande sind, das auch mit ihrem eigenen Leben zu erfüllen.«[13]

Die erste Drehphase vom 30. Juli bis zum 5.Oktober 1984 umfasste 49 Drehtage. Drehorte waren Völkersbach, Karlsruhe, Rastatt und Umgebung, Schloss Rothenfels, Weissenburg, Niederrödern, Bruchsal und Baden-Baden. In der zweiten Drehphase vom 15. April bis 21. August 1985 wurde an 86 Drehtagen gefilmt. Rastatt, Wintzenbach, Baden-Baden und Umgebung, Belfort, kleinere Orte im Elsaß, Kurhaus Sand, ein Studioteil in Baden-Baden, Weissenburg und Umgebung, die Rheinauen, Munchhouse, Forbach und das Schloss Karlsruhe waren die Drehorte. Ein zweitägiger Dreh mit Peter Simonišek, dem Kameramann Toni Peschke, Dieter Berner und dem Produktionsleiter Jürgen Venske für einen Teil der Einleitung fand vom 26. bis 28. September in Gettysburg statt. Eine dritte Drehphase mit verkleinertem Team führte im Oktober 1985 für insgesamt 9 Drehtage nach Vevey an den Genfer See, Baden-Baden, Wintzenbach, Weissenburg und Schloss Favorite.

Insgesamt wurden 54 feste Schauspielerrollen besetzt, und mehr als 60 ständige Stabmitglieder arbeiteten kontinuierlich an dem Film. Mehr als 5 200 Statisten mussten eingekleidet und inszeniert werden, die Anzahl der Pferde lag bei über 480, von Pferdestunts über Polizeipferde bis hin zu einfachen Reitpferden.

## Der Film

Am 15. Oktober 1985 sprach Stefan Heym bei einem Besuch in Baden-Baden anlässlich der Vorführung des bisher geschnittenen Materials auf Bitte Dieter Berners die Texte des Sprechers.

Bis Ende 1985 arbeiteten Regisseur und Cutter am Filmschnitt. Dabei stellte sich heraus, dass die für jede Folge geplanten 90 Minuten gut erreicht worden waren. An einzelnen Stellen wurden Szenen umgestellt oder Handlungsabläufe zusammengezogen. In den Winter- und Frühjahrsmonaten des Jahres 1986 erfolgte die musikalische Bearbeitung des

---

13  Ebd.

Films durch Peter Fischer, die Synchronisation und Herstellung der Geräusche. Aufnahmen mit der Trickkamera und grafische Bearbeitung schlossen sich an. Die Endfertigung dauerte dann bis in den Sommer 1986.

## Die Akzeptanz

Friedrich P. Kahlenberg schildert in seinem Beitrag zum bereits genannten Buch »Abenteuer Revolution« unter der Überschrift: »Aufklärung und Unterhaltung. Geschichte im Fernsehen«, komprimiert und inhaltsvoll die Vermittlung von historischen Inhalten für ein breites Publikum. Die Schnittstelle für das 19. Jahrhundert ist der Roman, die des 20. Jahrhunderts das Medium Film, um die Ausführungen Kahlenbergs etwas plakativ wiederzugeben.

Seine Bewertung der Rahmenhandlung, der Einleitung, wurde bereits zitiert. Kahlenberg weist auch darauf hin, dass sich »Lenz oder die Freiheit« bei der Ausstrahlung im Herbst 1986 gegen eine Reihe weiterer historischer Serien behaupten muss: die WDR-Produktion »Väter und Söhne«, die die Geschichte des IG-Farben Konzerns erzählt und mit den Namen großer Stars warb, die achtteilige amerikanische Serie über Zar Peter den Großen, die Filme über Ludwig II. von Bayern und Friedrich II. von Preußen, um nur einige zu nennen.

»Hat Geschichte Konjunktur? Zumindest findet das verbreitete Interesse der Zuschauer an geschichtlichen Themen die gebührende Aufmerksamkeit der Programmverantwortlichen. Dass sie dabei die intendierte Aufgabe der Aufklärung mit künstlerischen Mitteln zu bewältigen vermögen, die letztlich um so eindringlicher wirken, je beiläufiger sie sich der pädagogischen Verpflichtung entledigen, bleibt die legitime Erwartung der Zuschauer. Weder der Autor des Romans noch die Realisatoren der Fernsehserie ›Lenz oder die Freiheit‹ scheuten die unterhaltende Qualität des Stoffes. Den Fernsehfilm anzuschauen, verspricht so auch eine gute Unterhaltung. Dass die Serie auch zur Nachdenklichkeit der Zuschauer und zu einer weiteren Beschäftigung mit der Badischen Revolution, mit der Entfaltung demokratischer Freiheit in Deutschland einladen kann, ist ebenso gewiss.«[14]

Um quantitative und qualitative Aussagen über die Bewertung der Zuschauer bei der Ausstrahlung der Fernsehserie »Lenz oder die Freiheit« vornehmen zu können, führte die Medienforschung des Südwestfunks zwei Staffeln von Telefoninterviews durch. Die erste nach der Ausstrahlung der ersten Folge, bei der 127 Personen befragt wurden, die zweite nach Ausstrahlung der gesamten vier Folgen mit insgesamt 314 repräsentativ ausgewählten Zuschauern. Die allen Rundfunkanbietern zur Verfügung stehenden Einschaltquoten, die in Zweiminutenschritten die Sehbeteiligung wiedergeben, wurden in dieser Studie ebenfalls ausgewertet[15].

---

14  KAHLENBERG (wie Anm. 4), S. 115.
15  W. KLINGLER, Medienforschung. Lenz oder die Freiheit. 26. 11. 1986, unveröffentl. Studie. Der Verf. dankt Dr. Walter Klingler, der die Studie zur Veröffentlichung des Referats und dieser Publikation freundlicherweise zur Verfügung stellte.

»Insgesamt 17 % Einschaltquote erreichte der erste Teil, 24 % der zweite 14 % der dritte und 11 % der vierte Teil. (Zahl der Fernsehhaushalte 22,73 Mio.). Bezogen auf Personen ab 6 Jahren in Fernsehhaushalten bedeutet dies, dass nur die beiden ersten Folgen über eine 10 % Hürde kamen: 11 % aller Personen ab 6 Jahren sahen den ersten Teil, 15 % den zweiten, 9 % den dritten und 8 % den vierten Teil (Personen ab 6 J. in Fernsehhaushalten 51,74 Mio.).« Bis auf die vierte Folge, deren Sehbeteiligung relativ konstant blieb, war die Anzahl der Zuschauer zu Beginn größer als zum Ende der Folgen. Ältere Zuschauer, an erster Stelle die Altersgruppe der 50–64jährigen, waren die stärksten Nutzer.

»Regionale Unterschiede [der Nutzung; d. Verf.] existieren, allerdings nicht in erwartbarer Weise (Handlungsort Baden-Württemberg = dort höhere Werte). Die höchste Zuschauertreue war in Hessen zu registrieren (6 % aller Zuschauer hatten dort drei oder vier Folgen gesehen). In Baden-Württemberg wurde der mittlere Wert 3 % erreicht. [...] Vier Dimensionen spielten als Gründe für die positiven Voten bei der Zuschauerbefragung eine Rolle: die Thematik (50 % aller Befragten gaben an, diese hätte ihnen besonders gut gefallen, hier insbesondere der geschichtliche Stoff), die Charaktere/Schauspieler (32 %), die Ausstattung/Inszenierung (31 % ) und die Realitätsnähe (28 % ). [...] Und das waren die Gründe für die Aussteiger während der ersten Folge: In erster Linie der Bewertung langatmig/langweilig (24 % aller Befragten, also ca. 62 % der Kritiker incl. derjenigen, die »mittelmäßig« beurteilten.) Aber auch die Brutalität/Derbheit (15 bzw. 38 %) sowie Probleme mit der Verständlichkeit wurden genannt (13 bzw. 33 %). Der erste Teil wurde von den befragten Zuschauern vor allem als eine Mischung aus Dokumentarfilm und geschichtlich-historischer Verfilmung mit informativ-lehrreichem Inhalt gesehen. Allerdings wurde in starkem Maße auch die Unterhaltung akzeptiert: 7 % meinten, das Fernsehen wollte mit »Lenz oder die Freiheit« einen unterhaltsamen Film bringen, 28 % ein geschichtliches Ereignis darstellen, 65 % beides gleichermaßen. [...] Das generelle Interesse am Thema Badische Revolution war bei allen Befragten allerdings deutlich geringer als das prinzipielle Interesse an historischen Stoffen.«

Soweit einige Ergebnisse der Arbeit von Dr. Walter Klingler.

Die Pressestimmen in den Printmedien waren sehr unterschiedlich, stellten allerdings häufig kritisch heraus, dass die Handlungsabläufe zu verwirrend seien und die historischen Inhalte gegenüber einem bunten Bilderbogen ins Hintertreffen gerieten. In der Beurteilung der Fernsehserie deckten sich die Pressestimmen, grob beschrieben, mit denen der Zuschauerbefragungen.

Einige abschließende Thesen sollen Diskussionsansätze liefern, warum die Fernsehserie »Lenz oder die Freiheit« von den Zuschauern nicht wie von Verantwortlichen und Beteiligten erhofft angenommen wurde:

1. Der Film fiel aus den 1986 üblichen Sehgewohnheiten eines breiten Fernsehpublikums heraus. Gleichwohl sind im Schnitt zum Teil Zugeständnisse an den »vermeintlichen« Publikumsgeschmack gemacht worden. Einzelne, ursprünglich lange, ruhige Sequenzen wurden von Dieter Berner dynamisiert, das heißt unterschnitten. Mehr Vertrauen in das selbst gesetzte ursprüngliche Konzept hätte möglicherweise deutlicher den fernseh-ästhetischen Aspekt – und damit den Anspruch des Films – in das Bewusstsein der Zuschauer gebracht.

2. Das Thema Badische Revolution 1849 war nicht so stark im gesellschaftlichen Bewusstsein verankert wie zum Beispiel das Jahr 1848. Dies zeigten auch die Interviews

mit den Schauspielern. Die Ereignisse des Jahres 1849 in Baden sind deshalb nicht so emotional besetzt wie beispielsweise die Geschichte des IG-Farben-Konzerns oder die der beiden Weltkriege.

3. Aus heutiger Sicht – vom Regisseur bereits damals kritisiert – muss festgestellt werden, dass die Werbeaktivitäten seitens des Senders nicht ausreichend waren. Von den damals üblichen Fernseh-Trailern, Pressevorführungen und Pressekonferenzen und der Unterstützung im SWF-Hörfunkprogramm einmal abgesehen, wäre eine breitere PR-Kampagne, unter anderem mit Fernseh-Beiträgen und Diskussionsrunden, sicherlich hilfreich gewesen, um ein größeres Publikum für diesen Zeitraum unserer Geschichte zu sensibilisieren.

4. Es gab in den Hauptrollen nicht die »großen Namen«, die einem breiten Publikum aus Film oder Fernsehen bekannt waren.

5. Der Film wurde 1986 ausgestrahlt, also zu einer Zeit, die allgemein gesellschaftlich eher als konservativ denn als reformfreudig empfunden wurde und einzuordnen ist.

Es ist sicherlich unstrittig, dass öffentlich-rechtliche Rundfunkanstalten – und damit auch Fernsehsender –, die hauptsächlich aus den Gebühren aller Rundfunknutzer finanziert werden, sich auch an den Bedürfnissen ihrer Zuschauer orientieren müssen. Ebenfalls unstrittig ist eine Veränderung der Sehgewohnheiten seit der Existenz des dualen Systems in Deutschland zu beobachten. Als Beispiel sei hier lediglich der Sport genannt: von der traditionellen Berichterstattung mit einem Übertragungswagen hin zur Inszenierung eines – wie es neudeutsch heißt: Events, mit dem damit verbundenen technischen und auch finanziellen Aufwand. Eine Herausforderung, der sich auch die öffentlich-rechtlichen Sender stellen müssen. Nicht zuletzt haben die Auswirkungen der Produktion »Lenz oder die Freiheit« aber gezeigt, dass bei den Verantwortlichen die Tendenz Raum greift, das finanzielle Risiko so gering wie möglich zu halten. Das hat zur Folge, dass große Produktionen nicht mehr in der Produktionsverantwortung der Sender liegen, sondern als Auftragsproduktionen vergeben werden. Der Primat der Einschaltquote mutiert so zum Primat der Ökonomie mit all den aus der Geschichte der Medien bekannten Gefahren, bei gleichzeitiger Fortentwicklung der Mediengesellschaft. Die Südwestfunk-Eigenproduktion »Lenz oder die Freiheit« hat aber auch gezeigt, was öffentlich-rechtliche Rundfunkanstalten – noch – leisten können. Die Verantwortlichen wie auch die Mitarbeiter sollten sich dieser Stärke bewusst sein und trotz aller notwendigen Einsparungen die Kraft finden, den Auslagerungs- und Privatisierungstendenzen zu widerstehen, um so auch zukünftig dem »Lenz« vergleichbare Projekte zu realisieren, auch wenn sich dieses nicht immer in Einschaltquoten niederschlägt.

# Helfen können nicht Festschmause und Toaste, nicht das Singen von Heckerliedern und anderen Gesängen … (Friedrich Hecker, 1848) Erinnern und Identität im deutschen Südwesten 1997–1999

VON CLEMENS REHM

## I. Prolog

Feiertag

Papp
  Hm
Wieso hast n heut frei?
  Siebzehnte Juni.
Is n da los?
  Da ist der Aufstand in der Zone gewesen.
In welcher Zone?
  In Mitteldeutschland.
Wo issen das?
  Na, hinter der Oder!
…
Wer issen da aufgestanden?
  … Na, die Arbeiter.
Was ham die n gewollt?
  Mehr Freiheit.
Und?
  Der Aufstand wurde niedergeschlagen.
Und wieso hast *du* dann heut frei?[1]

Ein lakonisches Gedicht von Wolf-Dietrich Schnurre aus dem Jahr 1973, ein entlarvender Dialog, der Erinnerung nur noch als Fassade für eigene Vorteile »ent-deckt«. Ein Feiertag als freier Tag. Fast ist man geneigt anzunehmen, dass der 17. Juni nach weiteren

1  W. SCHNURRE, Ich frag ja blos. [Großstadtkinderdialoge], München 1973, Frankfurt, Berlin, Wien 1977, S. 78f.

30 Jahren auch ohne die Ereignisse des Jahres 1989 als Feiertag hätte abgeschafft werden können. Die Etablierung eines in weiten Kreisen der bundesrepublikanischen Gesellschaft unumstrittenen Gedenktages zum Aufstand 1953 muss rückblickend als gescheitert angesehen werden. Nun ist in der Bundesrepublik der 17. Juni zugunsten des 3. Oktobers aufgegeben worden. Der offizielle Kalender wurde dem Stand des kollektiven Erinnernwollens oder korrekter des Nicht-Erinnernwollens an den gescheiterten Aufstand 1953 angepasst und gleichzeitig ein neueres – erfolgreicheres – Ereignis ins Zentrum gerückt. Selten wurde so drastisch wie durch den Austausch dieser Feiertage deutlich gemacht, dass »Erinnerung« – »offizielle Erinnerung« – und die »Pflege der Erinnerung« ein zutiefst politischer und politischen Einflüssen unterworfener Prozess ist, der sich zugleich einer Steuerung entziehen kann. Der Zweck der Umwertung liegt ebenfalls auf der Hand. Sowohl das Gedenken an den 17. Juni als auch an den 3. Oktober sollten »identitätstiftend« wirken: der 17. Juni als Zeichen für die erhoffte, aber unerfüllte Einheit – ein Zustand, mit dem sich die Bundesrepublik in den 80er Jahren schon abgefunden hatte – und der 3. Oktober als Beginn der wiedergewonnenen Einheit.

## II. Die unterbrochene Tradition

Historische Ereignisse und die mit ihnen verknüpften politischen Prozesse provozieren unsere Gretchenfrage: Wie haltet ihr es mit der Erinnerung an die Revolution 1848/1849 – auch so ein vermeintlich »gescheitertes« Ereignis? An was »wollen« und »sollen« wir uns erinnern? Die Herausstellung welcher Orte und welcher Personen, die Erinnerung an welche Ereignisse und welche Ideen aus diesen beiden Jahren kann Identität fördern oder gar entstehen lassen? Und wie wird diese Erinnerung von wem akzentuiert: zum Beispiel als »Revolution badischer Demokraten«, als »Deutsche Einheits- und Freiheitsbewegung« oder als »Europäischer Völkerfrühling«?

Gibt es diese gemeinsame Erinnerung überhaupt noch? Oder dienen historische Ereignisse in einer pluralen Gesellschaft nur noch Gruppeninteressen? Sucht sich jeder aus dem Kaleidoskop der Revolutionsgeschichte nur die Bilder, die ihm beispielsweise zur Legitimation seiner aktuellen politischen Interessen dienen können: Friedrich Hecker – als Kämpfer der Entrechteten für die PDS, Carl Mathy – als ungeliebter Realpolitiker für die SPD, Adolf Kolping – für eine soziale CDU, der lavierende Heinrich von Gagern – für die FDP und der Vegetarier Gustav Struve – vielleicht für die Grünen?

Was heute sehr komplex erscheint, war vor 150 Jahren simpler: Für die Zeit unmittelbar nach der Niederschlagung der Revolution war eine öffentliche Reminiszenz an diese Zeit gefährlich: *Die beiden Schiffsreiter Heinrich Herrmann von Seckenheim und Peter Keller von Neckarhausen ritten mit ihren Pferden am 15. April* [1850; d. Verf.] *auf dem Rückwege von Kannstadt durch den Ort Rohrbach. Als sie das Ende des Dorfes erreicht hatten, stimmten beide aus voller Kehle das s. g. Heckerlied an, welches sie eine Zeitlang fortsangen, indem sie nach Angabe eines Zeugen noch dabei ihre schwarzen s. g. Heckerhüte schwangen.* [Und jetzt folgt einer der Sätze, der alle Vorurteile über die Sprachgewalt von Beamten bestätigt:] *Da erst kurz zuvor ein Pursche von Steinsfurth gleichfalls bei Rohrbach den Hecker hoch leben ließ und ein revolutionäres Lied auf offener Straße sang, und deshalb zu dreimonatlicher Arbeitshausstrafe verurteilt wurde, und da das Amt*

*Sinsheim* [...] *sich zum Grundsatz gemacht hat, alle Versuche, die frühere Anarchie wieder zurückzuführen, auf das strengste zu bestrafen, so hat das Amt gegen diese beiden Purschen, die ihre Neigung zur Unordnung und ihren Mangel an Achtung vor dem Gesetze nicht allein durch Kleidung, sondern auch durch Absingen verbotener Lieder offenbar zur Schau tragen, den Antrag auf 3 Monat Arbeitshausstrafe gestellt, welchem Antrag auch von Seiten des Polizeidistrikts-Befehlshabers entsprochen wurde.*[2]

Schon die Offenburger Bürger hatten sich vor dem Einzug der Preußen schnell ihre Vollbärte abrasiert[3], die Heckerhüte waren offiziell verrufen und das Singen des Heckerliedes stand unter Strafe. Die Symbole der Revolution wurden zwar für individuelle Bekenntnisse immer wieder eingesetzt – so trug der Offenburger Reichstagsabgeordnete Adolf Geck den Heckerhut 1899 demonstrativ in Berlin[4] –, aber jegliche Traditionsbildung dieser Art wurde als staatszersetzend angesehen und war offiziell unterbrochen worden.

## III. Die wieder aufgenommene Tradition

Ein schweifender Blick über die letzten drei Jahre kann selbstverständlich Ende 1999 kein endgültiges Urteil erkennen lassen, erst recht nicht von einem, der Betrachter und Beteiligter zugleich war. Selbst die offiziell zu erstellenden Bilanzen werden gerade erst zusammengetragen. Ich werde also versuchen, einen ganz persönlichen roten Faden zu entdecken, ihn mit all seinen Schlaufen und Knoten zu verfolgen und dem Leser zuzumuten, dass vielleicht hinterher mehr Fragen aufgeworfen denn beantwortet werden.

Zuerst aufgefallen ist mir 1997 die Wiederaufnahme von äußeren Erkennungsmerkmalen und Symbolen der Revolution. Aller Orten schwarz-rot-goldene Fahnen; es tauchten jene inkriminierten Heckerhüte wieder auf – und dass deren Tragen heute nicht mehr strafbewehrt ist, war schließlich jedem klar, als Ministerpräsident Teufel bei der Eröffnung der Landesausstellung damit posierte: Revolution, Revolutionsattribute als Modeelement[5]. Und wem das Kaufen solcher Kopfbedeckung – oder besser: bekenntnishaften Devotionalie – zu prosaisch war, konnte die Hüte im Badischen Landesmuseum eben selber filzen[6]. Unverkennbar durchzog das Land ein folkloristischer Akzent; und als die

2   GLA 233/20259 Bericht des Ministeriums des Innern an das Staatsministerium vom 21. Juni 1850. Grundlage für die am 28. Juni 1850 erfolgte Begnadigung der am 3. Mai 1850 ins Arbeitshaus in Bruchsal eingelieferten Gefangenen.
3   Auskunft Stadtarchiv Offenburg 8. März 2000.
4   D'r alt Offeburger 25/1899, nach H.-J. FLIEDNER, Eine Stadt erinnert sich. Versuch einer lokalen Aufarbeitung des Erinnerns an die Demokratiebewegung 1847 bis 1849, in: D. LANGEWIESCHE (Hg.), Demokratiebewegung und Revolution 1847 bis 1849, Internationale Aspekte und Europäische Verbindungen, Karlsruhe 1998, auch Sonderdruck der Stadt Offenburg, Eine Stadt erinnert sich, Offenburg 1999, S.10–35, hier: S.21.
5   Vgl. u. a. Badisches Tagblatt, Rastatt, 2. März 1998.
6   Zum pädagogischen Begleitprogramm zur Landesausstellung »1848/49. Revolution deutscher Demokraten«, Karlsruhe 28. Februar bis 3. August 1998, vgl. Staatsanzeiger Baden-Württemberg 19/1998 vom 18. Mai 1998, S. 6: »Der Revolution auf der Spur«.

damaligen Lieder wieder ausgegraben und vielfältig erschallten, verwandelte sich Baden-Württemberg in einen revolutionär angehauchten Musikantenstadl[7].

## IV. Das Vorfeld

Die Ereignisse und Events dieser drei Jahre sollten – und da waren sich die Vordenker überall einig – auf einer wissenschaftlichen und einer politischen Ebene stattfinden, die sich freilich gegenseitig bedingten und auch befruchteten:

### 1. Organisation der wissenschaftlichen Ebene

Selbstverständlich stand erst einmal die Organisation einer wissenschaftlichen Ebene auf der Tagesordnung. Für die sorgfältige Präsentation der historischen Ereignisse sollte dies die Grundlage sein und gleichzeitig die Voraussetzung für alle Auseinandersetzungen mit dem Thema »Revolution« werden[8]. Das schien umso notwendiger, als noch 1991 Dieter Langewiesche Baden nicht zu unrecht als »historiographisch vernachlässigtes Revolutionszentrum«[9] bezeichnet hatte. Folgerichtig lud die Stadt Offenburg schon 1993 zum ersten von mehreren Kolloquien »150 Jahre deutsche Revolution« ein, denen so genannte Forschungsbörsen zum Austausch von Arbeitsvorhaben angeschlossen waren. Ziel war die Anregung, sich in Forschung und Lehre mit dem Themenkomplex zu beschäftigen.

Hans-Joachim Fliedner hat als Motiv für diesen Anstoss – neben der Vertiefung der lokalen Geschichte – die fehlende nationale Identität oder mit den Worten von Klaus von Dohnany das »fehlende positive gesamtdeutsche Nationalbewusstsein«[10] genannt. Fliedner und Dohnany knüpfen damit an Gustav Heinemann an, der es – für die Bundesrepublik – als Erster 1974 vermochte, den Blick auf die verschütteten demokratischen Traditionen Deutschlands als Basis der Bundesrepublik zu lenken und auch einen institutionellen Rahmen für die Erinnerung zu schaffen: im Rastatter Schloss die »Erinnerungsstätte für Freiheitsbewegungen in der Deutschen Geschichte«. Die Behandlung dieser Gedenkstätte durch den Bund blieb freilich stiefmütterlich: Finanziell ohne irgendwelche Möglichkeiten, jahrelang von einem ehemaligen Lehrer geleitet, der sich noch 1995 auf einem Tref-

---

7 Von den vielen CDs, die erschienen, seien hier genannt: der ambitionierte Sampler mit diversen Interpreten, hg. vom Deutschen Volksliedarchiv: 1848 – »…weil jetzt die Freiheit blüht«. Lieder aus der Revolution von 1848/49, 1998; D'Gälfiäßler: »Die Gedanken sind frei«. Freiheitslieder vom Mittelalter bis zur 1848er Revolution, 1998; Mundarttheater Wissädalä Duddärä, Lieder zur Badischen Revolution, 1998. Im Jahr 1974 verlief die Erinnerung an 1848/49 musikalisch stiefmütterlich. Außer der Schallplatte »Deutsche Lieder 1848/49«, Songbird 1974, von Hein und Oss Kröher, die sich um dieses Liedgut sehr verdient gemacht haben, gab es kaum Publikationen (diese Interpreten inzwischen selbstverständlich auch auf CD). Auf dem Plattencover von 1974 befindet sich eine kurze Geschichte dieser Lieder und ihrer Veröffentlichungsmöglichkeiten in den 60er und frühen 70er Jahren aus der Sicht der Betroffenen.
8 FLIEDNER (wie Anm. 4) S. 13.
9 D. LANGEWIESCHE, Die deutsche Revolution von 1848/49 und die vorrevolutionäre Gesellschaft: Forschungsstand und Forschungsperspektiven, Teil II, in: Archiv f. Soz.gesch. 31 (1991), S. 331–442, hier: S. 331.
10 Nach FLIEDNER (wie Anm. 4), S. 10, Anm. 4.

fen des SS-Freundeskreises in der Nähe der Himmler-Witwe sichtlich wohlfühlte[11], hat sie die Funktion der positiven Traditionsbildung nicht erfüllen können, die ihr nicht nur von Bundespräsident Heinemann zugedacht worden war. Wäre hier nicht eigentlich die Stelle gewesen, die im Vorfeld der Erinnerung an die Revolution alle Kräfte – und zwar deutschlandweit – hätte bündeln und die Konzepte für eine gesellschaftliche Bearbeitung und Verankerung des Themas hätte erarbeiten können und müssen? Immerhin – mit der neuen Leitung ab 1996 hat das Bundesarchiv, dem die Erinnerungsstätte unterstellt ist, mit kräftiger Schützenhilfe des dort seit 1994 existierenden Fördervereins die verbleibende kurze Zeit genutzt und die nicht nur didaktisch völlig überholte Ausstellung aus ihrem Dornröschenschlaf geweckt. Sie wurde, inhaltlich und formal ansprechend gestaltet, 1999 wiedereröffnet. Gleichzeitig rief sich die Erinnerungsstätte durch zahlreiche Veranstaltungen in Erinnerung. Nicht zuletzt die Tatsache, dass eine der »Rückblickstagungen« auf die Ereignisse 1997–1999 am 12. November 1999 dort organisiert wurde, zeigt den gewandelten Anspruch der Erinnerungsstätte. Aber auch daran sei erinnert: Für die Umgestaltung der Dauerausstellung, die ja nun mindestens ein Jahrzehnt im wesentlichen unverändert bleiben soll, stand nur ein Bruchteil der Mittel zur Verfügung, die für die Landesausstellung zur Revolution in Karlsruhe oder für die Wechselausstellungen des Hauses der Geschichte der Bundesrepublik in Bonn verwendet werden konnten. Und das, obwohl ein Jubiläum vor der Türe stand! Wie es ohne den Anlass »Erinnerungsjahr 1999« ausgegangen wäre, mag man sich gar nicht vorstellen.

Diese Anstöße erfolgten nicht im stillen Kämmerlein. In der Presse war die Erinnerungsstätte über den Förderverein fast präsenter denn als Institution sui generis und die Offenburger Tagungen gebaren Vortragsreihen und Quellenstudien.

Sowohl die Initiative des Freundeskreises in Rastatt als auch die Offenburger Aktivitäten hatten Vorbildcharakter. Sie verdienen auch deshalb besondere Beachtung, weil hier von nicht-universitärer Seite – gleichsam »aus der Mitte der Gesellschaft« – an die wissenschaftlichen Einrichtungen Impulse gesandt, ja Forderungen gestellt wurden. Es schien so, als würde der »citoyen« sich anschicken, die Themen der Geschichtsforschung mitzubestimmen und damit gleichzeitig (s)einen eigenen Beitrag zur Identitätsfindung leisten.

Es ist heute verfrüht, den Ertrag aller Veranstaltungen und Publikationen der Jahre 1997–1999 beziffern oder bewerten zu wollen. Neben den unbezweifelbaren Erfolgen in Offenburg und Rastatt und anderen direkt nachweisbaren Auswirkungen stellt sich aber mindestens eine Frage, die mich dauernd begleitet hat: Wo ist auf diesem dort begonnenen Weg das politische Motiv geblieben? Ist diese Zielsetzung der Schaffung oder zumindest der Erinnerung an eine positive nationale Tradition ansatzweise oder sogar gänzlich erreicht worden?

---

11  Die Journalistin Franziska Hundseder hat für die Aufdeckung dieses Skandals im STERN 51/1995 vom 14. Dezember 1995 im Jahr 1996 den »Gustav-Heinemann-Bürgerpreis« erhalten; vgl. Badische Neueste Nachrichten, Karlsruhe, 29. April 1996.

## 2. Die politische Dimension

### a) Der Bund

Die Revolution 1848 war ein europaweites Ereignis. Eine Sondersitzung des Europaparlamentes hat aber nicht stattgefunden[12]. Und in Österreich war ohnehin Sissi-Jahr. Seien wir also weniger anspruchsvoll. Gab es bundesweit spürbare Auswirkungen, die sich an der Erinnerung an die Revolution 1848/49 festmachten? Überregional angelegte Ausstellungen in Karlsruhe, Frankfurt und Nürnberg, die auch überregional wahrgenommen wurden, warben und fanden ihre Besucher. Aber drang die Revolution mit ihren Motiven in den Alltag vor?

Immerhin stand im Jahr 1998 ein – heute würden wir sagen »vermeintlich« – epochales Ereignis bevor. Der Bundestagswahlkampf stand unter dem Schlagwort »Paradigmenwechsel der Politik«. Aber die Politik nahm keine Notiz von dieser Revolution, obwohl die Revolutionsfeiern selbst der FAZ im Mai 1998 im Kommentar die Überschrift entlockten »1848 – fraglos gefeiert«[13]. Dabei hätten wenigstens die drei klassischen Parteien ihre Wurzeln ohne Geschichtsklitterung mühelos wenn schon nicht mit der Revolution aber doch mit dem Paulskirchenparlament verknüpfen können[14]. Eine verpasste Gelegenheit – oder fehlte das Vertrauen, dass der Rückblick, der Rückgriff in die Geschichte in einer Gesellschaft, die sich der Modernisierung verschrieben hat, nicht mehr taugt?

Wenn schon nicht im Wahlkampf verheizt, hätte es noch andere Möglichkeiten der nationalen Erinnerungsarbeit gegeben: Wie wäre es mit Briefmarken? Für jedes der drei tollen Jahre eine: 1847 Offenburg »Forderungen des Volkes«, 1848 Frankfurt »Erstes gewähltes, gesamtdeutsches Parlament« und 1849 »Baden/Pfalz und Sachsen – Aufstand für die Freiheit«. Trotz des Einsatzes des Staatsministeriums Baden-Württemberg[15] und des Städtetages Baden-Württemberg für eine Erinnerungsmarke »Offenburg 1847« wurden höheren Orts andere Themen als nationweit identitätsstiftend eingestuft: »100 Jahre Sepp Herberger«, »Deutscher Fußballmeister 1997«.

Die Revolution 1848/49 ist bei Staatsaktionen, Ausstellungseröffnungen, Vorträgen, parlamentarischen Gedenkveranstaltungen als historisches Ereignis gewürdigt worden. »Das Jahr 1848 war nicht nur der bleibende Anfang der deutschen Demokratiegeschichte – es war auch eine entscheidende Wendemarke auf dem Weg zum modernen, demokratischen Europa.«[16] So der damalige Bundespräsident Roman Herzog bei der Eröffnung der Frankfurter Ausstellung »150 Jahre Revolution von 1848/49« und selbstverständlich schaffte er – wie viele Festredner in diesen Jahren – den Schwenk in die Gegenwart zu Massenarbeitslosigkeit und Globalisierung.

---

12 Immerhin hielt der Deutsche Bundestag eine »Aussprache zum 150. Jahrestag der verfassunggebenden Nationalversammlung« in der 237. Sitzung am 27. Mai 1998, vgl. Das Parlament, 5. Juni 1998, Nr. 24/1998.

13 M. JEISMANN, Frankfurter Allgemeine Zeitung, 18. Mai 1998, S. 1.

14 Vgl. H.-U. WEHLER, Nicht der Rede Wert? Der Politik fällt zu dieser Revolution nichts ein, in: Die Zeit, Nr. 5 vom 22. Januar 1998.

15 FLIEDNER (wie Anm. 4), S. 14.

16 Roman Herzog, Eröffnung der Frankfurter Ausstellung »Aufbruch zur Freiheit«, Frankfurter Rundschau, 19. Mai 1998.

Im historischen Ereignis werden Werte gesucht und natürlich gefunden. Bundespräsident Herzog: »1848 gibt uns das Recht, mit Selbstbewusstsein zu sagen: Die demokratische Idee, die Ideen der Freiheit, der Menschen- und Bürgerrechte sind auch ein Teil der deutschen Tradition – auch wenn sie sich erst später wirklich durchgesetzt haben.«[17] Und da diese Werte in der Bundesrepublik 1998 ja verwirklicht sind, fordert die Erinnerung den Festgästen nichts ab; die Erinnerung bleibt folgenlos; die Revolution verflacht zum allein historischen Ereignis – wie die Schlacht um Neuß 1474/75, für die es immerhin eine Briefmarke gab.

### b) Das Land Baden-Württemberg

Auf der nächsten regionalen Ebene, dem Land Baden-Württemberg, wurde die politische Dimension der Erinnerung nach einigem Zögern erkannt, und es entstand eine vielseitige Palette, in der Zentralveranstaltungen wie die Landesausstellung in Karlsruhe, Regionalveranstaltungen vom Haus der Geschichte und lokale Initiativen ihren Platz finden und mehr oder weniger gelungen ineinander greifen konnten. Das, was dann geschah, ist im Revolutionsalmanach[18] angekündigt worden, und darüber hinaus gab es noch genügend Initiativen und Veranstaltungen, die dort nicht erfasst sind. Ich möchte diesen Fächer an Veranstaltungen nicht klassifizieren etwa nach Art und Form, Anspruch oder Besucherzahl. Immerhin: Für die Imagepflege »Wir in Baden-Württemberg« und »Vorreiter Baden-Württemberg« wurden dann auch die notwendigen finanziellen Unterstützungen bereitgestellt, der die entsprechende Kommerzialisierung folgte.

## V. Was ist 1997–1999 geschehen?

### 1. Die Kommerzialisierung

Nähern wir uns den Ereignissen 1997 bis 1999 von der Straße her. Begann nicht alles mit dem Offenburger Bier »Anno 47« und dem Rastatter »Freiheitsbier«, vielleicht sogar statt mit dem Rausch von Freiheit mit einem Freiheits(bier)-Rausch ?
Lästern wir nicht zu sehr über die Einbindung der Wirtschaftsunternehmen, denn sind das nicht Geister, die die Kulturschaffenden und Kulturverwalter selbst gerufen haben? Der Arbeitskreis Kultursponsoring des Bundesverbandes der Deutschen Industrie (BDI) hat für die Industrie für 1990 Sponsorenmittel von 1,55 Milliarden DM ermittelt, davon 350 Millionen DM für kulturelle Zwecke, 1998 waren es insgesamt 2,89 Milliarden DM davon 610 Millionen DM für Kultur und für das Jahr 2000 werden 650 Millionen DM allein für den Kulturbereich erwartet[19]. Das ist der einzige Wachstumsmarkt in der Kul-

---

17  Ebd.
18  Revolutionsalmanach, bearb. v. V. SPECK, 1997, 2. Aufl. 1998.
19  Nach A. MÜLLER-KATZENBURG, Rechtliche Aspekte des Kunst- und Kultursponsorings, in: Kunst und Kultur: Sponsoring, Essen [1998], S. 4–7, hier: S. 7, Anm.1. Vgl. C. REHM, Die Sponsoring-Falle und der Förderverein: Anmerkungen zur Problematik der Fremdfinanzierung von Kulturinstitutionen öffentlicher Hand, in: Fundraising für Hochschulbibliotheken und Hochschularchive, D. JANK (Hg.), Wiesbaden 1999, S. 31–44.

turbranche. Die Eventkultur der 90er Jahre braucht Sponsorenmittel, und so wurde die Erinnerung an die Revolution selbstverständlich kommerzialisiert. Das steckte im System und wurde angesichts der knappen Kassen von den Kulturinstitutionen heftig betrieben: hier ein Museumsshop, dort eine gemeinsame Werbekampagne der projektübergreifenden Geschäftsstelle beim Haus der Geschichte in Stuttgart. Das alleine ist noch kein Grund zum Naserümpfen. Schon die Französische Revolution 1789 bediente den Souvenirhandel, indem Steine der Bastille verkauft wurden – angeblich so viele, dass das Gefängnis dreimal hätte wieder aufgebaut werden können. Ähnliches geschah vor unseren Augen vor 10 Jahren bei der Zerlegung der Berliner Mauer, deren Reste sich jetzt noch integriert in Lesezeichen wiederfinden. Da wird »Geschichtserinnerung« kaufbar – aber auch käuflich?

Auf jeden Fall kann durch diese Welt der Imagination, durch den Kommerzbereich traditionsbildend eingegriffen werden.

Auch für die Erinnerung an die Revolution 1848/49 wurden neue Symbole geschaffen. Ich denke da vor allem an das überall präsente Logo – unter dem Motto »Für die Freiheit streiten« – für alle Produkte, die projektübergreifend vom Land Baden-Württemberg unterstützt wurden: Dieser aufgereckte Zeigefinger, der um seine Spitze ein Krone kreisen läßt. Denen, die damals gekämpft haben, dürfte die Unterstellung, man habe mit den Kronen gespielt, wie eine Verhöhnung ihres Einsatzes vorkommen. Ich habe mich beim Anblick des Logos immer an die Nord-West-Deutsche Klassenlotterie erinnert gefühlt – und dennoch kein Los gekauft. Standen da nicht der Eventcharakter und die mediengerechte Computeranimation stärker im Vordergrund als eine symbolische Durchdringung der Ereignisse? Neue aussagekräftige Symbole – meines Erachtens Fehlanzeige; Hüte eben und massenhaft Fahnen. Aber ist das nicht auch schon eine Aussage?

Ausstellungskataloge, Postkarten historischer Darstellungen, Anstecknadeln, Heckerhüte haben einen erkennbaren Bezug zum Ereignis, ja sie transportieren einen Inhalt. Ein finanzieller Beitrag eines Kunden kann da zum Zeichen von Engagement und Identifikation werden: Von nichts trennen wir uns schwerer als vom eigenen Geld. Aber da sind wir noch nicht am Ende der Palette der Produkte. Sicher im Grenzbereich war der »Struveteller« im Gastronomiezelt der Karlsruher Landesausstellung: ein ganzer Blumenkohl mit weißer Soße. Immerhin, der Vegetarier Struve hatte erkennbar Pate gestanden: also die Stillung von Grundbedürfnissen mit sinnlicher Erfahrung der Erkenntnis. Aber wo wäre »Mémoire à la Révolution« anzusiedeln[20]? Ein Eau de Toilette für Männer, in einem 100-ml-Flacon für 9,95 DM. Nicht so sehr der Preis als die Duftbeschreibung wird ihn abgeschreckt haben: Die »holzig-pudrige« Basisnote wäre durch die »blumig-würzige Herznote« mit »frisch-grüner Kopfnote« trotz des »fougère-frischen Gesamteindrucks« wohl nicht mehr zu retten gewesen; so wenig wie der angestaubte Vormärz gemischt mit blumigen Märzreden und frischen 1849er Wunden zwar gemischt, aber nicht zu einem gelungen Neuen verschmolzen werden konnte.

Ist es da vielsagend oder gar symbolträchtig, wenn als Heckerwein in einer rot gefärbten Flasche ein Weißwein abgefüllt, und dazu anfangs der von den Winzern als »frühreif«

---

20   Dank für den Hinweis vom Kollegen Kurt Hochstuhl, der das Produkt im Internet entdeckt, mir dann aber leider nicht geschenkt hat …

eingestufte Auxerrois und später klassischer Riesling verkauft wurde? Haben sich die Marzipanheckerhüte etwa deshalb schlecht verkauft, weil die Revolution eben kein süßes Stelldichein war[21]?

Hatten nicht alle Merchandising-Produkte zur Revolution irgendwie einen Touch eines Themenbezugs? Waren die Produkte eigentlich nur dann erfolgreich, wenn wesentliche oder für wesentlich gehaltene Personen und Aspekte angesprochen wurden? Funktionierte das nicht ebenso wie bei Andachtsbildchen in einer Wallfahrtskirche?[22]

## 2. Die Regionalisierung

Verkauft hätten sich all diese Produkte aber nicht ohne eine realen Hintergrund, und so schlagen wir den Revolutionsalmanach[23] auf:

Augenfällig erscheint mir die Dominanz der lokalen Ereignisse: Vorträge über die Revolution in Mengen und Meßkirch, Ausstellungen zur Geislinger Bürgerwehr, ein Fackelzug mit Lichterkette zur Erinnerung an das Gefecht an der Murg in Gernsbach. Immer wieder wurde die lokale Verortung gesucht. Diese Ausrichtung war gewollt, denn in vielen Kommunen war erkannt worden, dass Ereignisse und Personen aus der Früh- und Vorgeschichte der Demokratie für die Identifikation der Bürgerinnen und Bürger mit ihrem Gemeinwesen, mit ihrer Region wichtig sein konnten.

Herausstellen möchte ich dabei zwei Publikationen, die vor diesem Hintergrund möglich wurden und ihrerseits diesen lokalen Schwung gleichzeitig verstärkt haben:

1. Mit dem topographischen Revolutionsführer »Revolution im Südwesten. Stätten der Demokratiebewegung 1848/49 in Baden-Württemberg« der Arbeitsgemeinschaft der Stadtarchivare beim Städtetag wurde ein Überblick zum Revolutionsgeschehen in fast 150 Städten und Gemeinden vorgelegt[24].

2. Die Publikation der so genannten Raab-Datei[25] durch die Landesarchivdirektion Baden-Württemberg ermöglichte Informationen zu etwa 38 500 Revolutionären, die in irgendeiner Form an der badischen Revolution beteiligt waren.

Diese lokale Orientierung musste keine Eintagsfliege bleiben. In vielen Orten sind mit Gedenktafeln, Denkmälern offizielle Elemente der Erinnerung geschaffen worden, die über die Erinnerungsjahre hinaus Wirkung entfalten sollen.

Noch stärker wirkte sich aber der biographische Zugang aus: »Auf unserem Rathaus wehte nicht nur die schwarz-rot-goldene Fahne – nein, mein Vorfahr selber hat sie dort

---

21  Alles Produkte aus dem Museumsshop im Badischen Landesmuseum.

22  Provozierend problematisiert hat das Thema Merchandising von Geschichte bzw. Geschichtserinnerung der polnische Künstler Zbigniew Libera, indem er das Lager Auschwitz als Legobausatz entwickelte: Baracke, Wachtürme, Krematorium in den üblichen Systembaukästen von Lego als Kinderspiel (Ausstellung der Galerie Faurschou, Kopenhagen 1997, vgl. Frankfurter Rundschau, 8. April 1997).

23  Vgl. Anm. 18.

24  Revolution im Südwesten. Stätten der Demokratiebewegung 1848/49 in Baden-Württemberg, Karlsruhe 1998.

25  H. RAAB, Revolutionäre in Baden 1848/49. Biographisches Inventar für die Quellen im Generallandesarchiv Karlsruhe und im Staatsarchiv Freiburg, bearb. v. A. MOHR (Veröff. d. staatl. Archivverw. Baden-Württ. 48), Stuttgart 1998.

gehisst.« Gibt es einen unmittelbareren Zugang zu historischen Ereignissen als das Wissen um die Teilhabe von Vorfahren? Als das Badische Landesmuseum einmal freien Eintritt für alle gewährte, die einen Vorfahren in der Raab-Datei nachweisen konnten, benötigten wir drei Rechner, um dem Ansturm gerade noch standhalten zu können[26]. Die Einnahmedefizite an diesem Nachmittag wurden aufgewogen durch die strahlenden Gesichter der stolzen Nachfahren. Identitätsbildung?

Mit dieser biographischen und lokalen Fixierung der Erinnerung an die Revolution drohte eine Gefahr: Die bisher genannten politischen Dimensionen traten hinter reines Lokalkolorit zurück. Jeder Ort feierte seine Helden und betrauerte seine Opfer und so löste sich die Verarbeitung der Ereignisse in Vorträgen und Ausstellungen vom Kern, vom Inhalt des Gedenkens.

Ich erinnere mich noch gut an einen »Revolutionsabend«, der überall in Baden so oder ähnlich hätte ablaufen können: 200 Einwohner einer kleinen Gemeinde erfahren nach einem Revolutionsvesper – Speck, Blutwurst, Schwartenmagen – in einem thematisch passend gestalteten Vereinsraum, dass eine größere Zahl ihrer Vorfahren samt dem Pfarrer mit dem Volksaufstand 1849 sympathisiert haben, teils in Rastatt gefangen wurden, teils auswandern mussten. Ein Konzert mit revolutionärem Liedgut, ein wenig kommentiert, schließt den Abend. Das heißt, es schließt ihn nicht ganz, denn am Ende wird stürmisch das Badener-Lied verlangt. Auch ein dezenter Hinweis und ein kleiner Disput, ob denn der Satz »In Rastatt steht die Festung und das ist Badens Glück« an solch einem Abend Sinn mache, ändert nichts. Lauter als »Die Gedanken sind frei« erschallt des Badeners Nationalhymne.

Was die Kommerzialisierung nicht geschafft hatte, weil die Produkte – und seien es nur Devotionalien –, um erfolgreich zu sein, zumindest begrifflich auf zentrale Elemente und Personen der Revolution Bezug nehmen mussten – Freiheitsbier, Heckerhut –, konnte durch die Individualisierung und Regionalisierung der Revolutionserinnerung leicht erreicht werden: Lokale Geschichtsereignisse als Anlass, nur um ein Fest – immerhin mit Anspruch und Niveau – und natürlich sich selbst und seine eigene Vergangenheit zu feiern, ohne eine Verbindung zur eigenen Lebenswelt herstellen zu müssen.

Nun ist ein Zugang über Feste sicher nicht grundsätzlich negativ einzuschätzen. Nicht überall bedeutete die lokale Bearbeitung gleichzeitig eine Förderung einer Schrebergartenmentalität.

Aber die Frage steht im Raum: Was bleibt eigentlich? Grundsätzlich stimmt eines: Das Wissen um die Ereignisse und Personen vor Ort hat sich aufgrund der vielen Forschungsarbeiten erheblich ausgeweitet und dieses Wissen ist vor Ort auch genutzt worden. Mit diesen Vorträgen, Ausstellungen und Festakten ist gleichzeitig das – manchmal fehlende – Schulwissen zur Revolution 1848/49 gründlich aufpoliert worden. Und so steht es jetzt da, dieses Wissen – wie ein gepflegter Pokal in der Vitrine.

---

26   C. Rehm, Auf der Suche nach Revolutionären im wilden Heckerland – Die Raab-Datei des Generallandesarchivs Karlsruhe in der Landesausstellung, in: Inszenierte Geschichte(n). Museumstheater, Aktionsräume, Bildergeschichten, Umfragen. Am Beispiel der Landesausstellung: 1848/49. Revolution der deutschen Demokraten in Baden, Baden-Baden 1999, S.127–132; vgl. auch Stuttgarter Zeitung, 31. Juli 1998, Badische Neueste Nachrichten, Karlsruhe, 30. Juli 1998.

Als Kenner der Medienklaviatur hat SWR-Intendant Peter Voß sein Geschäft so cha-
rakterisiert: »Wer das Interessante überhaupt nicht bietet, kann auch das Wichtige kaum
vermitteln.«[27] Das Interessante war und ist der persönliche Bezug zum historischen Ereignis, dort sind die Interessierten mit großem Aufwand – der Pädagoge würde sagen –
»abgeholt« worden: Ein wichtiger Zwischenschritt. Aber haben wir beim Abfeiern des
Interessanten das Wichtige aus den Augen verloren?

### 3. Die Auseinandersetzung

Also noch einmal: Wie haltet ihr es mit der Erinnerung an die Revolution? Vor allem: Wie
haltet ihr es mit den damaligen Ideen und Visionen?

In der Karlsruher Landesausstellung entzweite eine Stelle die Gemüter: In der Nähe
des Paulskirchenmodells konnten die Besucher mit kleinen Chips abstimmen. »Befür-
worten Sie den großen Lauschangriff ja oder nein?« Bezug genommen wurde auf § 140
der Frankfurter Reichsverfassung von 1849, in dem die Unverletzlichkeit der Wohnung
festgeschrieben war. Ein legitimer Transfer oder eine unzulässige politische Instrumentalisierung?

Erinnern darf ich auch an die aktuellen Reaktionen auf die Offenburger Forderung
von 1847 nach »gerechten Steuern«. Auch beim Freiheitsfest in Offenburg im September
1997 hing ein Plakat mit dieser Forderung. Beim Abbau der Installationen nach dem Fest
ließen die Arbeiter das Plakat mit dieser Forderung einfach hängen. Dagegen wurden
beim Festakt zur Revolution im Landtag von Baden-Württemberg die Offenburger Forderungen zwar zitiert – die Forderung nach gerechten Steuern dabei aber unterschlagen[28].

Der schon weit über Muggensturm hinaus bekannte Sammler Günter Westermann
versandte 1998 an verschiedene Künstler wieder seine Kästchen mit der Bitte, sie diesmal
zum Thema »Revolution« zu füllen. Es entstanden 140 künstlerische bis kitschige, originelle und simple Auseinandersetzungen für eine Ausstellung mit dem sinnigen Titel
»Revolution in der Box«. Für das Badische Tageblatt ein »herausragendes künstlerisches
Ereignis in all dem oft inflationären Gedenk-Zirkus der letzten beiden Jahre«[29]. Eine
künstlerische – keine künstliche – Übersetzung von Geschichte.

Schließlich Karlsruhes Kaiserdenkmal am Mühlburger Tor in Karlsruhe[30]: »Unter
Gottes freiem Himmel, zu Pferd in voller Manneskraft und der ihm eigenen Würde muß
Kaiser Wilhelm dargestellt werden« hatte Großherzog Friedrich I. das Denkmal für seinen Schwiegervater gewünscht. Dieses die Kaiserstraße beherrschende Reiterstandbild
wurde 1998 durch Totenköpfe und Galgen »verunziert«[31]. Hatten tatsächlich alle verges-

---

27   P. Voss, Mündigkeit im Mediensystem. Hat Medienethik eine Chance?, Baden-Baden 1998, S. 126.
28   Zur Sondersitzung am 17. Juni 1998 vgl. Staatsanzeiger Baden-Württemberg vom 22. Juni 1998,
S. 2.
29   Badisches Tageblatt, Rastatt, 10. Mai 1999.
30   M. LURZ, »in voller Manneskraft und der ihm eigenen Würde« – Das Reiterstandbild Kaiser
Wilhelms I., in: Residenz im Kaiserreich – Karlsruhe um 1890, bearb. v. K. KRIMM u. W. RÖSSLING,
Karlsruhe 1990, S. 69–78.
31   Zu dieser Aktion: H. SIEBACH, Freiheitskämpfer stehen auf, in: Jahresbericht des Markgrafen-
gymnasiums Karlsruhe-Durlach 1998/1999, S. 58–60; vgl. Badische Neueste Nachrichten, Karlsruhe, 5. März 1998.

sen, dass da auf Karlsruhes Haupteinkaufsstraße der Kartätschenprinz ritt? Friedrich I. wusste, wen er ehren wollte: »Karlsruhe besonders kennt diesen edlen Herrscher aus der Zeit, da er an der Spitze eines Heeres Großherzog Leopold in seine Residenz zurückgeleitete.«[32] Eine originelle Idee einer Schule, den Reiter mit dessen »1849« zu konfrontieren und die Vorbeigehenden in ihren Sehgewohnheiten aufzurütteln.

Ist die tätige Auseinandersetzung, der Schritt vom Konsumenten zum Beteiligten, der fehlende und letztlich erwünschte Schritt? Selbstverständlich kann auch das grotesk misslingen. Vordergründige Aktionen wie »Wir bauen uns eine Barrikade« müssen trotz äußerer Beteiligung nicht notwendigerweise Schritte auf dem Weg der Erkenntnis sein. Die Dialoge der Schauspieler mit dem Publikum der Landesausstellung dürften hier gelungener gewesen sein[33].

Die pädagogische Haltung als Ausweg? Finden wir so den Verbindungsweg vom historischen Ereignis zurück zum Heute? Oder doch mit Bertold Brecht einfach mittendrin: »Der Vorhang zu und alle Frage offen«?

## VI. Erinnern 1: Der falsche Platz?

Zwei Fragen blieben bislang umschifft. Wenn wir denn eine Auseinandersetzung mit geschichtlichen Ereignissen fordern und fördern, gibt es für 1848/49 eigentlich einen gesellschaftsweit akzeptierten Kern? Wollen wir ein »positives gesamtdeutsches Nationalbewusstsein« und »Demokratietraditionen« finden, präsentieren und vor allem verankern? Und nebenbei: Die »wertfreien« Forscher – dürfen die solche Ziele überhaupt wollen? Nehmen wir an, es gäbe diese grundlegende Übereinstimmung: Gibt es dabei richtige und falsche Akzentuierungen – Hecker oder Mathy? All das war im Vorfeld umstritten und wird es in Teilen auch bleiben, denn das ist auch die Diskussion um Forschungslinien und Leitlinien aktueller Visionen.

Die zweite Frage schneidet noch viel grundsätzlicher in die »political correctness« unseres Jubiläums ein: Geschieht der Versuch, die Quellen der Demokratiebewegung auszugraben, nicht am gänzlich falschen Platz? Wie war das mit den antijüdischen Exzessen 1848? Oder erinnern wir an die Großmachtgelüste der Paulskirchenabgeordneten, als es um die Grenzen des künftigen Reichsgebietes ging? Wie war das mit Heckers Verachtung gegenüber Mehrheitsentscheidungen und seiner Bereitschaft, Gewalt als Mittel der Politik einzusetzen? Und in der viel gelobten Frankfurter Reichsverfassung – da sind nur vom Staat verliehene Grundrechte, aber keine unveräußerlichen Menschenrechte verankert!

»Wie die Ereignisse von 1848 heute zum Mythos von der Entstehung unserer Demokratie umgebogen werden«, titelte eine überregionale, liberale und als seriös einzustufende Tageszeitung. All das in den Jahren 1997 bis 1999 erlebte – nur ein »neomythischer

---

32  LURZ (wie Anm.29), S. 73; vgl. auch M. GROSSKINSKY, Das Kaiser-Wilhelm-I.-Denkmal in Karlsruhe – Bemerkungen zu Ikonographie und Stil, in: Denkmäler, Brunnen und Freiplastiken in Karlsruhe 1715–1945 (Veröff. d. Karlsruher Stadtarchivs 7), Karlsruhe ²1989, S. 41–47.
33  W. G. SCHMIDT, B. STEINKRÜGER, Schauspieler zeigen die Revolution 1848/49, in: Inszenierte Geschichte(n) (wie Anm. 26), S. 69–78.

Nebel« über einem »trostlosen Verlegenheitsfestival auf 48er Basis«[34]? Können wir nicht akzeptieren, dass die Deutschen nicht von selber auf die Idee gekommen sind, demokratisch zu werden? Relativieren wir mit der Verklärung von 1848/1849 nicht zwei Weltkriege und den Nationalsozialismus, weil im Inneren die »Guten« richtig gedacht haben, und es deshalb überhaupt alles nicht so schlimm war? Geschieht oder gelingt Geschichtsschreibung wirklich nur als Verständigung über Mythen?

Das, was sich aufdrängt, ist die Gegenfrage, ob denn nur Siege traditionsbildend sein dürfen? Ist denn Unvollendetes, ist Scheitern mit allen seinen Gründen nicht auch Teil der Erinnerung und damit für Traditionsbildung tauglich und »erinnerungswürdig«?

Und ist die These von »1848 als Ursprungs-Mythos der Demokratie« nicht durch die Aufarbeitung der Geschichte vor Ort, durch lokale Ereignisse und Personen zu widerlegen? Erhalten diese regionalen Aspekte nicht erst durch Rückbindung an gesamtgesellschaftliche Fragestellungen wie der nach »Demokratietraditionen« ihren wesentlichen, eigenständigen Stellenwert? Liegt hier nicht ein weites Feld vor Archivaren, Historikern und Regionalforschern, Politikwissenschaftlern und Soziologen?

## VII. Erinnern 2: Der baden-württembergische Traum

Bleiben wir also in der Region: Erinnern und Identität im deutschen Südwesten. Was wäre uns vor 25 Jahren zu 1848/49 eingefallen? Ein nach einer letzten Abstimmung 1970 zusammenwachsendes, innerlich noch zerrissenes Bundesland suchte seine Identität. Durchaus vergleichbar mit dem Zustand Badens nach 1806: hier Vorderösterreich, dort Reichsritterschaft, einige Reichsstädtlein und alte Kerngebiete. Der Großherzog schenkte seinen Bürgern 1818 eine Verfassung, Baden-Württembergs Ministerpräsident Filbinger seinen Bürgern 1977 eine Staufer-Ausstellung.

Die große Präsentation zum 25jährigen Bestehen des Bundeslandes diente dazu – so Hans Filbinger programmatisch in seiner ausführlichen Einleitung zum Stauferkatalog –, »die geglückte Staatsbildung im deutschen Südwesten mit ihren politischen, geschichtlichen und kulturellen Voraussetzungen verstärkt ins Bewusstsein der Allgemeinheit zu rücken«[35]. Den Brückenschlag lieferte er gleich mit: »Viele der heutigen staatlichen, wirtschaftlichen und gesellschaftlichen Institutionen haben ihre ersten Wurzeln in der Zeit der Staufer.«[36] Und als Zugabe für unser Thema: »In der Stauferzeit regten sich Ansätze zu unserem neuzeitlichen Freiheitsverständnis.«[37] Keine Frage – hier ist mit großem Aufwand Identitätsbildung versucht worden, und die Prägungen der Ausstellung sind noch heute spürbar: Baden-Württemberg ist »Stauferland«.

Resultierte der große Zulauf der Staufer-Ausstellung – neben der Beschäftigung mit dem faszinierenden Thema – eben nicht auch aus einem Bedürfnis nach baden-württembergischer Gemeinsamkeit – und sei es erst einmal nur in den Wurzeln?

---

34  Jürgen Kolbe, Süddeutsche Zeitung, 25./26. April 1998.
35  Die Zeit der Staufer, hg. v. R. Haussherr, Bd. 1, Stuttgart 1977, S. V.
36  Ebd.
37  Ebd. S. IX.

Weit auffälliger ist die später vielfach kopierte Anknüpfung an eine Herrscherfa-
milie. Selbst die »Freiheit« wurde 1977 an der »geistigen Weitläufigkeit und Toleranz
Friedrichs II.«[38] festgemacht.

In der Erinnerung zu den Ereignissen 1847–1849 wurde die Suche nach Identität – und
das ist eine neue Qualität – verbürgerlicht, demokratisiert. Zugleich hat das Land versucht, beide Landesteile mehr oder weniger gleichmäßig in diese Erinnerung einzubinden
– erst einmal unabhängig von den historischen Ereignissen. Ich möchte keine Wunden
aufreißen, aber würde eine gewisse Gelassenheit es nicht zulassen, dass ein Ereignis für das
gesamte Bundesland in dem Landesteil begangen wird, wo die historischen Wurzeln stärker sind? Keine Frage, es war wichtig, dass im gesamten Land vor Ort geforscht, ausge-
stellt und publiziert wurde. Aber in seiner knappen Einleitung zum Katalog der Landesausstellung stellt Erwin Teufel den Württemberger Gottlieb Rau und seinen
»Zwetschgenfeldzug« ins Zentrum – übrigens eine Katalognummer[39], ohne dass der
volkstümliche Begriff inhaltlich wieder auftaucht –, erinnert an die auf dem Brettener
Marktplatz verbrannten Grenzpfähle zwischen Baden und Württemberg, um dann ohne
Erwähnung von Rastatt die Europäische Dimension der Demokratiebewegung zu
beschwören. Es erschien Außenstehenden, dass man sich der Einheit des Bundeslandes
zumindest auf mentaler Ebene so unsicher war, dass Ausgewogenheit zwischen Baden
und Württemberg zum wichtigen Kriterium für die Veranstaltungen des Landes wurde.

# VIII. Erinnern 3: Hier und Heute

»Für die Freiheit streiten – *damals wie heute*« hieß das Motto für die baden-württember-
gische Revolutionserinnerung vollständig. Bleibt also wieder die Frage nach dem
»Heute«.

Das Erinnerungsgedenken der letzten Jahre sagt mehr über die Bundesrepublik als
über 1848/49. Ist es nicht auffällig, dass alle die Revolution im Rückblick gefeiert habe?
Ein Ereignis, das die Zeitgenossen, das Freunde wie Mathy und Fickler entzweit hat,
Kämpfe bis aufs Blut heraufbeschwor. Heute sind wir uns alle einig und folglich werden
ohne große Diskussionen neue Denkmale ins neue Jahrtausend hinübergerettet: Gedenktafeln, Bücher, Skulpturen. Und dann versackt unser Geschichtsereignis wieder im Unge-
wissen?

Denkmäler, Ausstellungen, Kataloge als materialisierte Erstarrung vormals lebendiger
Ereignisse bedürfen zur Entfaltung ihrer ohnehin begrenzten Wirkungsmöglichkeiten des
interessierten, des informierten Betrachters. Er muss eine wissenschaftlich oder künstle-
risch geformte Erinnerung im Dialog für sich verlebendigen. Eine Versicherung gegen
erneutes Vergessen von 1848/49 sind diese Denk-Mäler und Gedenktage nicht. Gerade
wenn Denkmäler eindeutig sind und nicht produktiv verunsichern, unterliegen sie der
Gefahr, Stellvertreterobjekte für eine ungeliebte Erinnerungspflicht zu werden. Denken

---

38   Ebd.
39   1848/49. Revolution der deutschen Demokraten in Baden, Katalog zur Landesausstellung,
Baden-Baden 1998, Katalognr. 344 ohne Abbildung.

wir an die Diskussion um ein Holocaust-Mahnmal[40]. Schauen wir auf das erst vor wenigen Jahren errichtete Revolutions-Denkmal am Ettlinger Tor in Karlsruhe: Ein stilisiertes Stadttor, dessen eine Hälfte vom Künstler umgestürzt wurde – eine sehr direkte, oder, wenn Sie wollen: platte Thematisierung des Begriffspaars Revolution und Umsturz. Heute geht es nur noch um die Frage, wie nahe am Denkmal Werbesäulen aufgestellt werden dürfen, um den künstlerischen Eindruck nicht zu stören. Übrigens ein typischer Vorgang, der uns nicht fremd sein dürfte: Kultobjekte wie Altäre mutieren in Museen zu Kunstobjekten. Ähnliches geschah in Waghäusel: Jahrelang ist die Erinnerung an die gefallenen Freiheitskämpfer der Revolution wohl am verkannten Denkmal für die gefallenen Preußen abgehalten worden!

Die große Einigkeit, dieser Versuch, das Ereignis materiell zu fixieren, beruht auf der Annahme: Es ist alles damals Erstrebte erreicht. Wir leben doch in dieser von unseren Vorfahren zumindest gedanklich errichteten Welt. Also: Denkmäler, Ausstellungen, Festschriften.

Die Revolution ist in den Jahren 1997–1999 in weiten Teilen der Bevölkerung und auch offiziell zu einem festen Bestandteil der Identität dieses Landes geworden: Wir sind stolz auf die Revolutionäre und gedenken ihrer im Rahmen der Festkultur; die Revolution wurde Teil des »kulturellen Freizeitvergnügens«[!], wie der Ministerpräsident des Landes Baden-Württemberg bei der Eröffnung der Landesausstellung sagte[41]. Bis nach Brüssel verschlug es die Wanderausstellung des Landesmuseums.

Aber ist das ausreichend? Was wird da gefördert? Entstanden ist nicht nur bei Festreden, sondern auch auf regionaler Ebene eine historische Identität, ein Erinnern und Stolzsein auf die Vorfahren, die das eigene Selbst erhebt – ohne eine eigene Leistung. Viel mehr Menschen wissen heute viel mehr über die Revolution als vor 1997; und sie haben sich dafür auch engagiert. Aber stehen wir nicht noch auf der Stufe, wo die meisten das Badener Lied dann besonders inbrünstig singen, wenn der SC Freiburg gegen den VfB Stuttgart spielt[42], und feuchte Augen bekommen, wenn das Heckerlied beim Brauchtumsabend vom Handharmonikaorchester begleitet wird – und meinen, das wäre revolutionäre badische Identität?

Dass mit dieser Rückbesinnung in eine kleinbürgerliche Revolutionsidylle gleichzeitig ein Keil in die Gesellschaft an einer Stelle getrieben wird, wo es keiner erwartet, ist dabei

---

40  Vgl. S. Korn, Holocaust-Gedenken, ein deutsches Dilemma, in: Aus Pol. u. Zeitgesch. 3-4/1997, S. 23–30, hier: S. 23: »Muß das kollektive historische Gedächtnis durch verdinglichtes Gedenken – zum Beispiel durch Denkmäler anstelle wiederkehrender aktiver Gedenkriten – gestützt werden, dann bedeutet dies die Abkehr vom geistig verinnerlichten Gedenken und die Hinwendung zu einem konkreten, veräußerlichten, an bestimmte Gegenstände gebundenes Gedenken, zugespitzt: Rückfall in Idolatrie, in den Glauben an die magische oder dauerhafte Wirkung von bestimmten Gegenständen.«

41  Diese Einschätzung und Zielsetzung wurde vom Leiter der Projektübergreifenden Geschäftsstelle zur Revolution, Michael Hörmann, auf dem Rastatter »Bilanz«-Workshop am 22. November 1999 noch einmal ausdrücklich bestätigt; vgl. auch Staatsanzeiger Baden-Württemberg vom 22. November 1999: »Ein revolutionär angehauchter Musikantenstadl? Veranstalter diskutieren in Rastatt über die Jubiläumsaktivitäten zur Revolution von 1848/49«.

42  Vgl. dazu die vergeblichen Versuche, durch Absingen des »Heckerliedes« bei Spielen des Karlsruher Sportclubs (KSC) im Wildparkstadion eine neue, demokratische Liedguttradition zu schaffen: u. a. Badisches Tagblatt, Rastatt, 28. Februar 1998.

den meisten nicht bewusst. Orte und Personen sind wichtig, aber viele Mitbürger, haben diese Vorgeschichte in unserer Gesellschaft nicht, sie können nur etwas damit verbinden, wenn der dahinterliegende Kern auch für sie vermittelt wird. Regional instrumentalisiert wirkt diese Art der historischen Erinnerung heute ausgrenzend: »Dazu« gehört nur der, der auf die gleiche Tradition verweisen kann, dessen Ururgroßmutter eine Freundin hatte, deren Bruder mit Hecker gezogen war – und diese Ururgroßmutter gibt es in jeder urbadischen Familie. Das bedeutet aber auch, es gibt ein »Nicht-Dazu«: Der aus Kasachstan gekommene Russlanddeutsche, die Nachfahren aus Kurdistan stammender Gastarbeiter – sie alle werden ausgeschlossen. Von ihren Vorfahren war ja 1848 und 1849 in Baden nichts zu sehen. Nicht mehr der Kampf um Freiheit steht im Zentrum, zu dessen Geschichte der deutschstämmige Kasache und der Kurde sicher ihren Beitrag leisten könnten; nein, im Zentrum steht das konkrete an Personen und Orten festgemachte Ereignis. Kein Völkerfrühling, sondern Kirchtums-Erinnerung.

Eine Folge dieser fatalen Trennung der vordergründig identitätstiftenden, historischen Personen und Ereignisse von den dahinterliegenden – und so oft in Festreden – beschworenen Ideen und Motiven von revolutionär Handelnden.

Das Motto »Für die Freiheit streiten – *damals wie heute*« reichte bis auf diese hintere Ebene. Hecker selber sagte, als er sich von seinen Freunden in Straßburg nach Amerika verabschiedete: »Helfen können nicht Festschmause und Toaste, nicht das Singen von Heckerliedern und anderen Gesängen [...]«.[43] Nein, es kann nicht um verehrendes Rückbesinnen an Ereignisse gehen. Keine Heiligenlegende der Revolution 1848/1849, die die Revolution in wolkigen Höhen den kritischen Blicken entzieht. Der Einsatz von Gut und Blut – nicht um ein weiteres Straßenfest zu feiern ...

Es ist eine Frage des Stellenwertes der Revolution, der Ideale, die in dieser Revolution geschichtsmächtig wurden, ob und wieweit ein permanentes Gedenken gewollt wird – sei es von einem Teil der Gesellschaft oder der gesamten Gesellschaft.

Die Ereignisse 1997–1999 haben wissenschaftlich keine Neubewertung der Revolutionsereignisse mit sich gebracht – aber viele Akzentsetzungen. Warum also keinen Streit um Hecker und Mathy? Ein heftiges »Nein« der Passanten auf Wiesbadener Straßen 1998[44], als dort Schauspieler Revolutionsforderungen verteilten, war sicher ehrlicher als das Tragen von Heckerhüten durch Politiker.

Dauerhafte Erinnerung – so die Lehre der monotheistischen Religionen – ist weder an bestimmte Gegenstände noch an Materie überhaupt gebunden. Vielmehr wird sie durch eine fortwährende kollektive Ritualisierung generationenübergreifend im Individuum verinnerlicht. Nur nachgebetete Rituale werden freilich hohl. Goethes Sentenz »Was du ererbst von deinen Vätern, erwirb es, um es zu besitzen« entwickelt in diesem Zusammen-

---

43 F. HECKER, Ein Wort an das deutsche Volk (auch: Heckers Abschied vom deutschen Volk), Flugblatt 1848, nach: F.-X. VOLLMER, Der Traum von der Freiheit, Stuttgart 1983, S. 152.
44 »Wir wollen keine Revolution, haut ab« Wenn Geschichte in die Gegenwart einbricht: Das Spiel zur 48er-Revolution verschreckte manche Wiesbadener, Frankfurter Rundschau, 4. März 1998; vgl. auch den offenherzigen Leserbrief in den Badischen Neuesten Nachrichten, Karlsruhe, vom 22. Januar 1998: »Und was die badische Revolution von 1848 betrifft, gibt es da etwas Denkmalwürdiges außer dem Rock eines Weibes unter dem sich der feig flüchtende Hecker verkroch? Einen Schandrock solltet ihr aufhängen, ihr 48er Revolutionsverehrer.«

hang eine neue Dimension. Die Auseinandersetzung mit der Motivation der vor 150 Jahren Handelnden, ihren Ängsten und Hoffnungen, ihren Zielen und Visionen unter Einbeziehung der eigenen Realität, verlebendigt die Erinnerung. Und dann könnten Personen und Ereignisse der Revolution auch befragt werden, inwieweit sie als positive Leitfiguren nationaler Erinnerung taugen.

Die große Beteiligung der Bevölkerung bei den Veranstaltungen der letzten Jahre scheint mir ein erstes Element der demokratischen Aneignung von »Geschichte« zu sein. Demokratie als Einmischung in das, was einen angeht. Es wäre alles nicht vergeblich gewesen, wenn den Vorträgen, Feiern, und Ausstellungen 1997–1999 auf diesem Weg weitere Schritte folgen würden. Ob diese weiteren Initiativen dann eine Aufgabe der Museen, der Lehrer und Sozialwissenschaftler, der Historischen Vereine oder der Historiker und Archivare sein sollen oder sein werden – oder wieder aus der Mitte der Gesellschaft herauswachsen – steht noch dahin.

Dass es eine gesellschaftliche Aufgabe ist, steht außer Frage. Denn: Unsere Geschichte können wir nicht wählen, wohl aber unsere Traditionen.

# Register

*Personen*

## Orte

# Abkürzungsverzeichnis

| | |
|---|---|
| AAZ | Augsburger Allgemeine Zeitung |
| ADB | Allgemeine Deutsche Biographie |
| BAF | Bundesarchiv Außenstelle Frankfurt (Bestände inzwischen am Standort Koblenz) |
| FO | Frankfurter Oberpostamts-Zeitung |
| GLA | Generallandesarchiv Karlsruhe |
| GWU | Geschichte in Wissenschaft und Unterricht |
| HBWG | Handbuch der baden-württembergischen Geschichte |
| HStAS | Hauptstaatsarchiv Stuttgart |
| HZ | Historische Zeitschrift |
| ISZ | Illinois Staats-Zeitung |
| KA | Kriegsarchiv München |
| LA SP | Landesarchiv Speyer |
| MEW | Marx-Engels-Werke |
| NStA | Niedersächsisches Staatsarchiv |
| RegBl. | Regierungsblatt |
| StABL | Staatsarchiv des Kantons Basel-Landschaft |
| StAD | Staatsarchiv Darmstadt |
| StadtA | Stadtarchiv |
| StAF | Staatsarchiv Freiburg |
| StAL | Staatsarchiv Ludwigsburg |
| ZGO | Zeitschrift für die Geschichte des Oberrheins |

# Mitarbeiterverzeichnis

BAUER, Dr. Sonja-Maria, Korntal-Münchingen
BECHT, Dr. Hans-Peter, Pforzheim
BRANDT, Prof. Dr. Hartwig, Marburg
DRESCH, Dr. Jutta, Karlsruhe
ENGEHAUSEN, Dr. Frank, Heidelberg
FENSKE, M. A. Thomas, Kiel
GORKA, M. A. Cornelius, Offenburg
GRAU, M. A. Ute, Karlsruhe
GUTTMANN, Dr. Barbara, Karlsruhe
HOCHBRUCK, Prof. Dr. Wolfgang, Braunschweig
HOCHSTUHL, Dr. Kurt, Baden-Baden
KERMANN, Dr. Joachim, Speyer
LEUENBERGER, Dr. Martin, Liestal
MÜLLER, Dr. Sabrina, Stuttgart
PIERETH, Dr. Wolfgang, München
RAAB, Heinrich, Karlsruhe
REHM, Dr. Clemens, Karlsruhe
SCHMIDT, Dr. Uwe, Ulm
WUNDER, Prof. Dr. Bernd, Konstanz